Lightroom-4-Praxis

Marc Altmann Als Fotoamateur beschäftigt sich Marc Altmann schon seit langem mit verschiedenen Bereichen der Digitalfotografie und hat sich in Vorträgen und Artikeln für die c't special unter anderem mit Lightroom, Photoshop und Farbmanagement befasst. Lightroom setzt er von der ersten Version an als zentrales Werkzeug für den Fotoworkflow ein. Der Autor hat Filmwissenschaft und Informatik in Berlin und Paris studiert.

Marc Altmann

Lightroom-4-Praxis

Fotoworkflow mit
Adobe Photoshop Lightroom 4

dpunkt.verlag

Marc Altmann
mail@marcaltmann.com

Lektorat: Barbara Lauer, Bonn
Copy-Editing: Alexander Reischert, Redaktionsbüro Aluan, Köln
Herstellung: Nadine Thiele
Autorenfoto: Alexander Altmann
Umschlaggestaltung: Helmut Kraus, www.exclam.de
Druck und Bindung: L.E.G.O., S.p.a., Vicenza, Italien

Bibliografische Information der Deutschen Nationalbibliothek
Die Deutsche Nationalbibliothek verzeichnet diese Publikation in der Deutschen Nationalbibliografie; detaillierte bibliografische Daten sind im Internet über http://dnb.d-nb.de abrufbar.

ISBN 978-3-89864-832-5

1. Auflage 2012

Ringstraße 19B
69115 Heidelberg

5 4 3 2 1 0

Inhalt

18 Sicherung und Archivierung 395

Anhang 417

Index 423

Düne (Nikon D100 Raw)
Belichtung +0,7, Kontrast +35, Lichter -100, Tiefen +100, Klarheit +100, Weiß +55, Schwarz -60, Dynamik +100, Sättigung -35

Einleitung

»Ich glaube, daß das elektronische Bild den nächsten, größeren Fortschritt in der Bilderwelt darstellt. Derartige Systeme bringen die ihnen eigenen und unvermeidbaren Eigenschaften mit, und wieder werden der Künstler und der technisch orientierte Anwender sich bemühen, sie zu verstehen und zu beherrschen.« (Ansel Adams, Das Negativ, 1981)

Lightroom ist eine Software, die alle Arbeitsabläufe in Bezug auf Fotoverwaltung und -bearbeitung umfasst. Dies beginnt beim Einlegen der Speicherkarte in den Kartenleser und endet beispielsweise bei der Entnahme des Fotos aus dem Drucker. Der Aufbau dieses Buchs orientiert sich in erster Linie an der Reihenfolge dieser Arbeitsabläufe (dem »Workflow«), teilweise auch an Lightrooms Oberfläche.

Das Buch beginnt mit zwei *einführenden* Kapiteln. Kapitel 1 führt anhand eines Beispiels in die Arbeit mit Lightroom ein und erläutert die wichtigsten Benutzeroberflächenelemente. In Kapitel 2 folgt eine Einführung zu Fotoverwaltung und -entwicklung, die die technischen Grundlagen des Programms erläutert.

Die nächsten fünf Kapitel drehen sich um die *Fotoverwaltung*. In Kapitel 3 geht es zunächst um die wichtigsten Werkzeuge des Bibliothek-Moduls, anschließend werden in Kapitel 4 die Übertragung der Fotos von der Speicherkarte und der Import erläutert. Kapitel 5 befasst sich näher mit der Vergabe von Metadaten, den Zusatzinformationen über die Bilddateien. In Kapitel 6 geht es um die Bilddateien selbst und die Kataloge, über die sie verwaltet werden. Schließlich wird in Kapitel 7 die Organisation innerhalb von Lightroom erläutert.

Die folgenden beiden Kapitel befassen sich mit der *Bildbearbeitung* (in Lightroom auch Entwicklung genannt). Zuerst geht es in Kapitel 8 um die Werkzeuge im Entwickeln-Modul. Kapitel 9 erläutert die Bildbearbeitungsfunktionen im Detail.

Anschließend folgen sechs Kapitel zur *Ausgabe*. In Kapitel 10 werden zunächst die Grundlagen der Ausgabe und das Softproofing (die Simulation der Ausgabe) erklärt. Die Kapitel 11 bis 14 behandeln die vier Ausgabemodule Diashow, Drucken, Web und Buch. Kapitel 15 befasst sich mit dem Exportieren-Dialog und den Veröffentlichungsdiensten.

Bleiben noch drei Kapitel mit *spezielleren Themen:* In Kapitel 16 geht es um die Erstellung von Bilddateien für die Weiterbearbeitung mit anderen Programmen (z.B. Photoshop). Kapitel 17 befasst sich mit der Verwaltung und Bearbeitung von Videos in Lightroom, und in Kapitel 18 geht es schließlich um das Fotoarchiv und allgemein um die Sicherung.

Die wichtigsten neuen Funktionen von Lightroom 4

Karte-Modul (Kapitel 5.2)

- Zuweisen von Geokoordinaten, von Hand oder mithilfe einer Tracklog-Datei
- Fotos anhand von Geokoordinaten suchen oder anhand von Regionen filtern
- Umgekehrtes Geocoding (automatische Ermittlung von IPTC-Ortsmetadaten)

Buch-Modul (Kapitel 14)

- Gestaltung von Fotobüchern
- Hochladen an die Online-Druckerei *Blurb* oder Ausgabe im PDF- oder JPEG-Format

Erweiterte Videounterstützung (Kapitel 17)

- Abspielen in Lightroom, Zuschneiden
- Entwickeln, Exportieren und Veröffentlichen
- Einzelbild als JPEG speichern

Bildverwaltung

- Während der Kamerafernsteuerung ist es möglich, Fotos direkt für ein vorgegebenes Layout zu komponieren (Kapitel 4.4).
- Stapel jetzt in Sammlungen verwendbar (Kapitel 7.2)
- Flaggenmarkierungen funktionieren jetzt global (Kapitel 7.1).
- Neue Einstellungen für das DNG-Format: Lossy-Komprimierung, DNGs mit kleineren Abmessungen, spezielle Metadaten (Kapitel 6.10)

Entwicklungseinstellungen

- Komplett neue Tonwertkorrekturregler (Kapitel 9.2)
- Importieren und Bearbeiten von HDR-Bildern (ab Lightroom 4.1, Kästen Seite 98 und Seite 225)
- Gradationskurve-Palette mit separaten Punktkurven für die RGB-Kanäle (Kapitel 9.5)

- Mehr Entwicklungseinstellungen für Korrekturpinsel und Verlaufsfilter, inkl. der neuen Moiré-Korrektur (Kapitel 9.10)
- Vereinfachte Entfernung chromatischer Aberrationen (Kapitel 9.14)
- Neues Rand-entfernen-Werkzeug für Korrektur von Farbsäumen (ab Lightroom 4.1, Kapitel 9.14)

Ausgabe

- Softproofs ermöglichen eine Vorschau auf die Ausgabe (Kapitel 10.1).
- Überarbeitete Speicherung von Einstellungen in den Ausgabemodulen (Kapitel 10.5)
- Anpassung von Helligkeit und Kontrast von Farbprofilen im Drucken-Modul (Kapitel 12.3)
- Fotos per E-Mail versenden (Kapitel 15.2)

Geänderte Tastaturkürzel

- ⇧-V statt ⇧-S für Vorher-Nachher-Ansicht im Entwickeln-Modul (Kapitel 8.2)

Hinweise zur Benutzung dieses Buchs

Verweise im Anhang

Die Webadressen der im Buch erwähnten Software und die genauen Angaben zu erwähnter weiterer Literatur finden Sie im Anhang.

Webseite zum Buch

Unter http://www.dpunkt.de/lightroom4praxis finden Sie Fotos aus dem Buch zum Download, damit Sie einige der Beispiele selbst nachvollziehen und mit verschiedenen Einstellungen experimentieren können. Außerdem steht dort eine Linkliste zur Verfügung, über die Sie die im Anhang genannten Webadressen direkt erreichen, und eine vollständige Referenz der Tastaturbefehle.

Tastaturbefehle

Im Buch ist wegen der besseren Übersichtlichkeit in der Regel nur die Windows-Variante der Tastaturkürzel angegeben. Die Mac-Kürzel ergeben sich, indem Sie Strg durch ⌘ und Alt durch ⌥ ersetzen. Wo das nicht der Fall ist, werden die Mac-Kürzel direkt angegeben. Im laufenden Text sind nur die wichtigsten Tastaturbefehle vermerkt. Eine vollständige Referenz finden Sie auf der Website zum Buch.

Dank und Kontakt

Herzlichen Dank an Alexander Altmann, Ralph Altmann, Anna Grodecki und Barbara Lauer.

Bei Anregungen, Kritik oder Fragen können Sie mir per E-Mail schreiben: mail@marcaltmann.com.

1 Einführung

1.1 Lightroom in fünf Minuten

Erster Start

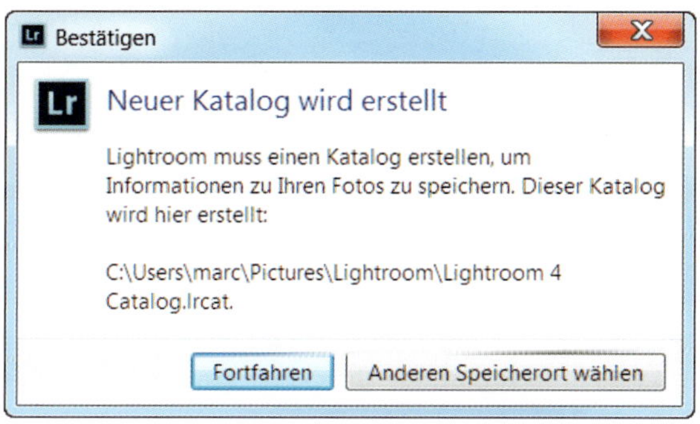

Abb. 1–1
Beim ersten Start von Lightroom wird ein neuer Katalog erstellt.

Wenn Sie Lightroom 4 zum allerersten Mal starten, sehen Sie als Erstes eine Meldung, dass ein neuer Katalog erstellt wird. Im Katalog speichert Lightroom alle Informationen zu Ihren Fotos. Lassen Sie diesen ruhig am vorgeschlagenen Ort erstellen. Sie können ihn jederzeit an eine andere Stelle verschieben.

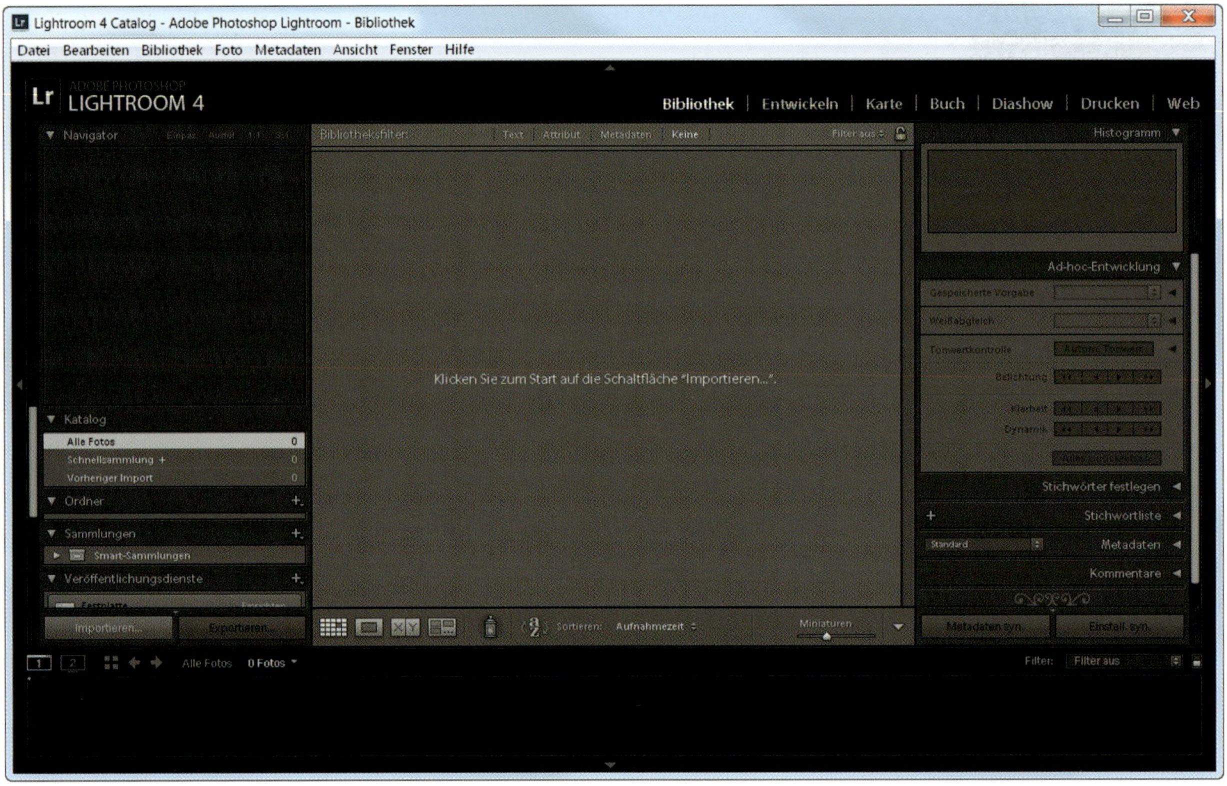

Abb. 1–2
Lightroom, noch ohne Fotos

Nachdem der Katalog erstellt wurde, sehen Sie Lightroom zunächst wie in Abb. 1–2. Dabei wird die Oberfläche in einem Fenster angezeigt. Mit der Taste [F] (zweimal hintereinander drücken) können Sie von der Fensteransicht in die Vollbildansicht wechseln. Zu Beginn ist Lightrooms Katalog leer. Fotos müssen immer erst importiert werden, bevor sie hier zu sehen sind. Über den Knopf *Importieren* unten links gelangen Sie zum Importieren-Dialog, mit dessen Hilfe Sie Fotos in Lightroom bringen können.

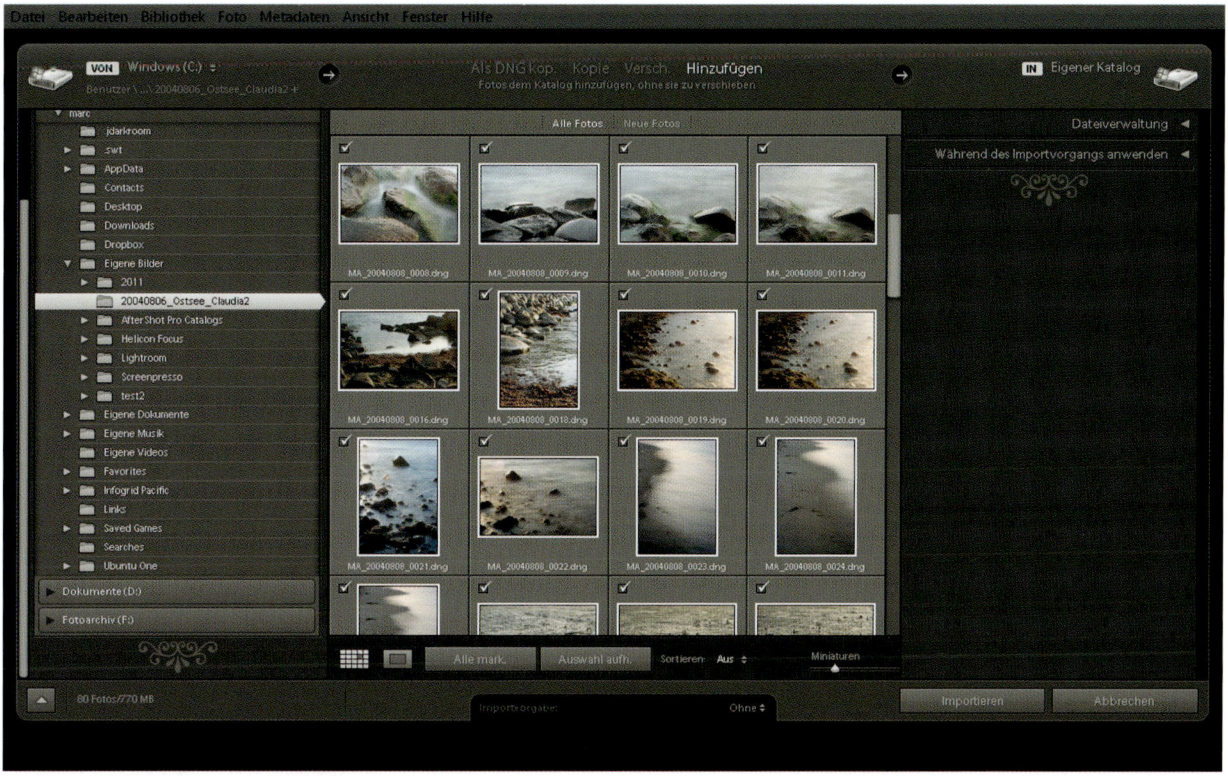

Abb. 1–3
Importieren-Dialog

Einen Ordner mit Fotos importieren

Sie haben sicherlich bereits Fotos auf Ihrer Festplatte. Nehmen wir an, darunter befindet sich ein Ordner mit Bildern von einem Wochenende am Meer, den Sie als Erstes importieren möchten. Den Ordner wählen Sie im Importieren-Dialog auf der linken Seite aus und klicken anschließend auf *Importieren* unten rechts (Abb. 1–3).

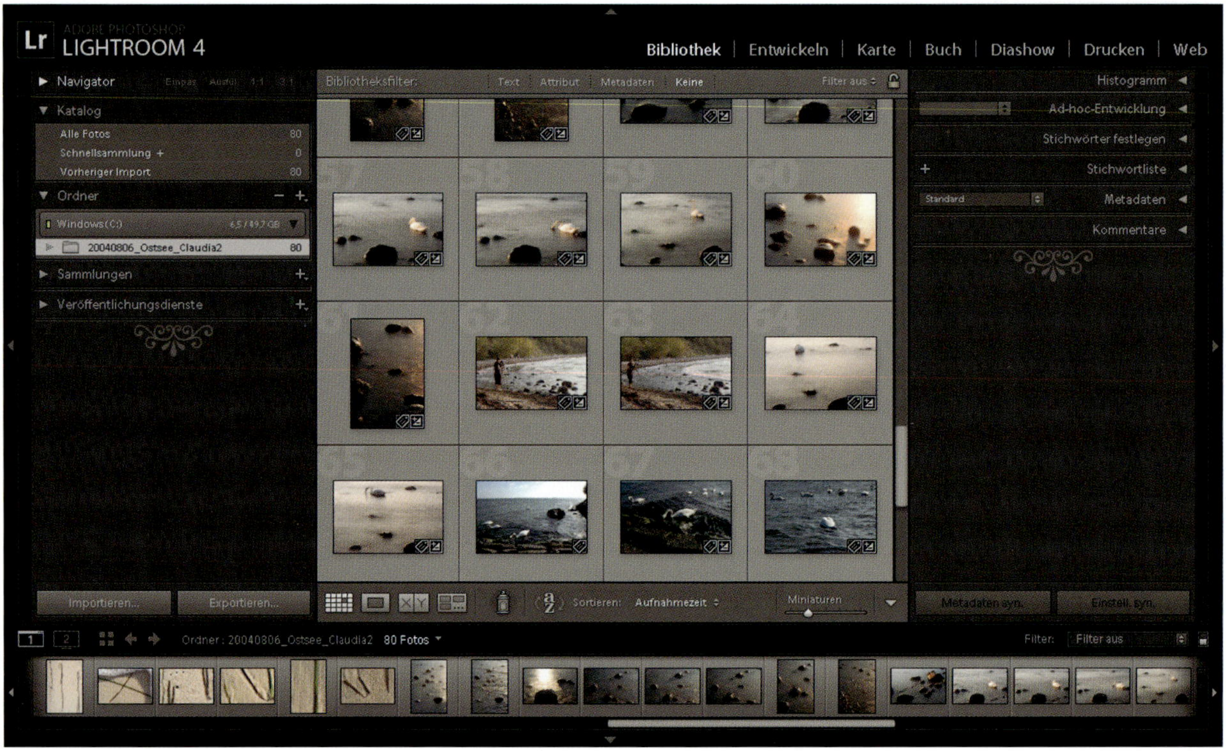

Abb. 1–4

Rasteransicht

Während des Imports erscheinen die Fotos nach und nach auf der Arbeitsfläche. Normalerweise sollte jetzt die Rasteransicht eingestellt sein. Dabei sind mehrere Fotos als Miniaturen zu sehen, wie Dias auf einem Leuchttisch (Abb. 1–4). Auf der linken Seite befindet sich in der Ordner-Palette der soeben importierte Ordner. Nur die importierten Ordner werden in dieser Palette angezeigt.

Abb. 1–5
Lupenansicht

Eine Auswahl treffen

Über einen Doppelklick auf ein Foto oder über die Taste E gelangen Sie in die Lupenansicht. Hier ist stets ein einzelnes Foto zu sehen. Mit den Pfeiltasten (links oder rechts) können Sie Bild für Bild durchsehen. Klicken Sie einmal auf ein Bilddetail, um das Foto auf 100 % heranzuzoomen (Abb. 1–5). Klicken Sie ein weiteres Mal, um wieder herauszuzoomen.

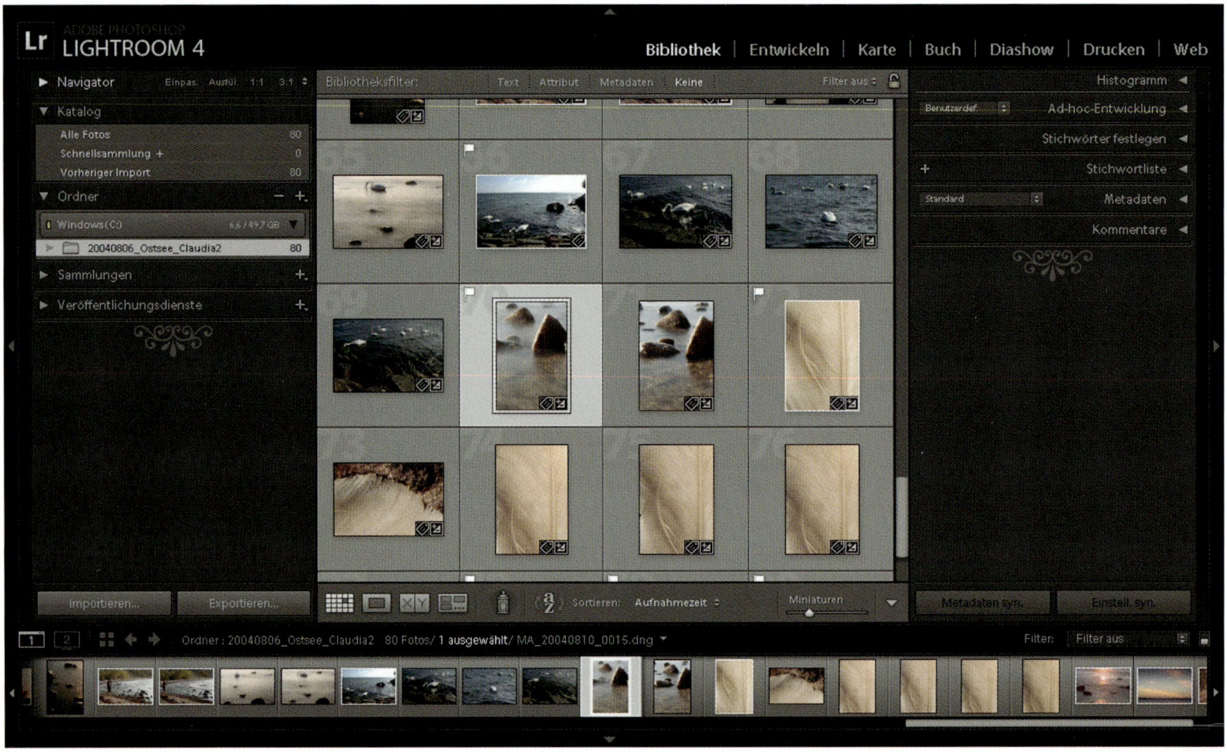

Abb. 1–6

Fotos mit Flagge markieren

Während Sie die Fotos durchsehen, können Sie diese mit der Taste P (»Herauspicken«) als Favoriten markieren. Das können Sie auch in der Rasteransicht erledigen, in der Sie sich eben noch befunden haben. Zu dieser kehren Sie über die Taste G zurück. Markierte Fotos werden dort mit einer weißen Flagge in der Miniatur dargestellt (Abb. 1–6).

Abb. 1–7

Neue Sammlung anlegen

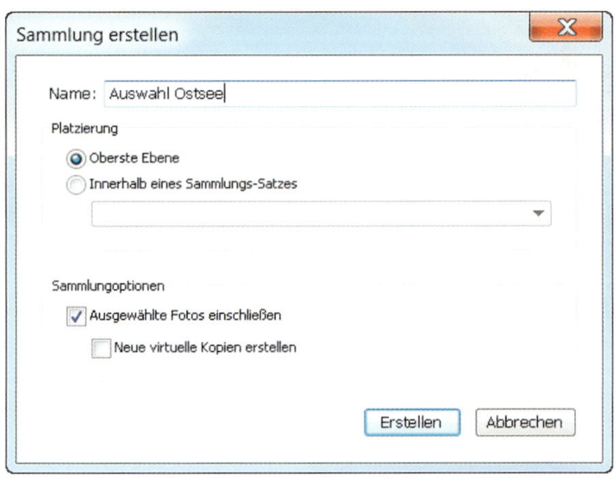

Jetzt können Sie die Favoriten als neue Sammlung speichern. Sammlungen erlauben Ihnen, Fotos unabhängig von Ordnern zu gruppieren. Wählen Sie alle markierten Fotos über *Markierte Fotos auswählen* im Bearbeiten-Menü. Drücken Sie jetzt Strg-N oder wählen Sie *Neue Sammlung* im Bibliothek-Menü. Stellen Sie im folgenden Dialog sicher, dass die ausgewählten Fotos in die Sammlung eingeschlossen werden (Abb. 1–7). Die neue Sammlung erscheint auf der linken Seite in der Sammlungen-Palette und wird dabei gleich ausgewählt.

Fotos entwickeln

Anschließend möchten Sie vielleicht die favorisierten Fotos etwas bearbeiten. Dazu müssen Sie sich ins Entwickeln-Modul begeben. Im Moment befinden Sie sich im Bibliothek-Modul. Oben rechts können Sie in eines der anderen Module wechseln. Klicken Sie dort auf *Entwickeln* oder drücken Sie D wie »Develop«.

Abb. 1–8
Entwickeln-Modul

Das Entwickeln-Modul ist etwas anders aufgebaut. Vor allem unterscheiden sich die Paletten links und rechts. Außerdem steht das einzelne Foto im Vordergrund. Sie sehen aber nach wie vor am unteren Bildschirmrand den sogenannte Filmstreifen: Er ist in jedem Modul vorhanden und enthält immer die Fotos, mit denen Sie gerade arbeiten wollen. Normalerweise sollten hier jetzt die Fotos der neuen Sammlung zu sehen sein; wenn nicht, klicken Sie die Sammlung in der Sammlungen-Palette an.

Abb. 1–9
Entwickeltes Foto

Wählen Sie eines der Fotos im Filmstreifen aus, das Sie bearbeiten möchten. Auf der rechten Seite befinden sich alle Paletten zum Entwickeln eines Fotos – und fast ganz oben die wichtigste: die Grundeinstellungen-Palette. Das Foto in Abb. 1–8 soll nun etwas nachbearbeitet werden. Es ist zu dunkel, recht flau und könnte etwas mehr Farbe gebrauchen. Daher verstelle ich drei grundlegende Regler: *Belichtung* +1,34 EV (nach rechts immer erhöhen oder heller), *Kontrast* +72, *Dynamik* +50 (Abb. 1–9).

Abb. 1–10
Freigestelltes Foto

Jetzt soll das Bild noch freigestellt werden. Drücken Sie hierzu [R] oder klicken Sie auf das Symbol ganz links im Streifen mit den Symbolen unterhalb des Histogramms (Abb. 1–10). Mit der Maus lässt sich nun die Größe des Ausschnitts verändern oder der Ausschnitt verschieben. Wenn Sie die Maus außerhalb des Ausschnitts bewegen, können Sie das Foto drehen, indem Sie klicken und ziehen. Alle Bearbeitungen in Lightroom, auch das Freistellen, können Sie später wieder rückgängig machen.

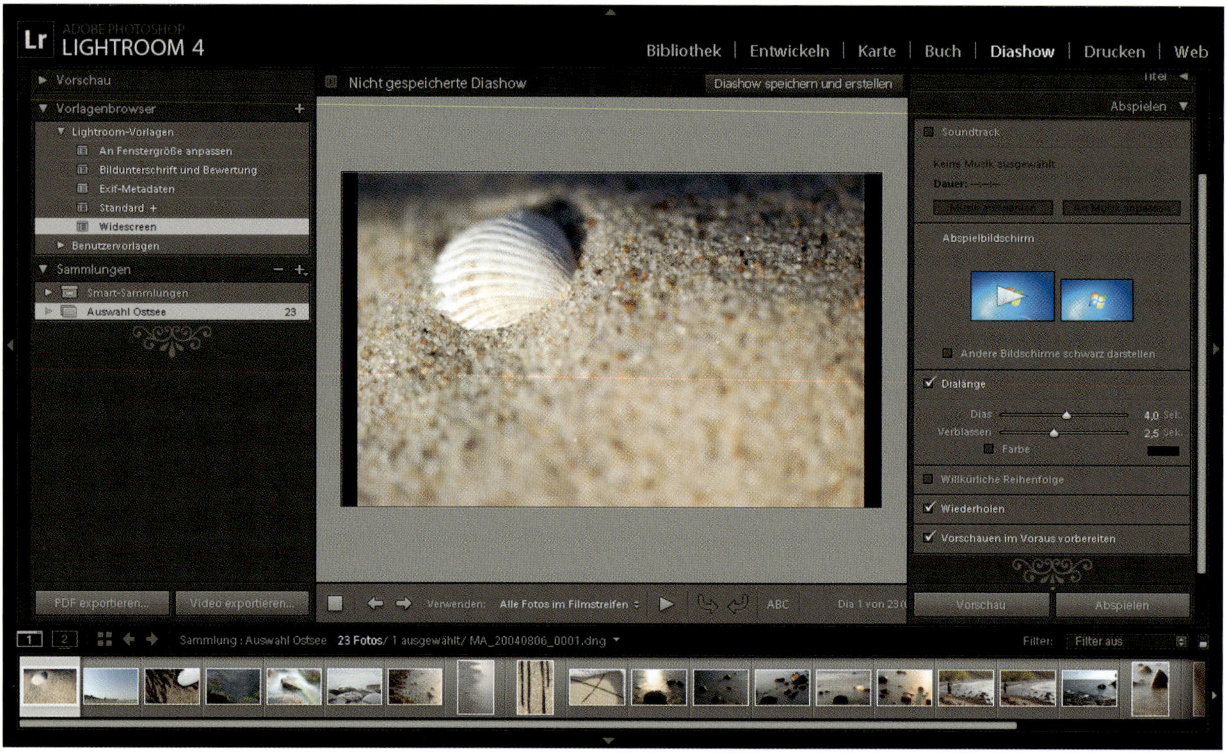

Abb. 1–11
Im Diashow-Modul

Eine Diashow ansehen

Nehmen wir an, Sie wollen nach der Bearbeitung Ihrer Favoriten eine Diashow dieser Fotos ansehen. Wechseln Sie dazu ins Diashow-Modul. Wählen Sie dort eine Vorlage aus der Palette *Vorlagenbrowser* auf der linken Seite aus, z. B. *Widescreen*. In der Palette *Ausgabeeinstellungen* unten rechts können Sie noch die Anzeigedauer pro Diafolie einstellen. Klicken Sie dann auf den Abspielen-Knopf unten rechts, sodass die Diashow abgespielt wird. Verlassen Sie die Diashow mit Esc.

Abb. 1–12
Bibliothek-Modul mit Stichwörter-eingeben-Palette

Fotos auffindbar machen

Im Bibliothek-Modul, das Sie über G erreichen, können Sie dafür sorgen, dass Sie Ihre Fotos auch in einigen Jahren noch finden werden. Auf der rechten Seite befindet sich die Stichwörter-eingeben-Palette. Geben Sie hier in das große Textfeld für jedes Foto zwei bis vier Stichworte ein, die den Bildinhalt am besten beschreiben (stellen Sie sich vor, Sie müssten übers Telefon jemandem das Bild mit ein paar Worten vermitteln). Die Stichwörter werden durch Kommas getrennt (Abb. 1–12).

Schnitt. Ein paar Jahre später. Die Freundin, die damals mit Ihnen verreist ist, fragt, ob Sie ihr das Foto mit der Muschel im Sand schicken können. Mittlerweile sind ein paar Jahre vergangen. Das Foto haben Sie zwar immer noch vor Augen, aber das nützt Ihnen bei der Suche nichts. Hier kommen nun die Stichwörter ins Spiel.

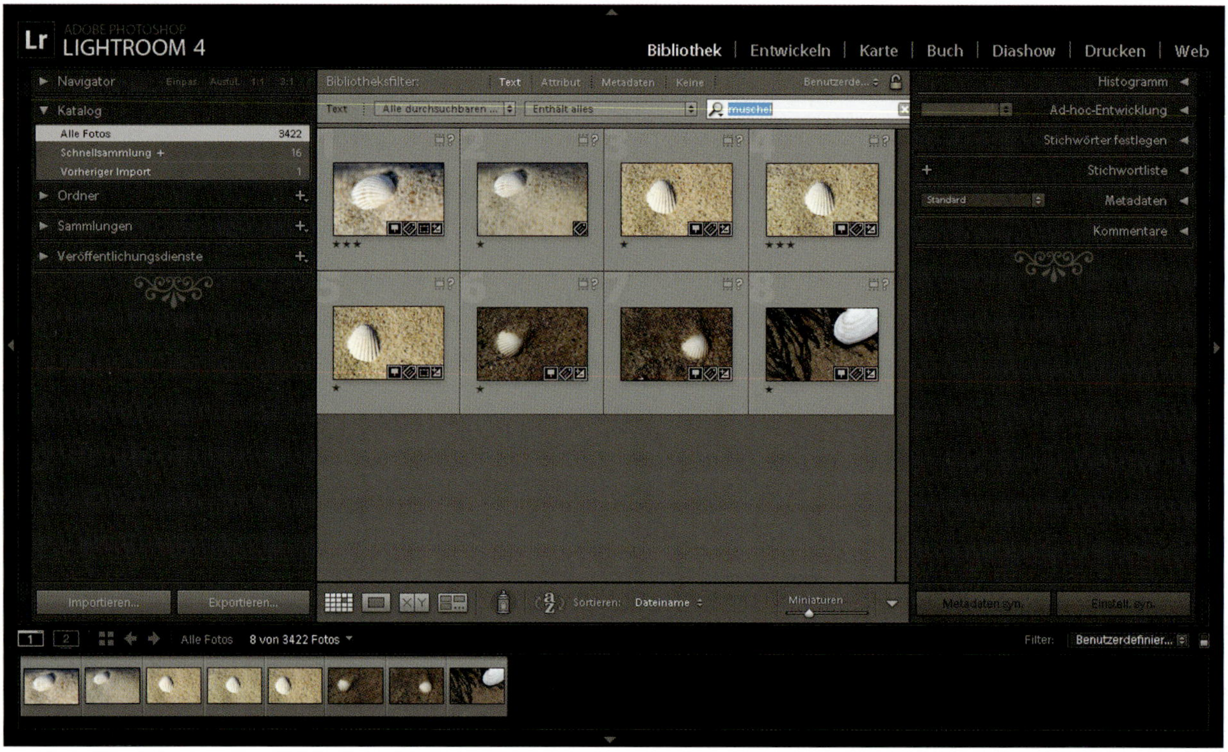

Abb. 1–13
Suche im Bibliothek-Modul

Im Bibliothek-Modul wählen Sie *Suchen* im Bibliothek-Menü oder drücken Strg-F, sodass sich das Suchfeld öffnet (Abb. 1–13). Dort geben Sie den Suchbegriff »Muschel« ein. Lightroom zeigt daraufhin alle Fotos an, die diesen Begriff enthalten. Darunter sollte das gesuchte Bild schnell auszumachen sein.

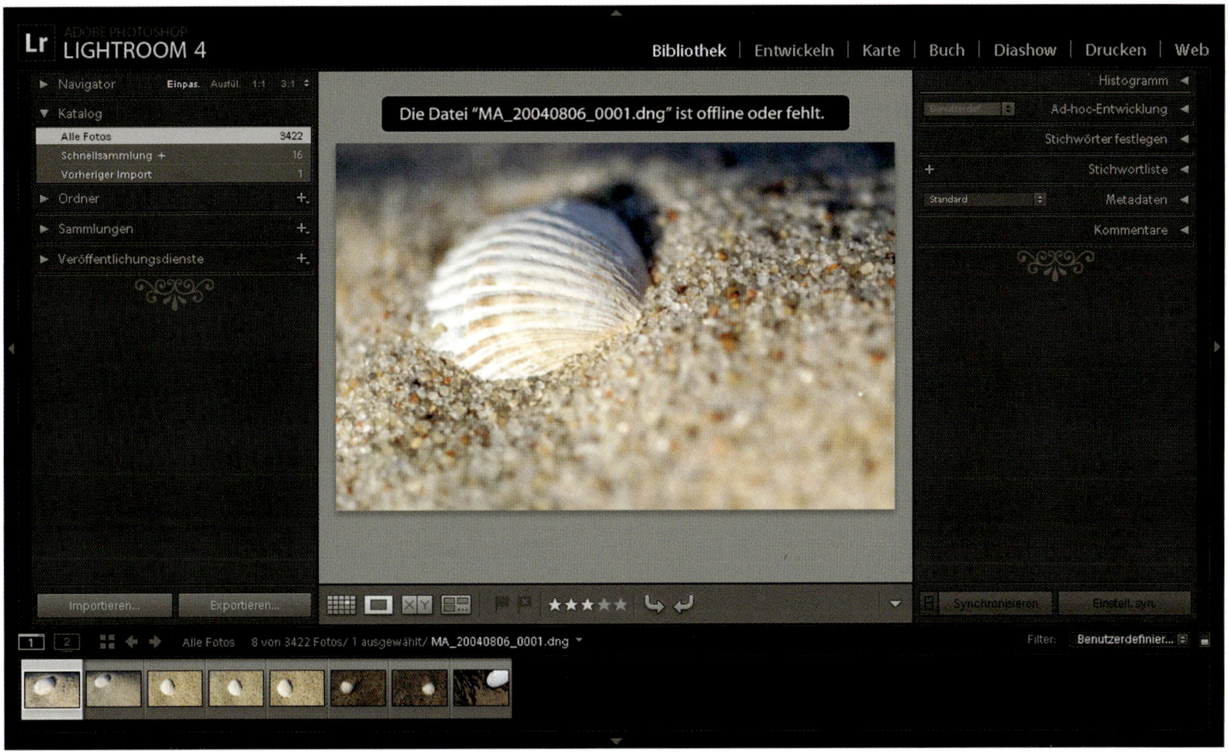

Abb. 1–14
Lightroom kann auf ein Bild nicht zugreifen.

Nun haben Sie allerdings Ihre älteren Fotos auf einer externen Festplatte gespeichert, die im Moment nicht angeschlossen ist. Wenn Sie mit dem Foto in die Lupenansicht gehen, zeigt Lightroom daher an, dass das Foto **offline** ist, dass es also die Bilddatei nicht finden kann (Abb. 1–14). Lightroom konnte allerdings über den Katalog das Foto finden und auch anzeigen, obwohl die Festplatte nicht angeschlossen war.

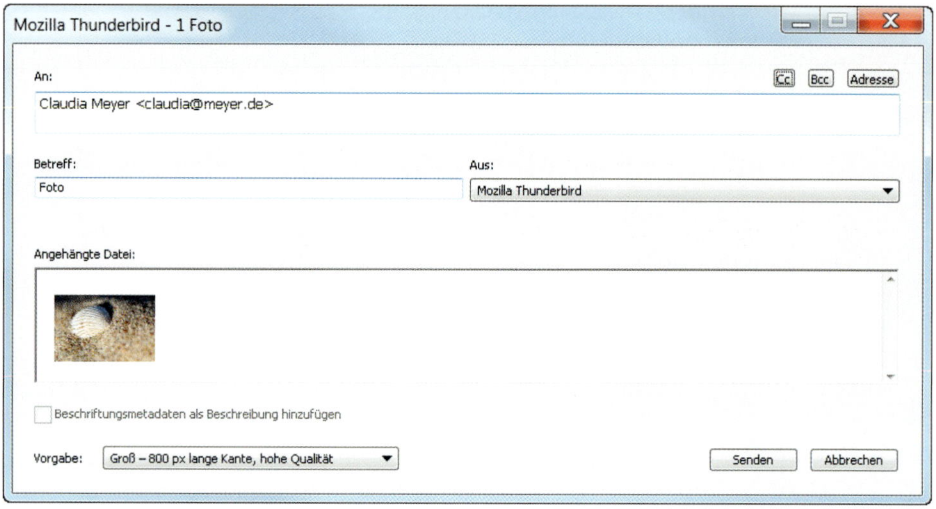

Abb. 1–15
E-Mail-Dialog

Foto per E-Mail verschicken
Um das Foto per E-Mail zu verschicken, braucht Lightroom Zugriff auf die Bilddatei. Daher muss die Festplatte jetzt angeschlossen werden. Anschließend wählen Sie das Foto aus und dann *Foto als E-Mail senden* im Datei-Menü (siehe Abb. 1–15). Lightroom ruft nach dem Klick auf *Senden* Ihr E-Mail-Programm auf, wo Sie den Versand der Mail noch bestätigen müssen.

1.2 Was ist was in Lightroom?

Nach dem kurzen Überblick im vorhergehenden Abschnitt soll nun etwas tiefer in das Programm eingetaucht werden. Ich will Sie an dieser Stelle konkret mit den wichtigsten Konzepten und Oberflächenelementen von Lightroom vertraut machen.

Module

Lightrooms größte Eigenart ist das Modulkonzept: Für verschiedene Aufgaben gibt es verschiedene Programmbereiche. Bei Lightroom stehen damit Aufgaben im Mittelpunkt. Bei anderen Programmen steht eher das Dokument (Textverarbeitung) oder das Projekt (Videoschnittprogramm) im Zentrum. Einen Überblick über die Aufgaben, für die jeweils die Module zuständig sind, finden Sie in Tabelle 1–1.

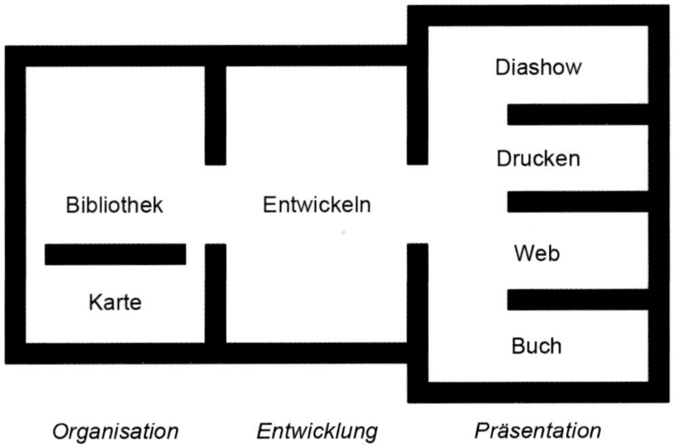

Abb. 1–16
Module. Man kann sich Lightrooms Module so vorstellen wie die verschiedenen Räume eines Fotoateliers. Man muss einen Raum betreten (und damit zwangsläufig einen anderen verlassen), um in ihm zu arbeiten.

Bibliothek	Importieren, Aussortieren und Bewerten, Organisieren, Metadaten zuweisen, Veröffentlichen auf Social-Media-Webseiten
Karte	Geografische Koordinaten zuweisen
Entwickeln	Entwickeln und Retuschieren von einzelnen Fotos
Diashow	Diashows zusammenstellen und abspielen oder als Video ausgeben
Drucken	Druckbögen gestalten und direkt oder in Datei drucken
Web	Webgalerien in HTML und Flash produzieren
Buch	Fotobücher gestalten und direkt bestellen

Tab. 1–1
Jedes Modul ist für spezielle Aufgaben zuständig.

Über den Modulwähler (siehe Abb. 1–17) gelangen Sie per Mausklick in die einzelnen Module. In Lightroom 4 lassen sich jetzt auch einzelne Module verbergen, falls Sie eines der Module nie verwenden sollten. Klicken Sie dazu mit der rechten Maustaste auf den Modulwähler. Mit den Tasten G und E gelangen Sie von überall ins Bibliothek-Modul (Raster- oder Lupenansicht), mit D hingegen ins Entwickeln-Modul.

Abb. 1–17
Modulwähler
A) Standardaussehen mit allen Modulen
B) Individuelle Variante mit Erkennungstafel und zwei verborgenen Modulen

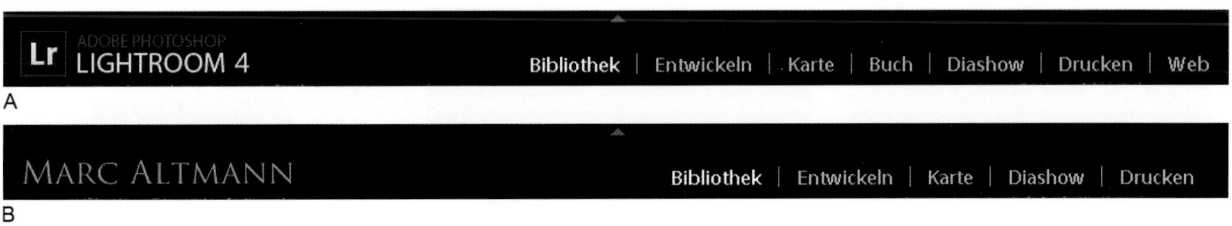

Oberflächenelemente

Die Lightroom-Oberfläche besteht aus der Arbeitsfläche und vier Außenbereichen (oben, unten, rechts und links). Diese sind:

- der Modulwähler (oben)
- die seitlichen Bereiche mit den Paletten (links und rechts)
- der Filmstreifen

Dies gilt für jedes Modul. Modulwähler und Filmstreifen sind stets gleich, aber jedes Modul hat seine eigenen Paletten links und rechts.

Erkennungstafel

Das Lightroom-Logo auf der linken Seite des Modulwählers können Sie durch eine sogenannte Erkennungstafel ersetzen. Dies ist ein Schriftzug oder eine Grafik mit dem eigenen Namen oder Logo (siehe Abb. 1–17 B). Über *Bearbeiten ▷ Einrichtung der Erkennungstafel* rufen Sie den Erkennungstafel-Editor auf, mit dem Sie mehrere Erkennungstafeln erzeugen und verwalten können. Mit den Erkennungstafeln ist die Lightroom-Oberfläche personalisierbar. Neben dieser rein oberflächlichen Funktion kann man Erkennungstafeln in den Ausgabemodulen auch einsetzen, um das eigene Logo z. B. in einer Webgalerie zu verwenden.

Paletten

Die einzelnen Paletten unterscheiden sich zwar von Modul zu Modul, aber generell sind die Paletten auf der linken Seite für die Auswahl von Fotos oder das Speichern und Abrufen von Vorgaben da, während man mit denen auf der rechten Seite Einstellungen am Foto oder z. B. an der Diashow vornimmt oder Werte abliest. Die Paletten auf der rechten Seite sind

Abb. 1–18
Paletten
A/B) Umfangreichere Paletten sind häufig unterteilt. Dann lassen sich in der Regel die einzelnen Abschnitte auf- und zuklappen.
C) Die »durchlöcherten« Dreiecke rechts vom Palettentitel zeigen an, dass der Solomodus eingeschaltet ist.

in der Regel so angeordnet, dass man sie von oben nach unten durcharbeiten kann.

Eine einzelne Palette klappen Sie mit einem Klick auf den Titel auf oder zu. Über das Kontextmenü (rechte Maustaste bzw. Mausklick bei gedrückter Ctrl-Taste auf Macs mit Ein-Tasten-Maus) können Sie den **Solomodus** einschalten – dadurch bleibt immer nur eine Palette geöffnet: Wird eine neue aufgeklappt, schließt sich die zuletzt geöffnete. So bleibt die Oberfläche übersichtlicher, weshalb ich den Solomodus für fast alle Bedienfelder eingeschaltet habe. Sie können den Modus kurzzeitig umgehen und mehrere Paletten öffnen, wenn Sie dabei ⇧ gedrückt halten (hierzu nicht auf das Dreieck, sondern direkt auf den Titel klicken).

Einzelne Paletten können Sie über das Kontextmenü auch völlig ausblenden, sodass von ihnen nicht einmal der Titel zu sehen ist. Ich habe beispielsweise die Kommentare-Palette im Bibliothek-Modul normalerweise ausgeblendet, da ich sie selten benötige.

Abb. 1–19
Filmstreifen

Filmstreifen

Um in den einzelnen Modulen überhaupt arbeiten zu können, benötigen Sie den Filmstreifen. Im Bibliothek-Modul wählen Sie zunächst über die Paletten auf der linken Seite die Fotos aus, die im Filmstreifen angezeigt werden – das heißt, Sie stellen die Quelle ein, aus der dieser seine Fotos bezieht. In den anderen Modulen wählen Sie dann über den Filmstreifen die Fotos aus, mit denen Sie arbeiten möchten.

A

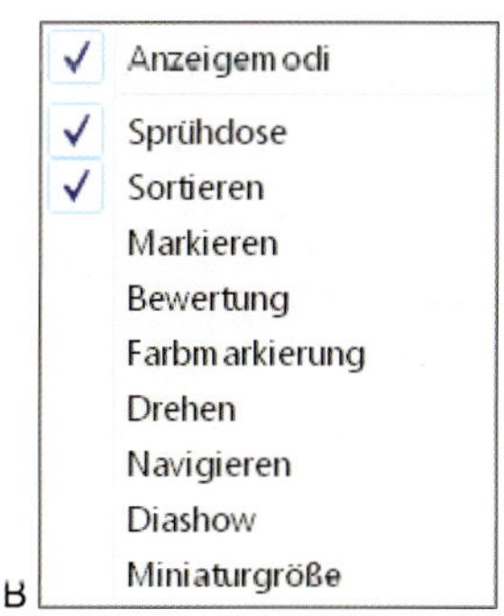

B

Abb. 1–20
Werkzeugleiste
A) Im Bibliothek-Modul
B) Aufklappmenü zum Wählen der Elemente

Werkzeugleiste

Neben den Paletten enthält die **Werkzeugleiste** wichtige Funktionen und Informationen. Sie befindet sich am unteren Ende der Arbeitsfläche. Ihr Inhalt ist ebenfalls vom Modul abhängig. Die Werkzeugleiste blendet man mit der Taste [T] ein und aus. Die Elemente, die diese konkret anzeigt, wählt man über das Dreieck auf der rechten Seite. Ich habe hier nur die Funktionen eingestellt, die ich wirklich benutze – meist geht das Arbeiten mit Tastaturbefehlen schneller von der Hand.

Außenbereiche verbergen

Alle vier Außenbereiche, also Modulwähler, Palettenbereiche links und rechts sowie Filmstreifen, lassen sich verbergen, um der Arbeitsfläche mehr Raum zu geben. Dazu klicken Sie auf das kleine Dreieck am jeweiligen Bildschirmrand (siehe Abb. 1–21). Ein ausgeblendeter Bereich wird wieder eingeblendet, indem man mit der Maus an den entsprechenden Bildschirmrand fährt. Auf diese Weise kann man ohne störende Elemente arbeiten und hat trotzdem die Möglichkeit, relativ schnell an sie heranzukommen. Am schnellsten lassen sich die Außenbereiche mithilfe von Tastaturbefehlen ein- oder ausblenden: [F5] bis [F8] blendet die vier Bereiche einzeln ein oder aus. [Tab] ist für beide seitlichen Bereiche gemeinsam zuständig und [⇧]-[Tab] schaltet alle vier gleichzeitig um.

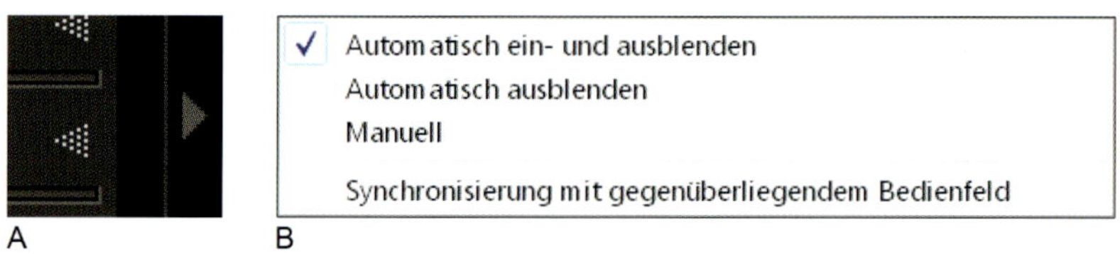

Abb. 1–21
Außenbereiche verbergen
A) Rand eines Bereichs mit Dreieck
B) Kontextmenü mit Einstellungen für einen Bereich

Sie können die Außenbereiche weiter konfigurieren, indem Sie über eines der kleinen Dreiecke das Kontextmenü aufrufen (also die rechte Maustaste drücken). Über *Synchronisierung...* können Sie beispielsweise zwei gegenüberliegende Bereiche aneinanderkoppeln, sodass sie stets zusammen ein- oder ausgeblendet werden.

Oberfläche verdunkeln

Anstatt die Außenbereiche auszublenden, können Sie die Benutzeroberfläche auch schrittweise abdunkeln: über [L] mit einem der beiden Modi *Gedämpftes Licht* oder *Licht aus*. Dadurch ist die Oberfläche nur schwach bzw. gar nicht mehr zu sehen, lediglich die Arbeitsfläche oder das ausgewählte Foto bleibt hell. Farbe und Abdunklungsgrad für den Modus *Gedämpftes Licht* können Sie in den Voreinstellungen (siehe unten) unter *Oberfläche* angeben.

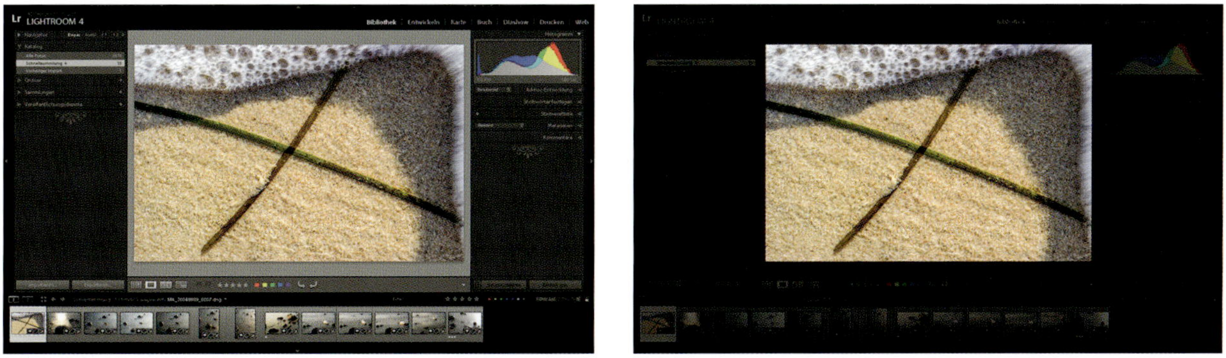

A B

Abb. 1–22
Oberfläche verdunkeln
A) Normale Ansicht
B) Gedämpftes Licht

Bildschirmmodus und Zweimonitorbetrieb

Die Lightroom-Oberfläche kann in einem normalen Fenster, bildschirmfüllend mit Menüleiste oder im Vollbildmodus ohne Menüleiste angezeigt werden. Den Bildschirmmodus stellen Sie am besten über die Taste F oder über das »1«-Symbol links oben im Filmstreifen ein (siehe Abb. 1–24). Ein etwas schwer zu merkendes, aber meiner Erfahrung nach sehr nützliches Kürzel ist Strg-⇧-F: Dieses schaltet in den Vollbildmodus und blendet dabei alle Außenbereiche aus. Bei zweiter Betätigung schaltet es in den Fenstermodus und blendet die Außenbereiche wieder ein, die vorher angezeigt wurden.

Abb. 1–23
Haupt- und Sekundäranzeige. Die Sekundäranzeige (rechts) eignet sich am besten für einen zusätzlichen Monitor.

Lightrooms Oberfläche besteht immer aus der Hauptanzeige, wie Sie sie in Abb. 1–2 bis Abb. 1–14 sehen konnten, und wahlweise aus einer »Sekundäranzeige«. Diese ist in erster Linie für die Arbeit mit zwei Monitoren vorgesehen, kann aber auch in einem zusätzlichen Fenster mit nur einem Monitor benutzt werden. Die Sekundäranzeige ist eine unterstützende Arbeitsfläche: Sie können auf ihr alle Ansichten des Bibliothek-Moduls anzeigen, nicht aber die Entwickeln- oder Ausgabemodule.

A

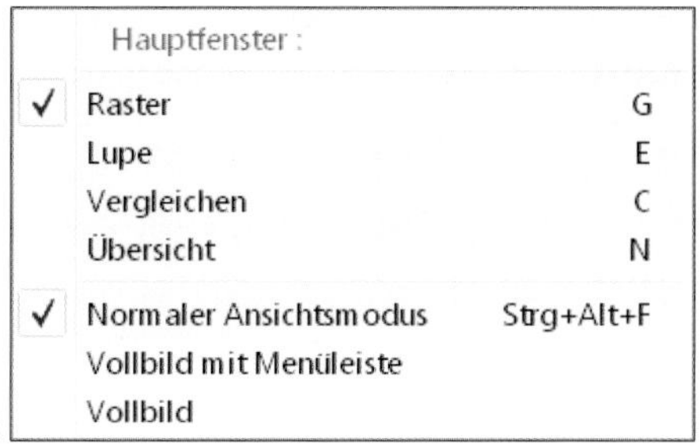

B

Abb. 1–24
Steuerung der Bildschirmmodi
A) Über diese beiden Symbole gelangen Sie zu den Aufklappmenüs für Haupt- und Sekundäransicht.
B) Aufklappmenü für die Hauptansicht

Ein- und ausschalten lässt sich die Sekundäranzeige durch einen Klick auf das »2«-Symbol links oben im Filmstreifen. Auf einem zweiten Monitor lässt sich die Anzeige im Vollbild- oder Fenstermodus betreiben (ähnlich wie bei der Hauptanzeige), auf nur einem Monitor steht lediglich der Fenstermodus zur Verfügung. Die Anzeige können Sie unter Windows auch mithilfe von F11 ein- oder ausschalten. Auf dem Mac müssen Sie zusätzlich ⌘ gedrückt halten.

Welcher der angeschlossenen Monitore als erster und welcher als zweiter Monitor eingestellt ist, wird in den Betriebssystemeinstellungen festgelegt. Unter Windows lässt sich dies in der Systemsteuerung unter *Anzeige* einstellen – hinter dem Reiter *Einstellungen*. Mit *Dieses Gerät als primären Monitor verwenden* lässt sich der Hauptmonitor zuordnen. Auf dem Mac geht man unter *Systemeinstellungen* ▹ *Monitore* auf *Anordnen*. Der Monitor mit der angedeuteten Menüleiste ist der Hauptmonitor. Um ihn zu ändern, zieht man die Menüleiste mit der Maus auf den gewünschten Monitor.

Mehr zu den einzelnen Ansichten und den Besonderheiten der Sekundäranzeige finden Sie ab Seite 81.

Vorgaben und Voreinstellungen

In Lightroom müssen Sie oft sehr viele Einstellungen für einzelne Arbeitsschritte vornehmen, beispielsweise beim Importieren oder beim Entwickeln von Fotos. Solche Einstellungen können Sie fast immer als **Vorgaben** (an einigen Stellen auch »Vorlagen« genannt) speichern, um sie später dann erneut abzurufen. Es gibt in Lightroom Vorgaben für alle möglichen Arten von Einstellungen: Filtervorgaben, Import- und Exportvorgaben, Metadatenvorgaben, Entwicklungsvorgaben und zahlreiche mehr. Viele sind bereits voreingestellt.

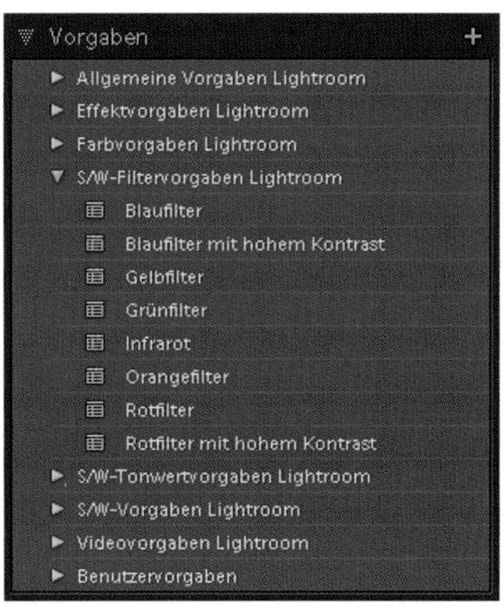

Abb. 1–25
Entwicklungsvorgaben. Hinter den Vorgaben verbergen sich manchmal Dutzende Einstellungen.

Vorgaben sind einer der Schlüssel für eine komfortable Arbeit mit Lightroom, da sonst die ständige Beschäftigung mit den vielen Einstellungen schnell sehr aufwändig und damit nervtötend werden kann. Zudem vermeiden Vorgaben Fehler und inkonsistente Ergebnisse. Ich bemühe mich beim Erstellen der Vorgaben in der Regel um eine möglichst intuitive und einfache Namensgebung, die eben nicht die eigentlichen Einstellungen wiederholt, sondern den Zweck angibt: Statt »800 × 600, JPEG, sRGB« bei einer Exportvorgabe würde ich also schreiben: »für E-Mail«. So muss ich mir beim Aufrufen keine Gedanken mehr um die Details machen.

In den Voreinstellungen (siehe unten und Abb. 1–26) können Sie sich den Ordner anzeigen lassen, in dem Lightroom alle Vorgaben speichert. Um Vorgaben auf einen anderen Computer zu übertragen, ziehen Sie sie einfach vom Ordner des einen Computers in den des anderen.

Neben den Vorgaben gibt es in Lightroom weitere Einstellmöglichkeiten. Die Wichtigste ist der normale Voreinstellungen-Dialog, in dem das grundlegende Programmverhalten festgelegt wird. Unter Windows ruft man diesen Dialog über *Bearbeiten* ▹ *Voreinstellungen* (Strg - U) auf, unter Mac OS über *Lightroom* ▹ *Voreinstellungen* (⌘ - U).

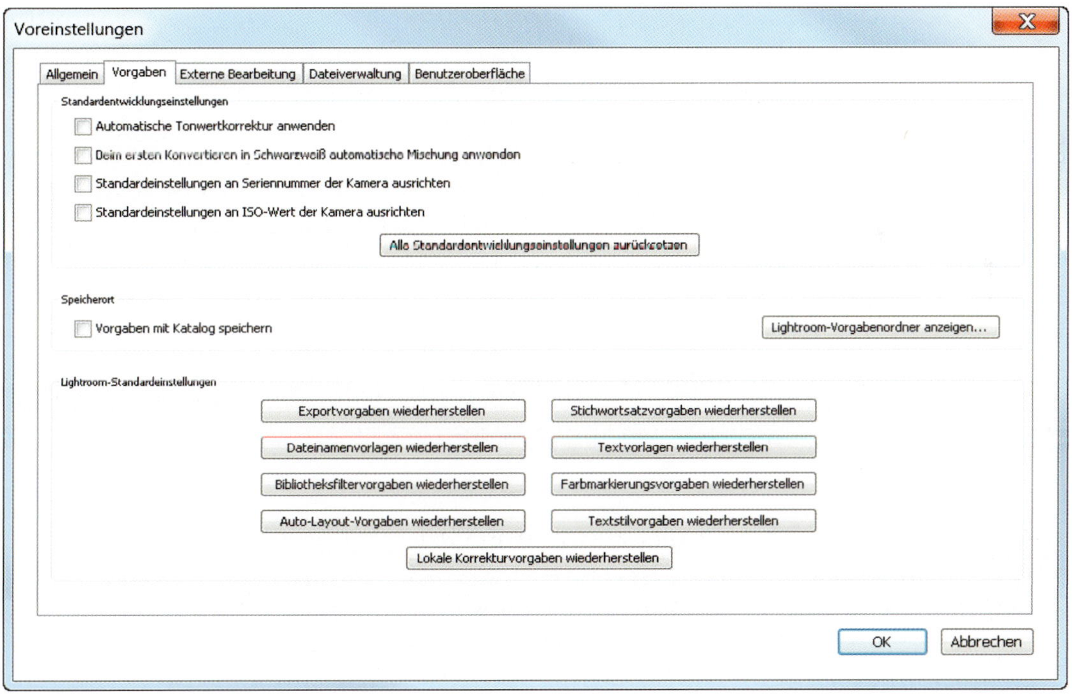

Abb. 1–26
Voreinstellungen. Hier nehmen Sie Einstellungen für das Verhalten des Programms vor.

Daneben gibt es Einstellungen für die Ansichten im Bibliothek- und Entwickeln-Modul, die separat unter *Ansicht* ▹ *Ansicht-Optionen* festgelegt werden. Weiterhin wird Lightrooms Verhalten über die Katalogeinstellungen beeinflusst, die sich über *Bearbeiten* ▹ *Katalogeinstellungen* (Windows) bzw. *Lightroom* ▹ *Katalogeinstellungen* (Mac) aufrufen lassen. Die Katalogeinstellungen beziehen sich immer nur auf den gerade geöffneten Katalog.

Ich werde im Buch immer wieder auf solche Einstellungen eingehen, sodass Sie Lightroom nach Ihren Wünschen konfigurieren können. Außerdem finden Sie im Anhang eine Übersicht zu allen Einstellungen.

Zusatzmodule

Lightrooms Funktionalität ist durch Zusatzmodule erweiterbar. Diese Programmerweiterungen (Add-ons, Plug-ins …) sind Ihnen sicher aus anderen Programmen, beispielsweise Mozilla Firefox, bekannt. Die Zusatzmodule fügen Funktionen an verschiedenen Stellen von Lightroom hinzu, vorwiegend jedoch im Bibliothek-Modul. »Zusatzmodule« klingt so, als könne man zusätzliche Module zu den sieben Modulen im Modulwähler installieren. Dies ist aber nicht möglich.

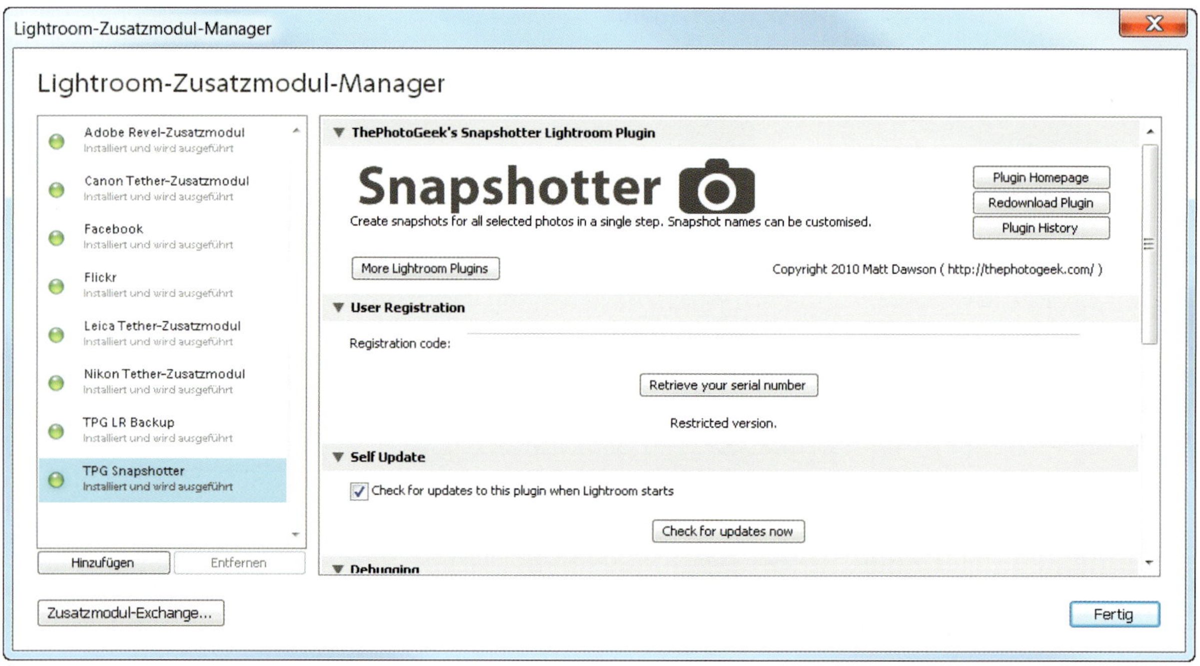

A

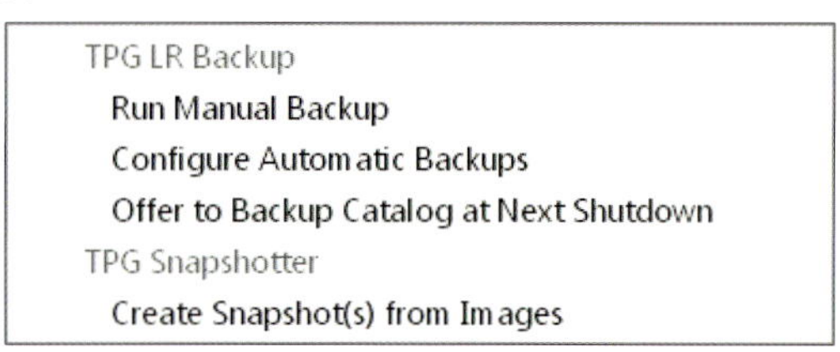

B

Abb. 1–27

Zusatzmodule

A) Der Zusatzmodul-Manager. Einige Zusatzmodule gehören bereits zum Lieferumfang.

B) Auf einige Funktionen von Zusatzmodulen greift man über das Menü »Datei ▹ Zusatzmoduloptionen« zu.

Um Zusatzmodule zu installieren, kann man den Zusatzmodul-Manager (*Datei ▹ Zusatzmodul-Manager*, siehe Abb. 1–27) benutzen. Dort können Sie über den Hinzufügen-Knopf ein neues Zusatzmodul installieren, egal wo es sich auf der Festplatte befindet; Lightroom muss dann allerdings auch in Zukunft auf die Stelle zugreifen können. Ich lege Zusatzmodule lieber direkt in den Unterordner *Modules* des Lightroom-Programmordners. Denn so werden sie nach einem Neustart von Lightroom automatisch erkannt. Die Pfade lauten:

- Windows: *C:\Programme\Adobe\Adobe Photoshop Lightroom 4\Modules*
- Mac: */Library/Application Support/Adobe/Lightroom/Modules*

Über den Knopf *Zusatzmodul-Exchange* im Zusatzmodul-Manager gelangen Sie zur Adobe-Webseite *Lightroom Exchange,* auf der Zusatzmodule und andere Erweiterungen angeboten werden. Weitere Webadressen finden Sie im Anhang. Im Verlauf des Buchs werde ich einige Zusatzmodule vorstellen. Falls Sie an der Entwicklung von Zusatzmodulen interessiert sind, finden Sie ebenfalls im Anhang die Adresse der Adobe-Webseite für Lightroom-Entwickler.

Tipps und Tricks

Rückgängig machen und wiederholen

Auch wenn es aus einem unerfindlichen Grund in Lightroom nicht so offensichtlich ist: Sie können wie bei anderen Programmen auch in allen Modulen die meisten Aktionen rückgängig machen (*Bearbeiten ▹ Rückgängig*) und danach gegebenenfalls wiederholen (*Wiederholen*). Die Tastaturbefehle [Strg]-[Z] bzw. [Y] (Mac: [⌘]-[⇧]-[Z]) machen dasselbe.

Hilfe

Im Hilfe-Menü finden Sie einige Hilfsmittel, falls Sie einmal nicht weiter wissen (und dieses Buch zu weit weg liegt). Für jedes Modul können Sie sich die wichtigsten Tastaturbefehle sowie – seit Lightroom 4 – Tipps in Form einer »Guided Tour« anzeigen lassen. Die werden ohnehin angezeigt, wenn Sie eines der Module zum ersten Mal betreten. Weiterhin haben Sie hier Zugriff auf Lightrooms Online-Hilfe.

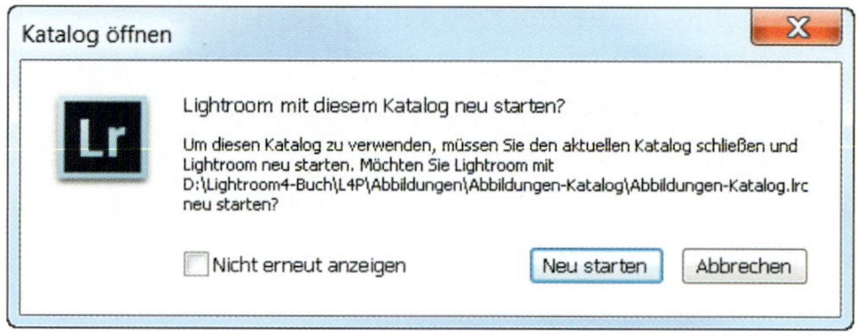

Abb. 1–28
Warndialogfeld

Warndialoge wiederherstellen

Lightroom zeigt an allen Ecken und Enden Warnungen an, bevor Sie es eine Aktion ausführen lässt (siehe Abb. 1–28). Diese Dialoge lassen sich durch Klick auf *Nicht erneut anzeigen* abschalten und werden von da an nie mehr angezeigt. In einigen Fällen legen Sie aber mit dem letzten Klick ein bestimmtes Programmverhalten dauerhaft fest. Deshalb können Sie die Warndialoge in Lightroom zurückholen, allerdings dann nur alle auf einmal: Klicken Sie dazu auf *Alle Warndialogfelder zurücksetzen* in den Voreinstellungen unter dem Reiter *Allgemein*.

Abb. 1–29
Hintergrundarbeit. Bei mehreren Arbeitsvorgängen können Sie über das Dreieck auf der rechten Seite einzelne auswählen und z. B. abbrechen.

Aufgaben im Hintergrund

Die meisten Arbeiten, die mehrere Fotos umfassen, dauern recht lange, z. B. das Exportieren oder Importieren. Daher führt Lightroom Arbeitsgänge in der Regel im Hintergrund aus, sodass man währenddessen bereits weiterarbeiten kann. Lightroom kann auch mehrere Arbeiten gleichzeitig ausführen. Die einzelnen Vorgänge werden dabei links oben anstelle des Lightroom-Schriftzugs angezeigt (siehe Abb. 1–29).

Kontextmenüs

Sie können in Lightroom auf nahezu alles mit der rechten Maustaste klicken und erhalten daraufhin ein Kontextmenü: Fotos, Layout-Elemente in den Ausgabemodulen, die Arbeitsfläche, Paletten usw. Das Kontextmenü ist oft der einfachste Weg, um in Lightroom an eine Funktion zu kommen.

Tastaturbefehle

Eine weitere große Hilfe, um komfortabler zu arbeiten, sind Tastaturbefehle, die ich in diesem Buch immer wieder vorstellen werde (eine Tastaturbefehlsreferenz können Sie von der Website zum Buch unter *www.dpunkt.de/lightroom4praxis* herunterladen). Hier drei Tipps, mit denen Sie sich Tastaturkürzel schneller merken können:

- Einige Tastaturbefehle sind in verschiedenen Modulen oder Programmbereichen gleich: Die Tasten H, I und O steuern z. B. die Überblendung von Informationen und Hilfselementen auf der Arbeitsfläche.
- Zum Teil lassen sich Befehle leicht anhand des Anfangsbuchstabens der Funktion merken, z. B. K wie Korrekturpinsel. Teilweise müssen Sie dafür auf Englisch denken: G – Grid View – für Rasteransicht.
- Mehrere Kürzel, die mit einer Funktion zusammenhängen, beinhalten meist dieselbe Taste: Die Befehle für den Bildschirmmodus haben alle mit F (wie »Fenster«) zu tun: nächster Bildschirmmodus F, Vollbild direkt Strg-⇧-F, Fenster direkt Strg-Alt-F.

Alt verändert die Oberfläche

Hält man Alt gedrückt, ändert sich teilweise die Belegung der Benutzeroberflächenelemente. So sind beispielsweise die Knöpfe unterhalb der Paletten in manchen Modulen doppelt belegt. Auf ähnliche Weise löst ein Mausklick manchmal eine unterschiedliche Aktion aus, wenn man dabei Alt gedrückt hält. Beispielsweise lässt sich damit so mancher Dialog überspringen und eine Aktion direkt auslösen.

Glaskrüge (Scan vom Dia)
Schwarz-Weiß, Freistellen,
Belichtung +0,63, Kontrast +40,
Weiß +20

2 Grundlegende Konzepte und Techniken in Lightroom

In dieser Einführung geht es um die grundlegenden Konzepte und Techniken, die Lightroom für die Verwaltung und Entwicklung von Fotos einsetzt. Unter anderem sollen folgende Fragen beantwortet werden:

- Wie kann man Fotos überhaupt auf dem Computer verwalten und wie funktioniert Lightrooms Ansatz der Katalogverwaltung?
- Was sind RGB-Dateien und wie funktioniert Bildbearbeitung generell auf dem Computer?
- Was macht Farbmanagement und warum ist es wichtig?
- Was sind die Vorteile der Fotografie im Raw-Format?
- Was sind Metadaten, wofür sind sie gut und wie werden sie verwaltet?
- Wie funktioniert Lightrooms Bildbearbeitungsansatz, die parametrische Bildbearbeitung?

Außerdem geht es um grundlegende Bildbearbeitungstechniken, die auch von Lightroom benutzt werden, wie Tonwert- und Farbkorrektur, Schärfung und Masken. Das Kapitel endet mit einem Blick auf den Foto-Workflow.

2.1 Fotos verwalten

Für die Verwaltung von Digitalfotos gibt es drei zentrale Konzepte:

- Über das **Dateisystem** werden Bilddateien in Ordnern auf der Festplatte organisiert. Dies ist die Grundlage jeder Fotoverwaltung.
- **Fotobrowser** arbeiten ähnlich wie der *Windows Explorer* oder *Mac OS Finder*. Sie benutzen die Ordnerstruktur des Dateisystems für die Organisation.
- **Katalogprogramme** (auch DAM-Programme genannt, von *Digital Asset Management*) arbeiten für die Verwaltung mit einer Katalogdatei. Fotos lassen sich damit weitgehend unabhängig von der Ordnerstruktur organisieren.

Dateisystem und Fotobrowser

Die einfachste Art und Weise der Fotoverwaltung ist die Kombination von Ordnerstruktur auf der Festplatte und Benutzung eines Fotobrowsers wie *Adobe Bridge* (siehe Abb. 2–1). Dabei dienen die Ordner auf der Festplatte zur Organisation der Bilddateien. Es kann dabei eine von mehreren

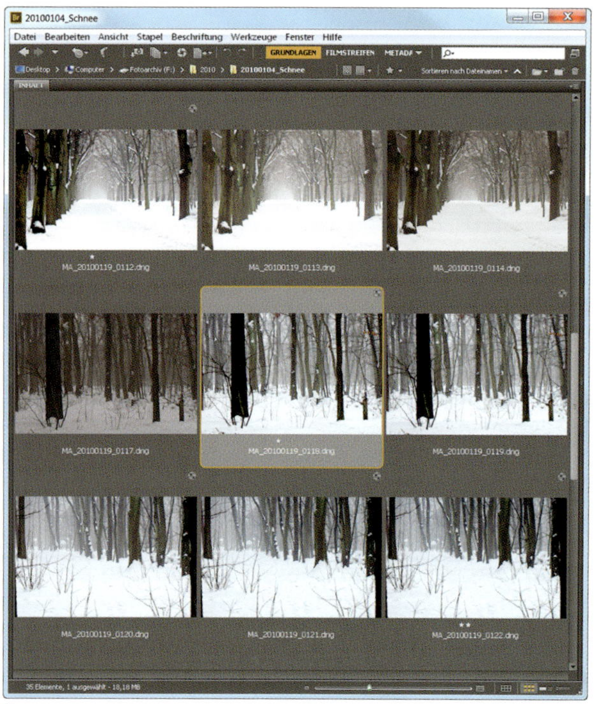

A

B

Abb. 2–1
Fotobrowser vs. Katalogprogramm
A) Fotobrowser Adobe Bridge
B) Beide weisen auf den ersten Blick wenig Unterschiede auf. Lightroom arbeitet aber über eine Repräsentation des Fotobestands – den Katalog –, während Bridge mit den Bilddateien selbst arbeitet.

möglichen Ordnerstrukturen (sortiert nach Projekten, nach Datum, nach Thema) verwendet werden.

Mit dem Fotobrowser greift man auf die Ordner zu. Ein Fotobrowser funktioniert ähnlich wie der Explorer oder Finder, bietet aber spezielle Funktionen für Fotos. Er kann Fotos in verschiedenen Größen anzeigen, Metadaten (Zusatzinformationen) bearbeiten und bietet besondere Möglichkeiten bei der Umbenennung von Dateien.

Katalogprogramme

Katalogprogramme wie Lightroom arbeiten nicht direkt mit den Ordnern und Bilddateien auf der Festplatte, sondern mit einer Repräsentation davon – dem Katalog. Das Konzept kennen Sie vielleicht aus Bibliotheken, die noch mit Zettelkatalogen arbeiten: Der Zettelkatalog ist ebenfalls eine Repräsentation, der die Suche nach Büchern erleichtert. Zur Repräsentation der Fotos gehören einerseits alle Daten über eine Bilddatei, andererseits eine – meist verkleinerte – Abbildung davon, eine Vorschau. Die Daten werden im Katalog, der sich zusammen mit den Vorschauen in einem Ordner befindet, aufbewahrt.

Katalogprogramme sind besonders gut geeignet, um eine große Anzahl von Bilddateien zu verwalten. Wenn Sie Fotos auf mehreren Festplatten aufbewahren, brauchen Sie nicht immer alle davon angeschlossen lassen. Sie konnen mit dem Katalog »offline« – ohne Zugriff auf die Bilddateien – arbeiten. Dies funktioniert allerdings nur für Verwaltungsaufgaben – z. B. nach Fotos suchen oder Metadaten eintragen; für Bildbearbeitungen müssen die Dateien vorhanden sein.

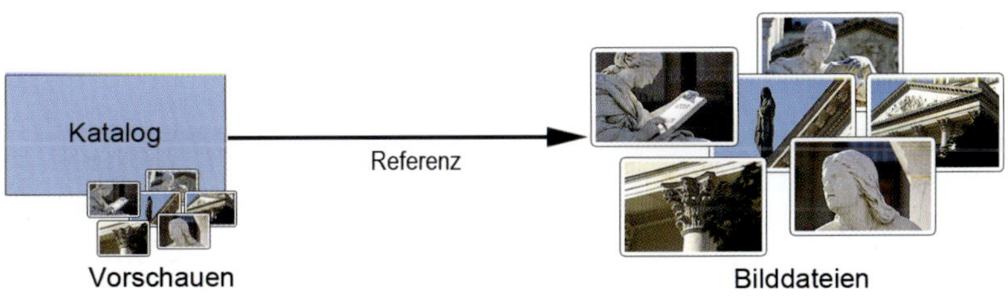

Abb. 2–2
Importieren. Vor dem ersten Import ist der Katalog leer, und die Bilddateien befinden sich irgendwo – auf einer externen Festplatte, auf einem Netzlaufwerk, auf derselben Festplatte wie der Katalog. Nach dem Import befinden sich die Bilddateien immer noch an derselben Stelle. Lightroom hat lediglich Informationen über die Fotos gesammelt und Vorschauen erstellt. So kann es auch ohne die Bilddateien auskommen.

Bei Katalogprogrammen muss zudem jedes Foto, das verwaltet werden soll, erst in den Katalog importiert werden, bevor mit der Arbeit begonnen werden kann – man kann also nicht einfach loslegen. Der Begriff »Importieren« ist ein wenig irreführend: Die Bilddateien werden dabei nicht kopiert oder verschoben. Lightroom sammelt dabei lediglich alle Informationen über ein Foto im Katalog – inklusive des Speicherorts der Bilddatei, sodass es auf sie zugreifen kann. Während des Imports werden auch die Vorschauen erstellt.

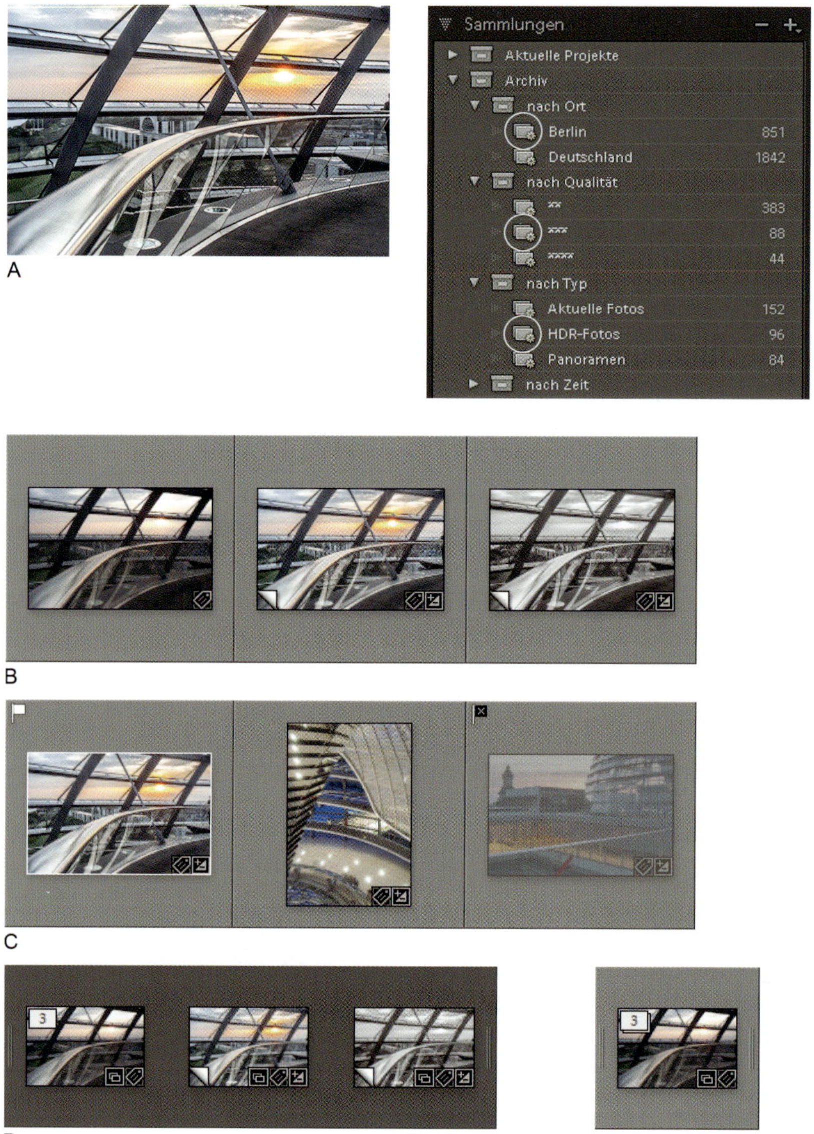

Abb. 2–3
Katalog-Organisationsmittel
A) Sammlungen: Das abgebildete Foto ist Bestandteil aller drei hervorgehobener Sammlungen.
B) Virtuelle Kopien
C) Flaggenmarkierungen
D) Stapel

Katalogprogramme verfügen über eigene Organisationsmittel. Mit diesen lassen sich Fotos flexibler verwalten als über das Dateisystem (vgl. Abb. 2–3):

- Fotos lassen sich in **Sammlungen** organisieren, wobei ein Foto Bestandteil mehrerer Sammlungen zugleich sein kann.

- Mit **virtuellen Kopien** kann man mehrere Varianten eines Fotos erstellen.
- Mit **Flaggenmarkierungen** kann man Fotos positiv oder negativ markieren und so Auswahlprozesse unterstützen.
- Mit **Stapeln** kann man ähnliche Fotos zusammenfassen und nur das beste anzeigen (den Rest ausblenden).

2.2 RGB-Dateien und Bildbearbeitungsgrundlagen

RGB-Dateien

Es gibt zwei grundlegende Kategorien von Dateien für Digitalfotos:

- RGB-Dateien (fertige Bilder)
- Raw-Dateien (Dateien im Rohdatenformat, diese sind noch keine fertigen Bilder, siehe unten)

Abb. 2–4
RGB-Modell. Tonwerte, je für die drei Grundfarben Rot, Grün und Blau, für 9 Pixel aus einem Foto (links). Das RGB-Modell ist additiv. 0 % stellt die minimale, 100 % stellt die maximale Helligkeit dar. 100 % für alle drei Grundfarben ergibt Weiß, 0 % Schwarz.

Bilder werden auf dem Computer fast immer mithilfe einer RGB-Datei dargestellt, d. h. nach dem RGB-Farbmodell. Die Farbe eines Pixels setzt sich in einem RGB-Bild immer aus den Grundfarben Rot, Grün, Blau zusammen. Für jede der drei Grundfarben hat der Pixel einen **Tonwert**. Der Tonwert ist ein relatives Maß für die Helligkeit, 0 % bedeutet die geringste Helligkeit, 100 % die höchste. Man kann einerseits die Tonwerte für die drei Grundfarben separat betrachten wie in Abb. 2–4. Oft meint man jedoch mit Tonwerten eines Fotos einfach die Gesamthelligkeit eines Pixels, unabhängig von den einzelnen Farben.

Von den RGB-Dateien kann Lightroom neben JPEG die beiden Formate TIFF und PSD verarbeiten. JPEGs werden vor allem verwendet, um fertige Bilddateien direkt aus der Kamera auszugeben. Die beiden anderen Formate werden sowohl für die Nachbearbeitung benutzt als auch dazu, gescannte Dias oder Negative zu speichern.

Klassische Bildbearbeitung

In der traditionellen Bildbearbeitung ist es üblich, die Originaldateien selbst nicht zu verändern, weil dies in der Regel mit einer Verminderung der Bildqualität einhergeht. Man erstellt hingegen eine neue Bilddatei, ein **Derivat** (Abkömmling) für die Bearbeitung. Beispielsweise öffnet man eine JPEG-Datei aus der Kamera in Photoshop, nimmt Veränderungen vor und speichert mittels *Speichern unter* eine neue Datei (siehe Abb. 2–5).

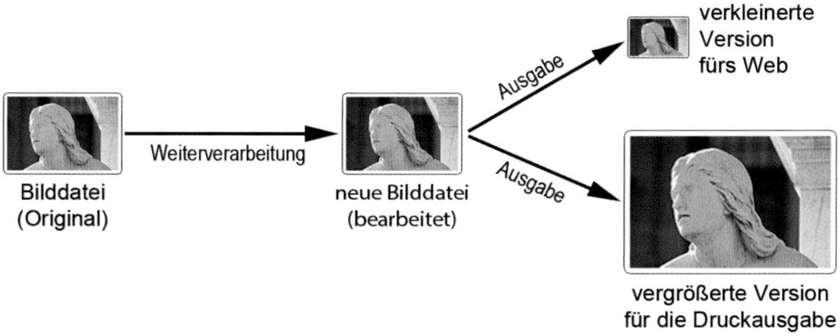

Abb. 2–5
Derivate. Traditionelle Bildbearbeitung erzeugt neue Dateien, die zum Teil auch verwaltet werden müssen.

Für die Weiterverarbeitung arbeitet man außerdem möglichst ausgabeunabhängig. Ein Bild wird in der Regel nicht nur beispielsweise für eine Webgalerie bearbeitet, sondern so, dass es sich grundsätzlich für alle Ausgabemedien und -größen gleichermaßen eignet. Dafür bearbeitet man es in Originalgröße, also ohne es zu vergrößern oder zu verkleinern, und möglichst in einer Bittiefe von 16 bit (siehe Kasten »Bittiefe«). Für die Ausgabe werden die Bilddaten dann skaliert (siehe Kasten »Pixelabmessungen ...«) und meist in eine Bittiefe von 8 bit umgewandelt. Bilddateien für die Ausgabe werden bei Bedarf erstellt und im Allgemeinen nicht langfristig aufbewahrt. Weiter unten wird deutlich, worin sich diese Arbeitsweise von der mit Lightroom unterscheidet.

Bittiefe

Unter der Bittiefe oder Farbtiefe einer Bilddatei versteht man die Auflösung, mit der die Tonwerte der einzelnen Grundfarben gespeichert werden. Bei 8 bit stehen 256 (0–255) Abstufungen pro Tonwert zur Verfügung. Dabei kann man beispielsweise nicht die Tonwerte 61,1 %, 61,2 %, 61,3 % voneinander unterscheiden, sondern nur 61,1 %, 61,5 %, 61,9 % usw. (ca. alle 0,4 %). Bei 16 bit stehen über 65.000 Abstufungen pro Grundfarbe zur Verfügung, diese Bittiefe bietet also über 250 Mal feinere Abstufungen.

Eine feine Abstufung ist in der Weiterverarbeitung wichtig. Wenn mehrere Bildbearbeitungsschritte hintereinander angewendet werden, kann es durch wiederholte Rundungsfehler zu Informationsverlusten und somit zur Verminderung der Bildqualität kommen. Daher verwendet man hier in der Regel 16 bit. Fertige Bilddaten für die Ausgabe werden meist auf 8 bit reduziert. Dadurch lässt sich die Dateigröße mindestens halbieren.

Pixelabmessungen und physikalische Größe eines Bildes

Solange ein Digitalfoto nicht ausgegeben wird, hat es keine wirkliche physikalische Größe, nur eine abstrakte Größe in Pixeln, z. B. 4368 × 2912 Pixel oder 12 Megapixel. Bei der Ausgabe werden die Bilddaten so **skaliert** (d. h. verkleinert oder vergrößert), dass sie für das Ausgabemedium und die gewünschte Ausgabegröße geeignet sind. Bei der Ausgabe auf elektronischen Medien gibt man in der Regel die Pixelmaße direkt an: z. B. 900 × 600 Pixel für eine Webgalerie.

Für Ausdruck oder Ausbelichtung gibt man die gewünschte physikalische Größe in cm oder Zoll (Inch) und zusätzlich die für das Medium optimale Auflösung – oder Informationsdichte – in Pixel pro Zoll (ppi) an. Aus beiden Angaben werden dann die erforderlichen Pixelmaße errechnet, auf die das Bild skaliert wird.

Abb. 2–6
Dieses Foto misst, so wie es hier gedruckt ist, 10,0 × 6,7 cm. Die für den Druck verwendete Datei hat eine Auflösung von 300 ppi (Pixel pro Zoll) und Pixelabmessungen von 1181 × 787. Dafür musste das Originalfoto, 4368 × 2912 Pixel (12 MP) umfassend, stark verkleinert werden.

Farbmanagement

Das sogenannte Farbmanagement ist dazu da, dass ein Arbeiten mit Helligkeiten und Farben auf dem Computer überhaupt realisiert werden kann. Ohne Farbmanagement ergeben die bloßen RGB-Werte der Pixel weder konkrete Farben noch konkrete Helligkeiten. Beides, Farb- und Helligkeitswiedergabe, wären abhängig vom ausgebenden Gerät – Monitor, Drucker, Projektor usw. (siehe Abb. 2–7 und auch Kasten »Wahrnehmung und Speicherung von Helligkeiten« Seite 41).

Abb. 2–7
Farbmanagement 1 (Interpretation). Ein Pixel hat die RGB-Werte 52 %, 61 % und 8 % – was heißt das? Einerseits muss dafür definiert werden, welche Farben mit Rot, Grün und Blau genau gemeint sind; andererseits, worauf sich z. B. eine Helligkeit von 50 % bezieht – auf die vom Menschen empfundene Helligkeit oder auf die tatsächliche Lichtmenge. Beides, Farben und Helligkeiten eines Fotos, sind somit Interpretationssache und vom Farbprofil abhängig. Enthält eine Datei kein Profil, können Sie nur raten: Links wurde für die Datei Adobe-RGB angenommen, rechts ProPhoto-RGB.

Farbmanagement verbindet die Zahlen in den RGB-Dateien mit tatsächlichen Farben und Helligkeiten. Dies geschieht über Farbprofile (auch ICC-Profile genannt, von *International Color Consortium*). Ein Farbprofil beschreibt entweder ein konkretes Ausgabegerät (Ausgabeprofil) oder es definiert Farben und Helligkeiten einer Bilddatei (Standardprofil, siehe unten).

Jedes Farbprofil spannt einen eigenen **Farbraum** auf. Ein Farbraum ist ein dreidimensionales Gebilde, anhand dessen man sehen kann, welche Farben ein Gerät ausgeben oder eine Bilddatei mit einem bestimmten Farbprofil enthalten kann. Unter www.iccview.de kann man Farbräume dreidimensional betrachten (Abb. 2–8 A). Die zweidimensionalen Abbildungen (B/C) zeigen jeweils repräsentative Ausschnitte.

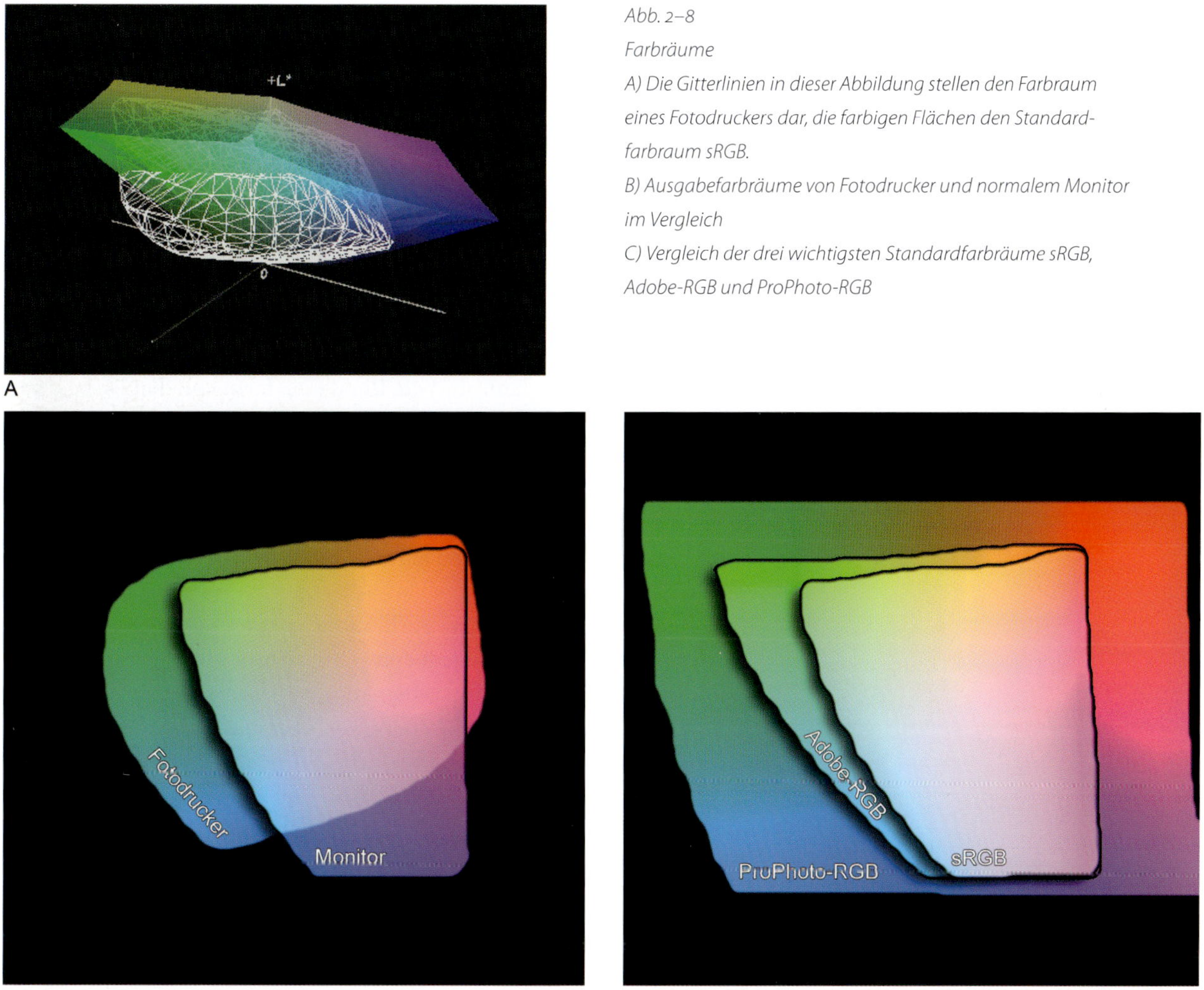

A

B

C

Abb. 2–8

Farbräume

A) Die Gitterlinien in dieser Abbildung stellen den Farbraum eines Fotodruckers dar, die farbigen Flächen den Standardfarbraum sRGB.

B) Ausgabefarbräume von Fotodrucker und normalem Monitor im Vergleich

C) Vergleich der drei wichtigsten Standardfarbräume sRGB, Adobe-RGB und ProPhoto-RGB

Ausgabeprofile

Farbprofile für die Ausgabe beschreiben die Farb- und Helligkeitscharakteristik von Ausgabegeräten wie Monitoren, Drucken oder Projektoren. Verschiedene Geräte können ganz unterschiedliche Farben darstellen. Monitore können in der Regel nicht alle Farben anzeigen, die ein Fotodrucker ausgeben kann, und umgekehrt (vgl. Abb. 2–8 B). Dies liegt an der unterschiedlichen Art und Weise, wie die beiden Gerätetypen Farben erzeugen. Ausgabeprofile kann man für alle Ausgabegeräte mithilfe eines Messgeräts und der entsprechenden Software selbst erstellen. Die Messgeräte für die Druckerprofilierung sind jedoch sehr teuer, sodass man hier in der Regel auf vorgefertigte Profile zurückgreift.

Die Ausgabeprofile werden nur verwendet, um die Bilddaten für die Ausgabe zu **konvertieren**. Das Monitorprofil stellt man z. B. im Betriebssystem ein bzw. die Software für die Monitorprofilierung übernimmt dies. Farbmanagementfähige Software wie Lightroom oder Photoshop konvertiert dann die Bilddaten, die an den Monitor geschickt werden, »on the fly«. Die Bilddaten in den Dateien liegen auf dem Computer jedoch nicht in einem solchen Profil vor.

Standardprofile für die Weiterverarbeitung

Da man in der Weiterverarbeitung möglichst ausgabeunabhängig arbeitet, liegt eine RGB-Datei in der Regel nicht in einem Ausgabeprofil vor, sondern in einem geräteunabhängigen Farbprofil – einem sogenannten **Standardfarbprofil** (auch synthetisches Farbprofil). Dieses kann in die Bilddatei eingebettet werden – dann sind die Bilddaten darin von den Farben und Helligkeiten her klar definiert; andernfalls sind sie Interpretationssache (siehe Abb. 2–7).

Es gibt verschiedene unterschiedlich große Standardfarbräume. Für die Weiterverarbeitung ist in der Regel ein möglichst großer Farbraum zu empfehlen, der viele Farben darstellen kann (siehe Abb. 2–8 C):

- **sRGB** ist der kleinste der drei Farbräume; er orientiert sich an normalen Monitoren. sRGB fehlen jedoch wichtige Farben, die heutige Tintenstrahldrucker schon lange ausgeben können. Und auch moderne High-End-Monitore reichen heute bereits weit über sRGB hinaus. Daher ist dieser Farbraum für alles andere als das Web nicht mehr gut geeignet. Im Web ist er Standard.
- **Adobe-RGB** hat in den Bereichen Orange bis Magenta dieselben Abmessungen wie sRGB, ist aber im Grün-Cyan-Bereich wesentlich größer. Er deckt damit wichtige Farben aus dem Bereich des professionellen Drucks, aber auch des Tintenstrahlfotodrucks zu Hause ab. High-End-Monitore orientieren sich heute stärker an Adobe-RGB als an sRGB. Adobe-RGB ist ein guter Standardfarbraum für die Weiterverarbeitung, wenn in 8 bit gearbeitet werden soll. JPEGs aus der Kamera werden in sRGB oder Adobe-RGB ausgegeben. Das kann man an der Kamera einstellen.
- **ProPhoto-RGB** übertrifft die beiden obigen Farbräume bei Weitem. Dieser Farbraum umfasst sogar theoretische Farben, die für das menschliche Auge nicht sichtbar sind. Doch seine Größe macht ihn ungeeignet für Dateien, die in einer Bittiefe von 8 bit vorliegen: Da er so viele Farben aufnehmen kann, braucht er feinere Abstufungen zwischen den Tonwerten. Er ist deshalb nur für 16-bit-Bearbeitung geeignet. Lightroom arbeitet in diesem Farbraum.

Neben der Interpretation von Bilddaten ist es nun eine weitere Aufgabe des Farbmanagements, Bilddaten von einem Profil in ein anderes zu konvertieren. Dabei werden die RGB-Werte so verändert, dass die Farben so gut es geht erhalten bleiben. Für die Ausgabe werden die Bilddaten ins entsprechende Ausgabeprofil konvertiert. Aber man kann auch von einem Standardprofil in ein anderes konvertieren (siehe Abb. 2–9). Da nicht jedes Farbprofil/jedes Gerät alle Farben darstellen kann, muss in manchen Fällen eine Ersatzfarbe verwendet werden. Ziel ist es immer, die Anmutung des Bildes so gut es geht zu erhalten (siehe hierzu Kapitel 10, in dem die beiden Konvertierungsverfahren *relativ farbmetrisch* und *perzeptiv* vorgestellt werden.)

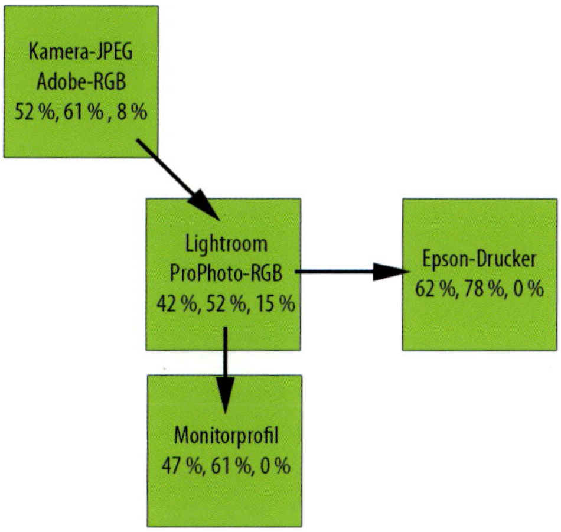

Abb. 2–9
Farbmanagement 2 (Konvertierung). Konvertierung von Bilddateien in verschiedene Profile – dieselbe Farbe, je nach Profil aber verschiedene Tonwerte.

Wahrnehmung und Speicherung von Helligkeiten

Mit Helligkeiten umzugehen ist eine recht komplizierte Angelegenheit. Das liegt vor allem daran, dass das menschliche Auge Helligkeitszuwächse nicht linear wahrnimmt. Das heißt, die doppelte Helligkeit (wenn die doppelte Anzahl an Photonen auf das Auge trifft) wird nicht als doppelt so hell empfunden, sondern nur etwas (eine Blendenstufe) heller. Diese sogenannte **logarithmische** Wahrnehmung ist eine praktische Sache: Auf diese Weise kann der Mensch sowohl geringe Helligkeitsunterschiede in dunklen Bereichen als auch insgesamt einen großen Helligkeitsbereich wahrnehmen. Die Genauigkeit der Wahrnehmung nimmt allerdings mit zunehmender Helligkeit ab.

Abb. 2–10
Logarithmische Wahrnehmung. Der rechte Kasten erscheint als Mittelgrau, also ungefähr halb so hell wie der Kasten links. Dies liegt an der menschlichen Wahrnehmung, die logarithmisch arbeitet. Tatsächlich reflektiert der rechte Kasten nur ungefähr 10 % der Lichtmenge des linken Kastens.

Ganz anders funktioniert der Sensor einer Digitalkamera. Dieser reagiert **linear** auf Licht; die doppelte Anzahl an Photonen, die auf die Sensordiode trifft, erzeugt einen doppelt so hohen Messwert. Die Genauigkeit bei der Aufnahme durch die Digitalkamera ist also überall gleich. Auch in den Raw-Dateien liegen die Helligkeiten linear vor.

In RGB-Dateien speichert man die Helligkeiten in der Regel nicht linear, da es in Anbetracht der menschlichen Wahrnehmung nicht effizient wäre, die hellen Stellen mit derselben Genauigkeit zu speichern wie die dunklen. Dies gilt insbesondere für die Speicherung in einer Bittiefe von 8 bit. Wie die Helligkeiten genau kodiert werden, bestimmt das Farbprofil der RGB-Datei. In der Regel erfolgt eine logarithmische Kodierung, die mehr oder weniger der des Auges entspricht. Der genaue Exponent wird als **Gamma** bezeichnet. ProPhoto-RGB verwendet z. B. einen Gamma von 1,8, Adobe-RGB von 2,2 (siehe auch Abb. 2–7). Bei der Konvertierung von Bilddaten von einem Profil in ein anderes sorgt das Farbmanagement dafür, dass die Helligkeiten immer richtig umgerechnet werden.

2.3 Rohdatenverarbeitung (Raw-Dateien)

Die meisten anspruchsvolleren Digitalkameras können sowohl direkt RGB-Dateien – meist JPEGs – als auch Raw-Dateien ausgeben (siehe Abb. 2–11). Raw-Dateien liegen eine Stufe vor RGB-Dateien. Die Rohdaten, die der Sensor der Kamera wiedergibt, müssen erst in eine normale RGB-Datei konvertiert werden, bevor sie auf dem Computer angezeigt und bearbeitet werden können, ähnlich wie in der Analogfotografie von einem Negativ erst ein Positiv erstellt werden muss.

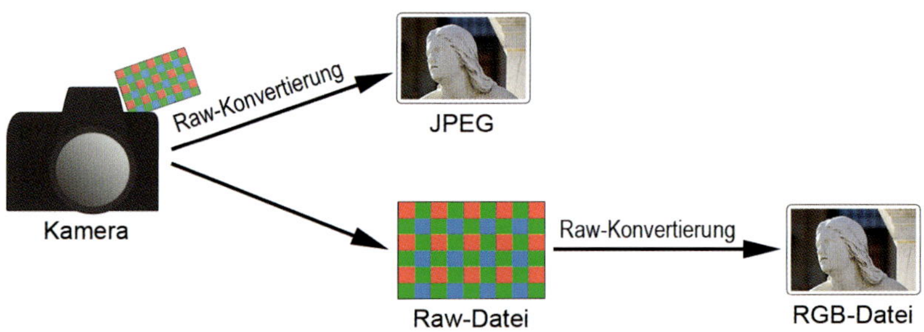

Abb. 2–11
Bei Raw-Dateien muss aus den Sensordaten und den Informationen zum Aufbau des Sensors ein Farbbild erst hergestellt werden. Die Digitalkamera kann dies direkt machen oder einfach die Rohdaten ausgeben.

Die Raw-Datei enthält zunächst nur die digitalisierten Messwerte der Sensoren. Diese Messwerte sind noch keine Tonwerte oder Farben, sondern sagen lediglich aus, wie viel Licht an einer Stelle auf den Sensor gefallen ist. Der **Raw-Konverter** kennt zudem den Aufbau des Sensors für jeden Kameratyp. Aus der Raw-Datei und den Informationen über den Sensoraufbau berechnet der Raw-Konverter das RGB-Bild, d. h., er berechnet für jeden einzelnen Pixel die Tonwerte der drei Grundfarben.

Es gibt genau zwei Ansätze für die Raw-Konvertierung: Entweder übernimmt die Kamera die Konvertierung und gibt eine fertige JPEG-Datei aus. Dabei trifft man die Einstellungen für die Konvertierung vor der Aufnahme oder lässt sie automatisch vornehmen. Die JPEG-Fotografie ist also die Raw-Fotografie, die in der Kamera stattfindet. Die zweite Möglichkeit ist, von der Kamera die Raw-Datei direkt ausgeben zu lassen. Die Konvertierung erfolgt dann im Nachhinein mit dem Computer, d. h. Lightroom. Von den Raw-Dateien verarbeitet Lightroom alle gängigen proprietären Raw-Formate und das DNG-Format.

Warum Raw?

Die Raw-Fotografie, bei der die Raw-Dateien direkt ausgegeben werden, hat sich bei professionellen Fotografen und ambitionierten Amateuren weitgehend durchgesetzt. Was sind also die Vorteile von Raw? Vor allem enthält die Raw-Datei mehr Informationen als die konvertierte JPEG-Datei. Durch nachträgliche Anpassung der bereits konvertierten JPEG-Datei kann in vielen Fällen nicht dasselbe Ergebnis erzielt werden wie durch Neukonvertierung der Raw-Datei.

Vor allem in zwei Punkten stellt sich die bessere nachträgliche Anpassbarkeit der Raw-Dateien als Vorteil heraus:

- Raw-Dateien enthalten teilweise Schatten- und Lichterdetails, die bei den JPEGs bereits nicht mehr enthalten sind.
- Bei Raw-Dateien lässt sich die Farbtemperatur nachträglich ohne Qualitätseinbußen anpassen.

Details in den Lichtern und Schatten nutzen

Raw-Dateien verfügen über einen höheren Kontrastumfang als Kamera-JPEGs. Unter Kontrastumfang (oder Dynamikumfang) bezeichnet man den Helligkeitsunterschied zwischen zwei Punkten – entweder zwischen dem dunkelsten und hellsten Punkt eines Motivs oder zwischen dem dunkelsten und dem hellsten Punkt, den ein Medium wiedergeben kann (z. B. Kamera, Fotopapier oder Monitor). Den Unterschied kann man als Verhältnis angeben. So bedeutet ein Umfang von 1:10.000, dass die helle Stelle 10.000-mal so hell ist wie die dunkle.

Da das menschliche Auge Helligkeitsunterschiede nicht linear, sondern logarithmisch wahrnimmt (siehe Kasten Seite 41), ist es vor allem für Fotografen oft nachvollziehbarer, den Kontrastumfang in Blendenstufen anzugeben: Eine Blendenstufe bedeutet eine Helligkeitsverdopplung bzw. -halbierung. Ein Kontrastumfang von 1:10.000 entspricht also etwa 13 Blendenstufen (2 hoch 13 = ca. 8.000).

Abb. 2–12
Kontrastumfang. Der Kontrastumfang eines Motivs kann sehr verschieden sein. Hier beträgt er ca. 14 Blendenstufen. Die für die Aufnahme verwendete Canon 5D kann in den Raw-Dateien ca. zehn Blendenstufen aufnehmen. Hier wurde aber im JPEG-Modus fotografiert, also sind nur noch ca. acht Blendenstufen zu sehen. Details in den Schatten und den Lichtern gehen verloren, es ergeben sich schwarze und weiße Flächen im Bild.

Bei heutigen Digitalkameras zeichnet eine Raw-Datei zunächst einen Kontrastumfang von zehn bis zwölf Blendenstufen auf (unter www.dpreview.com können Sie nachsehen, welchen Kontrastumfang Ihre Kamera aufzeichnen kann). Eine JPEG-Datei aus der Kamera umfasst hingegen nur 8 bis 8,5 Blendenstufen. Das liegt nicht am JPEG-Format oder an RGB-Dateien an sich, sondern daran, dass Digitalkameras JPEG-Dateien so bearbeiten, dass sie möglichst »ausgabefertig« sind. Fotopapier hat z. B. einen Kontrastumfang von knapp sieben bis maximal acht Blendenstufen, Monitore ca. acht bis neun. Die zehn oder zwölf Blendenstufen der Raw-Datei direkt auf diesen Medien auszugeben würde zu einer sehr flauen, kontrastarmen Darstellung führen. Daher wird der Kontrastumfang absichtlich etwas reduziert.

Bei Raw-Dateien können Sie hingegen den gesamten aufgezeichneten Umfang ausnutzen. Überbelichtete Bildbereiche lassen sich bis zu einem gewissen Grad wieder restaurieren (ca. ein bis drei Blendenstufen, je nach Kamera, siehe Abb. 2–13 A). Und auch in den Schatten lässt sich noch meist einiges hervorholen (Abb. 2–13 B).

A

B

Abb. 2–13

Vorteile von Raw 1

A) In der JPEG-Datei sind die meisten Lichterdetails bereits verloren, in der Raw-Datei konnten sie teilweise noch hervorgeholt werden. Beide Fotos sind gleich belichtet.

B) Auch in den Schatten stecken bei Raw-Dateien noch Details, die man hervorholen kann.

Nachträgliche Anpassung der Farbtemperatur

Die Farben eines Motivs hängen stark von der Farbe des Lichts ab, welches das Motiv beleuchtet, denn schließlich sehen wir ja immer nur das Licht, das vom Motiv zurückgeworfen wird. Unsere eigene Wahrnehmung passt sich automatisch sehr gut an Licht verschiedener Farbtemperatur an. In der Farbfotografie muss diese Anpassung anders erfolgen. In der Analogfotografie wählt man z. B. zwischen Tageslicht- oder Kunstlichtfilm.

Bei Digitalfotos erfolgt der Weißabgleich, d. h. die Anpassung an die Farbtemperatur des Lichts, während der Konvertierung der Rohdaten in die RGB-Datei. Man kann zwar die Farbtemperatur in Lightroom auch noch bei RGB-Dateien im Nachhinein anpassen. Je nach Foto und nach Umfang der nachträglichen Korrektur erzielt man dabei jedoch mehr oder weniger große Qualitätseinbußen (siehe Abb. 2–14 A).

Daher ist es bei der JPEG-Fotografie wichtig, die Farbtemperatur in der Kamera wie gewünscht einzustellen bzw. dies die Kameraautomatik machen zu lassen. Ein Neufestlegen der Farbtemperatur im Nachhinein ist desto schwieriger, je größer die Änderung ist. Bei Raw-Dateien ist eine nachträgliche Anpassung, egal welchen Umfangs, hingegen kein Problem (siehe Abb. 2–14 B).

Abb. 2–14
Vorteile von Raw 2
A) Ein ungünstig eingestellter Weißabgleich lässt sich bei JPEG-Fotos in der Regel nicht ohne Qualitätseinbußen korrigieren. Das JPEG-Foto links ist richtig belichtet, nach der Korrektur fehlen rechts jedoch Details in den Lichtern.
B) Bei Verwendung von Raw hat die Änderung der Farbtemperatur hingegen keinerlei Qualitätseinbußen zur Folge.

A

B

Letztlich muss man also bei der JPEG-Fotografie Belichtung und Farbtemperatur bereits vor der Aufnahme möglichst genau festlegen, während man bei der Raw-Fotografie später mehr Spielraum für nachträgliche Änderungen hat. Daraus ergibt sich eine ganz andere Art des Fotografierens. Bei Raw-Dateien entsteht das Foto – ähnlich wie bei der Negativfotografie –

erst richtig mit dem Anfertigen der Abzüge; zudem lassen sich mehrere verschiedene Interpretationen einer Raw-Datei herausarbeiten.

Weitere Vorteile von Raw

Raw-Dateien haben weitere Vorteile gegenüber JPEG-Fotos, die durch das JPEG-Dateiformat bedingt sind:

- JPEG-Dateien werden verlustbehaftet (»**lossy**«) komprimiert. Bei der Komprimierung gehen Farbdetails verloren. In seltenen Fällen kann dies zu sichtbaren Artefakten führen, vor allem in Regionen mit weichen Farbübergängen (Himmel, Haut). Raw-Dateien sind – von wenigen Ausnahmen abgesehen – unkomprimiert oder verlustfrei komprimiert.
- Eine JPEG-Datei liegt immer in einer Bittiefe von 8 bit vor. Raw-Dateien haben in der Regel eine Bittiefe zwischen 12 und 14 bit. Raw-Dateien verfügen also insgesamt über sanftere Tonwertabstufungen. Dies kann nach starken Tonwertkorrekturen sichtbar werden.

Raw ist aber meiner Meinung nach nicht per se »besser«, sondern es hängt stark von den eigenen Vorlieben ab. Viele Fotografen bevorzugen die einfache Arbeitsweise der JPEG-Fotografie, das Gefühl, ein Foto mit dem Auslösen wirklich »im Kasten« zu haben ähnlich wie bei der Diafotografie. Obwohl Lightroom als Lösung für Raw-Fotografen entwickelt wurde, können Sie auch als JPEG-Fotograf sehr gut mit dem Programm arbeiten und auch von den neu entwickelten Techniken wie der parametrischen Bildbearbeitung (siehe unten) profitieren.

Bildstile (Farb- und Kontrastwiedergabe anpassen)

Die Raw-Konvertierung ist immer eine Interpretation der Sensordaten in Bezug auf Tonwerte und Farben: Das umgesetzte RGB-Bild kann mehr oder weniger kontrastreich, oder insgesamt heller, sein – oder von den Farben her stärker oder weniger stark gesättigt.

Bei der JPEG-Fotografie kann man die grundlegende Farb- und Kontrastwiedergabe, oft auch Bildstil, Profil oder einfach »Look« genannt, an der Kamera einstellen. Hier gibt es meist unterschiedliche Bildstile z. B. für Landschafts- und Porträtfotos. Einige JPEG-Fotografen benutzen die Bildstile bestimmter Kameras sehr gerne und haben ihren Lieblingsstil, ähnlich wie es viele Fans des Diafilms Velvia mit seiner besonderen Farb- und Kontrastwiedergabe gab und gibt.

Bei Raw-Fotos hängt die Farb- und Kontrastwiedergabe normalerweise vom verwendeten Raw-Konverter ab – jeder Konverter hat seinen eigenen »Look«. In Lightroom lässt sich dieser Look seit Version 2 des Programms anpassen. Für jedes Kameramodell liefert Lightroom verschiedene Farbprofile mit. Diese machen im Prinzip dasselbe wie die ICC-Farbprofile für RGB-Dateien: Sie interpretieren Bilddaten. Mit ihrer Hilfe kann man die Farb- und Kontrastwiedergabe von Raw-Dateien ändern. Das Profil wird jeweils über die Kamerakalibrierung-Palette im Entwickeln-Modul ausgewählt. Diese Profile stehen aber nur für Raw-Dateien zur Verfügung und sind nicht kompatibel zu normalen Farbprofilen. Mehr dazu finden Sie in Kapitel 9.18.

Nachteile von Raw

Auch Raw-Dateien haben Nachteile gegenüber Kamera-JPEGs, z. B. sind sie größer und nehmen mehr Speicherplatz ein. Auch wird der Workflow komplizierter, dadurch dass die Raw-Konvertierung noch erfolgen muss. Bei der JPEG-Fotografie liegen hingegen auf der Speicherkarte bereits fertige Bilder. Eines der größten Probleme mit Raw betrifft die Verwaltung: Wie kann man Fotos verwalten, die noch gar keine richtigen Bilder mit Tonwerten und Farben sind? Dieses Problem war eines der Hauptgründe für die Entwicklung von Lightroom und ähnlich arbeitenden Programmen wie Aperture.

Bevor es diese Programme gab, war es schwierig, mit Raw-Dateien umzugehen. Eine Möglichkeit dazu boten die Vorschauen, die in jeder Raw-Datei enthalten sind: Jede Kamera bettet ein kleines Vorschaubild in die Raw-Datei ein. Dieses wird benutzt, um eine Raw-Datei auf dem Kameradisplay anzuzeigen. Ein für die Bildverwaltung verwendeter Fotobrowser oder ein Katalogprogramm kann diese Vorschau ebenfalls nutzen, um Raw-Dateien darzustellen.

Dieser Workflow funktioniert allerdings aus mehreren Gründen mehr schlecht als recht. Daher verwendet Lightroom eine neue Technik, die parametrische Bildbearbeitung, die viele Vorteile für die Verwaltung und Bearbeitung von Raw-Dateien (und auch für JPEG-Dateien) bietet. Diese Technik funktioniert über Metadaten, auf die ich daher vorher zu sprechen kommen will.

Raw-Fotos optimal belichten

JPEG-Fotos belichtet man im Allgemeinen so, dass sie ohne Nachbearbeitung »gut« aussehen; d. h., dass sie weder unter- noch überbelichtet sind. Bei Raw-Fotos hat man hingegen etwas mehr Spielraum bei der Belichtung, dadurch dass man Details in den Lichtern oder Schatten noch freilegen kann. Das Motiv in Abb. 2–15 A wurde z. B. auf der linken Seite mit der Belichtungsautomatik aufgenommen (Belichtungszeit 1/320 s), auf der rechten Seite mit manueller Belichtung von 1/40 s bei gleicher Blende, also um drei Blendenstufen länger belichtet.

Abb. 2–15
Belichtung von Raw-Fotos
A) Ein recht kontrastarmes Motiv, einmal mit der Belichtungsautomatik und einmal manuell belichtet, sodass gerade eben keine Überbelichtung auftritt.

A

B

B) Wenn man beide Varianten in Lightroom von der Belichtung her angleicht, zeigt die länger belichtete deutlich weniger Rauschen, sanftere Tonwertübergänge und mehr Details.

Beide müssen zwar von der Helligkeit und vom Kontrast her noch korrigiert werden, mir kommt es bei diesem Beispiel aber auf etwas anderes an: Beide Aufnahmen erfassen alle Motivhelligkeiten vollständig. Es gibt also im linken Foto keine schwarzen Flächen in den Schatten und im rechten Foto keine weißen Flächen in den Lichtern. Man könnte also (fälschlicherweise) annehmen, dass es egal ist, wie man das Foto aufnimmt, da man es hinterher in Lightroom entsprechend anpassen kann. Dem ist aber nicht so: In Abb. 2–15 B habe ich beide Versionen in Lightroom so korrigiert, dass sie ungefähr gleich aussehen. Wie man sieht, gibt es deutliche Unterschiede in der Bildqualität.

Warum ist das so? Die Gründe sind zweierlei. Zum einen wird durch die nachträgliche Aufhellung beim unterbelichteten Foto das Luminanzrauschen, das zum größten Teil in den dunkleren Tonwertbereichen (am linken Ende des Histogramms) vorkommt, heller und kontrastreicher und damit deutlicher sichtbar.

Zum anderen hat der Kamerasensor bei der Aufzeichnung von Helligkeiten umso mehr Tonwertabstufungen zur Verfügung, je weiter in den Lichtern die Details liegen (das liegt daran, dass der Sensor Licht linear aufzeichnet, das Auge aber Helligkeitszuwächse logarithmisch wahrnimmt, siehe Kasten Seite 41). Die Folge: *Je heller ein Motivdetail abgebildet wird, desto feiner abgestuft sind dessen Tonwerte*.

Beide Phänomene, Rauschen und linear arbeitender Sensor, haben letztlich dasselbe zur Folge: Die dunkleren Tonwertbereiche weisen eine geringere Bildqualität auf. Demnach ist es für die Qualität des Fotos am besten, wenn man während der Belichtung so viele Bildinformationen wie möglich in den hellen Tonwertbereichen platziert – also wenn man so weit wie möglich »am rechten Rand des Histogramms« fotografiert, ohne dabei allerdings überzubelichten.

2.4 Metadaten

Metadaten sind nichts anderes als zusätzliche Informationen über Bilddateien – größtenteils Informationen, die für den Computer von Bedeutung sind, sodass er bei der Organisation, Suche oder Bildbearbeitung helfen kann. In den letzten Jahren hat der Stellenwert der Metadaten, vor allem für die Bildbearbeitung, stark zugenommen. Für die Aufbewahrung von Metadaten gibt es zwei grundsätzliche Möglichkeiten:

- Jede Bilddatei verfügt über einen Bereich, der für Metadaten reserviert ist. Die Metadaten können also in den Bilddateien selbst gespeichert werden. Jede Datei trägt dann ihre Daten mit sich herum.
- Katalogprogramme wie Lightroom speichern die Metadaten für alle verwalteten Fotos zentral im Katalog (und nur optional in den Bilddateien).

Fotobrowser wie Bridge haben keinen Katalog und verwalten die Metadaten direkt über die Bilddateien. Lightroom hingegen verwaltet als Katalogprogramm die Metadaten im Katalog. Dies ist an sich der effizientere und geeignetere Weg, mit den Metadaten von vielen Fotos umzugehen. Es ist einfacher, nach Fotos anhand von Stichwörtern zu suchen, wenn dazu nicht jede Bilddatei einzeln überprüft werden muss. Das Gleiche gilt für das Eintragen oder Ändern von Metadaten.

Es gibt einige Standardmetadaten wie die EXIF- und IPTC-Daten, die von fast allen Bildverwaltungsprogrammen verstanden werden. Wenn man diese benutzt, ist man für die Verwaltung unabhängig von einem einzelnen Programm wie Lightroom. Darüber hinaus kann jedes Verwaltungs- oder Bearbeitungsprogramm eigene Metadaten über den XMP-Standard speichern. Zunächst aber ein Überblick über die Standardmetadaten.

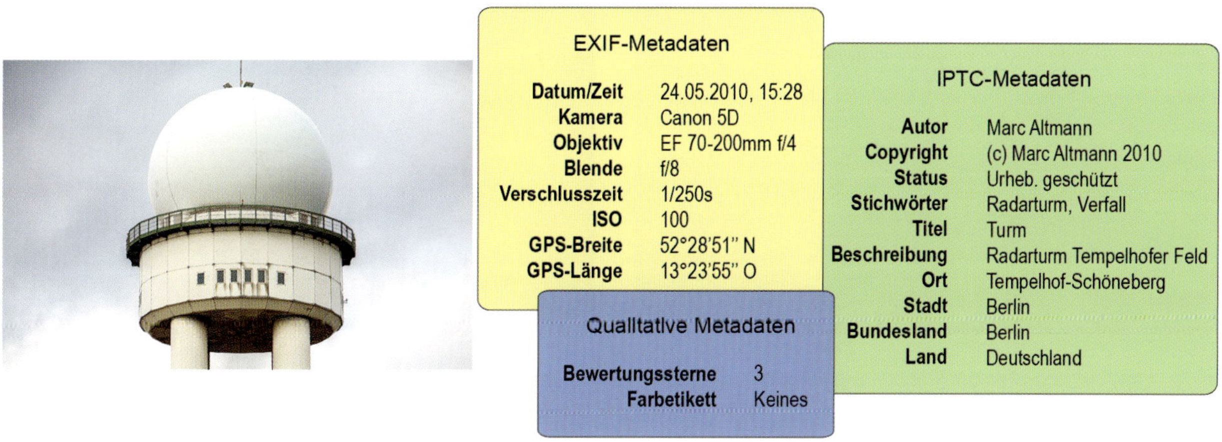

Abb. 2–16
Standardmetadaten sind für den Workflow mit modernen Programmen wie Lightroom enorm wichtig.

Standardmetadaten

Es gibt drei grundlegende Typen von Metadaten (Beispiele siehe Abb. 2–16), die standardisiert oder zumindest ein Quasistandard sind. **EXIF-Metadaten** werden von der Kamera bereitgestellt und umfassen vor allem technische Informationen zum Foto, z. B. verwendetes Objektiv, Belichtungseinstellungen, ISO-Wert, evtl. GPS-Daten usw. Sie kommen hauptsächlich bei verschiedenen automatischen Bildkorrekturen zum Einsatz (siehe Abb. 2–17 A).

Qualitative Metadaten umfassen Bewertungssterne und Farbetiketten. Beide werden vom Benutzer vergeben. Mit den Bewertungssternen schätzt man die Qualität eines Fotos ein. Anschließend kann man nur die besten Fotos einblenden und sich auf diese konzentrieren (siehe Abb. 2–17 B). Die Farbetiketten funktionieren ähnlich. Mit ihnen kann man Fotos verschiedener Kategorien, z. B. Fotos, die noch bearbeitet werden müssen, mit unterschiedlichen Farben markieren.

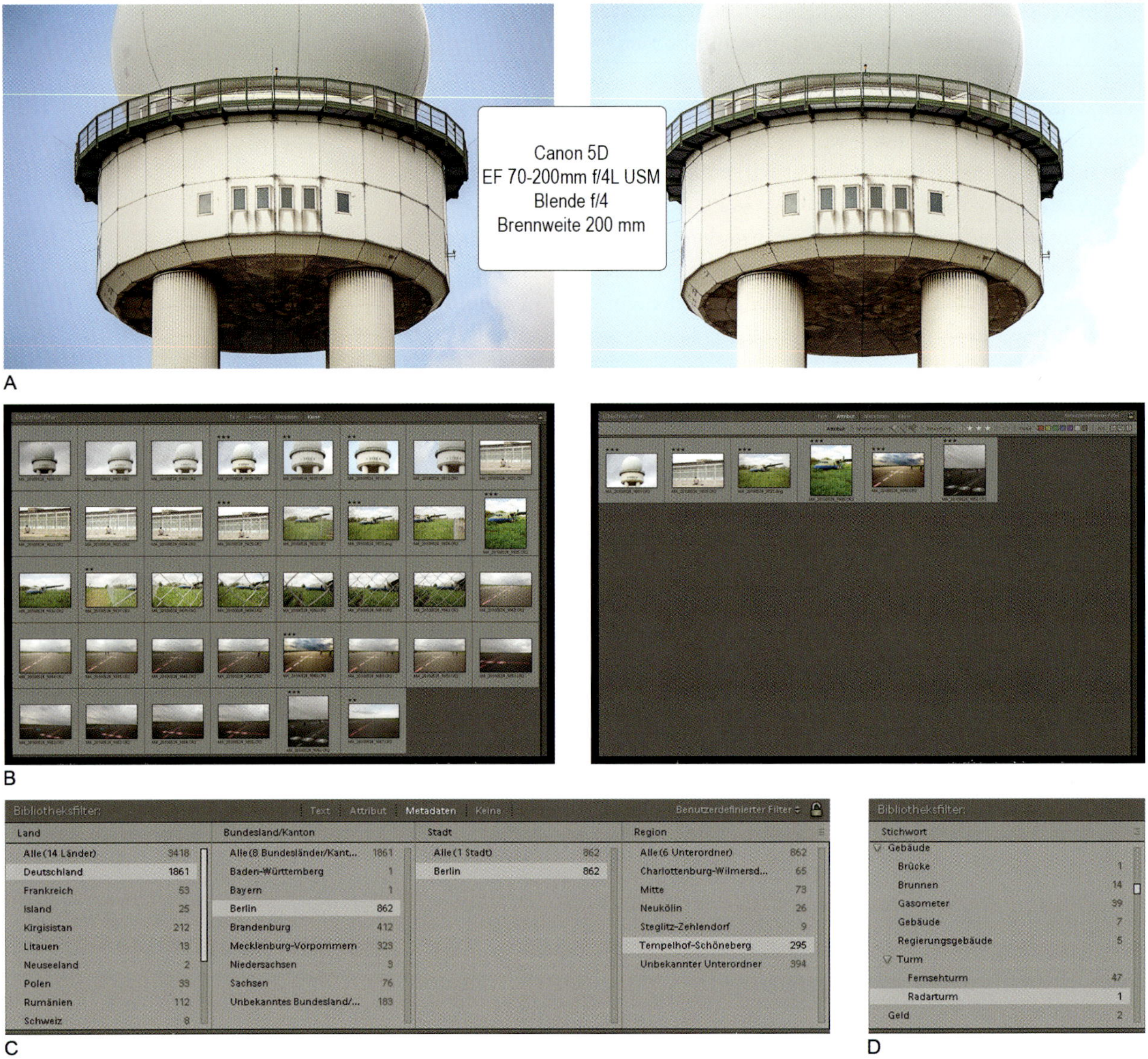

Abb. 2–17
Verwendung von Standardmetadaten
A) EXIF-Metadaten zieht Lightroom heran, um automatische Korrekturen von Vignettierung und Verzeichnung durchzuführen.
B) Über qualitative Metadaten kann man schnell Fotos herausfiltern. Sie zählen daher im gesamten Workflow zu den nützlichsten Metadaten. Hier werden die Fotos mit mindestens drei Sternen angezeigt.
C) Filterung anhand von Ortsmetadaten. Diese gehören zu den IPTC-Daten.
D) Filterung nach Stichwörtern. Da Lightroom den Bildinhalt eines Fotos nicht erkennen kann, beschreibt man ihn mithilfe von Stichwörtern. So lassen sich Fotos wiederfinden.

IPTC-Metadaten werden ebenfalls vom Benutzer eingetragen und umfassen auf der einen Seite Informationen zum Bildinhalt des Fotos, z. B. Stichwörter (siehe Abb. 2–17 D), Titel und Bildbeschreibung; auf der anderen Seite Informationen zum Foto selbst wie Aufnahmeort (siehe Abb. 2–17 C), Name und Adresse des Fotografen, Urheberrechtsstatus oder Lizenzierungsdetails. Die Stichwörter ermöglichen die Suche im eigenen Archiv und auch in großen Bildarchiven von Agenturen oder Social-Media-Webseiten. Wie verhalten sich die weiter oben angesprochenen Katalogorganisationsmittel zu den Stichwörtern oder anderen Metadaten? Der Unterschied ist nicht auf den ersten Blick ersichtlich. Man kann Fotos in Lightroom sowohl mit Katalogmitteln (z. B. Sammlungen) als auch über Metadaten organisieren. Sie können nach Stichwörtern suchen bzw. browsen oder Fotos anhand von Metadaten filtern (siehe Abb. 2–17 C/D).

Den Unterschied bemerken Sie spätestens dann, wenn Sie Ihre Fotos migrieren wollen – also statt Lightroom ein anderes Programm benutzen möchten. Das Einzige, was Sie dann mitnehmen können, sind die Metadaten, die in den Bilddateien speicherbar sind. Bei Katalogmitteln ist das nicht möglich, sie sind also in erster Linie für die kurz- und mittelfristige Organisation geeignet.

Metadaten weitergeben

Da in den Metadaten wertvolle Zusatzinformationen stecken, deren Vergabe oft viel Arbeit erfordert, ist es wichtig, sie langfristig erhalten zu können – oft über einen Zeitraum von 20, 30 Jahren oder länger. Daher können Sie in Lightroom zusätzlich zur Verwaltung im Katalog die Metadaten auch in den Bilddateien speichern. So können Metadaten an andere Programme weitergegeben werden. Umgekehrt kann Lightroom in anderen Programmen veränderte Metadaten aus den Bilddateien lesen und so in den Katalog aufnehmen. Der Katalog bleibt jedoch immer der Hauptverwaltungsort.

Das Speichern in den Bilddateien kommt einerseits in Fällen zur Anwendung, in denen ein anderes Programm nur kurzzeitig benutzt werden soll; beispielsweise um Fotos zwischenzeitlich mit Adobe Bridge zu verwalten. Darüber hinaus ermöglicht es die Migrierbarkeit zu anderen Programmen:

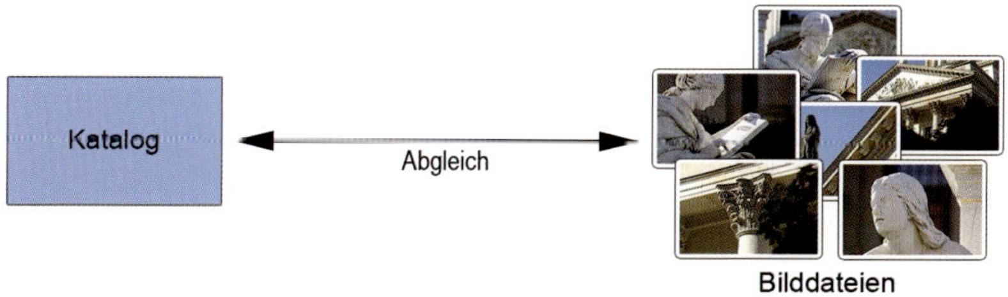

Abb. 2–18
Lightroom verwaltet Metadaten zwar über den Katalog, aber um mit anderen Programmen zu kommunizieren, kann es Metadaten zusätzlich in den Bilddateien speichern.

Wenn Sie Lightroom nicht mehr benutzen möchten, können Sie einfach alle Metadaten in den Bilddateien speichern und die Dateien anschließend in ein anderes Katalogprogramm importieren.

In die meisten Bilddateien (JPEG, TIFF, PSD, DNG) lassen sich Metadaten nach dem von Lightroom benutzten XMP-Standard (siehe unten) einbetten. Bei den vielen proprietären Raw-Formaten wie NEF oder CR2 können allerdings keine Metadaten eingebettet werden. Daher werden sie hier als nebenstehende Textdatei im XMP-Format, als sogenannte **Filialdatei** oder XMP-Sidecar, gespeichert. Diese zusätzliche Datei hat denselben Namen wie die Raw-Datei, aber die Endung *.xmp* (siehe Abb. 2–19). Filialdateien machen die Verwaltung von Fotos in einigen Bereichen aufwändiger.

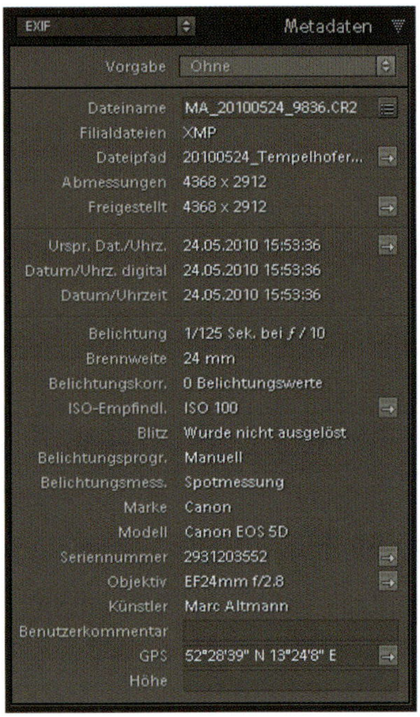

A

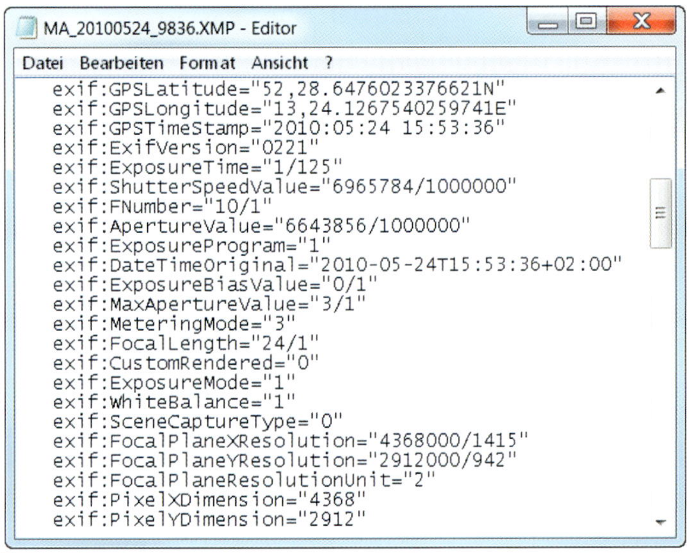

B

Abb. 2–19
XMP
A) EXIF-Metadaten in Lightroom
B) Die dazugehörige XMP-Filialdatei. Die XMP-Daten sind für Menschen durchaus lesbar. Sie können sogar eine Filialdatei mit einem Texteditor öffnen und verändern.

XMP

XMP (*Extensible Metadata Platform*) ist ein Standard, der definiert, *wie* Metadaten gespeichert werden. XMP gibt nur die Art und Weise der Speicherung vor, definiert aber keine einzelnen Metadatenfelder. Daher kann jedes Programm seine eigenen – entsprechend markierten – Felder hinzufügen. Alle Metadaten für ein Foto werden innerhalb desselben XMP-Textabschnitts, dem »XMP packet«, gespeichert.

Mithilfe von XMP können Bilddateien theoretisch von Programm zu Programm weitergegeben werden, ohne dass dabei jemals Metadaten verloren gehen. Ein anderes Programm kann vielleicht nicht mit allen Metadaten einer Bilddatei etwas anfangen, aber es kann alle lesen, evtl. anzeigen und vor allem: aufbewahren oder weitergeben. Wenn Lightroom beispielsweise eine Bilddatei an Photoshop übergibt und diese in Photoshop als Kopie (mit *Speichern unter*) gespeichert wird, werden dabei alle Metadaten, auch diejenigen, die nur Lightroom versteht, in die neue Bilddatei übertragen.

2.5 Parametrische Bildbearbeitung

Als ich früher Fotos selbst entwickelt und vergrößert habe, habe ich zunächst immer von einigen Negativen kleine Abzüge gemacht, die mir von da an für die Verwaltung dienten; denn die Negative selbst sind ja keine fertigen Bilder. Zusätzlich habe ich mir die Einstellungen, mit denen ein Abzug erstellt wurde (die **Parameter** wie Belichtungszeit, verwendetes Papier usw.), hinten auf dem Abzug notiert. So konnte ich bei Bedarf weitere Abzüge anfertigen.

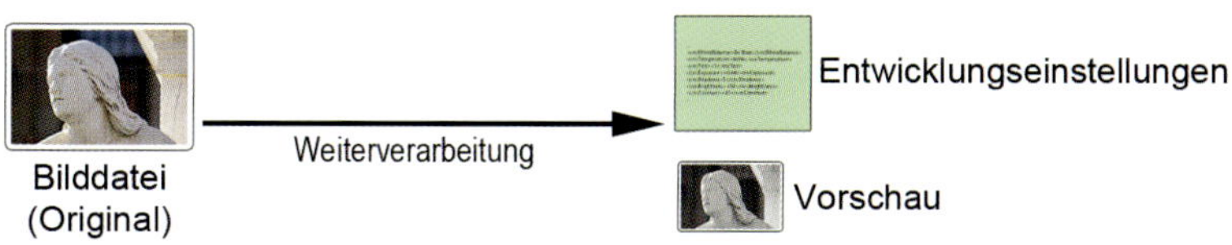

Abb. 2–20
Parametrische Bildbearbeitung. Im Gegensatz zur traditionellen Bearbeitung (siehe Abb. 2–5) braucht sie keine Derivatdateien; sie speichert einfach die »Rezepte« für die Bearbeitung als Metadaten.

Parametrische oder Metadaten-Bildbearbeitung funktioniert ähnlich. Anstatt für die Bearbeitungen eine Derivatdatei wie weiter oben erläutert zu erstellen, werden dabei nur die Einstellungen oder Parameter für die Bearbeitung gespeichert. Mithilfe der Parameter und der Originaldatei kann der Computer bzw. Lightroom automatisch eine vollständig bearbeitete RGB-Datei erstellen, sei es eine Vorschau für die Verwaltung im Katalog oder Bilddateien für die Ausgabe. Das Verfahren wird mittlerweile von einigen Fotoprogrammen verwendet, neben Lightroom zum Beispiel Aperture, AfterShot (früher Bibble) und Capture One.

Umsetzung der parametrischen Bildbearbeitung in Lightroom

In Lightroom heißen die Parameter **Entwicklungseinstellungen.** Sie gehören zu den Metadaten eines Fotos und können in den Bilddateien gespeichert werden. So gibt es z. B. ein Metadatenfeld *Belichtung*, mit dem man die Gesamthelligkeit des Bildes steuert, oder ein Feld namens *Kontrast*, mit dem der Gesamtkontrast verändert (siehe Abb. 2–21). Die entsprechenden Regler in Lightrooms Grundeinstellungen-Palette kennen Sie bereits aus Kapitel 1.

Abb. 2–21
Entwicklungseinstellungen
A) Die Entwicklungseinstellungen werden im Entwickeln-Modul über Regler eingestellt.
B) Es handelt sich um normale XMP-Metadaten, wie der XMP-Ausschnitt rechts beweist.
C) Ein unbearbeitetes Raw-Foto
D) Dasselbe Foto mit den obigen Entwicklungseinstellungen

Ursprünglich umfassten die Entwicklungseinstellungen vor allem Einstellungen für die Raw-Konvertierung sowie einige grundlegende Bildbearbeitungsfunktionen (Tonwert- und Farbkorrekturen, Freistellen usw.). Mittlerweile kann man mit Lightroom fast alle wichtigen Bildbearbeitungen ausführen, sogar Perspektivkorrekturen, Retuschen, Effekte und vieles mehr. Der Großteil der Entwicklungseinstellungen lässt sich sowohl auf Raw-Fotos als auch auf RGB-Dateien anwenden.

Damit die Fotos in Lightroom immer so angezeigt werden, dass sie ihren Entwicklungseinstellungen entsprechen, aktualisiert das Programm bei jeder Änderung der Einstellungen die Vorschauen (dieselben Vorschauen, die für den Katalog verwendet werden). Dazu muss bei einer einzigen Regler-Änderung die komplette Abfolge der eingestellten Bildbearbeitungen aufs Neue ausgeführt werden. Des Weiteren müssen die Bearbeitungen immer dann ausgeführt werden, wenn die Fotos ausgegeben werden sollen, also z. B. wenn eine Webgalerie erstellt oder ein Foto ausgedruckt wird. Dies alles läuft aber recht schnell und außerdem vollautomatisch im Hintergrund ab.

Lightroom verwendet für alle Bearbeitungen intern eine Bittiefe von 16 bit und als Farbraum ProPhoto-RGB, also einen sehr großen Farbraum. Genau genommen verwendet Lightroom eine leicht abgewandelte Variante von ProPhoto-RGB, die nach einer Lightroom-Entwicklerin *Melissa-RGB* getauft wurde. Dieser Farbraum speichert die Helligkeiten linear, Pro-

Photo-RGB kodiert sie hingegen mit einem Gamma von 1,8. Der Farbumfang ist derselbe. Wie man in Abb. 2–22 sieht, ist es ziemlich clever, dass Lightroom Katalogprogramm und parametrische Bildbearbeitung miteinander kombiniert: Die Entwicklungseinstellungen zu den Fotos liegen wie die anderen Metadaten im Katalog vor. Wenn eine Vorschau erstellt werden muss, werden sie und die Bilddatei herangezogen, sodass die Vorschau berechnet werden kann. Die Vorschau wird dann mit der Katalogdatei gespeichert und ermöglicht die Offline-Verwaltung – also die Verwaltung ohne Zugriff auf die Bilddateien.

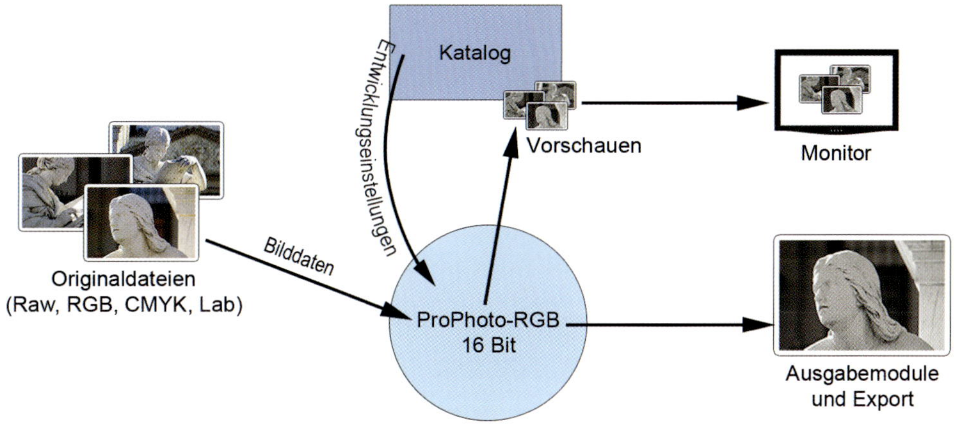

Abb. 2–22 Lightrooms Arbeitsweise im Zusammenhang

Möglichkeiten und Einschränkungen des Verfahrens

Die parametrische Bildbearbeitung hat einige Vorteile gegenüber der klassischen Arbeitsweise. Dadurch, dass nur die »Rezepte«, nicht die Ergebnisse der Bildbearbeitung gespeichert werden, kann man beliebig oft nachträgliche Änderungen vornehmen. Andererseits geht nicht verloren, welche Änderungen überhaupt stattgefunden haben. Zerstören oder anderweitig nachteilig beeinflussen kann man die Originale durch die Bearbeitung mit Lightroom ohnehin nicht.

Weiterhin lassen sich verschiedene Versionen eines Fotos (Farbe, S/W usw.) extrem platzsparend anfertigen – man legt einfach mehrere Einstellungssätze für dieselbe Bilddatei an. In Lightroom lassen sich verschiedene Versionen z. B. als virtuelle Kopien speichern (siehe oben). Ohne parametrische Bildbearbeitung wäre für eine neue Bearbeitungsversion eine neue Bilddatei erforderlich, ein Derivat. Die Entwicklungseinstellungen selbst für viele Varianten belegen aber nur den Bruchteil des Speicherplatzes einer Derivatdatei. Außerdem wird die Verwaltung einfacher.

Ein weiterer Vorteil der parametrischen Bildbearbeitung ist die Möglichkeit, mehrere Fotos gleichzeitig zu bearbeiten oder Einstellungen von einem Foto auf andere Fotos zu übertragen. In Lightroom geschieht dies z. B. einfach mittels Kopieren und Einfügen von Entwicklungseinstellungen (siehe Abb. 2–23). Die Arbeit mit mehreren Fotos ändert sich dadurch vollkommen.

Abb. 2–23
Übertragung von Einstellungen. Mit parametrischer Bildbearbeitung kann man einfach Bildbearbeitungen auf andere Fotos übertragen: Hier wurde die Farbtemperatur innerhalb weniger Sekunden vom Foto oben links auf die übrigen Fotos kopiert.

Parametrische Bildbearbeitung hat auch Nachteile. Vor allem ist längst nicht alles möglich, was mit traditionell arbeitenden Bildbearbeitungsprogrammen machbar ist. Komplexe Retuschen, Ebenenkonstruktionen, Panoramen und vieles mehr sind mit Entwicklungseinstellungen nicht machbar. Auch wenn sich die Möglichkeiten mit jeder großen Lightroom-Version erweitern, wird es immer Dinge geben, für die man klassische Bildbearbeitungsprogramme benötigt. In diesen Fällen arbeitet man einfach auf die traditionelle Weise, mit einer neuen Bilddatei (siehe Abb. 2–24).

Abb. 2–24
Derivate und Lightroom. Obwohl Lightroom über parametrische Bildbearbeitung arbeitet, werden Sie ab und zu auch Derivate erstellen müssen. Dazu lässt sich Photoshop oder ein ähnliches Programm direkt aus Lightroom heraus aufrufen.

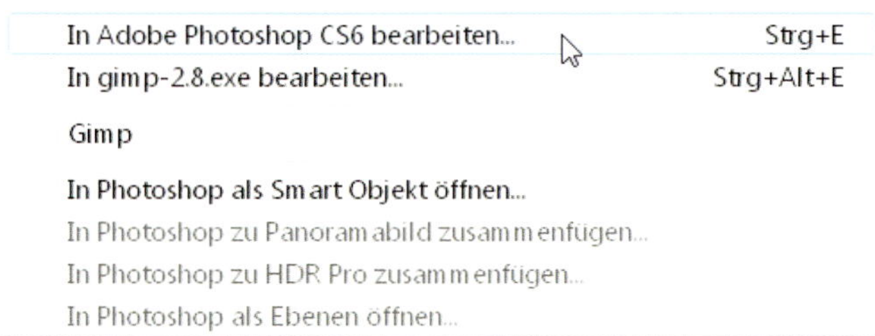

Ein weiteres Problem (für das allerdings seit Lightroom 3 eine Lösung gefunden wurde) ergibt sich aus der »Virtualität« der Bearbeitungen, also daraus, dass die Bearbeitungen praktisch nie wirklich vollzogen werden. Dies macht es schwierig, vonseiten des Herstellers Adobe, die hinter den

Entwicklungseinstellungen stehenden Algorithmen weiterzuentwickeln. Änderte sich ein Algorithmus, würde sich auch die Anmutung der damit bearbeiteten Fotos leicht ändern. Seit Lightroom 3 kann man daher die Version der Entwicklungseinstellungen auswählen, die für ein Foto verwendet werden soll (die »Prozessversion«). So bleibt man einerseits rückwärtskompatibel und kann andererseits die neuesten Algorithmen einsetzen.

Schließlich sind die Bearbeitungen überhaupt nur innerhalb von Lightroom sichtbar (siehe Abb. 2–25). Um sie für alle Programme sichtbar zu machen, müsste man die Fotos exportieren und damit neue Bilddateien erstellen, auf welche die Bildbearbeitungen bereits angewendet sind. Aber genau das will man ja mit der parametrischen Bearbeitung vermeiden. Wenn Sie das DNG-Format für Raw-Fotos verwenden, können Sie diesen Nachteil umgehen; denn in diese lassen sich Vorschauen einbetten, die von vielen Bildverwaltungsprogrammen angezeigt werden können (siehe unten).

Die Metadaten, die für parametrische Bildbearbeitung verwendet werden, sind übrigens leider keine Standardmetadaten wie EXIF oder IPTC. Das gilt nicht nur für Lightrooms Entwicklungseinstellungen, sondern auch für andere Programme, die mit parametrischer Bildbearbeitung arbeiten. Alle verwenden ihre eigenen Parameter und sind daher untereinander nicht kompatibel, sodass man die Bildbearbeitungsrezepte nicht weiterverwenden kann, wenn man zu einem anderen Programm wechselt (eine Ausnahme ist *Adobe Camera Raw*, siehe Kasten Seite 60).

A B C

Abb. 2–25
Nachteil parametrischer Bildbearbeitung
A) Lightrooms Bearbeitungen in Lightroom
B) Die Raw-Datei wird mit der Windows-Fotoanzeige unbearbeitet angezeigt.
C) Die DNG-Datei wird dank der eingebetteten Vorschau korrekt angezeigt.

Adobe Camera Raw

Adobe Camera Raw ist wie Lightroom ein parametrisch arbeitendes Programm zur Raw-Konvertierung und Bildbearbeitung, allerdings ohne Funktionen zur Bildverwaltung und Ausgabe. Es ist vollständig kompatibel zu Lightroom, d. h., es erzielt mit denselben Entwicklungseinstellungen exakt dieselben Ergebnisse. Entwicklungseinstellungen können zwischen den beiden Programmen ausgetauscht werden, indem man die Metadaten in den Bilddateien speichert. Camera Raw gibt es bereits länger als Lightroom (seit 2002, Lightroom ist 2007 erschienen). Lightroom ist gewissermaßen aus Camera Raw entstanden, mittlerweile werden beide Programme parallel entwickelt.

Camera Raw ist allein nicht lauffähig, sondern wird entweder mit Photoshop oder Bridge verwendet. Mit Photoshop wird es benutzt, um Raw-Dateien zu bearbeiten und sie danach für die Weiterverarbeitung in Photoshop zu bringen. Dies ist am ehesten vergleichbar mit der Arbeit im Entwickeln-Modul. Mit Bridge wird es benutzt, um während der Sichtung grundlegende Entwicklungseinstellungen für mehrere Fotos festzulegen und mit den übrigen Metadaten in den Bilddateien zu speichern. Dies kann man mit der Arbeit im Bibliothek-Modul vergleichen.

Abb. 2–26
Anderes Programm, aber dieselben Entwicklungseinstellungen: Adobe Camera Raw

Das DNG-Format

Das DNG-Format (*Digital Negative Format*) wurde von Adobe 2004 eingeführt, um einen offenen Standard für Raw-Formate zu schaffen – eine Antwort auf die zu diesem Zeitpunkt schon zahlreichen proprietären Raw-Formate. Einige Kamerahersteller haben DNG direkt als das von der Kamera verwendete Raw-Format übernommen. Jede andere Raw-Datei lässt sich ins DNG-Format konvertieren. Die Vorteile von DNG liegen vor allem im Bereich der Verwaltung:

- Es lassen sich XMP-Metadaten direkt in die Dateien einbetten, anstatt dass man XMP-Filialdateien anlegen muss. Dadurch vereinfacht sich die Verwaltung gegenüber proprietären Raw-Dateien.
- Zusätzlich lassen sich Vorschauen in die Dateien einbetten. Andere Programme, die Lightrooms Entwicklungseinstellungen nicht verstehen, können so die DNGs in bearbeitetem Zustand anzeigen (siehe Abb. 2–25 C). Einige Fotografen verwenden z. B. lieber ein separates Katalogprogramm für die Verwaltung.
- Die Rohdaten werden verlustfrei komprimiert. Die meisten proprietären Raw-Dateien sind unkomprimiert. Durch die Umwandlung in DNG werden sie ca. 20 % kleiner. In Lightroom 4 lassen sich die Rohdaten optional verlustreich wie beim JPEG-Format, also *lossy* komprimieren.
- DNG-Dateien enthalten eine Prüfsumme, einen Bilddaten-Fingerabdruck, mit dessen Hilfe Lightroom oder andere Programme durch Datenfehler verursachte Veränderungen an den Bilddaten erkennen können.

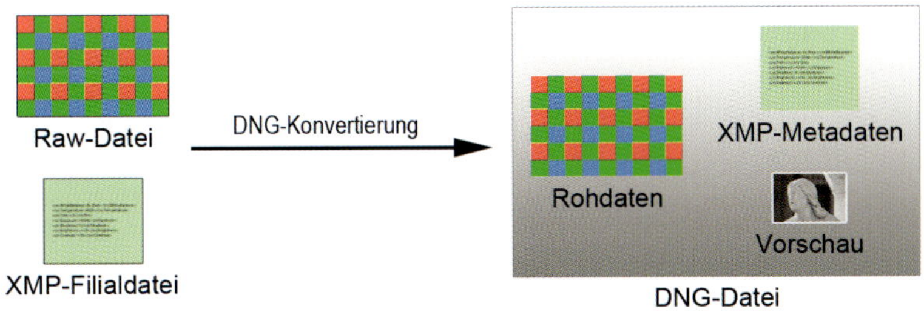

Abb. 2–27
Das DNG-Format funktioniert wie ein Container, der die Rohdaten, Metadaten und eine Vorschau mit den angewendeten Entwicklungseinstellungen enthält.

Der DNG-Standard ist zwar offen im Vergleich zu den proprietären Raw-Formaten der Kamerahersteller, allerdings wird er nicht von einem unabhängigen Konsortium entwickelt wie z. B. der HTML-Standard. Allein Adobe hat bisher die Entscheidungen bezüglich des Formats getroffen. Mittlerweile unterstützen nur wenige Kamerahersteller das DNG-Format direkt (z. B. Pentax und Leica), die großen (Canon, Nikon, Sony) sind nicht darunter.

Proprietäre Raw-Dateien können Sie direkt mit Lightroom an verschiedenen Stellen des Programms ins DNG-Format konvertieren. Dabei bleiben die Rohdaten erhalten. Eine Rückkonvertierung ist in der Regel jedoch nicht möglich (es sei denn, Sie verwenden eine Option und betten die komplette proprietäre Raw-Datei mit in die DNG-Datei ein).

Wenn die Kamera direkt DNGs ausgibt, gibt es bezüglich der Kompatibilität keine Probleme. DNGs, die durch Konvertierung entstanden sind, werden jedoch von manchen Programmen nicht unterstützt. Dazu zählen die von den Kameraherstellern hergestellten Raw-Konverter wie z. B. *Nikon Capture*. Das zu Lightroom in Konkurrenz stehende Programm *AfterShot* (früher *Bibble*) unterstützt bisher auch keine konvertierten DNG-Dateien, allerdings solche, die direkt aus der Kamera stammen.

DNG ist übrigens mehr als ein Raw-Format. Adobe entwickelt das Format im Moment zu einem allgemeinen Bildformat für parametrische Bildbearbeitung weiter. Neben Raw-Dateien kann man auch RGB-Dateien ins DNG-Format konvertieren, z. B. Kamera-JPEGs, Scans von Dias und Negativen oder HDR-Bilder, und so auch mit diesen eine Vorschau der angewendeten Entwicklungseinstellungen speichern. Allerdings lassen sich die Dateien nicht zurückkonvertieren.

Es bleibt abzuwarten, wie sich die Akzeptanz von DNG in den nächsten Jahren entwickelt – und ob sich das Format auch im Hinblick auf die geplante ISO-Zertifizierung langfristig als Standard durchsetzen kann.

2.6 Bildbearbeitungstechniken

Tonwertkorrektur

Eine der wichtigsten Aufgaben in der fotografischen Nachbearbeitung, wenn nicht die wichtigste, ist die Tonwertkorrektur. Noch vor den Farben bestimmen die Tonwerte den Gesamteindruck eines Fotos – ob es flau oder knackig, hell oder dunkel wirkt. Die Tonwertkorrektur ist ein subjektiver Vorgang und eine der großen Künste in der Fotografie. Ich spreche daher anstatt von Korrektur lieber von Tonwertgestaltung.

Histogramm

Das Histogramm ist ein statistisches Werkzeug, das zusammen mit der Tonwertkorrektur verwendet wird. Es zeigt an, wie die Tonwerte in einem Bild verteilt sind. Dazu werden die Pixel mit den Tonwerten von 0 bis 100 % gezählt und in einem Diagramm dargestellt (siehe Abb. 2–28). Je höher die Erhebung in einem Bereich ist, desto mehr Pixel liegen in diesem Tonwertbereich.

Über das Histogramm kann man auf einen Blick abschätzen, ob ein Foto unter- oder überbelichtet ist (das Foto in Abb. 2–28 ist z. B. recht dunkel, was man auch am sehr weit links liegenden »Hügel« des Histogramms erkennen kann). Ist links oder rechts im Histogramm noch Platz, bedeutet das, dass nicht der gesamte Tonwertumfang ausgenutzt wird. Dies führt häufig zu einer zu flauen Darstellung.

Wenn es hingegen am linken oder rechten Ende des Histogramms zu »Spitzen« kommt, ist das ein Hinweis auf Tonwertbeschnitt (Clipping). Das heißt, dass viele Pixel im Bild Tonwerte von 0 % oder 100 % haben. Ganze Bildbereiche sind dann schwarz bzw. weiß und weisen keine Details auf, was man im Allgemeinen ebenfalls vermeiden will (normalerweise bewegt sich das Histogramm an den Enden sanft nach unten, wie in Abb. 2–28).

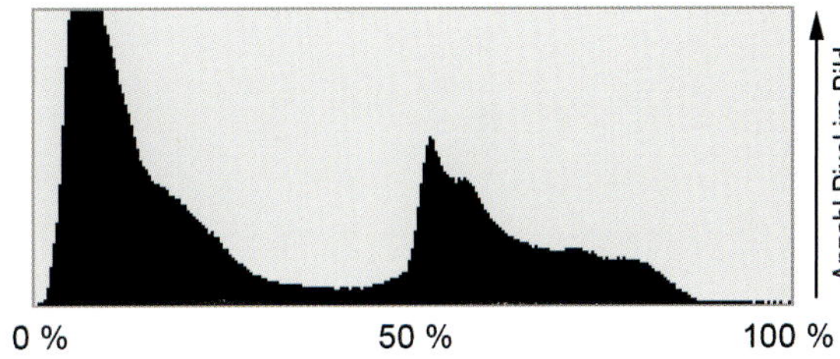

Abb. 2–28
Ein Bild mit dazugehörigem Histogramm

Alles in allem kann das Histogramm jedoch nur bescheidene Hinweise auf die Beschaffenheit der Tonwerte eines Fotos liefern. Schließlich können Fotos sehr unterschiedlich sein: Ein Low-Key-Foto enthält z. B. absichtlich vorwiegend dunkle Tonwerte; allein vom Histogramm ausgehend ist es allerdings einfach unterbelichtet. Das Histogramm kann also nicht ersetzen, dass man seinen Blick schult für das, was mit einem Foto nicht stimmt. Es kann aber sicherlich bei der Schulung dieses Blicks helfen.

Logarithmisches Histogramm
Wie weiter oben erwähnt, verwendet Lightroom für die Bildbearbeitung einen Farbraum, der die Helligkeiten linear speichert. Da das menschliche Auge Helligkeiten ganz anders (logarithmisch) wahrnimmt, wäre die Arbeit mit allen Tonwert-Werkzeugen, also z. B. Histogramm und Gradationskurve, sehr gewöhnungsbedürftig. Lightroom rechnet daher für diese Werkzeuge die RGB-Werte so um, dass sie ungefähr der Wahrnehmung des menschlichen Auges entsprechen. Die Mitte des Histogramms bezieht sich also auf 50 % Helligkeit, so wie sie das Auge wahrnimmt (obwohl es durch die lineare Speicherung intern nur 18 % sind, siehe Abb. 2–10).

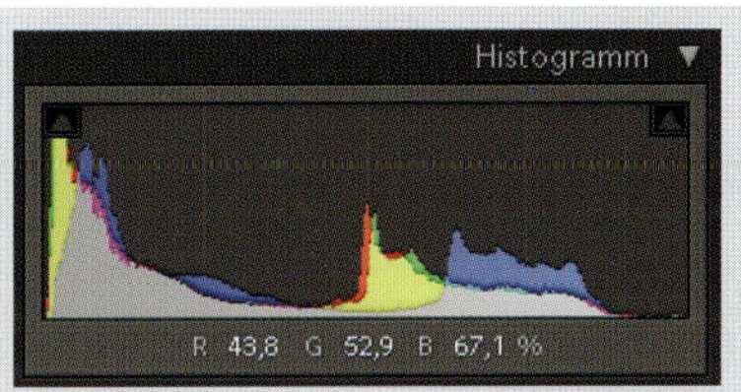

Abb. 2–29
Logarithmisches Histogramm. Das Histogramm und andere Werkzeuge in Lightroom zeigen die Tonwerte so an, wie sie das Auge wahrnimmt.

Gradationskurve

Eine Gradationskurve ist ein Steuerungsinstrument, mit dem sich die Tonwerte eines Bildes verändern lassen. Es ist ein Standardwerkzeug und steht auch in Lightroom zur Tonwertkorrektur zur Verfügung. Dabei gestaltet man die Korrektur »zeichnerisch« über eine Kurve innerhalb eines Diagramms. Die x-Achse im Diagramm repräsentiert die Eingangswerte für die Tonwerte, die y-Achse die Ausgangswerte (siehe Abb. 2–30).

Die Kurve passt man an, indem man verschiedene Punkte auf ihr »setzt« und verschiebt. Alle gesetzten Punkte werden vom Computer möglichst harmonisch miteinander verbunden, damit es im Foto von den Tonwerten her keine abrupten Sprünge, nur mehr oder weniger sanfte Übergänge gibt.

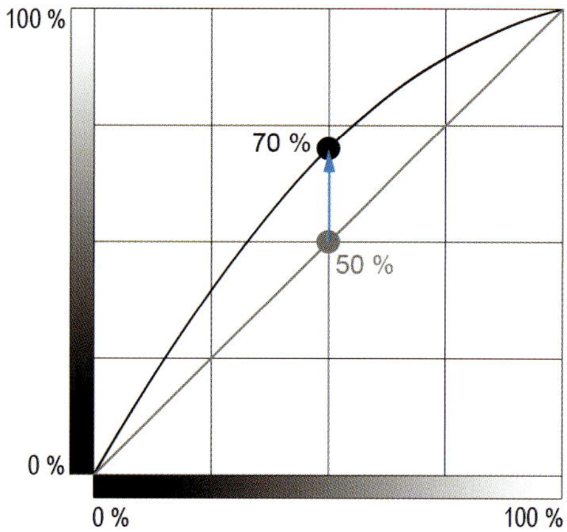

Abb. 2–30
Einfache Tonwertkorrektur. Die Mitteltöne, d. h. die Bildbereiche mit 50 % Helligkeit, werden hier auf 70 % aufgehellt. Alle anderen Tonwerte werden in Form einer harmonischen Kurve angepasst, sodass sich die Helligkeit insgesamt erhöht.

Eine Standardprozedur ist die Veränderung der Gesamthelligkeit des Fotos über die Gradationskurve. Dies wird durch Anhebung oder Absenkung der Mitteltöne (die Tonwerte um 50 % herum) erreicht. In der Gradationskurve in Abb. 2–30 werden z. B. die Mitteltöne auf 70 % angehoben. In der Folge wird das Foto deutlich heller. Wie man sieht, ändern sich nicht nur die Mitteltöne: Die Prozedur erhöht die Tonwerte überall im Bild, in unterschiedlichem Maße; am stärksten bei den Mitteltönen, am schwächsten bei Lichtern und Schatten.

Die obige Gradationskurve hat weitere Folgen, die gerne übersehen werden: Die Tonwerte in den Schatten werden auseinandergezogen, wodurch sich ihr Kontrast erhöht (siehe Vordergrund), die Tonwerte in den Lichtern hingegen zusammengeschoben, sodass sich ihr Kontrast verringert (siehe Himmel). Man spricht auch von Tonwertspreizung bzw. Tonwertkomprimierung. Das kann man auch in der Kurve sehen: Dort, wo die Kurve steiler verläuft als beim linearen Anstieg (45°), steigt der Kontrast an, sodass Details hervorgehoben werden. Dort, wo sie flacher verläuft, wird der Kontrast abgeschwächt, wodurch die Details in dem Bereich weniger deutlich sichtbar sind.

Abb. 2–31
Weitere Tonwertkorrekturen
A) Kontrasterhöhung durch die S-Kurve
B) Setzen des Weißpunkts; alle Details jenseits davon werden zu reinem Weiß.

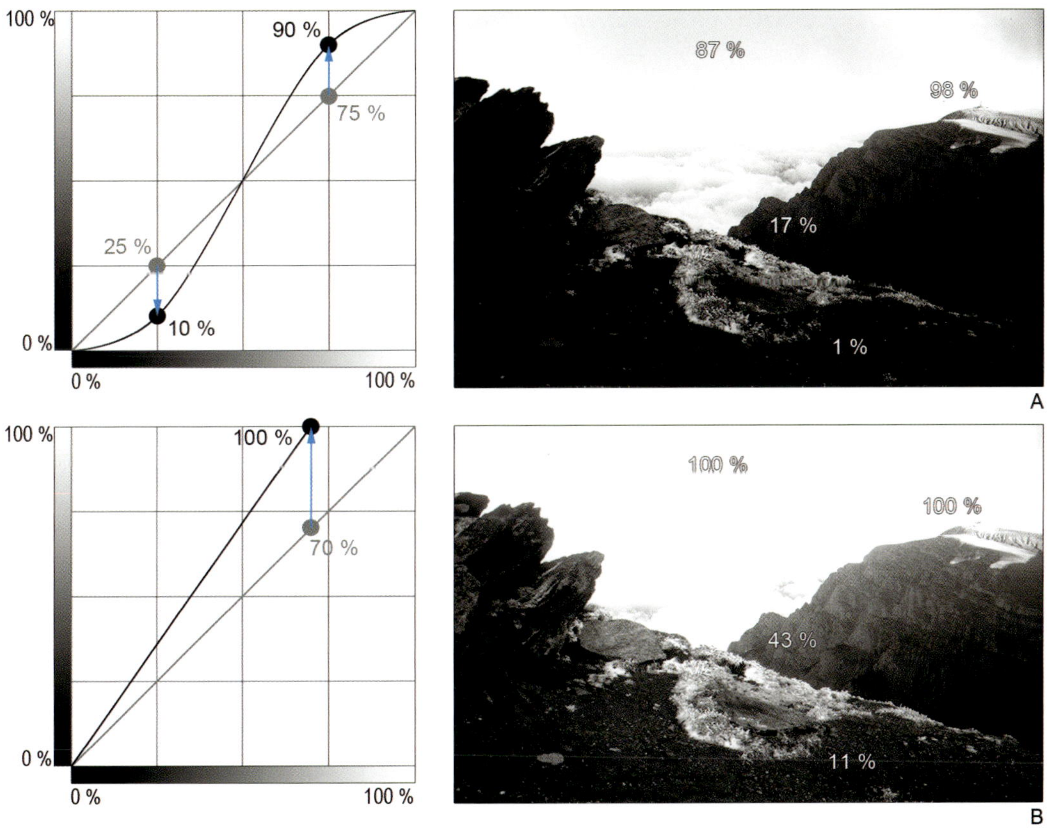

Eine weitere Standard-Tonwertkorrektur ist die S-Kurve wie in Abb. 2–31 A. Mit ihr wird der Gesamtkontrast des Bildes erhöht, indem die Lichter und Schatten verändert werden. Gerade hier sieht man, wie sehr die extremen Lichter und Schatten komprimiert (die Kurve ist um 5 % bzw. 95 % herum sehr flach) und die Details in diesen Bereichen abgeschwächt werden.

Eine weitere Standardanpassung ist schließlich das Setzen von Schwarz- oder Weißpunkt. Setzt man einen beliebigen Tonwert auf 0 %, werden alle dunkleren Tonwerte ebenfalls auf 0 % – also reines Schwarz – gesetzt. Dieser Tonwert ist dann der Schwarzpunkt, der Punkt, ab dem alles zu Schwarz wird. Andersherum, wenn ein Tonwert auf 100 % gesetzt wird, werden er und alle helleren Tonwerte auf 100 %, also reines Weiß gesetzt. Dies ist der Weißpunkt, also der Punkt, ab dem alles zu Weiß wird. Bei diesen Operationen werden Tonwerte nicht nur zusammengeschoben, sondern »gekappt«. Bilddetails verschwinden dabei völlig.

In Abb. 2–31 B wurde der Weißpunkt auf 70 % gesetzt. Alle Tonwerte jenseits des Weißpunkts werden auf 100 % gesetzt und somit zu reinem Weiß. Diese Operation erhöht ebenfalls den Gesamtkontrast, da sie insgesamt steiler wird, und sie erhöht auch die Gesamthelligkeit des Fotos. Über das Setzen von Schwarz- und Weißpunkt kann man dafür sorgen, dass ein Foto den gesamten Tonwertbereich ausnutzt, falls vor der Korrektur im Histogramm links oder rechts noch Platz war.

Farbkorrektur

Neben dem RGB-Modell, in dem Bilder auf dem Computer repräsentiert werden, gibt es das HSL-Modell (siehe Kasten), bei dem sich eine Farbe aus Farbton, Sättigung und Luminanz zusammensetzt. Dieses Modell ist für Menschen wesentlich besser vorstellbar, weshalb es in Lightroom für Farbkorrekturen eingesetzt wird – dabei passt man meist die Sättigung oder den Farbton an. Anpassungen kann man in Lightroom fürs ganze Foto wie in Abb. 2–32 oder für einzelne Farbtöne (selektive Farbkorrektur) vornehmen.

A

B

Abb. 2–32
Farbkorrektur
A) Über den Dynamik-Regler in Lightroom wird die Sättigung für das gesamte Bild angepasst.
B) Die Schwarz-Weiß-Umsetzung ist eine Art Sonderfall der Farbkorrektur, bei dem alle Farben komplett entsättigt sind.

Das HSL-Farbmodell

Farbton (Hue) gibt den »Typ« der Farbe an. Die einzelnen Farbtöne werden in einem Farbkreis (siehe Abb. 2–33) dargestellt. Rot, Orange, Grün etc., und ihre Zwischenstufen, sind Farbtöne.

Sättigung (Saturation) gibt die Reinheit und Intensität einer Farbe an. Im Farbkreis ist die Sättigung außen am größten. In der Mitte ist die Sättigung 0, hier befinden sich die Graustufen.

Luminanz (Luminance) gibt die Helligkeit einer Farbe an. Die Luminanzachse macht aus dem Farbkreis einen Farbzylinder. Ganz unten ist eine Farbe am dunkelsten, oben am hellsten.

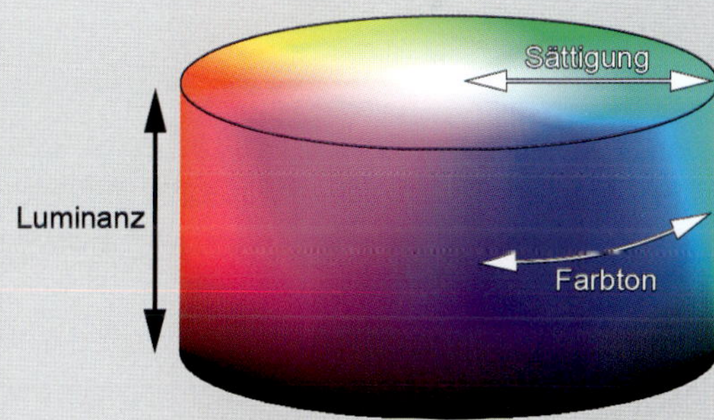

Abb. 2–33
Das HSL-Farbmodell
(siehe Abb. 2–4 zum RGB-Modell)

Schärfung

Schärfung ist eine weitere essenzielle Technik in der Digitalfotografie. Wohl fast jedes Digitalfoto wird geschärft, entweder in der Kamera oder im Raw-Konverter bzw. im Bildbearbeitungsprogramm. Schärfung funktioniert eigentlich über eine Täuschung des Auges, dadurch dass der Kontrast an den Kanten erhöht wird (siehe Abb. 2–34). Sind die Kanten klein genug, stellt sich für das Auge ab einer gewissen Entfernung der Schärfeeindruck ein.

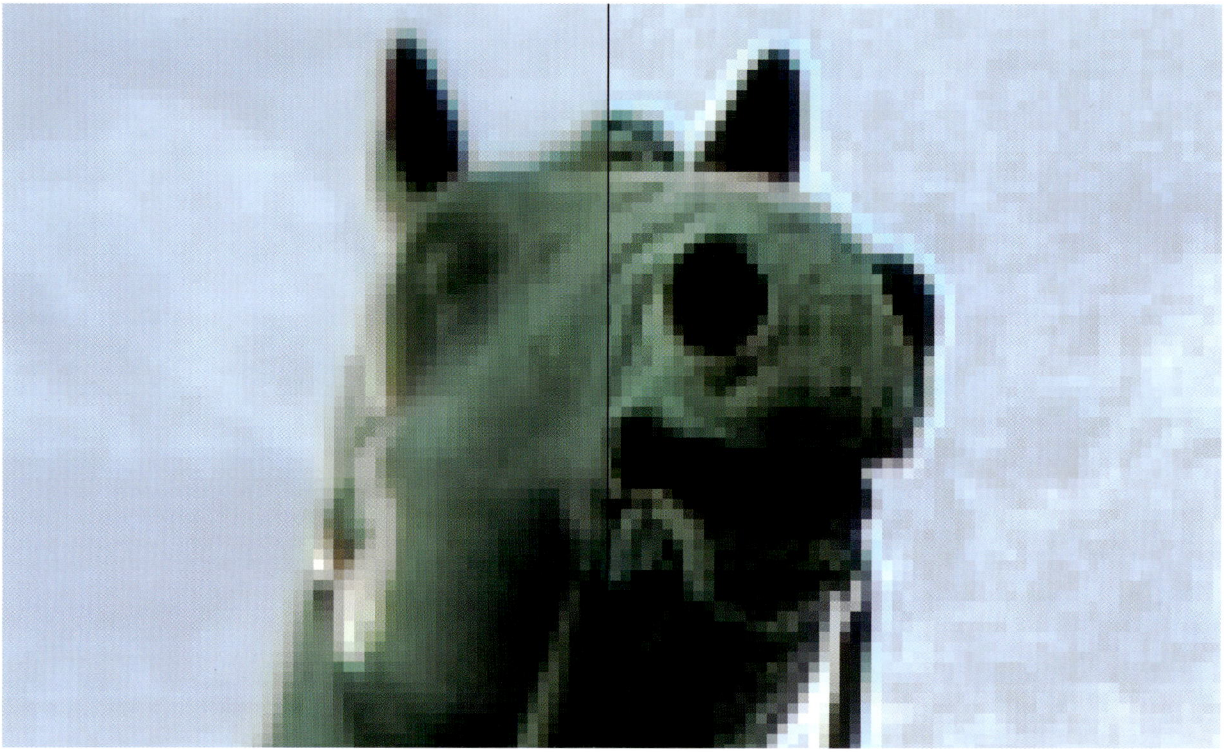

Abb. 2–34
Prinzip der Schärfung. Schärfung erfolgt über eine Erhöhung des Kontrasts entlang der Kanten (Hell-Dunkel-Übergänge) des Fotos. Dabei entsteht ein heller bzw. dunkler »Hof« um die Kante herum, der als Halo (»Heiligenschein«) bezeichnet wird – beim rechten Ohr des Pferdes ist dies gut zu sehen. Die Halos sorgen bei normalem Betrachtungsabstand für den Schärfeeindruck, wenn sie die richtige Breite haben. Sind sie zu breit, wirkt das Bild überschärft.

Moderne Schärfung geht in mehreren Schritten vor: Zunächst schärft man nach der Raw-Konvertierung das gesamte Foto, um eine optimale Grundschärfe herzustellen. Danach kann man bestimmte Bildregionen hervorheben, indem man sie zusätzlich schärft. Bei Porträts werden zum Beispiel häufig die Augen mit zusätzlicher Schärfe versehen. Die Schärfung in diesen beiden Schritten ist ausgabeunabhängig. Für die Ausgabe werden die Bilddaten dann noch einmal geschärft, nachdem sie auf die gewünschte Größe skaliert wurden. Dies macht Lightroom weitgehend automatisch.

Masken

Eine wichtige Technik, die auch von Lightroom ausgiebig eingesetzt wird, ist die Bearbeitung über Masken. Mit einer Maske wendet man einen Bildbearbeitungsschritt auf einzelne Bereiche eines Fotos an. Eine Maske ist digitales Malerkrepp für die Bildbearbeitung. Ähnlich wie das Klebeband verhindert, dass Steckdosen beim Streichen der Tapete übermalt werden, sorgen Masken dafür, dass bestimmte Bildbearbeitungen nur auf Teilen des Bildes ausgeführt werden.

Im Unterschied zum Malerkrepp kann eine Maske in der Bildbearbeitung allerdings teildurchlässig sein, also z. B. nur 25 % oder 50 % des Effekts »durchlassen«. So kann man u.a. weiche Übergänge zwischen den maskierten und unmaskierten Bildbereichen herstellen. Masken werden an vielen Stellen von Lightroom automatisch erzeugt, zum Beispiel wenn nur die Schatten eines Fotos aufgehellt werden sollen, ohne dass die anderen Bildbereiche davon beeinflusst werden. Man kann Masken aber auch von Hand anlegen.

Abb. 2–35
Selektive Farbkorrektur mithilfe einer Maske. Sehr viele Werkzeuge in Lightroom benutzen Masken, meist sind diese allerdings vor dem Benutzer verborgen.

2.7 Der Foto-Workflow

Der Begriff »Workflow« bezeichnet eine Abfolge von Arbeitsabläufen. Man kann den gesamten Foto-Workflow in mehrere grundlegende Phasen einteilen. Hierzu gibt es verschiedene Einteilungen. Die folgende besteht aus drei Phasen.

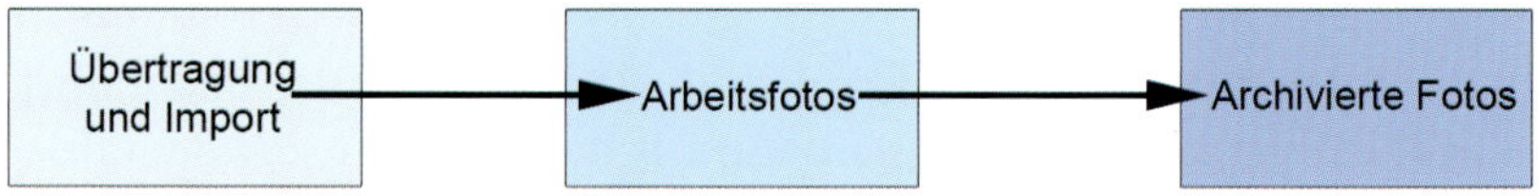

Abb. 2–36
Man kann die Arbeit mit Digitalfotos in drei Phasen einteilen. Je nach Phase hat man es mit unterschiedlichen Aufgaben zu tun.

Übertragung und Import. Beschreibt die kurze Phase, in der man die Fotos von der Speicherkarte auf die Festplatte überträgt und in einen Lightroom-Katalog importiert. Während der Übertragung erfolgen in der Regel auch die Umbenennung der Dateien und die Ablage in Festplattenordner. Diese Phase ist nicht besonders spektakulär, aber sie legt die Grundlage für die weitere Arbeit. Die Arbeitsabläufe in dieser Phase kann man größtenteils automatisieren (siehe Kapitel 4).

Arbeitsfotos. Diese Phase dauert meist einige Wochen oder Monate. Während dieser Phase greift man sehr häufig auf die Fotos zu. Zunächst geht es darum, die Fotos zu sichten. Dabei wird in der Regel die Bewertung eines Fotos festgelegt. Außerdem wird der Ausschuss markiert und später gelöscht.

Weiterhin geht es um die Vergabe von IPTC-Metadaten und Entwicklungseinstellungen. Um hier die Arbeit zu erleichtern, kann man einerseits Metadaten **massenhaft** für viele Fotos auf einmal vergeben. Andererseits kann man über die bereits erfolgten Bewertungen die besten Fotos herausfiltern und sich auf diese konzentrieren. Die ausführliche Bildbearbeitung einzelner Fotos findet im Entwickeln-Modul und eventuell, wenn Lightroom nicht ausreicht, in Photoshop oder anderen Bildbearbeitungsprogrammen statt.

Auch die Ausgabe erfolgt in den meisten Fällen, solange die Fotos noch neu sind, entweder über eines der Ausgabemodule oder über den Exportieren-Dialog bzw. die Veröffentlichungsdienste. Im Zuge der Ausgabe kann man die Katalogorganisationsmittel in Lightroom nutzen, um Ausgabeaufträge zusammenzustellen oder Bildvarianten zu verwalten. Der Großteil dieses Buchs beschäftigt sich mit dieser Phase.

Archivierte Fotos. Die Archivphase setzt ein, wenn Metadatenvergabe, Bearbeitungen und Ausgabe weitgehend abgeschlossen sind und die Fotos nicht mehr so häufig benötigt werden. Dann ist es auch sinnvoll, Fotos evtl. auf einer anderen Festplatte aufzubewahren, um Platz zu schaffen für neue Fotos und sie auf eine andere Art und Weise zu sichern. Sicherung und

Archivierung ist ein Gebiet, bei dem Lightroom Ihnen bisher leider kaum helfen kann. Hier müssen Sie viel allein und mit Unterstützung von Zusatzsoftware machen – außerdem hilft Kapitel 18.

Um die vielen Arbeitsabläufe in der Digitalfotografie zu bewältigen, ist es sinnvoll, einige Grundregeln zu beachten. Zunächst ist es hilfreich, Arbeiten, wo es geht, an den Computer zu delegieren, vor allem wenn bei mehreren Fotos etwas Ähnliches gemacht werden soll (Bilddateien umbenennen, kopieren usw.). Gleichförmige, sich wiederholende Aufgaben erledigt der Computer schnell und zuverlässig. Gerade bei solchen Aufgaben machen Menschen aber oft Fehler.

Lightroom arbeitet an vielen Stellen hierfür mit **Stapelverarbeitung** – einer Automatisierung, bei der man Einstellungen einmal für mehrere Fotos angibt und dann dem Programm die Arbeit überlässt, z. B. »Gib mir die zehn ausgewählten Fotos im Format 20 × 30 aus«. Stapelverarbeitung findet vor allem bei der Ausgabe statt, wenn z. B. im Web-Modul eine Galerie erstellt und dazu die entsprechenden Fotos ausgegeben werden, aber auch in anderen Bereichen wie bei der Umbenennung von Fotos.

Weiterhin ist es empfehlenswert, einmal getroffene Einstellungen für wiederkehrende Prozesse entweder zu speichern oder – wenn nicht möglich – aufzuschreiben, sodass man sie wiederholen kann, wenn man mit den Einstellungen zufrieden ist. In Lightroom speichert man Einstellungen über **Vorgaben** (wie schon auf Seite 24 erwähnt).

Buchenrinde (Nikon D100 Raw)
Belichtung -0,55, Kontrast +55,
Lichter -100, Tiefen +100,
Weiß +45, Schwarz -7,
Klarheit +75, Dynamik -40,
Sättigung +100

3 Im Bibliothek-Modul

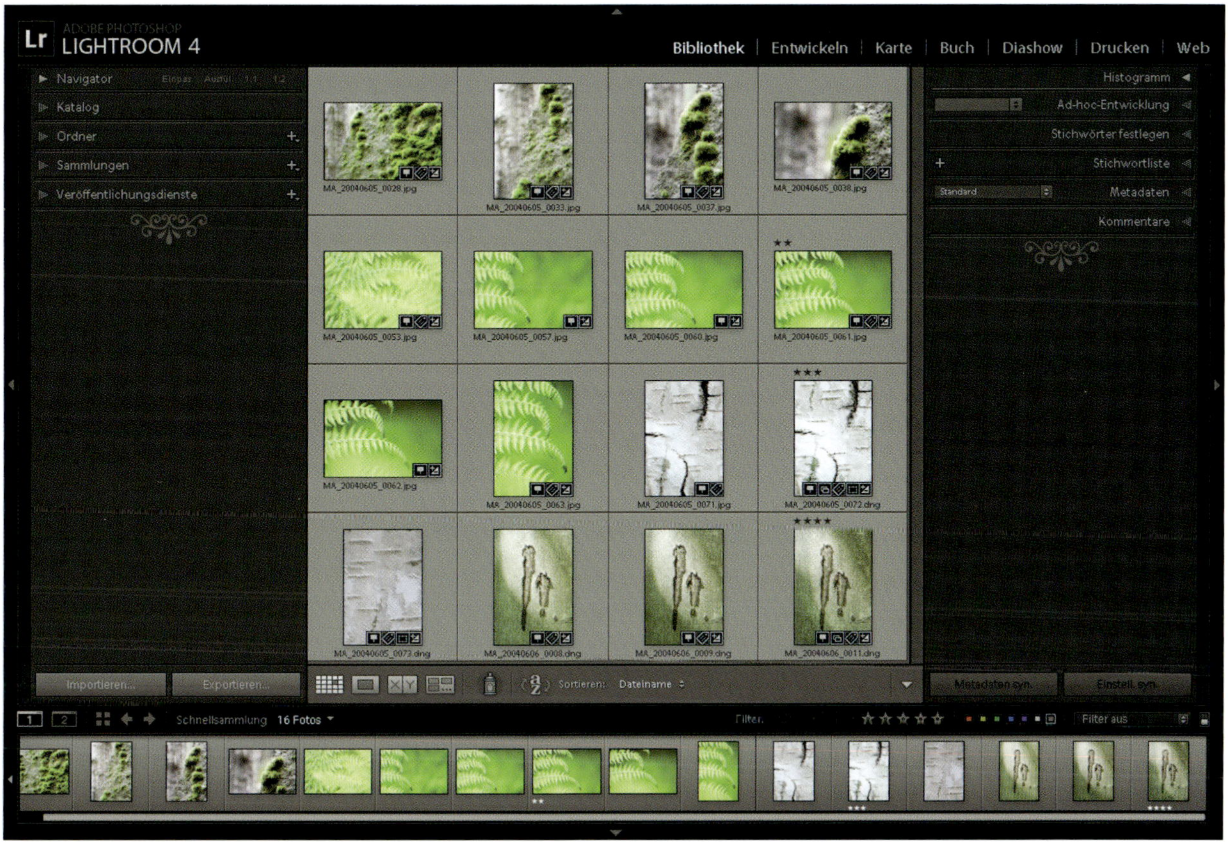

Abb. 3–1
Bibliothek-Modul in der Rasteransicht. Über die Paletten auf der linken Seite organisiert man den Fotobestand und wählt die Fotos aus, mit denen man im Moment arbeiten möchte. Über die auf der rechten Seite vergibt man Entwicklungseinstellungen und Metadaten für die ausgewählten Fotos.

Das Bibliothek-Modul ist die Schaltzentrale für die Bildverwaltung. Über die Paletten auf der linken Seite organisieren Sie die Fotos im Katalog. Hier wählen Sie auch aus, mit welchen Fotos Sie im Moment arbeiten wollen – also welche in den Filmstreifen geladen werden. Neben der Organisation geht es bei der Bildverwaltung um die Vergabe und Kontrolle von Metadaten und anderen Attributen. Um diese zu verändern, stehen hauptsächlich die Paletten auf der rechten Seite und die Werkzeugleiste zur Verfügung.

Fotos können Sie im Bibliothek-Modul in verschiedenen Ansichten betrachten. Die Rasteransicht zeigt viele Fotos im Überblick an, die Lupenansicht erlaubt die Betrachtung und Beurteilung eines einzelnen Fotos. Beide Ansichten lassen sich so konfigurieren, dass sie Metadaten und weitere Informationen über Fotos anzeigen. Daneben geht es in diesem Kapitel um Filterung, Sortierung, Schnellsammlung sowie Auswahl und aktives Foto – Standard-Werkzeuge, die Sie für Organisation und Bearbeitung immer wieder benötigen werden.

3.1 Startkatalog und erster Import

Lightroom legt beim ersten Start einen Katalog an. Falls Sie dabei den vorgeschlagenen Einstellungen zugestimmt haben sollten, befindet sich dieser im Unterordner *Bilder* innerhalb Ihres Benutzerordners und trägt den Namen *Lightroom*. Der Katalog ist wiederum ein Ordner, der die eigentliche Katalogdatei und einen Ordner mit Vorschauen enthält. Sie können diesen Katalogordner auch an eine andere Stelle verschieben oder einen neuen Katalog erstellen. Katalogfunktionen wie Neuerstellen und Öffnen von Katalogen verstecken sich im Datei-Menü. Mehr dazu finden Sie in Kapitel 6.1.

Einen mit einer früheren Version als Lightroom 4 erstellten Katalog muss das Programm aktualisieren, bevor es ihn öffnen kann. Dabei wird eine Kopie des Katalogs erstellt, der alte bleibt also erhalten. Sie können diese Gelegenheit nutzen, um den alten Katalog zu archivieren (siehe Kapitel 18). Benutzer von Photoshop Elements können ihre Elements-Kataloge über die Funktion *Datei ▹ Photoshop-Elements-Katalog aktualisieren* in Lightroom-Kataloge konvertieren. Dabei wird ebenfalls eine Kopie erzeugt.

Um Fotos zum Katalog hinzuzufügen, rufen Sie den Importieren-Dialog auf, über den Knopf links unten oder über Strg-⇧-I. Nach dem Import können Sie über *Vorheriger Import* in der Katalog-Palette oder über die Ordner-Palette auf Ihre Fotos zugreifen. Ausführlich um Importieren und Übertragung geht es in Kapitel 4.

3.2 Organisation der Fotos

Über die Paletten Katalog, Ordner und Sammlungen auf der linken Seite des Bibliothek-Moduls organisiert man den Zugriff auf die Fotos im Katalog. Über die **Katalog-Palette** können Sie auf einige grundlegende Zusammenstellungen zugreifen. Über *Alle Fotos* gelangt man schnell an sämtliche Fotos des Katalogs. *Vorheriger Import* enthält automatisch immer die

Fotos des letzten Importvorgangs. Die Fotos in der *Schnellsammlung* können Sie selbst zusammenstellen (siehe Abschnitt 3.6). Einige Funktionen in Lightroom fügen weitere Zusammenstellungen zur Palette hinzu (siehe Abb. 3–2), die Sie über ihr Kontextmenü wieder entfernen können.

Abb. 3–2
Katalog-Palette. Über die Katalog-Palette haben Sie Zugriff auf grundlegende Zusammenstellungen.

Über die **Ordner-Palette** kann man auf die Fotos anhand ihrer Ordnerstruktur auf der Festplatte zugreifen. Die Ordner werden in der Regel während des Übertragens der Bilddateien von der Speicherkarte erstellt. Mehr zu den verschiedenen Ordnerstrukturen siehe Kapitel 4.3, mehr zur Ordner-Palette siehe Kapitel 6.2. In der **Sammlungen-Palette** können Sie im Katalog eine zusätzliche Ordnung aufbauen, alternativ zur Ordnerstruktur im Dateisystem. Dazu können Sie Fotos von Hand zusammenstellen (normale Sammlungen) oder automatisch zusammenstellen lassen (Smart-Sammlungen). Mehr zu Sammlungen siehe Kapitel 7.4.

A

B

Abb. 3–3
Quellen im Filmstreifen
A) Quellenanzeige. Die zuletzt besuchten Quellen können Sie über die Vor- und Zurück-Knöpfe auf der linken Seite aufrufen. Sie funktionieren wie die Knöpfe in einem Webbrowser.
B) Über das Aufklappmenü hat man Zugriff auf die wichtigsten Quellen.

Die einzelnen Einträge in den Paletten werden in Lightroom Quellen genannt, da über sie auf die Fotos zugegriffen wird, mit denen man arbeitet. Über die Quellen wählt man aus, welche Fotos im Filmstreifen und somit in den Ansichten im Bibliothek-Modul und den anderen Modulen zur Verfügung stehen. Der obere Teil des Filmstreifens zeigt an, welche Quelle gerade eingestellt ist (siehe Abb. 3–3 A). Hinter dieser Anzeige verbirgt sich ein Aufklappmenü, über das Sie direkt eine der zuletzt angezeigten Quellen auswählen können. Hier können Sie auch Favoriten speichern und dann jederzeit über das Menü aufrufen (Abb. 3–3 B). So können Sie immer auf die wichtigsten Quellen zugreifen, auch wenn Sie sich nicht im Bibliothek-Modul befinden.

3.3 Die Ansichten

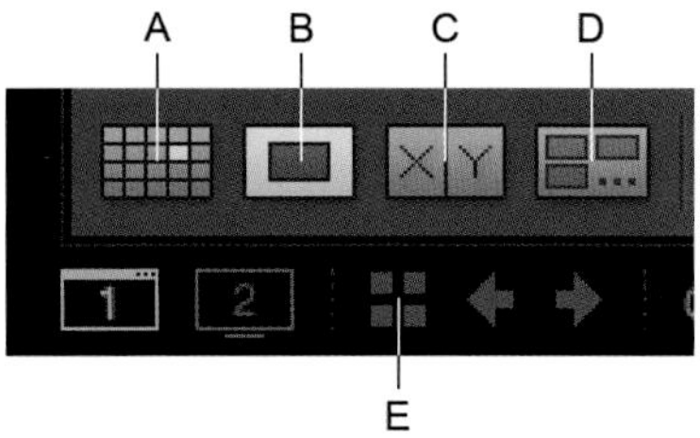

Abb. 3–4
Ansichten wählen in Werkzeugleiste und Filmstreifen
A) Rasteransicht
B) Lupenansicht
C) Vergleichsansicht
D) Übersichtsansicht
E) Bibliothek-Modul mit Rasteransicht

Die vier verschiedenen Ansichten im Bibliothek-Modul stellen den Inhalt einer Quelle unterschiedlich dar. Jede Ansicht hat ihre Stärken bzw. ist für bestimmte Zwecke geeigneter als für andere. Rasteransicht und Lupenansicht sind die wichtigsten, Vergleichs- und Übersichtsansicht sind für speziellere Zwecke vorgesehen. Da die Übersichtsansicht eine Spezialansicht für die Organisation ist, stelle ich sie erst in Kapitel 7.6 vor.

Zwischen den einzelnen Ansichten können Sie über die Werkzeugleiste oder über die Tastaturbefehle G (von engl. »Grid« – Raster), E (Lupe) und C (von engl. »compare«, dt. vergleichen) wechseln. Diese Tastaturbefehle funktionieren aus allen Modulen heraus, so können Sie immer direkt die gewünschte Ansicht anspringen. Weiterhin gelangen Sie über eines der Symbole links oben im Filmstreifen (siehe Abb. 3–4 E) von jedem Modul aus ins Bibliothek-Modul mit der Rasteransicht.

Die Rasteransicht

Die Rasteransicht (siehe Abb. 3–1 am Anfang dieses Kapitels) ist die Standardansicht im Bibliothek-Modul. Sie zeigt alle Fotos der momentanen Quelle im Miniaturformat in einem Raster an. Da sie damit dieselben Fotos anzeigt wie der Filmstreifen, kann man diesen ausblenden. Die Rasteransicht ist vielfältig einsetzbar. Einige wichtige Aufgaben, die man mit ihr erledigen kann, sind:

- Überblick gewinnen: Man sieht alle Fotos einer Quelle, und dies wesentlich besser als im Filmstreifen.
- Bestimmte Aufgaben vor und nach der Sichtung erledigen: Kennzeichnen von Fotos, Drehen/Spiegeln, Organisieren
- Schnelle Attributierung: Metadaten, Stichwörter und Entwicklungseinstellungen lassen sich sehr schnell vergeben, besonders für mehrere Fotos zugleich.
- Datenintegrität überprüfen: Nach dem Import kann man sehr schnell sehen, ob alle Fotos in Ordnung sind.

Die Miniaturen sind in der Rasteransicht von einem breiten grauen Rahmen umgeben, der an einen Diarahmen erinnert: der »Zelle«. Es gibt drei verschiedene Zelltypen: a) kompakt ohne Informationen zum Foto, b) kompakt mit Informationen und c) erweitert (siehe Abb. 3–5). In den erweiterten Zellen lassen sich mehr Informationen anzeigen als in den kompakten, daher nehmen sie mehr Raum ein. Die Taste J schaltet zum jeweils nächsten Zelltyp weiter.

Abb. 3–5
Rasteransichtszellen
A) Kompakte Zellen ohne Informationen und
B) mit Informationen
C) Erweiterte Zelle

Innerhalb der Rasteransicht können Sie mit den Pfeiltasten navigieren. Mit dem Mausrad können Sie nach oben oder unten »scrollen«; über die Bildtasten (Bild↑, Bild↓, Pos1, Ende) blättern Sie eine ganze Seite nach oben oder unten bzw. springen an den Anfang oder das Ende der Quelle. Die Miniaturengröße lässt sich über den Miniaturen-Regler in der Werkzeugleiste (der evtl. erst hinzugeschaltet werden muss) oder über # und - einstellen.

Spiegelbildmodus
Die meisten Menschen kennen ihr eigenes Bild am besten aus der seitenverkehrten Darstellung des Spiegels. Im Bibliothek-Modul gibt es daher einen Spiegelbildmodus, der speziell für die Porträt- und Hochzeitsfotografie entworfen wurde. Wenn das Modell beim Sichten der Fotos anwesend ist, können Sie den Modus aktivieren (*Ansicht ▹ Spiegelbildmodus aktivieren*), um alle Fotos spiegelverkehrt darzustellen und ihm die Beurteilung zu erleichtern. Die Fotos selbst werden hierbei nicht gespiegelt, nur die Anzeige. Der Modus funktioniert in allen vier Ansichten.

Die Lupenansicht

Die Rasteransicht zeigt alle Fotos einer Quelle an, die Lupenansicht hingegen nur ein einziges. Mit ihr können Sie ein Foto vollständig oder nur einen vergrößerten Ausschnitt davon anzeigen. Für längere Arbeiten in dieser Ansicht empfiehlt es sich, den Filmstreifen einzublenden, um zu sehen »wo« innerhalb der Quelle man sich befindet, oder um andere Fotos auszuwählen. Sie können aber auch ohne Filmstreifen mit ← und → zum nächsten oder vorherigen Foto wechseln. Um besonders schnell zwischen Fotos zu wechseln, halten Sie eine der Pfeiltasten gedrückt.

Abb. 3–6
Die Lupenansicht zeigt immer nur ein Foto an. Die Hintergrundfarbe der Arbeitsfläche lässt sich über das Kontextmenü einstellen.

Ein Foto kann in mehreren Vergrößerungsstufen angezeigt werden. Es gibt dazu vier Standardstufen, die Sie besonders leicht aufrufen können – ganzes Bild einpassen (*Einpas.*), Vorschaubereich ausfüllen (*Ausfül.*), Originalgröße (*1:1*) und die letzte Stufe, die von 1:16 bis 11:1 frei einstellbar ist. Diese vier Vergrößerungsstufen lassen sich direkt über die Navigator-Palette auf der linken Seite oder über Strg-# und - erreichen. Mit dem Zoom-Regler in der Werkzeugleiste oder über Strg-Alt-# und - lässt sich die Vergrößerung auch in kleineren Stufen anpassen, also sozusagen stufenlos, von Einpassen bis 11:1.

Manchmal will man einfach nur kurz in ein Foto hinein- und hinauszoomen, um z. B. schnell die Schärfe zu prüfen – bei mir ist das vor allem während der Sichtung der Fall. Mit einem Mausklick auf die Arbeitsfläche zoomen Sie ins Foto hinein, ein weiterer Mausklick zoomt wieder hinaus. Ein Druck auf Z oder die Leertaste bewirkt dasselbe. Wenn es ganz schnell gehen soll, können Sie einfach die Maustaste gedrückt halten und dann loslassen, um herauszuzoomen.

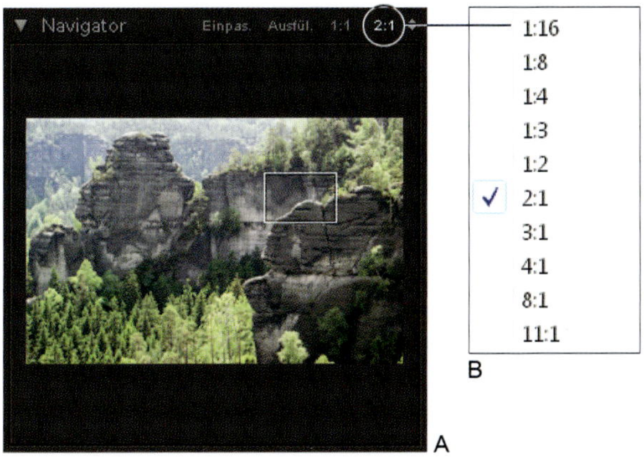

Abb. 3–7
Navigator-Palette
A) Das Rechteck markiert den aktuellen Ausschnitt. Oben rechts können Sie eine der vier Standardvergrößerungen auswählen.
B) Die Letzte davon lässt sich anpassen.

Beim Hinein-/Hinauszoomen richten sich die Vergrößerungsstufen übrigens danach, welche der Standardstufen Sie zuletzt in der Navigator-Palette angeklickt haben: Beim Einzoomen wird entweder die 1:1- oder die benutzerdefinierte Vergrößerung eingestellt, beim Auszoomen *Einpas.* oder *Ausfül.*; wenn Lightroom z. B. auf 4:1 vergrößert statt wie gewünscht auf 1:1, klicken Sie zunächst auf *1:1* in der Navigator-Palette.

Bei einer Vergrößerung größer als *Einpas.* können Sie bei gedrückter Maustaste den Ausschnitt mit der Maus verschieben. Sie können auch direkt in der Navigator-Palette auf den gewünschten Bildbereich klicken. Auch über die Tasten [Pos1], [Bild↑], [Bild↓] und [Ende] können Sie den Ausschnitt verstellen, z. B. indem Sie über [Pos1] zur linken oberen Ecke des Fotos springen und dann wiederholt [Bild↑] drücken. Dabei wird das Foto in Spalten durchlaufen, bis Sie schließlich an der rechten unteren Ecke ankommen.

Zwischen Raster- und Lupenansicht hin- und herschalten

Raster- und Lupenansicht ergänzen sich. So können Sie schnell zwischen den beiden hin- und herschalten:

- Ein Doppelklick auf eine Miniatur in der Rasteransicht öffnet das Foto in der Lupenansicht; ein weiterer Doppelklick auf die Arbeitsfläche wechselt zurück zur Rasteransicht.
- [Z] können Sie auch direkt von der Rasteransicht aus verwenden, um in die Lupenansicht zu wechseln und gleichzeitig in ein Foto hineinzuzoomen. Ein weiterer Druck auf [Z] springt wieder zurück zur Rasteransicht.
- [↵] rotiert bei mehrmaligem Drücken zwischen der Rasteransicht und den beiden fürs Hinein- und Hinauszoomen eingestellten Vergrößerungsstufen (siehe oben) in der Lupenansicht.

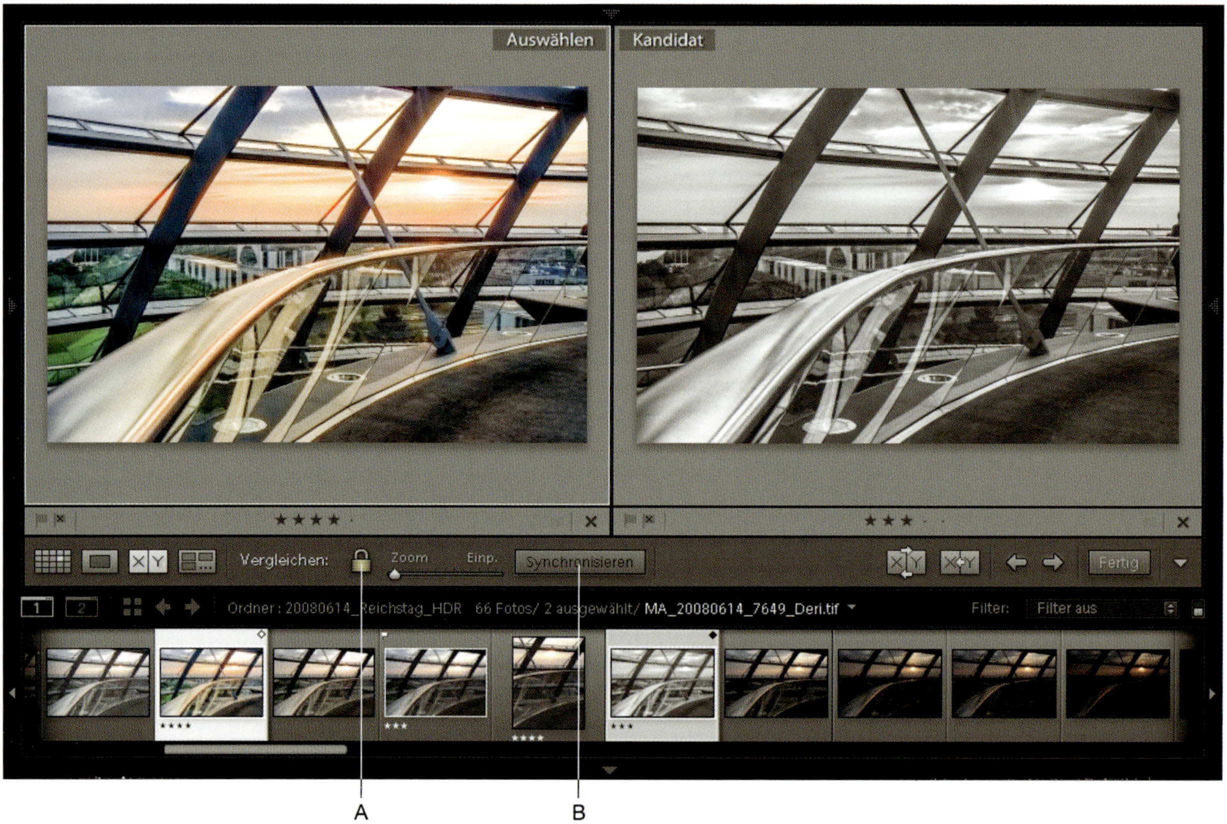

Abb. 3–8
Mit der Vergleichsansicht können Sie zwei ähnliche Fotos gegenüberstellen.
A) Über das Schloss lassen sich die Ausschnitte fest aneinander koppeln.
B) Über den Synchronisieren-Knopf lassen sich die Ausschnitte bei Bedarf einander angleichen.

Die Vergleichsansicht

Die Vergleichsansicht ist im Grunde eine zweigeteilte Lupenansicht, mit der Sie zwei verschiedene Fotos nebeneinander, auch vergrößert, betrachten können. Was die Arbeitsweise betrifft, gilt praktisch alles, was für die Lupenansicht gilt, auch für die Vergleichsansicht (auch die Tastaturbefehle) – nur dass Sie es mit zwei Fotos und auch zwei Ansichten tun haben.

Sie müssen also zunächst auf die linke oder rechte Arbeitsfläche klicken (auf die Arbeitsfläche, nicht aufs Foto selbst), um sie zu »aktivieren«. Dann können Sie ein anderes Foto aus dem Filmstreifen wählen oder den Ausschnitt verändern. Wenn Sie sich noch in der Rasteransicht befinden und in die Vergleichsansicht wechseln wollen, ist es am einfachsten, vorher die beiden Fotos auszuwählen und dann C zu drücken.

Vergrößerung und Ausschnitt können entweder einzeln oder gemeinsam angepasst werden. Ist das Schlosssymbol in der Werkzeugleiste geschlossen, werden immer beide Teile der Ansicht gemeinsam verstellt. So kann man zwei Fotos genau vergleichen, z. B. in Bezug auf Schärfe in verschiedenen Bildbereichen.

Die Vergleichsansicht enthält in der Werkzeugleiste noch weitere Knöpfe, um aus mehr als zwei Fotos systematisch das beste herauszusuchen. Dies ist eine vor allem für die Sichtungsphase nützliche Funktion. Ich erläutere sie daher in Kapitel 5.9.

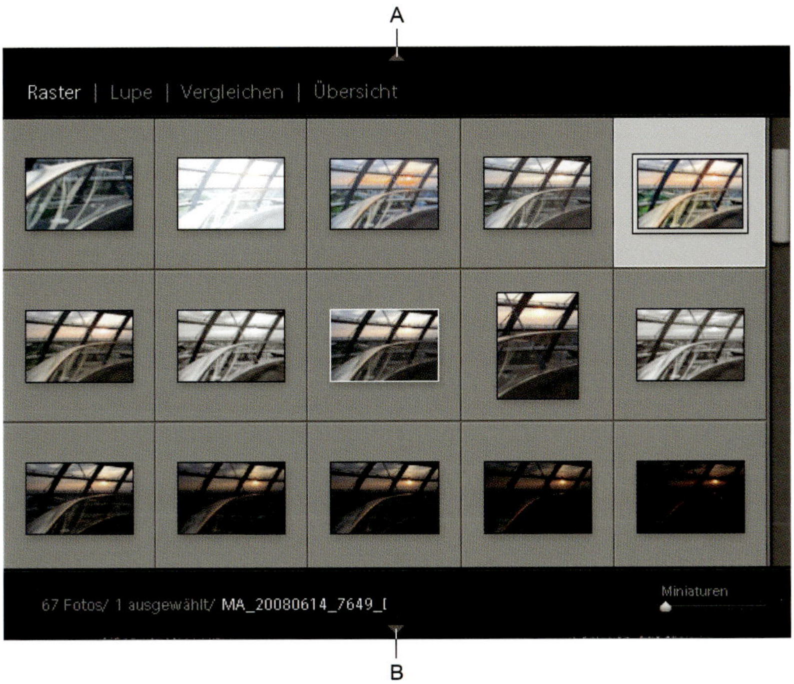

Abb. 3–9
Sekundäranzeige 1 – Rasteransicht als »großer Filmstreifen«
A) Wahl der Ansicht
B) Quellenanzeige und Regler für die Miniaturengröße

Ansichten auf der Sekundäranzeige

Wenn Sie über einen zweiten Monitor verfügen, können Sie mithilfe der Sekundäranzeige alle Ansichten des Bibliothek-Moduls darauf anzeigen. Halten Sie einfach ⇧ gedrückt und verwenden Sie die üblichen Tasten G, F oder C, um eine Ansicht einzustellen. Raster- und Lupenansicht sind für die Sekundäranzeige besonders interessant.

Wenn Sie hier die **Rasteransicht** einstellen, können Sie auf der Hauptanzeige auf den oft störenden Filmstreifen verzichten, sodass Sie sich mit der Lupenansicht oder im Entwickeln-Modul voll und ganz auf das zu bearbeitende Foto konzentrieren können. Die Quelle lässt sich wie im Filmstreifen über ein Aufklappmenü (unten links, siehe Abb. 3–9) auswählen, sodass Sie hierfür nicht ins Bibliothek-Modul wechseln müssen. Unten rechts können Sie über den Miniaturen-Regler die Größe der Miniaturen einstellen. Ein Tastaturkürzel gibt es hierfür leider nicht. Mit J schalten Sie zum nächsten Zelltyp weiter.

Eine andere Möglichkeit ist, die Rasteransicht auf der Hauptansicht eingestellt zu lassen und auf der Sekundäranzeige die **Lupenansicht** zu verwenden. Die Vergrößerung stellt man dann rechts unten oder über [Strg]-[⇧]-[#] und [-] ein. Die Ansicht bietet auf der Sekundäranzeige zwei zusätzliche Modi, **Gesperrt** und **Live**. Zwischen den drei Modi lässt sich rechts oben wählen, solange die Lupenansicht aktiviert ist.

Normalerweise zeigt die Lupenansicht das gerade ausgewählte Foto an. Mithilfe der Sperrfunktion lässt sich ein Foto jedoch auf der sekundären Anzeige festhalten. Auf der Hauptanzeige kann dann ein anderes Foto ausgewählt werden – z. B. ein Foto, das mit dem ersten verglichen werden soll –, ohne dass die sekundäre Anzeige sich ändert. Dazu rufen Sie am besten das Kontextmenü eines Fotos auf und wählen *In zweitem Fenster sperren*.

Im Live-Modus hingegen orientiert sich die Ansicht an der aktuellen Position des Mauszeigers auf der Hauptanzeige. Wechselt der Mauszeiger z. B. von einer Miniatur zur nächsten, wechselt auch das Foto auf der Sekundäranzeige, ohne dass die Miniatur angeklickt werden muss. Nützlich ist der Live-Modus auch, wenn die Hauptanzeige auf Vollbildansicht und die Sekundäranzeige auf 1:1-Ansicht oder größer eingestellt ist. Dann fungiert Letztere als riesige Lupe, die dem Mauszeiger auf der Hauptanzeige folgt.

Abb. 3–10
Sekundäranzeige 2
A) Lupenansicht mit Vergrößerung im Live-Modus
B) Als große Lupe

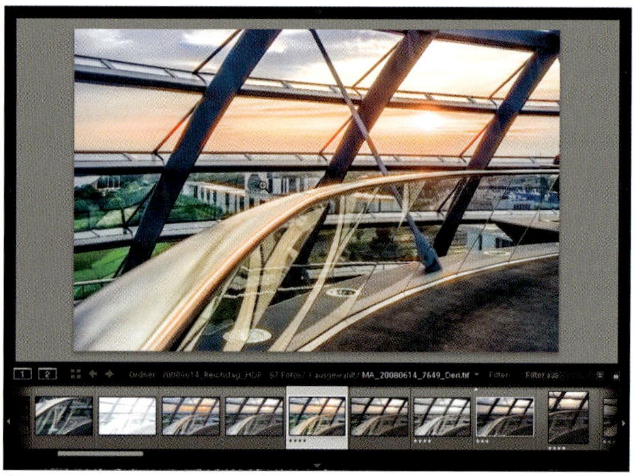

A

B

3.4 Sortierung

Die Sortierung bestimmt die Reihenfolge, in der der Filmstreifen und damit auch die Ansichten im Bibliothek-Modul die Fotos anzeigen. Hiermit können Sie einerseits für die nötige Übersicht sorgen, z. B. wenn Sie die Fotos nach Aufnahmezeitpunkt sortieren oder nach Bewertungssternen, sodass die besten Fotos – die mit den meisten Sternen – vorne stehen.

Darüber hinaus ist die Reihenfolge für die Ausgabemodule wichtig. Sie bestimmt direkt die Abfolge der Diashow oder die Anordnung der Fotos auf der Webseite/Druckseite. Auch die Stapelumbenennung kann die Reihenfolge im Filmstreifen für die Erzeugung von Dateinamen nutzen (siehe Kapitel 4.2).

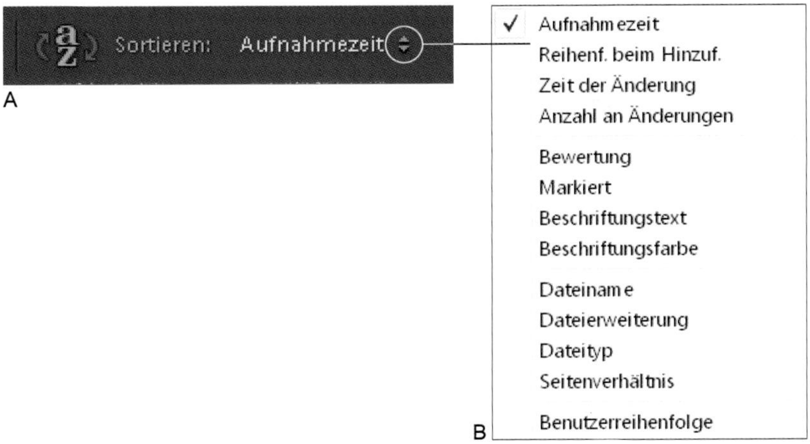

Abb. 3–11
Sortieren-Element in der Werkzeugleiste
A) Über das az-Symbol ändern Sie die Richtung der Sortierung.
B) Aufklappmenü mit Sortierkriterien

Eine Quelle lässt sich auf zwei verschiedene Arten sortieren: a) automatisch nach einem bestimmten Kriterium, einem Metadatenfeld (siehe Abb. 3–11); b) von Hand in freier Reihenfolge (*Benutzerreihenfolge*). Für die automatische Sortierung wählen Sie das gewünschte Kriterium in der Werkzeugleiste oder über das Menü *Ansicht* ▹ *Sortieren*.

Eine freie Reihenfolge legen Sie einfach über Drag and Drop im Filmstreifen oder in der Rasteransicht fest. Dies funktioniert allerdings nicht bei den automatischen Zusammenstellungen der Katalog-Palette und den Smart-Sammlungen. Weiterhin ist die freie Reihenfolge in Ordnern nur möglich, wenn diese keine Unterordner enthalten oder wenn Sie die Option *Bibliothek* ▹ *Fotos in Unterordnern anzeigen* ausschalten. Es empfehlen sich also vor allem die Schnellsammlung und die normalen Sammlungen für die Arbeit mit der freien Reihenfolge.

Lightroom merkt sich für jede Quelle die eingestellte Sortierung. Das kann verwirren, wenn Sie nach längerer Zeit eine Quelle wählen, die ungewöhnlich sortiert wurde.

3.5 Filterung

Mithilfe der Filterung lässt sich einstellen, welche Fotos einer Quelle angezeigt werden. Der Filter lässt nur Fotos hindurch, die den eingestellten Kriterien entsprechen. So können Sie z. B. nur Fotos anzeigen, die über eine Mindestbewertung verfügen, alle Fotos eines bestimmten Dateityps oder alle, die ein angegebenes Stichwort enthalten. Ein Filter ist im Gegensatz zu den Smart-Sammlungen (siehe Kapitel 7.5), die ähnlich arbeiten, eine kurzzeitige Angelegenheit. Meist besteht er nur für die Dauer eines Arbeitsablaufs.

Die Kriterien für den Filter können Sie entweder im Filmstreifen (einfache Kriterien) in allen Modulen oder im Bibliothek-Modul in der Rasteransicht (auch komplexe Kriterien) wählen. Die Wahl der Einstellungen erfolgt entweder »ad hoc« oder über Vorgaben. Diese müssen zwar erst eingerichtet werden, lassen sich dann aber schneller auswählen.

Filtern per Filmstreifen

Über den Filmstreifen können Sie einfache Filter einstellen. Die Filterungskriterien beschränken sich hier auf Flaggenmarkierungen, Bewertungssterne und Farbetiketten. Dabei wählen Sie die entsprechenden Einstellungen mit der Maus. Über den Schalter ganz rechts oder über Strg-L schaltet man den Filter ein oder aus.

Abb. 3–12
Filter im Filmstreifen. Der Filmstreifen enthält nur einen Auszug der Filterungskriterien. Für weitere Möglichkeiten müssen Sie auf die Filterleiste zurückgreifen.

Zusätzlich können Sie über das Aufklappmenü auf der rechten Seite Filtervorgaben erstellen und aufrufen. Ich habe mir einige Vorgaben für Filter eingerichtet, die ich regelmäßig verwende (siehe Abb. 3–13 D). Einige davon musste ich über die Filterleiste einrichten, aufrufen kann ich sie aber auch über den Filmstreifen.

Filtern per Filterleiste

Wenn Ihnen die Möglichkeiten im Filmstreifen nicht ausreichen, müssen Sie die Filterleiste in der Rasteransicht benutzen. Die Leiste wird über das Ansicht-Menü und über die Taste < (zusätzlich ⇧ für die Sekundäranzeige) ein- oder ausgeblendet.

Die Filterleiste besteht aus drei Teilen: *Text*, *Attribut* und *Metadaten*. Die Teile können über die Beschriftungen in der Mitte (Abb. 3–13 A) ein- oder ausgeblendet werden. Um mehrere Teile der Leiste auf einmal einzublenden, hält man beim Klicken auf die Beschriftungen ⇧ gedrückt. *Keine* schaltet den Filter aus, ohne die Leiste an sich auszublenden, genau wie Strg-L.

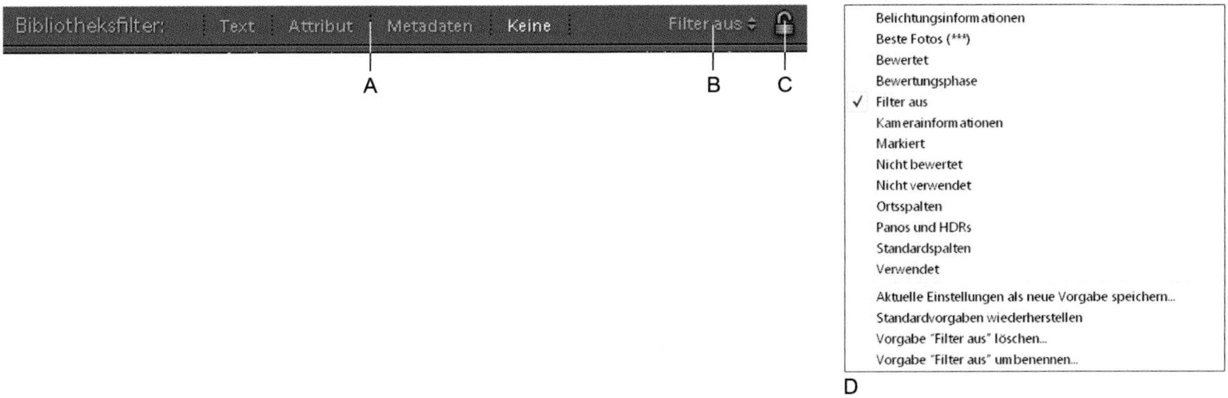

Abb. 3–13
Die Filterleiste der Rasteransicht
A) Zugriff auf die Abschnitte
B) Zugriff auf die Vorgaben
C) Filtersperre. Bei eingeschalteter Filtersperre bleibt der Filter trotz Wechsel der Quelle eingeschaltet.
D) Vorgaben-Menü: Die Filterung über Vorgaben ist in der Regel die schnellste.

Die **Textsuche** (siehe Abb. 3–14 A) ist eine freie Suche. Man ruft sie am einfachsten über [Strg]-[F] (»Finden«) auf, gibt einen Suchbegriff ein und drückt [↵]. Will man das Suchfeld ohne Suche wieder verlassen, drückt man stattdessen [Esc]. Die Suche überprüft, ob der oder die angegebenen Begriffe in einem der Metadatenfelder der Fotos vorhanden sind. Sie können mehrere Begriffe auf einmal eingeben. Auch können Sie die Suche auf ein spezielles Metadatenfeld begrenzen. Dies geht über das erste Aufklappmenü links vom Suchfeld. Über das zweite Aufklappmenü geben Sie das Erfolgskriterium für die Suche an:

- *Enthält*: Mindestens einer der Begriffe muss vorkommen, wenn mehrere Begriffe eingegeben wurden (ODER-Verknüpfung).
- *Enthält alles*: Alle Begriffe müssen vorkommen, wenn mehrere Begriffe eingegeben wurden (UND-Verknüpfung).
- *Enthält Wörter*: Schlägt nur an, wenn der Begriff als vollständiges Wort im Foto vorkommt (eine Suche nach »wasser« würde z. B. Fotos mit dem Stichwort »Wasserfall« ausschließen)
- *Enthält nicht / Beginnt mit / Endet mit*

Der **Attributteil** (siehe Abb. 3–14 B) besteht vor allem aus den auch im Filmstreifen vorhandenen Filterungskriterien: Flaggenmarkierungen, Bewertungssterne, Farbetiketten. Das Attribut *Art* ganz rechts gibt es nur in der Filterleiste. Mithilfe von Art können Sie schnell normale Fotos von virtuellen Kopien oder Videos trennen.

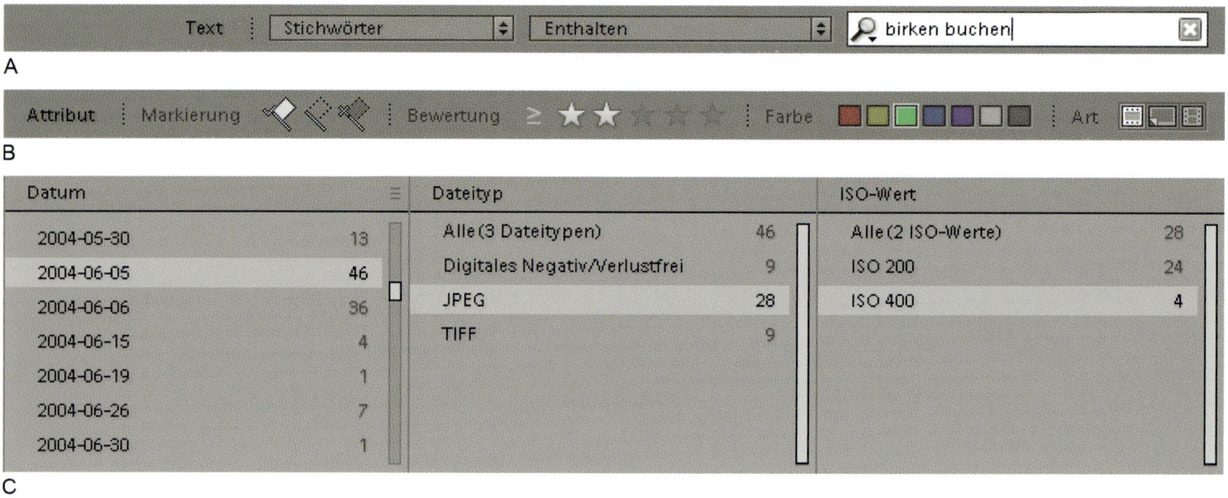

Abb. 3–14
Teile der Filterleiste
A) Textsuche
B) Attributteil. Hier befinden sich die aus dem Filmstreifen bekannten Filterungsoptionen.
C) Metadatenteil. Das Metadatenfeld wählen Sie über den Titel einer Spalte aus.

Der **Metadatenteil** der Filterleiste filtert wie die Textsuche anhand von Metadaten, aber die Funktionsweise entspricht nicht einer freien Suche, sondern der eines Verzeichnisses: Man wählt zunächst ein oder mehrere Metadatenfelder aus, und Lightroom zeigt alle Werte an, die bei den Fotos der momentanen Quelle vorkommen. Für das Feld *Dateityp* in Abb. 3–14 C unterscheidet die Filterleiste z. B. DNG-, JPEG- und TIFF-Dateien. Der Metadatenteil ist daher auch geeignet, um zu sehen, wie eine Quelle strukturiert ist: Haben alle Fotos denselben Dateityp?

Die Filterung erfolgt durch Anklicken eines Eintrags, wobei Sie über ⇧ und Strg mehrere Werte auswählen können. Liegen zwei Spalten nebeneinander, wirkt sich die Wahl in der ersten auf den Inhalt der zweiten (rechts liegenden) Spalte aus. Das obige Beispiel bedeutet also: »Von den am 05.06. aufgenommenen Fotos zeige die JPEG-Fotos an, die mit ISO 400 aufgenommen wurden.« Sie können über das Konfigurationsmenü (Abb. 3–15 B) bis zu acht Metadatenspalten nebeneinanderlegen.

Abb. 3–15
Konfiguration des Metadatenteils. Jede Spalte verfügt rechts oben (A) über ein Menü mit Einstellmöglichkeiten (B). Hier lässt sich z. B. die Anzahl der Spalten ändern. Bei Datum, Stichwörtern und Ortsmetadaten können Sie zudem zwischen einer hierarchischen (wie in A) oder einer flachen Darstellung (wie in C) der Einträge wählen.

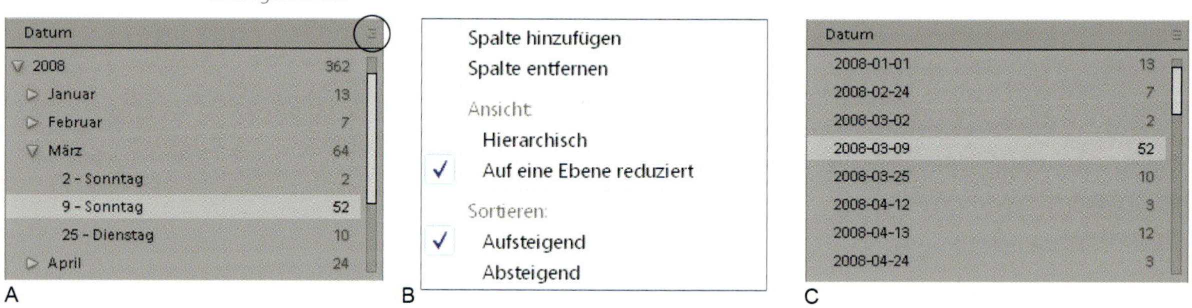

Oben rechts in der Filterleiste lassen sich Vorgaben verwalten und aufrufen. Dies funktioniert wie im Filmstreifen, und die dort gespeicherten Vorgaben können Sie auch hier aufrufen und umgekehrt. In der Filterleiste speichert eine Vorgabe zusätzlich zum eingestellten Filter, welche Spalten im Metadatenteil zu sehen sind. So können Sie schnell eine häufig benötigte Kombination von Spalten aufrufen.

Die Filtersperre

Wenn Sie im Bibliothek-Modul eine neue Quelle aus der linken Palettenspalte wählen, schaltet Lightroom den Filter normalerweise aus. Es merkt sich aber im Hintergrund die Filtereinstellung für jede einzelne Quelle. Wenn Sie den Filter wieder einschalten, sind die für die Quelle zuletzt verwendeten Einstellungen wieder da.

Dieses Verhalten kann lästig sein, wenn man mehrere Quellen nacheinander mit denselben Einstellungen betrachten will, beispielsweise wenn Sie die Fotos mit mindestens drei Bewertungssternen nacheinander in drei Ordnern sehen wollen. Für diese Fälle können Sie das Schloss-Symbol in der Filterleiste (vgl. Abb. 3–13 C) schließen. Daraufhin bleibt der Filter eingeschaltet, und die Kriterien ändern sich nicht, bis Sie das Schloss wieder öffnen.

Falls Sie eine Kombination aus den beiden Verhaltensweisen bevorzugen, sollten Sie die Option *Datei ▹ Bibliotheksfilter ▹ Jeden Filter einer Quelle separat merken* einschalten. Bei eingeschalteter Filtersperre merkt sich Lightroom nun wie oben für jede Quelle die Filtereinstellungen, lässt den Filter beim Quellenwechsel aber eingeschaltet. Dies entspricht übrigens dem Verhalten des Filters aus Lightroom 2.

3.6 Die Schnellsammlung

Die Schnellsammlung ist eine feste Quelle in der Katalog-Palette, deren Inhalt Sie frei aus anderen Quellen zusammenstellen können. Ich benutze sie häufig, um Fotos für die unterschiedlichsten Zwecke zusammenzusuchen, z.B. um Fotos zu vergleichen oder im Entwickeln-Modul zu bearbeiten.

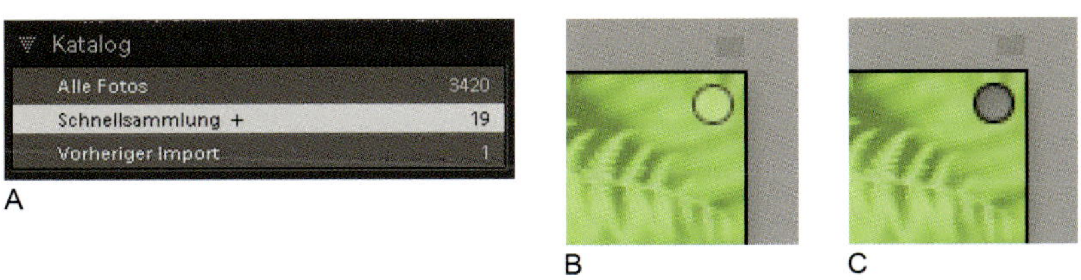

Abb. 3–16
Über die Schnellsammlung können Sie Fotos kurzzeitig so zusammenstellen, dass Sie sich voll und ganz auf sie konzentrieren können. B,C) Über den Schnellsammlungsmarker fügt man Fotos mit der Maus zur Schnellsammlung hinzu.

Um Fotos hinzuzufügen, können Sie sie einfach aus einer anderen Quelle per Drag and Drop in die Schnellsammlung ziehen. Schneller geht es mit den Tastaturkürzeln. Durch Drücken der Taste B können Sie ein Foto zur Schnellsammlung hinzufügen oder entfernen. Mit Strg-B wechseln Sie zwischen der Schnellsammlung und der vorherigen Quelle – so können Sie hin- und herschalten, um entweder die Zusammenstellung in der Schnellsammlung zu betrachten oder mehr Fotos aus der anderen Quelle hinzuzufügen.

Wenn Sie lieber mit der Maus arbeiten, können Sie den **Schnellsammlungsmarker** verwenden. Das ist der kleine graue Kreis rechts oben in den Miniaturen der Rasteransicht. Dabei handelt es sich um eine Kombination aus Anzeige und Knopf. Befindet sich ein Foto nicht in der Schnellsammlung, ist der Kreis leer und nur zu sehen, wenn der Mauszeiger sich über der Miniatur befindet (Abb. 3–16). Mit einem Klick auf den Kreis wird das Foto der Schnellsammlung hinzugefügt. Ist ein Foto Bestandteil der Schnellsammlung, ist der Kreis ausgefüllt (Abb. 3–16 C) und auch zu sehen, wenn die Maus nicht über der Miniatur liegt. So können Sie schnell erkennen, welche Fotos Sie bereits hinzugefügt haben (der Marker ist über die Ansicht-Optionen deaktivierbar, siehe Abschnitt 3.9).

Um die Schnellsammlung zu leeren, wählen Sie *Datei ▷ Schnellsammlung löschen* oder Strg-⇧-B. Die Schnellsammlung kann auch in eine normale Sammlung in der Sammlungen-Palette umgewandelt werden, falls Sie sie dauerhaft speichern wollen: über *Datei ▷ Schnellsammlung speichern* oder Strg-Alt-B.

3.7 Fotos auswählen und aktives Foto

Um mit Fotos zu arbeiten, z. B. um Metadaten zu verändern, Fotos zu löschen oder sie in eine andere Sammlung zu ziehen, muss man sie in der Regel zunächst über die Rasteransicht oder im Filmstreifen auswählen.

Das Auswählen funktioniert weitgehend wie in anderen Programmen auch. Ein einzelnes Foto wählen Sie beispielsweise per Mausklick aus. Um einen Bereich von Fotos auszuwählen, klicken Sie zunächst das erste Foto an und dann mit gedrückter ⇧-Taste auf das letzte (das funktioniert auch ohne Maus, indem Sie ⇧ gedrückt halten und die seitlichen Pfeiltasten betätigen). Wenn Sie Strg gedrückt halten, können Sie einzelne Fotos zur Auswahl hinzufügen oder von ihr abziehen. Über *Bearbeiten ▷ Alles auswählen* oder Strg-A wählen Sie alle derzeit angezeigten Fotos aus, *Auswahl aufheben* bzw. Strg-D entfernt die Auswahl.

Zusätzlich zu diesen Standardtechniken finden Sie im Bearbeiten-Menü eine Vielzahl an Auswahlbefehlen. Dort können Sie Fotos anhand ihrer Bewertungssterne, Farbetiketten oder Flaggenmarkierungen auswählen. Sie können über das Menü auch eine Auswahl nach diesen Kriterien zu einer bestehenden Auswahl hinzufügen, abziehen oder die Schnittmenge zweier Auswahlen bilden. Schließlich können Sie eine Auswahl auch umkehren.

In Lightroom gibt es eine Besonderheit, was das Auswählen der Fotos betrifft. Wenn mehrere Fotos ausgewählt sind, ist eins davon stets »noch mehr« ausgewählt: das sogenannte **aktive** Foto. Welches Foto aktiv ist, ist für eine Reihe von Funktionen von Bedeutung, z. B. für die Übertragung von Metadaten (das aktive ist dann immer das Quellfoto, die übrigen ausgewählten sind die Zielfotos, siehe Kapitel 5) und die Bildung von Stapeln (das aktive wird oben auf den Stapel gelegt, siehe Kapitel 7.2).

Abb. 3–17
Auswahl. Die Miniaturen von ausgewählten Fotos werden in der Rasteransicht und im Filmstreifen hellgrau hervorgehoben. Das aktive erscheint in einem noch helleren Grau.

Innerhalb eines Bereichs ausgewählter Fotos können Sie mit den Pfeiltasten navigieren und damit das aktive Foto verändern, ohne dass die Auswahl dabei verloren geht, wenn Sie zusätzlich [Strg] gedrückt halten. Ähnliches können Sie mit der Maus erreichen: Wenn Sie mehrere Fotos ausgewählt haben und Sie wollen ein anderes davon aktiv machen, ohne dass die Auswahl aufgehoben wird, klicken Sie das Miniaturfoto selbst an. Wenn die Auswahl hingegen aufgehoben werden soll, klicken Sie auf den Rand der Zelle, außerhalb der Miniatur.

3.8 Metadaten und andere Attribute verändern

Die Paletten auf der rechten Seite sind für die Vergabe und die Betrachtung von Metadaten da. Über die **Ad-hoc-Entwicklung-Palette** vergibt man Entwicklungseinstellungen. Man kann mit ihr nicht alle Einstellungen vergeben wie im Entwickeln-Modul, aber für die schnelle Bildbearbeitung reicht sie aus. Über das **Histogramm** darüber kann man vorher die Bilddaten beurteilen.

Über die **Metadaten-Palette** können die meisten Metadaten eines Fotos angezeigt (EXIF-Metadaten) bzw. angezeigt und verändert werden (IPTC-Metadaten). Stichwörter werden dabei über die separaten Paletten **Stichwörter festlegen** und **Stichwortliste** vergeben. Mehr zur Arbeit mit den obigen Paletten siehe Kapitel 5.

Bewertungssterne, Farbetiketten sowie die Flaggenmarkierungen vergeben Sie mit der Maus am einfachsten über die **Werkzeugleiste**, vor allem wenn Sie sich gerade in der Lupenansicht befinden. In der Rasteransicht können Sie die drei Attribute hingegen direkt in den Rasterzellen verändern (siehe unten). Am schnellsten geht die Vergabe jedoch über die Tastaturkürzel: Bewertungssterne vergeben Sie mit den Tasten [0] bis [5], Farbetiketten mit den Tasten [6] bis [9]. Für das Setzen von Flaggenmarkierungen können Sie [P] (positive Markierung) und [X] (negative Markierung) drücken. Und [U] kommt zum Einsatz, um eine Flagge zu entfernen.

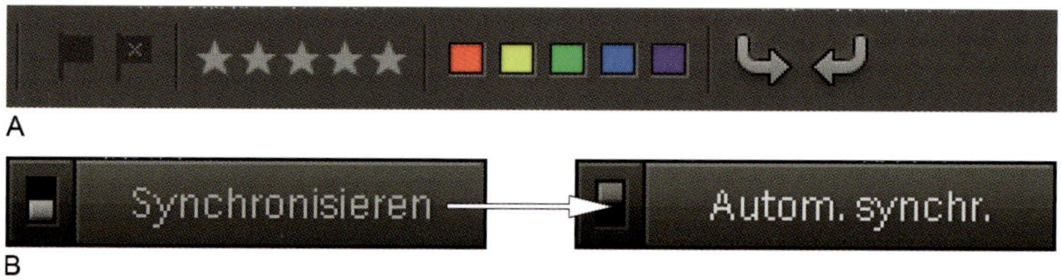

Abb. 3–18
Attribute vergeben
A) Über die Werkzeugleiste können Sie schnell Flaggenmarkierungen, Bewertungssterne und Farbetiketten vergeben sowie Fotos um 90° drehen.
B) Mit »Automatisch synchronisieren« können Sie in der Lupenansicht mehrere Fotos gleichzeitig bearbeiten.

In der Rasteransicht kann man grundsätzlich mehrere Fotos bearbeiten – Entwicklungseinstellungen, Stichwörter, Flaggenmarkierungen, Metadaten usw. werden für alle ausgewählten Fotos vergeben. In der Lupenansicht hingegen wird in der Regel nur das aktive Foto berücksichtigt, egal wie viele im Filmstreifen ausgewählt sind – es wird also immer nur ein Foto bearbeitet.

Sie können allerdings dieses Verhalten umgehen, indem Sie in der Lupenansicht den Modus *Automatisch Synchronisieren* einschalten. Legen Sie dazu den kleinen Schalter neben dem Synchronisieren-Knopf unterhalb der rechten Paletten um (siehe Abb. 3–18 B) oder rufen Sie *Metadaten ▹ Automatische Synchronisierung aktivieren* auf. Solange der Modus eingeschaltet ist, können Sie in der Lupenansicht mehrere Fotos gleichzeitig bearbeiten.

Das Sprühdose-Werkzeug

Die Sprühdose ist ein Werkzeug, mit dem Sie in der Rasteransicht Metadaten und andere Attribute vergeben, aber auch z. B. ein Foto der Schnellsammlung zuweisen können. Es funktioniert genau entgegengesetzt zum üblichen Vorgehen: Es werden nicht zuerst die Fotos ausgewählt und dann die Aktion ausgelöst (z. B. Bewertungssterne vergeben usw.); bei der Sprühdose wählt man zuerst die Aktion aus und klickt dann die entsprechenden Fotos an.

Die Sprühdose wird über die Werkzeugleiste oder über [Strg]-[Alt]-[K] eingeschaltet. Danach wählt man die Aktion über die Werkzeugleiste (siehe Abb. 3–19 B/C), z. B. wählt man *Stichwörter* und trägt daneben das Stichwort ein, das vergeben werden soll.

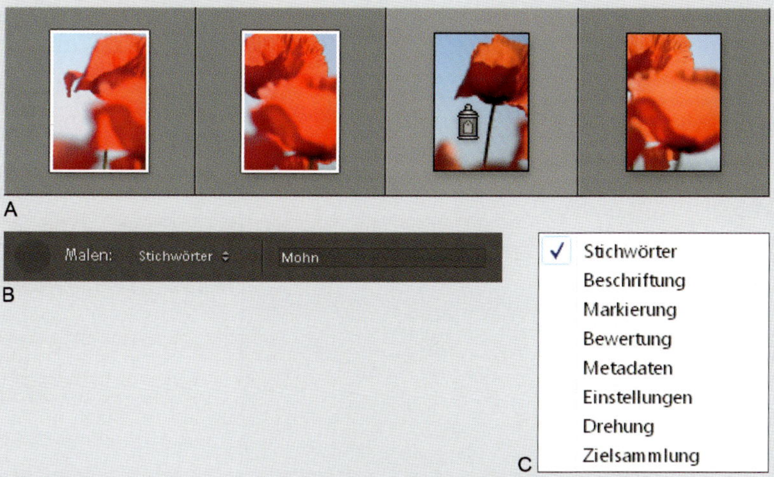

Abb. 3–19
Mit der Sprühdose kann man z. B. Stichwörter vergeben, ohne Fotos auszuwählen.
A) Die ersten beiden Fotos wurden bereits mit dem Stichwort versehen, was man am dünnen weißen Rand erkennen kann.
B) Sprühdose in der Werkzeugleiste
C) Attribute, die mit der Sprühdose vergeben werden können

Nachdem eine Aktion für die Sprühdose ausgewählt wurde, kann man entweder die Miniaturen nacheinander mit der Maus anklicken oder die Maustaste gedrückt halten und ohne abzusetzen »sprühen«. Beim Sprühen muss man die Miniaturen, nicht die Ränder der Zellen treffen. Mit etwas Übung kann man so recht flüssig mit der Sprühdose arbeiten (auch mit einem Grafiktablett). Falls Sie beim Sprühen einmal die falschen Fotos treffen: Einige Aktionen haben eine Radiergummi-Funktion, die das vergebene Attribut wieder entfernt bzw. die Aktion rückgängig macht; dazu klicken Sie die Miniatur nochmals an und halten dabei [Alt] gedrückt.

Die Sprühdose kann für manche Aufgaben ungeeignet, für manche wiederum ideal sein, je nach Aufgabe und persönlicher Arbeitsweise. Ich verwende sie gerne mit Stichwörtern und um Fotos zur Schnellsammlung oder zu anderen Sammlungen hinzuzufügen (über das Attribut *Zielsammlung*).

3.9 Ansichten konfigurieren

In Raster-, Lupen- und Vergleichsansicht und auch im Filmstreifen lassen sich verschiedene Informationen zu Fotos anzeigen.

Rasteransicht

Über *Ansicht* ▹ *Ansicht-Optionen* oder [Strg]-[J] kann man die Zellen in der Rasteransicht genau konfigurieren (siehe Abb. 3–21 A). Dies erfolgt für die kompakten und die erweiterten Zellen getrennt, sodass Sie die beiden Zelltypen für unterschiedliche Aufgaben einrichten können. Ich benutze z. B. die kompakten Zellen für die Übersicht. Hier habe ich Bewertungssterne, Dateinamen und Farbetiketten eingestellt. Meine erweiterten Zellen beinhalten vor allem Belichtungs- und ISO-Informationen. Ich benutze sie beim Vergeben von Entwicklungseinstellungen im Bibliothek-Modul (siehe Kapitel 5.7).

Abb. 3–20
Informationen anzeigen
A) in den Zellen der Rasteransicht
B) in der Lupenansicht
C) im Filmstreifen

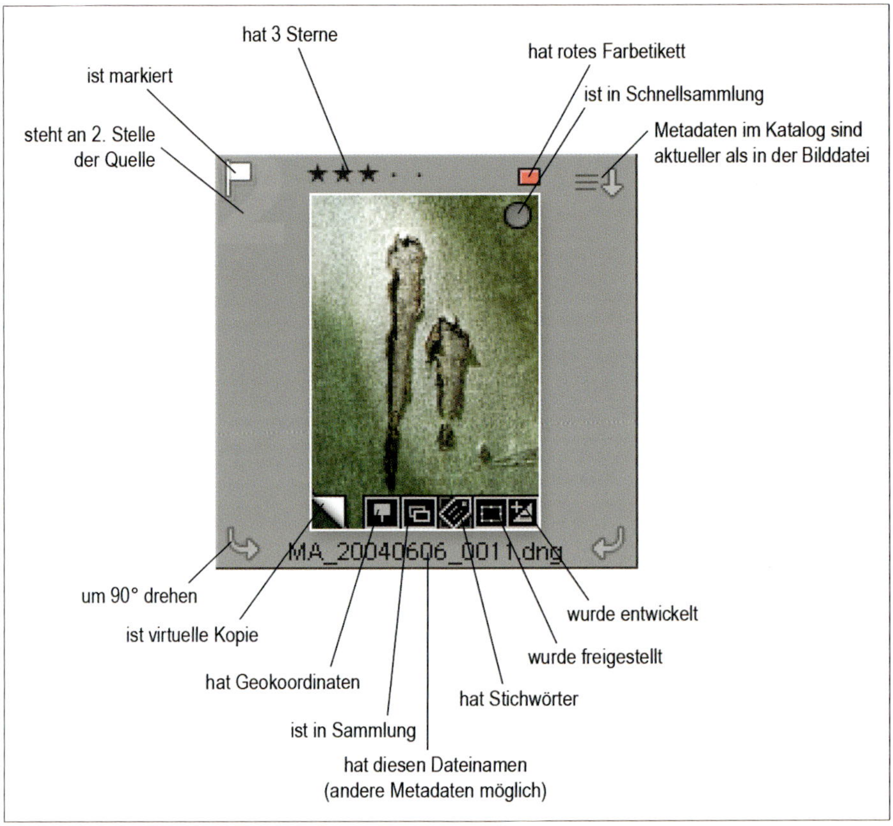

A

B

C

Gerade die Rasteransicht ist gut geeignet, um Informationen anzuzeigen. Dadurch, dass man viele Fotos auf einmal darstellen kann, kann man schnell einen Überblick über die Metadaten mehrerer Fotos gewinnen. In den kompakten Zellen lassen sich zwei, bei den erweiterten vier Metadatenfelder anzeigen. Die Metadaten lassen sich wie folgt aufschlüsseln:

- Dateieigenschaften (z. B. Dateiname, Ordner, Abmessungen, Dateityp)
- Qualitative Metadaten (Bewertungssterne, Farbetiketten)
- IPTC-Metadaten (z. B. Titel, Aufnahmeort, Fotograf)
- EXIF-Metadaten (z. B. Datum/Uhrzeit, Belichtung und ISO-Wert, Brennweite)

Neben den Metadaten lassen sich die folgenden Informationen einblenden (siehe Abb. 3–21 A):

- *Markierungen* blendet Flaggenmarkierungen ein oder aus.
- *Miniaturkennzeichen* umfassen verschiedene Informationen über ein Foto, die als kleine Symbole über die Miniatur geblendet werden (enthält es Stichwörter oder Entwicklungseinstellungen; wurde es freigestellt usw.?)
- *Nicht gespeicherte Metadaten* zeigt den Metadatenstatus in Bezug auf die Bilddatei des Fotos an (siehe Kapitel 6.8).
- Der *Schnellsammlungsmarker* zeigt an, ob ein Foto Bestandteil der Schnellsammlung ist.
- *Indexnummer* zeigt die Position in der Reihenfolge der Quelle an.
- *Farbige Rasterzellen …* zeigt Farbetiketten zusätzlich als Zellhintergrundfarbe an.

Einige Elemente lösen auch Aktionen aus: *Drehung* zeigt z. B. Drehpfeile an zum schnellen Drehen von Fotos um 90°. Letztlich kann man aber fast alle Informationen in den Rasterzellen mit der Maus anklicken und entweder den Wert manipulieren (z. B. Bewertung, Flagge oder Etikett ändern) oder irgendeine andere Aktion auslösen (klickt man auf das Freigestellt-Miniaturkennzeichen, gelangt man zum Freistellen-Werkzeug im Entwickeln-Modul usw.).

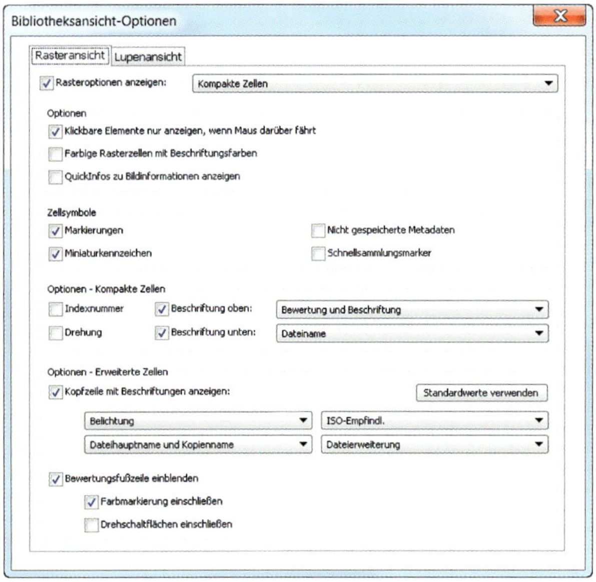

A

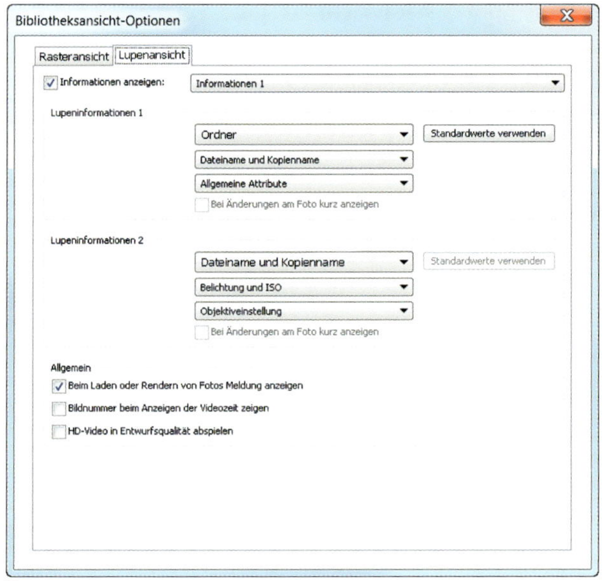

B

Abb. 3–21
Ansicht-Optionen
A) für die Rasteransicht
B) für die Lupenansicht

Lupen- und Vergleichsansicht

Auch in der Lupen- oder Vergleichsansicht können Sie Informationen einblenden. Es stehen vor allem Dateieigenschaften und IPTC- und EXIF-Metadaten zur Verfügung. Die Anzeige besteht aus drei Zeilen, die oben links eingeblendet werden (siehe Abb. 3–20 B).

Es gibt zwei verschiedene Profile, für die Sie unterschiedliche Metadatenfelder einstellen können, um verschiedenen Aufgaben gerecht zu werden. Konfigurieren lassen sich diese beiden Profile über das Menü *Ansicht* ▷ *Ansicht-Optionen* (vgl. Abb. 3–21 B). Mein erstes Profil habe ich wie in Abb. 3–20 eingestellt. So kann ich vor allem Ordner- und Dateinamen schnell erkennen. Meine zweite Ansicht zeigt Belichtungs- und ISO-Informationen an. Über die Taste [I] schaltet man schnell zum nächsten Profil oder die Anzeige aus.

Wenn Sie die Metadaten nicht dauerhaft einblenden wollen, können Sie in den Ansicht-Optionen *Bei Änderungen am Foto kurz anzeigen* wählen. Lightroom blendet dann die Informationen ein paar Sekunden nach dem Umschalten auf ein neues Foto aus.

Filmstreifen

Ähnlich wie in der Rasteransicht lassen sich die Miniaturen im Filmstreifen mit zusätzlichen Informationen versehen, hier stehen aber nur einige wenige zur Verfügung. Welche Informationen angezeigt werden, wählen Sie über das Kontextmenü einer Filmstreifen-Miniatur oder über die Voreinstellungen unter *Oberfläche* aus.

Anstelle der dauerhaften Anzeige können Sie auch die QuickInfos (siehe Abb. 3–20 C) einschalten, die nur erscheinen, wenn Sie die Maus über die Filmstreifenminiatur halten. Diese zeigen dieselben Informationen an, die Sie für die Lupenansicht eingestellt haben.

Eisblumen (Canon 5D Raw)
Freistellen, Temp. 3000,
Belichtung -0,23, Kontrast +100,
Weiß +75, Schwarz -59,
Dynamik +100, Sättigung -85

4 Übertragung und Import

Übertragung und Import von Bilddateien erfolgen in Lightroom in erster Linie über den Importieren-Dialog. Hier geht es um zwei Dinge: a) Wie bekommen Sie Ihre Fotos in Lightroom (Import)? b) Wie bekommen Sie Ihre Fotos von der Speicherkarte auf den Computer (Übertragung)? Im Importieren-Dialog sind beide Schritte miteinander verbunden.

Über den Dialog können Sie bereits Fotos sichten und evtl. vom Import ausschließen und auch bereits die ersten Metadaten vergeben. Im Zuge der Übertragung legen Sie darüber hinaus die grundlegenden Eigenschaften der Bilddateien fest: Dateinamen, Ordnerstruktur und vielleicht DNG-Konvertierung.

Über die Kamerafernsteuerung können Sie die Kamera an den Computer anschließen und direkt von dort übertragen und importieren, ohne Umweg über die Speicherkarte.

4.1 Den Importieren-Dialog verwenden

Der Importieren-Dialog wird über den Importieren-Knopf links unten im Bibliothek-Modul oder über [Strg]-[⇧]-[I] geöffnet. Wenn Sie eine Speicherkarte anschließen und Lightroom läuft, öffnet sich der Dialog normalerweise automatisch. Sie können dieses Verhalten aber in den Voreinstellungen unter *Allgemein* ▹ *Importoptionen* ein- oder ausschalten.

Den Dialog gibt es in einer kompakten und einer erweiterten Ausführung (siehe Abb. 4–1). Über das Dreieck unten links schaltet man zwischen beiden um. Nachdem Sie im erweiterten Dialog alles eingestellt haben, können Sie die Einstellungen in einer Importvorgabe speichern und von da an den kompakten Importieren-Dialog benutzen. Für Standard-Importvorgänge würde ich mir immer eine Vorgabe anlegen. Ich verwende z.B. eine für den Import von der Speicherkarte.

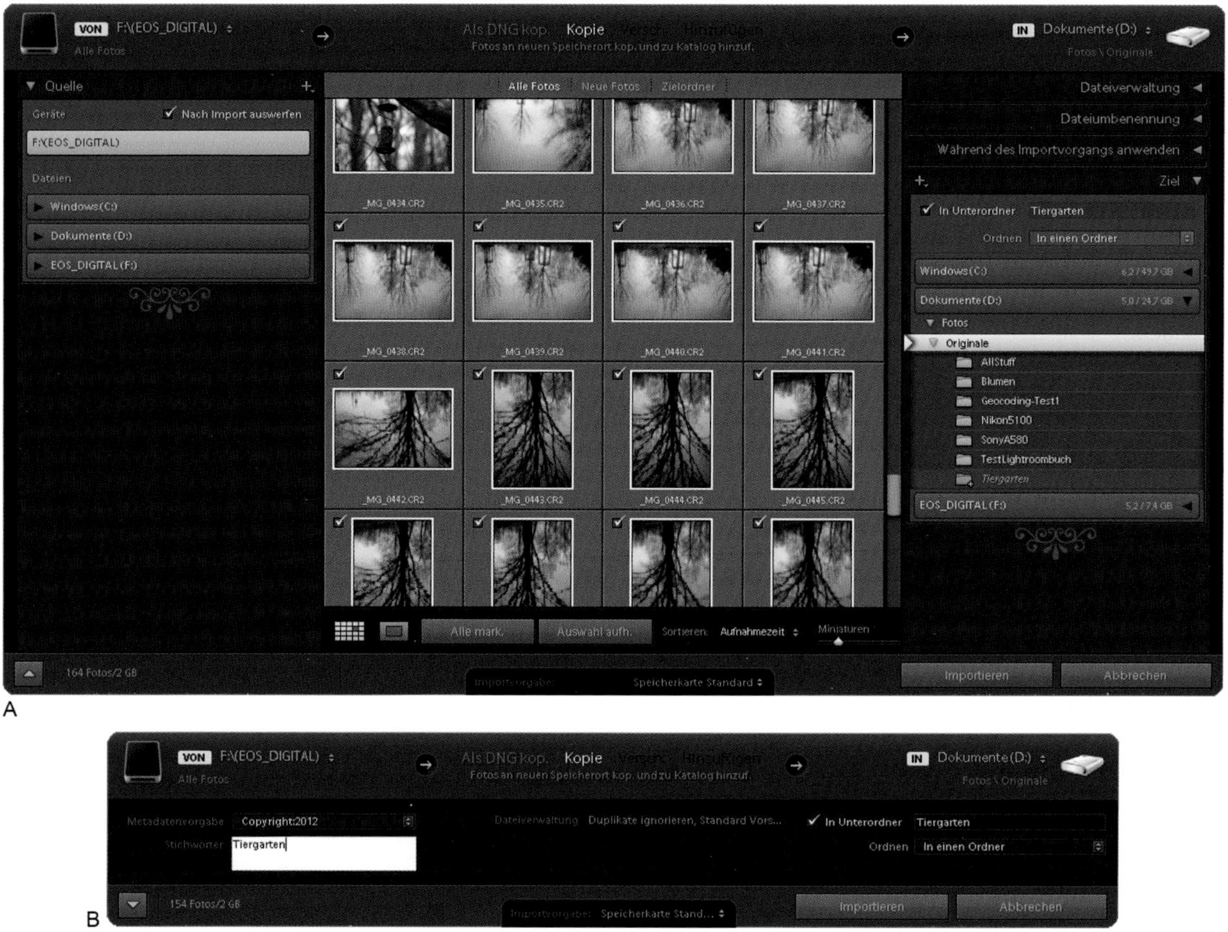

Abb. 4–1

Mit dem Importieren-Dialog können Sie Bilddateien übertragen und importieren. A) Der Dialog entspricht dem grundlegenden Aufbau in Lightroom: in der Mitte die Arbeitsfläche, Paletten links und rechts, oben der Moduswähler für den Importmodus. B) Kompakter Dialog

Auch im kompakten Importieren-Dialog können Sie noch einige Einstellungen ändern. Quelle und Ziel ändern Sie über einen Klick auf die linke bzw. rechte obere Ecke des Dialogs. Von den Optionen, die Sie nicht ändern können, sehen Sie zumindest in der Mitte des Dialogs die aktuellen Einstellungen. Unten links wird die Anzahl der Fotos angezeigt.

Welche Dateien kann Lightroom importieren?

Lightroom kann importieren:

- Raw-Formate: alle gängigen proprietären Raw-Formate, DNG
- RGB-Dateien: JPEG, TIFF (8 + 16 bit), PSD (8 + 16 bit), DNG
- HDR-Dateien: TIFF (16, 24 und 32 bit), DNG
- CMYK-, Lab- und Graustufen-Dateien: TIFF, PSD
- Videos: MOV, AVI, MP4, AVCHD, Android und weitere mit den gängigsten Codecs

Lightroom kann **nicht** importieren:

- PNG-Dateien
- PDF-Dateien
- PSD-Dateien mit Ebenen, bei denen das Ebenenkompositum fehlt (siehe Seite 378)
- Bilddateien mit mehr als 65.000 Pixeln Höhe oder Breite oder insgesamt mehr als 512 Megapixeln
- Audiodateien

Diese Dateien werden entweder gar nicht erst im Importieren-Dialog angezeigt oder während des Imports abgewiesen. Lightroom weist dann am Ende darauf hin und gibt eine Liste der Dateien aus.

Nur importieren oder auch übertragen?

Oben im Importieren-Dialog legen Sie den Importieren-Modus fest und damit die wichtigste Einstellung. Der einfachste Modus ist *Hinzufügen*: Er importiert lediglich, das heißt, er katalogisiert/referenziert die Fotos, ohne sie zu verschieben oder zu kopieren. Er wird verwendet, um Fotos zu importieren, die schon auf der Festplatte – am richtigen Ort – vorhanden sind. So können Sie beispielsweise Ihren vorhandenen Fotobestand importieren.

Die anderen drei Modi übertragen die Fotos vor dem Import; d.h., sie verschieben oder kopieren die Fotos vor dem Hinzufügen zum Katalog an eine andere Stelle. Sie verfügen daher über zusätzliche Einstellungen auf der rechten Seite, vor allem Zielort, Ordnerstruktur und Dateiumbenennung (siehe Abb. 4–1). Fotos von Speicherkarten müssen immer zuvor übertragen werden. Die drei Übertragen-Modi:

- *Kopieren* kopiert die Dateien vor dem Import an einen anderen Ort, z.B. von der Speicherkarte auf die Festplatte.
- *Als DNG kopieren* wandelt die kopierten Bilddateien zusätzlich ins DNG-Format um. Wenn Sie Ihre proprietären Raw-Dateien gleich beim Import ins DNG-Format konvertieren wollen, sollten Sie diesen Modus verwenden. Die Konvertierungseinstellungen werden nicht im Importieren-Dialog, sondern in den Voreinstellungen unter *Dateiverwaltung* festgelegt (siehe Abb. 4–2). Ich gehe in Kapitel 6.10 ausführlich auf die DNG-Einstellungen ein.
- *Verschieben* kopiert die Dateien vor dem Import an einen anderen Ort und löscht sie anschließend am Quellort. Dieser Modus ist einer für Spezialfälle. Er kann nicht mit Speicherkarten verwendet werden.

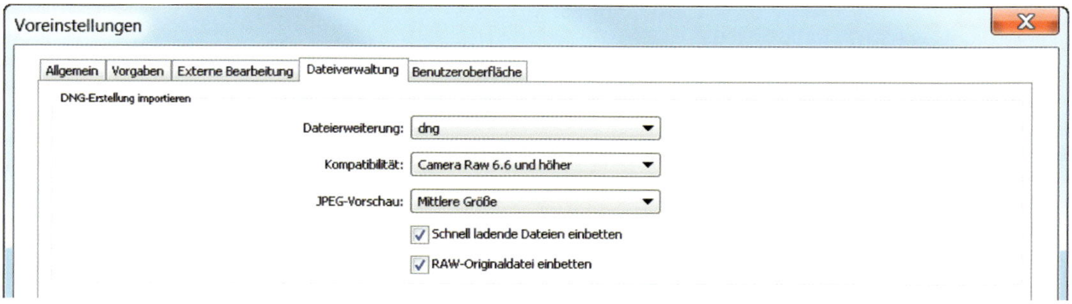

Abb. 4–2
Die DNG-Konvertierungsoptionen für den Import verbergen sich in den Voreinstellungen.

Falls Sie den DNG-Modus verwenden und Ihre proprietären Raw-Dateien erhalten wollen, können Sie diese während der Übertragung über die Backup-Option in einen separaten Ordner sichern (siehe unten) und dann beispielsweise auf optische Datenträger brennen. Eine andere Möglichkeit, die originalen Raw-Dateien zu erhalten, ist, sie über die Option *Raw-Originaldatei einbetten* in die DNG-Dateien einbetten zu lassen. Auch dazu mehr in Kapitel 6.10.

Quelle (und Ziel)

Um Lightroom zu zeigen, welche Fotos Sie importieren wollen, wählen Sie zunächst die Quelle über die gleichnamige Palette auf der linken Seite aus – die Fotos werden dann zunächst auf der Arbeitsfläche angezeigt, wo Sie sie sichten und eine engere Auswahl treffen können. Sie können über [Strg] bzw. [⇧] gleichzeitig mehrere Ordner auswählen oder über das Häkchen in der Palette alle Unterordner des gewählten Ordners einbeziehen (siehe Abb. 4–3 D).

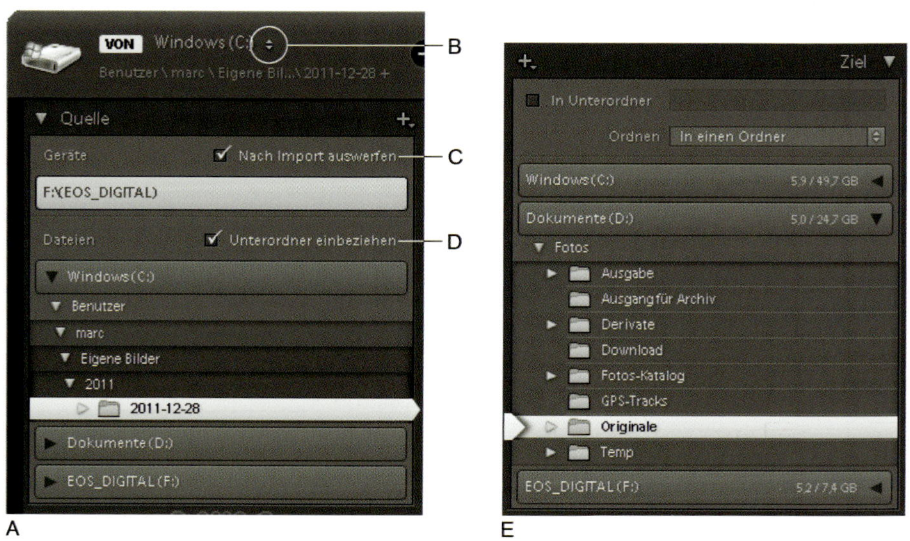

Abb. 4–3
Quelle und Ziel
A–D) Linke Seite mit Quelle-Palette
E) Ziel-Palette auf der rechten Seite. Diese steht nur zur Verfügung, falls Fotos übertragen werden.

Vielleicht finden Sie die Auswahl über die Palette etwas gewöhnungsbedürftig. Dann können Sie die Ordner auch mit dem normalen Betriebssystemdialog auswählen. Dazu öffnen Sie das Aufklappmenü in der linken oberen Ecke des Dialogs (siehe Abb. 4–3 B) und wählen *Andere Quelle*. Im selben Menü können Sie auch schnell auf die zuletzt verwendeten Ordner zugreifen; das Anlegen von Favoriten ist leider nicht möglich.

Um Fotos zu importieren, die sich auf einem Netzlaufwerk befinden, klicken Sie zunächst auf das +-Symbol im Kopf der Palette und dann auf *Netzlaufwerk hinzufügen*. Nach der Auswahl sollte der Ordner in der Palette auftauchen. Falls das nicht der Fall ist, versuchen Sie zunächst, den Importieren-Dialog zu verlassen und erneut aufzurufen. Erscheint das Laufwerk dann immer noch nicht, können Sie den Ordner auf dem Netzlaufwerk auch über *Andere Quelle* (siehe oben) auswählen.

Wenn eine Speicherkarte an den Computer angeschlossen wird, erscheint sie in der Quelle-Palette ganz oben unter *Geräte*. Von mehreren gleichzeitig angeschlossenen Speicherkarten simultan zu importieren, ist mir leider bisher nicht gelungen. Ich nutze immer die Option *Nach Import auswerfen* – sie meldet die Karte nach dem Import automatisch beim Betriebssystem ab, sodass ich sie einfach aus dem Lesegerät ziehen kann (siehe Abb. 4–3 C).

Für die Übertragen-Modi benötigen Sie zusätzlich zur Quelle ein Ziel: Dieses wählen Sie über die Ziel-Palette auf der rechten Seite aus (Abb. 4–3 E). Zunächst wählen Sie einen Basisordner über die Ordner-Auswahl (über das +-Symbol der Ziel-Palette können Sie einen neuen Ordner erstellen). Innerhalb dieses Ordners können Sie dann Unterordner nach Projekt oder automatisch nach Datum anlegen (siehe Abschnitt 4.3).

Fotos vor dem Import sichten

Nach der Auswahl der Quelle erscheinen die Fotos zunächst als Miniaturen auf der Arbeitsfläche. Sie können jetzt sofort alle importieren oder zunächst eine weitere Auswahl treffen. Die Arbeitsfläche funktioniert ähnlich wie im Bibliothek-Modul: Es gibt sowohl die Raster- als auch die Lupenansicht (siehe Abb. 4–4). Zwischen den beiden Ansichten können Sie über die Werkzeugleiste oder über die Tasten [G] und [E] umschalten.

In beiden Ansichten können Sie Fotos vom Import ausschließen, indem Sie jeweils das Häkchen entfernen, entweder über die Maus oder mit den Tasten [X] oder [U]. Mit [P] setzen Sie das Häkchen wieder, mit [H] schalten Sie zum jeweils anderen Zustand um. Wenn Sie [⇪] einschalten und danach eine der eben genannten Tasten drücken, schaltet Lightroom automatisch zum nächsten Foto weiter. In der Rasteransicht können Sie über [Strg] oder [⇧] mehrere Fotos auswählen und gemeinsam abhaken. Über die Werkzeugleiste lässt sich schließlich für alle Fotos das Häkchen entfernen oder setzen.

A

B

Abb. 4–4
Ansichten im Importieren-Dialog
A) Rasteransicht. Sie können von jedem einzelnen Foto das Häkchen entfernen und es so vom Import ausschließen.
B) Lupenansicht

Für die Steuerung innerhalb der Raster- und Lupenansicht funktionieren die meisten der aus dem Bibliothek-Modul bekannten Tastaturbefehle (siehe Kapitel 3.3), allerdings ändert man die Vergrößerung in der Lupenansicht ohne [Strg], also einfach über [#] und [-]. In der Rasteransicht lassen sich Fotos übrigens sortieren. Es steht zwar nur eine Handvoll an Sortierkriterien zur Verfügung. Aber die Sortierung ist sehr nützlich, um Dateien in verschiedenen Formaten, z. B. Raw-Dateien und JPEGs oder Fotos und Videos, voneinander zu trennen.

Viele Fotografen importieren den Ausschuss nicht gerne in den Katalog. Daher können Sie Fotos in der Lupenansicht in Vollbild- oder 1:1-Ansicht betrachten, um z. B. die Schärfe zu prüfen und misslungene Fotos so von vornherein auszuschließen. Im Allgemeinen erweist sich die Sichtung im Importieren-Dialog aber nicht als so schnell und komfortabel wie später im Bibliothek-Modul. Falls Sie ein Problem damit haben, den Ausschuss in den Katalog zu importieren und dann dort evtl. gleich wieder zu löschen, hilft Ihnen vielleicht die Aufteilung der Fotos in Arbeits- und Archivkatalog (wie ab Seite 407 beschrieben). In den Archivkatalog gelangen dann nur jene Fotos, die Sie behalten möchten.

Metadaten zuweisen

Über die Palette *Während des Importvorgangs anwenden* können Sie IPTC-Metadaten, Stichwörter und Entwicklungseinstellungen angeben, die dann den Fotos bereits während des Imports zugewiesen werden. Die Einstellungen gelten immer für alle Fotos des Importvorgangs. Dies ist eine sehr effiziente Art und Weise der Metadatenvergabe. Entwicklungseinstellungen und IPTC-Metadaten geben Sie mithilfe von Vorgaben an (auf die ich ausführlicher in den Kapiteln 5.5 und 5.7 eingehe).

Mit einer Entwicklungsvorgabe lassen sich beispielsweise die automatischen Objektivkorrekturen (Verzeichnung, Vignettierung, chromatische Aberrationen, siehe Kapitel 9.14) auf die importierten Fotos anwenden. Auch ist es denkbar, über bestimmte Vorgaben bereits während des Imports die grobe Richtung der Entwicklung vorzugeben. Dies kann nützlich sein, wenn Sie verschiedene Kategorien von Fotos machen, z. B. Landschaftsfotos und Porträts, und beide sehr verschieden entwickeln. Wenn Sie weitreichende Entwicklungseinstellungen bereits während des Imports vergeben, bekommen Sie allerdings die Fotos nicht mehr in ihrem »natürlichen« Zustand zu Gesicht. Daher sollten Sie für diesen Schritt ein wenig Erfahrung mit Lightroom haben (und im Zweifel *Keine* wählen und erst später Entwicklungseinstellungen vergeben).

Über eine Metadatenvorgabe können Sie IPTC-Metadaten zum Foto hinzufügen. Da die Metadaten an alle importierten Fotos vergeben werden, eignet sich vor allem eine Vorgabe mit möglichst generellen Metadaten. Informationen zum Fotografen und zum Urheberrechtsstatus bieten sich an. Diese Vorgabe können Sie dann immer eingestellt lassen. Sie können aber auch mehrere Vorgaben mit Metadaten für bestimmte Projekte oder Kunden anlegen und bereits hier einstellen.

Weiterhin lassen sich oft ein oder mehrere Stichwörter finden, die auf alle Fotos des Imports zutreffen, beispielsweise der Name des Projekts oder Auftrags, eventuell noch andere Stichwörter, falls diese auf alle Fotos zutreffen sollten. Diese werden einfach in das große Textfeld eingegeben. Mehrere Stichwörter werden dabei durch Kommas getrennt. Mehr zu Stichwörtern siehe Kapitel 5.6.

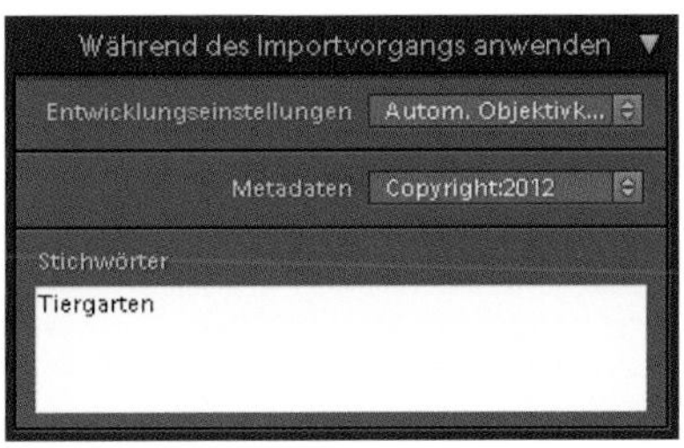

A

B

Abb. 4–5
Einstellungen für den Import
A) Vergabe von Metadaten
B) Weitere Einstellungen

Weitere Einstellungen

Über *Vorschau rendern* in der Dateiverwaltung-Palette stellen Sie ein, Vorschauen welcher Größe Lightroom im Anschluss an den Import erzeugen soll. Neben den drei Vorschaugrößen *Minimal*, *Standard* und *1:1* (siehe Kapitel 6.3) gibt es hier noch die Einstellung *Eingebettete und Filialdateien*, mit der Sie die Vorschauanzeige beschleunigen können. Hierbei zeigt Lightroom zunächst die von der Kamera in die Raw-Dateien eingebetteten Vorschauen an, bis es seine eigenen Minimalvorschauen erstellt hat. Die Zeitersparnis dadurch ist allerdings gering.

Ebenfalls in der Dateiverwaltung-Palette befindet sich die Option *Mögliche Duplikate nicht erneut importieren*, die nur in Ausnahmefällen deaktiviert werden sollte: Sie verhindert, dass Fotos mehrfach importiert werden, wenn Sie z. B. versuchen, zweimal hintereinander dieselben Fotos von der Speicherkarte zu importieren. Auch Duplikate von Fotos, die versehentlich doppelt auf mehreren Partitionen oder Festplatten gespeichert wurden, werden so nur einmal importiert.

Zweite Kopie an folgendem Ort anlegen ist eine Backup-Option, die nur für die Übertragen-Modi zur Verfügung steht. Sie legt automatisch eine Kopie aller importierten Bilddateien in einem zweiten Ordner ab. Die in der Ziel-Palette eingestellte Ordnerstruktur wird dabei allerdings nicht berücksichtigt. Stattdessen wird automatisch ein Unterordner für jeden Importvorgang angelegt. Weiterhin sichert die Funktion im Fall einer automatischen DNG-Konvertierung nicht die konvertierten DNGs, sondern die proprietären Raw-Dateien.

Die Funktion ist eher für ein Behelfs-Backup geeignet, z. B. falls Sie kein anderes Backup-Programm installiert haben oder wenn Sie die in den Ordner kopierten Fotos nach dem Import auf optische Datenträger brennen wollen. Ein regelmäßiges Backup der Arbeitsdateien ersetzt die Funktion nicht, u.a. da die Integrität der übertragenen Dateien nicht überprüft wird. Ich verwende für die Sicherung daher nach dem Importieren ein Spiegel-Backup mithilfe eines speziellen Backup-Programms (siehe Seite 405).

Raw- und JPEG-Workflow
Beim Raw- und JPEG-Workflow speichert die Kamera beide Dateiarten simultan. Die JPEG-Datei kann anschließend sehr schnell beurteilt und verschickt werden, während man die Raw-Datei für die hochwertige Entwicklung und Ausgabe zur Verfügung hat. Diese Arbeitsweise wird vor allem von Journalisten und Berufsfotografen benötigt, bei denen es nach der Aufnahme extrem schnell gehen muss.

Wenn Sie diesen Workflow verwenden, können Sie in Lightroom einstellen, wie das Programm mit den JPEG-Dateien beim Import umgehen soll. Die Raw-Dateien werden ohnehin importiert; um die JPEGs mit zu importieren, müssen Sie in den Voreinstellungen die Option *Allgemein ▹ JPEG-Dateien neben RAW-Dateien als separate Fotos behandeln* aktivieren. Andernfalls bleiben sie außen vor. Falls Sie so vorgehen, können Sie anhand der Metadaten-Palette oder der Miniaturen in der Rasteransicht sehen, ob für ein Foto eine zusätzliche JPEG-Datei vorhanden ist.

Importvorgang starten

Um den Import zu beginnen, drücken Sie einfach ↵; abbrechen lässt sich der Import mit Esc. Nach dem Start des Importvorgangs beginnt Lightroom, die Fotos im Bibliothek-Modul anzuzeigen. Falls Sie eingestellt haben, dass es größere Vorschauen erzeugen soll, erstellt das Programm diese nebenher – dieser Prozess dauert in der Regel länger als das Importieren selbst.

Der Import ist gleichzeitig eine Überprüfung der Integrität der Bilddateien. Lightroom macht Sie auf fehlerhafte Bilddateien aufmerksam, soweit es sie erkennt. Darüber hinaus können Sie anhand der Miniaturen erkennen, ob die Fotos von selten auftretenden fehlerhaften Bilddaten betroffen sind – ein Problem, das Lightroom nicht immer erkennen kann – und ob alle Fotos importiert wurden, die Sie importieren wollten. Mehr zum Thema Datenintegrität finden Sie in Kapitel 18.2.

Gerade bei der Übertragung von der Speicherkarte ist mir die Überprüfung besonders wichtig, da ich zum ersten Mal sehen kann, ob alle Fotos in Ordnung sind. Ist dies der Fall, fertige ich meine Sicherungen an und formatiere anschließend die Speicherkarten in der Kamera. Es ist sicherer und in der Regel auch einfacher, die Karten von der Kamera formatieren zu lassen als vom Betriebssystem.

Speicherkarte defekt?

Falls Sie beim Importieren von der Speicherkarte auf fehlerhafte Bilddateien treffen oder den Verdacht haben, dass auf der Karte Fotos fehlen, ist vielleicht die Speicherkarte defekt. Es ist wichtig, in solchen Fällen nicht in Panik zu geraten und sich evtl. vorher eine bestimmte Vorgehensweise zurechtzulegen, vor allem für den Fall, dass es Sie während des Fotografierens trifft (wenn Sie z. B. mit dem Laptop unterwegs den Fehler bemerken).

Zwei Empfehlungen für solche Fälle:

- Markieren Sie die Karte, und legen Sie sie beiseite. Wenn Sie ein schlechtes Gefühl haben, ziehen Sie die Karte lieber ganz aus dem Verkehr; vor allem, wenn Sie schnell weiter fotografieren wollen und nicht in Ruhe überlegen können.
- Erst wenn Sie die Zeit dazu haben und der Rest der Fotos übertragen und gesichert ist, versuchen Sie die Dateien erneut zu lesen, eventuell direkt auf die Festplatte zu kopieren und danach in Lightroom zu importieren. Funktioniert dies nicht, können Sie es mit einem speziellen Programm zur Rettung von Daten von Speicherkarten versuchen. Hier gibt es viele Programme zur Auswahl. Die meisten sind allerdings nicht kostenlos.

4.2 Namen für Bilddateien

Die Bilddateien aus der Kamera sind in der Regel mit einer vierstelligen Nummer versehen (wie z. B. *DSC_6084.NEF*). Diese Nummer wiederholt sich alle 10.000 Fotos, danach haben Sie keine eindeutigen Dateinamen mehr. Aus diesem Grund empfiehlt es sich, die Dateien während des Imports umzubenennen, sodass die Dateien eindeutig bezeichnet sind. Ich werde im Folgenden zwei Namenssysteme vorstellen: Das erste ist für Aufnahmen mit einer, das zweite für Aufnahmen mit mehreren Kameras vorgesehen.

Namensschema erstellen

Lightroom kann Dateien während der Übertragung von Fotos automatisch umbenennen. Hierfür zuständig ist die Palette *Dateiumbenennung* rechts im Importieren-Dialog. In der Palette wählt man eine Dateinamenvorlage, ein Schema, das das zu verwendende Namenssystem beschreibt. Sie können Ihre eigenen Vorlagen über den Dateinamenvorlagen-Editor erstellen (siehe Abb. 4-6 B).

In der Regel setzen sich Dateinamenvorlagen aus statischen Elementen (die bei jeder Bilddatei gleich sind, z. B. ein Präfix für den Dateinamen) als auch dynamischen (die bei jeder Datei verschieden sein können, z. B. das Aufnahmedatum des Fotos) zusammen. An dynamischen Elementen stehen unter anderem der Originaldateiname, verschiedene Nummern, Datum und Uhrzeit der Aufnahme sowie verschiedene EXIF-Metadaten zur Auswahl. Eine Referenz aller Elemente, die Sie im Dateinamenvorlagen-Editor verwenden können, finden Sie im Anhang.

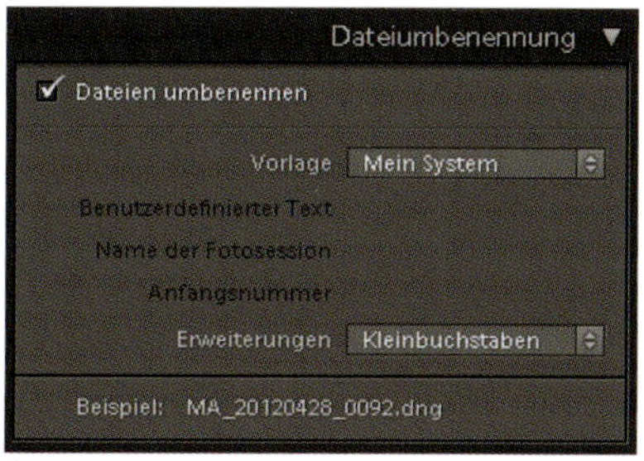

A

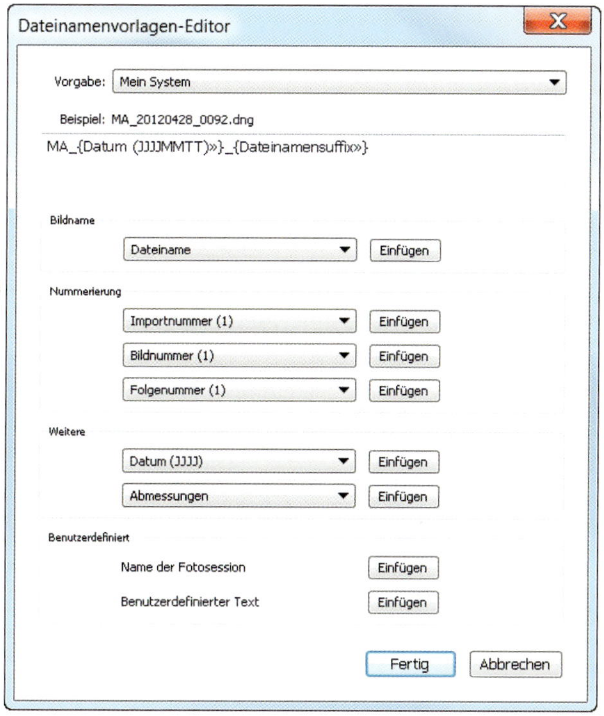

B

Abb. 4–6
Dateiumbenennung-Palette
A) Dateiumbenennung über den Importieren-Dialog
B) Über den Dateinamenvorlagen-Editor wird das Namensschema für die Bilddateien erstellt.

Einige Elemente des Editors stellen in der Dateiumbenennung-Palette spezielle Eingabefelder bereit. Wenn Sie die Elemente *Benutzerdefinierter Text* oder *Name der Fotosession* verwenden, können Sie über diese Felder in der Palette bei jedem Import einen anderen Text eingeben, der dann an der Stelle des Elements in den Dateinamen eingebaut wird (siehe Abb. 4–7).

Um Dateinamen zwischen allen Betriebs- und Dateisystemen kompatibel zu halten, sollte man ein paar Mindeststandards einhalten, was die verwendeten Zeichen betrifft. Viele Sonderzeichen und auch teilweise Leerzeichen sind nicht mit allen Dateisystemen kompatibel. Das kann zu Problemen führen, wenn Sie beispielsweise Fotos auf Netzlaufwerken speichern. Lightroom kann immer, wenn es einen Dateinamen erzeugt, d. h. während des Imports, Exports oder während der Stapelumbenennung, automatisch Sonderzeichen durch andere Zeichen ersetzen. Die Einstellungen dazu finden Sie in den Voreinstellungen hinter dem Dateiverwaltung-Reiter (siehe Abb. 4–8).

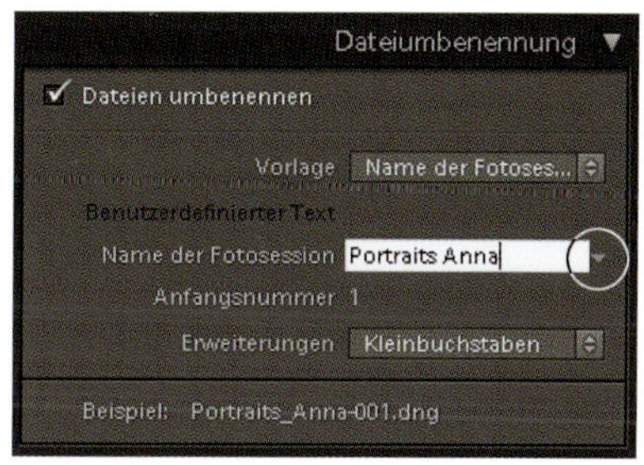

Abb. 4–7
In diesem Schema wird das Element »Name der Fotosession« mit einer laufenden Nummer verbunden. Die Fotosession gibt man direkt in der Palette ein. Lightroom speichert sogar die zuletzt eingegebenen Namen über eine Liste (siehe hervorgehobenes Dreieck).

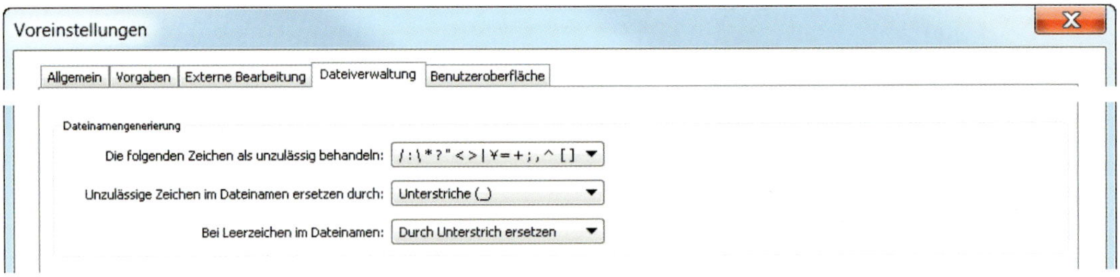

Abb. 4–8
Sonderzeichen ersetzen. In den Voreinstellungen lässt sich angeben, welche Zeichen Lightroom als unzulässig erkennen und durch welche zulässigen Zeichen es diese ersetzen soll.

Dateien nach dem Import umbenennen

Die Dateiumbenennung-Palette ist nur in den Übertragen-Modi des Importieren-Dialogs vorhanden, nicht bei direktem Hinzufügen. Sie können Dateien aber auch nach dem Import umbenennen. Dazu wählen Sie mehrere Fotos aus und rufen *Bibliothek* ▹ *Fotos umbenennen* auf oder drücken F2. Der Dialog funktioniert ähnlich wie die Umbenennung im Importieren-Dialog.

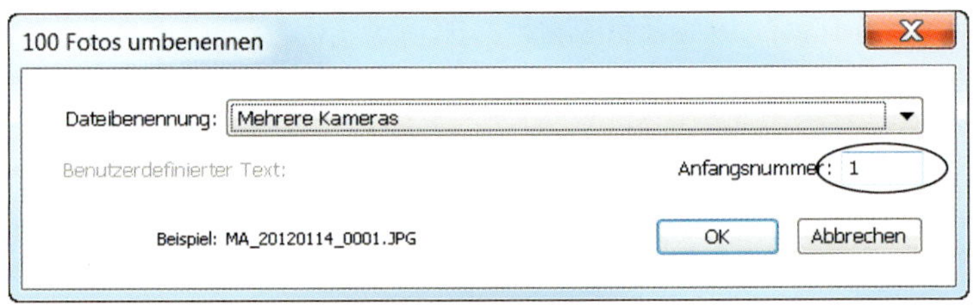

Abb. 4–9
Stapelumbenennung nach dem Import

Auch wenn Sie theoretisch noch lange nach dem Import umbenennen können, sollten Sie das in der Regel so früh wie möglich tun. Später können sich alle möglichen unangenehmen Probleme ergeben, zum Beispiel falls neue Bilddateien für die Weiterverarbeitung (Derivate) erstellt werden, die einen Teil des Namens der Originaldatei erben. Je früher die Bilddateien über ihren eindeutigen Namen verfügen, desto besser.

Sie können übrigens auch einzelne Fotos auswählen und über die Metadaten-Palette umbenennen, indem Sie dort einfach einen neuen Dateinamen eingeben. Nach dem Import sollten Sie Dateinamen nach Möglichkeit nicht mehr von außen, also über den Explorer oder Finder, ändern.

Namenssystem für Aufnahmen mit einer Kamera

Für die Benennung von Dateien gibt es sicherlich viele Möglichkeiten. Ich will hier eine vorstellen, die ich größtenteils aus Peter Kroghs Buch *Professionelle Bildverwaltung für Fotografen* (siehe Anhang) übernommen habe. Sie sieht so aus wie in Abb. 4–10 und setzt sich wie folgt zusammen:

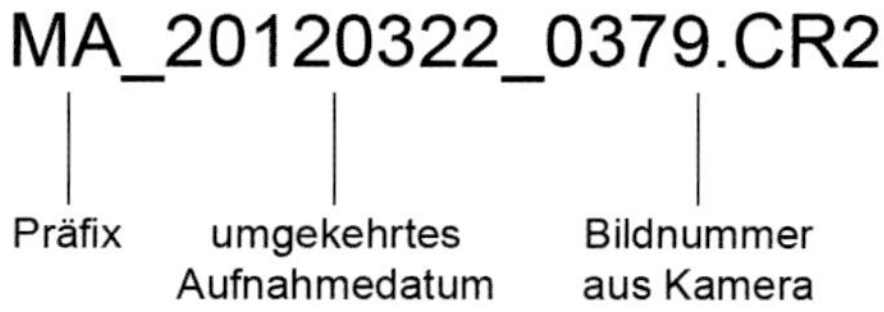

Abb. 4–10
Namenssystem für eine Kamera. Die Kombination von Datum und Kameranummer macht den Dateinamen eindeutig.

Der Dateiname beginnt mit einem persönlichen **Präfix,** in der Regel die Initialen oder der Vor- oder Nachname des Fotografen. Die persönliche Kennzeichnung mag auf den ersten Blick unnötig erscheinen. Doch so lassen sich für andere die eigenen Bilddateien leicht zuordnen. Außerdem kann man die eigenen Dateien schnell von den Fotos anderer Fotografen unterscheiden. Falls Sie zum Beispiel gemeinsam mit einem Freund fotografiert haben und dieser Ihnen eine Datei mit dem Namen *20120523_3422.JPG* zusendet, besteht keinerlei Verwechslungsgefahr, sofern Sie für Ihre eigenen Fotos ein Präfix verwendet haben.

Als Nächstes enthält der Dateiname das **Datum der Aufnahme**, das Lightroom aus den EXIF-Daten der Bilddatei entnehmen kann. Das Datum wird in umgekehrter Reihenfolge verwendet (Jahr, Monat, Tag), dadurch werden Bilddateien im Explorer oder Finder richtig sortiert. Es ist auch praktisch, das Aufnahmedatum und dadurch ein wichtiges Metadatum im Dateinamen zu haben, wo man es schnell ablesen kann. So kann man eine Datei auf einen Blick zuordnen.

Das Datum wird mit einem **vierstelligen Zähler** kombiniert, sodass das System theoretisch 10.000 Fotos pro Tag erlaubt. Für Aufnahmen mit einer Kamera kann man einfach die von der Kamera erzeugte Nummer (wie z. B. *DSC_6084.NEF*) weiter verwenden. Dies hat den Vorteil, dass der gesamte Bereich von 0000-9999 ausgenutzt wird, im Gegensatz zu einem Zähler, der bei jedem Import wieder bei 0001 anfängt. Dadurch ist die Nummer zwar vermutlich nicht eindeutig, aber immerhin sehr selten. Sie können z. B. beim Notieren von Fotos sich nur die vierstellige Nummer aufschreiben und finden diese Fotos anhand der Nummer schnell wieder.

In Abb. 4–6 B sehen Sie, wie das Namenssystem im Dateinamenvorlagen-Editor zusammengesetzt wird. Das Element *Dateinamensuffix* bezieht sich auf die Kameranummer, die im Originaldateinamen enthalten ist.

Namenssystem für Aufnahmen mit mehreren Kameras

Wenn Sie mit mehreren Kameras während einer Aufnahmereihe fotografieren, kann es leicht passieren, dass sich die von den Kameras erzeugten Nummern überschneiden. Daher ist es in solchen Fällen meiner Meinung nach besser, von vornherein auf die Verwendung der Kameranummern zu verzichten und stattdessen eine einfache von Lightroom erzeugte Nummerierung von 0001 an zu verwenden. Dafür tauschen Sie das Element *Datei-*

namensuffix durch *Folgenummer* im Dateinamenvorlagen-Editor aus. Im Stapelumbenennung-Dialog geben Sie dann die gewünschte Startnummer ein (1 ist Standard, siehe Abb. 4–9).

Die Vorgehensweise Schritt für Schritt:
1. Alle Speicherkarten des Tages zuerst in Lightroom importieren
2. Fotos ggf. nach Aufnahmezeit sortieren (siehe Kapitel 3.4)
3. Alle Fotos auswählen und die Stapelumbenennung aufrufen

4.3 Ordnerstruktur

Wenn Sie den Importieren-Dialog in einem der Übertragen-Modi verwenden, ist neben dem Ziel-Ordner die Struktur der Unterordner von Bedeutung. Die Einstellungen dazu treffen Sie über die Ordnen-Option in der Ziel-Palette. Struktur und Namen der Ordner lassen sich allerdings nicht so flexibel gestalten wie die Dateinamen. Dort können Sie Ihr eigenes Namensschema zusammensetzen – bei den Ordnern lediglich aus einigen vorgegebenen Möglichkeiten wählen:

- Fotos nach Datum ordnen (siehe unten).
- Fotos in einen einzigen Unterordner kopieren; dies ist die Grundlage für mein System der Projektordner, auf das ich weiter unten eingehe.
- Die Ordnerstruktur der Quelle beibehalten (wenn vorhanden). Diese Option ist für Spezialfälle vorgesehen, wenn bereits eine Struktur besteht, diese aber mit Lightroom kopiert oder verschoben werden soll. Sie steht bei der Übertragung von Speicherkarten nicht zur Verfügung.

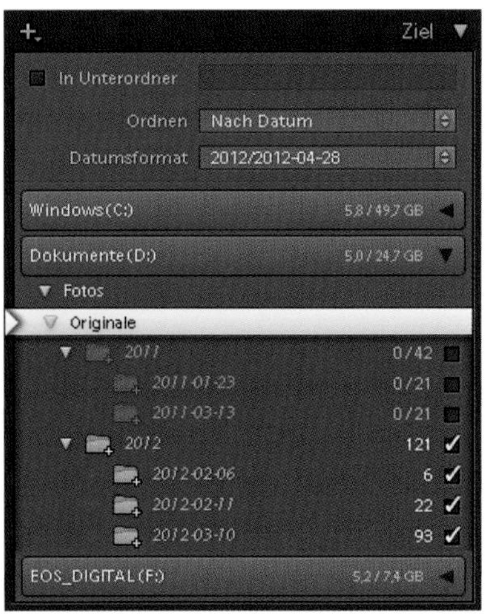

Abb. 4–11
Datumsordner in der Ziel-Palette. Im unteren Teil der Palette können Sie bereits sehen, welche Datumsordner bei der derzeitigen Einstellung angelegt werden. Über die Häkchen lassen sich einzelne Ordner ausschließen.

Automatische Datumsordner

Falls Sie nach Datum ordnen lassen, legt Lightroom die Ordner automatisch an (siehe Abb. 4–11). Sie brauchen nichts weiter zu tun als im unteren Palettenteil den Basisordner auszuwählen, in dem die Datumsordner erzeugt werden. Unter *Datumsformat* stehen Ihnen vier grundlegenden Strukturen für die Unterordner zur Auswahl (es werden mehr angezeigt, aber dabei handelt es sich zum größten Teil um unterschiedliche Schreibweisen):

- *Jahr/Tag*
- *Jahr/Monat*
- *Jahr/Monat/Tag*
- *Tag*

Nachdem ich das Datumssystem einige Zeit benutzt habe, vor allem da es vollautomatisch und daher zunächst sehr komfortabel war, bin ich mittlerweile davon abgekommen. Einerseits werden mir die Fotos dadurch zu sehr fragmentiert. Andererseits kann man von den Ordnern nicht auf deren Inhalt schließen. Deshalb bin ich schließlich zu den Projektordnern übergegangen.

Projektordner

Eine beliebte Struktur für die Ordner ist die nach Projekten, Ereignissen oder Aufnahmereihen (»Shoots«). Dabei handelt es sich um thematisch und weitgehend auch chronologisch zusammenhängende Fotos wie z. B. eine Fotoreise oder eine Porträtsitzung. Um Projektordner mit dem Importieren-Dialog zu erzeugen, wählen Sie zunächst *In einen Ordner* über die Ordnen-Option und über den unteren Teil der Ziel-Palette den Basisordner, der stets gleich bleibt. Der Projektordner selbst wird bei jedem Import aufs Neue in das Unterordner-Feld eingetragen.

A

B

C

Abb. 4–12
Projektordner
A) Der Ordner-Name wird oben in der Ziel-Palette oder
B) direkt im kompakten Importieren-Dialog eingestellt.
C) Ordner-Palette im Bibliothek-Modul mit Projektordnern

Es ist sinnvoll, die Projektordner als chronologische Ordner zu betrachten und vorne das Datum der ersten Aufnahme zu platzieren (in umgekehrter Reihenfolge), z. B. *20050703_Sommerurlaub*. Das Datum im Ordnernamen bezieht sich dann auf das erste, d. h. älteste Foto im Ordner. Eine Aufnahmereihe ergibt dann einen Ordner.

Sie können aber auch weniger ereignisbezogen und mehr projektbezogen organisieren. Nach dem Import kann man die Ordnerstruktur über die Ordner-Palette weiter anpassen (siehe Kapitel 6.2). So kann man zum Beispiel Ordner zusammenlegen oder trennen. In diesem Fall können Sie die Ordnernamen auch zunächst ohne Datum belassen und später das Datum der Archivierung voranstellen.

Grundsätzlich sind chronologische Ordnerstrukturen klar zu bevorzugen. Bei einer rein thematischen Ordnung wie z. B. *Naturfotos/Tiere/Katzen* können neue Fotos nicht einfach ans Archiv angefügt werden. Dadurch kommt es bei Archivierung und Sicherung zu Problemen, sobald mehrere Festplatten notwendig werden oder auf optischen Datenträgern gesichert wird. Zudem kann in eine thematische Ordnung ein Foto nur auf eine Weise einsortiert werden, was praktisch nie eindeutig möglich ist. Es ist sinnvoller, die Ordner bestmöglich für Aufbewahrung und Sicherung zu benutzen, während der Katalog und die Metadaten die Fotoverwaltung übernehmen.

Übertragung ohne Lightroom

Lightroom bietet nicht besonders viele Möglichkeiten, um Ordnerstrukturen anzulegen. Vielleicht möchten Sie daher ein anderes Programm für die Übertragung verwenden. Es gibt Programme, die keine andere Aufgabe haben, als Fotos von der Speicherkarte auf die Festplatte zu kopieren. Diese Programme sind in der Regel deutlich flexibler als Lightroom, nicht nur was die Ordnerstrukturen, sondern auch was Namenssysteme und Backup-Einstellungen betrifft. Interessant sind aus meiner Sicht die Programme *ImageIngester* und *Downloader Pro*. Beide kosten unter 50 €.

Die Fotos von Hand zu übertragen, sie also einfach im Explorer oder Finder auszuwählen und von der Speicherkarte in den oder die Festplattenordner zu ziehen, ist hingegen keine so gute Idee. Nicht nur, dass dies auf Dauer eine ziemlich stumpfsinnige Aufgabe ist – es ist vor allem fehleranfällig: Sie könnten aus Versehen ein oder mehrere Fotos von der Auswahl ausnehmen und würden sie so verlieren.

4.4 Kamerafernsteuerung

Lightroom verfügt mit der Kamerafernsteuerung über eine Funktion zur direkten Verbindung von Kamera und Computer. Einerseits werden dabei die Fotos ohne Umweg über die Speicherkarte direkt auf den Rechner übertragen und in Lightroom importiert. Andererseits lässt sich die Kamera mit Lightroom eingeschränkt fernsteuern: Die Funktion erlaubt das Auslösen von Lightroom aus, Funktionen wie Live-View oder die Steuerung der Belichtungseinstellungen unterstützt sie allerdings nicht.

Es werden allerdings nur einige Kameras von Canon, Nikon und Leica unterstützt (eine aktuelle Liste finden Sie auf der Support-Webseite von Adobe, siehe Anhang). Falls Ihre Kamera nicht unterstützt wird oder Sie Funktionen wie Live-View benötigen, können Sie eine andere Software für die Fernsteuerung und Übertragung benutzen und den Import in Lightroom über die ältere Auto-Import-Funktion (siehe unten) regeln.

Kameras fernsteuern (Tether-Aufnahme)

Nach dem Anschließen der Kamera rufen Sie *Datei ▹ Tether-Aufnahme ▹ Tether-Aufnahme starten* auf, wo Sie zunächst die wichtigsten Einstellungen treffen (siehe Abb. 4–13). Unter *Ziel* tragen Sie den Basisordner ein, in den die neuen Fotos übertragen werden. Der *Sitzungsname* wird dabei automatisch als Unterordner verwendet. Weiterhin können Sie im Dialog Metadaten und Stichwörter vergeben, wie im normalen Importieren-Dialog. Entwicklungsvorgaben hingegen stellen Sie direkt über das Aufnahmefenster ein (siehe unten).

Als Dateinamensschema wird standardmäßig der Sitzungsname mit einer laufenden Nummer kombiniert. Durch das fehlende Datum sind hier jedoch eindeutige Dateinamen nicht unbedingt gewährleistet. Als Alternative bietet sich eines der Namenssysteme aus Abschnitt 4.2 an, vorzugsweise das zweite System mit der von Lightroom erzeugten Nummerierung, da einige Kameras bei Verwendung der Kamerafernsteuerung keine Dateinamen mit vierstelliger Nummer erzeugen.

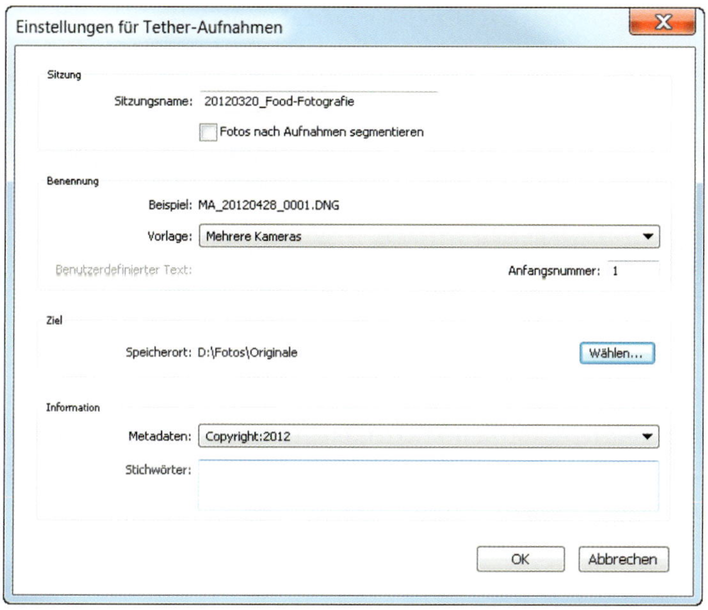

Abb. 4–13
Zu Beginn legen Sie Ordner und Dateinamen für die Bilddateien fest, die mit der Kamerafernsteuerung übertragen werden.

Die Kamerafernsteuerung selbst erfolgt über das Aufnahmefenster wie in Abb. 4–14 zu sehen: Auf der linken Seite wird der Name der Kamera angezeigt. Falls Sie mehrere Kameras angeschlossen haben, können Sie hier die Kamera auswählen. Das Fenster zeigt Blende, Belichtungszeit, ISO-Wert und Weißabgleicheinstellung an, die Einstellungen müssen aber an der Kamera getätigt werden. Auslösen können Sie hingegen auch über den großen Knopf rechts im Aufnahmefenster – wenige Sekunden später erscheint das Foto in Lightroom. Eine sinnvolle Option ist *Datei* ▹ *Tether-Aufnahme* ▹ *Auswahl automatisch vorrücken*, die bewirkt, dass immer das zuletzt importierte Foto ausgewählt wird und somit zu sehen ist. Andernfalls können die neuen Fotos irgendwann »aus der Ansicht fallen«.

Abb. 4–14
Fernsteuerungsfenster
A) Über die Kamerafernsteuerung kann man von Lightroom aus fotografieren.
B) Halten Sie die Alt-Taste gedrückt und klicken Sie auf das Schließen-Symbol, um das Fenster zu verkleinern, sodass es nur noch aus dem Auslöseknopf besteht.

Besonders gut gestaltet ist meiner Meinung nach die Vergabe von Entwicklungseinstellungen. Sie erfolgt direkt im Aufnahmefenster auf der rechten Seite. Dort können Sie eine Entwicklungsvorgabe wählen, die dann auf alle danach importierten Fotos automatisch angewendet wird. Oder Sie verwenden die Einstellung *Wie vorher*. Damit werden für jedes neue Foto die Entwicklungseinstellungen des zuvor gemachten Fotos übernommen. Sie können zunächst ein Testfoto machen und dieses zum Beispiel im Entwickeln-Modul bearbeiten. Danach stellen Sie *Wie vorher* ein und können jetzt einfach fotografieren; alle weiteren Fotos erhalten dann die Einstellungen des Testfotos und erscheinen bereits nahezu perfekt in Lightroom.

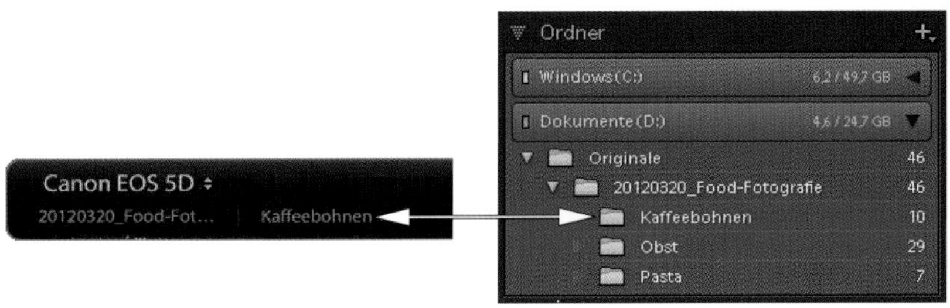

Abb. 4–15
Lightroom kann die übertragenen Fotos in Unterordnern für einzelne Aufnahmereihen ablegen.

Falls Sie eine längere Sitzung mit mehreren verschiedenen Aufnahmereihen planen, können Sie die importierten Fotos mithilfe des Aufnahmefensters gleich in einzelne Unterordner unterteilen lassen. Dazu wählen Sie in den Tether-Einstellungen (über den Zahnrad-Knopf unten rechts im Aufnahmefenster können Sie die Einstellungen nachträglich ändern) *Fotos nach Aufnahmen segmentieren*. Lightroom fragt Sie daraufhin nach dem Namen der ersten Aufnahmereihe und legt die folgenden Fotos in einen Unterordner mit diesem Namen ab. Es zeigt den Namen der aktuellen Aufnahmereihe links im Aufnahmefenster an (siehe Abb. 4–15). Um eine neue Reihe zu beginnen, klicken Sie einfach auf den Namen oder drücken Strg-⇧-T. Daraufhin fragt Lightroom Sie nach dem Namen des nächsten Unterordners, in dem es alle weiteren Fotos ablegt.

Nach Layout-Vorlage fotografieren

In Lightroom 4 gibt es eine neue Funktion, die es in Verbindung mit der Kamerafernsteuerung erlaubt, während des Fotografierens die Bildgestaltung an einer Layout-Vorlage auszurichten. Diese Funktion ist sehr nützlich, wenn Text auf ein Foto gelegt werden soll, z.B. bei Cover-Fotos von Zeitschriften. Sie sehen sofort während der Aufnahme, wie die Bildelemente mit dem Layout zusammenwirken.

Die Layout-Vorlage muss im PNG-Format, am besten mit transparenten Elementen (siehe Abb. 4–16), vorliegen. Über das Menü *Ansicht ▹ Layout-Überlagerung* wird die Datei in Lightroom geladen und über die Lupenansicht gelegt. Anschließend halten Sie [Strg] gedrückt, um weitere Einstellungen zu treffen: Größe, Position und Deckkraft der Layout-Vorlage lassen sich anpassen. Außerdem kann man die Helligkeit der Arbeitsfläche sowie jener Stellen des Fotos, die außerhalb der Layout-Vorlage liegen, verändern.

Abb. 4–16
Layout-Überlagerung
A) Eingeschaltet in Lupenansicht
B) Die teiltransparente Vorlage in Photoshop

A

B

Automatischer Import (Ordnerüberwachung)

Mithilfe des automatischen Imports lässt sich ein beliebiger Ordner auf der Festplatte auf neue Bilddateien überwachen, die dann automatisch importiert werden. Falls Ihre Kamera von Lightrooms Fernsteuerungsfunktion nicht unterstützt wird, müssen Sie auf diese Funktion zurückgreifen. Zusätzlich benötigen Sie eine Software, die die Fernsteuerungs- und Übertragungsfunktion übernimmt. Meist bietet der jeweilige Kamerahersteller ein solches Programm an, Nikon z.B. mit *Camera Control*. Lightroom überwacht dann den Ordner, in dem das Programm die Bilddateien ablegt, und importiert jedes neue Foto automatisch.

Die Funktion wird zunächst über den Menübefehl *Datei* ▹ *Automatisch importieren* ▹ *Einstellungen* konfiguriert. Die Einstellungen dort ähneln denen der Kamerafernsteuerung (siehe oben). Danach lässt sich die Ordnerüberwachung mit *Automatischen Import aktivieren* im selben Menü ein- oder ausschalten.

5 Metadaten

Metadaten helfen dem Fotografen in zweierlei Hinsicht. Einerseits kann er darüber Informationen speichern und abrufen, andererseits Fotos anhand von Metadaten wiederfinden. An diesen beiden Funktionen orientieren sich die Fragen, denen das folgende Kapitel nachgeht: Welche Metadatenfelder gibt es? Wie werden sie vergeben? Und wie finde ich meine Fotos am einfachsten wieder?

Die Metadaten, die in diesem Kapitel behandelt werden, sind einerseits die Standardmetadaten (EXIF-, qualitative und IPTC-Metadaten, siehe auch Seite 51), andererseits ein kleiner Teil der Entwicklungseinstellungen (diejenigen, die Sie im Bibliothek-Modul vergeben können). Alle diese Metadaten lassen sich mit den Bilddateien speichern, sodass sie langfristig nutzbar sind – im Unterschied zu den Werkzeugen zur Katalogorganisation in Kapitel 7, die nur in Lightroom zur Verfügung stehen.

Metadaten werden im Bibliothek-Modul über die Paletten auf der rechten Seite oder die Miniaturen in der Rasteransicht angezeigt bzw. eingegeben. In Lightroom 4 ist darüber hinaus das Karte-Modul hinzugekommen, ein eigenes Modul für die Verwaltung mittels geografischer Koordinaten.

Von den Paletten auf der rechten Seite ist die **Metadaten-Palette** (siehe Abb. 5–1) zentral: Alle Standardmetadaten lassen sich hier anzeigen und eintragen. Über das Aufklappmenü im Palettentitel stellt man ein, welche Metadaten die Palette anzeigt: EXIF-, IPTC-, Ortsmetadaten etc. (siehe Abb. 5–1 D). Über das Zusatzmodul *Metadata-Viewer Preset Editor* können Sie die Felder in der Metadaten-Palette selbst zusammenstellen.

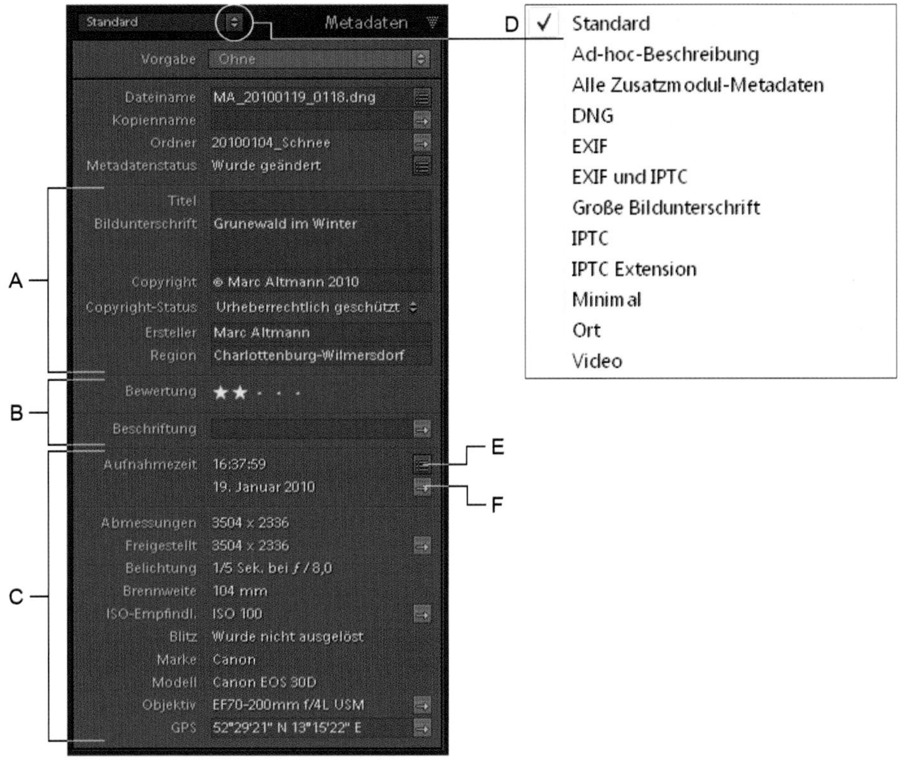

Abb. 5–1
Metadaten-Palette. Die meisten Metadaten lassen sich über die gleichnamige Palette anzeigen. Hier wird eine Mischung aus EXIF- (C), IPTC- (A) und qualitativen Metadaten (B) dargestellt. Welche Metadaten angezeigt werden, lässt sich im Palettenkopf festlegen (D). Die Knöpfe auf der rechten Seite eines Metadatenfeldes rufen einen Dialog auf (E), der mit dem Feld in Zusammenhang steht, oder zeigen Fotos mit demselben Wert an (F).

Im Folgenden ein kurzer Überblick über die verschiedenen Strategien der Metadatenvergabe in Lightroom. Die Werkzeuge sind zwar von Metadatentyp zu Metadatentyp unterschiedlich, lassen sich aber meist auf eines der folgenden fünf Konzepte zurückführen:

- **Einzeln eintragen.** Man vergibt ein Metadatum nur für ein einzelnes Foto. Dies ist z. B. bei qualitativen Metadaten, aber auch bei Bildtitel, Bildbeschreibung oder Stichwörtern der Normalfall. Lightroom bietet viele Tricks an, mit deren Hilfe man schnell mehrere Fotos hintereinander bearbeiten kann. So können Sie ⇧ einschalten, um Bewertungssterne schneller einzugeben.
- **Gleichzeitig eintragen.** Sie können in der Regel mehrere Fotos auswählen und Metadaten für diese Fotos gleichzeitig eingeben. In der Lupenansicht müssen Sie dafür den Modus *Automatisch synchronisieren* einschalten (siehe Kapitel 3.8). Für die Metadaten-Palette muss außerdem die Option *Metadaten* ▷ *Metadaten nur für Zielfoto anzeigen* deaktiviert sein. Ansonsten werden immer nur die Metadaten des aktiven Fotos angezeigt und verändert.
- **Übertragen.** Eine Alternative zum gleichzeitigen Eintragen ist die Übertragung von Metadaten. Sie vergeben Metadaten an ein einzelnes Foto und übertragen diese dann auf andere Fotos, die in irgendeiner Hinsicht

ähnlich sind. Das funktioniert sehr gut vor allem für IPTC-Metadaten aus der Metadaten-Palette und für Entwicklungseinstellungen.

- **Vorgaben anlegen.** Falls Sie regelmäßig dieselben Metadaten vergeben, können Sie eine Vorgabe anlegen, anstatt diese jedes Mal aufs Neue einzutragen. Vorgaben eignen sich vor allem für IPTC-Metadaten und Entwicklungseinstellungen.
- **Automatiken.** Einige Metadaten kann Lightroom automatisch eintragen. Dazu zählen die IPTC-Ortsmetadaten, die sich automatisch anhand der geografischen Koordinaten ermitteln lassen. Von den Entwicklungseinstellungen lassen sich die Tonwertkorrektur und der Weißabgleich automatisch durchführen.

5.1 EXIF-Metadaten

Zu den EXIF-Daten zählen vor allem technische Daten zur Aufnahme. Die meisten werden automatisch von der Kamera eingetragen und sind in Lightroom nicht veränderbar. Sie können über die Metadaten-Palette angezeigt (Abb. 5–2 A) oder über den Metadatenfilter verwendet werden, um Fotos zu finden (siehe Abschnitt 5.8). Einige EXIF-Daten lassen sich im Nachhinein anpassen. Dazu zählen die Aufnahmezeit, die geografischen Koordinaten und auch die Informationen über Ausrichtung und Spiegelung. Letztere gehören nicht zu den Entwicklungseinstellungen. Beim Zurücksetzen der Entwicklungseinstellungen sind sie also nicht betroffen.

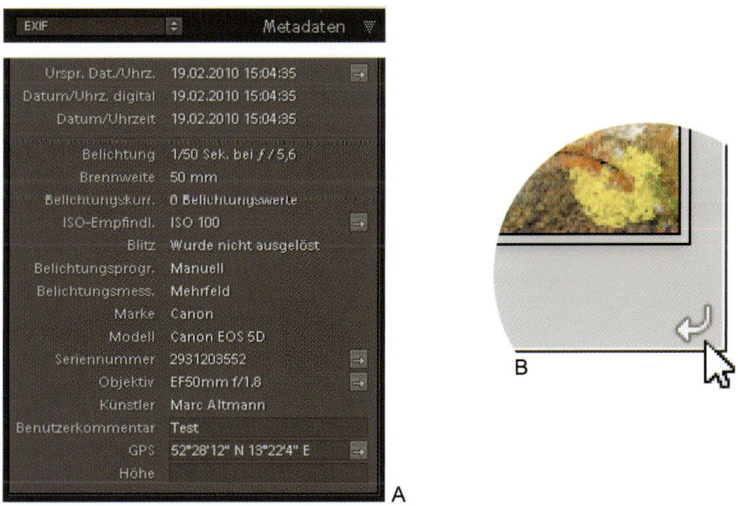

Abb. 5–2
EXIF-Metadaten
A) Kamera-Metadaten
B) Drehen um 90° in der Rasteransicht

Ausrichtung und Spiegelung

Einige Fotos müssen zunächst um 90° gedreht oder gespiegelt werden, wobei aktuelle Kameras das Drehen in der Regel von selbst übernehmen. In Lightroom dreht man ein Foto mit der Maus entweder über die Drehpfeile der Rasteransichtszellen (siehe Abb. 5–2 B) oder über die Werkzeugleiste bzw. über die Tastatur mit Strg-, bzw. . . Ein Foto lässt sich über das Foto-Menü auch spiegeln, in der Horizontalen sowie der Vertikalen.

Aufnahmezeit

Manchmal vergisst man, die Kamerauhr richtig einzustellen oder auf Reisen die Zeitzone zu korrigieren. In diesen Fällen kann man die in den Fotos gespeicherte Aufnahmezeit nachträglich ändern. Um dies zu tun, rufen Sie *Metadaten ▹ Aufnahmezeit bearbeiten* auf.

Im folgenden Dialog (siehe Abb. 5–3) können Sie die neue Zeit direkt eingeben (wenn die Kamerauhr falsch eingestellt war) oder um **x** Stunden verschieben (wenn die Zeitzone falsch eingestellt war). Mehrere ausgewählte Fotos mit verschiedenen Zeiten werden in beiden Fällen korrekt angepasst. Als dritte Möglichkeit können Sie die Aufnahmezeit auf den Zeitpunkt der Erstellung der Bilddatei setzen.

Abb. 5–3
Dialog zur Anpassung der EXIF-Aufnahmezeit

Ich empfehle, Änderungen an der Aufnahmezeit so früh wie möglich vorzunehmen und falls notwendig die Stapelumbenennung erneut aufzurufen, sodass das Datum auch in den Dateinamen korrigiert wird. Falls Sie die geänderte Zeit in den Bilddateien speichern wollen, können Sie das über die Metadatenspeicherung (siehe Kapitel 6.8) tun. Wenn Ihnen bei der Änderung ein Fehler unterläuft, können Sie über *Metadaten ▹ Ursprüng-*

liche Aufnahmezeit wiederherstellen jederzeit zur von der Kamera eingestellten Zeit zurückkehren.

Geokoordinaten

Es gibt zwei verschiedene Möglichkeiten, eine Position anzugeben: mithilfe von geografischen Koordinaten, also Längen- und Breitengrad, oder mithilfe einer Adresse, z. B. Hausnummer, Straße, Stadt, Land. Dasselbe gilt für den Ort der Aufnahme eines Fotos. Dieser lässt sich einerseits über Geokoordinaten, andererseits über IPTC-Ortsmetadaten darstellen. Die Ersteren gehören zu den EXIF-Daten, zu den zweiten siehe Abschnitt 5.5.

Da nur die wenigsten Kameras GPS-fähig sind und die Geokoordinaten selbst eintragen können, werden sie in der Regel nachträglich vergeben. Dies kann entweder von Hand geschehen, indem die Fotos auf einer Karte platziert werden. Oder es wird während des Fotografierens mithilfe eines GPS-Empfängers oder Smartphones ein sogenannter Tracklog aufgezeichnet. Die Geokoordinaten im Tracklog lassen sich dann den Fotos zuordnen.

Für alles, was mit Geokoordinaten zu tun hat, gibt es in Lightroom 4 das neue Karte-Modul (siehe nächster Abschnitt). Die Koordinaten werden aber auch in der Metadaten-Palette als Längen- und Breitengrade angezeigt.

5.2 Das Karte-Modul

Im neuen Karte-Modul können Sie Fotos Geokoordinaten zuweisen – von Hand oder mittels einer Tracklog-Datei – (dieser Prozess wird als *Geotagging* bezeichnet) und anschließend Fotos anhand der Karte suchen. Darüber hinaus lassen sich auf der Karte Regionen definieren, nach denen Sie Fotos im Bibliothek-Modul filtern können. Beim ersten Aufruf des Moduls fragt Lightroom, ob es Geokoordinaten an die Firma *Google* übertragen darf. Dem müssen Sie nur zustimmen, falls Sie das umgekehrte Geocoding, also die automatische Ermittlung von IPTC-Ortsmetadaten (siehe Seite 135), verwenden möchten. Das Karte-Modul funktioniert nur mit einer Internetverbindung.

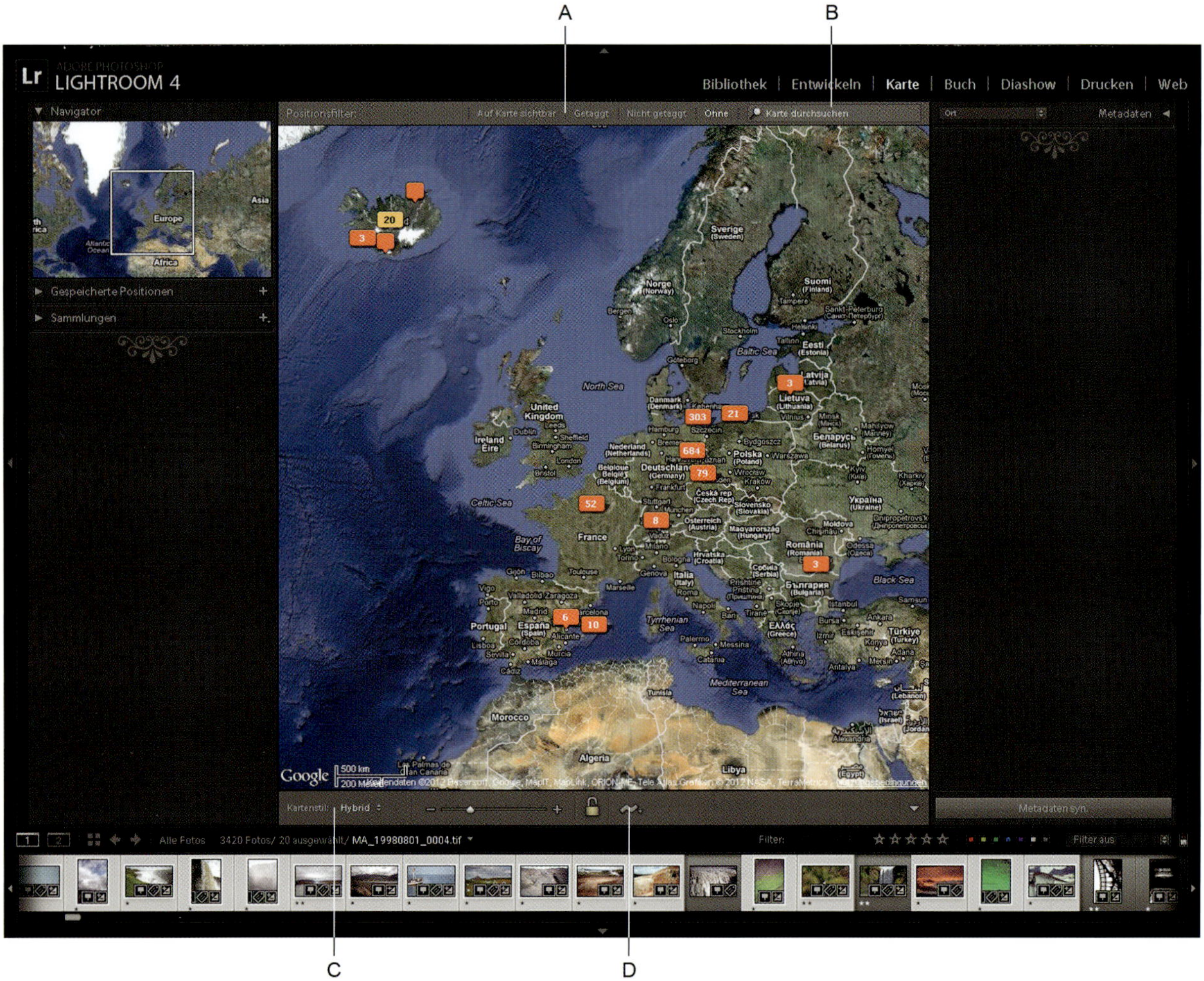

Abb. 5–4
Karte-Modul
A) Filter
B) Suche nach Orten
C) Kartenstil
D) Tracklog-Funktionen

Bedienung der Karte

Die große Karte auf der Arbeitsfläche (Abb. 5–4) wird ähnlich wie eine Google-Maps-Karte im Webbrowser gesteuert: Per Drag and Drop verschieben Sie den Kartenausschnitt, mit dem Mausrad oder über den Regler in der Werkzeugleiste verstellen Sie den Maßstab. Sie können auch [Alt] gedrückt halten und mit der Maus einen neuen Ausschnitt aufziehen. Der Kartenstil – u.a. Satellitenbild, Straßen- oder Geländekarte – lässt sich über die Werkzeugleiste verändern (Abb. 5–4 C). Wenn Sie einen bestimmten Ausschnitt suchen, geht das über die Navigator-Palette im Allgemeinen schneller. Diese zeigt nur eine Miniaturkarte an, dadurch sind die Nachladezeiten hier deutlich geringer.

Eine andere Möglichkeit, an einen bestimmten Ort auf der Karte zu gelangen, ist das Suchfeld oben rechts (Abb. 5–4 B), das Sie auch über [Strg]-

[F] aktivieren können. Wenn die Suche viele Treffer erzielt, werden die Ergebnisse allerdings auf solche aus dem momentanen Kartenausschnitt beschränkt. In diesem Fall braucht es einen spezifischeren Suchbegriff oder Sie müssen weiter herauszoomen.

Fotos aus dem Filmstreifen, die bereits über Geokoordinaten verfügen, werden auf der Karte markiert (siehe Abb. 5–5). Bei einzelnen Fotos enthält die Markierung keine Zahl. Markierungen mit einer Zahl *x* bedeuten hingegen, dass an dieser Stelle *x* Fotos liegen. Mehrere Fotos auf genau derselben Position werden dabei mit einem kleinen Dreieck dargestellt. Fehlt dieses, heißt das, dass die Fotos mehr oder weniger unterschiedliche Koordinaten haben, aber aufgrund des momentanen Kartenmaßstabs zusammengefasst werden (siehe Abb. 5–5 B). Wenn Sie den Mauszeiger kurz über eine Markierung halten, werden die dazugehörigen Fotos in einem Vorschaufenster angezeigt (siehe Abb. 5–5 C). Klicken Sie eine Markierung an, um die Fotos im Filmstreifen auszuwählen. Bei gedrückter [Strg] kann man mehrere Markierungen hintereinander anklicken.

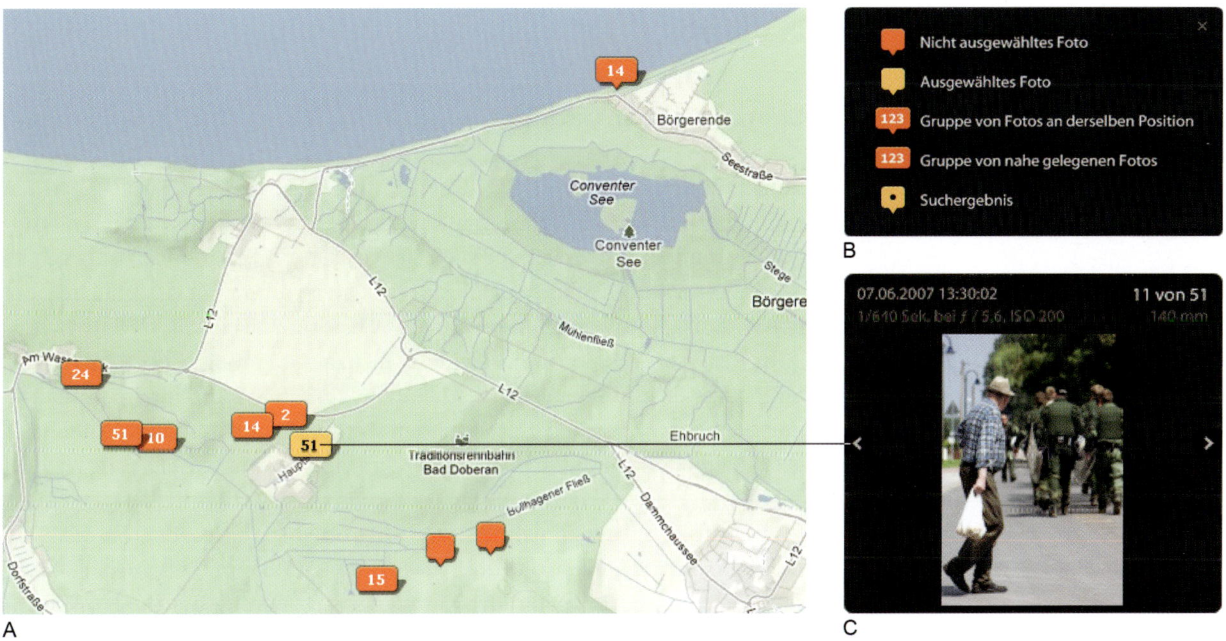

Abb. 5–5
A) Kennzeichnung von Fotos auf der Karte
B) Die Legende lässt sich über das Hilfe-Menü einblenden.
C) Vorschaufenster für Fotos auf der Karte

Oberhalb der Karte befindet sich der Positionsfilter (Abb. 5–4 A). *Auf Karte sichtbar* stellt den Filter im Filmstreifen so ein, dass nur die Fotos im aktuellen Kartenausschnitt sichtbar sind. Alle anderen fallen aus dem Filmstreifen heraus. Die beiden anderen Einstellungen sind keine Filter im eigentlichen Sinn: Sie verdunkeln lediglich die Fotos mit/ohne Geokoordinaten im Filmstreifen. Man sieht, welche Fotos bereits über Geokoordinaten verfügen oder welche noch keine haben.

Geotagging von Hand

Um Fotos eine Position zuzuweisen, brauchen Sie sie nur vom Filmstreifen auf die Karte zu ziehen (oder Sie wählen die Fotos aus und klicken per Rechtsklick auf die gewünschte Stelle auf der Karte; über das Kontextmenü können Sie dann die Position zuweisen). Um die Position nachträglich zu ändern, können Sie Markierungen für einzelne Fotos (diejenigen ohne Zahl) auf der Karte verschieben. Bei Markierungen für mehrere Fotos ist das aufgrund einer technischen Beschränkung nicht möglich. Stattdessen müssen Sie sie erneut vom Filmstreifen auf die Karte ziehen. Über das Schloss in der Werkzeugleiste lässt sich die Karte gegen Verschiebungen sperren. Über [←] löscht man die Geokoordinaten aus den ausgewählten Fotos.

Ich habe mittlerweile fast allen meinen Fotos Geokoordinaten zugewiesen. In vielen Fällen weiß ich natürlich nicht mehr genau, wo ein Foto aufgenommen wurde. Dann gebe ich die ungefähre Position an. Auf diese Weise kann ich das umgekehrte Geocoding (siehe Seite 135) auch für solche Fotos nutzen.

Geotagging per Tracklog

Tracklogs können Sie mit GPS-Geräten anfertigen oder auch mit speziellen Programmen für Smartphones mit GPS-Chips. Die Geräte sind beim Fotografieren dabei und zeichnen ständig Position und Zeit auf. Das Ergebnis ist eine Tracklog-Datei. Anhand dieser Datei und der Zeit-Metadaten der Fotos kann Lightroom jedem Foto eine Position zuweisen.

In der Werkzeugleiste hinter dem Zickzack-Symbol (Abb. 5–6 A) verbirgt sich das Aufklappmenü mit allen Tracklog-Funktionen. Zunächst muss dort eine Tracklog-Datei geladen werden. Lightroom liest Dateien im gebräuchlichen GPX-Format (unter Umständen müssen Sie Ihre Dateien zuvor mit einem Programm wie *GPS Babel* konvertieren). Die Tracklog-Datei enthält in der Regel mehrere Streckenabschnitte oder *Tracks*. Den richtigen Track stellen Sie über das Track-Aufklappmenü in der Werkzeugleiste ein, sodass er auf der Karte angezeigt wird (Abb. 5–6 B oder einfach auf »Track:« klicken, um den nächsten oder bei gedrückter [Alt]-Taste den vorherigen Track auszuwählen). Seit Lightroom 4.1 können Sie alle Tracks einer Datei gleichzeitig anzeigen.

Um die Koordinaten des Tracks den Fotos zuzuweisen, wählen Sie die betreffenden Fotos im Filmstreifen aus (alle über [Strg]-[A]) und dann *Fotos automatisch taggen* im Tracklog-Aufklappmenü. Im Idealfall haben Ihre Fotos jetzt genau die richtigen Positionen. Häufig ergeben sich jedoch zwei Probleme, die beide mit Zeitdifferenzen zwischen Fotos und Tracklog-Datei zu tun haben:

- Die GPS-Zeit wird vom Satelliten übermittelt und ist immer genau. Die Kamerauhr hingegen ist in der Regel relativ ungenau und weicht schnell von der richtigen Zeit ab, selbst nachdem sie eingestellt wurde. Falls Sie die Kamerauhr nicht unlängst eingestellt haben, ergeben sich Unterschiede von ein paar Sekunden oder Minuten. In der Folge werden die Fotos vermutlich nicht mehr genau positioniert.
- Die GPS-Zeit wird in UTC-Weltzeit gemessen, die Zeit in der Kamera wird in der Regel auf die Ortszeit (evtl. inkl. Sommerzeit) eingestellt. Dadurch weichen die Zeiten je nach Aufnahmeort zusätzlich zu obiger Verschiebung um mehrere volle Stunden ab.

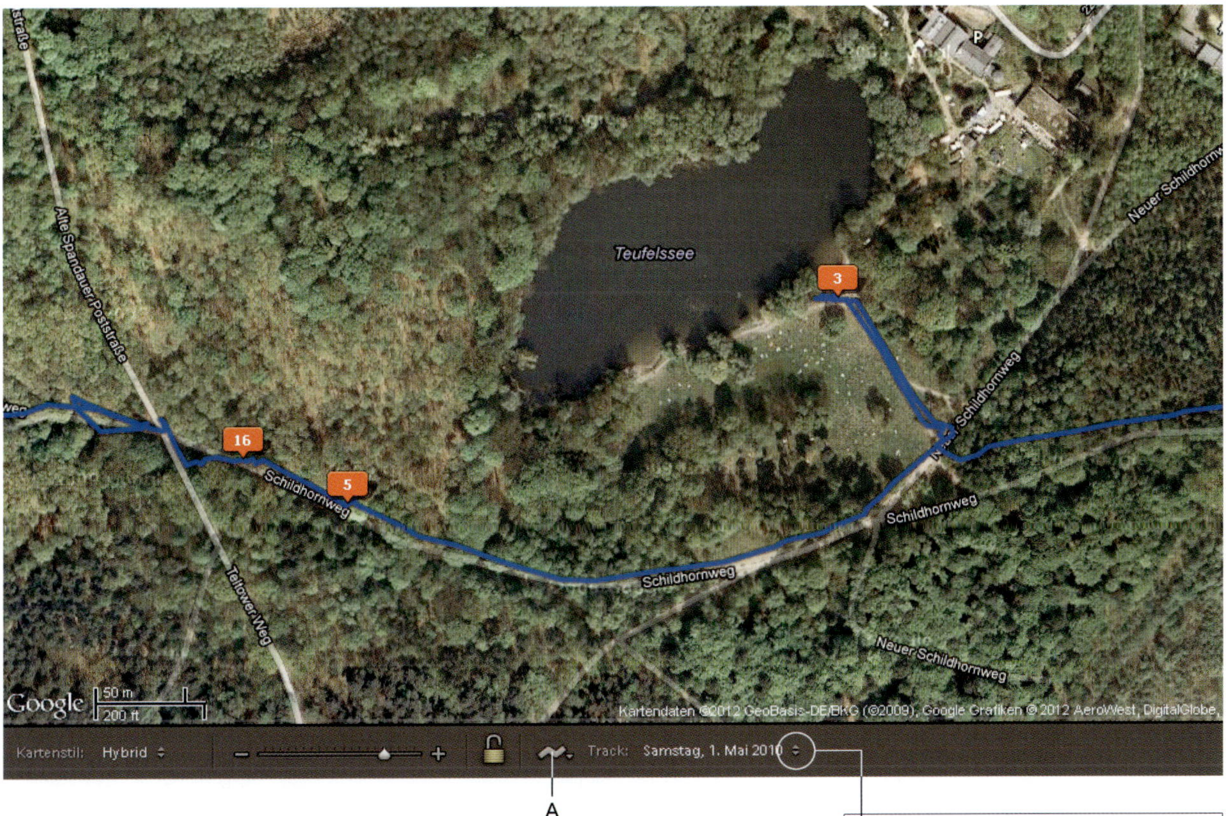

Abb. 5–6

Geotagging per Tracklog. Der ausgewählte Track wird auf der Karte farblich markiert. Die Koordinaten wurden hier bereits zugewiesen.

A) Tracklog-Menü

B) Auswahl des Tracks

B

	Samstag, 1. Mai 2010, 20:35	28 Sekunden
	Samstag, 1. Mai 2010, 18:18	2 Stunden
✓	Samstag, 1. Mai 2010, 14:43	3 Stunden
	Samstag, 1. Mai 2010, 14:43	2 Sekunden
	Samstag, 1. Mai 2010, 14:25	17 Minuten
	Samstag, 1. Mai 2010, 14:12	1 Sekunde
	Samstag, 1. Mai 2010, 13:59	12 Minuten
	Samstag, 1. Mai 2010, 13:59	1 Sekunde
	Samstag, 1. Mai 2010, 13:59	26 Sekunden
	Samstag, 1. Mai 2010, 13:56	2 Minuten
	Alle Tracks	6 Stunden

Normalerweise brauchen Sie sich um diese Details nicht zu kümmern, zumindest solange Sie die Position eines Fotos auf der Karte angeben können: Sie wählen den Track aus und dann *Fotos automatisch taggen* wie oben angegeben. Belassen Sie die Fotos danach ausgewählt. Finden Sie nun ein Foto, dessen Position Sie genau kennen, und verschieben Sie es auf der Karte an die richtige Stelle des Tracks. Lightroom fragt Sie daraufhin, ob die restlichen ausgewählten Fotos entsprechend angepasst werden sollen. Fertig!

Falls Sie von keinem der Fotos die genaue Position kennen, können Sie wie folgt vorgehen: a) Um den kleinen Zeitunterschied durch die ungenaue Kamerauhr zu beseitigen, benutzen Sie die Funktion *Aufnahmezeit bearbeiten* im Bibliothek-Modul (siehe Seite 120). b) Um Lightroom den Unterschied zwischen UTC-Weltzeit und der in der Kamera eingestellten Zeit mitzuteilen, rufen Sie den Dialog *Zeitzonenverschiebung einstellen* im Tracklog-Aufklappmenü auf. Sobald diese Verschiebung richtig eingestellt ist, sollten über den Befehl *Fotos automatisch taggen* die Fotos korrekt positioniert werden.

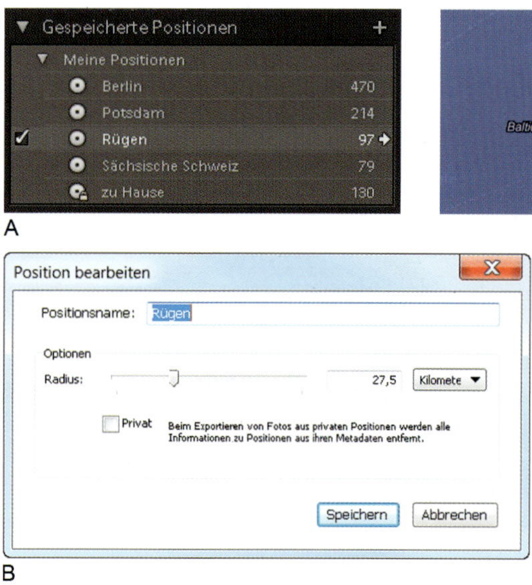

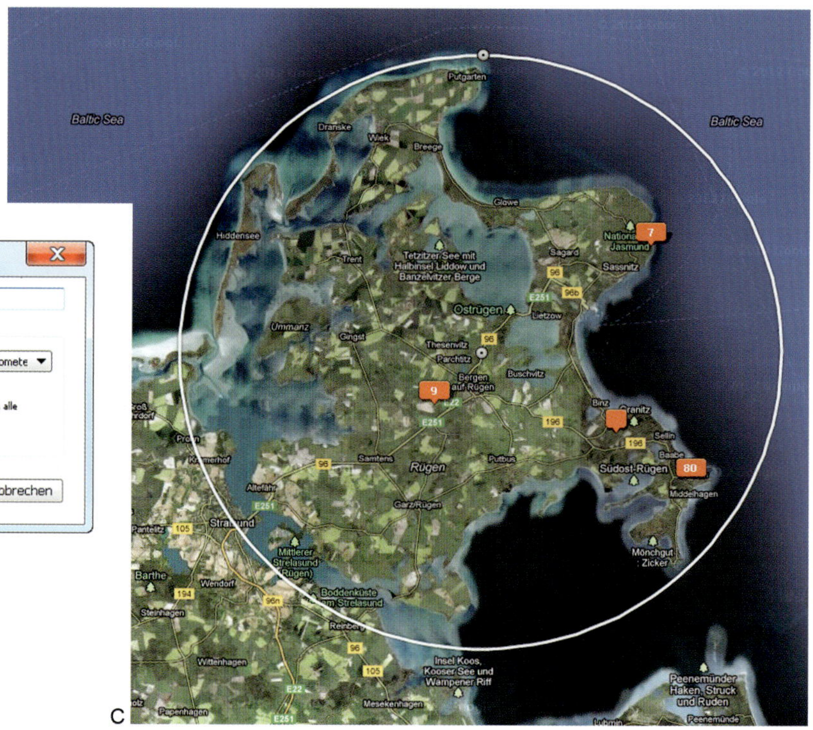

Abb. 5–7

A) Palette »Gespeicherte Positionen«: Über den Pfeil rechts eines Eintrags kann man jederzeit die Position auf der Karte aufrufen.

B) Einstellungen für eine Position

C) Eine Position auf der Karte

Regionen definieren über die Palette Gespeicherte Positionen

Über die Palette *Gespeicherte Positionen* auf der linken Seite lassen sich Positionen – oder besser: Regionen – auf der Karte definieren. Anschließend kann man Fotos anhand ihrer Position im Bibliothek-Modul filtern.

Eine neue Position wird über das +-Symbol im Palettentitel erstellt. Dabei gibt man einen Durchmesser an (siehe Abb. 5–7 B), der sich aber besser im Anschluss direkt mit der Maus auf der Karte einstellen lässt (Abb. 5–7 C). Auch das Zentrum der Position lässt sich im Nachhinein verschieben. Möglicherweise muss die »Positionsüberlagerung« auf der Karte über die Taste O eingeschaltet werden, damit die Position angezeigt wird. Alle Fotos, die auf diese Position fallen, können anschließend über das Bibliothek-Modul gefiltert werden. Stellen Sie dazu im Metadatenteil der Filterleiste *Kartenposition* ein (siehe Abb. 5–8).

Ist eine Position einmal eingerichtet, lässt sie sich auch verwenden, um Fotos schnell Geokoordinaten zuweisen. Nehmen wir an, ich habe die Position meiner Wohnung in der Palette als Eintrag *zu Hause* eingetragen. Wenn ich Fotos in meiner Wohnung aufnehme, kann ich diese anschließend im Karte-Modul auswählen und einfach das Häkchen links vom Positionseintrag setzen. Die Fotos erhalten damit die Koordinaten des Zentrums der Position.

Die gespeicherten Positionen sind natürlich keine Metadaten, die außerhalb von Lightroom zur Verfügung stünden. Sie sind Katalogorganisationsmittel, die sich auf Metadaten, nämlich die Geokoordinaten, stützen. Positionen lassen sich zwischen Computern austauschen, indem man sie über das Kontextmenü exportiert und importiert.

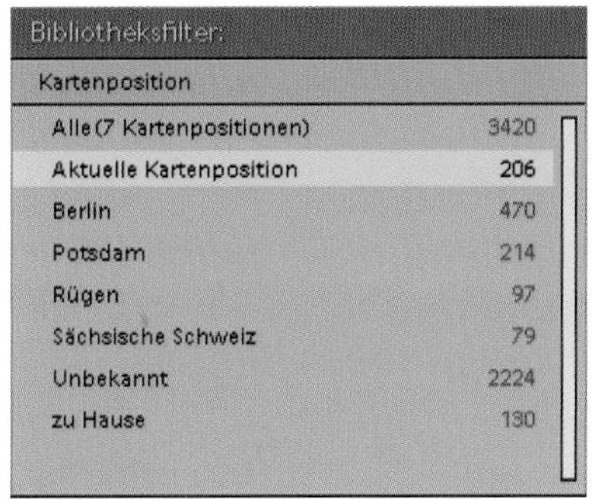

Abb. 5–8
Über den Filter im Bibliothek-Modul lassen sich Fotos nach den im Karte-Modul gespeicherten Positionen filtern.

Fotos anhand der Karte suchen

Manchmal wollen Sie vielleicht ein Foto anhand der Karte wiederfinden, ohne dafür extra eine Position zu speichern. Dazu stellen Sie am besten zunächst *Alle Fotos* über die Katalog-Palette ein, denn das Karte-Modul zeigt nur die Fotos der momentanen Quelle an. Dies können Sie auch über den Filmstreifen (ganz oben über das Aufklappmenü) machen. Anschließend stellen Sie den Kartenausschnitt ein, der das gesuchte Foto enthalten müsste.

Wenn Sie nun den Filter oberhalb der Karte auf *Auf Karte sichtbar* schalten, werden im Filmstreifen nur jene Fotos angezeigt, die im momentanen Kartenausschnitt liegen. Gleichzeitig entspricht das dem Eintrag *Aktuelle Kartenposition* für die Einstellung *Kartenposition* im Metadaten-Teil des Bibliotheksfilters (siehe Abb. 5–8). Sie brauchen also nur noch ins Bibliothek-Modul zurückzukehren, dort ist der Filter dann entsprechend eingestellt.

5.3 Farbbeschriftungen

Mit den Farbbeschriftungen oder Farbetiketten teilt man Fotos in grundlegende Kategorien ein. Dazu gibt es fünf Farben: Rot, Gelb, Grün, Blau und Lila. Die Bedeutung der Farben ist dabei nicht von vornherein festgelegt. Ein rotes Etikett könnte Fotos markieren, die gelöscht werden sollen, ein grünes oder gelbes Hinweise bezüglich des Workflows geben wie »Foto drucken«, »unscharf« etc. Ein Foto kann immer nur eine Farbbeschriftung besitzen.

Farbetiketten lassen sich mit der Maus in den Miniaturen der Rasteransicht und in der Werkzeugleiste anzeigen und vergeben. Die ersten vier Etiketten können zusätzlich über die Tasten [6] bis [9] eingestellt werden (die übrigen Zahlentasten werden von den Bewertungssternen in Anspruch genommen, sodass für das letzte Etikett kein Tastaturbefehl existiert). Wenn Sie [⇧] einschalten, springt Lightroom dabei automatisch zum nächsten Foto, sodass Sie leicht mehrere Fotos hintereinander etikettieren können.

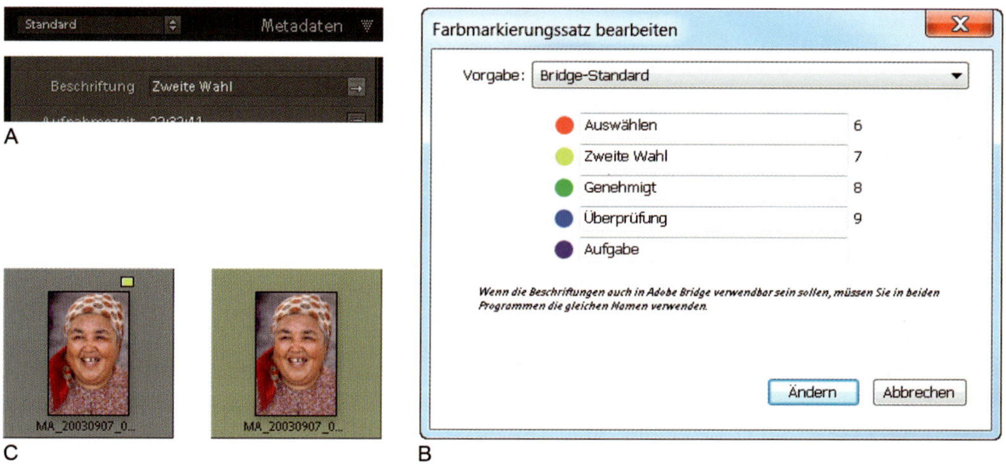

Abb. 5–9
Farbbeschriftungen
A) Einer Beschriftung wird über einen B) Farbbeschriftungssatz eine Farbe zugeordnet.
C) Fotos mit dieser Beschriftung werden dann mit eben dieser Farbe dargestellt, in Miniaturen entweder als kleines Symbol oder als Hintergrundfarbe. Dies lässt sich über die Ansicht-Optionen einstellen.

Eine Farbe entspricht immer einer Textbeschriftung, der mithilfe eines Farbbeschriftungssatzes eine Farbe zugeordnet wird (siehe Abb. 5–9). Dieser lässt sich über *Metadaten* ▹ *Farbbeschriftungssatz* auswählen oder anpassen. Sie können mehrere Farbbeschriftungssätze anlegen, z.B. für Arbeits- und Archivfotos, und dann nach Bedarf den richtigen einstellen. Falls ein Foto eine Beschriftung hat, die gerade keiner Farbe zugeordnet ist, wird es mit weißem Etikett angezeigt.

Einige Farbbeschriftungssätze sind voreingestellt. *Bridge Standard* z.B. ist so eingestellt, dass die Beschriftungen mit denen in Adobe Bridge übereinstimmen. Falls Sie vor dem Import in Lightroom Ihre Fotos mit Bridge bearbeiten, bleiben mit diesem Farbbeschriftungssatz die Etiketten in Lightroom erhalten. Ein individueller Farbbeschriftungssatz ist ebenso möglich und auch sehr sinnvoll. Mein eigener ist folgendermaßen eingestellt:

- *Erste Wahl/Zweite Wahl* (rot und gelb): Mit diesen markiere ich aus mehreren ähnlichen Fotos desselben Motivs jeweils das beste und evtl. das zweitbeste.
- *Erstes Teilbild/Weiteres Teilbild* (lila und blau): Diese benutze ich für das Markieren von Teilbildern für Panorama- oder HDR-Fotos (vgl. Abb. 5–10). Das erste Bild bekommt die erste, alle weiteren die zweite Beschriftung. Durch die Farbetiketten sehe ich sehr schnell, dass es sich bei den Bildern nicht um normale Fotos handelt, und kann sie für die Sichtung ignorieren oder besser noch per Filter ausschließen.
- *Temp* (grün): Ein temporäres Etikett, mit dem ich kurzfristige Markierungen aller Art vornehme.

Abb. 5–10
Markierung von HDR-Aufnahmereihen. Hier verwende ich ein lila Etikett für das erste und blaue Etiketten für die restlichen Teilbilder.

5.4 Bewertungssterne

Die Anzahl der Bewertungssterne beschreibt die subjektive Qualität eines Fotos. Ein Foto kann zwischen einem und fünf Sternen haben – oder auch keinen; so ergeben sich sechs mögliche Zustände.

Mit der Maus lassen sich die Sterne in der Metadaten-Palette, direkt in den Miniaturen der Rasteransicht oder in der Werkzeugleiste verändern. Am einfachsten ist die Eingabe aber mit der Tastatur. Die Tasten [0] bis [5] vergeben direkt die entsprechende Anzahl Sterne. Dies geht auch sehr gut über den Ziffernblock der Tastatur, soweit vorhanden. Wie bei den Farbetiketten kann man auch hier [⇧] einschalten, wodurch nach jeder Bewertung automatisch das nächste Foto ausgewählt wird. Mit den Tasten [,] und [.] kann man einen Stern abziehen oder zugeben.

Abb. 5–11
Bewertungssterne können direkt in den Miniaturen mit der Maus vergeben werden.

Sie müssen keineswegs alle sechs Zustände der Bewertungssterne nutzen. Manche Benutzer benötigen nur zwei Zustände, andere benutzen drei, vier oder sechs. Im Folgenden einige Vorschläge:

- Binäre Bewertungen: Hierbei werden die Fotos einfach in zwei Gruppen eingeteilt – die guten Fotos und den Rest. Die guten Fotos bekommen einen oder fünf Sterne, der Rest bekommt keinen (Abb. 5–12 A).
- A-B-C-System: 1 Stern, 3 Sterne, 5 Sterne (Abb. 5–12 B).

- Alle sechs Zustände: Das System mit fünf Sternen ist selbst für sehr große Fotobestände noch gut geeignet, da sich auch bei vielen Fotos doch nur relativ wenige 4-Sterne- und 5-Sterne-Fotos ergeben (Abb. 5–12 C).

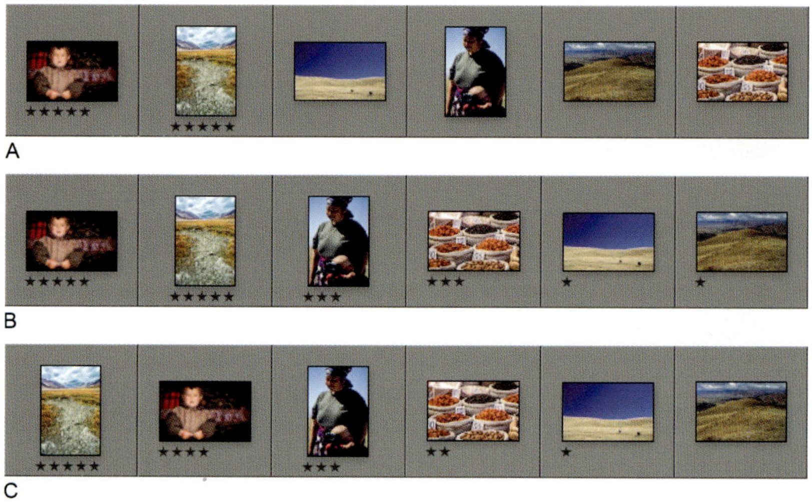

Abb. 5–12
Bewertungssysteme
A) Binäre Bewertungen
B) A-B-C-System
C) Alle sechs möglichen Zustände nutzen

Das Verhältnis der Anzahl der Fotos einer Bewertungsklasse zur nächsthöheren Klasse sollte groß genug sein. Wenn jedem Foto mit zwei Sternen fünf oder zehn Fotos mit einem Stern gegenüberstehen, sagt das mehr aus, als wenn von allen Klassen gleich viele Fotos vorhanden sind. Vor allem wenn Sie sehr viele Fotos haben, macht sich diese Vorgehensweise bezahlt. Weiterhin hilft es beim Vergeben von Bewertungen, mit einer bestimmten Bewertung eine konkrete Folgehandlung zu verbinden. Wenn zwei Sterne beispielsweise bedeuten, dass Sie das Foto in Ihrer Webgalerie veröffentlichen, drei Sterne, dass Sie es zusätzlich ausdrucken, und vier Sterne, dass es in Ihr Portfolio kommt, macht das den Bewertungsprozess einfacher.

5.5 IPTC-Metadaten

IPTC-Metadaten bestehen aus verschiedenen Informationen zum Foto, darunter zu Bildinhalt, Aufnahmeort, Urheber und Verwendungsbedingungen. Die Daten werden zunächst über die Metadaten-Palette eingetragen. Weitere Eingabetechniken sind die Übertragung und Metadaten-Vorgaben.

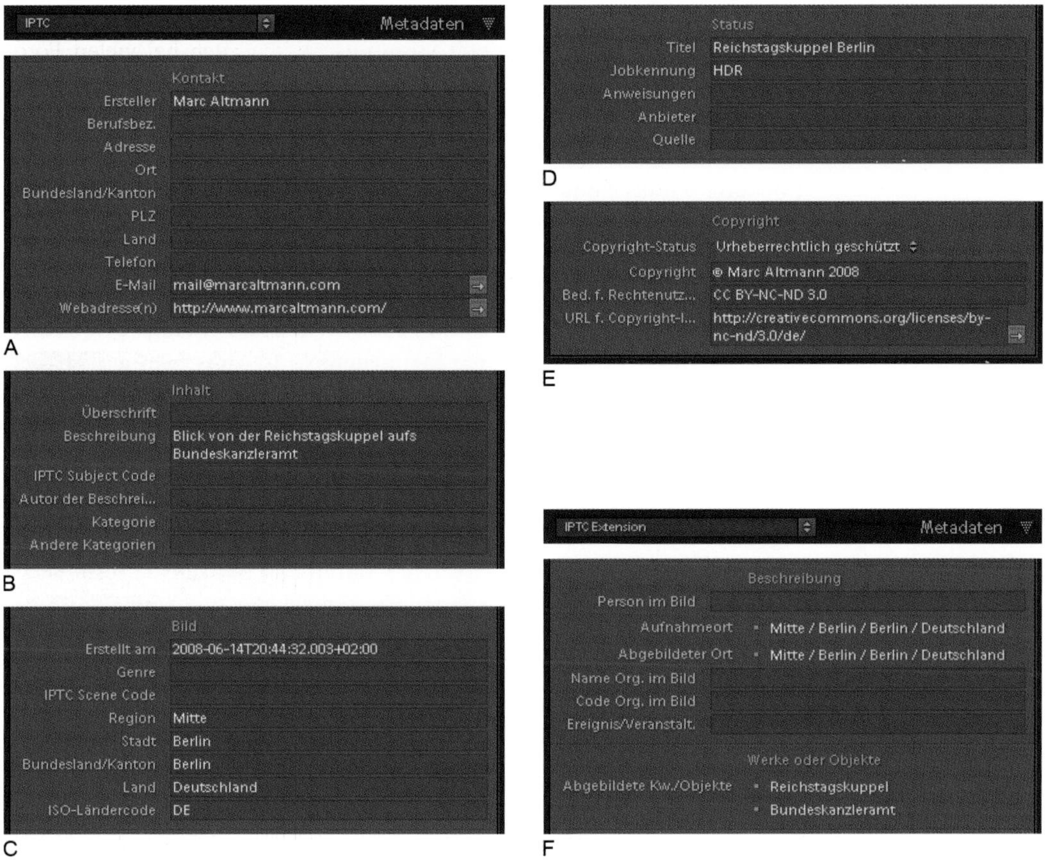

Abb. 5–13
IPTC-Metadaten-Felder
A) Kontaktdaten des Fotografen
B) Bildinhalt mit »Beschreibung«
C) Ortsmetadaten und weitere Daten zum Bild
D) Workflow-Informationen mit »Titel« und »Jobkennung«
E) Urheberrechtsinformationen
F) Teil der IPTC-Extension-Felder

Die Metadatenfelder

Ich kann an dieser Stelle nur auf die wichtigsten Metadatenfelder eingehen. Das Dokument *IPTC Photo Metadata Standards* erläutert alle Felder genau (erhältlich auf www.iptc.org).

Kontakt-Metadaten. Hier werden die Kontaktdaten des Fotografen eingetragen. Sie sind vor allem für Berufsfotografen wichtig, die für Verwendungsanfragen erreichbar sein müssen. Ich trage hier nur Namen, E-Mail- und Webadresse ein.

Bildbeschreibung und Titel. Diese beiden Felder aus dem Inhalt-bzw. Status-Teil der Metadaten-Palette (siehe Abb. 5–13 B/D) sind vor allem wichtig, weil sie von Lightroom für die Ausgabe (Webgalerie, Diashow, Fotobücher, Veröffentlichungsdienste) herangezogen werden können. Ich bringe bei *Beschreibung* normalerweise alle Informationen zum Bildinhalt unter, die für Stichwörter zu konkret sind, aber auch andere Notizen. *Titel* ist ein kürzerer, richtiger Bildtitel, den ich nur bei Bedarf für die Ausgabe verwende.

Ortsmetadaten. Die Adresse eines Fotos besteht aus den vier Ortsmetadaten-Feldern Region, Stadt, Bundesland/-staat, Land (Abb. 5–13 C). Zusätzlich gibt es noch den ISO-Ländercode, der dem Land entspricht. Mit Region ist eine weitere Aufteilung der Stadt gemeint, z. B. der Stadtteil oder auch Namen von Plätzen oder berühmten Gebäuden. Seit Lightroom 4 benutze ich die Funktion des umgekehrten Geocodings, um die Ortsdaten automatisch von Lightroom eintragen zu lassen (siehe unten).

Jobkennung. Unter *Jobkennung* (Abb. 5–13 D) können Berufsfotografen den Namen des Kunden oder die Auftragsnummer eintragen. Der Amateur gibt vielleicht den Namen eines Projekts ein, das er langfristig verfolgen mag. Das Schöne an diesem Metadatenfeld ist, dass man wie bei den Ortsmetadaten in der Filterleiste danach filtern kann (siehe Abschnitt 5.8).

Urheberrechtsmetadaten. Diese Daten sind wichtig, sobald Fotos weitergegeben oder ins Internet gestellt werden sollen. Über die zwei oberen Felder (Abb. 5–13 E) stellt man Status und Inhaber des Urheberrechts klar, über die beiden unteren lassen sich die Verwendungsbedingungen genauer definieren. Hier stellen die Creative-Commons-Lizenzen eine moderne Möglichkeit dar, verschiedene Nutzungsmodelle klar und einfach anzugeben (siehe Abb. 5–14). Mehr zu *Creative Commons* finden Sie unter: http://de.creativecommons.org

Abb. 5–14
Creative Commons – ein Baukastensystem für Lizenzen. Diese (CC BY-NC-ND) besagt: öffentliche Verbreitung ja, aber Namensnennung (BY), keine kommerzielle Nutzung (NC), keine Bearbeitung (ND).

IPTC Extension. Über die obigen Felder hinaus hat der IPTC im Jahr 2008 einen weiteren kompletten Satz von IPTC-Metadaten spezifiziert: **IPTC Extension** (siehe Abb. 5–13 F, die bisherigen Felder heißen jetzt *IPTC Core*). Die neuen Felder werden seit Lightroom 3 unterstützt, sodass Sie Metadaten dieser Art eintragen können. In der Filterleiste lässt sich allerdings keines der neuen Felder einstellen. IPTC Extension umfasst vor allem recht spezielle Metadatenfelder für Berufsfotografen:

- Lizenzierungsdetails, vor allem für Fotos mit Modellen
- Bildinhalt, z. B. abgebildete Person, abgebildetes Ereignis
- Ein zusätzliches Ortsmetadatenfeld »Weltregion«, außerdem getrennte Ortsmetadaten für Ort der Kamera und Ort des Motivs
- Detaillierte Informationen über Abbildungen von Kunstwerken, z. B. Titel, Art usw.

Eingabetechniken

Schnelles und konsistentes Eingeben

Um schnell mit der Metadaten-Palette zu arbeiten, können Sie die Tastaturbefehle [⇥] bzw. [⇧]-[⇥] verwenden. Damit springen Sie zum nächsten oder vorherigen Feld. Über [Strg]-[←] bzw. [→] wechseln Sie zum vorherigen oder nächsten Foto, ohne dass die Palette dabei den Tastaturfokus verliert. So können Sie mehrere Felder am Stück ausfüllen, z. B. Titel- und Beschreibungsfeld, und das nacheinander für mehrere Fotos.

Beim Eintragen von Metadaten kann es leicht zu Inkonsistenzen kommen, die unter Umständen große Konsequenzen haben. Ein Beispiel: Ich verwende versehentlich für ein und denselben Ort in verschiedenen Fotos zwei unterschiedliche Schreibweisen. Bei Metadatenfeldern, nach denen gefiltert werden kann, tauchen dann solche Inkonsistenzen in der Filterleiste als doppelte Einträge auf (siehe Abb. 5–15). Auch bei der Suche werden nicht mehr alle Fotos gefunden.

Lightroom hilft Ihnen bei der Vermeidung von Inkonsistenzen, indem es bei der Eingabe in der Metadaten-Palette die ersten getippten Buchstaben auf der Grundlage von früher eingegebenen Werten vervollständigt (dies lässt sich über die Katalogeinstellung unter *Metadaten ▷ Vorschläge von zuletzt eingegebenen Werten anbieten* abschalten). Sie können auch auf den Namen eines Metadatenfeldes klicken und erhalten eine Liste mit den zuletzt eingegebenen Werten.

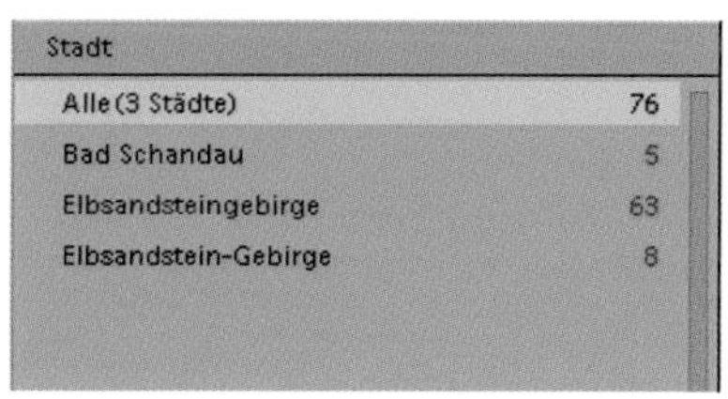

Abb. 5–15
Hier ist »Elbsandsteingebirge« unterschiedlich eingetragen worden, was zu zwei Einträgen in der Filterleiste führt.

Metadaten übertragen

Oft bietet es sich an, Metadaten nur für ein Foto einzutragen und diese dann auf andere Fotos zu übertragen. Hierfür stehen zwei Verfahren zur Verfügung: Beim **Synchronisieren** wählt man die Zielfotos aus (es müssen für diese Funktion mehrere Fotos ausgewählt sein) und aktiviert das Quellfoto, also jenes Foto, von dem die Metadaten übertragen werden sollen. Anschließend drückt man *Metadaten syn.* unten in der rechten Palettenspalte. Im folgenden Dialog (Abb. 5–16) lässt sich genau steuern, welche Felder übertragen werden. Dazu haken Sie die gewünschten Felder an.

Kopieren und Einfügen funktioniert ähnlich. Man aktiviert das Quellfoto und wählt *Metadaten kopieren* im Metadaten-Menü, anschließend wählt man die Zielfotos aus und dann *Metadaten einfügen*. Die entsprechenden Tastaturbefehle sind [Strg]-[Alt]-[⇧]-[C] bzw. [V]. Das Einfügen kann man auch mehrere Male hintereinander durchführen.

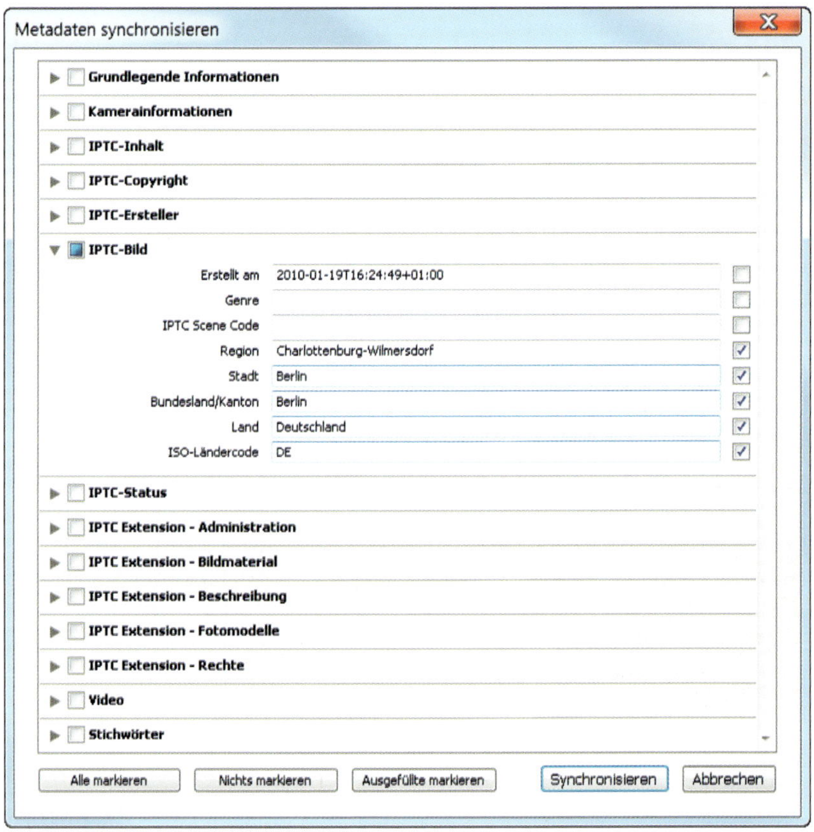

Abb. 5–16
Übertragen von Ortsmetadaten. Nur die markierten Felder werden übertragen.

Metadatenvorgaben

Für Metadatenfelder, bei denen Sie regelmäßig dieselben Werte vergeben, bietet sich das Anlegen einer Vorgabe an. Hierzu wählen Sie ein Foto aus, dessen Werte Sie übernehmen möchten, und gehen auf *Vorgaben bearbei-*

ten im Vorgabe-Aufklappmenü der Metadaten-Palette. Anschließend passen Sie in einem Dialog ähnlich dem in Abb. 5–16 die Werte an und speichern sie als neue Vorgabe. Nur die mit einem Häkchen versehenen Felder werden in die Vorgabe aufgenommen. Beim Anwenden der Vorgabe auf Fotos bleiben deren übrige Metadaten also intakt. Sie können aber auch Vorgaben anlegen, die bestimmte Metadaten aus Fotos löschen, indem Sie die entsprechenden Felder leer lassen, aber anhaken.

Angewendet werden Metadatenvorgaben zum Beispiel über das Vorgabe-Aufklappmenü der Palette, über das Kontextmenü eines Fotos oder über das Sprühdose-Werkzeug. Auch im Importieren-Dialog können Sie eine Vorgabe angeben. Ich habe dort meine Vorgabe *Copyright:2012* mit Kontakt- und Urheberrechtsinformationen eingestellt.

Umgekehrtes Geocoding (Ortsdaten automatisch ermitteln)

Lightroom 4 kann die IPTC-Ortsmetadaten automatisch ermitteln – eine Internetverbindung vorausgesetzt, denn die Werte werden von Google übertragen. Dazu muss in den Katalogeinstellungen unter *Metadaten* die Option *Umgekehrtes Geocoding…* aktiviert sein.

Einmal eingeschaltet, funktioniert die Funktion folgendermaßen: Sobald ein Foto über Geokoordinaten verfügt und *die vier Ortsmetadatenfelder leer sind,* schlägt Lightroom selbstständig Werte für diese Felder vor. Im Karte-Modul erscheinen die Daten beispielsweise direkt nach dem Geotagging in der Metadaten-Palette. Aber auch im Bibliothek-Modul sollten sie automatisch in der Palette auftauchen. Es darf allerdings immer nur ein einzelnes Foto ausgewählt sein.

A B

Abb. 5–17
A) Vom umgekehrten Geocoding ermittelte Ortsmetadaten
B) Über einen Klick auf den Feldtitel können Sie einen Eintrag permanent machen.

Die von Lightroom vorgeschlagenen Werte werden in der Palette kursiv dargestellt (siehe Abb. 5–17 A). Das weist bereits auf deren Flüchtigkeit hin: Sobald Sie eines der Felder aktivieren, verschwindet der vorgeschlagene Wert wieder. Um einen Vorschlag permanent zu machen, klicken Sie auf den Titel eines Metadatenfeldes und dort auf den vorgeschlagenen Eintrag (Abb. 5–17 B). Dies ist jedoch nur für jedes Feld eines Fotos einzeln möglich.

Auch ohne dass Sie sie permanent machen, stehen automatisch ermittelte Ortsmetadaten für die Suche und Gruppierung über die Filterleiste zur Verfügung. Außerdem können Sie in den Katalogeinstellungen angeben, dass diese Daten bei der Ausgabe in exportierte Bilddateien eingetragen werden (*Vorschläge … exportieren*). Ein Problem ist aber, dass sie beim Speichern der XMP-Metadaten (siehe Kapitel 6.8) nicht berücksichtigt werden. Die automatisch ermittelten Ortsmetadaten sind also in ihrem flüchtigen Zustand nur in Lightroom vorhanden. Aus diesem Grund mache ich in der Regel alle vorgeschlagenen Daten permanent, indem ich die obige Prozedur für einzelne Fotos durchführe und dann die Einträge auf Fotos am selben Aufnahmeort übertrage.

5.6 Stichwörter

Mit Stichwörtern beschreibt man den Bildinhalt und andere Eigenschaften eines Fotos. Sie sind sehr nützlich für die Suche im eigenen Fotoarchiv, aber vielleicht noch wichtiger, sobald andere nach Ihren Fotos suchen, z. B. auf Social-Media-Webseiten oder über Bildagenturen. Stichwörter werden, obwohl sie zu den IPTC-Metadaten gehören, über die Palette *Stichwörter festlegen* vergeben und über die Stichwortliste-Palette verwaltet. Dort kann man sie in einer Hierarchie organisieren.

Abb. 5–18
Stichwort-Werkzeuge
A) Stichwörter-festlegen-Palette
B) Sprühdose-Werkzeug mit Stichwortkürzel

Stichwörter eingeben

Stichwörter vergibt man am einfachsten über die Palette *Stichwörter festlegen*. Dazu trägt man sie in eines der beiden Textfelder im oberen Palettenbereich ein. Das kleine Textfeld (über Strg-K aktivierbar, siehe Abb. 5–18 D) ist nur für die Eingabe da. Im großen Textfeld (⇧-Strg-K, Abb. 5–18 C) werden außerdem die bereits eingegebenen Stichwörter angezeigt. Mehrere Stichwörter werden durch Kommas voneinander getrennt.

Theoretisch können Sie alle möglichen Informationen in das Stichwortfeld eintragen. Es ist aber sinnvoll, sich auf Beschreibungen des Fotos zu beschränken: Dazu zählen vor allem Beschreibungen des Bildinhalts, aber auch z. B. von technischen Besonderheiten. Um Stichwörter zu finden, hilft es, sich vorzustellen, man müsse das Bild mit einigen Worten am Telefon beschreiben.

Ich habe außerdem die Erfahrung gemacht, dass Stichwörter keine zu konkreten Beschreibungen darstellen sollten. »Kathedrale Straßburg« für das Foto in Abb. 9–22 ist meiner Meinung nach als Stichwort zu konkret. Ein bis zwei Ebenen allgemeiner, also »Kathedrale« oder einfach »Kirche« halte ich für besser, auch weil sich die Zahl der insgesamt verwendeten Stichwörter dadurch reduziert und man übersichtlichere Stichworthierarchien anlegen kann. Sehr konkrete Beschreibungen wie »Kathedrale Straßburg« bringe ich also lieber im Bildbeschreibungs-Metadatenfeld unter.

Dies ist aber keine allgemeingültige Regel, sondern hängt von Ihnen und vor allem von Ihren Fotos ab. Falls Sie alle Sakralbauten Frankreichs fotografieren wollen, kann ein solches Stichwort durchaus sinnvoll sein. Generell ist es aber eine gute Idee, mit groben Kategorisierungen anzufangen und diese nur bei Bedarf zu verfeinern. Apropos »Kirche«: Ich vergebe Stichwörter nur im Singular. Daher muss ich mich bei der Suche darauf einstellen, keine Wörter im Plural zu verwenden. Aber daran gewöhnt man sich schnell. Und insgesamt komme ich damit besser zurecht, als überall den Plural oder beides einzutragen.

Falls Sie Fotos an Bildagenturen oder Social-Media-Webseiten weitergeben, kommt es allerdings zusätzlich darauf an, dass andere Menschen Ihre Fotos finden. In diesem Fall kann es sinnvoll sein, Singular und Plural einzutragen. Bei Bildagenturen wird zudem häufig nach »Konzept-Stichwörtern« gesucht: abstrakte Begriffe wie »Unendlichkeit«, »Kraft« oder »Energie«. Falls Sie Berufsfotograf und dadurch besonders darauf angewiesen sind, dass Ihre Fotos in Bildagenturen gefunden werden, rate ich Ihnen, sich eingehender mit der Stichwortvergabe zu befassen. Ein guter Ausgangspunkt sind die (englischen) Texte auf der Webseite *dpBestflow.org*.

Weitere Eingabetechniken

Wenn Sie Stichwörter in der Palette *Stichwörter festlegen* eingeben, vervollständigt Lightroom automatisch Ihre Eingabe, sobald Sie einige Buchstaben getippt haben. Dies hilft dabei, eine konsistente Schreibweise zu erreichen (eine andere Möglichkeit ist die Verwendung der Stichwortliste-Palette, siehe unten). Für das große Eingabefeld können Sie die automatische Vervollständigung in den Voreinstellungen unter *Benutzeroberfläche* ausschalten.

Wenn Sie für mehrere Fotos hintereinander Stichwörter vergeben, können die **Stichwortvorschläge** im unteren Palettenbereich (siehe Abb. 5–18 E) hilfreich sein. Hier empfiehlt Lightroom Stichwörter, die seiner Meinung nach zum momentan ausgewählten Foto passen. Dabei geht das Programm recht intelligent vor und schlägt z. B. Stichwörter vor, die in umliegende Fotos bereits eingetragen wurden. Eines dieser Stichworte wird einfach per Mausklick eingetragen. Ebenfalls eine Hilfe ist es, den Stichwortsatz unten in der Palette (siehe Abb. 5–18 F) auf *Letzte Stichwörter* einzustellen. Dadurch hat man stets Zugriff auf die neun zuletzt vergebenen Stichwörter (mehr zu Stichwortsätzen im Folgenden).

Um Stichwörter von einem auf mehrere Fotos zu **übertragen**, können Sie direkt die Palette *Stichwörter festlegen* benutzen. Wenn Sie mehrere Fotos ausgewählt haben und dabei ein Stichwort im großen Eingabefeld mit einem Stern (*) angezeigt wird (siehe Abb. 5–18 C), heißt dies, dass es nur in einigen der ausgewählten Fotos vorkommt. Sie können das Stichwort dann in die restlichen eintragen, indem Sie das *-Symbol entfernen und [↵] drücken. Stichwörter lassen sich darüber hinaus über die normale Metadatensynchronisation übertragen und auch in Metadatenvorgaben speichern (siehe Seite 134).

Wenn Sie bestimmte Stichwörter häufig verwenden, können Sie dafür **Stichwortsätze** anlegen. Ein Stichwortsatz besteht aus neun festen Stichwörtern (siehe Abb. 5–18 F). Über das Aufklappmenü in der Palette *Stichwörter festlegen* kann man den eingestellten Stichwortsatz schnell wechseln oder bearbeiten. Sobald der richtige Satz eingestellt ist, weist man dessen Stichwörter per Mausklick oder bei gedrückter [Alt]-Taste über die Tasten [1] bis [9] zu.

Auf ähnliche Weise funktioniert das *Stichwortkürzel.* Das ist ein kleiner Zwischenspeicher, in den man ein oder mehrere Stichwörter einträgt. Um das Stichwortkürzel festzulegen, rufen Sie *Metadaten ▹ Stichwortkürzel festlegen* auf. Um es zuzuweisen, drücken Sie [⇧]-[K]. Das Stichwortkürzel lässt sich auch über das Sprühdose-Werkzeug anwenden (siehe Abb. 5–18 B).

Stichwortsätze und Stichwortkürzel eignen sich vor allem für allgemeine, nicht zu konkrete Stichwörter. Stichwortsätze ähneln den Metadatenvorgaben: Man legt sie für Stichwörter an, die man regelmäßig vergibt, z. B. typische Stichwörter für die Hochzeits- oder Landschaftsfotografie (diese Sätze sind bereits voreingestellt). Das Stichwortkürzel hingegen ist gut geeignet, um ein einzelnes Stichwort in viele Fotos einzutragen. Ein Beispiel: Sie wollen in Ihren Porträts das Stichwort »Porträt« nachtragen. Dazu setzen Sie das Stichwort als Kürzel und gehen damit alle Ihre Ordner mit der Sprühdose durch – was besonders effektiv ist, da man diese bei gedrückter Maustaste über mehrere Fotos »ziehen« kann, ohne abzusetzen.

Die Stichwortliste-Palette

Neben *Stichwörter festlegen* gibt es eine weitere Palette für Stichwörter: die Palette *Stichwortliste*. Hier findet man die Stichwörter wieder, die über die Palette *Stichwörter festlegen* eingegeben wurden, kann aber auch weitere hinzufügen, die (noch) in keinem Foto vorkommen. Auf diese Weise können Sie eine Begriffshierarchie anlegen, die Ihnen für die Beschreibung Ihrer Fotos zur Verfügung steht und eine langfristig konsistente Stichwortvergabe ermöglicht.

Sie legen sich dabei auf eine Ordnung von Begriffen fest, mit der Sie die Welt beschreiben. Sollen Sie »Schmetterling« oder »Falter« verwenden? Nach einigen Jahren wissen Sie vermutlich nicht mehr, welche Entscheidung Sie für Ihre früheren Fotos getroffen haben. Deshalb orientieren Sie sich einfach an der Hierarchie und sehen nach, welcher der beiden Begriffe bereits unter Tiere → Insekten → ... (oder wie immer Sie Ihre Hierarchie aufgebaut haben) eingetragen ist.

Man spricht dabei von einem (kontrollierten) Vokabular. Im Internet werden einige fertige Vokabulare angeboten: teilweise kostenlos für Amateurfotografen, teilweise kostenpflichtig für Berufsfotografen, die für Bildagenturen fotografieren (Webadressen siehe Anhang). Solch ein Vokabular kann über die Funktion *Metadaten ▷ Stichwörter importieren* (siehe unten) in Lightroom geladen werden.

Bedienung der Palette

Die Hierarchie in der Palette wird mit der Maus per Drag and Drop organisiert. Neue Stichwörter können Sie über das Plus-Symbol im Palettenkopf erstellen. Dabei können Sie gleichzeitig Synonyme vergeben (im Dialog *Stichwort-Tag bearbeiten*, siehe Abb. 5–19 D; Sie können den Dialog auch nachträglich per Doppelklick auf das Stichwort aufrufen). Sie legen z. B. das Stichwort »Schmetterlinge« an und tragen »Falter« als Synonym ein. Bei der Suche und der Ausgabe werden Synonyme berücksichtigt (die Ausgabe wird über die drei Exportoptionen des Dialogs gesteuert, siehe Seite 297).

Um ein Stichwort über die Stichwortliste-Palette in ein Foto einzutragen, haken Sie das Stichwort in der Palette an (siehe Abb. 5–19 A). Auch das Stichwortkürzel (siehe oben) lässt sich hier über das Kontextmenü eines

Eintrags auswählen; es wird mit einem + markiert. Über das Suchfeld oben können Sie innerhalb der Palette nach einem bestimmten Stichwort suchen, falls die Hierarchie sehr unübersichtlich ist (Abb. 5–19 B).

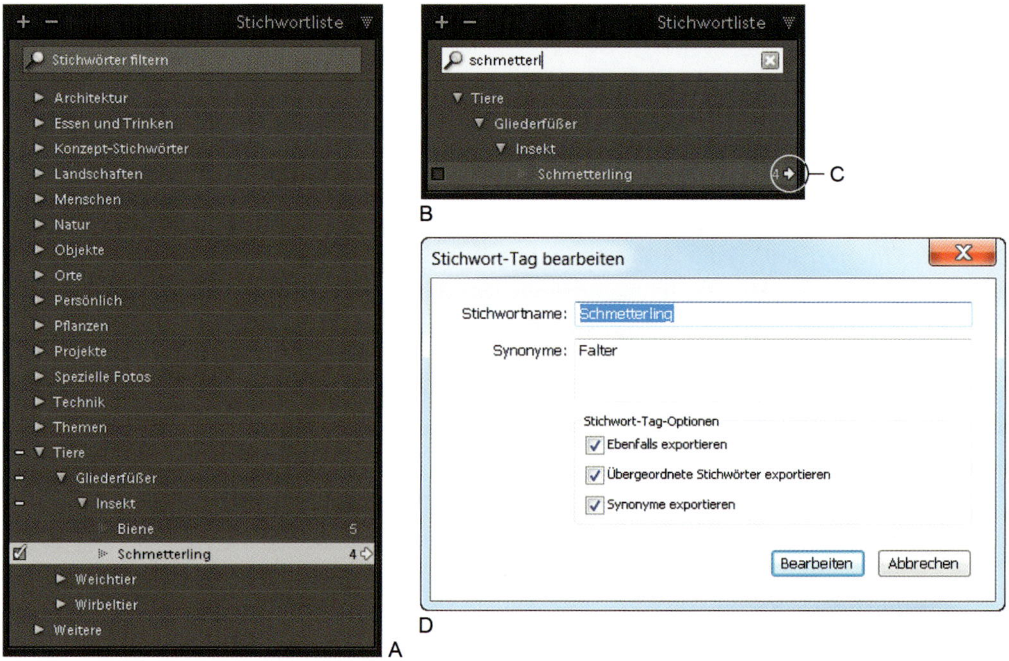

Abb. 5–19
A) Über die Stichwortliste-Palette verwaltet man die Stichworthierarchie.
B) Filterung der Einträge
C) Alle Fotos mit diesem Stichwort anzeigen
D) Eintrag bearbeiten

Per Kontextmenü können Sie Stichwörter umbenennen oder entfernen. Dabei werden Stichwörter, die bereits in Fotos vorkommen, in allen Fotos entsprechend umbenannt oder entfernt. So bleibt die Konsistenz der Einträge gewahrt. Alle nicht verwendeten Stichwörter löschen Sie gemeinsam über das Metadaten-Menü.

Nach Fotos suchen

Sie können die Palette verwenden, um Fotos schnell anhand eines Stichworts zu finden. Wenn Sie den Mauszeiger über ein Stichwort bewegen, erscheint rechts davon ein Pfeil (siehe Abb. 5–19 C). Über den Pfeil können Sie direkt auf alle Fotos zugreifen, die das Stichwort enthalten. Dieses wird dazu in der Filterleiste eingestellt (siehe Abschnitt 5.8).

Stichworthierarchien exportieren und importieren

Da die Erstellung von Stichworthierarchien viel Zeit und Aufwand kostet, ist es wichtig, diese gut weiterverwenden zu können, wenn Sie ein anderes Programm für die Bildverwaltung benutzen möchten. Hierzu kann man die Hierarchie als Textdatei exportieren, in der die einzelnen Hierarchiestufen durch Tabulator-Zeichen gekennzeichnet sind (*Metadaten ▹ Stichwör-*

ter exportieren, siehe Abb. 5–20). Auch das Importieren von Hierarchien ist möglich. So kann man z. B. kontrollierte Vokabulare von Dritten verwenden oder Hierarchien von einem anderen Bildverwaltungsprogramm auf Lightroom übertragen.

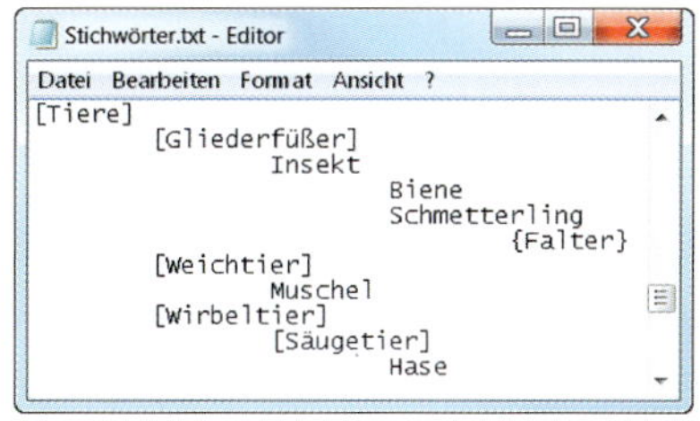

Abb. 5–20
Lightroom kann Stichworthierarchien als UTF8-Textdatei ausgeben. Die geschweiften Klammern sind Synonyme, die eckigen Klammern markieren Stichwörter, die nicht in exportierten Fotos auftauchen sollen.

5.7 Entwicklungseinstellungen

Palette Ad-hoc-Entwicklung

Die Ad-hoc-Entwicklung-Palette (siehe Abb. 5–21 A) bietet die wichtigsten Entwicklungseinstellungen, sodass man Fotos im Bibliothek-Modul grundlegend bearbeiten kann. Die Veränderungen wirken sich in der Rasteransicht (und in der Lupenansicht im Modus *Automatisch synchronisieren*) auf alle ausgewählten Fotos aus. Für eine genaue Erläuterung der einzelnen Entwicklungseinstellungen siehe Kapitel 9.

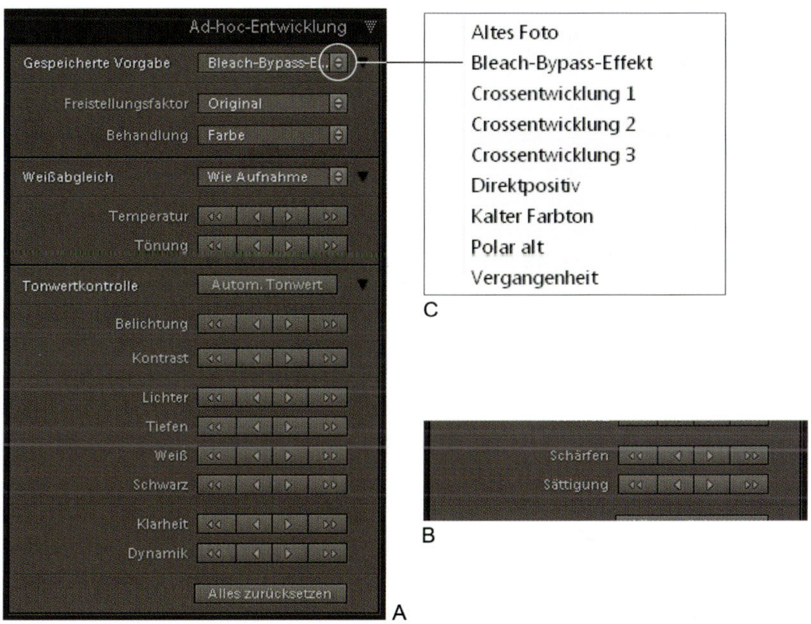

Abb. 5–21
A) Ad-hoc-Entwicklung-Palette
B) Beim Drücken der Alt-Taste werden aus den Reglern Klarheit und Dynamik die Regler Schärfen und Sättigung.
C) Einige Entwicklungsvorgaben

Über **Freistellungsfaktor** wählt man ein anderes Seitenverhältnis aus. Freistellen und Ausrichten ist allerdings nur im Entwickeln-Modul mit dem Freistellen-Werkzeug möglich.

Behandlung legt fest, ob das Foto als Farb- oder Schwarz-Weiß-Bild behandelt wird. Sie können auch [V] (wie »Verfahren«) drücken, um zwischen den beiden Modi umzuschalten.

Unter **Weißabgleich** passt man die Farbtemperatur des Fotos an. Entweder wählt man eine Voreinstellung über das Aufklappmenü aus – dort lässt sich auch die Weißabgleichautomatik einstellen. Oder man ändert die Farbtemperatur individuell über die Temperatur-Knöpfe (mehr Blau oder Gelb bzw. kühler/wärmer) oder die Tönung-Knöpfe (mehr Grün oder Magenta).

Die nächsten sechs Knöpfe sind für die **Tonwertkorrektur** zuständig. Diese ist in Lightroom 4 komplett überarbeitetet worden. Die Knöpfe benutzt man folgendermaßen:

- **Belichtung** Wenn ein Foto unter- oder überbelichtet (zu dunkel oder zu hell ist) ist.
- **Kontrast** Wenn ein Foto zu weich oder zu hart ist, d. h. wenn der Kontrast gesteigert oder gesenkt werden soll.
- **Lichter** Um nur die Lichterbereiche heller oder dunkler zu machen.
- **Tiefen** Um nur die Schattenbereiche heller oder dunkler zu machen.
- **Weiß** Um den Weißpunkt festzulegen (siehe Seite 63).
- **Schwarz** Um den Schwarzpunkt festzulegen.

Autom. Tonwert setzt die Tonwert-Einstellungen automatisch. Mehrere ausgewählte Fotos können so schnell in einen guten Ausgangszustand versetzt werden.

Mit **Klarheit** regelt man den sogenannten Mikrokontrast, d. h., Konturen werden härter oder weicher kontrastiert. **Schärfen** (über die [Alt]-Taste, siehe Abb. 5–21 B) regelt den Schärfeeindruck. Der ist am besten bei einer Vergrößerung von 1:1 sichtbar.

Dynamik regelt die Farbsättigung. **Sättigung** (über die [Alt]-Taste) funktioniert ähnlich wie Klarheit, verwendet aber einen anderen Algorithmus.

Über **Alles zurücksetzen** oder [Strg]-[⇧]-[R] stellt man ein Foto auf die Ausgangswerte zurück. Die Ausgangswerte oder *Standardentwicklungseinstellungen* lassen sich im Entwickeln-Modul anpassen (siehe Kapitel 8.8).

Hilfen und Eingabetechniken

Einige Werkzeuge des Entwickeln-Moduls lassen sich per Tastaturkürzel direkt aus dem Bibliothek-Modul heraus anwählen. So können Sie beispielsweise über [R] das Freistellen-Werkzeug aufrufen und mit dem fertig beschnittenen Bild über [G] oder [E] wieder ins Bibliothek-Modul zurückkehren. Außerdem können Sie folgende Werkzeuge im Entwickeln-Modul direkt anspringen: Weißabgleichauswahl ([W]), Bereichsreparatur ([Q]), Korrekturpinsel ([K]) und Verlaufsfilter ([M]).

Oberhalb der Ad-hoc-Entwicklung-Palette befindet sich das **Histogramm.** Es zeigt die Tonwertverteilung des aktiven Fotos an und macht dabei auf über- oder unterbelichtete Fotos aufmerksam. Auch während Sie die Tonwerte verändern, kann es nützlich sein, auf Veränderungen im Histogramm zu schauen. Für eine genaue Erklärung des Histogramms siehe Seite 62.

Ebenso wie Sie andere Metadaten übertragen können, lassen sich auch Entwicklungseinstellungen übertragen. Auch hier gibt es zwei Verfahrensweisen: Beim **Synchronisieren** wählt man die Zielfotos aus und aktiviert das Quellfoto. Dann drückt man *Einstell. syn.* unten in der rechten Palettenspalte oder Strg-⇧-S. Im folgenden Dialog (Abb. 5–23) lässt sich genau festlegen, welche Einstellungen in den Zielfotos überschrieben werden und welche erhalten bleiben. Bei gedrückter Alt-Taste wird dieser Dialog übersprungen.

Kopieren und Einfügen funktioniert ähnlich. Man ruft *Foto ▹ Entwicklungseinstellungen ▹ Einstellungen kopieren* oder Strg-⇧-C auf, solange das Quellfoto aktiv ist, und überträgt die Einstellungen dann mittels *Einstellungen einfügen* oder Strg-⇧-V.

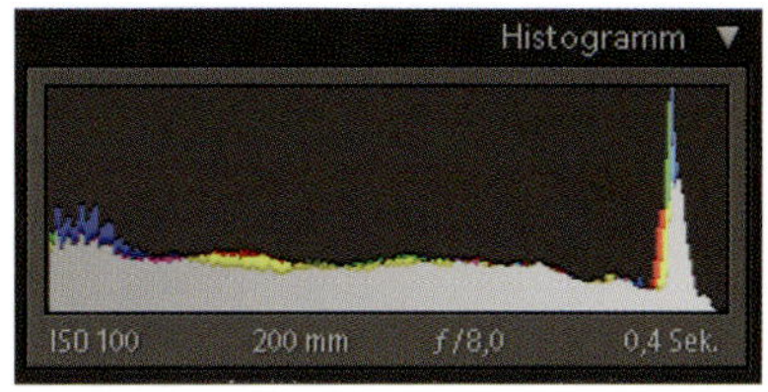

Abb. 5–22
Histogramm im Bibliothek-Modul. Unten zeigt das Histogramm einige EXIF-Metadaten an.

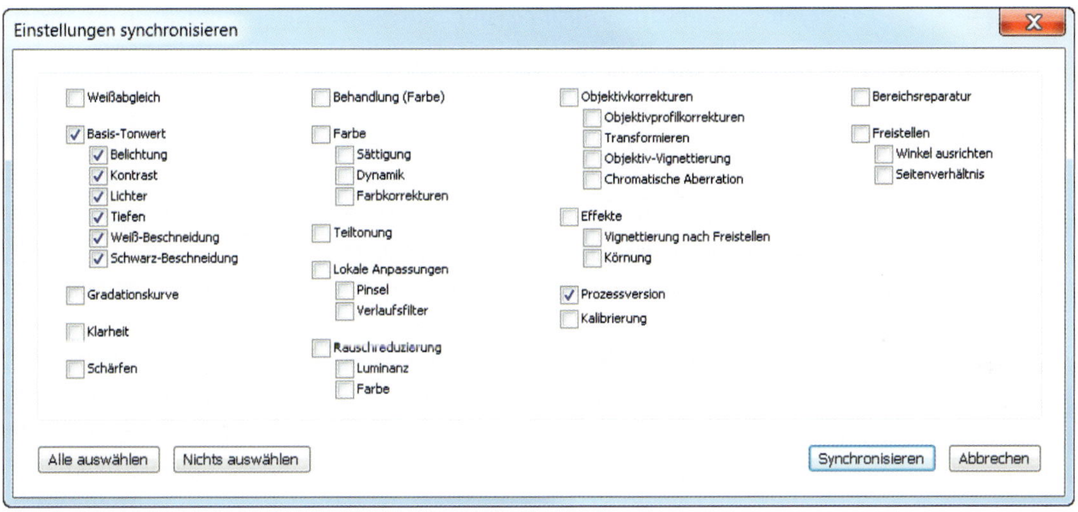

Abb. 5–23
Entwicklungseinstellungen übertragen. Dialog für die Auswahl der zu synchronisierenden Einstellungen

Ich wechsle häufig mit einem interessanten Foto ins Entwickeln-Modul und bearbeite es dort fast vollständig. Dann gehe ich zurück ins Bibliothek-Modul und übertrage die Einstellungen auf ähnliche Fotos. Das können auch Teileinstellungen sein, z. B. Farbtemperatur, Tonwertkorrektur, aber auch Schärfung, Rauschentfernung usw. Das Übertragen von Entwicklungseinstellungen funktioniert meiner Erfahrung nach vor allem dann sehr gut, wenn man manuell belichtet, d. h. bei Fotos, die mit derselben Belichtungszeit aufgenommen worden sind.

Abb. 5–24
Ich habe die erweiterten Rasterzellen so eingestellt, dass ich die Belichtungsdaten schnell überblicken kann. So kann ich sehen, welche Fotos sich für die Übertragung eignen.

Entwicklungseinstellungen lassen sich als **Vorgaben** speichern, ähnlich wie bei den Metadatenvorgaben aus dem vorherigen Abschnitt. Entwicklungsvorgaben können zwar nur im Entwickeln-Modul erstellt werden (siehe Kapitel 8.7), sie lassen sich aber im Bibliothek-Modul über die Ad-hoc-Entwicklung-Palette anwenden. Über *Gespeicherte Vorgabe* stellt man die entsprechende Vorgabe ein (siehe Abb. 5–21 C). Weiterhin kann man Vorgaben über das Kontextmenü eines Fotos oder mit dem Sprühdose-Werkzeug anwenden. Lightroom wird bereits mit vielen Vorgaben ausgeliefert.

5.8 Fotos finden

Mithilfe der Filterleiste im Bibliothek-Modul (vorgestellt ab Seite 84) lassen sich Fotos anhand von Metadaten finden und kurzfristig gruppieren. Für die langfristige Gruppierung mittels Metadaten können Sie die Smart-Sammlungen verwenden (siehe Kapitel 7.5). Die Filterleiste umfasst drei Teile: Attribut-Teil, Textsuche und Metadaten-Teil.

Attribut-Teil

Über den Attribut-Teil der Filterleiste (oder den Filter im Filmstreifen) filtern Sie Fotos anhand von qualitativen Metadaten, also Farbetiketten und Bewertungssternen.

Über die Farbkästchen (siehe Abb. 5–25 B) lassen sich Fotos mit einem bestimmten Farbetikett herausfiltern. Das heißt, wenn wie in der Abbildung das rote und gelbe Kästchen eingeschaltet sind, werden nur Fotos mit rotem oder gelbem Farbetikett (nach dem momentanen Farbbeschriftungssatz) angezeigt. Über das hellgraue Kästchen werden Fotos mit Farbbeschriftungen erfasst, denen im Moment keine Farbe zugeordnet ist. Das dunkelgraue Kästchen zeigt alle Fotos ohne Farbbeschriftung an.

Fotos lassen sich darüber hinaus anhand der eigentlichen Textbeschriftung der Farbetiketten über den Metadaten-Teil der Filterleiste filtern.

Abb. 5–25
Filtern nach Bewertungssternen und Farbetiketten in der Filterleiste

Auf ähnliche Weise wie bei den Farbetiketten lassen sich Fotos anhand ihrer Bewertungssterne filtern (Abb. 5–25 A). Dabei lässt sich neben der Anzahl der Sterne auswählen, ob jeweils Fotos mit mehr oder weniger Sternen als der eingestellten Anzahl in das Ergebnis einbezogen werden. Dies legt man über das Symbol links der Sterne fest. So lassen sich z. B. Fotos mit genau drei Sternen anzeigen, aber auch Fotos mit drei oder mehr (wie in obiger Abbildung) bzw. mit drei oder weniger Sternen.

Neben der Filterung kann man nach Bewertungssternen auch gut sortieren (Einstellung über die Werkzeugleiste). Die niedriger bewerteten Sterne fallen dann nicht aus der Ansicht heraus, sondern befinden sich einfach in der Rasteransicht weiter unten.

Textsuche

Der Textsuche-Teil, aufrufbar über Strg-F, stellt ein Suchfeld sowie zwei Aufklappmenüs für Suchkriterien zur Verfügung.

Als Kriterium lässt sich einerseits angeben, *wo* gesucht werden soll: in allen Metadaten eines Fotos, nur in Titel oder Beschreibung, in Stichwörtern oder speziell in EXIF- oder IPTC-Metadaten. Wenn Sie zu viele Treffer erhalten und das Suchergebnis eingrenzen wollen, kann es helfen, den Ort genau anzugeben.

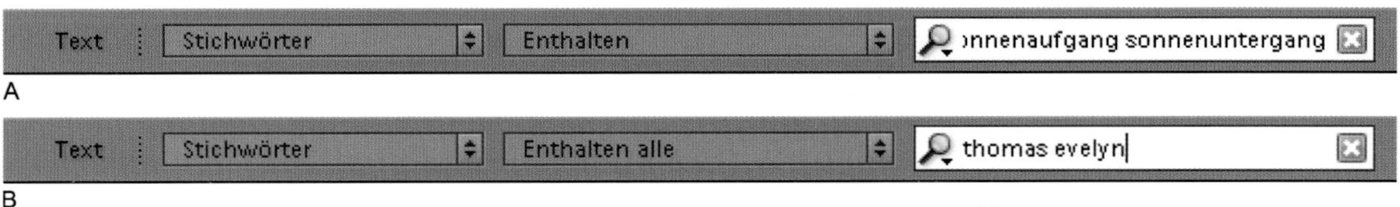

Abb. 5–26
Textsuche
A) Enthalten: Einer der Begriffe muss vorkommen.
B) Enthalten alle: Alle Begriffe müssen vorkommen.

Zum anderen kann man einstellen, *wie* gesucht wird. Der größte Unterschied besteht zwischen *Enthalten* und *Enthalten alle* (siehe Abb. 5–26). Das Kriterium *Enthalten*, das voreingestellt ist, hilft vor allem, wenn man mehr Ergebnisse erzielen möchte: »Wald Baum Holz« würde z. B. verschiedene Bilder zum Thema liefern, »Sonnenaufgang Sonnenuntergang« liefert beide Arten von Fotos. Mit *Enthalten alle* hingegen kann man die Zahl der Ergebnisse reduzieren: »Porträt 2007« (Stichwort+Zeit) beschränkt die Fotos auf alle Porträts aus dem Jahr 2007. »Thomas Evelyn« (Stichwort+Stichwort) zeigt alle Fotos, auf denen Thomas und Evelyn gemeinsam zu sehen sind.

Für die genaue Einstellung der Suchkriterien siehe Seite 84.

Metadaten-Teil

Im Metadaten-Teil der Filterleiste lässt sich nach vielen EXIF- und IPTC-Metadaten und sogar Entwicklungseinstellungen filtern (siehe Abb. 5–27). Sie können auch die freie Suche mit dem Metadaten-Teil kombinieren.

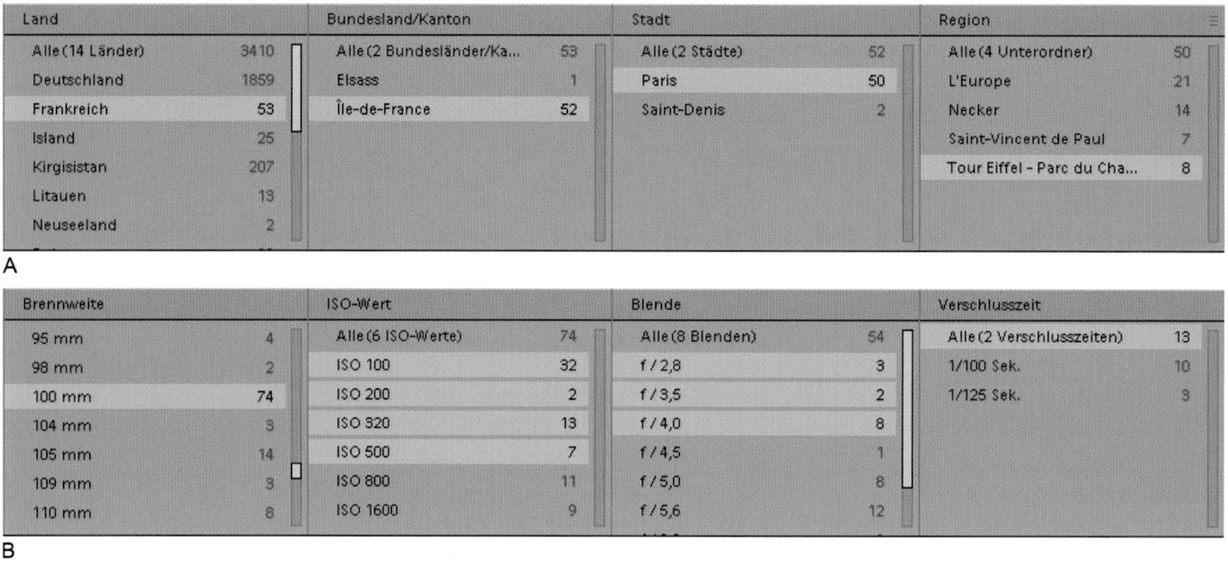

Abb. 5–27
Einige Beispiele für den Metadaten-Teil der Filterleiste
A) Vorgabe »Ortsspalten«
B) Vorgabe »Belichtung« mit EXIF-Metadaten

EXIF-Metadaten sind für die Suche nach Fotos sehr nützlich. Vor allem bieten sie ein hervorragendes Verhältnis zwischen Aufwand und Nutzen. Allerdings muss man ein bisschen um die Ecke denken. Einige Beispiele:

- Wenn ich Makrofotos suche, kann ich nach meinem Makroobjektiv filtern.
- Wenn ich Weitwinkel-Fotos suche, kann ich nach Brennweiten filtern.
- Wenn ich nach Fotos von meinem Smartphone suche, kann ich über das Kameramodell filtern. Auch Scans von analogen Fotos lassen sich so herausfiltern: über den Eintrag »Unbekannte Kamera«.
- Bei manchen Porträts kann ich vielleicht nach Fotos mit Blitz suchen oder wiederum nach einem bestimmten Brennweitenbereich (mehrere Brennweiten gleichzeitig auswählen).
- Fotos bei Nacht finde ich vielleicht über die Sensorempfindlichkeit.
- Wenn ich Fotos für eine Diashow suche, filtere ich Fotos mit dem Seitenverhältnis »Querformat« heraus.

Nicht zu vernachlässigen ist die Filterung über das Datum. Dies ist vor allem eine Hilfestellung, falls Sie eine besondere Ordnerstruktur verwenden, also nicht Datumsordner (siehe Seite 110), sondern beispielsweise Projektordner mit mehreren Tagen oder eine nichtchronologische Ordnung. In Tabelle 5–1 sehen Sie alle EXIF-Metadaten, die sich in der Filterleiste einstellen lassen.

Metadatenfeld
Datum
Kameramodell
Seriennummer der Kamera
Objektiv
Brennweite
Verschlusszeit
Blende
ISO-Wert (eigentlich: ASA-Wert)
Blitzstatus
Seitenverhältnis (Ausrichtung)

Tab. 5–1
EXIF-Metadaten, die vom Filter verwendet werden können

Die meisten **IPTC-Metadaten** sind Beschreibungsmetadaten. Deshalb können Sie davon nur wenige im Filter einstellen (siehe Tab. 5–2). Sehr nützlich sind die Ortsmetadaten. Um danach zu filtern, rufen Sie die Filtervorgabe *Ortsspalten* auf. Daraufhin erhalten Sie die Orte als hierarchisches Verzeichnis angezeigt (siehe Abb. 5–27 A). Ebenfalls erwähnenswert ist die Einstellung *Auftrag*, die dem IPTC-Feld *Jobkennung* entspricht.

Metadatenfeld
Ortsmetadaten (Land, Bundesland, Stadt, Region/Ort)
Ersteller (Name des Fotografen)
Copyright-Status
Auftrag (Jobkennung)

Tab. 5–2
IPTC-Metadaten, die vom Filter verwendet werden können

Da **Entwicklungseinstellungen** bekanntlich Metadaten sind, können Sie Fotos auch über die Entwicklungseinstellungen finden, die Ihren Fotos zugewiesen wurden. Aber auch hier gibt es nur wenige Möglichkeiten (siehe Tab. 5–3).

Entwicklungseinstellung
Behandlung (Schwarz-Weiß/Farbe)
Angewendete Entwicklungsvorgabe
Prozessversion (Version von Lightroom, mit der ein Foto bearbeitet wurde)

Tab. 5–3
Entwicklungseinstellungen, die im Filter eingestellt werden können

5.9 Metadaten-Workflow

Zum Abschluss dieses Kapitels einige Gedanken zum Workflow. Auf welche Weise und in welcher Reihenfolge werden Metadaten am besten vergeben? Natürlich ist der Workflow von Benutzer zu Benutzer verschieden. Dennoch will ich an dieser Stelle einige meiner Erfahrungen teilen.

Mein wichtigster Ratschlag lautet: Machen Sie es sich so einfach wie möglich und betreiben Sie nur so viel Aufwand wie nötig. Gruppieren Sie Fotos am Anfang über Stichwörter nicht zu detailliert, sondern nur so grob, wie Sie es im Moment benötigen. Lassen Sie sich durch Werkzeuge wie Übertragung und Vorgaben sowie durch Automatiken wie das umgekehrte Geocoding helfen. Und verwenden Sie ohnehin vorhandene Metadaten (EXIF), um Fotos zu suchen, anstatt eigene Kategorien über Stichwörter zu erfinden.

Machen Sie es sich zu kompliziert, laufen Sie unter Umständen Gefahr, die Metadatenvergabe aufzuschieben oder ganz ausfallen zu lassen. Wichtig ist aber gerade die Vollständigkeit. Detaillierte Stichwortvergabe nützt nicht viel, wenn nur ein Teil der Fotos überhaupt Stichwörter enthält. Bedenken Sie, dass Sie Metadaten jederzeit im Nachhinein ändern können. Daher würde ich am Anfang zumindest etwas eintragen, auch wenn es nicht perfekt ist.

Falls ich mir nur für einen einzigen Metadatentyp die Zeit nehmen würde, wären es vermutlich die Bewertungssterne. Ich habe festgestellt, dass ich meist anhand der Bewertungssterne nach meinen Fotos suche: Ich lasse mir einfach die wenigen besten anzeigen. Daher ist mir wichtig, dass alle guten Fotos auch ihre angemessene Bewertung erhalten haben. Nach Möglichkeit gehe ich beim Bewerten die Fotos ohne Unterbrechung durch, sodass alle möglichst fair behandelt werden. Mit etwas zeitlichem Abstand oder nachdem sich bei der Entwicklung herausstellt, dass ein Foto unerwartetes Potenzial hat, passe ich die eine oder andere Bewertung noch an.

Zum Abschluss will ich meinen eigenen Workflow vorstellen, der sich bei mir mit der Zeit herausgeschält hat und den ich mehr oder weniger einhalte (mein Vorgehen hat sich gegenüber der *Lightroom-3-Praxis* etwas geändert):

- **Import.** Während des Imports vergebe ich Kontakt- und Urheberrechtsmetadaten sowie ab und zu Stichwörter.
- **Zeit und Ort.** Wenn ich Zeit-Metadaten ändern muss, mache ich das gleich nach dem Import. Das Gleiche gilt für Geokoordinaten, falls ich mein GPS-Gerät dabei hatte und somit über eine Tracklog-Datei verfüge. Ist das nicht der Fall, mache ich das Geocoding von Hand, dann aber möglicherweise später.

- **Ausschuss aussortieren.** Als Nächstes markiere ich alle Fotos mit Motiven, die ich uninteressant finde, mit einer negativen Flagge. Dies ist der überwiegende Teil der Fotos, vielleicht 80 %, aber das hängt auch von den Motiven ab. Diese Fotos werden später gelöscht. Währenddessen experimentiere ich auch mit Bearbeitungen im Entwickeln-Modul. Besonders gute Fotos markiere ich mit einer positiven Flagge.
- **Vorbereitung für Bewertung.** Dann bringe ich alle Fotos von den Entwicklungseinstellungen her auf einen vernünftigen Zustand, durch Übertragung, Tonwertautomatik usw. Am Schluss erstelle ich 1:1-Vorschauen (siehe folgendes Kapitel).
- **Bewertung.** Die verbliebenen Fotos (die negativ markierten habe ich über den Filter ausgeblendet) sehe ich in der Lupenansicht durch, eins nach dem anderen. Dabei vergebe ich Bewertungssterne für jedes Foto. Teilweise arbeite ich in der Vergleichsansicht, um aus ähnlichen Fotos desselben Motivs das oder die besten herauszusuchen (siehe Kasten).
- **Bildbeschreibungen und Stichwörter.** Am Schluss trage ich Bildbeschreibungen und Stichwörter ein. Je höher die Bewertung eines Fotos ist, desto mehr Zeit nehme ich mir dafür.

Systematisches Vergleichen mit der Vergleichsansicht

Abb. 5–28
Vergleichsansicht. Der derzeitige Favorit liegt immer auf der linken Seite.
A) Kandidat und Favorit vertauschen
B) Kandidat zu Favorit machen
C) Kandidat vor/zurück

Während der Sichtung stoße ich häufig auf mehrere Fotos desselben Motivs, bei denen ich mich schwertue, einen Favoriten auszumachen. Die Vergleichsansicht enthält eine Funktion zum systematischen Vergleichen, die dies sehr erleichtert. Und so gehen Sie dabei vor:

1. Fotos desselben Motivs im Filmstreifen auswählen, danach das erste anklicken, sodass es aktiv ist. In die Vergleichsansicht wechseln. Die nebeneinanderliegenden Fotos betrachten und sich für das bessere entscheiden.
2. Liegt links das bessere Foto, können Sie einfach mit [→] die rechte Seite der Ansicht um ein Foto weiterschalten.
3. Liegt das bessere Foto hingegen auf der rechten Seite, drücken Sie [↑]. Dann wird es automatisch auf die linke Seite gelegt und das nächste Foto erscheint rechts.
4. Sie können auch über die Taste [↓] rechtes und linkes Foto vertauschen.
5. Am Ende des Vorgangs bleibt die rechte Seite leer und auf der linken liegt das beste Foto.
6. Mit einem Druck auf [↵] sind Sie wieder in der Lupenansicht. Alle Fotos sind noch ausgewählt, der Favorit ist das aktive Foto. Sie können jetzt einen Stapel aus den Fotos bilden über [Strg]-[G], mit dem Favoriten ganz oben (siehe Kapitel 7.2), oder die Auswahl auf das aktive Foto beschränken über *Bearbeiten ▹ Nur aktives Foto auswählen* oder [Strg]-[⇧]-[D]. Danach sollten Sie den Favoriten markieren, sonst wäre die Arbeit umsonst. Ich versehe ihn mit einer Farbbeschriftung. Ebenso denkbar wäre eine höhere Bewertung.

6 Kataloge und Bilddateien

Kataloge und Bilddateien sind zwei Seiten derselben Medaille: Auf der einen Seite können Sie mit Fotos nicht arbeiten, ohne sie in einen Katalog zu importieren. Auf der anderen Seite ist der Katalog eine Repräsentation für die importierten Fotos, mit der Sie auch arbeiten können, ohne auf die Bilddateien selbst Zugriff zu haben. Dieses Kapitel umfasst ein weites Spektrum von Themen, die alle mit Katalogen und/oder Bilddateien zu tun haben: die Kataloge selbst, ihre Beziehung zu den Bilddateien, dann verschiedene Operationen bezüglich der Kataloge, Bilddateien oder zwischen den beiden. Schließlich geht es um das DNG-Format.

6.1 Grundlagen zu Katalogen

Ein Lightroom-Katalog besteht aus der Katalogdatei und einem Ordner mit Vorschaudateien, die beide wiederum in einem Ordner zusammengefasst sind (siehe Abb. 6–1). Die Katalogdatei mit der Endung *.lrcat* ist der eigentliche Katalog. Auf sie gilt es achtzugeben, da sie alle wichtigen Daten enthält. Der Ordner mit den Vorschaudateien kann hingegen jederzeit neu geschaffen werden, solange Lightroom Zugriff auf die Bilddateien hat.

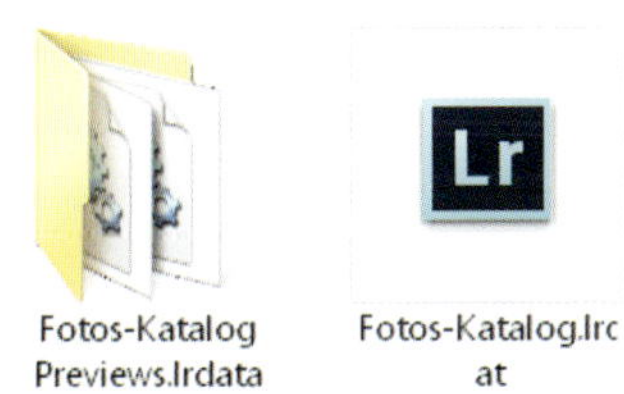

Abb. 6–1
Ein Blick in einen Katalogordner: rechts der eigentliche Katalog, links der Ordner mit den Vorschaudateien

Katalogfunktionen

Kataloge öffnen Sie über *Datei ▹ Katalog öffnen* bzw. Strg-O (Mac: ⌘-⇧-O) oder direkt über *Datei ▹ Letzte Dateien öffnen*. Es kann jedoch immer nur einer gleichzeitig geöffnet sein. In der Regel wird beim Start von Lightroom der zuletzt verwendete Katalog geöffnet. Sie können in den Voreinstellung unter *Allgemein* aber auch einen anderen einstellen. Um den Katalog beim Programmstart zu wählen, halten Sie beim Starten von Lightroom die Alt-Taste gedrückt (siehe Abb. 6–2 A). Speichern brauchen

Sie einen Katalog übrigens niemals, Lightroom schreibt jede Änderung sofort in die Katalogdatei. Auch bei einem Absturz des Programms bleiben normalerweise alle Änderungen erhalten.

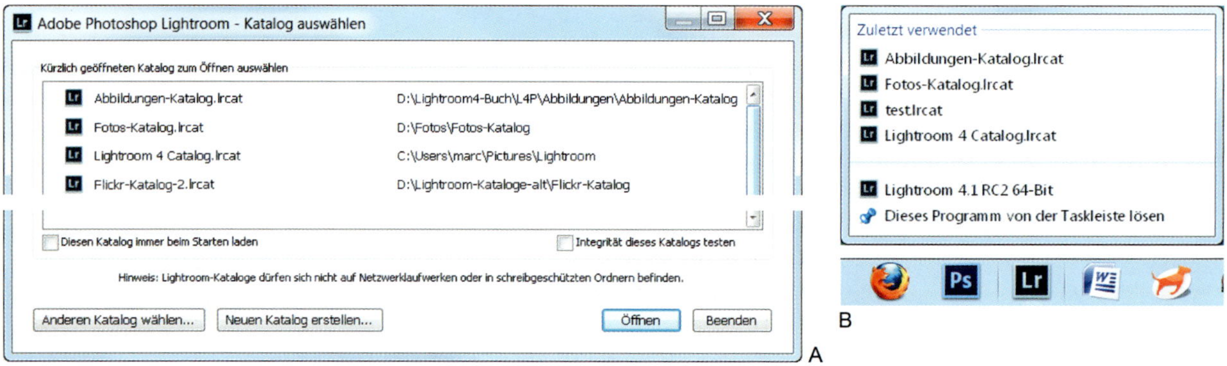

Abb. 6–2
Katalogauswahl
A) Dieser Dialog erscheint bei Drücken der Alt-Taste beim Start von Lightroom.
B) Sie können den Katalog auch auswählen, indem Sie einfach die Katalogdatei vom Betriebssystem aus öffnen.

Einen neuen Katalog erstellen Sie normalerweise über das Datei-Menü. Falls Sie dabei Stichworthierarchien oder Sammlungen aus einem bestehenden Katalog übernehmen wollen, ist es am einfachsten, einen alten Katalog über den Explorer/Finder zu duplizieren und alle Fotos daraus zu entfernen. Denn diese Einstellungen werden in den Katalogen selbst gespeichert.

Speicherorte für Kataloge und Bilddateien

Bilddateien können vollkommen unabhängig vom Katalog gespeichert werden. Dadurch ist man flexibler und kann den Katalogordner, der inklusive Vorschauen deutlich weniger Platz einnimmt als die Bilddateien, auf einer internen Festplatte ablegen, die Bilddateien hingegen auf einer externen Festplatte, die auch ein Netzlaufwerk sein kann. Auf den Katalog können Sie dann auch zugreifen, wenn die externe Festplatte gerade nicht angeschlossen ist.

Die Kataloge selbst dürfen sich allerdings nicht auf einem Netzlaufwerk befinden. Ein Mehrbenutzerbetrieb wird von Lightroom also nicht unterstützt.

Ich stelle im Folgenden meine eigenen Speicherorte vor, um eine von vielen Alternativen zu den Starteinstellungen von Lightroom (Katalog im Bilder-Ordner des Benutzerverzeichnisses) aufzuzeigen. Seit *Lightroom-3-Praxis* hat sich in diesem Bereich bei mir einiges geändert:

Mein System besteht aus einem Laptop mit einem internen SSD-Laufwerk und mehreren externen Festplatten.

Die Laptop-SSD enthält zwei Partitionen: Auf der ersten Partition (logisches Laufwerk *C:* unter Windows) befindet sich das Betriebssystem. Auf der zweiten (Partition *D:*) speichere ich alle aktuellen Dokumente. Durch die Aufteilung in zwei Partitionen kann ich Betriebssystem und Dokumente einfacher getrennt sichern. Meine aktuellen Bilddateien liegen in einem Unterordner meiner Dokumente-Partition: *D:\Fotos\Originale*.

Mein Katalog liegt unter *D:\Fotos\Fotos-Katalog*. Ich verwende (mittlerweile) einen gemeinsamen Katalog für aktuelle und archivierte Fotos, weil sich dadurch der Verwaltungsaufwand erheblich verringert. Mehr zur Aufteilung in Arbeits- und Archivkatalog siehe Seite 407.

Meine älteren, archivierten Bilddateien liegen hingegen auf einer externen Festplatte, ebenso meine Backups. Mehr zu Backups finden Sie in Kapitel 18.

Optimale Geschwindigkeit im Bibliothek-Modul
Die Geschwindigkeit im Bibliothek-Modul hängt vor allem davon ab, wo sich der Katalogordner befindet – wie schnell Lightroom also auf Katalogdatei und Vorschaudateien zugreifen kann. Die besten Ergebnisse erzielen Sie, wenn Sie den Katalogordner auf einem Festkörperlaufwerk (SSD) aufbewahren.

Falls Sie normale Festplatten verwenden, ist die hohe Zugriffszeit dieser Datenträger das Hauptproblem. Hier ist es sinnvoll, wenn möglich den Lightroom-Katalog auf einer anderen Festplatte als der mit dem Betriebssystem aufzubewahren. Wenn Sie häufig Fotos zu Katalogen hinzufügen und entfernen, können Sie darüber hinaus den Katalog von Zeit zu Zeit »optimieren«. Dieser Befehl, erreichbar über *Datei ▹ Katalog optimieren*, sortiert die Datensätze im Katalog. Mit der Zeit bilden sich durch das Entfernen von Fotos nämlich Lücken, wodurch Lightroom mehr Festplattenzugriffe benötigt, um Daten zu holen. Das Optimieren schließt diese Lücken.

Bei SSDs ist all dies nicht notwendig. Es ist also kein Problem, Katalog und Betriebssystem auf derselben SSD zu speichern. Auch das Optimieren des Katalogs ist bei SSDs überflüssig. Abgesehen davon sind sie natürlich ohnehin wesentlich schneller als Festplatten, egal wie effizient man diese einsetzt.

Falls Sie unter Windows arbeiten und Lightroom bei Ihnen ungewöhnlich langsam sein sollte, kann das auch damit zusammenhängen, dass es sich nicht mit einem laufenden Antivirenprogramm verträgt. Die meisten Antivirenprogramme sind in der Lage, bestimmte Ordner von der Überwachung auszuschließen. Dazu empfiehlt sich vor allem der Katalogordner (inklusive der Katalogdatei und der Vorschaudateien). Manche Benutzer schließen auch die Ordner mit den Bilddateien aus.

Für die Arbeit in der Lupenansicht ist vor allem wichtig, dass Sie möglichst vorausschauend Vorschauen anfertigen (siehe Abschnitt 6.3).

Katalogeinstellungen und Vorgaben

Neben den üblichen »globalen« Voreinstellungen für das Programm Lightroom gibt es auch Einstellungen speziell für die Kataloge. Diese finden Sie unter *Bearbeiten* ▹ *Katalogeinstellungen* (Windows) bzw. *Lightroom* ▹ *Katalogeinstellungen* (Mac). Oder Sie drücken Strg-Alt-,. Hier finden Sie zunächst (unter *Allgemein*) einige Daten über den Katalog; außerdem können Sie sich die Katalogdatei im Explorer/Finder zeigen lassen. Ich komme im weiteren Buch auf die Einstellungen zurück.

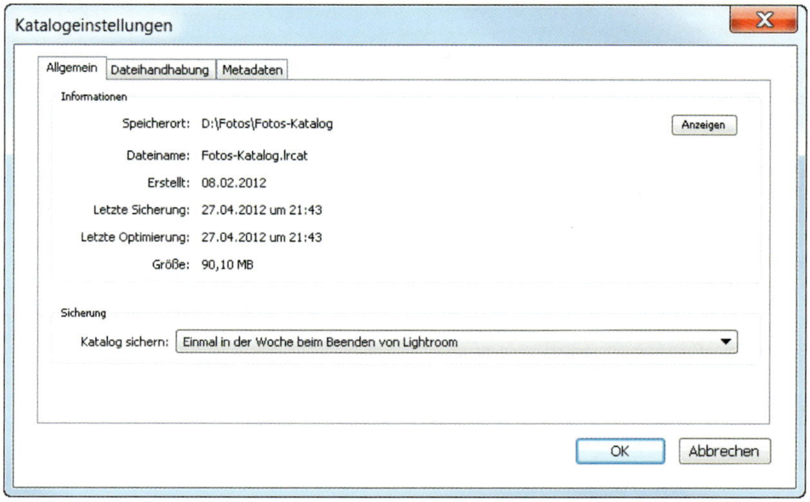

Abb. 6–3
Die Katalogeinstellungen enthalten Informationen und Einstellungen zum geöffneten Katalog.

Vorgaben, z. B. Importvorgaben, Filtervorgaben, Entwicklungsvorgaben usw. werden normalerweise global verwaltet, sodass sie für alle Kataloge zur Verfügung stehen. Sie können sie allerdings auch mit den einzelnen Katalogen speichern. Dazu wählen Sie in den Voreinstellungen unter *Vorgaben* die Option *Vorgaben mit Katalog speichern*. Vorgaben, die in einem Katalog angelegt werden, stehen in einem anderen dann allerdings nicht zur Verfügung. Im Normalfall ist die globale Speicherung also die sinnvollere Variante. In jedem Fall können Sie sich den Vorgabenordner über *Voreinstellungen* ▹ *Allgemein* anzeigen lassen, um Vorgaben zwischen Katalogen oder Computern auszutauschen.

6.2 Die Ordner-Palette

Die Ordner-Palette auf der linken Seite des Bibliothek-Moduls erlaubt den Zugriff auf die Fotos anhand ihrer Ordnerstruktur auf der Festplatte. Sie ist ein wichtiger Anlaufpunkt, vor allem wenn die Fotos gerade erst importiert sind und weder Metadaten vergeben noch Sammlungen eingerichtet wurden. Allerdings nicht nur dann. Ich greife immer wieder auf den Ordner eines Fotos zurück. Dazu wählt man im Kontextmenü eines Fotos *Gehe zu Ordner in Bibliothek*.

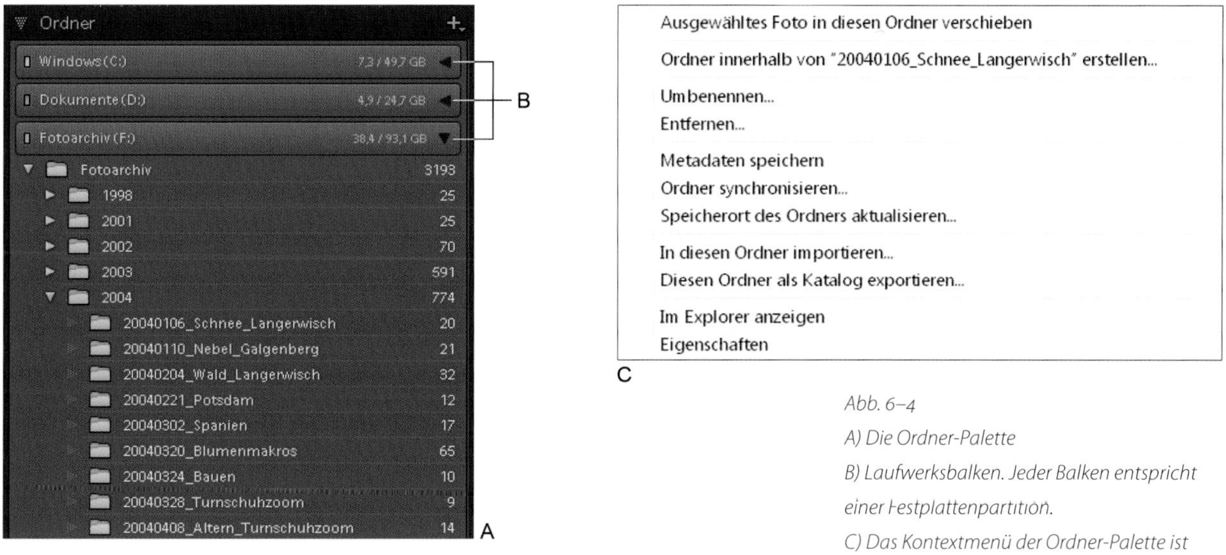

Abb. 6–4
A) Die Ordner-Palette
B) Laufwerksbalken. Jeder Balken entspricht einer Festplattenpartition.
C) Das Kontextmenü der Ordner-Palette ist ein Anlaufpunkt für viele wichtige Funktionen. Gerade wenn man Projektordner verwendet, sind einige davon sehr nützlich.

Darstellung der Ordnerstruktur

Die Palette stellt die Fotos als Verzeichnisbaum dar, so wie er in den Ordnern auf der Festplatte vorhanden ist. Die Ordner sind unter den Partitionen (logischen Laufwerken) zusammengefasst, auf denen sie liegen. Jede Partition verfügt über einen »Laufwerksbalken«, über den sich alle Ordner der Partition ein- oder ausblenden lassen (siehe Abb. 6–4 B).

Da Lightroom ein Katalogprogramm und kein Fotobrowser ist, sieht man dabei nicht die gesamte Festplatte, sondern immer nur die importierten Ordner und Unterordner – die angezeigte Ordnerhierarchie ist also nur ein Ausschnitt. Sie können die Ebene, ab der die Hierarchie angezeigt wird, anpassen: Der Ordner *Fotoarchiv* in der obigen Abbildung steht auf der höchsten Hierarchiestufe. Über die Funktion *Übergeordneten Ordner anzeigen* im Kontextmenü des Eintrags würde der Ordner oberhalb von *Fotoarchiv* mit in die Ordner-Palette einbezogen. Mit *Übergeordnetes Ele-*

ment ausblenden hingegen würde *Fotoarchiv* verschwinden und die Order mit den Jahreszahlen stünden ganz oben in der Hierarchie.

Ein Klick auf einen Ordner zeigt dessen Fotos und die Fotos seiner Unterordner im Filmstreifen/in der Rasteransicht an, sofern die Option *Bibliothek ▹ Fotos aus Unterelementen einschließen* gesetzt ist. Andernfalls werden Fotos in Unterordnern nicht angezeigt. Über ⇧ und Strg lassen sich mehrere Ordner zugleich auswählen. Sie können alle Ordner einer Partition gemeinsam auswählen, indem Sie Alt gedrückt halten und den Laufwerksbalken anklicken.

Dateioperationen ausführen

Über die Ordner-Palette kann man verschiedene Dateioperationen erledigen. Verschieben von Ordnern geht einfach per Drag and Drop (es lassen sich auch mehrere Ordner auswählen und gemeinsam verschieben). Genauso verschiebt man einzelne oder mehrere Dateien, indem man sie auf einen anderen Ordner zieht. Einen neuen Unterordner erstellen Sie über das Aufklappmenü im Palettenkopf bzw. über Strg-⇧-N. Ordner umbenennen können Sie über das Kontextmenü (siehe Abb. 6–4 C). Von dort lässt sich auch der Betriebssystemdialog mit den Ordner-Eigenschaften anzeigen, um z. B. die Ordnergröße zu ermitteln. Nach dem Import ist es ratsam, Dateioperationen nur noch in Lightroom auszuführen, da sonst evtl. Bilddateien oder Ordner neu zugewiesen werden müssen.

Ordner synchronisieren

Mit der Funktion *Ordner synchronisieren* (im Kontextmenü eines Ordners) können Sie die Katalogdaten für einen Ordner auf den neuesten Stand bringen. Sie fasst einige Funktionen zusammen, die es auch an anderen Stellen gibt und die man benötigt, wenn man von außen, mit anderen Programmen als Lightroom, an den Bilddateien arbeitet (siehe Abb. 6–5):

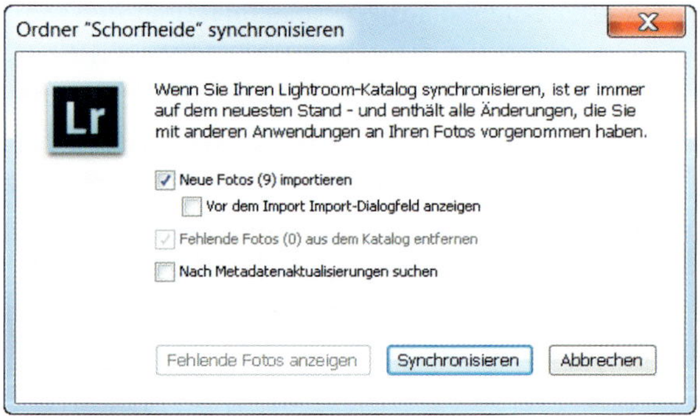

Abb. 6–5
Mit der Funktion »Ordner synchronisieren« passt man den Katalog an die Realität an.

- *Neue Fotos importieren:* Wenn seit dem Importieren in einem Ordner neue Bilddateien hinzugekommen sind, können Sie diese nachimportieren. Neue Bilddateien können z. B. von Photoshop im Ordner abgelegt worden sein.
- *Fehlende Fotos aus dem Katalog entfernen:* Löscht für diesen Ordner die Datensätze von Fotos, deren Bilddateien nicht mehr gefunden werden können, aus dem Katalog. Wenn Sie Fotos außerhalb von Lightroom mit dem Explorer/Finder gelöscht haben, können Sie sie auf diese Weise schnell aus dem Katalog entfernen. Achtung: Es kann sich auch einfach nur um Fotos handeln, die gerade »offline« sind oder aus anderen Gründen fehlen. Im Zweifel können Sie sich die Fotos daher zunächst über *Fehlende Fotos anzeigen* unten links im Dialog anzeigen lassen.
- *Nach Metadatenaktualisierungen suchen:* Überprüft die Metadaten bei den Bilddateien und aktualisiert gegebenenfalls die Metadaten im Katalog, falls die Daten bei den Bilddateien aktueller sind. Hiermit kann man den Lightroom-Katalog wieder auf den neuesten Stand bringen, wenn die Metadaten mit externen Programmen verändert wurden. Die Option hat eine ähnliche Funktion wie der Menübefehl *Metadaten ▹ Metadaten aus Datei(en) lesen*, der in Abschnitt 6.8 beschrieben ist.

6.3 Vorschauen erstellen

Im Bibliothek-Modul bekommt man stets nur die Vorschauen der eigentlichen Fotos zu sehen, die Lightroom im Katalogordner zusammen mit der Katalogdatei speichert. Es gibt Vorschauen in drei Größen, für drei verschiedene Zwecke:

- Minimalvorschauen für Miniaturen in der Rasteransicht
- Standardvorschauen für die kleinste Ansicht in der Lupenansicht (*Einpassen*)
- 1:1-Vorschauen für jede größere Ansicht

Lightroom ist auf Vorschauen für die Anzeige im Bibliothek-Modul angewiesen. Wenn keine Vorschau oder keine in der richtigen Größe existiert, muss es zunächst eine erstellen. Dazu muss es auf die Bilddatei zugreifen können.

Da es deutlich länger dauert, eine Vorschau zu erstellen, als eine existierende zu laden, können Sie die Geschwindigkeit des Programms in der Lupenansicht erheblich steigern, indem Sie Vorschauen im Vornherein anfertigen. Dies ist vor allem für die Sichtung wichtig (siehe Kapitel 5.9), während der man in der Regel alle Fotos hintereinander betrachtet. Dabei können Sie flexibel vorgehen und z. B. nur Standardvorschauen anlegen, falls Sie ohnehin während des Arbeitsvorgangs nicht in die Fotos hineinzoomen, oder 1:1-Vorschauen, falls Sie während der Sichtung auch die Schärfe von Fotos prüfen.

Abb. 6–6
Vorschauen erstellen
A) In der Rasteransicht legt Lightroom Standardvorschauen vorausschauend von selbst an. In der Miniatur werden dann kurz drei Punkte angezeigt.
B) Wenn Lightroom in der Lupenansicht »Daten werden geladen« anzeigt, erstellt es gerade eine Vorschau.

Vorschauen in der gewünschten Größe lassen sich entweder direkt während des Imports (siehe Seite 104) oder jederzeit danach erstellen. Dazu gibt es die Menübefehle *Bibliothek* ▹ *Vorschauen* ▹ *Vorschauen in Standardgröße rendern* bzw. *1:1-Vorschauen rendern*. Da 1:1-Vorschauen recht viel Platz einnehmen, lassen sie sich auch wieder löschen (*Bibliothek* ▹ *Vorschauen* ▹ *1:1-Vorschauen verwerfen*). Die betreffenden Fotos verfügen danach nur noch über Vorschauen in Standardgröße. Sie können sie über die Katalogeinstellungen auch automatisch nach einiger Zeit löschen lassen (siehe Abb. 6–7).

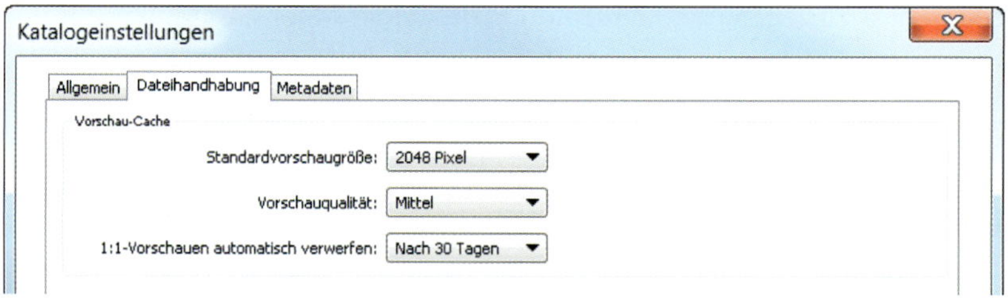

Abb. 6–7
Einstellungen zu den Vorschauen

Ebenfalls in den Katalogeinstellungen legen Sie die genaue Größe und JPEG-Qualität der Standardvorschauen fest. Die eingestellte Größe sollte (wenn möglich) mindestens der Breite des Monitors entsprechen, aber nicht größer als diese eingestellt werden. Wenn die Standardgröße zu klein eingestellt ist, muss Lightroom in der Lupenansicht bereits ohne Vergrößerung 1:1-Vorschauen erstellen, was die Arbeit erheblich verzögert.

Wie werden Vorschaudateien gespeichert?
Wie am Anfang dieses Kapitels gezeigt, beinhaltet jeder Katalogordner einen Ordner mit Vorschaudateien. Die Vorschauen werden im JPEG-Format gespeichert, die Dateien sind aber leicht modifiziert und können nicht einfach in ein Bildbearbeitungsprogramm geladen werden. Mithilfe des Skripts *ExtractPreviews* (siehe Abb. 6–8) können Sie Vorschaudateien aus einem Katalog als normale JPEG-Dateien speichern.

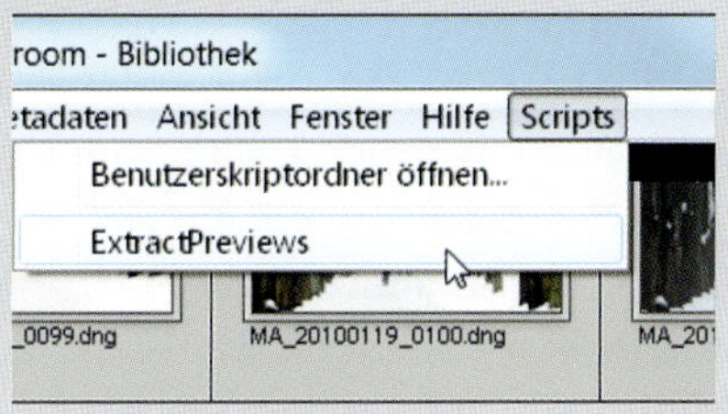

Abb. 6–8
Über das ExtractPreviews-Skript (siehe Anhang) lassen sich Vorschauen als JPEG-Dateien sichern. Falls man die Bilddateien verlieren sollte, aber die Fotos noch im Lightroom-Katalog sind, kann man so zumindest die Vorschauen retten.

Vorschauen liegen im Farbraum Adobe-RGB vor, nicht im Farbraum des Monitors. Dadurch können Sie Kataloge inklusive der Vorschaudateien einfach auf einem anderen Computer verwenden.

6.4 Offline-Verwaltung und fehlende Bilddateien

Wenn Sie Fotos importiert haben und die Vorschaudateien erstellt sind, brauchen Sie die Bilddateien nicht angeschlossen zu lassen (wenn sie sich z. B. auf einer externen Festplatte oder einem Netzlaufwerk befinden), um mit dem Katalog zu arbeiten – Sie können stattdessen *offline* arbeiten. Das erleichtert auch die Arbeit auf mehreren Computern. Sie können einfach den Katalog mit den Vorschaudateien z. B. auf den Laptop ziehen und dort weiter arbeiten und ihn später wieder zurück verschieben. Sie sollten davor lediglich Vorschauen in der benötigten Größe erstellen.

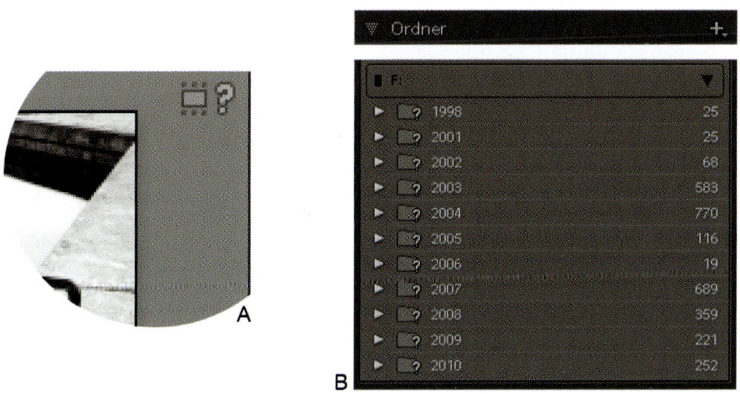

Abb. 6–9
Offline
A) Ein einzelnes Foto mit fehlender Bilddatei
B) Hier sind alle Ordner in der Ordner-Palette als fehlend markiert, weil die externe Festplatte nicht gefunden wurde. In diesem Fall reicht es, die Festplatte zu aktivieren.

Das Entwickeln von Fotos ist ohne die Bilddateien nicht möglich. Sie können aber nahezu alles im Bibliothek-Modul machen (Sichtung, Arbeit an Metadaten und Stichwörtern usw.). Auch das Diashow-Modul arbeitet nur mit den Vorschauen, Sie können also ohne Zugriff auf die Bilddateien z. B. auf dem Laptop eine Diashow abspielen. Ebenso ist im Drucken-Modul das Drucken im Entwurfsmodus möglich.

Wenn ein Foto oder ein Ordner von Lightroom nicht mehr gefunden werden kann, wird das Foto in der Rasteransicht oder der Ordner in der Ordner-Palette mit einem Fragezeichen gekennzeichnet. Wenn Sie mit den Fotos offline arbeiten, ist dieses Verhalten normal. Sobald die Fotos wieder verfügbar sind, verschwinden die Fragezeichen von selbst.

Es kann allerdings auch sein, dass in diesem Fall ein Fehler vorliegt und das Fehlen von Dateien oder Ordnern unbeabsichtigt ist, z. B. weil Dateien oder Ordner außerhalb von Lightroom verschoben, umbenannt oder gelöscht wurden. Lightroom kann Offline-Verwaltung nämlich nicht von unbeabsichtigt fehlenden Bilddateien unterscheiden.

Das Umbenennen von Bilddateien außerhalb von Lightroom kann übrigens sehr unangenehm werden, da Sie in diesem Fall jede Datei einzeln neu zuweisen müssen. Es ist also wirklich sehr empfehlenswert, sich nach dem Import auf die Stapelumbenennung in Lightroom zu beschränken.

Wenn ein Ordner außerhalb von Lightroom verschoben oder umbenannt wurde, müssen Sie dem Programm den Ordner erneut zeigen, bevor es auf die Fotos zugreifen kann. Dazu rufen Sie das Kontextmenü des Ordners auf und wählen *Fehlenden Ordner suchen*, woraufhin Sie den Ordner im Dateiauswahl-Dialog angeben können. Ebenso können Sie einzelne fehlende Fotos zuweisen, z. B. wenn Sie außerhalb von Lightroom Bilddateien in andere Ordner verschoben oder umbenannt haben. Dazu klicken Sie das Fragezeichen-Symbol in der Miniatur an.

Mit der Funktion *Bibliothek* ▹ *Nach fehlenden Fotos suchen* können Sie alle Fotos im Katalog anzeigen, deren Bilddateien im Moment fehlen. So können Sie überprüfen, ob alle Bilddateien vorhanden sind. In manchen Situationen ist diese Überprüfung wichtig, z. B. wenn Sie nach einem Festplattenausfall die Bilddateien wiederherstellen müssen und anschließend überprüfen wollen, ob alle berücksichtigt wurden.

6.5 Teilkatalog ausgeben (Als Katalog exportieren)

Als Katalog exportieren erstellt einen neuen Katalog, der einen Teil der Fotos des Ausgangskatalogs enthält. Der Ausgangskatalog bleibt dabei unverändert. Die Funktion eignet sich vor allem, um schnell einen kleinen Katalog zu erzeugen, der nur die Fotos enthält, die man für einen bestimmten Zweck benötigt. So kann man einen Katalog auf den Laptop kopieren, um Fotos unterwegs zu bearbeiten oder eine Diashow zu zeigen. Oder Sie könnten einen Katalog an einen Freund oder Kunden weitergeben, der ebenfalls Lightroom-Benutzer ist.

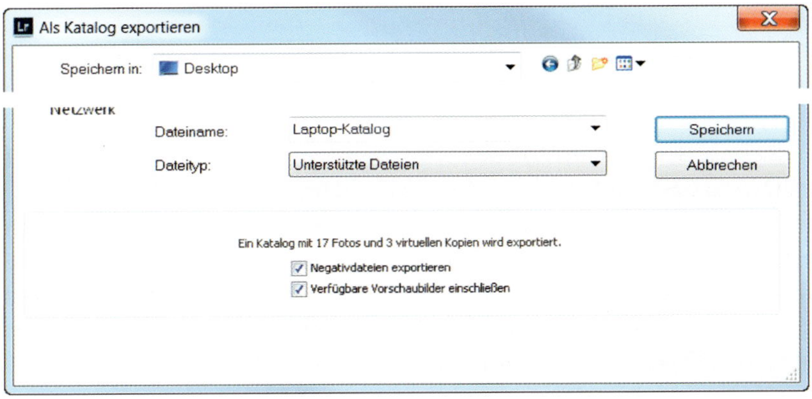

A

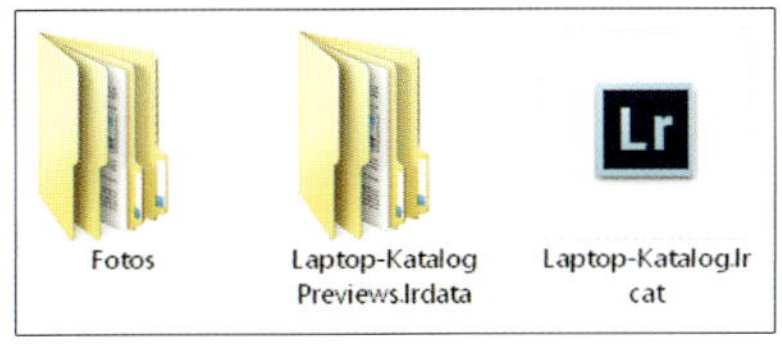

B

Abb. 6–10
A) Die Funktion »Als Katalog exportieren«
B) Wenn Sie die Bilddateien einbeziehen, werden diese direkt im ausgegebenen Katalogordner abgelegt. Dadurch können sie beim Kopieren oder Verschieben des Ordners nicht verloren gehen.

Zunächst wählen Sie die betreffenden Fotos aus und rufen *Datei ▷ Als Katalog exportieren* auf. Über die Paletten im Bibliothek-Modul lassen sich per Kontextmenü ganze Ordner, Sammlungen oder Fotos mit einem bestimmten Stichwort als Katalog exportieren. Im Dialog (siehe Abb. 6–10) können Sie einige Einstellungen treffen: Wenn Sie Fotos von den Entwicklungseinstellungen her bearbeiten wollen, müssen Sie die Bilddateien der Fotos einschließen (*Negativdateien exportieren*). Die Vorschaudateien sollten im Prinzip immer übernommen werden (*Verfügbare Vorschaubilder einschließen*).

6.6 Fotos entfernen

Das Entfernen von Fotos aus dem Katalog ist das Gegenteil vom Importieren – man löst die Verbindung zwischen Katalog und Bilddatei auf, die beim Importieren gesetzt wurde – bzw. der Katalog vergisst alles, was er über die Bilddatei weiß. Zwischen dem Entfernen und Löschen von Fotos (siehe unten) besteht ein grundlegender Unterschied. Beim Entfernen löscht das Programm nur die Datensätze über die Fotos aus dem Katalog – die Bilddateien bleiben erhalten.

Einzelne Fotos entfernt man über den Menüpunkt *Foto ▷ Fotos aus Katalog entfernen* oder über [Alt]-[←], ganze Ordner über das Kontextmenü eines Eintrags in der Ordner-Palette. Sie können das Entfernen über [Strg]-[Z] zurücknehmen.

In der Praxis ist die Funktion vor allem für die Arbeit mit mehreren Katalogen wichtig: um Fotos zu entfernen, die von einem anderen Katalog verwaltet werden sollen (siehe Abschnitt 6.9). Falls Sie nur einen Katalog verwenden, werden Sie Fotos vermutlich selten oder gar nicht entfernen müssen.

6.7 Fotos löschen

Beim Löschen von Fotos aus Lightroom werden sowohl Katalogeinträge als auch die Bilddateien gelöscht. Diese Funktion ist für Fotos, die Sie wirklich nicht mehr benötigen. Am einfachsten kann man löschen, wenn die Quelle aus der Ordner- oder der Katalog-Palette stammt: Beim Drücken der Taste [←] fragt Lightroom nach, ob die ausgewählten Fotos lediglich aus dem Katalog ausgetragen oder tatsächlich vom Datenträger gelöscht werden sollen (siehe Abb. 6–11 A).

In jedem Fall schiebt Lightroom beim Löschen die Bilddateien in den Papierkorb, sodass man bei versehentlichem Löschen den Fehler noch relativ leicht rückgängig machen kann. Das geht folgendermaßen: 1.) über [Strg]-[Z] das Entfernen aus dem Katalog rückgängig machen und 2.) über das Betriebssystem die Bilddateien aus dem Papierkorb wiederherstellen.

Aus der Schnellsammlung und normalen Sammlungen (siehe Kapitel 7.4) heraus zu löschen ist hingegen schwieriger, denn über [←] wird ein Foto nur aus der Sammlung entfernt. Auch aus Smart-Sammlungen heraus kann man Fotos nicht einfach löschen. Es gibt allerdings ein Tastaturkürzel, mit dem Sie Fotos aus jeder Quelle heraus löschen können (ohne Warnung): [Strg]-[Alt]-[⇧]-[←].

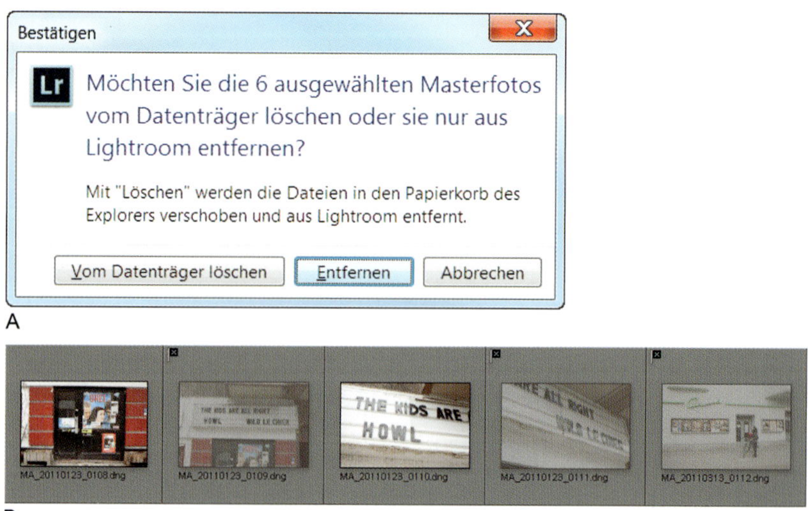

Abb. 6–11
Fotos löschen
A) Einzelne Fotos können Sie über die Taste [←] löschen oder entfernen.
B) Negative Flaggenmarkierungen lassen sich gut für die Kennzeichnung von Löschkandidaten einsetzen.

Das direkte Löschen von Fotos ist im Allgemeinen während des normalen Foto-Workflows nicht besonders effizient und auch fehleranfällig. Es ist sinnvoller, Fotos zunächst als Löschkandidaten zu markieren, z. B. mit einer negativen Flaggenmarkierung oder mit einem Farbetikett.

Auf diese Weise kann man sich alle Fotos noch einmal ansehen, bevor man sie endgültig löscht, sodass versehentliches Löschen weitgehend verhindert wird. Außerdem kann man so alle Fotos in einem Schritt löschen. Am komfortabelsten geht das, wenn man die negativen Flaggenmarkierungen benutzt. Dann kann man dazu einfach den Menübefehl *Foto ▷ Abgelehnte Fotos löschen* aufrufen oder [Strg]-[←] drücken (hierzu muss die Quelle ein Ordner sein).

Wann man Fotos löscht, hängt von der persönlichen Vorliebe ab. Manche Fotografen wollen schlechte Fotos gar nicht erst importieren und sortieren sie gleich im Importieren-Dialog aus; andere löschen sie möglichst bald nach dem Import; wieder andere erst nach Monaten. Das hat den Vorteil, dass nach einem solchen Zeitraum meist klar ist, dass die Fotos nicht länger benötigt werden. Der Anteil der gelöschten Fotos ist ebenfalls von Person zu Person verschieden. Manche behalten von 100 Fotos nur zwei bis drei, andere behalten fast alle.

6.8 Metadaten mit den Bilddateien speichern

Um die Metadaten eines Fotos in dessen Bilddatei zu speichern, rufen Sie *Metadaten ▷ Metadaten in Datei(en) speichern* auf oder drücken [Strg]-[S]. Danach lassen sich die Daten von anderen Programmen erkennen und bearbeiten. *Metadaten ▷ Metadaten aus Datei(en) lesen* macht das Gegenteil des obigen Befehls – es überschreibt die Katalogmetadaten mit den Metadaten der Bilddatei. So lassen sich Metadaten, die mit anderen Programmen verändert wurden, wieder in den Katalog holen.

Über die Ordner-Palette können Sie auch alle Fotos eines Ordners abgleichen. Fürs Speichern der Metadaten wählen Sie über das Kontextmenü eines Ordners die Funktion *Metadaten speichern*. Um Metadaten aus den Bilddateien zu lesen, können Sie die Ordner-synchronisieren-Funktion verwenden, ebenfalls über das Kontextmenü (mehr zu dieser Funktion siehe Seite 156).

Lightroom verfügt darüber hinaus über eine Automatik, die bei jeder Änderung der Metadaten eines Fotos diese von selbst in den Bilddateien speichert. Dazu stellen Sie in den Katalogeinstellungen hinter dem Metadaten-Reiter die Option *Änderungen automatisch in XMP speichern* ein. Ich halte diese Automatik allerdings nur bei Spezialfällen für geeignet, beispielsweise wenn Sie für einen begrenzten Zeitraum ständig zwischen Lightroom und *Bridge* bzw. *Camera Raw* wechseln. Generell halte ich es für besser, Metadaten nur dann zu speichern, wenn man sie außerhalb von Lightroom benötigt. Dadurch bleibt Lightroom performanter und das Dateisystem wird geschont.

Die Metadatenspeicherung ist im Prinzip für die Weitergabe von Daten an andere Programme gedacht. Wenn Sie ausschließlich Lightroom verwenden, benötigen Sie sie in der Regel nicht. Einige Benutzer, meist jene, die sich nie so recht mit Lightrooms Katalogkonzept anfreunden konnten, verwenden die Speicherung allerdings als eine Backup-Funktion. So sollen Änderungen wie Entwicklungseinstellungen und Metadaten über den Katalog hinaus gesichert werden. Ich rate allerdings davon ab, dies regelmäßig zu tun und dadurch ein Backup des Katalogs ersetzen zu wollen. Es ist wesentlich effizienter und auch in den meisten Fällen sicherer, ein Backup (mit verschiedenen Versionen) vom Katalog zu machen. Siehe dazu Seite 406.

Für Videos funktioniert das Speichern von Metadaten übrigens gar nicht. Ich gehe allerdings davon aus, dass dies in eine spätere Version von Lightroom eingebaut wird und man die Metadaten dann als XMP-Filialdatei exportieren kann.

Status anzeigen

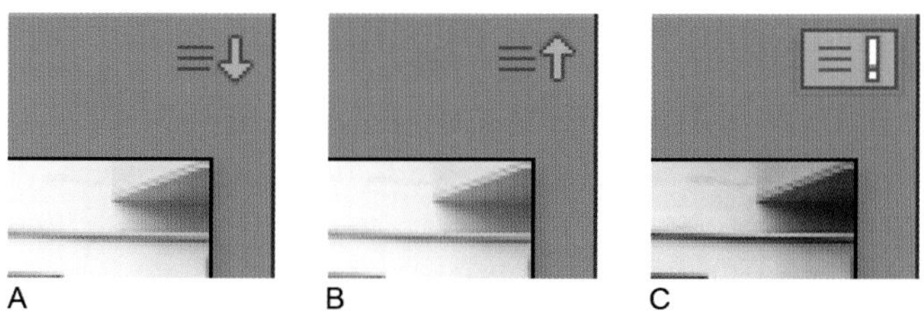

Abb. 6–12
Abgleichsstatus in den Miniaturen
A) Wurde geändert
B) Auf Datenträger geändert
C) Konflikt gefunden. Klicken Sie auf das Ausrufezeichen, um ihn zu beheben.

Den Status der Metadatenspeicherung können Sie sich für jedes Foto anzeigen lassen. Er wird in der Metadaten-Palette unter *Metadatenstatus* angezeigt oder auch in den Miniaturen der Rasteransicht (siehe Abb. 6–12). Seit Lightroom 4 können Sie den Status auch in der Filterleiste verwenden oder eine Smart-Sammlung darauf aufbauen. Der Status ist einer der folgenden:

- *Aktuellster Stand:* Der Katalog und die Bilddatei-Metadaten sind gleich; dies ist der Fall, nachdem gespeichert wurde, oder bei automatischer Speicherung.
- *Wurde geändert*: Der Katalog ist aktueller als die Bilddatei-Metadaten; dies ist der Normalzustand, wenn selten oder gar nicht gespeichert wird.
- *Auf Datenträger geändert*: Die Bilddatei-Metadaten sind aktueller als der Katalog, d. h., sie wurden von einem anderen Programm als Lightroom verändert.

- *Konflikt gefunden:* Metadaten wurden seit dem letzten Abgleich sowohl im Katalog als auch von außen in der Bilddatei geändert. In diesem Fall müssen Sie entscheiden, wo die aktuelleren Metadaten sind. Im Zweifelsfall würde ich die Daten im Katalog vorziehen.

Metadatenspeicherung konfigurieren

In den Katalogeinstellungen gibt es hinter dem Metadaten-Reiter neben der automatischen Speicherung (siehe oben) zwei weitere Einstellungen, die die Metadatenspeicherung betreffen:

- *Entwicklungseinstellungen in … JPEG-, TIFF- und PSD-Dateien einschließen:* Bei RGB-Dateien können Sie entscheiden, ob Entwicklungseinstellungen von der Speicherung ausgeschlossen werden sollen. Eine RGB-Datei mit Entwicklungseinstellungen wird von Photoshop nicht direkt, sondern über Camera Raw geöffnet, um den Einstellungen Rechnung zu tragen.
- *Datums- oder Zeitänderungen in proprietäre Raw-Dateien schreiben*: Normalerweise schreibt Lightroom in proprietäre Raw-Dateien nichts hinein, alle Metadaten werden in die Filialdatei geschrieben. Wenn Sie die EXIF-Aufnahmezeit nachträglich verändert haben (siehe Seite 120), möchten Sie aber vielleicht auf Nummer sicher gehen und die neue Zeit auch in die Raw-Dateien selbst schreiben.

6.9 Mit mehreren Katalogen arbeiten

Kataloge abgleichen (Aus anderem Katalog importieren)

Die Funktion *Aus anderem Katalog importieren* ist eine Synchronisierungsfunktion. Sie wird benötigt, um Daten zwischen Katalogen abzugleichen, sie kann dabei aber auch Bilddateien übertragen (ähnlich wie der Importieren-Dialog Fotos importieren und übertragen kann). Die Funktion wird aufgerufen über *Datei ▹ Aus anderem Katalog importieren* oder über den Knopf links unten im Bibliothek-Modul bei gedrückter [Alt]-Taste.

Der Datenabgleich funktioniert immer nur in eine Richtung. Der gerade geöffnete Katalog ist dabei immer der Zielkatalog, in den übertragen wird. Wenn Sie die Funktion aufrufen, geben Sie als Erstes den Quellkatalog an, aus dem Sie die Daten übernehmen möchten. Im sich anschließend öffnenden Dialog (siehe Abb. 6–13) trifft man die Einstellungen für den Abgleich. Diese wirken unter Umständen komplizierter, als sie sind. Es gibt auf der einen Seite zwei **Arten von Fotos**, mit denen man es zu tun haben kann. Die Arten werden im Dialog im Bereich links unten aufgelistet:

- *Neue Fotos*, also Fotos, die im Quellkatalog, aber nicht im Zielkatalog vorhanden sind; Diese können auf Wunsch in den Zielkatalog importiert werden.
- *Vorhandene/Existierende Fotos*, also Fotos, die bereits in beiden Katalogen vorhanden sind; für diese können die Metadaten im Zielkatalog durch die des Quellkatalogs ersetzt werden.

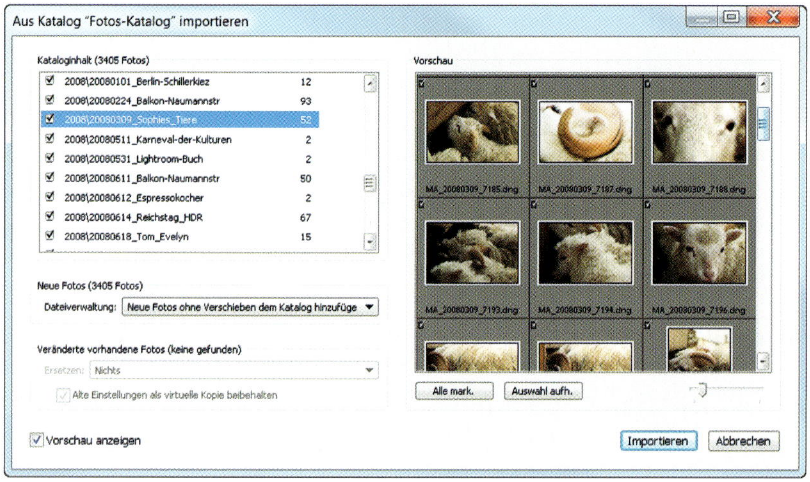

Abb. 6–13
»Aus anderem Katalog importieren«. Hier wurde der Arbeitskatalog aus dem Archivkatalog heraus geöffnet. Sie können einzelne Ordner (oben) und einzelne Fotos (rechts) auswählen.

Auf der anderen Seite gibt es zwei verschiedene **Konstellationen**, mit denen man es zu tun haben kann:

- Man verwaltet mit Quell- und Zielkatalog dieselben Bilddateien. Für jedes Foto gibt es nur eine Bilddatei.
- Man verwaltet separate Bilddateien. Für jedes Foto gibt es zwei Bilddateien, jeder Katalog verwaltet seine eigene.

Siehe dazu auch die Szenarien unten. Von der Konstellation hängt es dann ab, ob über den Dialog auch Bilddateien übertragen werden oder nicht. Dies stellt man über die Aufklappmenüs und Auswahlkästchen links unten im Dialog ein. Mehr zu den einzelnen Einstellungen siehe unten.

Über den oberen Teil des Dialogs *Aus anderem Katalog importieren* lassen sich übrigens einzelne Ordner und einzelne Fotos auswählen. So können Sie den Abgleich auf bestimmte Fotos begrenzen.

Katalogszenarien

Das Arbeiten mit mehreren Katalogen kann für die unterschiedlichsten Zwecke sinnvoll sein. Im Folgenden stelle ich drei grundverschiedene Szenarien vor. Eines ist allerdings nicht darunter: Auf alles, was mit der Trennung von Arbeits- und Archivkatalog zu tun hat, gehe ich gesondert in Kapitel 18.4 ein.

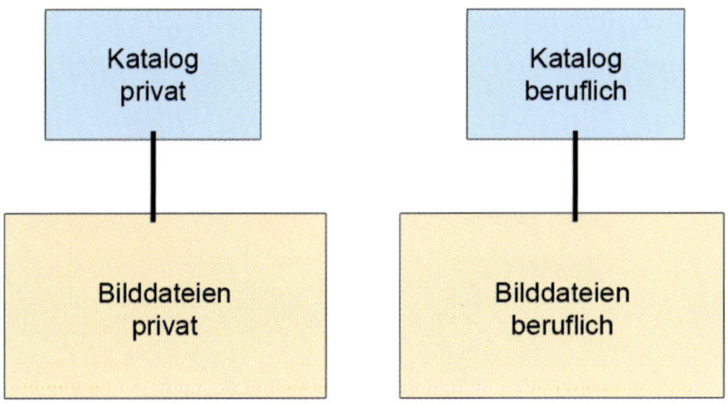

Abb. 6–14
Im einfachsten Fall haben zwei Kataloge – und die mit ihnen verwalteten Fotos – nichts miteinander zu tun.

Verschiedene Arten von Fotos verwalten

Im einfachsten Fall haben die Fotos bzw. die Mediendateien verschiedener Kataloge nichts oder nur wenig miteinander zu tun. Dann brauchen Sie auch keinerlei Daten zwischen den Katalogen auszutauschen. Beispielsweise wenn:

- Sie berufliche und private Fotos trennen wollen.
- Sie jedes Foto-Projekt oder jeden Auftrag als verschiedene Art von Fotos betrachten und daher jeweils in einem eigenen Katalog verwalten.
- Sie in einem Katalog Ihre Fotos und in einem zweiten Katalog andere Bilddateien verwalten, z. B. Photoshop Illustrationen.
- Sie Fotos und Videos trennen wollen.

Wenn Sie Fotos in verschiedenen Katalogen verwalten, können Sie nicht alle Fotos gleichzeitig durchsuchen, da Lightroom immer nur einen Katalog geöffnet haben kann. Aus diesem Grund ist eine Aufteilung wie hier beschrieben nur sinnvoll, wenn solche Suchen (z. B. in Fotos *und* Videos) nicht erforderlich sind.

Dieselben Bilddateien mit mehreren Katalogen verwalten

In einigen Fällen ist es sinnvoll, dieselben Bilddateien mit mehreren Katalogen zu verwalten, z. B. wenn:

- die Bilddateien sich auf einem Netzlaufwerk befinden und mehrere Computer je über ihren eigenen Katalog auf sie zugreifen.
- Sie einen zusätzlichen Katalog für englische Metadaten verwenden wollen, z. B. für die Veröffentlichungsdienste (siehe Seite 367).

Bei diesem Szenario kann man die Kataloge über die Funktion *Aus anderem Katalog importieren* abgleichen. Das Kopieren von Bilddateien muss hierbei ausgeschlossen werden. Fürs Importieren von neuen Fotos in einen der Kataloge (aus dem anderen Katalog) stellt man dazu im Bereich *Neue Fotos* die Einstellung *Dateiverwaltung* auf *Neue Fotos ohne Verschieben hinzufügen*.

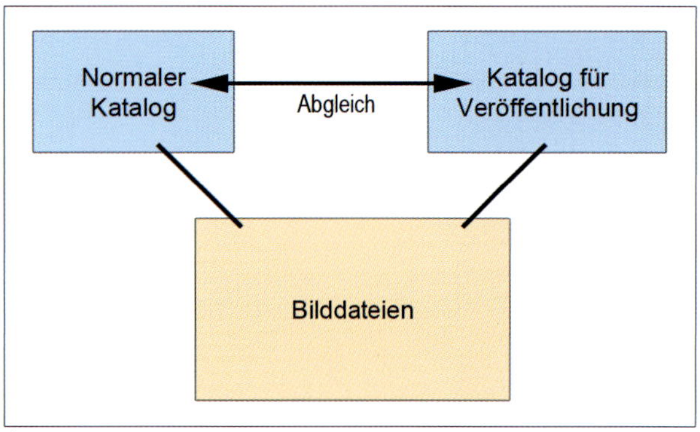

A

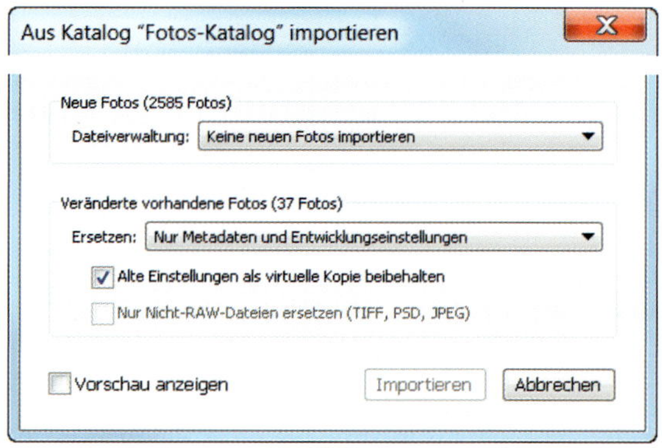

B

Abb. 6–15
A) In einem weiteren Fall verwalten beide Kataloge dieselben Bilddateien.
B) Hier werden Fotos, die in beiden Katalogen vorhanden sind, im Zielkatalog aktualisiert; d. h., die Metadaten des Zielkatalogs werden durch die des Quellkatalogs überschrieben.

Fürs Ersetzen der Metadaten des Zielkatalogs durch die des Quellkatalogs bei bereits vorhandenen Fotos setzt man dazu im Dialog-Teil *Veränderte vorhandene Fotos* die Einstellung *Ersetzen* auf *Nur Metadaten und Entwicklungseinstellungen* (siehe Abb. 6–15 B).

Bei der Verwaltung von Fotos über mehrere Kataloge kann es schnell zu Konflikten kommen, bei denen man nicht mehr weiß, in welchem Katalog sich die aktuelle Version der Metadaten und Entwicklungseinstellungen befindet. Noch unangenehmer wird es, wenn Sie ein Foto parallel in beiden Katalogen bearbeiten. Das Zusammenführen ist schwierig und lohnt den Aufwand in der Regel nicht. Hier empfiehlt es sich, diszipliniert zu sein, sobald ein Foto von zwei Katalogen verwaltet wird. Dazu kann man z. B. Veränderungen generell nur in einem der Kataloge machen und diese dann stets auf den anderen übertragen.

Sollte es dennoch zu Konflikten kommen, können Sie beim Ersetzen der Metadaten auch die alten Metadaten in Form von virtuellen Kopien beibehalten (*Alte Einstellungen als virtuelle Kopie beibehalten*). So können Sie sie nach dem Abgleich vergleichen. Mehr zu virtuellen Kopien siehe Kapitel 7.3.

Desktop-/Laptop-Workflow

Viele Fotografen haben einen Lightroom-Katalog auf dem Desktop-Computer und einen auf dem Laptop. Dies ist aus zwei Gründen sinnvoll:

- Sie können Fotos zuerst auf den Laptop importieren und anschließend auf den Desktop (wo der Hauptkatalog liegt) übertragen; diese Situation ergibt sich z. B. auf Fotoreisen, wenn Sie unterwegs die Fotos schon bearbeiten wollen.
- Sie können Fotos vom Desktop auf den Laptop übertragen, um sie unterwegs zu bearbeiten.

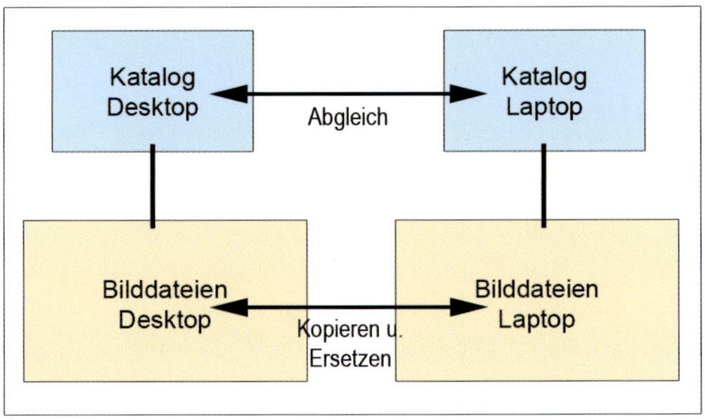

A

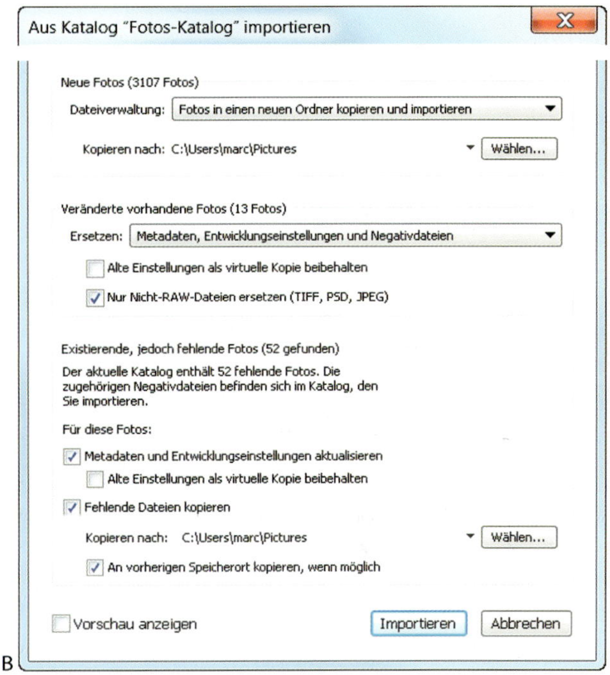

B

Abb. 6–16

A) Beim Desktop-/Laptop-Workflow verwaltet jeder Katalog seine eigene Bilddatei für ein Foto.

B) Beim Abgleich geht es unter anderem auch darum, Bilddateien zu kopieren und zu ersetzen.

Hier können Sie für den Abgleich ebenfalls die Funktion *Aus anderem Katalog importieren* verwenden. Dazu schließen Sie am besten den Laptop per Netzwerk an den Desktop-Rechner an, rufen die Funktion vom Desktop bzw. Laptop auf, je nach Übertragungsrichtung, und wählen dort den Katalog auf dem anderen Rechner direkt aus.

Beim Importieren von neuen Fotos müssen Sie in diesem Fall aufpassen, dass die neuen Bilddateien kopiert werden (unter *Neue Fotos/Dateiverwaltung* muss dazu *Fotos in einen neuen Ordner kopieren und importieren* eingestellt sein).

Den Metadatenabgleich für vorhandene Fotos können Sie entweder wie für das obige Szenario einstellen (*Ersetzen* auf *Nur Metadaten und Ent-*

wicklungseinstellungen stellen). Sie können aber auch gleich Bilddateien ersetzen lassen, die sich evtl. auf der Quellseite verändert haben, z. B. wenn Sie auf dem einen Rechner RGB-Dateien in Photoshop verändert haben und jetzt auf den anderen Rechner übertragen wollen. Dazu setzen Sie die Einstellung auf *Metadaten, Entwicklungseinstellungen und Negativdateien*.

Es kann außerdem der Fall auftreten, dass der Zielkatalog Fotos enthält, für die im Ziel im Moment keine Bilddateien vorhanden sind, z. B. weil Sie auf dem Laptop aus Platzgründen nicht immer alle Bilddateien vorrätig haben können (wenn Sie ab und zu Bilddateien auf den Laptop kopieren, um sie dort zu bearbeiten). Diese tauchen unter *Existierende, jedoch fehlende Fotos* auf, wo Sie die Bilddateien von der Quelle kopieren und/oder die Metadaten ersetzen lassen können (siehe Abb. 6–16 B).

6.10 Das DNG-Format

Das DNG-Format ist ein in ständiger Entwicklung begriffenes Format vorwiegend für Raw-Fotos, das vor allem Vorteile für die Bildverwaltung mit sich bringt. Mit Lightroom 4 erhält das Format einige zusätzliche Funktionen: die schnell ladenden Daten, die Möglichkeit, Bilddaten verlustreich zu komprimieren und auch zu verkleinern, sowie eigene Metadaten. Doch zunächst zu den grundlegenden Eigenschaften.

Eigenschaften des Formats

Normale Kompression

DNG-Dateien werden verlustfrei komprimiert (zur neuen verlustreichen Kompression siehe unten). Dadurch sinkt die Dateigröße gegenüber den meisten Raw-Dateien um ca. 20 %. Die komprimierten Daten werden dabei »gekachelt«, also innerhalb der Datei in mehreren Stücken abgelegt. Bei der Dekomprimierung kann Lightroom einen Mehrkernprozessor voll ausnutzen, sodass jeder Kern ein Stück bekommt.

Die meisten Kameras, die DNGs direkt ausgeben, verzichten auf diese Komprimierung. Falls Sie eine solche Kamera verwenden, können Sie Ihre DNG-Dateien in Lightroom nach DNG konvertieren, um kleinere Dateien zu erhalten.

JPEG-Vorschau

Lightroom kann in eine DNG-Datei eine JPEG-Vorschau des Fotos mit angewendeten Entwicklungseinstellungen einbetten. Viele Bildverwaltungsprogramme können die DNG-Vorschauen lesen und so die Fotos im bearbeiteten Zustand anzeigen, ohne dass sie selbst Entwicklungseinstellungen verstehen. Es gibt zwei mögliche Vorschaugrößen, die man bei der Konvertierung einstellen kann: Die *mittlere Größe* reicht knapp bis zu einer bildschirmfüllenden Darstellung, die *volle Größe* erlaubt die Anzeige in Originalgröße (1:1). Ändern sich die Entwicklungseinstellungen, muss die Vorschau bei Bedarf von Hand aktualisiert werden (siehe unten). Lightroom selbst benötigt die Vorschauen nicht, da es seine eigenen Vorschauen erzeugt und zentral verwaltet (siehe Abschnitt 6.3).

Raw-Originaldatei einbetten

Bei der Konvertierung ins DNG-Format kann Lightroom die alte Raw-Datei in die DNG-Datei einbetten. Dies ist eine praktische Möglichkeit, die Original-Raw-Datei zu erhalten, falls Sie das möchten. Diese kann später mit dem *Adobe DNG Converter* wieder extrahiert werden. Die komplette Rückmigration vom DNG-Format wird so möglich (ist aber kein einfacher Prozess). Allerdings werden die DNG-Dateien durch die Einbettung erheblich größer, was auch dazu führt, dass viele Arbeitsschritte etwas länger dauern. Falls Sie eher sparsam fotografieren und nur die besten Fotos behalten, ist das vielleicht eine gute Möglichkeit für Sie.

Bilddaten-Fingerabdruck

Alle DNG-Dateien, die mit Lightroom 1.4.1 oder später konvertiert wurden, erhalten automatisch eine Prüfsumme für die Bilddaten und – sofern vorhanden – für die eingebettete Original-Raw-Datei. Dies ist eine wichtige Funktion für den Erhalt der Datenintegrität. Wie Sie die Prüfsumme verwenden können, um die Integrität Ihrer DNG-Dateien zu überprüfen, lesen Sie auf Seite 404.

RGB-Dateien ins DNG-Format konvertieren

Das DNG-Format ist als Format für Raw-Daten entstanden, kann aber auch für RGB-Dateien verwendet werden. Sie können z. B. TIFF- oder JPEG-Dateien nach DNG konvertieren. Seit Lightroom 4 lassen sich auch Kamera-JPEGs gut in DNGs konvertieren, ohne dass die Bilddaten dabei verändert werden (früher wurden sie intern in TIFF konvertiert, was die DNG-Datei viel größer machte als das ursprüngliche JPEG). Mit Lightroom 4.1 sind auch HDR-Bilder konvertierbar.

Es kommt mir zwar immer noch wie ein Abenteuer vor, RGB-Dateien ins DNG-Format umzuwandeln. Es hat aber klare Vorteile: Erstens können Sie die Prüfsumme verwenden, um Datenveränderungen zu erkennen. Zweitens lassen sich Änderungen, die Sie über Entwicklungseinstellungen an den Dateien vornehmen, mithilfe der eingebetteten Vorschauen auch außerhalb von Lightroom erkennen. Es gibt allerdings keine Möglichkeit der Rückkonvertierung. Falls Sie erwägen, RGB-Dateien ins DNG-Format zu konvertieren, wäre daher mein Ratschlag, es zunächst auszuprobieren und die Originaldateien dabei eine Zeit lang nebenher zu sichern. Während dieser Zeit können Sie überprüfen, ob all Ihre Software mit den Dateien zurechtkommt.

Neue DNG-Funktionen in Lightroom 4

Schnell ladende Daten einbetten

Diese Option (im Dialog: *Schnell ladende Dateien einbetten*) ist eine Ergänzung zum Camera-Raw-Cache im Entwickeln-Modul (siehe Kapitel 8.1). Ist sie eingeschaltet, bettet Lightroom bei der Konvertierung eine vorkonvertierte, verkleinerte Version der Rohdaten ins DNG ein. So kann Lightroom im Entwickeln-Modul schneller loslegen, d. h., ein Foto wird dort schneller angezeigt, sobald es zum ersten Mal oder nach langer Zeit wieder geladen wird (sonst sorgt der Camera-Raw-Cache für ein schnelles Laden, auch ohne die Option). Da die Größe der DNG-Datei kaum zunimmt, kann diese Option bedenkenlos verwendet werden. Ältere DNG-Dateien können Sie über die Funktion *DNG-Vorschau und Metadaten aktualisieren* nachrüsten (siehe unten).

Verlustreiche Komprimierung

Mit der verlustreichen oder **Lossy**-Komprimierung lässt sich eine DNG-Datei auf 25–50 % der Größe einer normalen DNG-Datei verkleinern, das aber unter Inkaufnahme zweier Nachteile:

- Die Rohdaten werden für die Speicherung von den ursprünglichen Mosaikdaten in lineare RGB-Daten überführt. Sie sind also nur noch »halbroh«. Das heißt auch, dass zukünftige Verbesserungen beim *Demosaicing* nicht mehr genutzt werden können. Hier sind aber keine bahnbrechenden Verbesserungen zu erwarten, möglicherweise geringste Verbesserungen in den Bilddetails. Die allermeisten Raw-Eigenschaften wie nachträglich anpassbarer Weißabgleich und Lichterwiederherstellung bleiben hingegen erhalten.
- Die Farbtiefe wird auf 8 bit reduziert (mithilfe einiger Tricks gehen dabei aber weniger Bilddetails als üblich verloren). Schließlich wird das Bild mit dem JPEG-Algorithmus bei hoher Qualität komprimiert. In einigen Fällen, vor allem bei stark bearbeiteten Fotos, kann es dadurch zu geringen Qualitätseinbußen kommen.

Im Ergebnis erhält man eine Art »kleinen Bruder« des großen DNG-Formats – kein Ersatz für das eigentliche DNG-Format, sondern eher eine Alternative für JPEG-Dateien mit dem Bearbeitungsspielraum von Raw. Geeignet ist die verlustreiche Komprimierung für alle Fotos, bei denen das letzte Quäntchen Bildqualität nicht das Entscheidende ist: für Einzelbilder in Zeitraffer-Videos oder Panoramen oder für Ausschuss, den Sie archivieren müssen oder wollen. Auch Canons verkleinerte s-Raw/m-Raw-Dateien lassen sich gut in dieses Format konvertieren.

Kameras von Herstellern, die DNG unterstützen, werden in Zukunft diese Art auch direkt ausgeben können. Die verlustreiche Komprimierung lässt sich nicht während des Imports verwenden, sondern nur über die Funktion *Fotos in DNG konvertieren* (siehe unten). Dies ist eine Sicherheitsmaßnahme.

DNGs mit verringerten Bildmaßen

Neben der verlustreichen Komprimierung gibt es in Lightroom 4 die Möglichkeit, DNGs mit verringerten Bildmaßen zu erstellen. Diese Dateien lassen sich jedoch weder beim Import noch im Bibliothek-Modul erzeugen, nur im Exportieren-Dialog (siehe Kapitel 15) findet sich diese Option. Sie kann verwendet werden, um z. B. einem Kunden oder Geschäftspartner eine verkleinerte Version (»Demo-Release«) eines Fotos zu schicken. Verkleinerte DNGs sind immer verlustreich komprimiert.

Fotos in DNG konvertieren

Fotos können jederzeit nach dem Import ins DNG-Format konvertiert werden. Hierzu rufen Sie *Bibliothek ▹ Fotos in DNG konvertieren* auf (siehe Abb. 6–17). Hier haben Sie auch Optionen zur Verfügung, die während des Imports aus Sicherheitsgründen nicht vorhanden sind: die Konvertierung von RGB-Dateien und die verlustreiche Komprimierung. Als Vorsichtsmaßnahme können Sie im Anschluss an eine Konvertierung mit dieser Funktion die DNG-Metadaten überprüfen (siehe Abb. 6–18).

Die meisten Optionen wurden bereits in den obigen beiden Abschnitten erwähnt. An dieser Stelle einige Ergänzungen für die Konvertierung selbst, d. h. die beiden Optionen *Originale löschen* und *Kompatibilität*. Zur DNG-Konvertierung während des Imports siehe auch Seite 99.

Originale nach Konvertierung löschen

Ich halte es für eine gute Idee, diese Option ständig gesetzt zu lassen. Andernfalls verbleiben die Originaldateien mit den DNG-Dateien zusammen in einem Ordner, wo man sie leicht vergessen kann (und später weiß man oft nicht mehr, um welche Dateien es sich handelt). Daher mein Ratschlag: Wenn Sie die alten Dateien aufheben wollen, kopieren Sie sie vorher.

Kompatibilität

Diese Option erzwingt die Kompatibilität der konvertierten DNG-Dateien zu einer bestimmten Version von *Camera Raw* oder Lightroom. Sie sorgt dafür, dass DNG-Optionen, die mit der eingestellten Version inkompatibel sind, nicht verwendet werden. In der Regel können Sie die Kompatibilität auf der höchsten Stufe, also Camera Raw 6.6, eingestellt lassen. Falls Sie auf eine ältere Version angewiesen sind, stellen Sie hier einfach die entsprechende Camera-Raw-Version ein (Lightroom-Entsprechungen siehe Tabelle). Wenn Sie z. B. *Photoshop CS4* verwenden, ist die aktuellste Camera-Raw-Version dafür 5.4. In dem Fall könnte die verlustreiche Komprimierung nicht verwendet werden, da sie erst ab *Camera Raw 6.6* verarbeitet werden kann.

Tab. 6–1
Versionsentsprechungen zwischen Camera Raw und Lightroom

Camera Raw	Lightroom
6.6	3.6
5.4	2.4
4.6	1.4.1
4.1	1.1
2.4	1.0

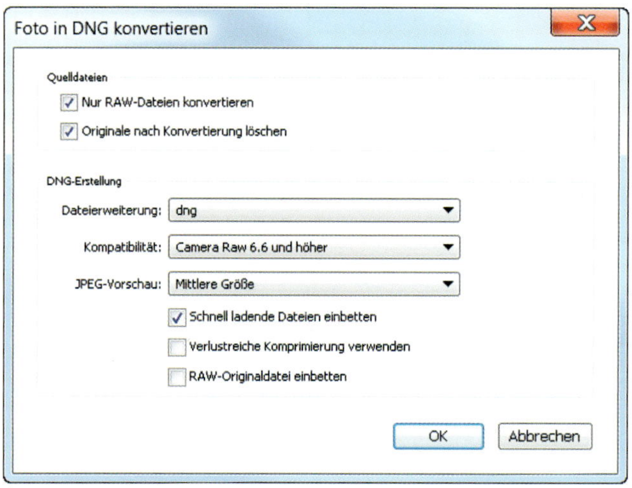

A

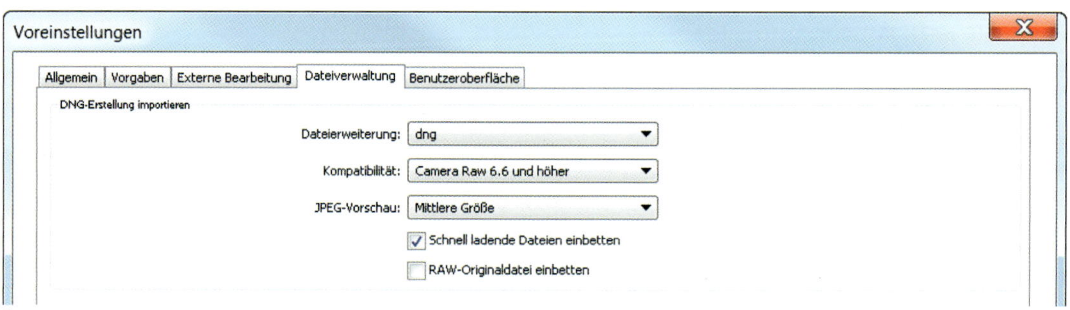

B

Abb. 6–17
DNG-Konvertierung
A) Foto in DNG konvertieren
B) Die Konvertierungsoptionen für die Funktion »DNG-Vorschau und Metadaten aktualisieren« sind dieselben wie für den Import.

DNG-Vorschau und Metadaten aktualisieren

Mithilfe der Funktion *DNG-Vorschau und Metadaten aktualisieren*, die sich im Metadaten-Menü befindet, bringt man eine bestehende DNG-Datei auf den neuesten Stand. Dabei werden einerseits die momentanen Metadaten eines Fotos in die Datei gespeichert (wie beim Befehl *Metadaten speichern*). Darüber hinaus wird die eingebettete Vorschau der DNG-Datei aktualisiert, sodass sie den aktuellen Entwicklungseinstellungen des Fotos entspricht. Wie weiter oben erläutert, ist das nur von Belang, falls die Fotos außerhalb von Lightroom richtig angezeigt werden sollen.

Die Funktion macht aber noch deutlich mehr als das, was ihr Name verrät. Im Prinzip schreibt sie die ganze DNG-Datei neu und verwendet dabei diejenigen DNG-Optionen, die auch für den Import eingestellt wurden (siehe Abb. 6–17 B). Sie können also bei bestehenden DNG-Dateien

- die Vorschaugröße ändern, z. B. von mittlerer auf volle Größe oder andersherum,
- die schnell ladenden Daten einbetten oder entfernen,
- eine andere Kompatibilität erzwingen (Vorsicht!).

Ich empfehle, in den Voreinstellungen (siehe Abb. 6–17 B) die DNG-Kompatibilität auf der höchsten Stufe eingestellt zu lassen und nur bei Bedarf zu ändern. Das gilt besonders für den Fall, dass Sie DNGs mit verlustreicher Komprimierung verwenden. Wenn für diese Dateien nachträglich eine geringere Kompatibilität erzwungen wird, steigt deren Dateigröße erheblich an (weil Lightroom die ursprünglich JPEG-komprimierten Bilddaten dann als TIFF komprimierte Bilddaten innerhalb der DNG-Datei speichert; JPEG-Komprimierung wurde früher noch nicht unterstützt).

DNG-Metadaten

Mit Lightroom 4 gibt es erstmals Metadaten für DNG-Dateien, die Sie über die Metadaten-Palette abrufen können. Diese enthalten unter anderem Informationen darüber, mit welchen Optionen die DNG-Datei erstellt wurde (siehe Abb. 6–18). Stellen Sie dazu einfach das Aufklappmenü oben links in der Palette auf *DNG*. Darüber hinaus ist es möglich, eine Reihe dieser Metadaten in der Filterleiste und in Smart-Sammlungen zu verwenden. Falls bei älteren DNG-Dateien keine Metadaten angezeigt werden sollten, müssen Sie zunächst die Funktion *DNG-Vorschau und Metadaten aktualisieren* aufrufen.

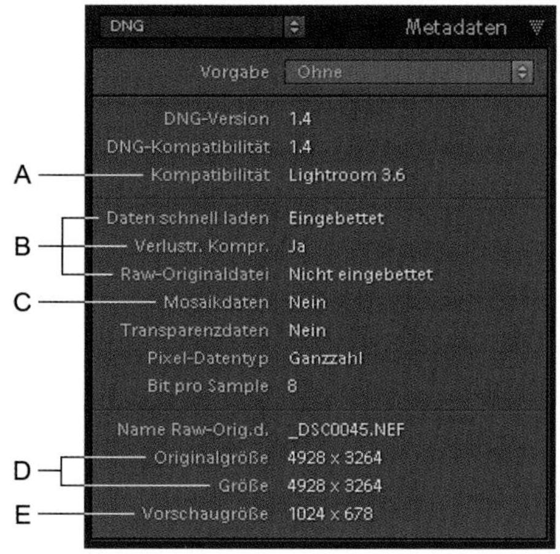

Abb. 6–18
DNG-Metadaten, im Folgenden die wichtigsten:
A) Kleinste Lightroom-Version, mit der die Datei geöffnet werden kann
B) Einige Eigenschaften der DNG-Datei
C) Enthält die Datei noch Mosaikdaten oder ist sie bereits »halbroh«?
D) Hat die Datei noch die ursprünglichen Bildmaße?
E) Größe der eingebetteten Vorschau

7 Organisation im Katalog

Lightroom bietet über den Katalog verschiedene Organisationsmittel an, die die Arbeit zum Teil erheblich erleichtern. Der Nachteil ist, dass diese Mittel nicht zu den Standardmetadaten zählen und damit auch nur in Lightroom verwendet werden können.

Zunächst geht es um die Flaggenmarkierungen, eine Art permanentes Markierungswerkzeug, das das Zusammenstellen von Fotos erleichtert. Mit Stapeln können Sie innerhalb von Ordnern für mehr Übersicht sorgen. Mit virtuellen Kopien hingegen lassen sich verschiedene Varianten von Fotos verwalten.

Ein wichtiges Werkzeug sind die Sammlungen, mit denen Sie eine zu den Ordnern auf der Festplatte alternative Ordnung für Ihre Fotos aufbauen können. Mit normalen Sammlungen lassen sich Fotos von Hand zusammenstellen, mit Smart-Sammlungen können Sie Fotos automatisch gruppieren lassen.

Am Schluss des Kapitels finden Sie außerdem die Übersichtsansicht, die das Auswählen von Fotos erleichtert, und die Diashow im Bibliothek-Modul.

Alle in diesem Kapitel erläuterten Organisationsmittel werden beim Übertragen von Fotos zwischen Katalogen mit der Funktion *Aus anderem Katalog importieren* (siehe vorheriges Kapitel) berücksichtigt. Auch die Funktion *Als Katalog exportieren*, mit der ein Teilkatalog ausgegeben wird, erhält sie.

7.1 Flaggenmarkierungen

Das Zusammenstellen einer Auswahl von Fotos ist manchmal gar nicht so einfach. Oft handelt es sich beispielsweise um sehr viele Fotos, unter denen man auswählen muss, mehr, als man komfortabel überblicken kann.

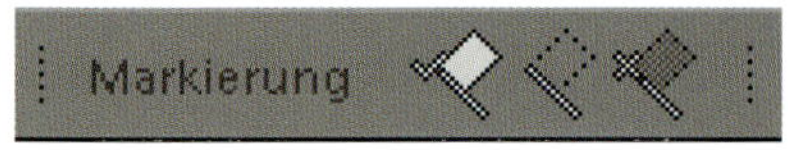

Abb. 7–1
Flaggenmarkierungen
A) Fotos mit Markiert- bzw. Abgelehnt-Flagge und unmarkiert (v.l.n.r.). Ein markiertes Foto hat einen weißen Rand um die Miniatur, ein abgelehntes wird leicht grau dargestellt.
B) Flaggenmarkierungen in der Filterleiste

Die Flaggenmarkierungen können bei solchen Auswahlprozessen helfen. Mit ihnen lassen sich Fotos mit zwei verschiedenen Flaggen markieren: Markiert (»Ja, kommt hinein«) und Abgelehnt (»Nein, kommt nicht hinein«). Darüber hinaus gibt es den unmarkierten Zustand, der entweder »Vielleicht« oder »Noch nicht entschieden« bedeuten kann. Es sind also insgesamt drei Zustände möglich. Dadurch hat man etwas mehr Spielraum. Sie können ein Foto als »noch nicht entschieden« einstufen und später darauf zurückkommen. Außerdem kann man dadurch beim Auswählen auf mehrere Weisen vorgehen (siehe unten). Die Markierungen sind zudem dauerhafter als das einfache Auswählen. Fotos bleiben so lange markiert, bis die Markierungen entfernt werden.

Sie können die Flaggenmarkierungen mit der Maus in den Miniaturen oder über die Werkzeugleiste anzeigen und verändern. Die Vergabe geht aber über die Tastaturkürzel am schnellsten: P für Foto markieren (von engl. »Pick«), X für Ablehnen, U für unmarkiert und H, um zwischen markiert und unmarkiert zu wechseln.

Über den Filmstreifen oder die Filterleiste können Sie anschließend anhand von Flaggenmarkierungen filtern. Dabei lässt sich jede mögliche Kombination einstellen, z. B. kann man alle angenommenen und unmarkierten Fotos anzeigen, indem man das linke und das mittlere Flaggensymbol anklickt (siehe Abb. 7–1 B). Weiterhin können Sie Fotos über das Menü *Bearbeiten* ▹ *Nach Markierung auswählen* oder direkt über Filmstreifen oder Filterleiste (siehe Kasten) anhand von Flaggenmarkierungen auswählen.

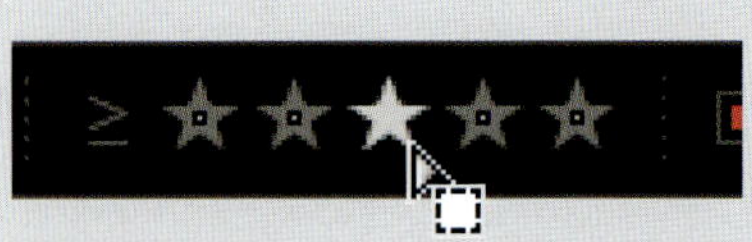

Abb. 7–2
Mit der Strg-Taste können Sie schnell Fotos anhand ihrer Attribute auswählen.

Schnelles Auswählen anhand von Attributen

Über den Filmstreifen und die Filterleiste lassen sich über die Strg-Taste Fotos anhand ihrer Flaggenmarkierungen, Bewertungssterne oder Farbetiketten auswählen. So wählt z. B. Strg und ein Klick auf den ersten Stern bei den Bewertungssternen alle 1-Sterne-Fotos aus, ein Klick auf die markierte Flagge selektiert alle Fotos mit positiver Flaggenmarkierung usw. Wenn Sie zusätzlich die ⇧-Taste drücken, wird die Auswahl zu einer bestehenden Auswahl hinzugefügt. Drücken Sie hingegen zusätzlich Alt, wird die Auswahl von der bestehenden abgezogen.

Vorgehen beim Markieren

Fotos auszuwählen bzw. auszusortieren, kann ein Prozess sein, der nicht in einem Stück vollzogen wird, sondern evtl. in mehreren Schritten. Auch ist es manchmal nicht ganz einfach, Fotos wegzuwerfen bzw. auszuschließen. Die Flaggenmarkierungen tragen beidem Rechnung. Dabei können Sie den Auswahlprozess auf verschiedene Weise gestalten, z. B.:

- Abzulehnende Fotos direkt markieren.
- Fotos entweder als angenommen oder abgelehnt markieren und solche, bei denen man sich nicht entscheiden kann, zunächst unmarkiert lassen. Diese dann später filtern und noch einmal durchsehen.
- Nur die Fotos annehmen, die einem wirklich gefallen, und nachher die unmarkierten als abgelehnt markieren lassen.

Mir gefällt besonders die letzte Möglichkeit. Falls es Ihnen wie mir manchmal schwerfällt, sich von Fotos zu trennen, kann Lightroom Ihnen dabei helfen: Sie benutzen dabei nur die positiven Flaggen und rufen anschließend die Funktion *Bibliothek* ▹ *Fotos verbessern* auf. Dadurch werden alle Flaggenmarkierungen der im Moment eingestellten Quelle um einen Zustand heruntergesetzt. Die angenommenen Fotos werden auf »unmarkiert« und die unmarkierten auf »abgelehnt« gestellt (siehe Abb. 7–3).

Abb. 7–3
Fotos verbessern. Hierbei markiert man nur die Fotos, die man behalten will, und lässt Lightroom dann den Rest ablehnen.
A) Vorher
B) Nachher

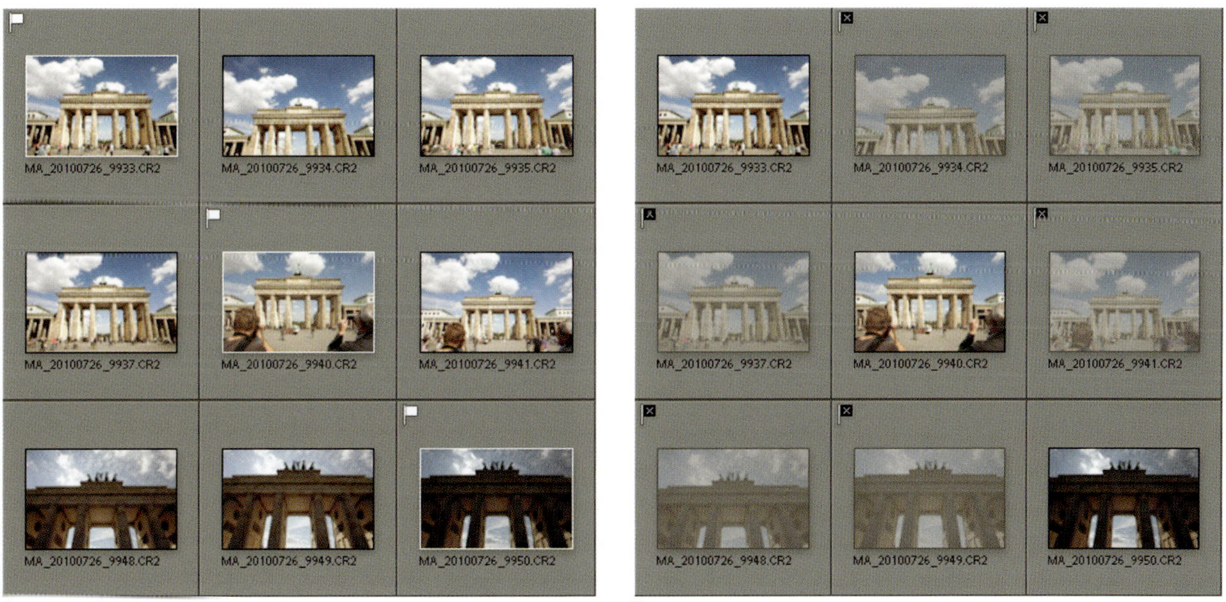

A B

Schließlich lassen sich abgelehnte Fotos automatisch entweder löschen oder aus einer Sammlung entfernen. Das ist über die Funktion *Abgelehnte Fotos löschen* aus dem Foto-Menü möglich. Ruft man diese aus einem Ordner heraus auf, werden alle abgelehnten Fotos damit endgültig gelöscht. So kann man die Flaggenmarkierungen einsetzen, um Fotos nach dem Import auszusortieren. Die Abgelehnt-Flaggen markieren dann die Löschkandidaten. Ruft man *Abgelehnte Fotos löschen* hingegen aus einer Sammlung heraus auf, werden die Fotos lediglich aus der Sammlung entfernt. So lassen sich Zusammenstellungen verfeinern (siehe Abschnitt 7.4).

Neues Verhalten in Lightroom 4

Mit Lightroom 4 gibt es eine wesentliche Änderung bei den Flaggenmarkierungen: Diese funktionieren jetzt »global«. Der Flaggenstatus für ein Foto ist damit überall in Lightroom gleich, egal über welche Sammlung oder welchen Ordner man auf das Foto zugreift (so wie bei Bewertungssternen oder Farbetiketten). In früheren Versionen konnte die Flaggenmarkierung für ein und dasselbe Foto in verschiedenen Sammlungen unterschiedlich gesetzt sein. (Um in aktualisierten Katalogen aus einer früheren Lightroom-Version auf die früheren Markierungen einer Sammlung zuzugreifen, rufen Sie das Kontextmenü für diese Sammlung auf und dort *Altes kontextabhängiges Kennzeichen/Ablehnen auswählen.*)

Das neue Verhalten ist sicher um einiges einfacher und logischer, andererseits muss man sich etwas umgewöhnen. Ich würde Ihnen raten, die Flaggen nicht länger mittel- oder langfristig zu verwenden (nicht über mehrere Monate). Andernfalls wissen Sie nach einem größeren Zeitraum vermutlich nicht mehr, was die Flaggen bedeuten sollten: ob Sie damit beispielsweise Fotos während der Sichtung zum Behalten/Löschen markiert oder aber solche gekennzeichnet hatten, die Sie für ein Fotobuch verwenden wollten. Falls Sie auf langfristige Auswahlprozesse angewiesen sind oder Ihre Löschkandidaten eine Zeit lang aufbewahren wollen, sind dafür ab Lightroom 4 die Farbetiketten vielleicht besser geeignet.

7.2 Stapel

Mittels Stapeln lassen sich Fotos innerhalb einzelner Ordner – und ab Lightroom 4 auch in Sammlungen – gruppieren. Diese Gruppen lassen sich dann in der Rasteransicht und im Filmstreifen zusammenklappen, sodass sie nur den Platz eines einzigen Fotos einnehmen. Dabei lässt sich festlegen, welches Foto »oben« liegt. Stapel sind nützlich, um bei vielen Fotos den Überblick zu behalten.

Für die Stapelung eignen sich Fotos, die etwas miteinander zu tun haben, z. B.:

- mehrere Fotos desselben Motivs, das beste oben liegend
- Varianten desselben Fotos (virtuelle Kopien, Derivatdateien)
- Teilbilder für HDR- oder Panoramafotos; dabei kann man das zusammengesetzte Bild an die Spitze legen

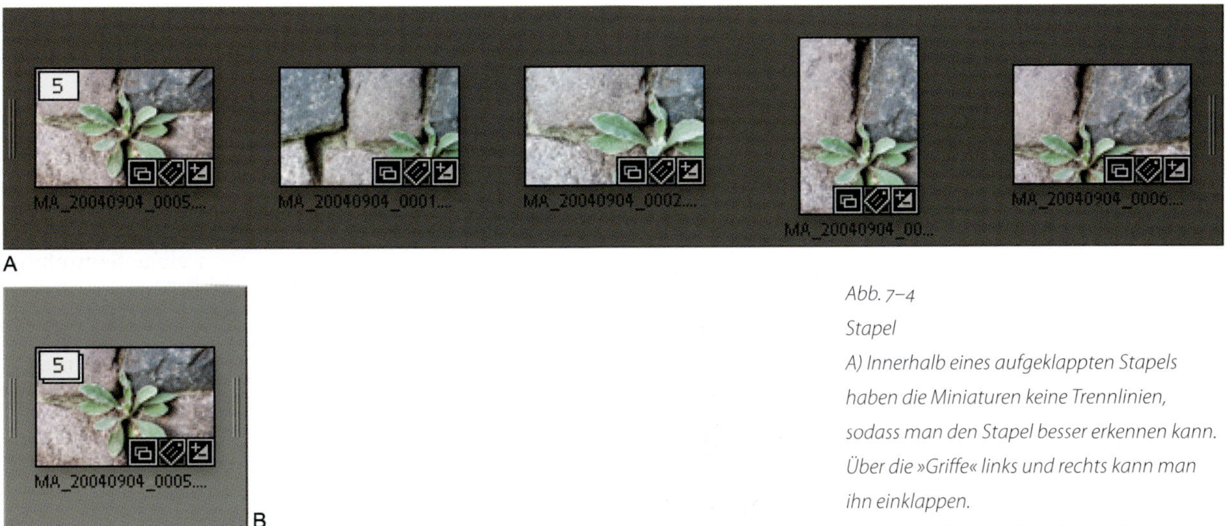

Abb. 7–4
Stapel
A) Innerhalb eines aufgeklappten Stapels haben die Miniaturen keine Trennlinien, sodass man den Stapel besser erkennen kann. Über die »Griffe« links und rechts kann man ihn einklappen.
B) Ein eingeklappter Stapel; oben links erkennt man, wie viele Fotos er enthält.

Um einen Stapel zu bilden, wählen Sie mehrere Miniaturen aus und dann *Foto ▷ Stapeln ▷ In Stapel gruppieren* oder Strg-U. Das aktive Foto wird dabei zum obersten im Stapel gemacht; dies ist wichtig, schließlich ist es das einzige Foto, das man bei geschlossenem Stapel sehen und bearbeiten kann. Sie können auch nachträglich ein Foto zum obersten machen: Dazu klicken Sie auf das Stapel-Symbol oben links in der Miniatur.

Ein Stapel wird mit der Maus über die »Griffe« an den Seiten der Miniaturen oder über die Taste S ein- und ausgeklappt. Sie können auch alle Stapel einer Quelle auf einmal ein- und ausklappen (*Foto ▷ Stapeln ▷ Alle Stapel ein-/ausblenden*). Um einen Stapel wieder aufzulösen, wählen Sie irgendein Foto aus dem Stapel aus und dann *Stapel aufheben* oder Strg-⇧-G. Weitere Befehle finden Sie ebenfalls im Menü *Foto ▷ Stapeln*.

Lightroom kann Fotos auch automatisch stapeln, anhand der Zeit, die zwischen zwei Aufnahmen liegt. Dies geht über die Funktion *Foto ▷ Stapeln ▷ Automatisch nach Aufnahmezeit stapeln*. Im Dialog wählt man die Zeit, die zwischen zwei Fotos vergangen sein muss, damit ein neuer Stapel erstellt wird. Dabei werden grundsätzlich alle Fotos der Quelle einbezogen. Die Funktion eignet sich, um Aufnahmereihen automatisch von-

Abb. 7–5
Die beiden voneinander abweichenden Zahlen im Filmstreifen weisen auf eingeklappte Stapel hin.

einander zu trennen, z. B. bei Porträtsitzungen oder bei Panorama- oder HDR-Aufnahmen.

Ein Nachteil von Stapeln ist, dass man nur schwer erkennen kann, ob in einer Quelle überhaupt Stapel enthalten sind. Immerhin weist die Quellenanzeige im Filmstreifen auf eingeklappte Stapel hin (siehe Abb. 7–5), aber diese Information ist leicht zu übersehen. Warum ist das ein Problem? Bei einem eingeklappten Stapel kann nur das oberste Foto ausgewählt werden. Übersieht man einen solchen, kann das dazu führen, dass versehentlich Fotos bei der Metadatenvergabe unberücksichtigt bleiben.

7.3 Virtuelle Kopien

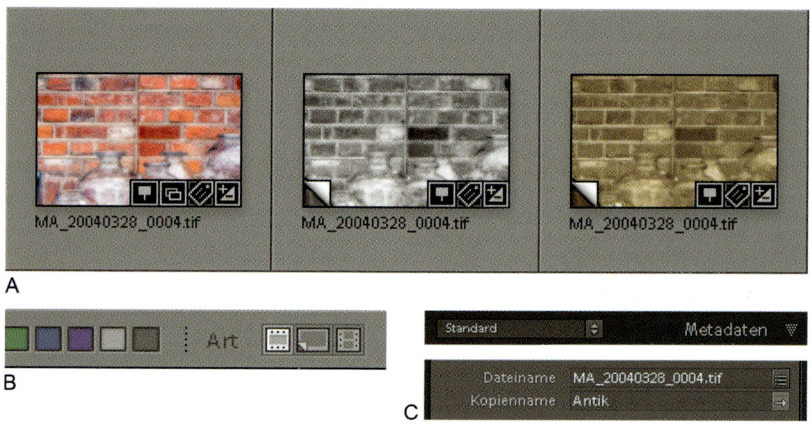

Abb. 7–6
Virtuelle Kopien
A) Masterfoto und zwei virtuelle Kopien
B) Über die Filterleiste können Sie schnell virtuelle Kopien von Masterfotos trennen.
C) Im Metadatenfeld »Kopienname« werden virtuelle Kopien zunächst automatisch nummeriert: Kopie 1, Kopie 2 usw., können aber danach frei benannt werden. Ein Klick auf den Pfeil rechts in der Palette bringt Sie zum Masterfoto.

Mit virtuellen Kopien lassen sich mehrere Varianten eines Fotos anlegen. Technisch gesehen ist eine virtuelle Kopie eine Art zusätzlicher Katalogeintrag für ein und dieselbe Bilddatei. Sie bezieht sich auf dieselbe Datei, verfügt aber über ihre eigenen Entwicklungseinstellungen, Stichwörter und übrigen Metadaten – und über eine eigene Vorschau. Virtuelle Kopien werden in Lightroom somit fast als eigenständige Fotos behandelt – im Filmstreifen oder in der Rasteransicht sind sie z. B. nur am »Eselsohr« (siehe Abb. 7–6) erkennbar.

Mehrere Varianten eines Fotos kann man aus verschiedenen Gründen erstellen, z. B.:

- um unterschiedliche Entwicklungsvarianten für ein Foto zu verwalten, z. B. eine Farb- und eine Schwarz-Weiß-Version (siehe Abb. 7–6).
- um ausgabespezifische Entwicklungseinstellungen zu treffen, z. B. um den Kontrast für die Druckausgabe zu erhöhen (siehe Abschnitt über Softproofs in Kapitel 10).

- um alternative Bewertungen eines Kunden oder Modells zu verwalten.

Virtuelle Kopien legt man über den Menübefehl *Foto ▹ Virtuelle Kopie(n) anlegen* oder über Strg-T an. Metadaten und Entwicklungseinstellungen werden zunächst vom Ursprungsfoto übernommen. Die Kopie wird dabei mit ihrem Ursprungsfoto automatisch in einem Stapel gruppiert.

Das ursprüngliche Foto, von dem die virtuelle Kopie stammt, heißt in Lightroom **Masterfoto**. Virtuelle Kopie und Masterfoto sind eng miteinander verbunden, da sie zur selben Bilddatei gehören. Daher lassen sich die beiden auch vertauschen: Dazu wählt man eine virtuelle Kopie aus und dann *Foto ▹ Kopie als Master festlegen*. Danach ist die virtuelle Kopie das neue Masterfoto, und das alte Masterfoto eine virtuelle Kopie.

Virtuelle Kopien liegen immer im selben Ordner und haben denselben Dateinamen wie ihre Masterfotos. Daher gibt es in Lightroom ein spezielles Metadatenfeld, um virtuelle Kopien zu identifizieren: *Kopienname* (siehe Abb. 7–6 C). Das Feld wird in der Metadaten-Palette und im Filmstreifen angezeigt und lässt sich in den Rasteransichtszellen einstellen. Außerdem lässt sich der Name der Kopie bei der Erzeugung von Namen für exportierte Bilddateien benutzen, z. B. um den ursprünglichen Dateinamen mit dem Kopiennamen zu kombinieren (siehe Seite 380).

Sie können die Entwicklungseinstellungen von virtuellen Kopien langfristig speichern, indem Sie sie in Schnappschüsse umwandeln (Schnappschüsse lassen sich bei den Bilddateien speichern, siehe Kapitel 8.6). Vorher können Sie über die Filterleiste virtuelle Kopien von anderen Fotos trennen.

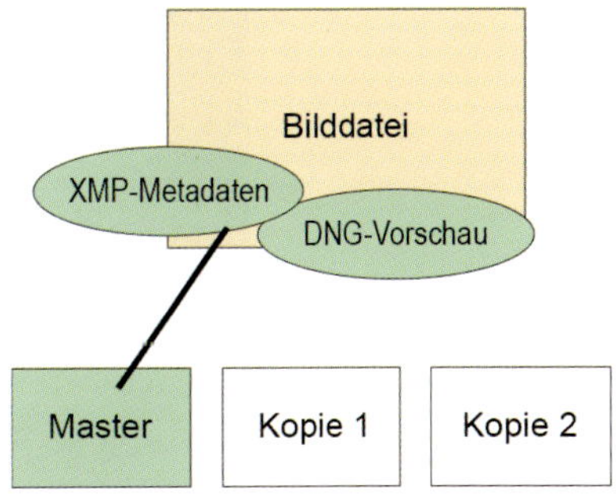

Abb. 7–7
Beim Speichern von Metadaten und beim Erstellen von Vorschauen für DNG-Dateien wird immer das Masterfoto herangezogen.

7.4 Sammlungen

Mit Sammlungen können Sie eine Zusammenstellung von Fotos permanent speichern, um später evtl. wieder auf sie zurückzukommen. Sammlungen funktionieren ähnlich wie Ordner aus dem Dateisystem, existieren aber im Gegensatz zu diesen nur in Lightroom selbst. Ein Foto lässt sich aber im Unterschied zu Ordnern beliebig vielen Sammlungen gleichzeitig zuordnen, ohne dass es dafür mehrfach vorhanden sein muss.

Viele Fotografen benutzen Sammlungen ausgiebig, ich halte mich eher an die Ordner-Palette; das ist letztlich Geschmackssache. Für eines sind Sammlungen aber objektiv weniger geeignet als Ordner: Man kann Fotos nicht so komfortabel löschen. Sehr gut eignen sich Sammlungen, um Fotos für die Arbeit in anderen Modulen zusammenzustellen, denn die Sammlungen-Palette ist in allen Modulen verfügbar.

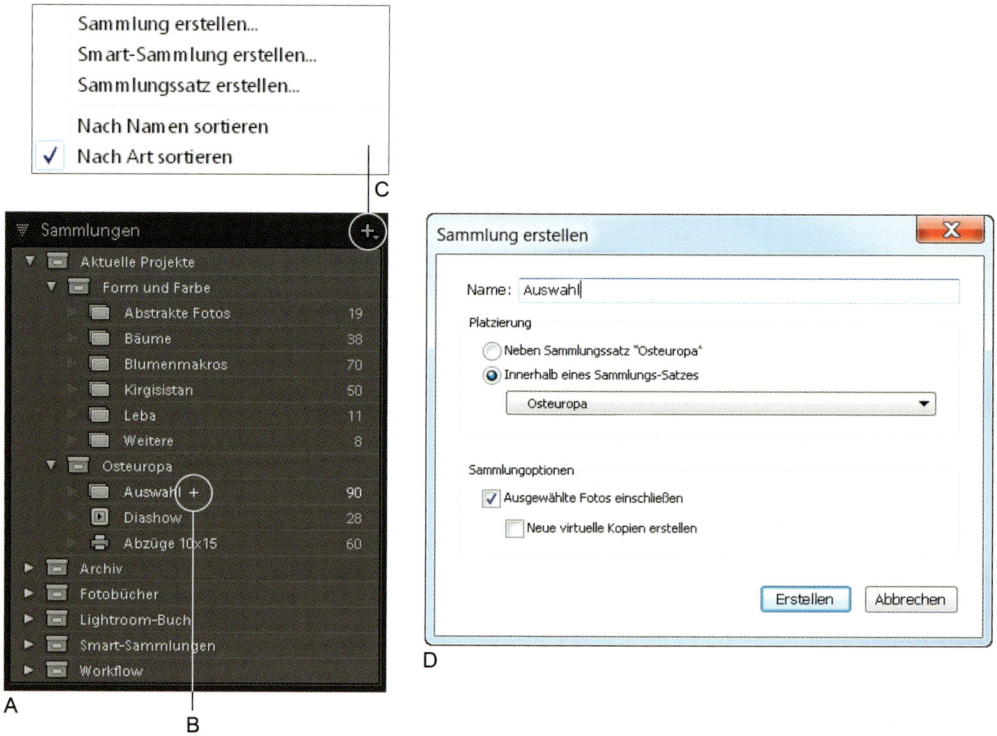

Abb. 7–8
Sammlungen
A) Sammlungen-Palette
B) Eine als Zielsammlung eingestellte Sammlung wird in der Palette mit einem kleinen + markiert.
C) Aufklappmenü in der Sammlungen-Palette
D) Dialog für neue Sammlung

Sammlungen anlegen und verwalten

Neue Sammlungen lassen sich über das Aufklappmenü hinter dem +-Symbol im Titel der Sammlungen-Palette (siehe Abb. 7–8 C) oder über Strg-N erstellen. Sammlungen sind normalerweise Gruppierungen für einen bestimmten Zweck. Dieser Zweck schlägt sich bestenfalls im Namen der Sammlung nieder (siehe Abb. 7–8 D). Nachdem die Sammlung erstellt und benannt ist, kann man Fotos per Drag and Drop hinzufügen.

Innerhalb der Palette lassen sich Sammlungen entweder anhand des Namens oder anhand der Art der Sammlung sortieren. Neben den normalen Sammlungen und den Smart-Sammlungen (siehe unten) gibt es die vier ausgabespezifischen Sammlungen (Bücher, Diashows, Druckaufträge, Webgalerien, siehe Kapitel 10.5).

Um Sammlungen übersichtlicher verwalten zu können, lassen sie sich außerdem in Sammlungssätze legen (siehe Abb. 7–8 A). Ein neuer Sammlungssatz wird ebenfalls über das Aufklappmenü im Palettentitel erstellt. Sammlungssätze können selbst keine Fotos enthalten, nur andere Sammlungen oder weitere Sätze.

Einige Fotografen (die Sammlungen ausgiebiger benutzen als ich) erstellen für jedes neue Projekt zunächst einen Sammlungssatz. Wenn man eine neue Sammlung anlegt, kann man im Dialog (siehe Abb. 7–8 D) gleich den Sammlungssatz für die neue Sammlung einstellen. Er bleibt dann bei den folgenden Sammlungen voreingestellt. Sie können so schnell mehrere projektbezogene Sammlungen für verschiedene Zwecke anlegen, z. B.:

- *Sylt*
  - *Auswahl*
  - *Diashow*
  - *Abzüge 10 x 15*
  - *Flickr*

Auf die von mir erstellten Sammlungen greife ich nach einer gewissen Zeit nicht mehr so häufig zu und entferne sie dann auch. Vorher kann man den Inhalt einer Sammlung auswählen und den Fotos ein Stichwort zuweisen, um die Gruppierung langfristig zu sichern. Über den Minus-Knopf im Palettentitel können Sie eine Sammlung entfernen. Über ⟵ wird ein einzelnes Foto aus einer Sammlung entfernt.

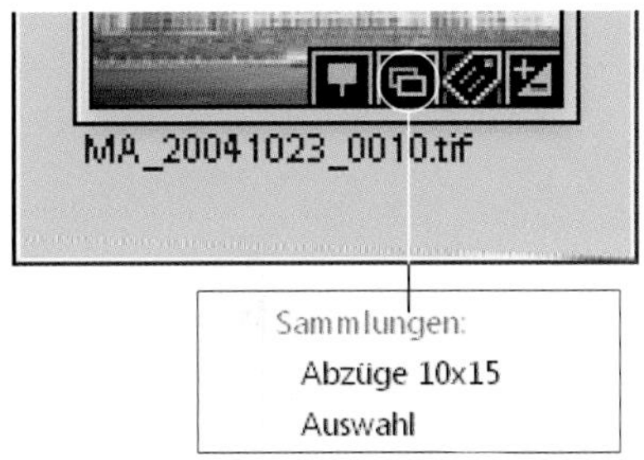

Abb. 7–9
Über die Miniaturkennzeichen in den Rasteransichtszellen können Sie sich die Sammlungen anzeigen lassen, in denen ein Foto liegt.

Techniken, um Sammlungen anzulegen

Es gibt verschiedene Arbeitsweisen, mit denen man Fotos innerhalb von Sammlungen zusammenstellen kann.

Auswahl speichern

Hierbei wählt man die Fotos im Vornhinein aus und erstellt dann eine neue Sammlung. Im Dialog wählt man *Ausgewählte Fotos einschließen*, sodass die ausgewählten Fotos gleich der Sammlung hinzugefügt werden. Falls Sie in der Sammlung virtuelle Kopien zusammenstellen möchten, z. B. um Schwarz-Weiß-Varianten von Fotos anzufertigen, können Sie diese ebenfalls gleich beim Anlegen der Sammlung anfertigen lassen (siehe Abb. 7–8 D).

Um eine einfache Auswahl zu treffen, können Sie die Übersichtsansicht (siehe Abschnitt 7.6) als Hilfestellung verwenden. Für komplexere Auswahlen sind die Flaggenmarkierungen eine Hilfe. Markieren Sie einfach alle Fotos, die in die Sammlung kommen sollen, vorher mit einer Flagge und wählen dann *Bearbeiten ▹ Markierte Fotos auswählen*.

Schnellsammlung speichern oder Zielsammlung verwenden

Bei diesem Verfahren stellt man die Sammlung nach und nach zusammen, indem man einzelne Fotos zur Schnellsammlung oder direkt zu einer neuen Sammlung hinzufügt. Im Kapitel über das Bibliothek-Modul war bereits von der Schnellsammlung die Rede. Sie können Fotos in der Schnellsammlung zusammenstellen und dann den Inhalt über *Datei ▷ Schnellsammlung speichern* als normale Sammlung speichern.

Eine weitere Möglichkeit ist, eine neue Sammlung anzulegen und diese als **Zielsammlung** einzustellen. Dazu wählen Sie im Kontextmenü der Sammlung *Als Zielsammlung festlegen* (siehe Abb. 7–8 B). Solange eine Sammlung als Zielsammlung eingestellt ist, beziehen sich die für die Schnellsammlung zur Verfügung stehenden Tastaturkürzel und der Schnellsammlungsmarker auf diese Sammlung. Außerdem können Sie das Sprühdose-Werkzeug auf *Zielsammlung* stellen, sodass es Fotos zur Sammlung hinzufügt.

Angenommen, ich möchte einige Fotos zum Ausbelichten zusammenstellen. Ich habe dazu eine Sammlung *Auswahl Saal Digital* angelegt und zur Zielsammlung gemacht. Jetzt wähle ich den Projektordner über die Ordner-Palette, aus dem ich Fotos ausbelichten will, und füge über [B] Fotos zur Sammlung hinzu. Über [Strg]-[B] kann ich zwischen Sammlung und Projektordner wechseln und so die Auswahl kontrollieren oder über [B] wieder Fotos entfernen. Um wieder die eigentliche Schnellsammlung als Zielsammlung einzustellen, wählen Sie *Datei ▷ Schnellsammlung als Ziel festlegen*.

Ordner oder Sammlung duplizieren und dann verfeinern

Bei dieser Vorgehensweise nimmt man eine andere Gruppe von Fotos zum Ausgangspunkt für eine neue Sammlung und verfeinert diese. Sie können beispielsweise einfach einen Ordner aus der Ordner-Palette auf die Sammlungen-Palette ziehen. Dadurch wird eine neue Sammlung mit den Fotos des Ordners erstellt. Oder Sie duplizieren eine bestehende Sammlung, indem Sie [Strg] gedrückt halten und diese per Drag and Drop an eine andere Stelle innerhalb der Sammlungen-Palette ziehen (am besten ans obere Ende der Palette oder in einen Sammlungssatz).

Danach können Sie überschüssige Fotos aussortieren, entweder direkt über die Taste [←] oder mithilfe von Flaggenmarkierungen, evtl. über die Funktion *Fotos verbessern* (siehe Seite 179). Am Ende müssen die Fotos, die aus der Sammlung entfernt werden sollen, als abgelehnt markiert sein. Dann rufen Sie *Foto ▷ Abgelehnte Fotos löschen* ([Strg]-[←]) auf. Da die momentane Quelle eine Sammlung ist, werden die Fotos nicht gelöscht, sondern aus der Sammlung entfernt.

7.5 Smart-Sammlungen

Während die normalen Sammlungen von Hand gefüllt werden, man also Fotos selbst hinzufügt oder entfernt, geschieht dies in Smart-Sammlungen automatisch. Die Kriterien, nach denen sich der Inhalt bestimmt, werden beim Erstellen der Sammlung festgelegt. Smart-Sammlungen werden laufend aktualisiert, ihr Inhalt entspricht also immer dem neuesten Stand.

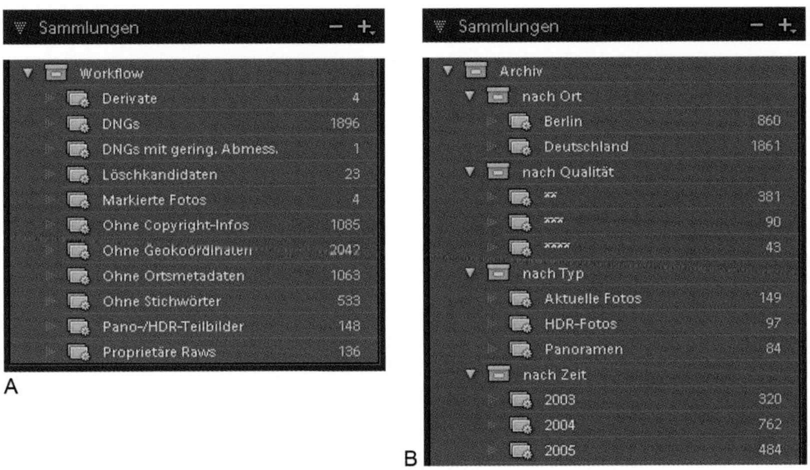

Abb. 7–10
Smart-Sammlungen
A) Für die Arbeitsphase
B) Für das Fotoarchiv

Die Regeln einer Smart-Sammlung beziehen sich auf die Metadaten der Fotos, ähnlich wie bei der Filterleiste (Einstellungen des Filters als Smart-Sammlung zu speichern, ist aber leider nicht möglich). Dabei lassen sich nahezu alle Metadaten eines Fotos in die Regeln einbeziehen, von Dateiinformationen über EXIF- und IPTC-Metadaten bis hin zu einfachen Entwicklungseinstellungen. Insgesamt stehen sogar mehr Möglichkeiten als beim Filter zur Verfügung. Smart-Sammlungen beziehen sich dabei nicht wie der Filter auf eine einzelne Quelle – sie filtern vielmehr den gesamten Katalog und bilden selbst eine neue Quelle.

Während die normalen Sammlungen eher für spontane Zusammenstellungen und für die Untergliederung einzelner Projekte geeignet sind, eignen sich Smart-Sammlungen vor allem für Fotos, auf die man regelmäßig zugreift, z. B. »alle Fotos ohne Stichwörter« in der Sichtungsphase oder »alle 3-Sterne+-Fotos« für das Fotoarchiv (siehe Abb. 7–10 A und B).

Neue Smart-Sammlung erstellen

Eine neue Smart-Sammlung wird über den +-Knopf im Titel der Sammlungen-Palette erstellt. Dabei geben Sie die Regeln an, nach denen sich der Inhalt zusammensetzen soll. Im Dialog ist bereits eine Regel vorhanden, die sich frei verändern lässt (siehe Abb. 7–11 A). Weitere lassen sich über den +-Knopf ganz rechts hinzufügen.

Abb. 7–11
Smart-Sammlung erstellen
A) Eine Regel setzt sich nach dem Prinzip »Subjekt, Verb, Objekt« zusammen, wobei Subjekt für ein Metadatenfeld des Fotos und Objekt für einen möglichen Wert dieses Feldes steht. Das Verb bestimmt, in welchem Verhältnis die beiden zueinander stehen müssen.
B) Über die Alt-Taste lassen sich auch komplexe Regeln erzeugen.

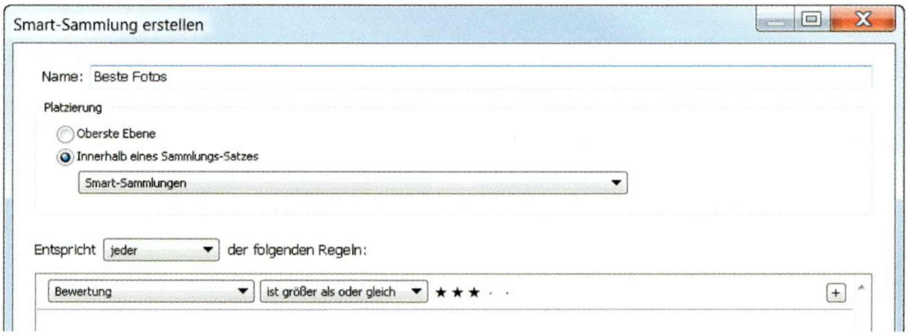

A

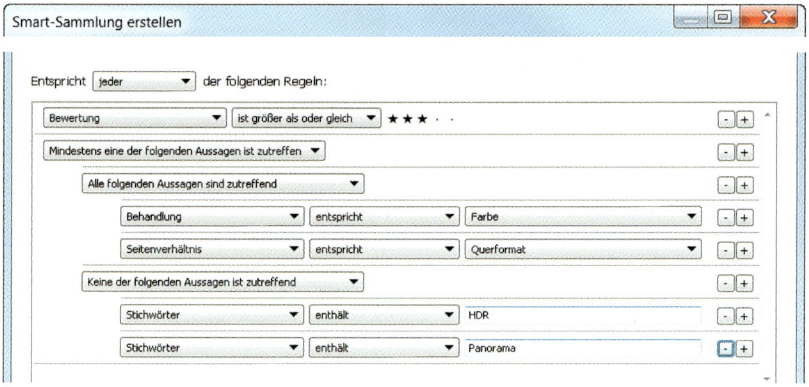

B

Oberhalb der Regeln lässt sich der Auswertungsmodus einstellen, wenn mehrere Regeln angegeben werden: *jeder* oder *mindestens einer*. *jeder* bedeutet, dass alle Regeln zutreffen müssen, damit das betreffende Foto in der Smart-Sammlung auftaucht, *mindestens einer* hingegen, dass eine einzige zutreffende Regel ausreicht, damit das Foto in die Smart-Sammlung aufgenommen wird. Dies entspricht den logischen Operatoren UND und ODER.

Wenn Sie beispielsweise alle Fotos aus dem Jahr 2005 mit dem Stichwort »Urlaub« zusammenstellen wollen, müssen Sie *jeder* verwenden, damit nur Fotos eingeschlossen werden, die beide Kriterien erfüllen. Verfügen Sie hingegen über zwei Zoomobjektive und wollen in einer Smart-Sammlung alle Fotos festhalten, die Sie mit Zoomobjektiven gemacht haben, tragen Sie beide Objektive ein und müssen jetzt *mindestens einer* wählen (*jeder* würde gar keine Fotos anzeigen, da ein Foto immer nur mit einem Objektiv aufgenommen wird).

Lightroom verfügt neben diesen einfachen Kombinationsmöglichkeiten über einen komplexeren Modus: Drückt man während des Klicks auf das +-Symbol die Alt-Taste, wird nicht eine weitere Regel, sondern ein weiterer »Knoten« oder Hierarchiezweig hinzugefügt, den man auf *mindestens eine*, *alle* oder *keine* (bzw. UND, ODER oder NICHT) setzen kann (siehe Abb. 7–11 B).

Die Regeln einer Smart-Sammlung lassen sich über das Kontextmenü auch im Nachhinein anpassen. Ebenfalls im Kontextmenü befinden sich zwei Menüpunkte zum Exportieren und Importieren von Smart-Sammlungen, sodass Sie sie zwischen mehreren Computern oder Katalogen austauschen können. Die Funktion *Aus anderem Katalog importieren* überträgt übrigens bei jedem Abgleich alle Smart-Sammlungen des Quellkatalogs in den Zielkatalog.

Metadaten für Smart-Sammlungen

Es würde etwas übers Ziel hinausschießen, alle für Smart-Sammlungen verfügbaren Metadatenfelder einzeln zu beschreiben (hier hilft nur selbst ausprobieren) – stattdessen hier eine Kategorisierung:

Für **Stichwörter** lässt sich abfragen, ob ein bestimmtes Stichwort enthalten ist (als eigenständiges Wort oder als Teilwort) oder ob mehrere Stichwörter enthalten sind. Zusätzlich lässt sich abfragen, ob ein Foto überhaupt Stichwörter enthält (diese Smart-Sammlung ist schon voreingestellt: »Ohne Stichwörter«).

Für das **Aufnahmedatum** lassen sich absolute Angaben (z. B. alle Fotos zwischen dem 1.1.05 und dem 31.3.06) und relative Angaben (z. B. alle Fotos, die in den letzten 30 Tagen aufgenommen wurden) verwenden.

Es lässt sich nach **Bewertungssternen**, **Farbetiketten** und **Flaggenmarkierungen** filtern (bei Farbetiketten entweder nach dem Text des Etiketts oder der Farbe selbst).

Über **Ordner**-, **Sammlungs**- oder **Dateinamen** lässt sich die Zugehörigkeit zu einem Ordner, einer Sammlung oder einem Veröffentlichungsdienst überprüfen. Außerdem lassen sich Dateiname, Name der Kopie (siehe Abschnitt 7.3) und der Dateityp (inklusive verschiedener Typen von DNG-Dateien) abfragen.

EXIF-Metadaten: Kameramodell, Seriennummer der Kamera, Objektiv, Brennweite, Blende, ISO-Wert, Belichtungszahl, ob das Foto über GPS-Daten verfügt oder welche Ausrichtung (Hoch- oder Querformat) es hat.

IPTC-Metadaten: z. B. Titel und Bildbeschreibung, Fotograf, die vier Ortsmetadaten-Felder und das Feld Auftrag/Job-Kennung.

Bestimmte **Entwicklungseinstellungen** lassen sich ebenfalls verwenden, z. B. ob ein Foto bereits bearbeitet ist, ob es freigestellt wurde oder ob es sich um ein Farb- oder ein Schwarz-Weiß-Foto handelt. Außerdem lässt sich das Datum der letzten Bearbeitung abfragen.

Zusatzmodul-Metadaten: Zusatzmodule können dem Katalog eigene Metadatenfelder hinzufügen – diese können Sie auch für Smart-Sammlungen verwenden.

Neu in Lightroom 4 sind die Abfrage des Status der Metadatenspeicherung und einige DNG-Eigenschaften (die meisten lassen sich über das Attribut *Dateityp* abfragen).

Anwendungen für Smart-Sammlungen

Da Smart-Sammlungen sich auf den gesamten Katalog beziehen, sind sie gut geeignet, um Kataloge grundlegend zu strukturieren. Beispielsweise kann man verschiedene Smart-Sammlungen für die Arbeitsphase oder für Archivfotos erstellen (egal ob man dabei mit einem oder mit getrennten Katalogen für aktuelle und archivierte Bilddateien arbeitet). Nachdem man die Smart-Sammlungen eingerichtet hat, ist der Zugriff sehr komfortabel und einfacher als über die Filterleiste. Darüber hinaus gewinnt man statistische Informationen zu den Fotos: Dadurch, dass Lightroom jeweils die Anzahl der enthaltenen Fotos anzeigt, kann man schnell sehen, wie viele Fotos z. B. noch keine Stichwörter enthalten.

Für die Arbeitsphase lassen sich Smart-Sammlungen verwenden, mit denen man – zusätzlich zu den Ordnern – die Vergabe von Metadaten organisieren und kontrollieren kann. Einige Beispiele:

- Fotos, denen bestimmte Metadaten fehlen, zum Beispiel Fotos ohne GPS-Daten, Stichwörter, Ortsmetadaten oder Entwicklungseinstellungen
- Alle Löschkandidaten über Flaggenmarkierungen oder ein Farbetikett
- Verschieden bewertete Fotos, um schnell auf sie zugreifen zu können und für statistische Informationen (»Wie viele 3-Sterne-Fotos habe ich?«)
- Fotos, die mit einem bestimmten Farbetikett markiert sind, z. B. »Genauer ansehen«
- Panorama-Teilbilder (über Farbetiketten) und/oder zusammengesetzte Panorama-/HDR-Fotos (über Stichwörter)
- Alle TIFF/PSD-Dateien (also Derivate, die in Photoshop bearbeitet wurden)

Für die archivierten Fotos geht es vor allem darum, möglichst schnell an die besten Fotos heranzukommen. Zusätzlich können weitere Smart-Sammlungen erstellt werden, die das große Archiv in grundlegende Kategorien einteilen, z. B. nach Zeit und Ort. Einige Beispiele (siehe auch Abb. 7–10):

- Die besten Fotos (z. B. mindestens drei Bewertungssterne)
- Aktuelle Fotos (< 1 Jahr o.Ä.)
- Einzelne Projekte oder Kunden über das Job-Kennung-/Auftrag-Metadatenfeld
- Länder oder Orte über Ortsmetadatenfelder

7.6 Die Übersichtsansicht

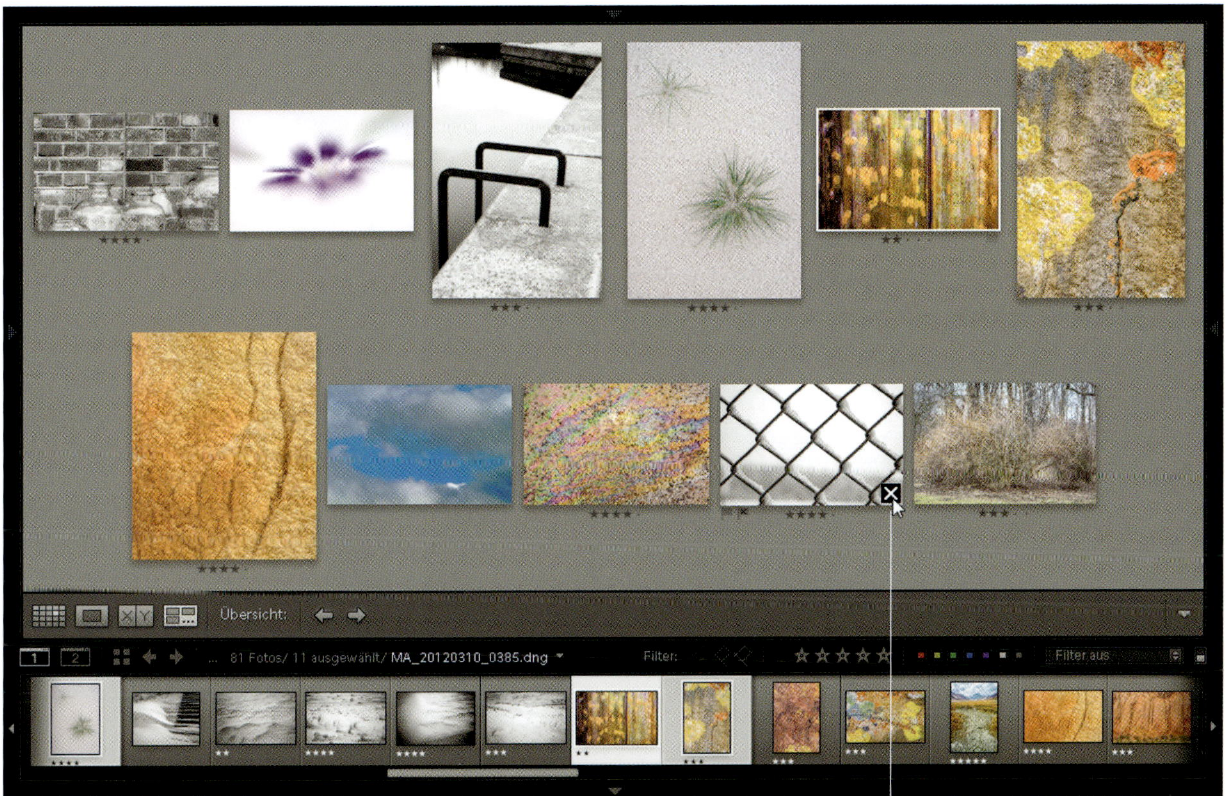

A

Abb. 7–12
Mit der Übersichtsansicht lassen sich Fotos zusammenstellen.
A) Über die x-Symbole entfernt man Fotos aus der Ansicht – und aus der Auswahl.

Mit der Übersichtsansicht, erreichbar über die Tasten N bzw. ⇧-N für die Sekundäranzeige, können Sie Fotos für einen bestimmten Zweck zusammenstellen, z. B. einen Ausgabeauftrag. Mit ihr kann man gut sehen, welche Fotos zusammenpassen, da die Fotos immer die ganze Arbeitsfläche einnehmen.

Im Grunde arbeitet man so, dass man mit vielen Fotos anfängt und diese dann immer weiter reduziert. Sie wählen z. B. zunächst einige in Frage kommende Fotos in der Rasteransicht aus und wechseln dann in die Übersichtsansicht. Über die x-Symbole können Sie dann mit der Maus einzelne Fotos aus der Ansicht (siehe Abb. 7–12 A) entfernen, bis Sie mit der Zusammenstellung zufrieden sind. Mit der Tastatur navigieren Sie über ← / → zum gewünschten Foto und entfernen es mit ⇧-D aus der Ansicht.

Die Ansicht funktioniert so, dass sie immer die ausgewählten Fotos einer Quelle anzeigt. Wenn Sie ein Foto aus der Ansicht entfernen, entfernen Sie es tatsächlich aus der Auswahl. So können Sie auch Fotos über den Filmstreifen hinzufügen, wenn Sie dabei Strg gedrückt halten. Außerdem können Sie über Drag and Drop die Anordnung der Fotos verändern, falls die Quelle des Filmstreifens eine benutzerdefinierte Reihenfolge zulässt (siehe Kapitel 3.4).

Die Übersichtsansicht lässt sich gut mit Sammlungen einsetzen: Wenn die Auswahl fertig ist, können Sie diese einfach über Strg-N als neue Sammlung speichern.

7.7 Fotos als Diashow abspielen

A

B

Abb. 7–13
Ad-hoc-Diashow
A) Die Diashow in Aktion
B) Falls Sie die Diashow auf der Sekundäranzeige abspielen, können Sie dieses Vorschaufenster auf dem Hauptmonitor einblenden.

Sie können im Bibliothek-Modul Fotos als Diashow anzeigen, um z. B. eine soeben zusammengestellte Sammlung nochmals anzusehen oder eine Auswahl von Fotos einem anwesenden Kunden oder Modell zu zeigen. Gestartet wird die Diashow mit einem Klick auf das Abspielen-Symbol aus der Werkzeugleiste (dieses muss evtl. erst zugeschaltet werden) oder über Strg-↵. Während der Diashow funktionieren alle Tastaturkürzel für die Bewertung oder Farbetikettierung (P, X, U, 0 ... 9 etc.). Mit Esc wird die Diashow verlassen.

Die Diashow ist allerdings keine Ansicht des Bibliothek-Moduls, vielmehr wird dabei das Diashow-Modul aufgerufen. Um das Layout und die übrige Konfiguration zu verändern, wechseln Sie ins Diashow-Modul und stellen die entsprechende Vorlage im Vorlagenbrowser auf der linken Seite ein (über das Kontextmenü: *Für Ad-hoc-Diashow verwenden*). Im Diashow-Modul wählen Sie außerdem aus, welche Fotos abgespielt werden: alle Fotos im Filmstreifen, alle markierten oder alle ausgewählten Fotos. Falls nicht die richtigen Fotos abgespielt werden, müssen Sie ins Diashow-Modul wechseln und die Einstellungen dort ändern (siehe auch Kapitel 11).

Sie können die Diashow auch auf Ihrem zweiten Monitor laufen lassen. Die Sekundäranzeige verfügt dazu über eine Diashow-Ansicht, die mit den grundlegendsten Knöpfen zur Steuerung ausgestattet ist. Falls sich Ihr zweiter Monitor nicht in Ihrem Blickfeld befindet, z. B. weil er auf den Kunden gerichtet ist, können Sie über *Fenster* ▷ *Sekundäranzeige* ▷ *Vorschau des zweiten Bildschirms anzeigen* eine Vorschau der Sekundäranzeige in einem kleinen Fenster auf dem Hauptmonitor anzeigen (siehe Abb. 7–13 B). So können Sie sehen, was der Kunde im Moment sieht. Von diesem Vorschaufenster aus lässt sich die Diashow ebenfalls steuern.

Moldaukloster, Rumänien
(Scan vom Dia)
Vertikale Perspektivkorrektur, Freistellen, Belichtung +0,47, Lichter -100, Tiefen +100, Weiß +77, Schwarz -22, Klarheit +100, Dynamik +65, Abdunkeln des Mittenbereichs durch zwei Verlaufsfilter

8 Im Entwickeln-Modul

Auch im Bibliothek-Modul kann man mit Entwicklungseinstellungen arbeiten, aber nur im Entwickeln-Modul stehen alle davon zur Verfügung. Außerdem ist das Entwickeln-Modul mehr wie ein klassisches Bildbearbeitungsprogramm aufgebaut, bei dem das einzelne Foto im Vordergrund steht.

Dazu bietet es einige Werkzeuge, die die Bildbearbeitung leichter machen: Über die Vorher-Nachher-Ansicht kann man die Wirkung einer Bearbeitung beurteilen. Histogramm und RGB-Wert-Anzeige sind hilfreich bei der Einschätzung von Tonwerten und Farben. Protokoll und Schnappschüsse zeichnen einzelne Arbeitsschritte auf.

Ähnlich wie im Bibliothek-Modul lassen sich Entwicklungseinstellungen auf andere Fotos übertragen. Zwei Dinge, die Sie hingegen nur im Entwickeln-Modul erledigen können, sind die Erstellung von Entwicklungsvorgaben und Standardentwicklungseinstellungen – zwei verwandte Konzepte, die u.a. die Arbeit im Bibliothek-Modul vereinfachen, aber hier eingerichtet werden.

8.1 Die Arbeitsfläche

Das Herzstück des Entwickeln-Moduls ist die Arbeitsfläche in der Mitte. Sie entspricht weitgehend der Lupenansicht im Bibliothek-Modul (siehe Seite 77). Die Vergrößerungsstufen, die Auswahl des Ausschnitts über die Navigator-Palette, die Einblendung von Metadaten und die Tastaturkürzel funktionieren hier genauso.

Für die Beurteilung einiger Einstellungen ist eine vergrößerte Darstellung notwendig: Schärfung, Rauschentfernung und evtl. Entfernung von chromatischen Aberrationen benötigen eine Vergrößerung von 1:1 oder 2:1, aber auch andere Einstellungen sind bei Vergrößerung evtl. besser zu beurteilen, beispielsweise der Filmkorn-Effekt oder der Klarheit-Regler, der den Konturenkontrast regelt. Für die bessere Beurteilung kann außerdem die

Vorher-Nachher-Ansicht nützlich sein, mit der sich zwei Zustände desselben Fotos vergleichen lassen (siehe unten).

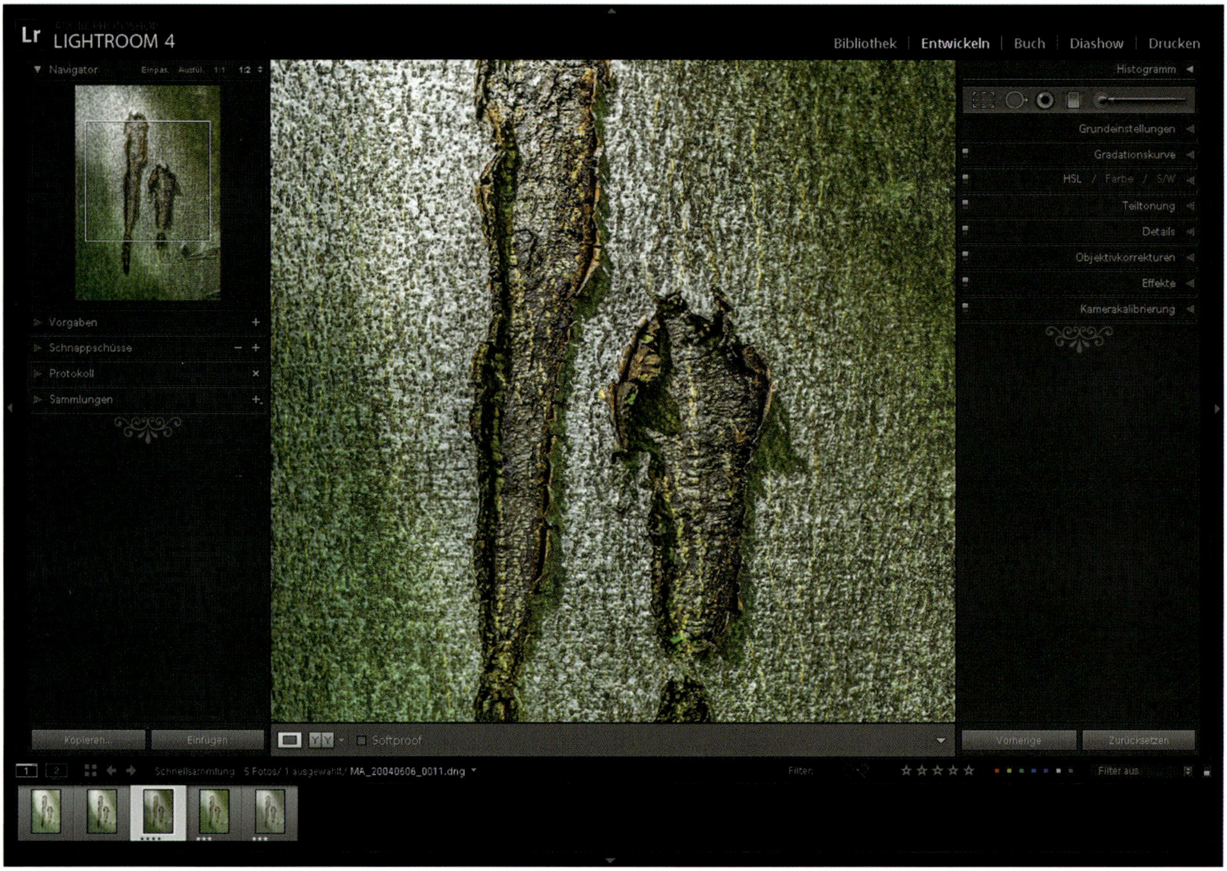

Abb. 8–1
Im Entwickeln-Modul bearbeitet man normalerweise ein Foto auf einmal.

Arbeitsgeschwindigkeit steigern
Falls Sie das Modul weiter beschleunigen wollen, müssen Sie andere Maßnahmen vornehmen als für die Beschleunigung des Bibliothek-Moduls. Hier ist einerseits entscheidend, wie schnell Lightroom auf die Bilddateien zugreifen kann. Andererseits sind Ort und Größe des Camera-Raw-Caches (der Cache wird von Lightroom und – sofern Photoshop installiert ist – von Camera Raw benutzt) von Bedeutung. Die Einstellungen treffen Sie in den Voreinstellungen unter *Dateiverwaltung*.

Der Cache speichert verkleinerte, vorkonvertierte Versionen der Rohdaten der Fotos, mit deren Hilfe Entwicklungseinstellungen im Modul schneller angezeigt werden können. Wenn ein Foto zum ersten Mal ins Entwickeln-Modul geladen wird, wird ein Cache-Eintrag für dieses Foto angelegt. Der Cache lässt sich auf bis zu 200 GB erweitern und speichert ca. 2.500 Fotos pro GB. je größer er ist, desto länger merkt sich das Programm Fotos, die einmal im Entwickeln-Modul bearbeitet wurden. Neben der Größe des Caches spielt der Ort eine Rolle. Er sollte auf einem schnellen Laufwerk liegen, idealerweise auf einem Festkörperlaufwerk (SSD). Voreingestellt ist die Systempartition.

Für DNG-Dateien lässt sich die Geschwindigkeit im Entwickeln-Modul weiter steigern, indem Sie bei der Konvertierung die Option *Schnell ladende Dateien einbetten* verwenden (siehe Seite 172).

8.2 Die Vorher-Nachher-Ansicht

Neben der normalen Lupenansicht gibt es im Entwickeln-Modul die Vorher-Nachher-Ansicht. Sie ist der Vergleichsansicht im Bibliothek-Modul recht ähnlich. Nur dass man hier nicht zwei verschiedene Fotos vergleicht, sondern zwei verschiedene Zustände desselben Fotos. Der Modus kann z. B. verwendet werden, um die Wirkung einer Entwicklungseinstellung besser beurteilen zu können. Ein- und ausgeschaltet wird die Ansicht über die Werkzeugleiste oder die Taste [Y].

Abb. 8–2
Die Vorher-Nachher-Ansicht. Über die Werkzeugleiste wählen Sie A) den Anzeigemodus und können außerdem Entwicklungseinstellungen B/C) von vorher auf nachher übertragen oder D) zwischen beiden austauschen.

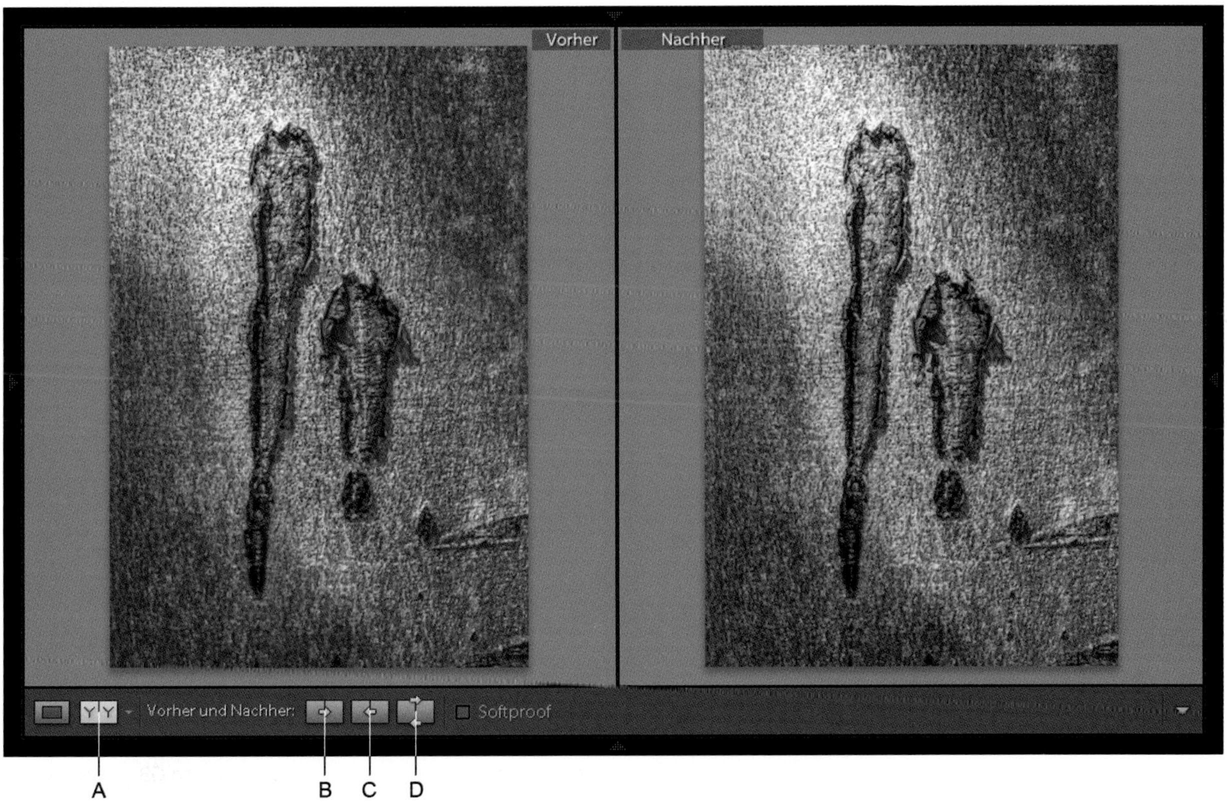

Die Ansicht teilt die Arbeitsfläche in zwei Bereiche. Der Nachher-Teil zeigt immer den aktuellen Zustand an. Der Vorher-Teil ist hingegen statisch. Welchen Einstellungssatz er anzeigt, muss der Benutzer selbst auswählen. Es lassen sich z. B. direkt Zustände aus den Protokoll- und Schnappschuss-Paletten (siehe Abschnitt 8.6) per Kontextmenü für den Vorher-Bereich auswählen. So können Sie gezielt Bearbeitungszustände miteinander vergleichen.

In der Werkzeugleiste hat man die Wahl zwischen vier verschiedenen Anzeigemodi für die Ansicht: Auf der einen Seite kann man wählen, ob die Arbeitsfläche horizontal oder vertikal geteilt wird. Andererseits lässt sich hier festlegen, ob in beiden Hälften derselbe Bildausschnitt wiederholt zu sehen ist (siehe Abb. 8–2 A) oder ob der eine an den anderen anschließt. Ebenfalls über die Werkzeugleiste können Sie Einstellungen von einer der beiden Ansichten auf die andere übertragen oder tauschen (Abb. 8–2 B–D).

Sie können den Vorher-Zustand auch einzeln anzeigen, ohne dass die Ansicht dabei geteilt wird. Dazu drücken Sie ⇧-V. Hierbei wird der Vorher-Zustand nur so lange eingeblendet, bis man eine beliebige Entwicklungseinstellung verändert. Dann schaltet er automatisch wieder zum aktuellen Zustand um. So kann man durch mehrmaliges Drücken von ⇧-V regeln, vergleichen, regeln usw.

8.3 Tonwerte und Farben beurteilen

Neben der Beurteilung des Fotos über das Auge und die Arbeitsfläche gibt es einige Hilfsmittel in Lightroom, mit denen sich Tonwerte und Farben mit »mathematischer Sicherheit« beurteilen lassen.

Genaue Darstellung von Tonwerten und Farben

Abb. 8–3
Monitorprofilierung mit einem Messgerät

Die Arbeitsfläche ist das zentrale Werkzeug, um ein Foto und dessen Entwicklungseinstellungen zu beurteilen. Alles in allem überwiegt in Lightroom die visuelle Beurteilung des Fotos. Messinstrumente wie Histogramm, Beschnitt- und RGB-Wert-Anzeige (siehe unten) können nur wenig über ein Foto aussagen. Daher fällt der Abbildung des Fotos auf der Arbeitsfläche die größte Bedeutung zu. Ein Monitor, der nicht profiliert ist, kann jedoch das angezeigte Foto verfälschen. Beeinflusst werden davon Tonwerte und Farben. Insofern ist zumindest für die **genaue** Bearbeitung eines Fotos eine Profilierung notwendig.

Hardwarelösungen zur Monitorprofilierung gibt es im Preisbereich von ca. 80–250 Euro, z. B. das *Spyder3 Pro*, das *Eye-One Display 2* oder das *Pantone Huey*. Mit einer reinen Softwarelösung wie Adobe Gamma unter Windows oder dem Kalibrierungsassistenten auf dem Mac lassen sich keine genauen Profile erstellen. Diese arbeiten sehr grob und benutzen das Auge als Messgerät, das durch seine hohe Anpassungsfähigkeit nicht dazu geeignet ist.

Da die meisten Monitore nur ungefähr den sRGB-Farbraum umfassen, kann es sein, dass Ihr Monitor trotz Profilierung nicht immer alle Farben eines Fotos darstellen kann. Lightroom zeigt dann die nächstmöglich darstellbaren Farben an. Während eines Softproofs (siehe Seite 289) ist es möglich, jene Bildbereiche zu markieren, die nicht farbrichtig dargestellt werden, im normalen Betrieb allerdings nicht.

Histogramm und Beschnittanzeige

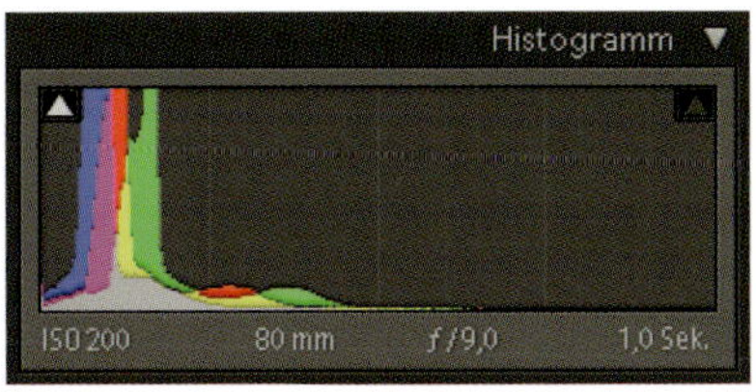

A

B

Abb. 8–4
A) Histogramm eines unterbelichteten Fotos. Wie im Bibliothek-Modul zeigt die Histogramm-Palette ISO-Wert, Brennweite, Blende und Verschlusszeit des aktiven Fotos an (wenn der Mauszeiger sich nicht über dem Foto befindet).
B) Durchgehend schwarze oder weiße Bildbereiche lassen sich über die Beschnittanzeige hervorheben.

Rechts oben finden Sie das **Histogramm**. Wie in Abb. 8–4 A zu sehen ist, zeigt das Lightroom-Histogramm die Tonwerte für die verschiedenen Grundfarben – Rot, Grün und Blau – separat an. (Treffen zwei Grundfarben in einem Bereich aufeinander, entstehen die entsprechenden Mischfarben Gelb, Cyan und Magenta, bei allen drei Farben wird das Histogramm hellgrau dargestellt.)

Wenn ganze Bildbereiche des Fotos Tonwerte von 0 % bzw. 100 % aufweisen, spricht man vom **Tonwertbeschnitt** oder »Clipping«. Es werden Tonwerte gekappt. Dies zeigt sich durch Spitzen am linken oder rechten Ende des Histogramms. Zusätzlich verfügt Lightroom über eine separate Beschnittanzeige: Die beiden Dreiecke oben links und rechts im Histogramm leuchten auf, sobald es zu Tonwertbeschnitt kommt (siehe Abb.

8–4 A). Durch Anklicken der Dreiecke oder über die Taste J können Sie außerdem die Bereiche im Foto farblich hervorheben, die durch den Tonwertbeschnitt durchgehend schwarz oder weiß ausfallen (siehe Abb. 8–4 B).

RGB-Wert-Anzeige

Als weiteres Hilfsmittel steht unterhalb des Histogramms die RGB-Wert-Anzeige zur Verfügung (siehe Abb. 8–5) – sie zeigt die Tonwerte für die drei Grundfarben Rot, Grün und Blau direkt an einer bestimmten Position des Fotos an. Dazu wird einfach der Mauszeiger an die auszulesende Stelle geschoben. Die Anzeige ist nicht pixelgenau, denn es wird immer der Mittelwert für die Region um den Mauszeiger herum angezeigt. Für große Genauigkeit müssen Sie also in eine Vergrößerung oberhalb der 1:1 wechseln. Lightroom gibt die Werte in der RGB-Wert-Anzeige in Prozent an, von 0–100 %, und nicht wie z. B. Photoshop von 0–255.

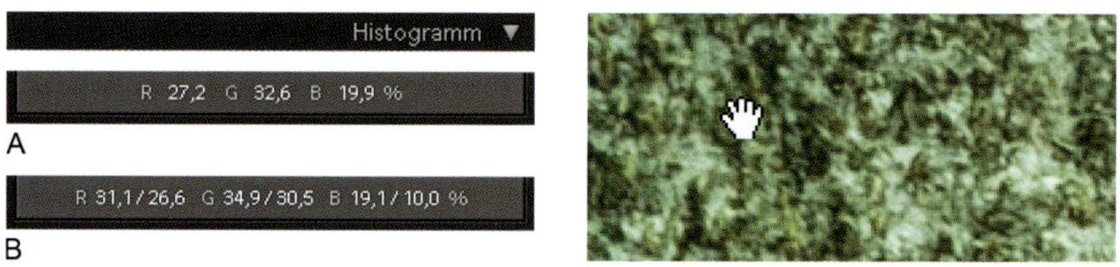

Abb. 8–5
A) RGB-Wert-Anzeige unterhalb des Histogramms
B) In der Vorher-Nachher-Ansicht zeigt die RGB-Wert-Anzeige jeweils die Vorher- und Nachherwerte an, sodass man Tonwertveränderungen in einzelnen Bereichen untersuchen kann.

Die RGB-Wert-Anzeige kann für Tonwerte und Farben gleichermaßen genutzt werden. Ich benutze sie manchmal während der Tonwertkorrektur, um zu untersuchen, in welchen Tonwertregionen die unterschiedlichen Bildbereiche eines Fotos liegen. Daneben kann man sie für die Farbkorrektur mit der RGB-Gradationskurve (siehe Seite 237) verwenden, um zu sehen, ob eine Region neutral ist oder ob sie einen Farbstich hat, den man vielleicht mit dem bloßen Auge nicht erkennt.

8.4 Paletten und Werkzeuge

Mit den Paletten auf der rechten Seite und den Werkzeugen im Werkzeugstreifen (siehe Abb. 8–6) legen Sie die Entwicklungseinstellungen für ein Foto fest. Die Paletten und das Freistellen-Werkzeug funktionieren global, d. h., sie wirken sich auf das gesamte Foto aus.

Die vier restlichen Werkzeuge im Werkzeugstreifen funktionieren anders: Bei ihnen kann man mehrere Korrekturstellen im Foto erzeugen und für jede Korrekturstelle andere Einstellungen treffen. Jede Stelle lässt sich auch im Nachhinein anpassen. Über die Werkzeugleiste oder über die

Taste H können Sie die Korrekturstellen (siehe Abb. 8–7 A) ein- oder ausblenden. Jede Korrekturstelle lässt sich einzeln mit der Maus auswählen und über ⟵ entfernen. Alle Stellen entfernt man über *Zurücksetzen* in der Palette des jeweiligen Werkzeugs (siehe Abb. 8–7 B).

Abb. 8–6
Mit den acht Paletten auf der rechten Seite und den fünf Werkzeugen im Werkzeugstreifen oberhalb davon lassen sich alle in Lightroom verfügbaren Entwicklungseinstellungen anpassen. Die Werkzeuge im Werkzeugstreifen arbeiten bis auf das Freistellen-Werkzeug lokal, nicht global:
A) Freistellen
B) Bereichsreparatur
C) Rote-Augen-Werkzeug
D) Verlaufsfilter
E) Korrekturpinsel

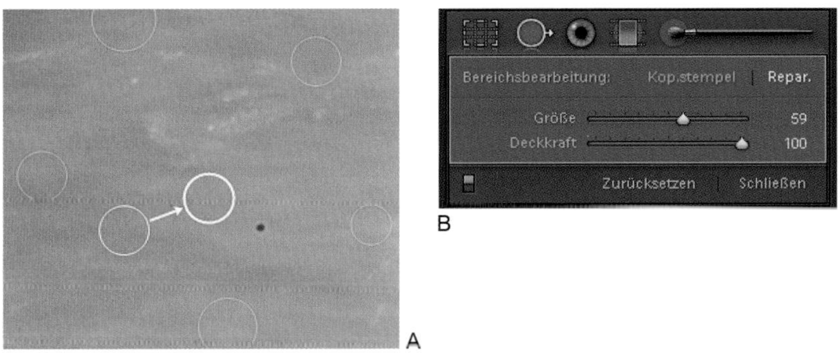

Abb. 8–7
Bereichsreparatur-Werkzeug. Mehrere Korrekturstellen für die Staubentfernung; die Stelle in der Mitte (A) ist ausgewählt, sodass ihre Einstellungen über das Werkzeug (B) angepasst werden können.

Die Entwicklungseinstellungen und Werkzeuge werden im Detail im nächsten Kapitel erläutert. Im Folgenden einige Tipps, mit denen Sie in den Paletten effizient arbeiten können. Die meisten Tipps gelten auch für die Werkzeuge im Werkzeugstreifen, einige auch für die Paletten in anderen Modulen.

Schnelles Einstellen über die Tastatur

Sie können die Regler in den Paletten teilweise über die Tastatur steuern. Am einfachsten funktioniert das für die Regler der Grundeinstellungen-Palette:

- Durch wiederholtes Drücken von [+] wählen Sie den Regler aus, den Sie anpassen wollen.
- Mit [#] und [-] können Sie den Wert des aktiven Reglers in kleinen Schritten korrigieren.
- Drücken Sie zusätzlich [⇧], erfolgt die Korrektur in großen Schritten.
- Mit [;] setzen Sie den aktiven Regler zurück.

Sie können auch Regler in anderen Paletten aktivieren. Dazu klicken Sie bei gedrückter [Alt]-Taste auf den Namen des Reglers. Anschließend können Sie den Reglerwert mit [#] und [-] verstellen. Wenn man das Foto wechselt, bleibt der Regler aktiv. So können Sie mit den Pfeiltasten mehrere Fotos durchgehen und beispielsweise überall die Belichtung anpassen.

Einstellen über Tastatur und Maus

Immer wenn man den Mauszeiger über einen Regler bewegt (und dessen Name aufleuchtet), kann man mit [↑] und [↓] den Wert erhöhen bzw. verringern. Dabei kann man [⇧] für sehr große Schritte oder [Alt] für sehr kleine Schritte gedrückt halten. In der Gradationskurve-Palette kann man mit dem Mauszeiger auch über die entsprechende Region der Kurve fahren.

Weiterhin kann man die Maus direkt über den Wert rechts neben dem Regler bewegen, woraufhin sich der Mauszeiger in einen Doppelpfeil verwandelt. Daraufhin kann man die Maustaste gedrückt halten und nach links bzw. rechts ziehen und so den Regler bewegen. Auf diese Weise lässt sich der Regler mit einer kürzeren Mausbewegung auf die gewünschte Position bringen.

Reglerwerte direkt eingeben

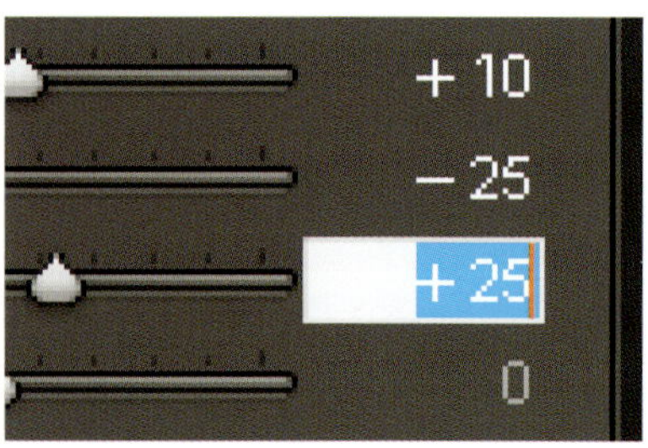

Abb. 8–8
Reglerwerte können direkt eingegeben werden.

Wenn man direkt auf einen der Reglerwerte klickt, wird dieser zu einem Eingabefeld, in das man den gewünschten Wert direkt mit der Tastatur eingeben kann (siehe Abb. 8–8). Solange das Feld aktiviert ist, kann man außerdem mit den Tasten [↑] und [↓] den Wert in kleinen Schritten, bei zusätzlich gedrückter [⇧]-Taste in größeren Schritten ändern.

Sie können außerdem, solange ein Eingabefeld aktiviert ist, mittels [⇥] zum nächsten Regler und mittels [⇧]-[⇥] zum vorigen Regler gelangen. Auf diese Weise können Sie sich mit der [⇥]-Taste von oben nach unten durch eine Palette hangeln, um z. B. alle vier Werte in der Gradationskurve-Palette einzutragen. Es ist ebenfalls möglich, sich durch mehrere geöffnete Paletten zu hangeln. Am untersten Regler angekommen, springt Lightroom mit dem nächsten [⇥] zum obersten Regler zurück.

Zurücksetzen

Jeder Regler im Entwickeln-Modul lässt sich einzeln mittels Doppelklick auf seine Ausgangsposition (d.h. auf die Position der Standardentwicklungseinstellungen, siehe Abschnitt 8.8) zurücksetzen. Ein einfaches Vorher-Nachher für einzelne Regler erzielt man durch Klick und einen anschließenden Doppelklick, dabei muss man sich mit der Maus über der gewünschten Reglerposition befinden. Mit einem Klick wird der Regler in die gewünschte Position gebracht, mit einem Doppelklick wird er zurückgesetzt. So kann man zwischen den beiden Zuständen hin- und herschalten. Reglerwerte, die nicht der Ausgangsposition entsprechen, werden übrigens hell hervorgehoben (siehe Abb. 8–9).

Sollen mehrere Regler auf einmal zurückgesetzt werden, z.B. von bestimmten Palettenteilen wie dem Präsenz-Teil der Grundeinstellungen-Palette oder den vier Regionen in der Gradationskurve-Palette, so kann man direkt auf den Namen des Palettenteils doppelt oder bei gedrückter Alt Taste einfach klicken (Abb. 8–9 B). Besonders nützlich ist dies in der Grundeinstellungen-Palette, wo man auf diese Weise schnell die Tonwertregler zurücksetzen kann. Die Werkzeuge im Werkzeugstreifen lassen sich genauso zurücksetzen.

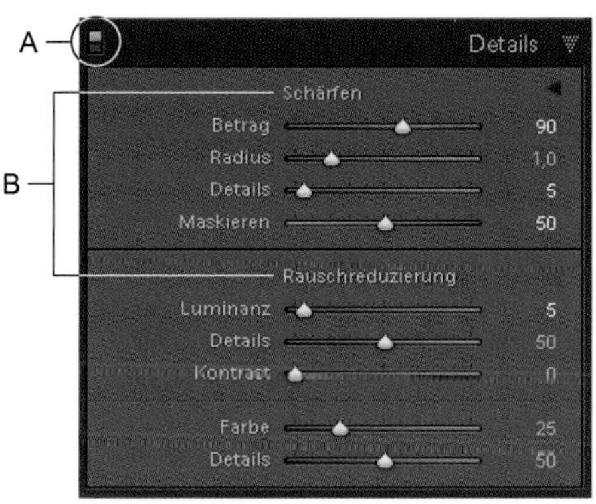

Abb. 8–9
A) Palettenwirkung zeitweise ausschalten
B) Ein Doppelklick (oder Alt + Klick) auf die Überschrift eines Palettenteils setzt die Regler darunter gemeinsam zurück.

Sämtliche Entwicklungseinstellungen eines Fotos setzt man über den Zurücksetzen-Knopf unten rechts zurück. Der Tastaturbefehl hierzu ist Strg-⇧-R.

Wirkung einer Palette ein- und ausschalten

Der Effekt jeder Palette (bis auf denjenigen der Grundeinstellungen-Palette) lässt sich vorübergehend über den Knopf links oben deaktivieren (Abb. 8–9 A). Gleiches gilt für die meisten Werkzeuge im Werkzeugstreifen. Damit kann man die Wirkung aller Regler und Einstellungen in der

Palette vorübergehend ausschalten, ohne sie gleich zurücksetzen zu müssen. Außerdem kann man so den Effekt beurteilen, indem man die beiden Zustände durch Ein- und Ausschalten vergleicht.

8.5 Entwicklungseinstellungen übertragen

Abb. 8–10
Einstellungen übertragen
A) Kopieren und Einfügen (linke Seite)
B) Vorherige Einstellungen (rechte Seite)
C) Bei mehreren ausgewählten Fotos können Sie über den Synchronisieren-Knopf rechts Entwicklungseinstellungen übertragen oder den Automatisch-synchronisieren-Modus einschalten.

Normalerweise wird im Entwickeln-Modul nur das aktive Foto bearbeitet, egal wie viele Fotos im Filmstreifen ausgewählt sind (wie in der Lupenansicht im Bibliothek-Modul). Über *Automatisch synchronisieren* können Sie hingegen mehrere Fotos gleichzeitig bearbeiten. Um die Funktion ein- bzw. auszuschalten, betätigt man den kleinen Schalter links vom Synchronisieren-Knopf (Abb. 8–10 C).

Ebenso wie im Bibliothek-Modul (siehe Seite 142) können Sie auch im Entwickeln-Modul die Übertragungsfunktionen für Entwicklungseinstellungen benutzen. Nur haben Sie hier eben nicht die Rasteransicht zur Verfügung, daher ist es nicht ganz so komfortabel. Konkret stehen die Funktionen **Synchronisieren** und **Kopieren/Einfügen** zur Auswahl. Wie im Bibliothek-Modul können Sie die zu übertragenden Entwicklungseinstellungen über einen Dialog auswählen.

Einfacher als mit den normalen Übertragungsfunktionen funktioniert der Knopf *Vorherige* auf der rechten Seite. Er überträgt die Entwicklungseinstellungen des zuletzt aktiven Fotos auf das derzeitig aktive. So kann man ein Foto bearbeiten, zum nächsten wechseln und dann den Knopf oder Strg-Alt-V drücken, um die soeben eingestellten Werte als Ausgangswerte für das nächste Foto zu übernehmen.

8.6 Protokoll und Schnappschüsse

Abb. 8–11
Die Protokoll-Palette zeigt ganz genau an, in welchen Schritten ein Foto bearbeitet wurde.

Das **Protokoll** auf der linken Seite (siehe Abb. 8–11) merkt sich für ein Foto jede einzelne Änderung der Entwicklungseinstellungen, sodass man Änderungen nachvollziehen und wieder rückgängig machen kann, ähnlich dem aus Photoshop oder anderen Bildbearbeitungsprogrammen bekannten Protokoll. Aber da in Lightroom nur die Entwicklungseinstellungen selbst gespeichert werden und diese kaum Platz einnehmen, verbleibt das Protokoll eines Fotos dauerhaft im Katalog und steht auch beim nächsten Programmstart noch zur Verfügung.

Protokollschritte bleiben aber nicht in jedem Fall erhalten. Greift man auf einen früheren Schritt zurück und macht danach eine weitere Reglerbewegung, gehen alle jüngeren Schritte verloren (wenn man dies sofort bemerkt, kann man es durch Strg-Z wieder rückgängig machen). Aus diesem Grund sollte man wichtige Bearbeitungsschritte als Schnappschuss speichern. Rechts oben in der Palette können Sie das Protokoll komplett löschen.

Schnappschüsse funktionieren ähnlich wie Protokollschritte, nur legt man sie von Hand an (mit Strg-N) und bezeichnet sie mit einem Namen (siehe Abb. 8–12 A). Außerdem können sie nicht verloren gehen, wie das bei Protokollschritten möglich ist. Neben der Verwendung zur Speicherung wichtiger Arbeitsschritte kann man sie gut einsetzen, um unterschiedliche Bearbeitungsvarianten von Fotos zu verwalten, die man nicht unbedingt als virtuelle Kopien anlegen möchte.

Im Gegensatz zu virtuellen Kopien tauchen Schnappschüsse nicht als eigenständige Fotos im Filmstreifen auf. Man kann zwar auch vom Bibliothek-Modul aus auf sie zugreifen (siehe Abb. 8–12 B), aber richtig komfortabel geht dies dort nicht. Das ist schade, denn Schnappschüsse werden von Lightroom beim Speichern der Metadaten bei den Bilddateien berücksichtigt, d. h., sie sind langfristig und nicht nur im Katalog speicherbar. Über die Metadatenspeicherung können Schnappschüsse auch in *Adobe Camera Raw* sichtbar gemacht werden.

A

B

Abb. 8–12
Schnappschüsse
A) Verschiedene Versionen oder Bearbeitungsschritte lassen sich als Schnappschüsse speichern.
B) Man kann auch über das Kontextmenü (unter Entwicklungseinstellungen) vom Bibliothek-Modul aus sie zugreifen.
Hinweis: Aufgrund eines Programmfehlers ist der Zugriff über das Bibliothek-Modul unter Windows im Moment (Stand: Lightroom 4.1) nicht möglich

Sie können übrigens die Entwicklungseinstellungen von virtuellen Kopien langfristig sichern, indem Sie sie in Schnappschüsse umwandeln. Dazu brauchen Sie nur einen Schnappschuss für die virtuelle Kopie anzulegen – dieser wird automatisch aufs Masterfoto übertragen, und Sie können die Kopie entfernen. Mit dem Zusatzmodul *Snapshotter* geht das Umwandeln noch einfacher: Damit können Sie vom Bibliothek-Modul aus mehrere virtuelle Kopien auf einmal in Schnappschüsse umwandeln.

Manchmal muss man Entwicklungseinstellungen zwischen Schnappschüssen angleichen. Da man Schnappschüsse nicht im Filmstreifen anzeigen kann, kann man hierfür nicht die normalen Übertragungsfunktionen verwenden. Stattdessen gibt es die Funktion *Einstellungen ▹ Schnappschüsse synchronisieren*. Sie nimmt die Einstellungen des gerade aktiven Fotos (das nicht mit einem Schnappschuss übereinstimmen muss) und überträgt sie auf alle Schnappschüsse desselben Fotos. Wie beim normalen Synchronisieren kann man vorher die zu synchronisierenden Einstellungen auswählen.

8.7 Entwicklungsvorgaben

Die Entwicklungsvorgaben befinden sich im Entwickeln-Modul in einer eigenen Palette auf der linken Seite. Dort lassen sich auch neue Vorgaben erstellen und in Ordnern organisieren (siehe Abb. 8–13 A). Die Navigator-Palette (Abb. 8–13 B) dient als Vorschau, bevor man eine Vorgabe tatsächlich anwendet: Fährt man mit der Maus über eine der Vorgaben, zeigt die Navigator-Palette an, wie das Foto mit der Vorgabe aussehen würde.

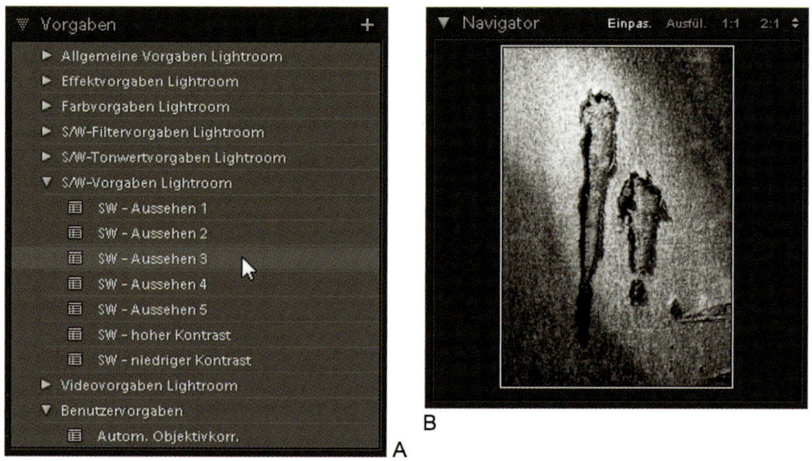

Abb. 8–13
Entwicklungsvorgaben
A) Vorgaben-Palette
B) Navigator-Palette

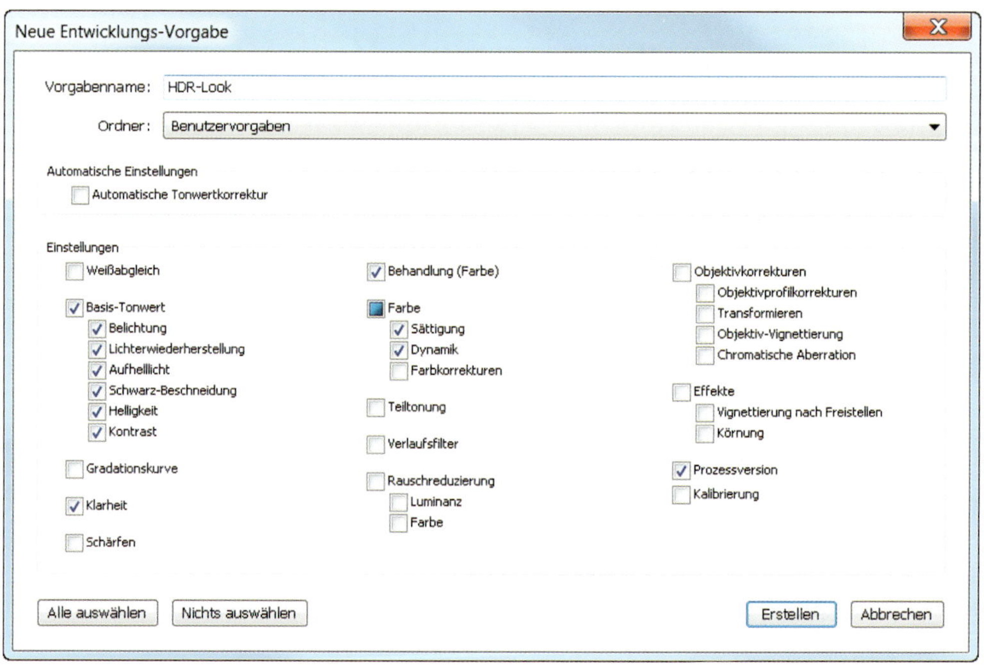

Abb. 8–14
Vorgaben können auch aus Teileinstellungen bestehen.

Um eine neue Entwicklungsvorgabe zu erstellen, klicken Sie auf das + in der Palette oder drücken [Strg]-[⇧]-[N]. Die Vorgabe wird dabei aus den Einstellungen des aktiven Fotos angelegt.

Dabei erscheint zunächst ein Dialog wie in Abb. 8–14, indem – ähnlich wie bei den Metadatenvorgaben – genau gesteuert werden kann, welche der Einstellungen in die Vorgabe übernommen werden. Wenn diese auf ein Foto angewendet wird, wird nur dieser Teil der Entwicklungseinstellungen des Fotos überschrieben, während für die anderen Einstellungen die Werte erhalten bleiben. So kann man z. B. eine Vorgabe nur mit Schärfungs- oder Rauschreduktionseinstellungen anlegen. Mit der Option *Automatische Tonwertkorrektur* ruft Lightroom die Tonwertautomatik auf, sobald die Vorgabe auf ein Foto angewendet wird.

Per Kontextmenü lassen sich Vorgaben mit den Werten eines Fotos aktualisieren und auch ex- oder importieren, um z. B. Vorgaben auf einen anderen Rechner zu übertragen oder eine der zahlreichen Vorgaben aus dem Internet zu nutzen (z. B. von der Webseite *Lightroom Exchange*). Lightroom wird außerdem bereits mit sehr vielen Vorgaben ausgeliefert (siehe Tab. 8–1).

Tab. 8–1
Mit Lightroom mitgelieferte Entwicklungsvorgaben

Vorgabenordner	Richtung
Allgemeine Vorgaben	Einige Basisvorgaben u.a. für Schärfung, Einstellung aller Regler auf null, automatische Tonwertkorrektur
Effektvorgaben	Vignetten und Filmkorn
Farbvorgaben	Antik-Look, Crossentwicklung-Look und andere Farbeffekte
S/W-Filtervorgaben	Nachbildung optischer Farbfilter für Schwarz-Weiß-Fotografie: z. B. Blau-, Rot-, Gelb- und Grünfilter
S/W-Tonwertvorgaben	Verschiedene Schwarz-Weiß-Tonungen, z. B. Sepia, Selen
S/W-Vorgaben	Reine Schwarz-Weiß-Looks
Videovorgaben	Vorgaben speziell für Videos

8.8 Standardentwicklungseinstellungen

Die Standardentwicklungseinstellungen oder einfach Standardeinstellungen sind Ausgangswerte für Entwicklungseinstellungen. Sie bilden den Startpunkt für weitere Anpassungen und werden in der Regel bereits beim Import vergeben und immer dann, wenn im Bibliothek- oder Entwickeln-Modul ein Foto »zurückgesetzt« wird.

Standardeinstellungen lassen sich anpassen. Wenn Sie z. B. wollen, dass der Reglerwert für *Kontrast* standardmäßig nicht 0, sondern 25 beträgt, können Sie das einstellen. Standardentwicklungseinstellungen sind in erster Linie für Raw-Fotos sinnvoll, können aber auch für RGB-Dateien konfiguriert werden.

Adobe-Einstellungen

Die Standardeinstellungen sind in Lightroom von Haus aus auf bestimmte Werte eingestellt. Die Adobe-Standardeinstellungen für Raw-Fotos stellen moderate Werte für Schärfung und Farbrauschentfernung ein (siehe Tab. 8–2). Bei RGB-Dateien sind alle Regler hingegen standardmäßig auf 0 gestellt. Lightroom geht davon aus, dass RGB-Dateien zunächst so behandelt werden sollen, wie sie sind, da es sich im Unterschied zu Raw-Dateien im Allgemeinen um fertige Bilder handelt. Doch auch für RGB-Dateien können Sie die Standardeinstellungen verstellen.

Tab. 8–2
Die Adobe-Standardeinstellungen für Raw-Fotos

Einstellung	Wert
Schärfung (Betrag)	25
Rauschreduzierung (Farbe)	25

Eigene Standardeinstellungen verwenden

Die Adobe-Einstellungen können Sie mit individuellen Einstellungen überschreiben. Manchem Benutzer sind diese Einstellungen zu neutral, dann können Sie z. B. mehr Dynamik und Klarheit einstellen oder mehr Kontrast.

Um die Standardeinstellungen zu verändern, stellen Sie die gewünschten Reglerwerte ein und wählen *Entwickeln ▹ Standardeinstellungen festlegen* oder drücken den Knopf *Standard festlegen* unten rechts, erreichbar über die [Alt]-Taste. Es folgt ein Dialog zur Bestätigung, indem Sie *Auf aktuelle Einstellungen aktualisieren* klicken (siehe Abb. 8–15 A). Wie bei den Vorgaben übernimmt Lightroom die Werte von dem aktiven Foto. Im Gegensatz zu den Entwicklungsvorgaben sind aber alle Regler im Entwickeln-Modul Bestandteil der Standardeinstellungen. Setzen Sie also ggf. ein Foto erst zurück, machen Sie dann die gewünschten Anpassungen, und legen Sie anschließend die Standardeinstellungen neu fest.

Normalerweise werden die Standardentwicklungseinstellungen je Kameramodell gespeichert. Daher überschreibt die Neudefinition immer nur die Einstellungen für das Modell, von dem das gerade aktive Foto stammt. Falls Sie mehrere Exemplare eines Kameramodells besitzen, können Sie für diese jeweils eigene Standardeinstellungen vergeben. Dazu stellen Sie in den Voreinstellungen unter *Vorgaben* die entsprechende Option ein (siehe Abb. 8–15 B). Lightroom unterscheidet die Kameras anhand ihrer Seriennummern, die Bestandteil der EXIF-Metadaten sind. Beim Festlegen der Standardeinstellungen müssen Sie nur darauf achten, dass Sie ein Foto der richtigen Kamera ausgewählt haben.

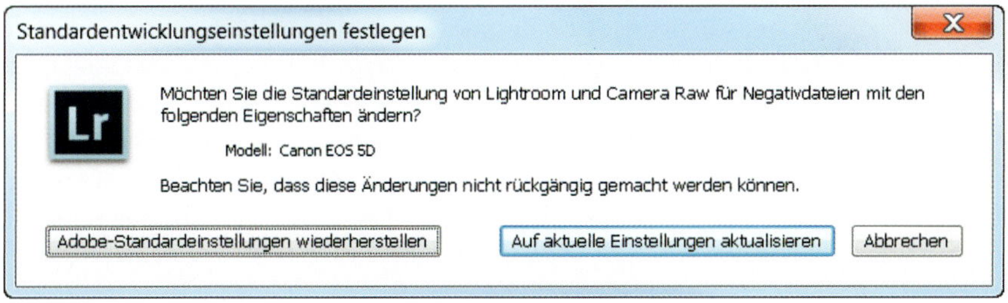

A

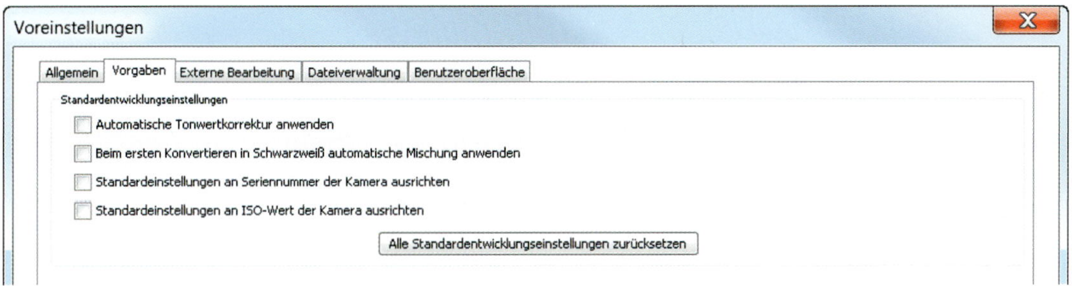

B

Abb. 8–15
A) Standardeinstellungen festlegen
B) Die Voreinstellungen zu den Standardeinstellungen

Ähnlich können Sie ISO-spezifische Einstellungen anlegen (dies können Sie ebenfalls in den Voreinstellungen wählen). Sie eignen sich vor allem, um die Werte für die Rauschreduktion und evtl. die Schärfung automatisch an die ISO-Werte anzupassen. Das Verfahren ist ein bisschen aufwändig, da man je ein Foto für jeden möglichen ISO-Wert aufnehmen muss. Bei meiner Kamera sind das beispielsweise 15 Aufnahmen.

Um eine einzelne Standardeinstellung wiederherzustellen, klicken Sie beim Festlegen einer Einstellung auf *Adobe-Standardeinstellungen wiederherstellen* (siehe Abb. 8–15 A), womit wieder die Adobe-Werte verwendet werden. Alle Standardeinstellungen setzt man einfach über die Voreinstellungen unter *Vorgaben* zurück. Sie können aber auch zwischenzeitlich auf die Adobe-Einstellungen zugreifen. Halten Sie dazu ⇧ gedrückt, dann verwandelt sich der Zurücksetzen-Knopf in den Knopf *Zurücksetzen (Adobe)*, der das Foto auf genau diese Einstellungen setzt.

Abb. 8–16
Standardeinstellungen können Sie nur durch Öffnen der Datei identifizieren.

Standardeinstellungen übertragen

Falls Sie Standardentwicklungseinstellungen zwischen Computern übertragen wollen: Diese werden nicht im Lightroom-Vorgabenordner, sondern im Vorgabenordner von Camera Raw gespeichert. Dieser Ordner befindet sich im Ordner *Adobe*, der eine Stufe über dem Lightroom-Ordner steht. Im Camera-Raw-Ordner befindet sich der Ordner *Defaults*, in dem die Standardeinstellungen gespeichert werden (also insgesamt *Adobe/Camera Raw/Defaults*).

Die Dateien haben allerdings kryptische Namen. Ob Sie es mit der richtigen Einstellung zu tun haben, finden Sie nur durch Öffnen der Datei in einem Texteditor heraus. Dort sind Kameramodell und evtl. ISO-Zahl oder Seriennummer im XMP-Format gespeichert.

Automatiken

Sie können zusammen mit den Standardentwicklungseinstellungen gleich Automatiken anwenden lassen, ähnlich wie bei den Entwicklungsvorgaben. Dies stellen Sie allerdings nicht beim Festlegen der Standardeinstellungen ein, sondern in den Voreinstellungen unter *Vorgaben* (siehe Abb. 8–15 B).

Über *Automatische Tonwertkorrektur anwenden* stellen Sie ein, dass nach der Anwendung einer Standardeinstellung zusätzlich die Tonwertautomatik auf das betreffende Foto angewendet wird. *Beim ersten Konvertieren in Schwarzweiß automatische Mischung anwenden* bewirkt hingegen die Auslösung der Schwarz-Weiß-Automatik, die automatisch Reglerwerte für die Schwarz-Weiß-Umsetzung einstellt (siehe Kapitel 9.7). Die Werte werden bereits bei Anwendung der Standardeinstellungen vergeben, kommen aber erst zum Tragen, wenn man in den Schwarz-Weiß-Modus wechselt.

Von zu großen Anpassungen über die Standardeinstellungen sehe ich persönlich ab, da ich mich mittlerweile an die Anmutung von Raw-Fotos beim ersten Öffnen in Lightroom oder Camera Raw gewöhnt habe. Auch sollten die gespeicherten Einstellungen gute Standardwerte für alle Fotos sein. Alles andere regelt man besser über Vorgaben. Ich habe daher nur die Einstellungen für Schärfung und Rauschentfernung verändert (siehe Seite 265).

9 Entwicklungseinstellungen

Im folgenden Kapitel geht es um die Entwicklungseinstellungen im Detail. Die Betrachtung erfolgt für die Bearbeitung einzelner Fotos im Entwickeln-Modul. Für die schnelle Bildbearbeitung über das Bibliothek-Modul siehe Kapitel 5.7.

Die Reihenfolge der Abhandlung richtet sich nicht genau nach der Oberfläche Lightrooms – hierzu siehe Tabelle 9–1. Stattdessen bin ich teilweise nach zusammenhängenden Themen und nach der von mir empfundenen Wichtigkeit der Einstellungen vorgegangen. Das tatsächliche Vorgehen während der Bearbeitung hängt aber vor allem vom Foto ab. Dabei ist es sinnvoll, sich zuerst mit dem jeweils größten Problem des Fotos zu beschäftigen (»Fix the biggest problem first«). Wenn ein Foto z. B. sehr schief aufgenommen wurde, ist es in der Regel besser, es zuerst auszurichten und dann erst die Tonwertkorrektur zu erledigen, auch wenn man normalerweise andersherum vorgeht.

Tab. 9–1
Übersicht über die Paletten und Werkzeuge im Entwickeln-Modul

Palette/Werkzeug	Funktion
Grundeinstellungen	▪ Schwarz-Weiß-Modus ▪ Weißabgleich ▪ grundlegende Tonwertkorrektur ▪ maskenbasierte Tonwertkorrektur ▪ Tonwertautomatik ▪ Anpassung der Farbsättigung
Gradationskurve-Palette	▪ Feinkorrektur der Tonwerte
HSL/Farbe	▪ Selektive Farbkorrektur
S/W	▪ Selektive Schwarz-Weiß-Umsetzung ▪ S/W-Automatik
Teiltonung	▪ Tonung (Einfärben) von Schatten und/ oder Lichtern
Details	▪ Schärfen ▪ Rauschentfernung

Palette/Werkzeug	Funktion
Objektivkorrekturen	■ Automatische oder manuelle Entfernung von Objektivfehlern ■ Perspektivkorrekturen ■ Entfernung von Farbsäumen
Effekte	■ Vignette hinzufügen ■ Künstliches Filmkorn
Kamerakalibrierung	■ Ältere Entwicklungseinstellungen auswählen (Prozessversion) ■ Anpassung der grundlegenden Tonwerte und Farben (»Bildstil«) für Raw-Fotos über Raw-Profile ■ ältere Farbregler
Freistellen	■ Freistellen und ausrichten
Bereichsreparatur	■ Störungen entfernen oder Bildbereiche kopieren
Rote Augen	■ Rote Augen unterdrücken
Korrekturpinsel	■ Entwicklungseinstellungen per Pinselwerkzeug auf Bildbereiche anwenden, Moiré-Korrektur
Verlaufsfilter	■ Entwicklungseinstellungen per Verlaufsmaske auf Bildbereiche anwenden

9.1 Weißabgleich

A

B

C

Abb. 9–1
Mit dem Weißabgleich erfolgt die Anpassung des Fotos an die Lichtfarbe, ähnlich wie bei der Wahl zwischen Tageslicht- oder Kunstlichtfilm in der Analogfotografie.

Bei Raw-Fotos erfolgt die Anpassung der Farbtemperatur grundsätzlich in Lightroom. Bei JPEG-Fotos findet sie bereits in der Kamera statt, entweder über eine feste Einstellung oder über die Automatik. Sie können in Lightroom auch die Farbtemperatur von JPEGs und anderen RGB-Fotos nachträglich korrigieren, allerdings kommt es hierbei unter Umständen zu Qualitätseinbußen. Außerdem stehen einige Funktionen nur für Raw-Fotos zur Verfügung.

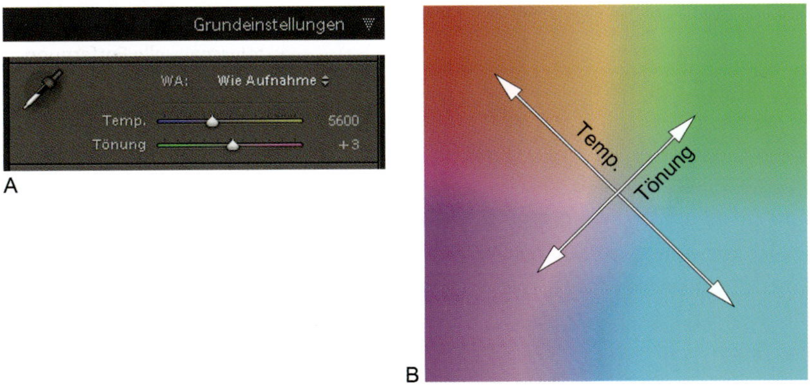

Abb. 9–2
A) Der Weißabgleich-Bereich in der Grundeinstellungen-Palette
B) Die beiden Regler zur Anpassung der Farbtemperatur verschieben die Farben des Fotos in unterschiedliche Richtungen (das Diagramm bezieht sich auf das Lab-Farbmodell).

Die Farbtemperatur wird über zwei Regler in der Grundeinstellungen-Palette angepasst. Die Regler verschieben die Farben des Fotos jeweils auf einer Farbachse (siehe Abb. 9–2 B). Diese beiden Achsen verlaufen senkrecht zueinander, daher lässt sich über die Kombination beider Regler jede Farbverschiebung erreichen bzw. jeder Farbstich entfernen.

- *Temp.*: Regelt die eigentliche Farbtemperatur, verschiebt also die Farben des Fotos in Richtung Blau oder Gelb.
- *Tönung*: Verschiebt die Farben des Fotos in Richtung Grün oder Magenta.

Der Einsatz der Regler *Temp* und *Tönung* erfordert ein bisschen Zeit und Aufmerksamkeit. Es empfiehlt sich, für genaue Änderungen den Monitor zu profilieren. Sie können auch über die RGB-Wert-Anzeige Bildbereiche auf ihre Neutralität bzw. ihre Färbung überprüfen.

Anstatt die Regler zu benutzen, können Sie den Weißabgleich auch direkt über eine Voreinstellung angeben. Diese sind über das Aufklappmenü oberhalb der Regler zu erreichen. Für die einzelnen Voreinstellungen siehe Tabelle 9–2. Im Aufklappmenü finden Sie auch die Weißabgleichautomatik. Die Automatik ist unabhängig von der Farbtemperaturmessung der Kamera und funktioniert auch bei RGB-Dateien. Meiner Erfahrung nach funktioniert sie gut bei Kunstlichtaufnahmen, bei denen die Weißabgleichautomatik der Kamera oft versagt.

Tab. 9–2
Die Voreinstellungen im Weißabgleich-Aufklappmenü

Voreinstellung	Farbtemperatur in Kelvin
Wie Aufnahme	wie in Kamera gemessen oder eingestellt
Automatisch	von Lightroom ermittelt
Tageslicht	5.500
Bewölkt	6.500
Schatten	7.500

Voreinstellung	Farbtemperatur in Kelvin
Wolframlampenlicht	2.850
Leuchtstoffröhrenlicht	3.800
Blitz	5.500

Ein weiteres Werkzeug, das den Weißabgleich vereinfacht, ist die Weißabgleichauswahl, die über das Pipettensymbol links oben in der Palette oder über die Taste W erreichbar ist. Mit ihr wählt man einen Punkt im Foto, der neutral grau erscheinen soll. Eine stark vergrößernde Lupe und eine RGB-Wert-Anzeige stehen dazu als Hilfe zur Verfügung (siehe Abb. 9–3 A). Am besten klickt man für den Abgleich auf eine helle, aber nicht ganz weiße Fläche. Wie das Foto farblich aussehen wird, kann man während der Auswahl bereits in der Navigator-Palette sehen. Manchmal ist eine Nachkorrektur über die Regler erforderlich.

In Lightroom 4 wurde die Weißabgleichauswahl in einigen Punkten verbessert. Der Messbereich lässt sich nun vergrößern oder verkleinern. Dazu verschiebt man den Regler in der Werkzeugleiste (siehe Abb. 9–3 B) oder dreht das Mausrad. Weiterhin ist der Messbereich jetzt von der Zoomstufe des Bildes abhängig. Zoomen Sie hinein, um präzisere Messungen vorzunehmen. Die Funktion *Automatisch verwerfen* in der Werkzeugleiste sollte »Automatisch verlassen« heißen: Wenn sie eingeschaltet ist, verlässt Lightroom das Werkzeug nach nur einer Messung. Andernfalls kann man beliebig viele Messungen hintereinander vornehmen.

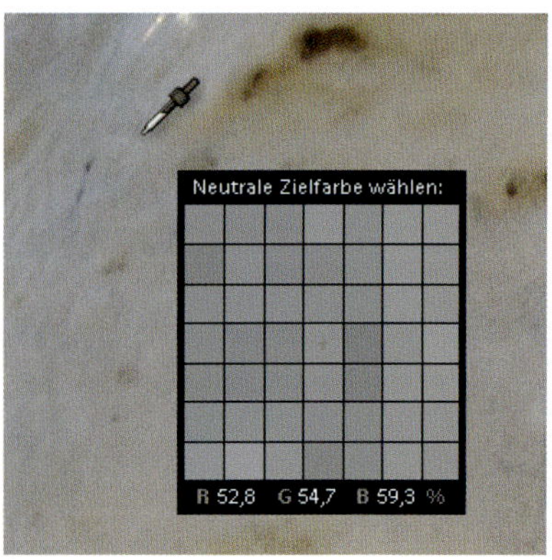

A

Abb. 9–3
Mit der Weißabgleichauswahl wählt man einen Bereich, der farblich neutral sein soll.

B

Neutrale Farben, wie die Weißabgleichauswahl sie erzielt, sind natürlich kein Muss, es gibt mehr Möglichkeiten, den Weißabgleich zu gestalten. Zum Beispiel kann man eine bestimmte Stimmung transportieren (gelblicher Sonnenuntergang, bläulicher Nebel) oder die Funktion einfach für einen kreativen Effekt nutzen. Es ist mehr eine Interpretation als eine Korrektur. Es sei denn, Sie benötigen wirklich neutrale Farben, beispielsweise für die Mode- und Produktfotografie. In diesem Fall sollten Sie evtl. auch die Kalibrierung der Kamera in Betracht ziehen (siehe Abschnitt 9.18).

In Lightroom 4 lässt sich die Farbtemperatur übrigens auch lokal, auf einzelne Bildbereiche beschränkt, anpassen (siehe Abschnitt 9.10). Weiterhin steht für Farbkorrekturen jetzt zusätzlich die Gradationskurve für einzelne Farbkanäle zur Verfügung. Diese eignet sich besonders für Scans von Dias oder Negativen (siehe Seite 237)

9.2 Basis-Tonwertregler

Die Tonwertkorrektur (oder Tonwertgestaltung – denn oft ist es mehr eine Gestaltung als eine Korrektur) bestimmt den Bildeindruck vielleicht am intensivsten. Die Regler *Belichtung, Kontrast, Weiß* und *Schwarz* sowie die drei lokal arbeitenden Regler *Lichter, Tiefen* und *Klarheit* in der Grundeinstellungen Palette sind für die grundlegende Tonwertkorrektur zuständig. Für Lightroom 4 wurden die Regler komplett überarbeitet und teilweise ersetzt. Anstatt aber die alten mit den neuen zu vergleichen, halte ich es für besser, die alten Regler einfach zu vergessen und komplett von vorne anzufangen. Je besser das gelingt, desto schneller wird man mit den neuen Reglern zurechtkommen.

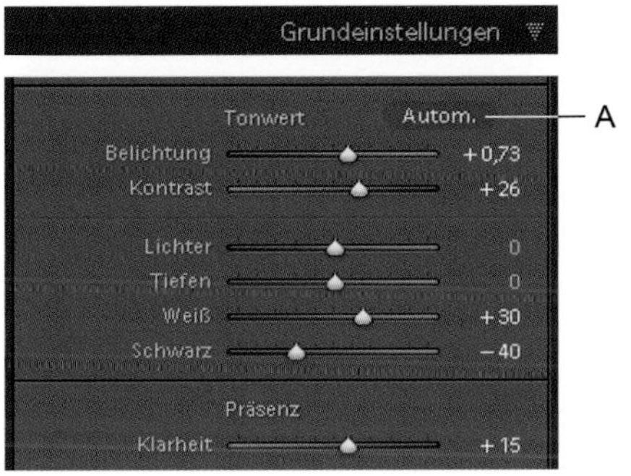

Abb. 9–4
Tonwertabschnitt und Klarheit-Regler in der Grundeinstellungen-Palette
A) Tonwertautomatik

Was die Regler machen

Vereinfachend kann man sagen, dass die fünf Regler *Schwarz, Tiefen, Belichtung, Lichter* und *Weiß* die Helligkeit der extremen Schatten, der Schatten, der mittleren Tonwerte, der Lichter und der extremen Lichter regeln. Der jeweilige Tonwertbereich wird durch die Regler entweder aufgehellt (durch positive Werte, Regler nach rechts) oder abgedunkelt (negative Werte, Regler nach links). Die beiden übrigen Regler regeln dann den Gesamtkontrast (*Kontrast*) und den Mikro- oder Konturenkontrast (*Klarheit*), durch den Konturen härter oder weicher erscheinen.

Es folgt eine präzisere Beschreibung der einzelnen Regler. Vergleichen Sie bitte das unbearbeitete Foto aus Abb. 9–5 mit Abb. 9–6 bis 9–9, in denen links jeweils die Auswirkung einer negativen, rechts die einer positiven Reglereinstellung zu sehen ist.

Abb. 9–5
Unbearbeitetes Foto mit recht hohem Kontrastumfang

Belichtung. Beeinflusst die Gesamthelligkeit des Bildes. Bei positiven Werten wird die Helligkeit in allen Tonwertbereichen erhöht, am stärksten in den Mitteltönen. In den Schatten wird der Kontrast größer, in den Lichtern geringer. Bei negativen Reglerwerten kehrt sich der Effekt um: Die Helligkeit nimmt überall ab, aber besonders stark in den Mitteltönen. Der Kontrast in den Lichtern nimmt zu, der in den Schatten ab (siehe Abb. 9–6 A).

Kontrast. Bei positiven Werten erhöht sich der Kontrast in den Mitteltönen, die Helligkeit bleibt hier gleich. Die Helligkeit der Lichter erhöht sich und ihr Kontrast nimmt ab. Die Schatten werden hingegen dunkler, ihr Kontrast nimmt ebenfalls ab. Bei negativen Reglerwerten ist es genau andersherum: Die Mitteltöne verlieren an Kontrast, die Lichter werden dunkler und kontrastreicher, die Schatten heller und kontrastreicher (siehe Abb. 9–6 B).

A

B

Abb. 9–6

Belichtung-Regler (A) und Kontrast-Regler (B). Links jeweils ein negativer, rechts ein positiver Reglerwert

A

B

Abb. 9–7

Lichter-Regler (A) und Tiefen-Regler (B)

Lichter. Dieser Regler wirkt wie ein auf die helleren Bildbereiche beschränkter Belichtung-Regler. Bei positiven Werten werden die Lichter heller, bei negativen dunkler. Dies ist der erste der lokalen Regler, die nicht traditionell arbeiten (siehe unten). Der Regler wirkt sich beinahe nur auf die helleren Bildbereiche aus, ungefähr auf alles oberhalb von 40–50 %. In Abb. 9–7 A sind vor allem die hellen Wolken vom Regler betroffen, das dunkle Brandenburger Tor hingegen praktisch nicht. Der Regler passt sich in seiner Wirkung übrigens an das Bild an: Die Wirkung ist wesentlich schwächer, wenn das Foto einen geringeren Kontrastumfang hat.

Tiefen. Verhält sich genau umgekehrt zu *Lichter*, wie ein auf die dunkleren Bildbereiche beschränkter Belichtung-Regler. Auch dieser Regler hat eine schwächere Wirkung bei Fotos mit geringem Kontrastumfang (siehe Abb. 9–7 B).

Weiß. Positive Werte verschieben die helleren Tonwertbereiche Richtung Weißpunkt (100 %), sodass sie zu reinem Weiß werden. In der Folge werden alle anderen Tonwerte heller und der Kontrast nimmt überall zu. Negative Reglerwerte stellen nicht einfach die Umkehrung von positiven Werten dar. Es handelt sich im Grunde um ein anderes Werkzeug, das eine ähnliche Wirkung wie eine negative Einstellung des Lichter-Reglers hat, aber auf traditionelle Weise arbeitet: Reines Weiß bleibt reines Weiß. Die übrigen Lichter werden abgedunkelt und im Kontrast verstärkt. Mitteltöne und Schatten bleiben von der Helligkeit her ungefähr gleich, der Kontrast in den Mitteltönen nimmt aber leicht ab (siehe Abb. 9–8 A).

Schwarz. Genau umgekehrt, negative Werte verschieben den dunkelsten Tonwert des Bildes in Richtung Schwarzpunkt und dann darüber hinaus. Auch bei diesem Regler findet bei positiven Werten eine andere Operation statt als bei negativen. Positive Werte hellen die Schatten auf traditionelle Weise auf, der Kontrast in den Mitteltönen nimmt etwas ab (siehe Abb. 9–8 B).

A

B

Abb. 9–8

Weiß-Regler (A) und Schwarz-Regler (B)

Klarheit. Positive Werte erhöhen, negative senken den Konturenkontrast. Bei positiven Werten werden also die Strukturen eines Fotos hervorgehoben. Durch negative Klarheit-Werte erreicht man den gegenteiligen Effekt: Sie werden abgeschwächt und weniger sichtbar. Die Wirkung entspricht dann ein wenig dem Effekt eines Weichzeichnungsfilters oder der berühmten Damenstrumpfhose über dem Objektiv (siehe Abb. 9–9). Der Klarheit-Regler gehört von der Technik her zu den lokalen Kontrastanpassungen (siehe unten).

Abb. 9–9
Klarheit-Regler

Zusatzmaterial online
Auf der dpunkt-Webseite zu diesem Buch haben wir ein Testbild mit verschiedenen Graustufen hinterlegt, das Sie herunterladen und in Lightroom importieren können. Anhand dieses Testbilds und der Histogramm-Palette können Sie nachvollziehen, wie die einzelnen Regler die verschiedenen Tonwertbereiche beeinflussen. In Abb. 9–10 B wurde beispielsweise die Belichtung erhöht, und man sieht, wie dadurch die Schatten gestreckt und die Lichter zusammengeschoben werden. Alle Tonwerte wandern nach rechts, aber ungleichmäßig.

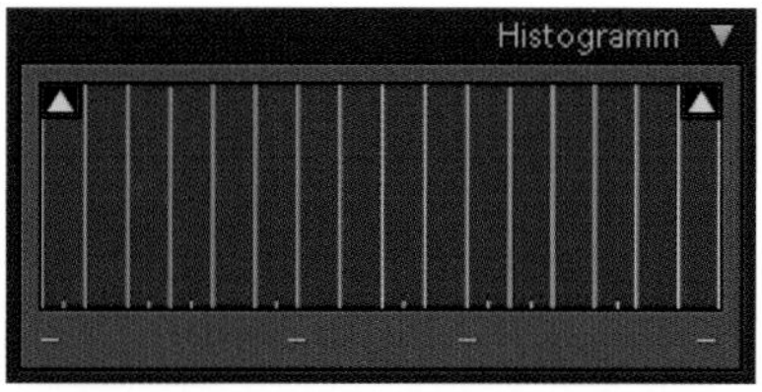

A

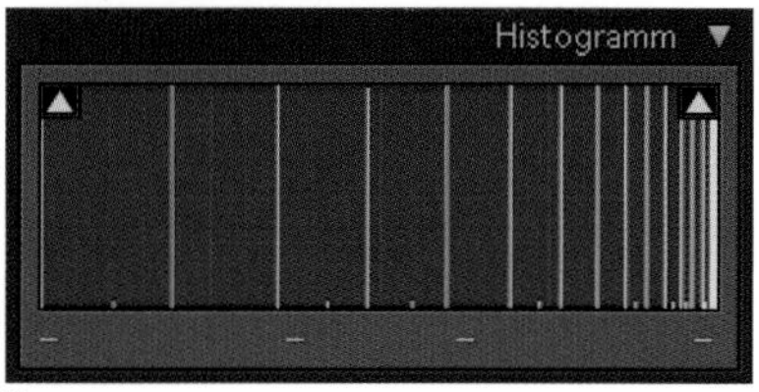

B

Abb. 9–10
A) Normal
B) Belichtung +2 EV

Weiterhin finden Sie auf der Webseite einige Fotos von mir. Es handelt sich um jene Bilder, die in diesem Buch ab und zu am Anfang eines Kapitels zu sehen sind. Diese Fotos können Sie in Lightroom importieren und sich deren Entwicklungseinstellungen ansehen. Bei den meisten habe ich die einzelnen Bearbeitungsschritte für die Tonwertkorrektur als Schnappschüsse gespeichert, damit Sie sehen können, wie ich jeweils vorgegangen bin.

Wiedergabe von Raw-Fotos

Jedes Bild wird vor jeglicher Korrektur, also bereits wenn noch alle Regler auf null stehen, von den Tonwerten her interpretiert. Bei JPEG-Fotos geschieht das bereits in der Kamera. Wie die Tonwerte hier zu Beginn wiedergegeben werden, hängt also zunächst vom Typ der Kamera und ihren Einstellungen ab. Anschließend lassen sich die Fotos über die Regler in Lightroom weiter anpassen.

Bei Raw-Fotos erfolgt die Erstinterpretation der Tonwerte durch Lightroom selbst. Lightroom gibt sie zunächst so wieder, dass ein möglichst großer Kontrastumfang erhalten bleibt, ohne dass das Foto zu flau wirkt (siehe Abb. 9–5). Die Tonwerte in den extremen Schatten und Lichtern werden dazu komprimiert (zusammengeschoben), sodass Details dort zwar nicht verloren gehen, aber weniger sichtbar sind. Durch negative Werte bei den Reglern *Belichtung*, *Lichter* oder *Weiß* können Sie die extremen Lichter abdunkeln und im Kontrast verstärken. Durch positive Werte bei *Belichtung* oder *Schwarz* lassen sich die extremen Schatten aufhellen und ebenfalls im Kontrast verstärken.

Ein anderer, noch hellerer Teil der extremen Lichter bei Raw-Fotos, der überhaupt nur bei Überbelichtung aufgenommen wird, wird von Lightroom vorerst gekappt, also zu reinem Weiß. Durch negative Werte beim Belichtung-Regler oder beim Lichter-Regler können Sie Details in den Lichtern wieder zurückholen, je nach Kamera ca. eine bis drei Blendenstufen (vergleichen Sie die Details in den Wolken in Abb. 9–5 jeweils mit der linken Seite von Abb. 9–6 A oder Abb. 9–7 A).

Globale und lokale Tonwertkorrektur

Die sieben Tonwertregler lassen sich in global arbeitende (*Belichtung*, *Kontrast*, *Weiß*, *Schwarz*) und lokal arbeitende (*Lichter*, *Tiefen*, *Klarheit*) Werkzeuge einteilen. Die ersten vier arbeiten »traditionell«, d. h. ähnlich wie eine Gradationskurve, die auf das ganze Bild angewendet wird. Der Kontrast-Regler entspricht beispielsweise ungefähr einer S-Kurve, der Belichtung-Regler zum Teil der einfachen Anhebung oder Absenkung der Mitteltöne (siehe Seite 63).

Das Problem der traditionellen Tonwertkorrektur ist, dass mit der Betonung von Details in dem einen Tonwertbereich zwangsläufig Details in einem anderen Tonwertbereich abschwächt werden. Wenn das Motiv nur über einen mäßigen Kontrastumfang verfügt, ist das kein Problem. Das entstehnt aber dann, wenn der Kontrastumfang des Motivs sehr hoch und der des Mediums (Fotopapier oder Monitor) im Vergleich gering ist. Digitalkameras können mittlerweile einen großen Kontrastumfang aufzeichnen. Eine kontrastreiche Wiedergabe in allen Tonwertbereichen ist dann nicht mehr möglich. Lichter oder Schatten müssten im Kontrast reduziert oder zum Teil gekappt werden.

Eine Lösung wäre, sich für Lichter oder Schatten zu entscheiden und nur bei einem von beiden die Kontraste herauszuarbeiten. Eine andere Lösung ist, die Tonwerte an verschiedenen Stellen des Bildes unterschiedlich zu korrigieren. Früher hat man dazu verschiedene Stellen des Fotopapiers beim Vergrößern unterschiedlich lang belichtet (etwas Ähnliches ist in Lightroom über den Korrekturpinsel oder Verlaufsfilter möglich, siehe Abschnitt 9.10).

A B

Abb. 9–11
A) Traditionelle Tonwertkorrektur
B) Lokale Tonwertanpassung über Lichter- und Tiefen-Regler

Die lokalen Tonwertregler funktionieren vergleichbar, allerdings geschieht alles vollautomatisch: Die Regler *Lichter* und *Tiefen* wirken sich nur auf die hellen bzw. dunklen Stellen im Bild aus, d. h., sie erhöhen oder verringern die Helligkeit und den Kontrast jeweils dort. Der Klarheit-Regler hingegen wirkt sich nur auf die Konturen und deren unmittelbare Umgebungsbereiche aus. Dort erhöht oder vermindert er den Kontrast. Es ist, als würden während der Korrektur die jeweils anderen Bildbereiche von unsichtbarer Hand abgedeckt (tatsächlich ist es auch genau so, denn Lightroom arbeitet mit Bildbearbeitungsmasken, die für den Benutzer nicht zu sehen sind).

Wenn Sie mit den lokalen Tonwertreglern arbeiten, führt das in der Regel zum selben Effekt, den Sie vermutlich von HDR-Fotos (siehe auch Kasten auf Seite 225) kennen: Es ergeben sich weniger Bildbereiche mit klar getrennten Tonwerten, beispielsweise ein heller Vordergrund und ein dunkler Hintergrund. Stattdessen treten alle Tonwerte überall im Bild auf. Das Bild wird insgesamt unruhiger und »kleinteiliger«, weist dafür aber mehr Details auf. Falls Sie eher traditionell arbeiten wollen, sollten Sie die Regler *Lichter*, *Tiefen* und positive *Klarheit* gar nicht oder nur sehr vorsichtig benutzen (ungefähr im Bereich 10–15; häufig braucht es dann noch die Feinkorrektur über die Gradationskurve-Palette, siehe Abschnitt 9.5).

Schwarz- und Weißpunkt

Es ist ein ungeschriebenes Gesetz der Fotografie, dass ein Foto jeweils richtiges Weiß und Schwarz enthalten sollte (also das Bild alle Tonwerte von 0–100 % aufweisen sollte), gleichzeitig aber keine größeren Flächen mit reinem Schwarz oder Weiß ohne Bilddetails enthalten darf. Um den gesamten Tonwertbereich des Mediums zu nutzen, müssen bei Motiven mit geringem Kontrastumfang die Tonwerte über die Regler *Weiß* und *Schwarz* gestreckt werden. Ist der Anfangskonstrast extrem gering, fällt das Foto dadurch meist zu hart aus. Dann hilft es, den Kontrast stark abzusenken.

A

B

C

Abb. 9–12
Weißpunkt setzen
A) Vorher
B) Über den Weiß-Regler und die Beschnittanzeige wird das Bild gerade so eingestellt, dass die Spitzlichter ausfressen.
C) Ergebnis

Während Sie mit dem Weiß- oder Schwarz-Regler arbeiten (oder mit den Reglern *Belichtung*, *Lichter* oder *Tiefen*), können Sie sich anzeigen lassen, in welchen Bildbereichen es zur Kappung von Tonwerten kommt. Hierzu halten Sie die Taste [Alt] gedrückt, während Sie den Regler verschieben (siehe Abb. 9–12 B). Falls Sie den Reglerwert über die Tastatur verstellen wollen, halten Sie [Alt] gedrückt, während Sie das Eingabefeld per Klick auf den Reglerwert aktivieren. Die Anzeige erfolgt getrennt nach den drei Grundfarben Rot, Grün und Blau. In einigen Fällen ist es sinnvoll, bestimmte Bildbereiche tatsächlich in reines Weiß oder Schwarz ausfressen zu lassen, z. B. bei Spitzlichtern (Reflexionen oder Lichtquellen im Bild). Den richtigen Weißpunkt können Sie über diese Hilfe sehr gut einstellen.

HDR-Bilder entwickeln

Seit Version 4.1 kann Lightroom auch mit HDR-Bildern umgehen. Diese Bilder verfügen über einen besonders hohen Kontrastumfang (*high dynamic range*), z.T. von deutlich mehr als den bei Raw-Fotos üblichen zehn bis zwölf Blendenstufen. Ein HDR-Bild wird aus den Bilddaten von mehreren unterschiedlich stark belichteten Fotos errechnet, z.B. mit Photoshop (siehe Seite 375) oder mit spezieller HDR-Software. Lightroom selbst kann bislang noch keine HDR-Bilder erstellen, allerdings kann es sie importieren, verwalten und mit Entwicklungseinstellungen bearbeiten.

Die Tonwertkorrektur oder Tonwertabbildung (*Tone Mapping*) spielt bei HDR-Bildern eine noch größere Rolle als bei Raw-Fotos. Grundsätzlich gibt es auch hier die beiden Möglichkeiten der globalen und lokalen Korrektur, nur sind die Unterschiede zwischen beiden noch größer. Ohne lokale Tonwertregler stellt Lightroom zunächst nur einen Ausschnitt der in der Bilddatei verfügbaren Tonwerte dar. Über den Belichtung-Regler lässt sich dieser Ausschnitt verändern, sodass beispielsweise nur die Schatten oder nur die Lichter im fertigen Bild zu sehen sind (siehe Abb. 9–13 A/B). Dazu verfügt der Regler über einen erweiterten Umfang (normalerweise ±5 EV, hier ±10 EV).

Die Korrektur selbst erfolgt ähnlich wie bei normalen Fotos. Sie können eher traditionell arbeiten und sich damit auf einen Ausschnitt der Tonwerte beschränken. Aber gerade bei HDR-Bildern bietet es sich an, die drei lokalen Regler zu verwenden. Sie wählen zunächst über *Belichtung* die Gesamthelligkeit und können dann *Lichter*, *Tiefen* und *Klarheit* verwenden, um die Kontraste überall herauszuarbeiten (Abb. 9–13 C). *Lichter* und *Tiefen* haben eine größere Wirkung als bei normalen Fotos. Für weitere Tonwertanpassungen stehen die Korrekturpinsel- und Verlaufsfilter-Werkzeuge (siehe Abschnitt 9.10) zur Verfügung.

A

B

C

Abb. 9–13
Dieses HDR-Bild umfasst ca. 16 Blendenstufen.
A/B) Welche davon abgebildet werden, wird über den Belichtung-Regler ausgewählt.
C) Über die drei lokalen Regler lässt sich im fertigen Bild der gesamte Kontrastumfang abbilden.

Wie man am besten bei der Tonwertkorrektur vorgeht

Nachdem die Funktionen und das Zusammenspiel der einzelnen Regler erläutert wurden, nun einiges über die Arbeitsweise. Der Hersteller Adobe empfiehlt, die sieben Regler von oben nach unten »abzuarbeiten«. Meine eigene Vorgehensweise weicht nur leicht davon ab (siehe auch Abb. 9–14):

- Die wichtigste Einstellung ist *Belichtung*. Die stelle ich so ein, dass die Mitteltöne, also die im Vergleich ungefähr mittelhellen Bildbereiche, die richtige Helligkeit haben.
- Danach stelle ich den *Konstrast* ein, ohne dabei auf die extremen Schatten oder Lichter zu achten.
- Jetzt arbeite ich die Lichter mit den Reglern *Lichter* und *Weiß* (in dieser Reihenfolge) heraus.
- Dann folgen die Schatten mit den Reglern *Tiefen* und *Schwarz*.
- *Klarheit* stelle ich irgendwann nach *Kontrast* oder ganz am Schluss ein.

Mit der Belichtung-Einstellung stehen oder fallen alle restlichen Korrekturen. Daher regle ich sie zu Beginn. Wenn ich das Foto anschließend nicht so hinbekomme wie gewünscht, versuche ich zunächst die Belichtung anzupassen. Meist klärt sich das Problem dann ganz schnell. Danach muss ich evtl. Schwarz- und Weiß-Regler nachkorrigieren.

Einige Fotografen, vor allem solche, die mit der Gradationskurve groß wurden, sind es gewohnt, Schwarz- und Weißpunkt als Erstes einzustellen. In früheren Lightroom-Versionen bin ich auch so vorgegangen. In Lightroom 4 müssten Sie dafür Weiß- und Schwarz-Regler zuerst, also vor *Belichtung* einstellen. Das klappt meiner Erfahrung nach nicht besonders gut. Daher rate ich Ihnen, die neue Vorgehensweise auszuprobieren und möglicherweise umzulernen.

Wenn man Fotografieren lernt, ist es eine gute Arbeitsweise, zunächst nur mit einem einzelnen Festbrennweitenobjektiv loszuziehen und erst später, wenn man dieses beherrscht, weitere Objektive oder Zooms hinzuzufügen. Um den Umgang mit den Reglern zu erlernen, bietet es sich an, zunächst nur mit den beiden oberen Reglern *Belichtung* und *Kontrast* zu arbeiten. Sobald Sie dies gemeistert haben, nehmen Sie die nächsten beiden Regler *Lichter* und *Tiefen* hinzu. So lernen Sie schnell, was mit diesen Reglern zusätzlich möglich ist. Am Schluss nimmt man dann alle sieben Regler.

A

B

C

D

E

F

G

Abb. 9–14

Vorgehensweise bei der Tonwertkorrektur

A) Original

B) Belichtung

C) Kontrast

D) Lichter und Weiß

E) Tiefen und Schwarz

F) Klarheit

G) Fertig korrigiertes Foto mit zusätzlicher »Dynamik«

Automatiken

Die schon im Kapitel über Metadaten im Bibliothek-Modul vorgestellte Tonwertautomatik ist auch im Entwickeln-Modul erreichbar (siehe Abb. 9-4 A). Sie stellt alle Regler (außer *Klarheit*) für die Tonwertkorrektur selbstständig auf vermeintlich günstige Werte ein. Hier im Entwickeln-Modul können Sie zudem die Automatik für einzelne Regler auslösen: Doppelklicken Sie dazu bei gedrückter ⇧-Taste auf einen der sechs Regler, beispielsweise auf den Belichtung-Regler, wenn Sie nur diesen setzen lassen wollen.

Über den Menübefehl *Einstellungen ▷ Belichtungen angleichen* lässt sich die effektive Belichtung von verschiedenen Fotos angleichen. Dies ist die Gesamtbelichtung, die sich aus der Kamerabelichtung und der Korrektur durch den Belichtung-Regler ergibt. So können Sie die Aufnahmen einer Belichtungsreihe im Nachhinein auf dieselbe Belichtung einstellen. Zunächst wählt man die anzugleichenden Fotos aus und aktiviert dann jenes, an das die anderen angepasst werden sollen. Lightroom nimmt dazu Belichtungszeit, Blende und ISO-Wert der Fotos zu Hilfe. Ein Beispiel: Ein Foto wurde mit 1/60 s, ein anderes mit 1/125 s aufgenommen. Das zweite Foto soll von der Belichtung her an das erste angeglichen werden. Dazu stellt die Funktion den Belichtung-Regler auf +1,0 EV. Der Befehl steht auch im Bibliothek-Modul zur Verfügung.

Neben den Reglern aus der Grundeinstellungen-Palette stehen Ihnen für die Tonwertkorrektur weitere Möglichkeiten zur Verfügung. Mit der Gradationskurve-Palette können Sie Feinkorrekturen in verschiedenen Tonwertbereichen vornehmen, z. B. den Kontrast flexibler einstellen, als das mit dem Kontrast-Regler möglich ist (siehe Abschnitt 9.5). Mit der HSL-/Farbe-Palette bzw. mit der S/W-Palette für Schwarz-Weiß-Bilder können Sie einzelne Farben aufhellen oder abdunkeln (siehe Abschnitt 9.6). Mit Korrekturpinsel oder Verlaufsfilter können Sie in frei wählbaren Bildbereichen die Tonwerte anpassen (siehe Abschnitt 9.10).

9.3 Basis-Farbregler (Dynamik und Sättigung)

Dynamik- und Sättigung-Regler beeinflussen beide die Sättigung der Farben. Dabei lässt sich die Sättigung sowohl erhöhen als auch verringern (unter Umständen bis zum völligen Fehlen von Farben, einem Schwarz-Weiß-Foto also).

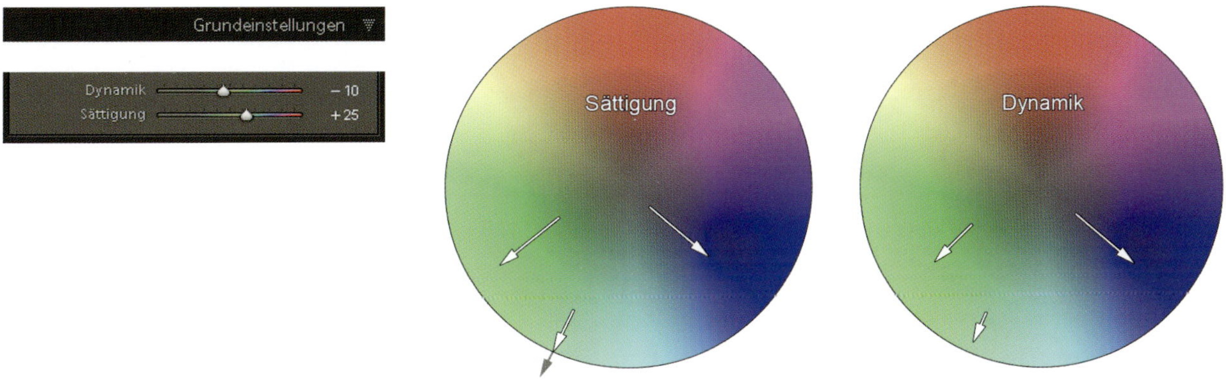

Abb. 9–15
Dynamik und Sättigung in der Grundeinstellungen-Palette. Bei der Sättigungserhöhung links werden alle Farben gleich stark erhöht, rechts dagegen »umgekehrt proportional« zu ihrer Ursprungssattigung. Links kann es zum Sättigungsüberlauf kommen, rechts ist dies ausgeschlossen.

Der Sättigung-Regler arbeitet relativ primitiv, indem er einfach alle Farben in demselben Maße in der Sättigung erhöht oder verringert. Stark und schwach gesättigte Farben im Foto sind von einer Sättigungserhöhung also gleichermaßen betroffen. Der Dynamik-Regler hingegen sättigt die schwächer gesättigten Farben stärker als die stärker gesättigten, sodass das Resultat ausgewogener ist. Zusätzlich ist in den Dynamik-Regler noch eine Dämpfung der Sättigungssteigerung von Hautfarben eingebaut. Dies funktioniert manchmal gut, manchmal weniger – zumal Hautfarben sehr verschieden sein können.

Beim Sättigung-Regler kann es zu einem Punkt kommen, bei dem eine Farbe maximal gesättigt ist – wenn der Regler dann weiter bewegt wird, kommt es zum Verlust von Farbdetails. Mit dem Dynamik-Regler ist es hingegen unmöglich, die maximale Sättigung zu erreichen, sodass es nicht zum Detailverlust kommen kann. Umgekehrt kann man mit dem Dynamik-Regler das Bild nicht komplett »ent-sättigen«, mit dem Sättigung-Regler schon.

Meistens ergibt sich mit dem Dynamik-Regler eine ausgewogenere Sättigungssteigerung oder -verminderung. Es gibt natürlich Ausnahmefälle, in denen man lieber den Sättigung-Regler nehmen möchte. Auch kann man beide Regler in entgegengesetzte Richtungen schieben und so die Farbsättigungen im Bild entweder einander annähern oder voneinander entfernen. Beide Regler beeinflussen alle Farbtöne im Bild gleichermaßen. Anpassungen einzelner Farbtöne sind über die HSL-/Farbe-Palette (siehe Abschnitt 9.6) möglich.

A

B

C

Abb. 9–16
Sättigung und Dynamik
A) Original
B) Bei Verwendung von Sättigung sind Haut und Hemd des Fotografen schnell übersättigt.
C) Mit Dynamik ergibt sich eine ausgewogenere Steigerung der Sättigung.

9.4 Freistellen-Werkzeug

Mit dem Freistellen-Werkzeug, das Sie über die Taste R oder den Werkzeugstreifen erreichen, können Sie ein Foto a) genau ausrichten (drehen) und b) einen Ausschnitt des Fotos wählen.

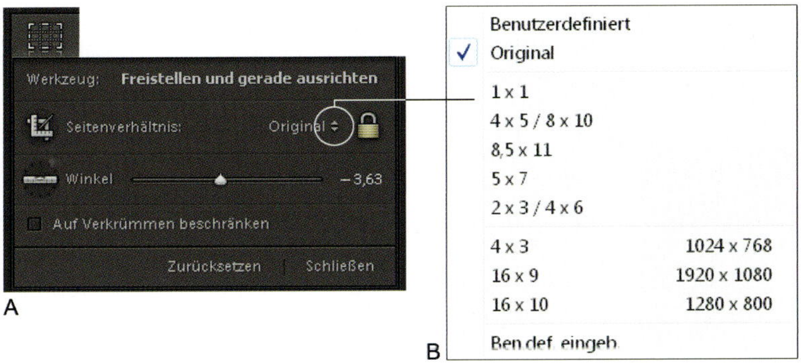

Abb. 9–17
A) Freistellen-Werkzeug im Werkzeugstreifen
B) Auswahl des Seitenverhältnisses

Das Einstellen des Ausschnitts funktioniert über einen Rahmen, der über das Foto gelegt wird, sobald das Werkzeug aktiviert ist. Entweder ziehen Sie einen neuen Ausschnitt direkt mit der Maus auf, oder Sie verschieben einen der acht Griffpunkte an den Ecken und Kanten des bestehenden Ausschnitts mit der Maus (siehe Abb. 9–18 A). Verschieben lässt sich ein Ausschnitt entweder durch Klicken und Ziehen mit der Maus oder über die Pfeiltasten (wahlweise mit ⇧ oder Alt für größere oder kleinere Schritte). Über die Option *Auf Verkrümmen beschränken* stellen Sie den Ausschnitt automatisch auf den nutzbaren Bereich nach einer optischen Korrektur ein (siehe Abschnitt 9.14).

Durch Klick auf das Schloss-Symbol oder Druck auf A lässt sich das Seitenverhältnis sperren, sodass es auch bei Veränderung der Ausschnittgröße stets gleich bleibt. Ein genaues Seitenverhältnis lässt sich aus dem Aufklappmenü daneben auswählen (siehe Abb. 9–17 B). Wenn das gewünschte Verhältnis dort nicht vorhanden ist, kann man es unter *Ben.def. eingeb.* in die Liste eintragen. Dann steht es übrigens auch über die Ad-hoc-Entwicklung-Palette im Bibliothek-Modul zur Verfügung. Wenn Sie zwischen Quer- und Hochformat wechseln wollen, können Sie dies nicht über die Einstellung eines Seitenverhältnisses erreichen – stattdessen drücken Sie X oder wählen *Einstellungen ▹ Seitenverhältnis für Freistellen drehen.*

Drehen lässt sich der Ausschnitt durch Ziehen mit der Maus, wenn diese außerhalb des Ausschnitts liegt. Lightroom hat beim Verschieben oder Drehen des Ausschnitts eine kleine Eigenart: Nicht der Ausschnitt wird jeweils bewegt, sondern das Foto. Das ist unter Umständen gewöhnungsbedürftig, allerdings bleibt so der Ausschnitt immer gerade und zentriert (siehe Abb.

9–18 A). Sie können das Foto auch anhand einer Linie im Foto ausrichten, die nach der Ausrichtung gerade sein soll, beispielsweise entlang des Horizonts oder einer Hauswand. Dazu wählen Sie das Gerade-richten-Werkzeug aus, entweder über das Lineal-Symbol in der Palette oder indem Sie [Strg] gedrückt halten, und ziehen mit der Maus einfach die Linie nach. Über den Winkel-Regler können Sie die Ausrichtung anschließend feinjustieren. Dazu können Sie auch die Maus über dem Regler positionieren und den Wert mit den Pfeiltasten ([↑] und [↓]) verstellen oder gleich das Eingabefeld benutzen, um direkt einen Winkel einzugeben. Die Ausrichtung lässt sich über einen Doppelklick auf den Winkel-Regler zurücksetzen.

A

B

Abb. 9–18
A) Über die acht Punkte an den Ecken und Seiten lässt sich die Größe des Ausschnitts ändern.
B) Freigestelltes Foto

Normalerweise blendet das Freistellen-Werkzeug ein Raster über das Foto, das die Wahl des Ausschnitts nach der Drittel-Regel erleichtern soll. Dies ist aber nur eine von vielen Kompositionshilfen, die Lightroom zur Verfügung stellt. Weitere Hilfen lassen sich unter *Ansicht ▹ Freistellungsüberlagerung* auswählen (siehe Abb. 9–19). Das ist auch über die Tastatur möglich: Mit [O] wechseln Sie die Kompositionshilfe, mit [⇧]-[O] ändern Sie deren Ausrichtung. Mit H blendet man die Kompositionshilfe ganz aus. So lässt sich der Ausschnitt auch besser abschließend beurteilen. Dazu empfiehlt es sich, außerdem über L die Oberfläche zu verdunkeln.

Abb. 9–19
Diese Kompositionshilfen können beim Gestalten des Ausschnitts oder bei der Ausrichtung des Fotos helfen.

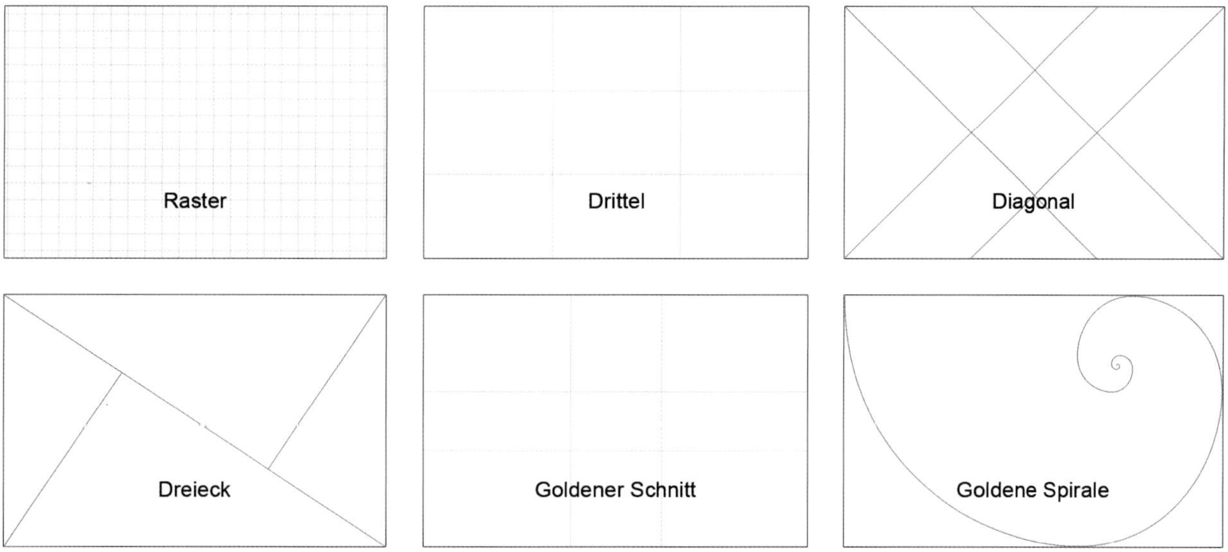

Tonwertmuster als Kompositionshilfe verwenden

Ich verwende manchmal folgende Methode, um einen guten Ausschnitt zu finden. Sie basiert darauf, dass es bei der Bildkomposition vor allem auf die Tonwerte ankommt. Ein Foto hat durch seine hellen und dunklen Bildbereiche ein bestimmtes »Tonwertmuster«; dieses stelle ich vor dem Freistellen entsprechend heraus.

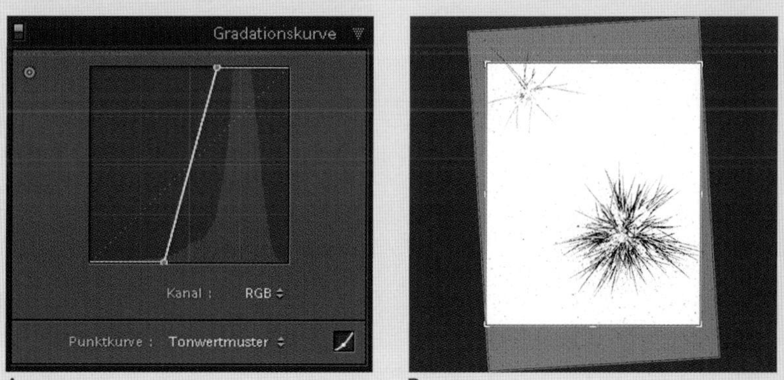

A B

Abb. 9–20
A) Extrem steile Punktgradationskurve
B) Tonwertmuster im Freistellen-Werkzeug

Dazu stelle ich in der Gradationskurve-Palette (siehe Seite 237) eine extrem steile (Punkt-)Kurve ein. Zusätzlich konvertiere ich das Foto in Schwarz-Weiß. Ich habe mir zwei Entwicklungsvorgaben angelegt, die eine stellt die Gradationskurve ein und konvertiert in Schwarz-Weiß, die andere macht dies wieder rückgängig, nachdem ich den Ausschnitt eingestellt habe.

Falls Ihnen der Ausschnitt zusagt, klicken Sie auf *Fertig* in der Werkzeugleiste, drücken ↵ bzw. [R] oder wechseln einfach in ein anderes Modul. Mit [Esc] verlassen Sie das Werkzeug und verwerfen die zuletzt getätigten Einstellungen. Um den Ausschnitt komplett zurückzusetzen, also den Originalausschnitt wiederherzustellen, wählen Sie *Zurücksetzen* in der Palette oder *Einstellungen* ▷ *Freistellen zurücksetzen*.

9.5 Gradationskurve-Palette

Die Gradationskurve-Palette ist für die Feinkorrektur der Tonwerte zuständig, nachdem die grobe Korrektur mit den Tonwertreglern in der Grundeinstellungen-Palette erfolgt ist. In der Palette können Sie zwei verschiedene Kurven verwenden: einerseits die parametrische, in der Bedienung vereinfachte, aber auch eingeschränkte Gradationskurve. Andererseits steht die klassische Punktgradationskurve zur Verfügung, wie es sie in fast jedem Bildbearbeitungsprogramm gibt. Es werden stets beide Gradationskurven gemeinsam auf das Foto angewendet.

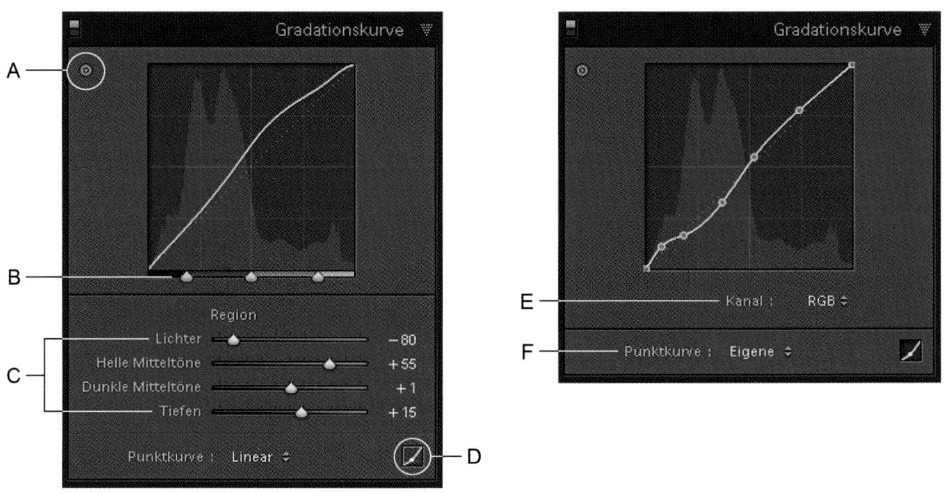

Abb. 9–21 Gradationskurve-Palette. Auf der linken Seite die parametrische Gradationskurve: A) Zielkorrektur-Werkzeug B) Aufteilung der Tonwertbereiche ändern C) Tonwerte anpassen D) Zur Punktkurve wechseln. Auf der rechten Seite die Punktkurve: E) Wahl des Farbkanals F) Vorgaben

Parametrische Gradationskurve

Die parametrische Gradationskurve funktioniert ein wenig anders als die klassische Kurve, auf der man einzelne Punkte setzt und sie dann verschiebt. Stattdessen ist die Kurve in vier Tonwertbereiche aufgeteilt: *Lichter, helle Mitteltöne, dunkle Mitteltöne, Tiefen*; Sie können jeden dieser Bereiche über einen der vier Regler unterhalb der Kurve (siehe Abb. 9–21 C) oder mit der Maus in der Kurve selbst aufhellen oder abdunkeln.

Die vier Tonwertbereiche sind zunächst gleichmäßig eingeteilt, sie entsprechen (von links nach rechts) den Tonwerten 0–25 %, 25–50 %, 50–75 % bzw. 75–100 %. Passt diese Einteilung nicht dazu, wie das Foto tatsächlich in Tonwertbereiche unterteilt ist, kann man die Bereiche neu einteilen. Dazu legt man über die drei Knöpfe unterhalb der Kurve fest, wo die eine Region aufhört und die andere anfängt (siehe Abb. 9–21 B).

Punktkurve (klassische Gradationskurve)

Neben der parametrischen können Sie in Lightroom mit der klassischen Punktgradationskurve arbeiten. Viele Benutzer, die bereits die Arbeit damit gewohnt sind, kommen mit ihr besser zurecht. Außerdem können Sie Kurven verwenden, die sie mit der parametrischen Kurve nicht einstellen können. Seit Lightroom 4 besteht außerdem die Möglichkeit, für jeden der drei RGB-Farbkanäle getrennt die Gradationskurve einzustellen. Die Punktkurve erreichen Sie über den Knopf rechts unten in der Palette (siehe Abb. 9–21 D).

Einen neuen Punkt setzen Sie mit der Maus direkt auf der Kurve; anschließend können Sie ihn – ebenfalls mit der Maus verschieben. Wenn Sie Alt gedrückt halten, erhöht sich die Auflösung der Maus und Sie können den Punkt mit ausreichender Präzision verschieben. Um direkt anhand des Fotos einen Punkt zu setzen, schalten Sie die Zielkorrektur ein und fahren mit der Maus über das Foto. Mit einem Mausklick auf den Bildbereich, den Sie anpassen wollen, setzen Sie den entsprechenden Punkt auf der Kurve.

Löschen können Sie einen Punkt über das Kontextmenü der Kurve oder indem Sie ihn in eine der Ecken links unten oder rechts oben ziehen. Alle Punkte auf einmal können Sie ebenfalls übers Kontextmenü löschen. Über das Aufklappmenü unten in der Palette (siehe Abb. 9–21 F) können Sie Punktkurven-Vorgaben speichern und aufrufen. Drei Vorgaben sind voreingestellt: *Linear, Mittlerer Kontrast, Starker Kontrast* (wobei *Linear* keiner Veränderung entspricht und *Mittlerer* und *Starker Kontrast* zwei unterschiedlich starken S-Kurven).

Lightroom 4 verfügt über die Möglichkeit, für die Farbkanäle Rot, Grün und Blau getrennte Gradationskurven einzustellen. Auf diese Weise können Sie z.B. Farbkorrekturen durchführen. Ein Foto mit einem Rotstich lässt sich beispielsweise leichter mit der Gradationskurve korrigieren als mit dem Weißabgleich, denn bei diesem gibt es keine Korrekturrichtung »Rot«. Um solch einen Farbstich zu korrigieren, wählen Sie den Rotkanal und ziehen die Mitteltöne, also einen Punkt in der Mitte der Kurve, leicht nach unten (siehe Abb. 9–22). Die Gradationskurve nach Farbkanal kann außerdem eingesetzt werden, um Schwarz-Weiß-Bilder zu tonen (siehe Abschnitt 9.8).

A

C

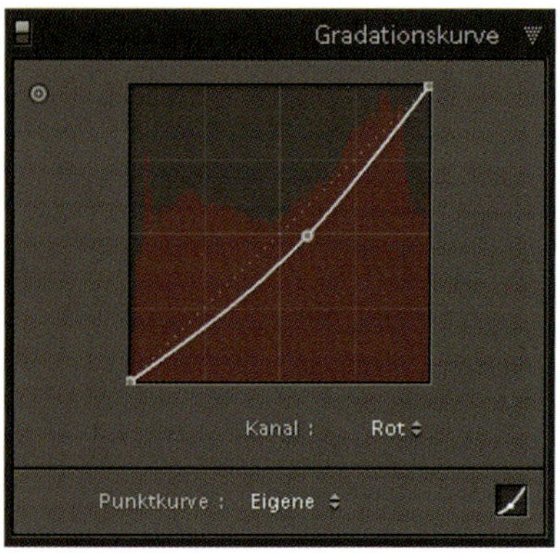

B

Abb. 9–22
Entfernung eines Rotstichs in einem gescannten Foto
A) Original
B) Gradationskurve für den Rotkanal
C) Korrigiertes Bild

Gezieltes Vorgehen mit der Zielkorrektur

Gute Tonwertkorrektur orientiert sich meiner Meinung nach immer an den Bildbereichen des einzelnen Fotos. Bei guten Fotos nehme ich mir daher die Zeit, nicht nur in einer eher allgemeinen Weise zu korrigieren (»Mehr Kontrast!«), sondern auf das Foto bezogen (»Das Straßenpflaster im Vordergrund sollte ein wenig dunkler, die Bäume im Hintergrund sollten ein wenig heller sein.«).

Dazu gibt es zwei Möglichkeiten. Entweder Sie benutzen das Zielkorrektur-Werkzeug (siehe Kasten Seite 239) direkt. Das ist bei beiden Gradationskurven möglich. Bei der parametrischen Kurve werden dabei die entsprechenden Regler angepasst. Evtl. müssen Sie hier die Tonwertregionen an Ihr Foto anpassen, um wirklich genau zu arbeiten. Bei der Punktkurve hingegen wird ein neuer Punkt an der entsprechenden Stelle der Kurve gesetzt. Solange Sie die Maustaste nicht loslassen, nachdem Sie den Punkt gesetzt haben, können Sie die Maus nach oben oder unten bewegen und bewegen so den Punkt auf der Kurve.

Oder Sie lernen zunächst die Tonwerte der einzelnen Regionen nur kennen und verwenden dann die Palette für die Anpassung. Hierzu können Sie die Maus über das Bild bewegen und die RGB-Wert-Anzeige oder die Zielkorrektur verwenden. Die Zielkorrektur zeigt dann die Helligkeit des Bildbereichs unter dem Mauszeiger auf der Gradationskurve an. Oft setze ich auch einen Punkt mit der Zielkorrektur auf der Punktkurve, passe ihn dann aber über die Palette an.

Zielkorrektur-Werkzeug

Die Zielkorrektur ist ein Werkzeug, mit dem Sie in einigen Paletten die Reglerwerte auf »intuitivere« Weise setzen können. Es ist eine Kombination aus Messinstrument und Verstellwerkzeug. Sie steht in den Paletten *Gradationskurve*, *HSL* und *S/W* zur Verfügung. Das Werkzeug wird jeweils über den Kreis oben links in einer der Paletten ein- und ausgeschaltet. Anschließend »ergreift« man mit der Maus gewissermaßen einen Bereich im Bild, indem man die Maustaste dort gedrückt hält. Daraufhin kann man den Bildbereich anpassen, indem man die Maus nach oben oder unten bewegt (dies ist schwer zu erklären, siehe Abb. 9–23).

Eigentlich verstellt man jeweils nur einen Regler. Welcher, das wird durch die Region im Foto bestimmt. Wenn Sie beispielsweise die Zielkorrektur für die Gradationskurve-Palette einschalten, ist (bei der parametrischen Kurve) einer der vier Regler für die Tonwertregionen dort betroffen. Wenn Sie die Maus über das Foto bewegen (siehe Abb. 9–23 A), leuchtet der entsprechende Regler in der Palette auf (Abb. 9–23 B). Beim Klicken und Ziehen nach oben oder unten wird dann dieser Regler nach rechts oder links bewegt.

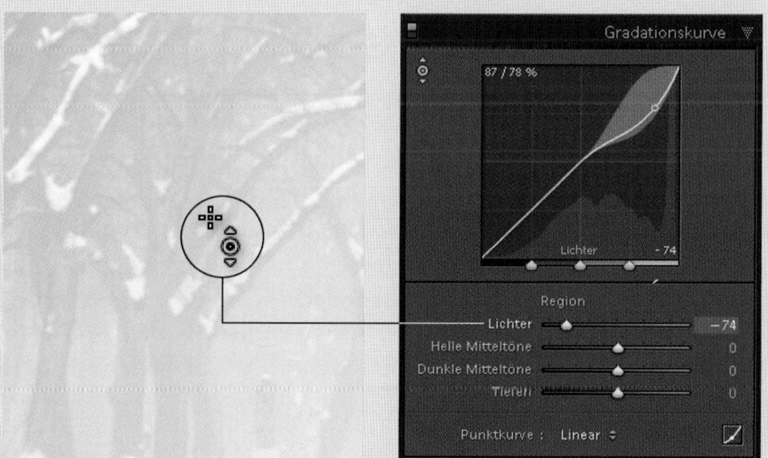

A B

Abb. 9–23
Die Zielkorrektur für die Gradationskurve

9.6 Selektive Farbkorrektur (HSL-/Farbe-Palette)

Mit der HSL- bzw. Farbe-Palette lassen sich einzelne Farbtonbereiche des Fotos separat verändern. Das Farbspektrum wird dazu in acht Farbtöne, nämlich Rot, Orange, Gelb, Grün, Aquamarin, Blau, Lila und Magenta, eingeteilt (siehe Abb. 9–24 C). Sie können die Palette benutzen, um den Farbton, die Sättigung oder die Luminanz (d. h. den Tonwert) einer einzelnen Farbe zu verändern (siehe Abb. 9–25). Dies entspricht den drei Achsen des HSL-Modells. Zu diesem Modell siehe Seite 66.

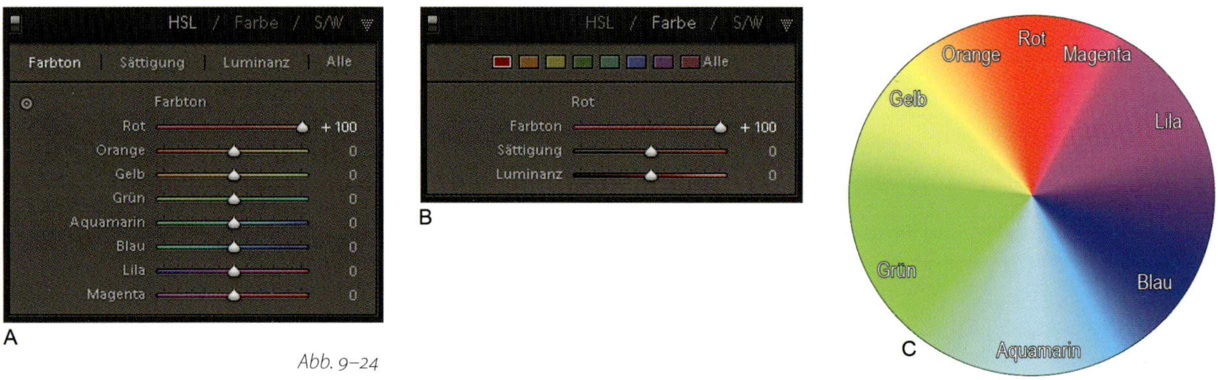

Abb. 9–24
Selektive Farbkorrektur
A) HSL-Palette
B) Farbe-Palette
C) Aufteilung der Farben auf dem Farbkreis

Die Steuerung erfolgt über einen der beiden Palettenbereiche *HSL* oder *Farbe*. Im Farbe-Modus wählt man zuerst eine Farbe und regelt dann einen der drei Regler *Farbton*, *Sättigung*, *Luminanz*. Im HSL-Modus ist es genau andersherum. Man wählt hierfür zuerst aus, ob Farbton, Sättigung oder Luminanz verändert werden sollen, und regelt dann den entsprechenden Farbton. Technisch machen beide Paletten dasselbe.

Weiß man noch nicht ganz genau, in welchen Farbtonbereich eine Farbe fällt, nimmt man am besten die HSL-Palette. Hier kann man auch die Zielkorrektur benutzen. Wenn man die Farbe ohnehin schon kennt und diese eventuell auf mehreren Achsen ändern möchte, nimmt man besser die Farbe-Palette. Dort gibt es allerdings konzeptionsbedingt keine Zielkorrektur. In der HSL-Palette lassen sich alle drei Teile Farbton, Sättigung, Luminanz auf einmal anzeigen (*Alle* wählen). Auch in der Farbe-Palette lassen sich mehrere Farben auf einmal anzeigen, wenn sie nacheinander bei gedrückter [⇧]- oder [Strg]-Taste angeklickt werden.

Abb. 9–25
Korrektur der Rottöne
A) Original
B) Farbton
C) Sättigung
D) Luminanz

9.7 Schwarz-Weiß-Umsetzung

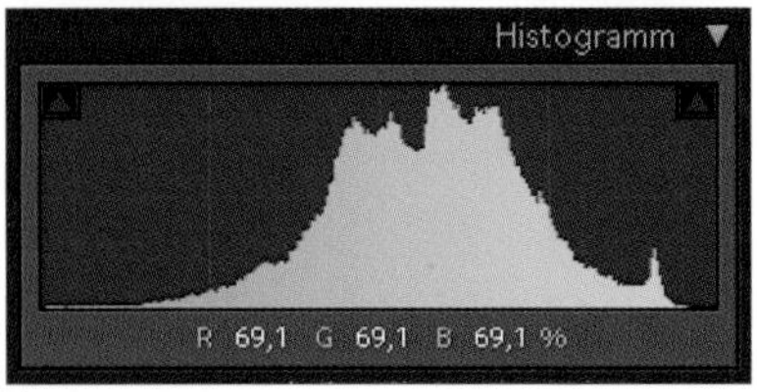

Abb. 9–26
Schwarz-Weiß-Umsetzung
A) Die Behandlung-Einstellung in der Grundeinstellungen-Palette
B) Das Histogramm im Schwarz-Weiß-Modus

Das Schwarz-Weiß-Foto ist in Lightroom ein Spezialzustand des Farbfotos: Im simpelsten Fall sind einfach alle Farben komplett entsättigt. Aber man kann bei der Umsetzung auch verschiedene Farbtöne unterschiedlich gewichten (über die S/W-Palette), um schönere Umsetzungen zu erzielen.

Ganz oben in der Grundeinstellungen-Palette kann man die Darstellung des Fotos zwischen Farbe und Schwarz-Weiß umschalten (siehe Abb. 9–26 A). Da es so einfach ist, mit einem Tastendruck (V) ein Foto in Schwarz-Weiß umzuwandeln, und man es dann mit erneutem Drücken der Taste wieder zurückwandeln kann, probiere ich häufig im Bibliothek-Modul aus, wie dieses oder jenes Foto in Schwarz-Weiß aussieht.

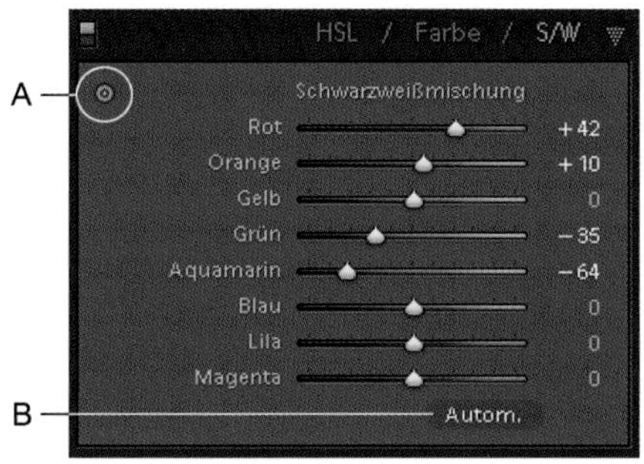

Abb. 9–27
Über die S/W-Palette lässt sich die Schwarz-Weiß-Umsetzung anpassen.
A) Zielkorrektur-Werkzeug
B) Schwarz-Weiß-Automatik

Über die einfache Schwarz-Weiß-Umsetzung hinaus lassen sich die ohnehin vorhandenen Farbinformationen nutzen, um die Tonwerte der Schwarz-Weiß-Umsetzung je nach Farbton anzupassen. Dies wird in Lightroom über die S/W-Palette gemacht. So kann man z. B. alle Rottöne dunkler machen, um die Sommersprossen auf dem Gesicht einer Frau zu betonen, oder die Blautöne abdunkeln, damit der Himmel kontrastreicher wird. In der Analog-S/W-Fotografie entspricht das den Farbfiltern, die man vors Objektiv schrauben kann.

Lightroom teilt dabei wie bei der selektiven Farbkorrektur das Foto in acht Farbtöne auf. Dann kann man die Tonwerte für diese acht Farbbereiche nach oben oder unten korrigieren (siehe Abb. 9–27). Sie können dazu die Regler in der Palette oder die Zielkorrektur einsetzen. Es ist sinnvoll, die *Vorher-Nachher-Ansicht* einzuschalten, sodass man Farb- und Schwarz-Weiß-Version des Fotos nebeneinander sehen kann.

A B C

Abb. 9–28
A) Normale Schwarz-Weiß-Umsetzung
B/C) Verschiedene Interpretationen

Falls Sie die Regler nicht individuell einstellen wollen, finden Sie unter den mitgelieferten Entwicklungsvorgaben im Ordner *S/W-Filtervorgaben Lightroom* einige voreingestellte Filter, die sich an den Farbfiltern für die analoge Schwarz-Weiß-Fotografie orientieren bzw. diese nachahmen.

Es gibt darüber hinaus eine Schwarz-Weiß-Automatik. Um diese zu aktivieren, klickt man auf *Autom.* unten in der Palette, woraufhin Lightroom alle Regler in der S/W-Palette selbstständig setzt. Die Automatik ist gut geeignet, um schnell akzeptable Schwarz-Weiß-Fotos zu erzeugen. Wie bei jeder Automatik erzielt man aber von Hand in der Regel bessere Umsetzungen.

Die Automatik wird übrigens in Lightroom normalerweise bei Vergabe der Standardentwicklungseinstellungen ausgelöst. Ob das Foto sich dabei im Farb- oder im Schwarz-Weiß-Modus befindet, spielt keine Rolle; die Regler werden bereits entsprechend eingestellt, beim Umschalten auf Schwarz-Weiß sieht man dann das Ergebnis. Da die Standardentwicklungseinstellungen in der Regel beim Importieren angewendet werden, wird die Automatik schon zu diesem Zeitpunkt bei allen Fotos angewendet (und ist bereits auf alle bisher importierten Fotos angewendet worden). Ich habe die Automatik daher aus den Standardentwicklungseinstellungen entfernt (siehe Seite 210), da ich zunächst immer die tonwertgetreue Umsetzung sehen will, und wende sie erst später gezielt an. Um die Automatik für mehrere Fotos gleichzeitig auszulösen, können Sie im Entwickeln-Modul die automatische Synchronisierung benutzen.

9.8 Fotos tonen (Teiltonung-Palette)

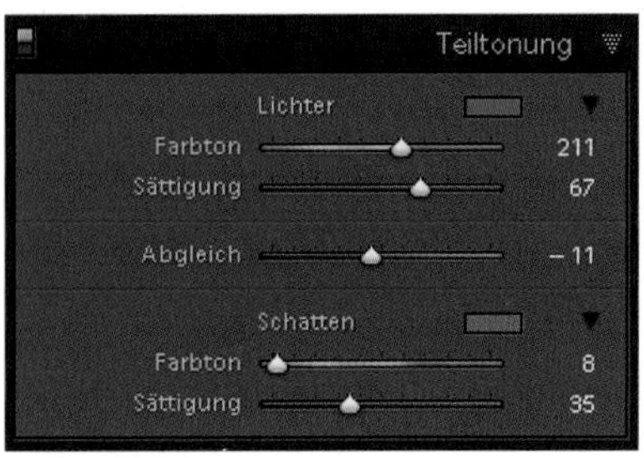

Abb. 9–29
Die Teiltonung-Palette

Mit der Teiltonung-Palette können Sie Schwarz-Weiß- oder Farbfotos tonen (einfärben). Teiltonung heißt die Palette, weil ein Foto mit zwei verschiedenen Farbtönen getont werden kann, einem für die Lichter, einem für die Schatten.

In der Palette wählt man für Lichter und Schatten getrennt einen Farbton und eine Sättigung. Die Sättigung legt die Stärke der Tonung fest. Eine Sättigung von 0 bedeutet gar keine Tonung und kommt dem Ausschalten der Teiltonung gleich. Farbton und Sättigung können entweder über die Regler in der Palette oder über den Farbwähler (siehe Kasten Seite 246) ausgewählt werden.

Der *Abgleich* bestimmt, was mit Lichtern und Schatten gemeint ist, d. h., bis wie weit in den dunklen Bereich sich die Lichter erstrecken und umgekehrt die Schatten. Dies wird mit einem einzigen Regler bestimmt. Je größer die Lichter gemacht werden, desto kleiner werden die Schatten, und umgekehrt. Man findet schneller die richtige Abgleich-Einstellung, wenn man die beiden Sättigung-Regler zuerst ganz nach oben fährt und dann den Abgleich festlegt – und erst danach die Sättigung-Regler auf das gewünschte Maß einstellt.

Abb. 9–30
Teiltonung
A) In diesem Schwarz-Weiß-Foto wurden die Lichter ins Blaue, die Schatten ins Rote getont.
B) Lightroom-Entwicklungsvorgabe »Crossentwicklung 1«, die unter anderem die Teiltonung einsetzt, um die Schatten grün zu färben. Der Crossentwicklung-Look ist in der Digitalfotografie beliebt. Ursprünglich entstand er, indem man z. B. Diafilm in Entwickler für Negativfilm entwickelte oder umgekehrt. Er zeichnet sich durch hohe Kontraste, hohe Farbsättigung und Farbverschiebungen aus.

A

B

Neben der Teiltonung-Palette lässt sich seit Lightroom 4 die RGB-Gradationskurve einsetzen, um Fotos zu tonen. Der große Vorteil der Gradationskurve ist ihre Flexibilität. Man kann z. B. reines Schwarz oder Weiß einfärben, was mit der Teiltonung nicht möglich ist. Wenn Sie beispielsweise die Schatten eines Schwarz-Weiß-Bildes blau einfärben wollen, inkl. der schwarzen Bereiche, wählen Sie den Blaukanal und ziehen den Punkt links unten in der Gradationskurve (0 %) leicht nach oben.

Farbwähler

Mithilfe des Farbwählers lassen sich im Entwickeln-Modul Farben für die Tonung (d.h. das Einfärben) von Fotos auswählen. Er steht in der Teiltonung-Palette und in den beiden lokalen Werkzeugen *Korrekturpinsel* und *Verlaufsfilter* zur Verfügung. Die Farbe wird nach dem HSL-Modell ausgewählt, allerdings nur die zwei Komponenten Farbton (*hue*) und Sättigung (*saturation*). Mehr ist für den Zweck der Tonung von Fotos nicht notwendig, da die dritte Komponente – Helligkeit (*luminance*) – vom Foto vorgegeben und durch die Tonung nicht verändert wird.

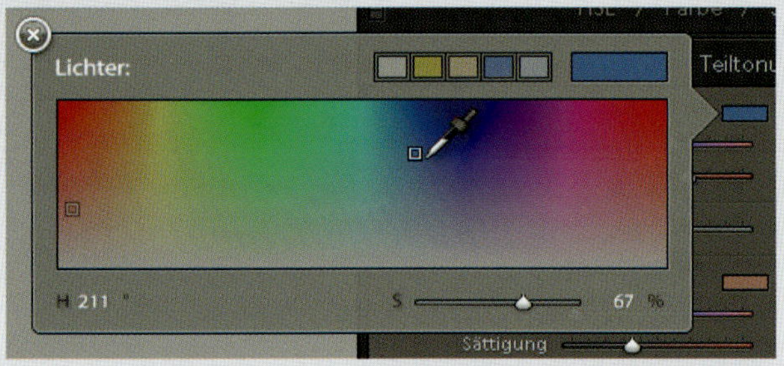

Abb. 9–31
Der Farbwähler im Entwickeln-Modul

Wie in Abbildung 9–31 zu sehen, gibt es mehrere Möglichkeiten, die gewünschte Farbe auszuwählen, und zwar über:

- das große Farbfeld in der Mitte
- die direkte Angabe von Farbton (0–360°) und Sättigung (0–100%) unten
- die fünf Vorgaben oben; diese lassen sich über ihr Kontextmenü auf Farben einstellen, die Sie häufig benötigen.
- die Aufnahme einer Farbe aus dem Foto; Hierzu hält man die Maustaste innerhalb des Farbfeldes gedrückt, schiebt die Maus an die entsprechende Stelle im Foto und lässt die Maustaste los.

Um die Farbauswahl rückgängig zu machen, also die Farbe auszuwählen, die vor dem Aufruf des Farbwählers eingestellt war, klickt man oben auf das zweite Farbfeld von rechts.

9.9 Schärfung

Jedes Foto braucht ein gewisses Maß an Schärfung. Bei JPEGs ist diese in der Regel bereits in der Kamera erfolgt, sodass Sie hier allenfalls nachschärfen müssen. Raw-Fotos sehen ohne Schärfung deutlich unscharf aus, daher stellt Lightroom für sie standardmäßig einen Schärfungsbetrag von 25 ein. Schärfung ist aber auch motiv- und geschmacksabhängig. Im Allgemeinen schärft man z.B. Landschaftsfotos stärker und anders als Porträts.

Die Schärfung im Entwickeln-Modul ist ausgabeunabhängig. Die Schärfung, die Sie hier einstellen, gilt demnach für alle Ausgaben, egal wie groß und auf welchem Medium. Fotos werden so geschärft, dass sie auf einem LCD-Monitor in 1:1-Ansicht scharf aussehen. Für die Ausgabe erfolgt dann eine zusätzliche Ausgabeschärfung, die Sie in den Ausgabemodulen bzw. im Exportieren-Dialog oder in den Veröffentlichungsdiensten einstellen.

Wenn Sie zum Schärfen nicht extra die Vergrößerung der Arbeitsfläche umstellen wollen, können Sie mit der Lupe in der Details-Palette arbeiten (vgl. Abb. 9–32 B). Die Lupe zeigt einen Ausschnitt des Fotos in der Vergrößerung 1:1 oder 2:1 an (über das Kontextmenü wählbar). Den konkreten Ausschnitt legen Sie fest, indem Sie auf das Fadenkreuz oben links (Abb. 9–32 A) und dann in die entsprechende Stelle des Bildes klicken oder einfach in die Lupe klicken und ziehen. Ich halte die Lupe für zu klein und verwende sie daher nicht. Ich vergrößere lieber das ganze Bild auf 1:1.

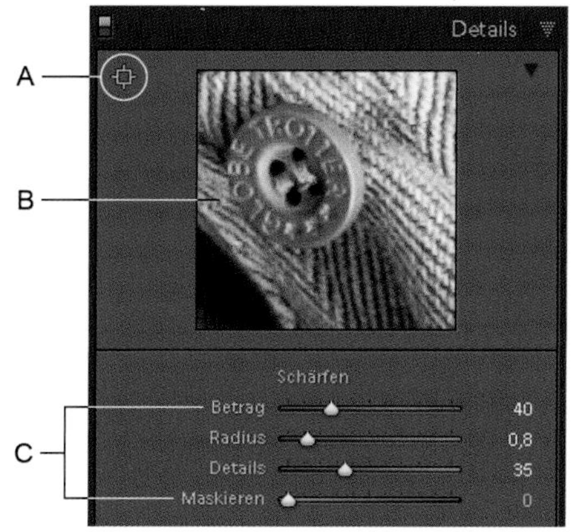

Abb. 9–32
Oberer Teil der Details-Palette
A) Ausschnitt für Lupe wählen
B) Lupe
C) Die vier Regler für die Schärfung

Die Regler Betrag, Radius, Details und Maskieren

Betrag

Betrag steuert den Schärfungsgrad. Je höher der Wert, desto höher die Schärfungswirkung. Meist sind Werte zwischen 25 und 50 sinnvoll. Die Wirkung hängt allerdings stark vom Details-Regler ab (siehe unten). Wenn Sie während der Bewegung des Betrag-Reglers [Alt] drücken, zeigt Lightroom das Foto in Schwarz-Weiß an – die Schärfung ist dadurch besser zu beurteilen.

Radius

Der Radius-Regler bestimmt, wie breit eine Kante sein muss, damit sie geschärft wird. In gewissem Umfang können Sie mit der Radius-Einstellung das Auge des Betrachters auf die wichtigen Stellen im Bild lenken. Der Radius legt fest, welche Kanten im Foto betont werden. Stellen Sie ihn also auf die »richtigen« Kanten ein. Bei Landschaften mit vielen feinen Details ist ein Wert von 1,0 oder leicht darunter sinnvoll. Bei einem Porträt empfiehlt es sich meist, den Radius etwas höher als den Standardwert von 1,0 anzusetzen, sodass die Betonung auf Augen sowie Haare fällt und weniger auf feine Hautporen bzw. das Bildrauschen.

Auch wenn ein Bild etwas unscharf ist, muss ein höherer Radius gewählt werden. Viele meiner Scans von Kleinbilddias, die ich mit 4.000 dpi gescannt habe, sind in der 1:1-Ansicht nicht völlig scharf. Hier muss die maximale Radius-Einstellung verwendet werden.

Sie sollten allerdings bedenken, dass Sie den Radius auch zu hoch ansetzen können. Feine Strukturen werden durch hohe Radien gröber, die Auflösung des Bildes nimmt praktisch ab. So hoch wie nötig und so niedrig wie möglich ist also eine gute Faustregel.

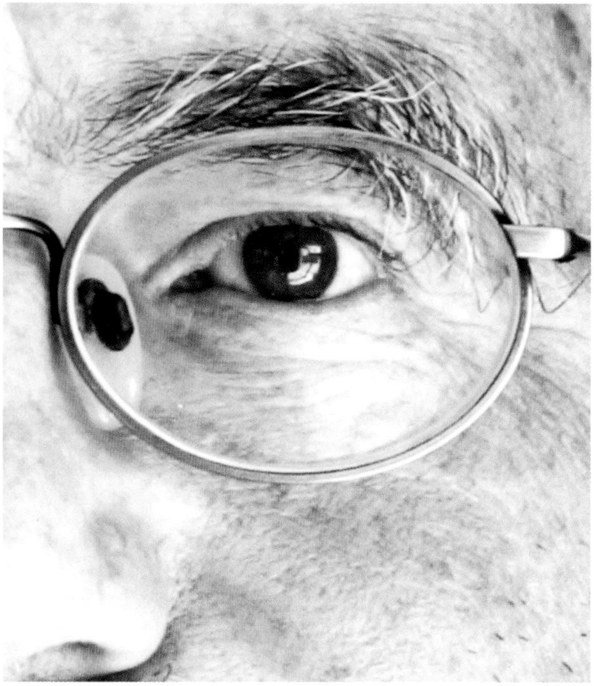

A

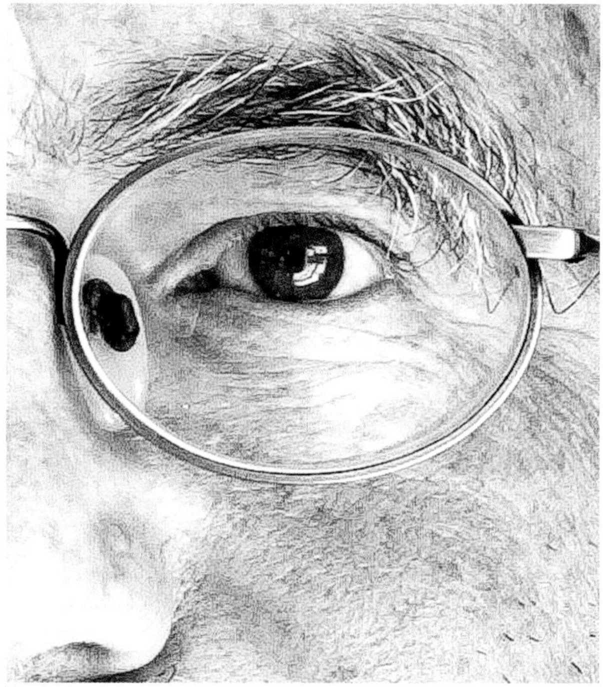

B

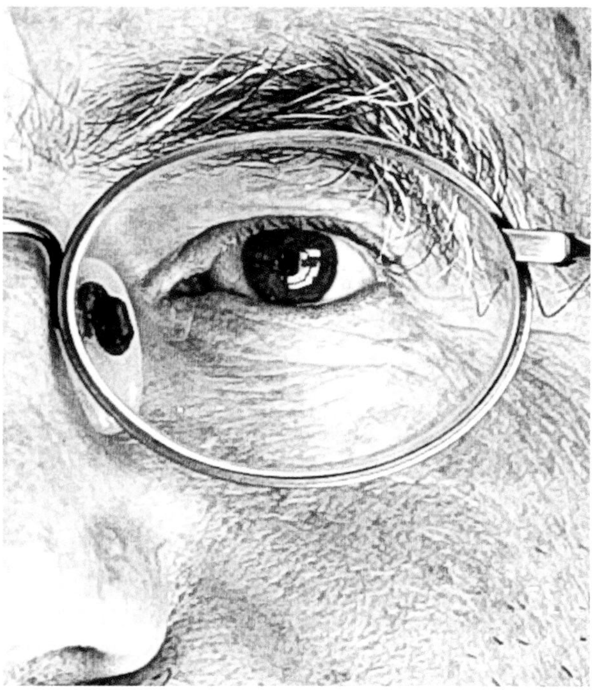

C

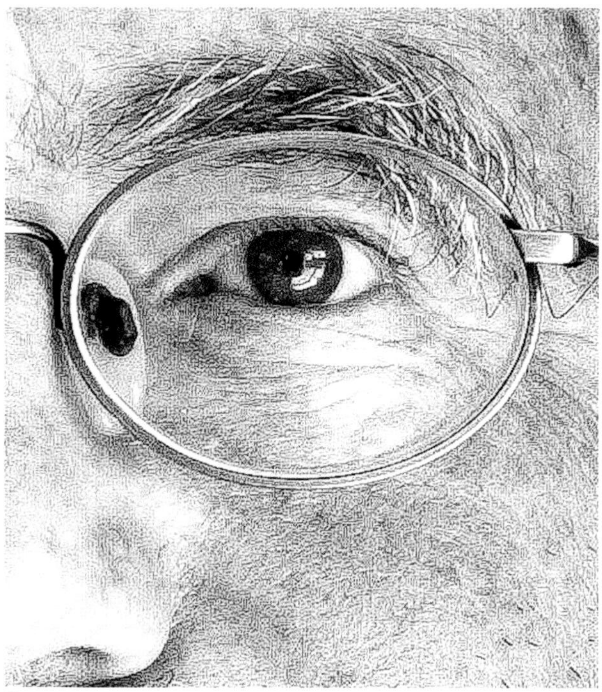

D

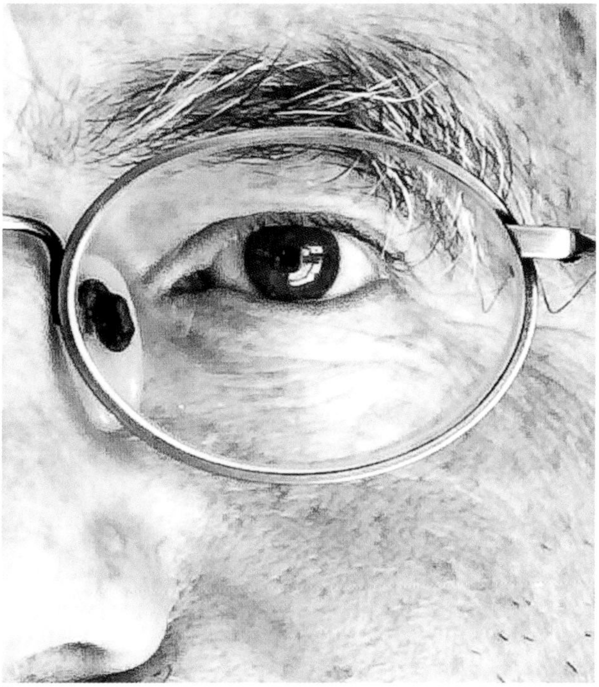

E

F

Abb. 9–33
Schärfung
A) Ohne
B) Standardeinstellungen und hoher Betrag
C) Hohe Radius-Einstellung
D) Hohe Details-Einstellung
E) Hohe Maskieren-Einstellung
F) Visualisierte Maske

Details

Über den Details-Regler lässt sich einstellen, wie viele kontrastarme Details in die Schärfung einbezogen werden. Bei einem Reglerwert von 100 werden also auch die feinsten Muster oder Details mit einbezogen, bei 0 hingegen nur die kontrastreichsten Kanten. Bei Fotos, in denen die Details sichtbar sein sollen, vor allem Landschaftsfotos usw., ist also eine hohe Einstellung sinnvoll. Eine niedrige Einstellung empfiehlt sich, wenn Details nicht betont werden sollen, vor allem Hautunreinheiten bei Porträts oder das Rauschen bei hohen ISO-Einstellungen. Durch Drücken von [Alt] bei Benutzung des Details-Reglers lässt sich visualisieren, welche Kanten in den Schärfungsprozess einbezogen werden.

Der Unterschied zum Radius-Regler ist, dass der Details-Regler sich am Anfangskontrast der Kante orientiert (Wie kontrastreich muss ein Hell-Dunkel-Übergang bereits sein, damit er weiter geschärft/gesteigert wird?), der Radius-Regler daran, wie breit eine Kante sein muss, damit sie einbezogen wird. Der Details-Regler hat einen ähnlichen Effekt wie der Schwellenwert-Regler in Photoshops Unscharf-maskieren-Filter, wird aber technisch anders umgesetzt.

Die Technik, mit der die Detailunterdrückung funktioniert, bewirkt, dass Sie den Betrag-Regler nachregeln müssen, je weiter Sie den Regler nach links bewegen, denn ein wenig wird die Schärfungswirkung insgesamt durch den Regler reduziert. Sie können den Schärfungsbetrag bei einem Details-Wert von 0 ohne Weiteres auf über 100 setzen.

Maskieren

Eine praktische Bildbearbeitungstechnik ist das Schärfen über eine Kantenmaske. Hierbei werden nur die Kanten von der Schärfung erfasst, also die Stellen, auf die es ohnehin ankommt. Flächen, z. B. der Himmel oder Hautpartien bei Porträts, werden hingegen von der Schärfung ausgenommen. Auf diese Weise werden Hautunreinheiten oder Rauschen durch die Schärfung nicht zusätzlich betont.

Über den Maskieren-Regler wird die Kantenmaske gesteuert. 0 bedeutet keine Maske, mit zunehmenden Werten wird die Schärfung immer mehr auf die eigentlichen Konturen begrenzt. Über [Alt] können Sie die Maske während der Reglerbewegung anzeigen (siehe Abb. 9–33 F).

Vorgehen beim Schärfen

Man kann Fotos für die Schärfung in zwei grundsätzliche Typen einteilen: Fotos, bei denen es auf die kleinen Details ankommt (hochfrequente Fotos, z. B. Landschaftsfotos, Produktfotos, Makrofotos, zum Teil Architekturfotos), und solche, wo diese nicht oder nur wenig vorhanden sind oder wo es nicht auf sie ankommt (niederfrequente Fotos, Porträts, Akt, teils Food-Fotografie, teils Architektur).

Für diese beiden Typen von Fotos gibt es zwei voreingestellte Schärfungsvorgaben in der Vorgaben-Palette unter den allgemeinen Lightroom-Vorgaben. Natürlich ist jedes Foto anders, aber zumindest als Ausgangspunkt und Orientierung für weitere Schärfung sind die beiden Vorgaben meiner Erfahrung nach sehr gut geeignet:

- *Schärfen – Landschaft* stellt die Regler auf 40, 0.8, 35, 0 (von oben nach unten), also auf einen recht hohen Betrag, einen kleinen Radius, einen mittleren Details-Wert und keine Kantenmaske.
- *Schärfen – Gesichter* stellt die Reglerwerte auf 35, 1.4, 15, 60. Betrag- und Details-Werte sind geringer als bei der obigen Vorgabe, insgesamt wird also schwächer geschärft. Der Radius ist höher, sodass auch breitere Kanten einbezogen werden. Außerdem wird eine Schärfungsmaske eingestellt.

Zusätzlich zu den obigen Vorgaben verwende ich noch eine weitere für Fotos mit hohen ISO-Werten, also für Fotos mit deutlichem Rauschen. Hier gilt es vor allem, das Rauschen nicht zu betonen – dabei helfen vor allem die Details- und Maskieren-Regler. Mögliche Werte für eine solche Vorgabe sind beispielsweise 60, 1.0, 0, 10 (von oben nach unten). Das Rauschen reduziere ich außerdem mit den Rauschunterdrückungsreglern, siehe Abschnitt 9.13. Das mache ich im Allgemeinen vor der Schärfung.

Mit den obigen beiden – bzw. mit den drei – Vorgaben erzielt man bereits gute Ergebnisse, eine optimale Schärfung erfordert aber meist eine individuelle Anpassung der Regler. Hierbei stelle ich meist zu Beginn einen ausreichend hohen Betrag-Wert ein und regele zunächst die Werte für Radius und Details. Sie bestimmen zusammen am stärksten die Beschaffenheit der Schärfung, sozusagen die Textur des Bildes auf Mikroebene. Schließlich stelle ich ggf. die Schärfungsmaske ein, um die Schärfung auf einzelne Bereiche zu begrenzen, und stelle zum Schluss den Betrag-Regler auf den endgültigen Wert.

9.10 Bereiche eines Bildes entwickeln

Mit Korrekturpinsel und Verlaufsfilter (beide finden Sie als lokale Werkzeuge im Werkzeugstreifen) können Sie Entwicklungseinstellungen auf einzelne Bildbereiche anwenden. So können Sie z. B. bestimmte Bereiche aufhellen oder abdunkeln, farblich verändern oder durch Schärfung oder Klarheit hervorheben.

Die beiden Werkzeuge funktionieren ähnlich, unterscheiden sich jedoch erheblich in der Art und Weise, wie die Maske jeweils erzeugt wird, die den Bereich festlegt. Beim Korrekturpinsel malt man die Maske von Hand mit einem Pinselwerkzeug aufs Bild, beim Verlaufsfilter zieht man eine Verlaufsmaske auf. Die Arbeit mit den Werkzeugen funktioniert in drei Schritten:

1. Auswahl der Entwicklungseinstellungen
2. Anlegen der Maske
3. Feinkorrektur der Maske und/oder der Entwicklungseinstellungen

Die Auswahl der Entwicklungseinstellungen ist für den Korrekturpinsel und den Verlaufsfilter jeweils gleich. Ich gehe also zunächst darauf ein und anschließend auf die beiden Werkzeuge.

Welche Einstellungen gibt es?

Lightroom stellt zwar nicht alle, aber eine große Zahl der Entwicklungseinstellungen lokal zur Verfügung (siehe Tabelle 9-3). Die meisten kennen Sie von den normalen Reglern. Mit Lightroom 4 sind einige Einstellungen hinzugekommen:

- *Temp* und *Tönung* für die Steuerung der Farbtemperatur. Nun ist es möglich, den Weißabgleich in verschiedenen Bildbereichen unterschiedlich einzustellen. Das ist nützlich, wenn verschiedene Beleuchtungen im Bild aufeinandertreffen (siehe Abb. 9–34 A).
- die Tonwertkorrektur-Regler *Lichter* und *Tiefen*.
- Über *Rauschen* lässt sich das Luminanzrauschen in bestimmten Bildbereichen gezielt vermindern (siehe auch Abschnitt 9.13).
- Über *Rand entfernen* lässt sich die gleichnamige Farbsaumkorrektur aus der Objektivkorrekturen-Palette partiell verstärken oder von Bereichen fernhalten (Lightroom 4.1, siehe Seite 271).

Tab. 9–3
Entwicklungseinstellungen, die auf einzelne Bildbereiche angewendet werden können

Weißabgleich/Farbtemperatur	Temp
	Tönung
Tonwerte	Belichtung
	Kontrast
	Lichter
	Tiefen
	Klarheit
Farben	Sättigung
	Farbe (Farbtonung)
Schärfung	Schärfe
Sensor- und Objektivfehler	Rauschen (Luminanz)
	Rand entfernen
	Moiré-Entfernung

Es gibt jedoch zwei Entwicklungseinstellungen, die es nur für den Korrekturpinsel und Verlaufsfilter gibt:

- Sie können eine negative Schärfung – also eine Weichzeichnung – einstellen. Ab ca. –50 steigert sich die Weichzeichnungswirkung erheblich.
- Mit Lightroom 4 ist eine Einstellung zur Entfernung von Moiré-Mustern hinzugekommen. Der Moiré-Effekt tritt gelegentlich bei Kameras ohne oder mit abgeschwächtem Tiefpassfilter (Anti-Alias-Filter) auf, von denen in letzter Zeit einige auf den Markt gekommen sind. Hier kommt es bei sehr kleinen Strukturen manchmal zu den typischen Farb- oder Helligkeitsmustern (siehe Abb. 9–34 B). Um sie zu entfernen, verwendet man den Korrekturpinsel mit der (positiven) Moiré-Einstellung.

A

B

Abb. 9–34
Neue lokale Entwicklungseinstellungen in Lightroom 4
A) Die Farbtemperatur des Hintergrunds unterscheidet sich durch den bewölkten Himmel von der des Vordergrunds. Über den Korrekturpinsel und die Temp-Einstellung ließ sich dies korrigieren.
B) Moiré-Korrektur mit dem Korrekturpinsel-Werkzeug

Entwicklungseinstellungen auswählen

Zunächst wählen Sie über die Regler im oberen Abschnitt des Korrekturpinsel- bzw. Verlaufsfilter-Werkzeugs (siehe Abb. 9–35 A) die Entwicklungseinstellungen aus, die verwendet werden sollen – Sie können auch mehrere gleichzeitig einstellen. Über das Effekt-Aufklappmenü lassen sich Vorgaben für Einstellungen speichern und aufrufen. Wenn Sie oft mit einer bestimmten Reglerkombination arbeiten, können Sie diese speichern und so schnell wieder abrufen. Es sind bereits einige Vorgaben voreingestellt (siehe Abb. 9–35 B), darunter zwei für die Tonwertkorrektur (*Nachbelichten, Abwedeln*) und drei für die Retusche von Porträts (*Haut weichzeichnen, Irisoptimierung* und *Zähne bleichen*).

Um auf einfache Weise lediglich mit den zur Verfügung stehenden Vorgaben zu arbeiten, können Sie den Palettenteil mit den Reglern über das Dreieck rechts einklappen. Dann steht nur noch der **Betrag-Regler** zur Verfügung (siehe Abb. 9–35 C). Jetzt können Sie eine Vorgabe wählen und deren Intensität über den Betrag-Regler anpassen. In diesem Zusammenhang leuchten auch die obigen 13 Vorgaben aus Abb. 9–35 B ein (*Temp.*,

Tönung usw.), die nach den einzelnen Reglern benannt sind. Sie können über diese Vorgaben einfach eine Entwicklungseinstellung aus dem Aufklappmenü auswählen und mit dem Betrag-Regler die Intensität einstellen. Die 13 Vorgaben verhalten sich anders als normale Vorgaben, indem sie sich die zuletzt eingestellten Beträge merken.

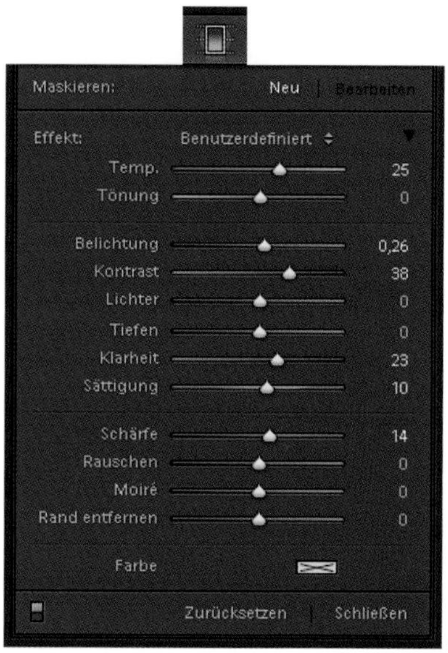

A

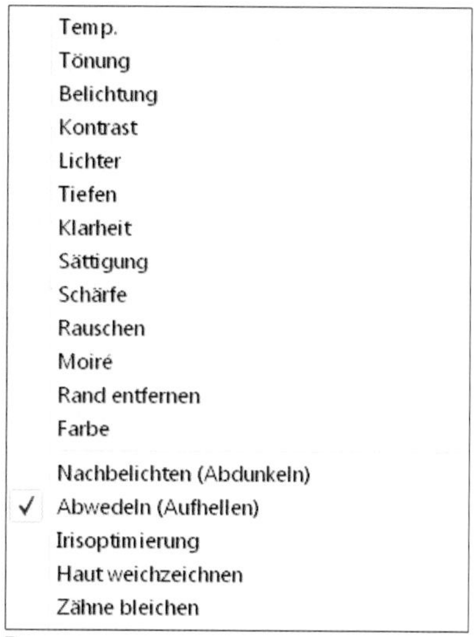

B

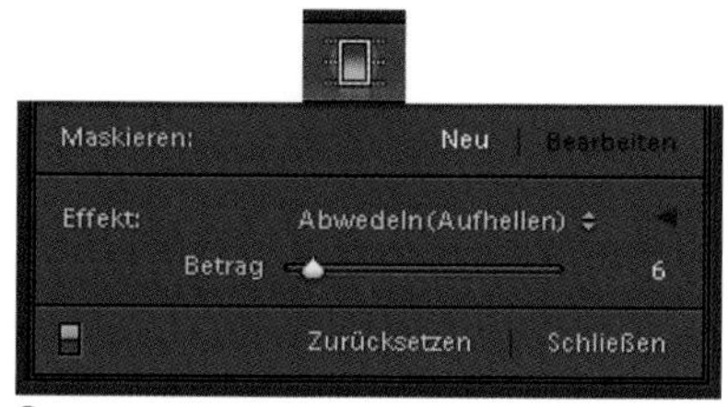

C

Abb. 9–35
Wahl der Entwicklungseinstellungen
A) über einzelne Regler
B) über Vorgaben
C) Anpassung der Intensität einer Vorgabe

Globale und lokale Einstellungen

Was passiert mit Entwicklungseinstellungen, die sowohl global als auch lokal angewendet werden? Wenn z. B. der Belichtung-Regler in der Grundeinstellungen-Palette und die Belichtung-Einstellung mit dem Korrekturpinsel verwendet werden? Der Effekt wird addiert (bzw. subtrahiert bei negativen Werten); d. h., wenn Sie z. B. die Belichtung global um eine Blendenstufe erhöhen und mit dem Korrekturpinsel die Belichtung auf –1 Blendenstufe stellen, heben sich die beiden Entwicklungseinstellungen auf; stellen Sie hingegen +1 Blendenstufe ein, würden sie zu +2 Blendenstufen addiert.

Genauso verhält es sich, wenn Sie mehrere Korrekturpinsel-Bereiche oder Verlaufsfilter übereinanderlegen. Sie addieren (bzw. subtrahieren) sich. Wenn Ihnen also die maximale Schärfe-Einstellung nicht ausreicht, können Sie einen zweiten Korrekturbereich darüberlegen.

Die Einstellungen für Schärfung (*Radius*, *Details*, *Maskieren*) und Rauschen (*Details*, *Kontrast*) werden übrigens aus den Einstellungen der Details-Palette für die globale Schärfung/Rauschentfernung übernommen. Daher ist es sinnvoll, Schärfung und Rauschen erst global einzustellen, bevor man sie lokal anwendet.

9.11 Korrekturpinsel

Der Korrekturpinsel ist von den beiden Bereichsentwicklungswerkzeugen das flexiblere. Er wird über den Werkzeugstreifen oder über die Taste [K] aufgerufen. Über diese Taste ist er auch direkt aus dem Bibliothek-Modul heraus erreichbar.

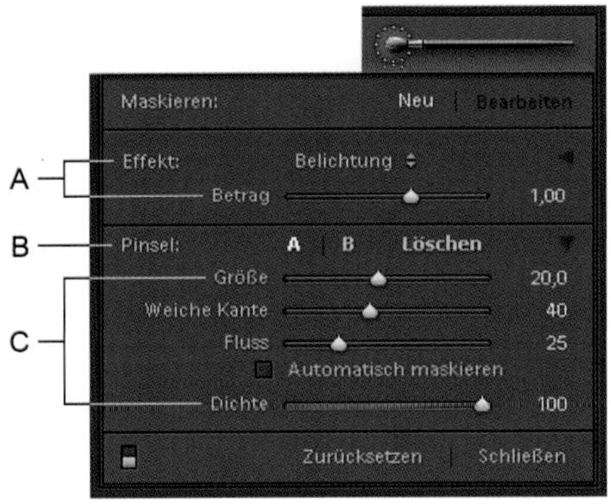

Abb. 9–36

Die Korrekturpinsel-Palette

A) Entwicklungseinstellungen (eingeklappt)

B) Pinselvorgaben

C) Pinseleinstellungen

Korrekturstellen auftragen

Um eine neue Korrekturstelle zu erzeugen, stellt man sicher, dass der Maskieren-Modus oben in der Palette auf *Neu* gestellt ist. Dann wählt man zunächst die Entwicklungseinstellung(en), die man verwenden will, wie oben beschrieben: Wenn Sie die Schatten des Fotos aufhellen wollen, wählen Sie beispielsweise Belichtung +0,5. Intensitäten und Einstellungen können im Nachhinein noch angepasst werden, es geht zunächst um einen Anfangswert.

Abb. 9–37
Vor und nach der Bearbeitung mit dem Korrekturpinsel. Für dieses Foto habe ich zunächst mit der Werkzeugvorgabe Haut weichzeichnen das ganze Gesicht ausgemalt, abgesehen von Auge und Wimpern. Teile der Haare und der Wimpern habe ich geschärft und zum Schluss Helligkeit, Kontrast, Sättigung, Klarheit und Schärfe der Iris erhöht, sodass das Auge deutlich präsenter wirkt.

Neben den Entwicklungseinstellungen wählen Sie die Pinseleigenschaften im unteren Teil der Palette (siehe Abb. 9–36 C): *Größe*, *Weiche Kante*, *Fluss*, *Dichte* und *Automatisch maskieren*. Benutzer von Photoshop oder ähnlicher Software kennen sicherlich die ersten drei Einstellungen. Wählen Sie z. B. eine große Pinselgröße für gröbere Veränderungen, bei denen es auf Details nicht so ankommt. Oder Sie wählen *Weiche Kante* für weiche Übergänge zwischen korrigierten und nicht korrigierten Bereichen. Für die Pinseleigenschaften im Detail siehe unten.

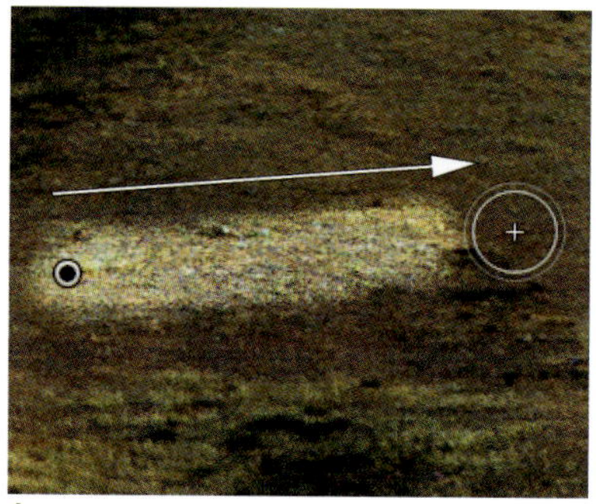

A

B

Abb. 9–38
Korrekturbereiche
A) Der erste Pinselstrich
B) Die Maske einer Korrekturstelle, hier der rote Bereich, wird normalerweise nicht angezeigt, lässt sich aber einblenden.

Daraufhin kann man anfangen, die Maske auf dem Foto mit der Maus aufzutragen. Die Änderungen durch das angewendete Werkzeug werden sofort sichtbar (siehe Abb. 9–38 A).

Entweder fügen Sie nun weitere Pinselstriche hinzu (dafür können Sie auch die Pinseleinstellungen verändern) oder Sie arbeiten mit dem Radiergummi-Pinsel, der die Entwicklungseinstellungen wieder entfernt. Um an den Radiergummi zu gelangen, klicken Sie auf *Löschen* bei den Pinselvorgaben (siehe Abb. 9–36 B). Um wieder den Auftrage-Pinsel einzustellen, klicken Sie auf *A* oder *B*. Lightroom merkt sich, welche Pinseleinstellungen Sie unter diesen beiden Buchstaben zuletzt eingestellt haben. So können Sie z. B. einen groben Pinsel unter *A* und einen feinen Pinsel unter *B* einstellen.

Indem Sie [Alt] gedrückt halten, können Sie zwischenzeitlich vom Auftrage- zum Löschen-Pinsel wechseln – oder umgekehrt. Zwischen A- und B-Pinsel wechseln Sie mit der Taste [<]. Während eines Pinselstrichs können Sie außerdem [⇧] gedrückt lassen; so erhalten Sie gerade Linien.

Um die Änderungen an einer Korrekturstelle abzuschließen, drücken Sie [↵] oder klicken auf *Neu* ganz oben in der Palette. Dann können Sie eine weitere Stelle erzeugen oder das Werkzeug verlassen.

Im Allgemeinen wird die Maske einer Korrekturstelle nicht angezeigt. Über das Menü *Werkzeuge* ▹ *Korrekturpinselüberlagerung* oder die Taste [O] lässt sie sich aber über dem Foto einblenden (siehe Abb. 9–38 B). So kann man sie evtl. einfacher feinkorrigieren. Über das oben genannte Menü lässt sich auch die Farbe verstellen, in der die Maske angezeigt wird.

Pinseleigenschaften im Detail

Größe. Diese Einstellung ändert die Größe der Pinseltupfer bzw. den Durchmesser des Pinsels. Die Größe ändern Sie am einfachsten über das Mausrad oder die Tasten [,] und [.].

Weiche Kante. Diese Einstellung verändert die Randhärte des Pinsels. Ein geringer Reglerwert sorgt für eine Maske mit harten, deutlich sichtbaren Rändern. Umgekehrt erzeugt ein hoher Reglerwert weiche Verläufe an den Maskenrändern, sodass die Randbereiche lokaler Korrekturen weniger stark sichtbar sind. Die richtige Einstellung ist abhängig von der zu korrigierenden Stelle. Manchmal sind weiche Maskenübergänge von Vorteil, oft hingegen eine klar abgegrenzte Maske, z. B. wenn sie an kontrast- und detailreichen Rändern entlang verläuft. Für solche Fälle ist auch die Option *Automatisch maskieren* gut geeignet. Verwenden Sie die obigen Kürzel, also Mausrad oder die Tasten [,] und [.] bei gedrückter [⇧]-Taste, um die Kante des Pinsels zu verändern.

Fluss. Hiermit lässt sich der Auftrag des Pinsels begrenzen, sodass ein einzelner Pinselstrich keine komplett durchlässige, sondern nur eine teildurchlässige Maske erzeugt. Ein Fluss von 20 erzeugt z. B. einen Auftrag von 20 %, ein Fluss von 50 entspricht 50 % etc. Durch mehrere Pinselstriche über dieselbe Stelle lässt sich der Auftrag weiter erhöhen, bis die Maske letztlich vollkommen durchlässig ist (Auftrag 100 %). Dies entspricht eher der Arbeitsweise mit einer Farb-Sprühdose als mit einem Pinsel.

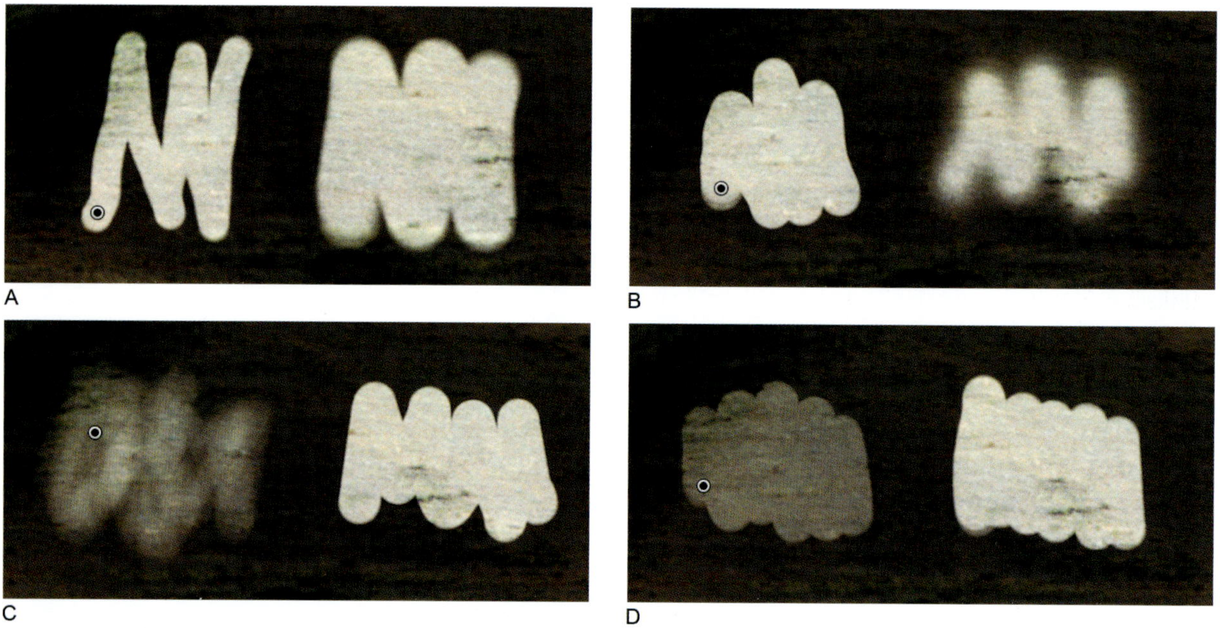

Abb. 9–39
Pinseleigenschaften
A) Verschiedene Pinselgrößen
B) Ohne und mit »Weiche Kante«
C) Unterschiedliche Fluss-Einstellungen
D) Unterschiedliche Dichte-Einstellungen
E) »Automatisch maskieren« (rechts) begrenzt Pinselstriche an kontrastreichen Kanten.

Fluss ist gut geeignet, um eine Maske Pinselstrich für Pinselstrich zu erzeugen, indem teilweise auf- und abgetragen (mit dem Radiergummi) wird. Die Arbeit damit ist sehr intuitiv und verleiht einem ein wenig das Gefühl, tatsächlich mit einem Pinsel oder einer Sprühdose an einem Bild zu arbeiten. Dies gilt besonders, wenn man ein Grafiktablett benutzt. In diesem Fall wird der Fluss entsprechend dem Druck auf das Tablett angepasst.

Fluss lässt sich auch über die Zahlentasten verstellen: Die Tasten 1, 2, 3 … 0 einmal gedrückt stellen einen Fluss von 10, 20, 30 oder 100 ein. Drückt man zwei Zahlentasten kurz hintereinander, kann man genauere

Einstellungen treffen, z. B. stellt [5]+[5] den Fluss auf 55. Werte kleiner 10 lassen sich über die 0 einstellen: [0]+[1] stellt den Fluss auf 1.

Dichte. Mittels *Dichte* lässt sich ebenfalls die Durchlässigkeit der Maske steuern. Während *Fluss* den Auftrag eines einzelnen Pinselstrichs festlegt, stellt *Dichte* den maximal möglichen Auftrag ein, egal wie viele Pinselstriche getan werden. Eine Dichte von 0 hat dieselbe Wirkung wie der Radiergummi, sie löscht die Maske. Ob man mit *Fluss* oder mit *Dichte* arbeitet, hängt von der persönlichen Vorliebe ab.

Im Grunde wählen Sie mit *Fluss* den Gesamtauftrag der Maske über die Anzahl der Pinselstriche, die Sie an einer Stelle machen. Mit *Dichte* hingegen wählen Sie den Gesamtauftrag bereits vorher und lassen Fluss auf 100 gestellt. Statt mit mehreren Pinselstrichen und dem Radiergummi zu arbeiten, passen Sie laufend die Dichte über die Palette an, während Sie die Maske bearbeiten.

Automatisch maskieren. Dies ist eine nützliche Option beim Hinzufügen von Pinselstrichen, die sehr scharf abgegrenzt sein sollen, z. B. wenn man mit der Maske ein Gebäude vom umgebenden Himmel isolieren will. Solche genauen, scharf abgegrenzten Masken, die an kontrastreichen Konturen verlaufen, erfordern normalerweise sehr genaues Arbeiten und damit viel Zeit. Ist *Automatisch maskieren* eingeschaltet, versucht Lightroom, beim Zeichnen eine Kontur zu erkennen, und begrenzt die Maske auf die Seite der Kontur, auf der die Mitte des Pinsels liegt (die Mitte des Pinsels ist während des Zeichnens am + erkennbar). Dabei erkennt Lightroom sowohl Konturen, die Helligkeitsunterschiede, als auch solche, die Farbunterschiede aufweisen. *Automatisch maskieren* funktioniert nicht immer perfekt, ist aber oft eine große Arbeitserleichterung. Sie können es auch über die Taste [A] ein- oder ausschalten.

Korrekturstellen nachkorrigieren

Wie bei allen lokalen Werkzeugen ist jede Korrekturstelle beim Korrekturpinsel im Nachhinein anpassbar. Sie wird jeweils über einen Pin auf dem Foto dargestellt (siehe Abb. 9-38 B), der sich per Mausklick auswählen lässt (die Pins blenden Sie über die Taste [H] ein oder aus). Daraufhin kann man eine Korrekturstelle über die [←]-Taste entfernen oder weiter bearbeiten. Einerseits lässt sich die Maske verändern, indem Sie Bereiche hinzufügen oder abtragen, andererseits können die Entwicklungseinstellungen über die Palette angepasst werden.

Um die Wirkung aller Werkzeuge einer Korrekturregion anzupassen, können Sie wie oben beschrieben die Regler einklappen und nur den Betrag-Regler benutzen. Oder Sie klicken einfach mit der Maustaste auf einen bereits aktivierten Pin und bewegen die Maus, während Sie die Maustaste gedrückt halten, nach links oder rechts.

Wenn Sie viel mit dem Korrekturpinsel arbeiten, büßt Lightroom unter Umständen spürbar an Geschwindigkeit ein. Das kann auch mit den Grafikkarteneinstellungen zu tun haben. Viele Lightroom-Benutzer hatten in der Vergangenheit Geschwindigkeitsprobleme mit NVIDIA-Grafikkarten in Zusammenhang mit dem Korrekturpinsel. Über das Laden des neuesten Grafikkartentreibers und das Ändern von Einstellungen im Treiber konnten diese meist behoben werden. Bitte erkundigen Sie sich in einem der Lightroom-Foren (siehe Anhang). Eine Suche im Internet nach »lightroom nvidia« sollte auch Ergebnisse bringen.

9.12 Verlaufsfilter

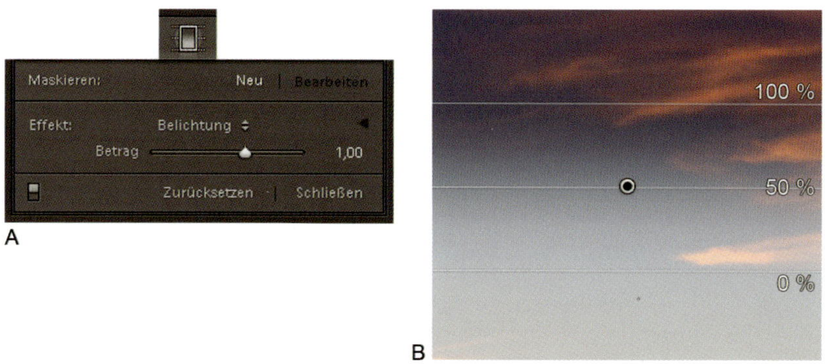

Abb. 9–40
Verlaufsfilter
A) Werkzeug mit Wahl der Entwicklungseinstellungen (eingeklappt)
B) Ein aufgezogener Verlaufsfilter kann nachträglich angepasst werden.

Der Verlaufsfilter befindet sich im Werkzeugstreifen direkt neben dem Korrekturpinsel. Er wird über die Taste [M] aufgerufen (auch vom Bibliothek-Modul aus). Der Verlaufsfilter in Lightroom ist den gleichnamigen Filtern nachempfunden, die man sich vor das Objektiv schrauben kann. Die Verläufe sind wie beim Korrekturpinsel Masken. Eine Verlaufsmaske bestimmt sich aus Position, Winkel und Ausdehnung.

Zunächst wählt man wie beim Korrekturpinsel eine oder mehrere Entwicklungseinstellungen aus der Palette. Die Verläufe selbst werden dann einfach mit der Maus »aufgezogen«. Dazu klicken Sie mit der Maus auf eine Stelle, die komplett (zu 100 %) korrigiert werden soll, und ziehen sie bis zu einer Stelle, die überhaupt nicht mehr von der Korrektur betroffen sein soll (0 %). Zwischen diese beiden Stellen erstreckt sich der Verlauf. Wenn Sie dazu [⇧] gedrückt halten, können Sie genau waagerechte oder senkrechte Verläufe erzeugen.

Sie können beliebig viele Verläufe aufs Foto legen. Jeder neue Verlauf wird wie beim Korrekturpinsel mit einem Pin markiert, sodass Sie ihn auswählen und dann anpassen oder über die [←]-Taste löschen können. Die

Taste [H] blendet die Pins ein oder aus. Einen ausgewählten Verlauf können Sie folgendermaßen anpassen:

- Um die Position des Verlaufs zu verändern, ziehen Sie den Pin mit der Maus.
- Um die Ausdehnung (Breite) des Verlaufs zu ändern, ziehen Sie eine der beiden äußeren Linien des Verlaufs (0 %- oder 100 %-Linie) nach innen oder außen.
- Um den Verlauf zu drehen, ziehen Sie die mittlere (50 %-)Linie im oder gegen den Uhrzeigersinn. Eine Drehung um 180° ist über [*] möglich.

Um die Entwicklungseinstellungen des Verlaufs zu ändern, passen Sie die Regler in der Palette an – einzeln oder über den Betrag-Regler, wenn Sie den Palettenteil mit den Einzelreglern eingeklappt haben.

Abb. 9–41
Bearbeitung mit dem Verlaufsfilter. Hier wurde die Belichtung des Himmels reduziert und gleichzeitig die Sättigung erhöht.

9.13 Rauschreduzierung

Rauschen entsteht während der Aufnahme durch Eigenarten des Sensors. Einerseits kommt es zum Luminanzrauschen (Helligkeitsrauschen), bei dem die Aufzeichnung der Motivhelligkeit durch Zufallssignale gestört wird; andererseits zum Farbrauschen, das vorwiegend durch Fehler bei der Berechnung von RGB-Bildern aus den Sensordaten entsteht. Beide Typen lassen sich bis zu einem gewissen Grad korrigieren, vor allem aber das Farbrauschen. Teilweise werden durch die Korrektur aber auch richtige Details des Fotos entfernt.

Abb. 9–42
Luminanz- (A) und Farbrauschentfernung (B) in der Details-Palette

Luminanzrauschen

Der Luminanz-Regler in der Details-Palette kontrolliert die Reduzierung des Luminanzrauschens. Dieses Rauschen ist einerseits stark abhängig vom verwendeten ISO-Wert, andererseits von der Belichtung des Fotos: Es tritt nämlich vor allem in den dunklen Bildbereichen auf. Ist ein Foto zu knapp belichtet, muss es in Lightroom wieder aufgehellt werden, wodurch das Rauschen stärker sichtbar wird (siehe auch Kasten »Raw-Fotos optimal belichten« in Kapitel 2.3).

Die Entfernung von Luminanzrauschen ist immer mit einer gewissen Weichzeichnung des Fotos verbunden. Daher ist ratsam, es mit der Entfernung eher konservativ anzugehen, zumal in der Ausgabe in der Regel deutlich weniger davon zu sehen ist als in Lightrooms 1:1-Ansicht. Meiner Erfahrung nach bewährt sich auch bei der Rauschentfernung das Prinzip: So viel wie nötig, so wenig wie möglich.

Neben dem Luminanz-Regler stehen zwei Regler zur Verfügung, die im Allgemeinen nur für Fotos mit sehr hohen ISO-Werten von Bedeutung sind (bei aktuellen Vollformatkameras wie Canon 5D Mk III und Nikon D800 sind das ISO-Werte ab ca. 6.400 oder höher, bei der Canon 5D ab ca. ISO 1.600 usw.). Bei normalen ISO-Werten werden Sie bei diesen Reglern kaum einen Unterschied bemerken.

Über den **Details-Regler** lässt sich die Rauschentfernung an die Feinheit des tatsächlichen Rauschens anpassen. Er legt die »Größe« des Rauschens fest, die von der Rauschentfernung erfasst wird (siehe Abb. 9–43 B). Man stellt für die Korrektur den Regler einfach so weit wie nötig nach links. Ähnliches tut der **Kontrast-Regler**. Luminanzrauschen bildet oft unschöne Muster innerhalb von Flächen. Wie stark diese Muster entfernt werden, können Sie über den Kontrast-Regler festlegen (Abb. 9–43 C). Wie beim Details-Regler würde ich ihn so weit wie nötig, aber so wenig wie möglich nach links stellen.

Farbrauschen

Über den Farbe-Regler in der Details-Palette stellen Sie die Reduzierung des Farbrauschens ein. Farbrauschen zeigt sich in zufällig verteilten bunten Pixeln, die nichts mit dem Motiv zu tun haben. Meist treten sie in dunklen, gleichmäßigen Flächen auf. Bei höheren ISO-Zahlen ist auch das Auftreten von Farbrauschen größer, die Abhängigkeit ist aber nicht so stark wie beim Luminanzrauschen. Farbrauschen ist auch leichter ohne Qualitätseinbußen zu entfernen als Luminanzrauschen.

A

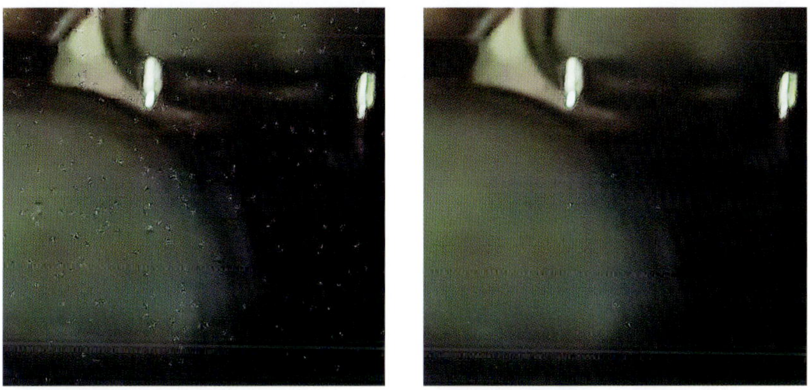

B

C

Abb. 9–43
Luminanzrauschen
A) Rauschentfernung vorher/nachher
B) Mit dem Details-Regler lässt sich steuern, Rauschen welcher Größe von der Reduzierung erfasst wird.
C) Der Kontrast-Regler legt fest, wie stark Tonwertmuster reduziert werden, die häufig mit Rauschen bei hohen ISO-Werten einhergehen.

Die Standardeinstellung von 25 ist ein guter Wert bis zu einem gewissen ISO-Bereich, für extreme ISO-Werte (an meiner EOS 5D z. B. ISO 1600–3200) verwende ich teilweise Werte bis knapp über 50. Zu hohe Werte können farbige Artefakte (»Color Bleeding«) an Kanten erzeugen, die in der 1:1-Ansicht zu sehen sind.

Auch für die Farbrauschentfernung gibt es einen **Details-Regler**, der die Größe des Rauschens festlegt, die von der Rauschentfernung erfasst wird. Wie beim Luminanzrauschen ist er nur bei Fotos mit sehr hohen ISO-Werten von Bedeutung. In der Regel stellt man ihn einfach so weit nach links wie nötig. Manchmal bleiben trotzdem einzelne hartnäckige Farbflecken übrig. Diese kann man gut mit dem Bereichsreparatur-Werkzeug entfernen (siehe Seite 273).

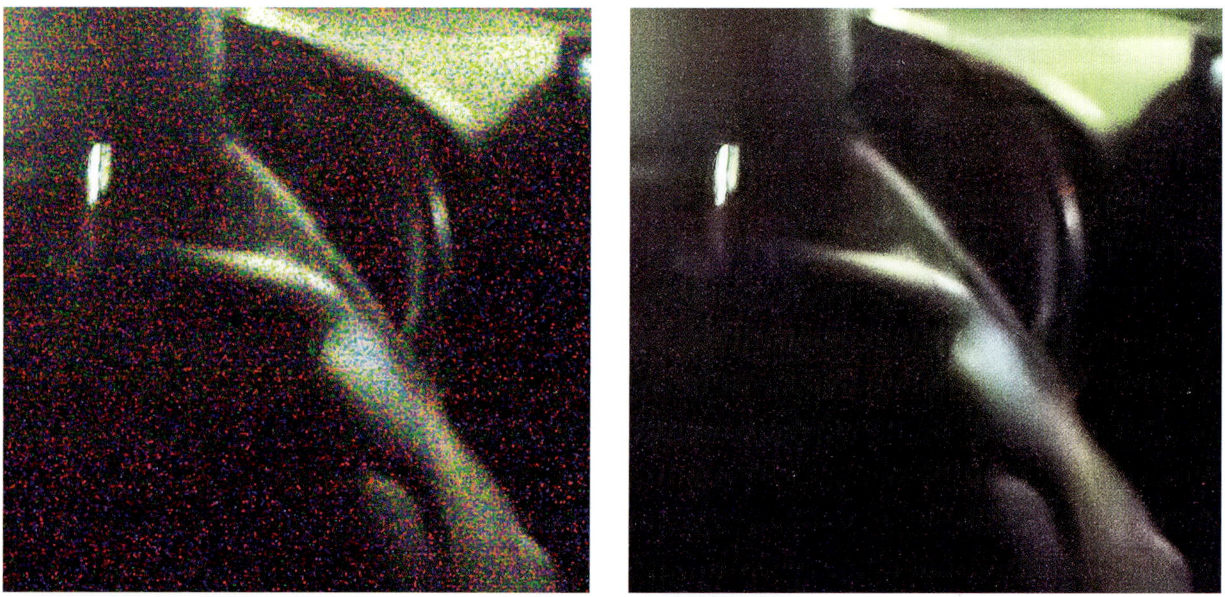

A

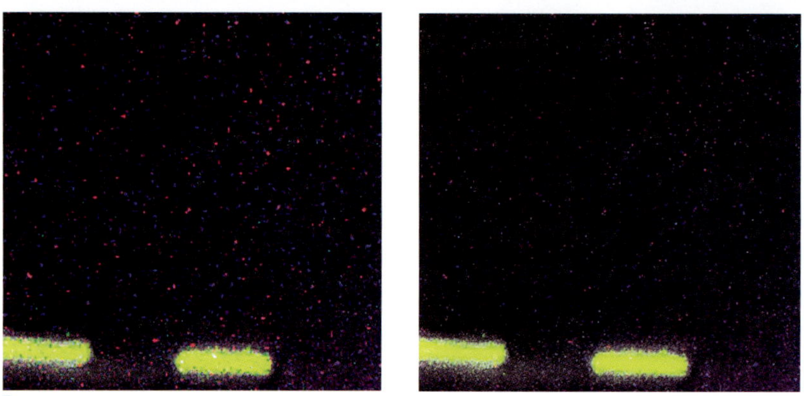

B

Abb. 9–44
Farbrauschen
A) Farbrauschentfernung vorher/nachher
B) Bei einer hohen Details-Einstellung bleiben Farbflecken übrig, bei einem Details-Wert von 25 sind sie weitgehend verschwunden.

Automatische Rauschreduzierung über Standardentwicklungs-einstellungen

Mit den in Kapitel 8.8 vorgestellten Standardentwicklungseinstellungen können Sie automatisch unterschiedliche Rauschreduktionseinstellungen für verschiedene ISO-Werte vergeben lassen. Ich habe meine Kamera mit ISO-spezifischen Einstellungen versehen. Hierfür habe ich einfach ab ISO 800 moderate Rauschentfernungswerte eingestellt und ab ISO 1600 noch einmal höhere Werte. Ich habe hierbei absichtlich moderate Werte verwendet, die das Rauschen lediglich leicht reduzieren. Mehr mache ich lieber individuell.

9.14 Optische Korrekturen

Die optischen Korrekturen erfolgen über die Objektivkorrekturen-Palette (siehe Abb. 9–45 und Abb. 9–50). Diese ist in drei Seiten unterteilt:

- Die Seite *Profil* enthält die automatischen Objektivkorrekturen, d. h. die Korrektur von Vignettierung und Verzeichnung mithilfe von Objektivprofilen. Diese vereinfachen die Arbeit tatsächlich enorm, wenn ein gutes Profil für das Objektiv vorhanden ist.
- Über *Manuell* lassen sich Vignettierung und Verzeichnung von Hand korrigieren für den Fall, dass ein Profil fehlt. Darüber hinaus kann man hier Korrekturen der Perspektive vornehmen, beispielsweise um bei Architekturfotos stürzende Linien zu beheben.
- Über die Seite *Farbe* gelangt man an die automatische Korrektur von chromatischen Aberrationen (Farbverschiebungen) und die Korrektur weiterer Farbsäume über die Einstellung *Rand entfernen*.

Es ist empfehlenswert, eine Entwicklungsvorgabe anzulegen, die alle automatischen Korrekturen (Vignettierung, Verzeichnung, chromatische Aberrationen) einschaltet. Diese Vorgabe kann man bereits während des Importierens auf die Fotos anwenden lassen.

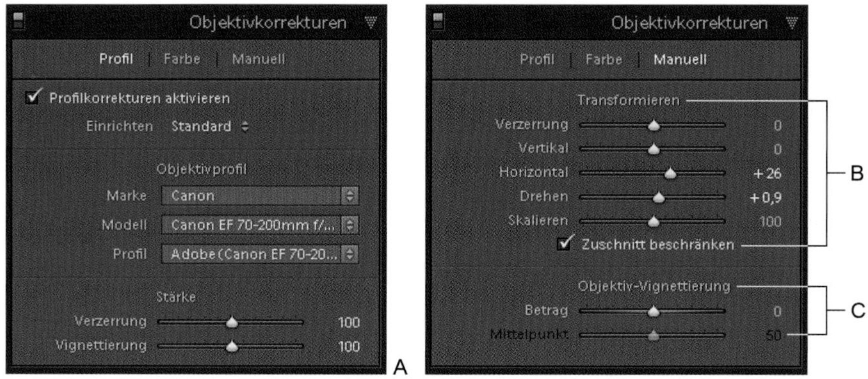

Abb. 9-45
Objektivkorrekturen-Palette 1
A) Profilkorrekturen
B) Manuelle Korrektur von Perspektive und Verzeichnung
C) Manuelle Korrektur von Vignettierung (siehe auch Abb. 9-50)

Automatische Korrektur von Vignettierung und Verzeichnung

Vignettierung ist ein Helligkeitsabfall zum Bildrand hin. Er tritt vor allem bei Weitwinkelobjektiven bei offener Blende auf. Bei Vollformatkameras und Offenblende ist die Vignettierung im Allgemeinen besonders stark. Der Helligkeitsabfall verläuft kreisförmig, d. h., die Helligkeit nimmt vom Mittelpunkt des Fotos nach außen ab.

Verzeichnung (oder Verzerrung) ist ein Begriff dafür, wenn ein Objektiv das Bild nicht genau rechteckig abbilden kann, sondern das Motiv verzerrt darstellt. Die einfachsten Verzeichnungen sind kissenförmig (nach innen gestaucht) oder tonnenförmig (nach außen gedehnt); gerade bei Zoomobjektiven gibt es aber Kombinationen der beiden Typen. Verzeichnung tritt vor allem bei Weitwinkelobjektiven auf.

Um diese beiden Fehler korrigieren zu lassen, brauchen Sie in der Regel nur die Profilkorrekturen über das Häkchen oben in der Objektivkorrekturen-Palette (Abb. 9-45 A) einzuschalten.

Anpassen der automatischen Korrektur

Über die beiden Stärke-Regler im unteren Palettenteil können Sie die Stärke der Korrektur jeweils für Verzerrung und Vignettierung separat einstellen. Manchmal ist eine leichte Anpassung notwendig, weil ein Profil beispielsweise für eine andere Kamera oder eine andere Blendeneinstellung erstellt wurde. Oder Sie möchten einfach den Effekt merklich reduzieren, weil Ihnen die Vignettierung oder Verzeichnung in einem Foto passend erscheint.

Bei Landschafts- oder Naturaufnahmen ist eine Korrektur der Verzeichnung oft nicht notwendig. Dann können Sie die Korrektur über einen Reglerwert von 0 auch ganz ausschalten, denn durch die Verzeichnungskorrektur büßt man an den Rändern des Fotos immer ein wenig durch Beschnitt ein.

Abb. 9–46
Vor und nach der Profilkorrektur. Verzeichnung und Vignettierung werden automatisch korrigiert.

Sie können die Einstellungen in der Palette auch über das Einrichten-Aufklappmenü als neue **Standardeinstellung** speichern, sodass Lightroom sie sich merkt. Die Standardeinstellungen für Objektivprofile funktionieren ähnlich wie die Standardentwicklungseinstellungen: Für jede Kamera-Objektiv-Kombination lassen sich das Objektivprofil, das standardmäßig verwendet wird, sowie die Werte für die beiden Stärke-Regler speichern.

Wenn kein passendes Profil vorhanden ist

In der Regel findet Lightroom das passende Objektivprofil automatisch anhand der EXIF-Daten des Fotos. Wenn kein geeignetes Profil gefunden werden kann, ist vermutlich keines installiert. Mit Lightroom werden Profile für sehr viele Objektive mitgeliefert. Die meisten lassen sich allerdings nur mit Raw- bzw. DNG-Dateien verwenden. Eine vollständige Liste finden Sie auf der Support-Webseite von Adobe (siehe Anhang). Zusätzliche Profile, die von anderen Benutzern erstellt wurden, können Sie über das Programm *Adobe Lens Profile Downloader* (siehe Abb. 9–47) laden. Oder Sie erstellen Ihr Profil selbst (siehe Kasten). Wenn Sie ein passendes Profil für Ihr Objektiv gefunden haben, können Sie es wie oben erläutert als neue Standardeinstellung setzen.

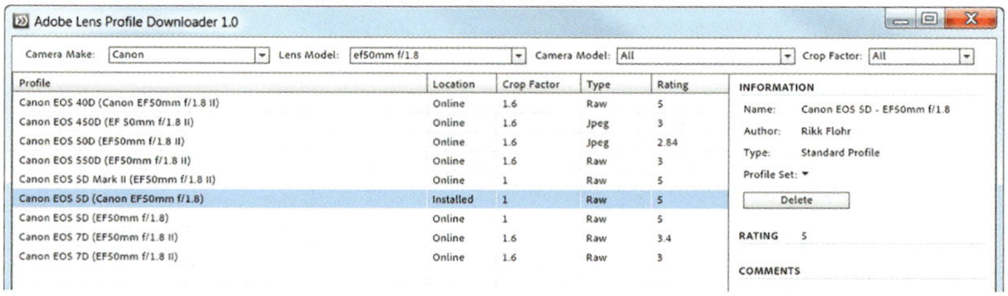

Abb. 9–47
Über den Lens Profile Downloader habe ich dieses Profil für eine Canon-Festbrennweite gefunden, für die Adobe kein Profil mitgeliefert hat.

Objektivprofile selbst erstellen

Sie können Objektivprofile auch selbst erstellen. Dazu müssen Sie zuerst das Programm *Lens Profile Creator* von Adobe herunterladen. Der benötigte Aufwand ist variabel; für Zoomobjektive muss man gegenüber Festbrennweiten ein Vielfaches an Messungen vornehmen; aber er richtet sich ohnehin nach der benötigten Genauigkeit der Profile; man kann z. B. für mehrere Brennweiten, Blenden und Einstellungsentfernungen separate Aufnahmesätze machen. Die Profilerstellung ist laut Adobe so angelegt, dass sie Fehler durch ungleichmäßige Ausleuchtung oder nicht planparallele Ausrichtung der Kamera automatisch herausrechnet. Dadurch soll sie von jedem zu bewerkstelligen sein.

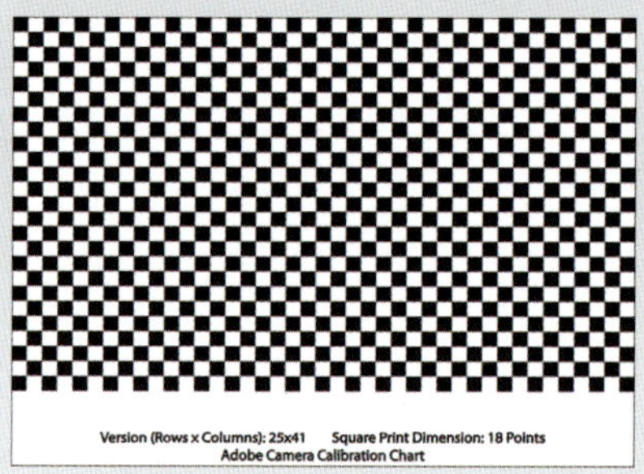

Abb. 9–48
Eines der Testbilder, das man für die Profilerstellung fotografieren muss

Manuelle Korrekturen

Vignettierung und Verzeichnung

Auf der manuellen Seite der Objektivkorrekturen-Palette finden Sie unter anderem die Regler zur manuellen Korrektur von Vignettierung und Verzeichnung. Diese können Sie verwenden, falls für die automatische Objektivkorrektur kein Profil zur Verfügung steht. Ganz oben im Transformieren-Teil der Palette (siehe Abb. 9–45 B) können Sie mit dem Regler *Verzerrung* einfache Objektivverzeichnungen beseitigen. Wird der Regler nach links bewegt, korrigiert er eine kissenförmige Verzeichnung, bei der das Bild zur Mitte hin gestaucht ist. Wird er nach rechts bewegt, korrigiert er dessen Gegenteil, eine Streckung von der Mitte weg oder »tonnenförmige« Verzeichnung.

Um Objektivvignettierung zu korrigieren, stehen in der Palette weiter unten (Abb. 9–45 C) zwei Regler zur Verfügung: *Betrag* (Stärke der Korrektur) und *Mittelpunkt* (Größe der korrigierten Fläche). Ich finde es manchmal schwierig, Mittelpunkt und Betrag genau abzustimmen, allerdings ist die Kontrolle über die RGB-Wert-Anzeige dabei recht hilfreich. So kann ich das Foto mit der Maus von den Ecken zur Mitte hin abtasten und dabei genau sehen, wie die Helligkeit verläuft. Meist finde ich durch abwechselndes Anpassen der beiden Regler dann akzeptable Werte.

Perspektive

Im Transformieren-Teil befinden sich außerdem die Regler *Vertikal* und *Horizontal*, mit denen sich die Perspektive korrigieren lässt. Mit dem Regler der Vertikale kann das Bild nach oben oder unten, mit dem der Horizontalen nach links oder rechts »gekippt« werden (siehe Abb. 9–49). Klassischer Anwendungsfall ist das Geraderichten eines Gebäudes, das man von unten her aufgenommen hat. Um die Korrektur zu erleichtern, blendet Lightroom ein Raster über das Foto, während Sie die Transformieren-Regler bewegen.

Abb. 9–49
Perspektivkorrekturen
A) Horizontal
B) Vertikal

A

B

Über den Drehen-Regler korrigieren Sie das Foto, wenn es nicht völlig gerade aufgenommen sein sollte, d. h. wenn der Horizont nicht gerade ist. Dieser Schritt sollte vor der Perspektivkorrektur erfolgen. Sie können übrigens mit dem Freistellen-Werkzeug nicht das erreichen, was mit dem Drehen-Regler möglich ist: Das Freistellen-Werkzeug bietet zwar auch die Möglichkeit des Ausrichtens, aber diese bezieht sich auf den Ausschnitt, nicht auf das ganze Foto.

Bei der Perspektivkorrektur (und auch bei der manuellen Korrektur von Verzeichnung) entstehen an den Rändern Bereiche, die keine Bildinformationen enthalten: graue Flächen. Wenn Sie auf *Zuschnitt beschränken* klicken, wird das Foto automatisch zugeschnitten, sodass keine dieser Flächen im Foto verbleibt. Sie müssen diese allerdings nicht vollkommen wegschneiden und können stattdessen mit dem Skalieren-Regler einen beliebigen Ausschnitt wählen oder das Foto ganz so belassen, falls das ein spezieller Anwendungsfall erfordert. Sie können z. B. versuchen, die grauen Flächen mit dem inhaltsbasierten Füllen in *Photoshop CS 5/6* auszufüllen.

Korrektur von Farbfehlern

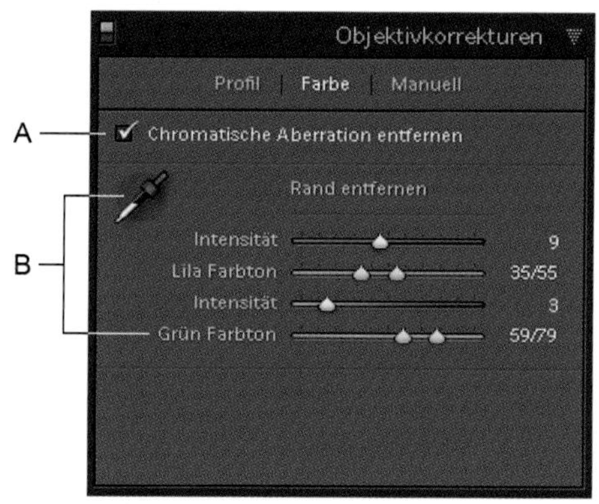

Abb. 9-50
Objektivkorrekturen-Palette 2
A) Korrektur von chromatischen Aberrationen
B) Korrektur von lila und grünen Farbsäumen

Chromatische Aberrationen

(Laterale) chromatische Aberrationen (quer zur Objektivachse) sind Farbfehler, die entstehen, wenn Licht verschiedener Wellenlängen durch die Linsen des Objektivs unterschiedlich stark gebrochen wird. In der Folge entstehen Farbsäume an kontrastreichen Kanten des Bildes, meist in den Farben Rot und Cyan, manchmal Blau und Gelb, manchmal auch in einer Kombination der beiden. Chromatische Aberrationen treten besonders stark am Bildrand auf.

Mit Lightroom 4 hat sich die Korrektur verändert und vor allem vereinfacht: Man setzt einfach das entsprechende Häkchen im Farbe-Teil der Objektivkorrekturen-Palette (siehe Abb. 9-50 A). Es gibt keine Möglichkeit mehr, die chromatischen Aberrationen manuell zu korrigieren oder bei der automatischen Objektivkorrektur den Betrag zu verstellen. Tatsächlich ist die Korrektur nicht mehr Bestandteil der Objektivprofile, sondern wird automatisch direkt anhand des Bildes ermittelt.

Abb. 9–51
Korrektur von chromatischen Aberrationen
A) Vorher
B) Nachher

A

B

Farbsäume (Rand-entfernen-Einstellung)

Die Rand-entfernen-Einstellung, ebenfalls auf der Farbe-Seite der Objektivkorrekturen-Palette, wurde in Lightroom 4.1 grundlegend überarbeitet. Sie entfernt sehr wirkungsvoll lila- und grünfarbene Farbsäume. Diese können folgende Ursachen haben:

- Chromatische Aberrationen längs zur Objektivachse (longitudinal). Diese treten im gesamten Bild auf, vor allem bei lichtstarken Objektiven, wenn bei offener Blende fotografiert wird.
- Linsenreflexionen (»Blendenflecke«). Sie kommen in Gegenlichtsituationen vor, besonders häufig bei Zoomobjektiven.
- Sensorfehler. Wenn sich Spitzlichter oder helle Lichtquellen im Bild befinden, d. h., wenn viel Licht auf den Sensor trifft, kann es zur gegenseitigen Beeinflussung benachbarter Sensordioden kommen.

Am einfachsten erfolgt die Korrektur der Farbsäume mit dem Pipette-Werkzeug, das über die Palette eingeschaltet wird (siehe Abb. 9–50). Dieses lässt sich genau wie die Weißabgleichauswahl (siehe Abschnitt 9.1) bedienen. Wählen Sie mit der Pipette bei ausreichender Vergrößerung zunächst einen lila Farbsaum im Bild aus (siehe Abb. 9–52 A). Anschließend wiederholen Sie dasselbe für einen grünen Farbsaum, falls vorhanden.

Die Pipette stellt die vier Regler in der Palette ein, die sich auch (und dies genauer) von Hand einstellen lassen. Für beide Farbtöne Lila und Grün steht jeweils ein Regler für die Intensität und für den Farbtonbereich der Korrektur zur Verfügung:

Die Intensität-Regler steuern jeweils die Stärke der Korrektur. Wenn Sie während der Reglerbewegung Alt gedrückt halten, hebt Lightroom zudem die Konturen des Bildes stark hervor, sodass die verbleibenden Farbsäume klar erkennbar sind (siehe Abb. 9–52 B).

A

C

B

Abb. 9–52

Rand entfernen

A) Korrektur eines lila Farbsaums über die Pipette

B) Einstellhilfe für den Intensität-Regler

C) Nach der Korrektur

Die Bereichsregler verfügen jeweils über zwei Knöpfe. Damit lässt sich der von der Korrektur erfasste Farbtonbereich genau festlegen: Der Bereich zwischen den beiden Knöpfen wird in die Korrektur einbezogen. Auch hier können Sie [Alt] gedrückt halten, um zu sehen, auf welche Bildbereiche sich die Korrektur auswirkt.

Grundsätzlich erfolgt die Entfernung der Farbsäume global. In vielen Fällen werden so lila- oder grünfarbene Details in einem Bildbereich angegriffen, weil Farbsäume in einem anderen Bereich korrigiert werden. Die Rand-entfernen-Einstellung kann aber auch lokal eingesetzt werden, steht also für Korrekturpinsel und Verlaufsfilter zur Verfügung. Dort lassen sich über negative Werte (maximal -100) im Anschluss an eine globale Korrektur einzelne Bildbereiche schützen. Über positive Werte lässt sich die Korrektur hingegen partiell verstärken (dabei werden alle Farbbereiche gleichermaßen korrigiert, unabhängig von den Einstellungen in der Palette).

Farbränder, die sich weder mit der automatischen Aberrationskorrektur noch mit *Rand entfernen* beseitigen lassen, können Sie evtl. mit dem Korrekturpinsel und einer negativen Sättigung-Einstellung von Hand beseitigen.

9.15 Retuschen

Im Werkzeugstreifen finden Sie schließlich zwei Werkzeuge zum Retuschieren von Fotos, die Bereichsreparatur und das Rote-Augen-Werkzeug.

Bereichsreparatur

Mit der Bereichsreparatur können Sie einzelne störende Bildstellen entfernen, z. B. Staub oder Hautunreinheiten. Drücken Sie die Taste [Q], um sie aufzurufen.

Abb. 9–53
A) Bereichsreparatur-Werkzeug
B) Für die Retusche einer Stelle im Foto werden die Bildinformationen einer anderen Stelle verwendet.

A

B

Die Funktion arbeitet grundsätzlich so, dass sie einen Bildbereich an eine andere Stelle kopiert. Eine Korrekturstelle besteht also immer aus Quelle und Ziel (siehe Abb. 9–53 B). Eine neue Korrekturstelle wird zuerst per Mausklick an der zu retuschierenden Stelle (dem Ziel) im Foto platziert. Wenn Sie die Maustaste gedrückt halten, können Sie die Maus an eine andere Stelle im Bild ziehen und so gleich die Quelle festlegen. Andernfalls sucht Lightroom sich selbst eine Quelle, die Sie dann im Nachhinein anpassen können.

Unter *Pinsel* (siehe Abb. 9–53 A) lässt sich zwischen zwei Retuschier-Methoden wählen: Der *Kopierstempel* ist die simplere der beiden Methoden. Er kopiert einfach die Quelle ans Ziel und zeichnet die Ränder weich. *Reparieren* funktioniert ganz ähnlich, nur wird der kopierte Bereich dazu in Farbe und Helligkeit seiner neuen Umgebung angepasst.

Der Reparieren-Modus ist eher geeignet, um Störungen in gleichmäßigen Flächen zu entfernen, z. B. Staubflecken (auf dem Sensor oder auf dem Motiv, siehe Abb. 9–54), Hautunreinheiten oder auch vereinzelt übrig gebliebenes Farbrauschen. Der Kopierstempel-Modus (Abb. 9–53 B) eignet sich eher für die Ersetzung von Bildbereichen, die Details enthalten. Sie können mit diesem Werkzeug z. B. eine einzelne Person aus einer Menschenmenge oder eine störende Stromleitung entfernen, indem Sie eine andere Stelle im Bild finden, die Sie kopieren können. In der Praxis habe ich den Kopierstempel allerdings ganz im Gegensatz zum Reparieren-Modus bisher kaum sinnvoll einsetzen können. Das liegt u.a. daran, dass man die Form der Kopierstelle nicht frei anpassen kann – diese ist in jedem Fall kreisförmig. Hier bietet Photoshop wesentlich bessere Werkzeuge.

Mit *Größe* lässt sich der Durchmesser der Korrekturstelle anpassen. Dies ist auch über das Mausrad möglich oder über die Tastaturbefehle [,] und [.].

Mit der Einstellung *Deckkraft* lässt sich festlegen, ob die kopierte Stelle den Hintergrund komplett überdecken oder ob – und in welchem Maße – der Hintergrund durchscheinen soll. Für die Entfernung von Hautunreinheiten beispielsweise ist eine geringere Deckkraft als 100 oft empfehlenswert – die Hautunreinheiten werden nur abgemildert, nicht komplett entfernt, was zu einem natürlicheren Eindruck führt. Für die Entfernung von Sensorstaub und im Allgemeinen für den Kopierstempel-Modus ist hingegen die volle Deckkraft sinnvoll.

Wenn man sich in der 1:1-Ansicht oder einer anderen Vergrößerung befindet und ein Foto systematisch nach Staubflecken durchkämmen will, kann man sehr komfortabel mit den Tasten [Bild↑], [Bild↓], [Pos1] und [Ende] arbeiten: Mit der [Pos1]-Taste springt man in die linke obere Ecke des Fotos; mit wiederholt gedrücktem [Bild↓] kann man sich dann durch das ganze Foto hangeln. Wenn Sie in der 1:1-Ansicht mit gedrückter Maustaste den Ausschnitt verändern wollen, müssen Sie dazu die Leertaste gedrückt halten, solange das Werkzeug aktiv ist. Das gilt auch für die anderen lokalen Werkzeuge (z. B. den Korrekturpinsel).

Abb. 9–54
Staubentfernung mit der Bereichsreparatur (Reparieren-Modus)

Wie bei allen lokalen Korrekturen kann man eine Korrekturstelle im Nachhinein anpassen oder entfernen. Die Übertragung der Einstellungen der Bereichsreparatur von einem Foto auf andere (durch Kopieren/Einfügen oder Synchronisieren) kann gerade beim Entfernen von Sensorstaub eine große Arbeitserleichterung sein. Nach der Übertragung müssen Sie im Allgemeinen die Quellen der Korrektur in den einzelnen Fotos anpassen.

Rote-Augen-Korrektur

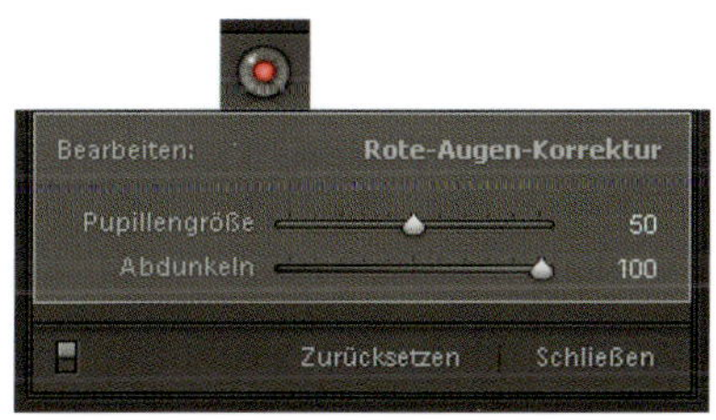

Abb. 9–55
Rote-Augen-Werkzeug

Mit der Rote-Augen-Korrektur beheben Sie durchs Blitzen entstandene rote Augen. Die Korrektur erfolgt durch Entsättigung und wahlweise durch Abdunkeln der Pupille.

Zunächst muss man Lightroom ungefähr zeigen, wo sich das zu korrigierende Auge befindet. Dazu zieht man mit der Maus einen kreisförmigen Rahmen um das Auge. Die genaue Position und Größe ermittelt das Programm dann automatisch. Lightroom findet das Auge leichter, wenn der Rahmen großzügig aufgezogen wird. Abdunklung und auch genaue Größe der Korrekturstelle (Einstellung *Pupillengröße*) lassen sich im Nachhinein anpassen. Oft ist es notwendig, den Abdunkeln-Regler auf mehr als 50 % zu stellen, um nicht eine graue Pupille zu bekommen.

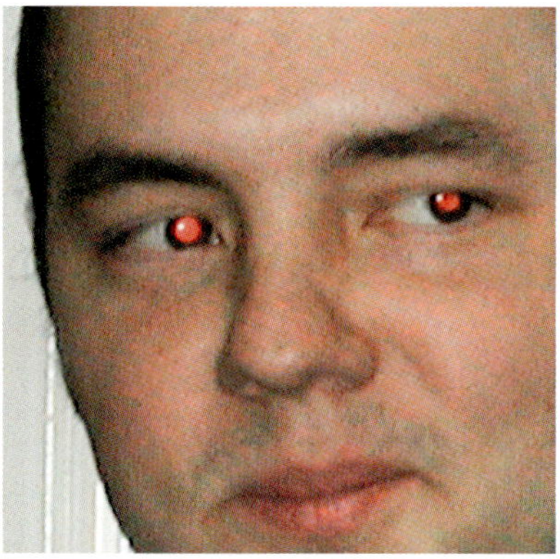
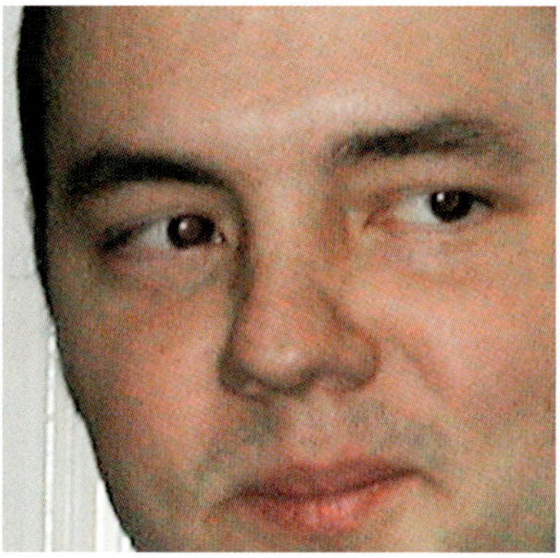

Abb. 9–56
Rote-Augen-Korrektur vorher und nachher

9.16 Effekte

In der Effekte-Palette stehen Ihnen zwei Effekte zur Verfügung: die Vignette nach Freistellen und das künstliche Filmkorn.

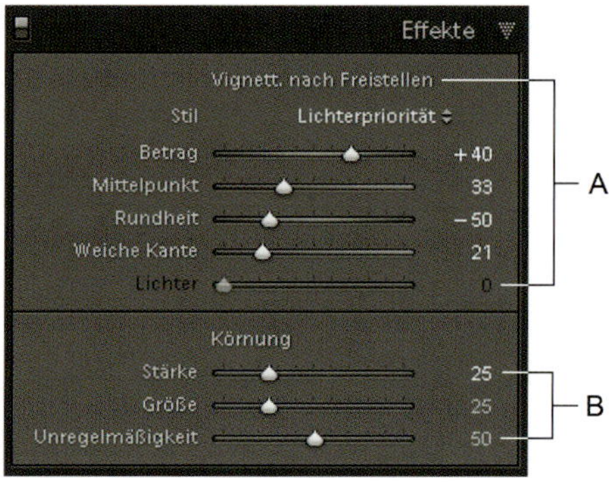

Abb. 9–57
Effekte-Palette
A) Vignette nach Freistellen
B) Filmkorn

Vignette nach Freistellen

Anders als die Vignettenfunktion im Objektivkorrektur-Teil wirkt sich die Vignette nach Freistellen in der Effekte-Palette direkt auf das freigestellte Foto aus. Sie ist für die Erstellung von Ziervignetten in Richtung Schwarz oder Weiß gedacht. Die Gestalt der Vignette lässt sich stark anpassen (siehe Abb. 9–57 A).

Mit den drei Basis-Reglern bestimmen Sie zunächst die grundlegende Erscheinung der Vignette: *Betrag* legt die Stärke der Vignette fest, d. h. das Maß an Abdunklung (negative Werte) bzw. Aufhellung (positive Werte). *Mittelpunkt* bestimmt die Vignettengröße. *Rundheit* legt die Form der Vignette fest. Negative Werte machen die Vignette eckiger, positive Werte runder.

A

B

Abb. 9–58
Vignette nach Freistellen
A) Ohne Vignette
B) Runde abdunkelnde Vignette mit weicher Kante
C) Fast eckige aufhellende Vignette mit schärferer Kante

C

Mit den restlichen Reglern können Sie das Aussehen der Vignette weiter verfeinern. *Weiche Kante* bestimmt die Weichheit des Vignettenrands. *Lichter* ist nur für abdunkelnde Vignetten geeignet: Manchmal befinden sich an den Bildrändern sehr helle Tonwerte, die durch eine dunkle Vignette zu einem mittleren bis hellen Grau abgedunkelt werden. Diese Stellen sehen dann matschig (kontrastarm) aus. Der Lichter-Regler nimmt die Lichter von der Vignettierung aus, was meist besser aussieht (siehe Abb. 9–58 B).

Da wäre noch die etwas verwirrende Stil-Einstellung. Sie legt fest, wie die Tonwertveränderung durch die Vignette technisch umgesetzt wird. Im Grunde wählen Sie je nachdem, ob Ihnen die Farben oder die Lichterdetails wichtiger sind, zwischen *Farbpriorität* und *Lichterpriorität*. Letztere stellt beim Abdunkeln Details in den Lichtern wieder her, die durch den Weißpunkt abgeschnitten werden. Bei *Farbpriorität* ist das nicht der Fall. *Lichterpriorität* verändert jedoch die Farbsättigung, was vor allem bei stärkerem Abdunkeln sichtbar wird. *Farbüberlagerung* ist ein älterer Modus, der aus Kompatibilitätsgründen noch vorhanden ist.

Bei den vielen Reglern für die Vignette nach Freistellen ist es manchmal schwierig, sich nicht bei der Arbeit zu verheddern. Ich gehe meist so vor, dass ich zunächst *Weiche Kante* auf 0 und einen extremen negativen oder positiven *Betrag* einstelle, um dann der Vignette die gewünschte Form und Größe zu geben. Anschließend stelle ich *Weiche Kante* und *Betrag* ein und benutze gegebenenfalls den Lichter-Regler.

Filmkorn

Über den Körnung-Teil der Effekte-Palette (siehe Abb. 9–57 B) können Sie künstliches Filmkorn zum Foto hinzufügen. Der Teil enthält drei Regler. *Stärke* legt fest, wie stark das Korn zu sehen ist. *Größe* und *Unregelmässigkeit* bestimmen zusammen die Beschaffenheit des Korns. Ab einer Korngröße von 25 zeichnet Lightroom das Foto zunehmend weich, damit es besser zum größeren Korn passt.

Im Allgemeinen ist wie die restlichen Einstellungen im Entwickeln-Modul auch das Filmkorn eine ausgabeunabhängige Einstellung, die Sie mit etwas Erfahrung in der 1:1- oder 1:2-Vergrößerung einstellen und dann für alle Ausgabegrößen und -verfahren verwenden können. Damit sehen Sie natürlich auf einem 10 × 15-Abzug weniger Filmkorn als auf einem 30 × 45-Abzug, aber so war es ja auch beim Vorbild des analogen Films. Allerdings empfiehlt sich für Webgalerien oder die Veröffentlichung im Web evtl. mehr Korn (eine höhere Stärke-Einstellung), da Sie es dort aufgrund der geringen Auflösung von Monitoren mit deutlich geringeren Pixelmaßen zu tun haben.

A

B

C

Abb. 9–59
Filmkorn
A) Ohne Korn
B) Geringe Größe und Unregelmäßigkeit
C) Hohe Größe und Unregelmäßigkeit

9.17 Alte Entwicklungseinstellungen: Prozessversion

Wie sich früher die Rezeptur für Filmentwickler von Zeit zu Zeit weiterentwickelte, verbessern sich auch die Entwicklungsalgorithmen in Lightroom mit beinahe jeder großen Version. Manchmal ändert sich dann der Effekt eines Reglers, manchmal wird ein Regler ersetzt und entfällt. Damit ältere, bereits entwickelte Fotos genauso dargestellt werden können, wie sie bearbeitet wurden, sind beispielsweise in Lightroom 4 noch alle älteren Entwicklungseinstellungen aus Lightroom 3 und früheren Versionen enthalten. Über die Prozessversion können Sie die Version der Entwicklungseinstellungen wählen, mit der ein Foto bearbeitet werden soll.

Die Prozessversion wählen Sie über die Kamerakalibrierung-Palette aus (Abb. 9–60 A). Mittlerweile gibt es drei Einstellungen:

A
B
C
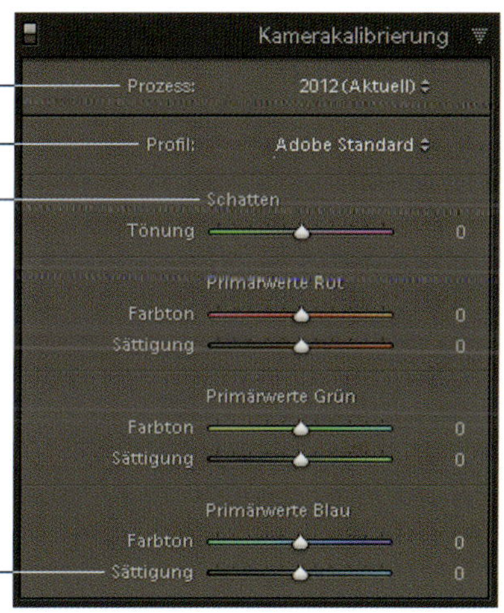

Abb. 9–60
Kamerakalibrierung-Palette
A) Prozessversion
B) Raw-Profil
C) Ältere Einstellungen zur Kamerakalibrierung

- *2003*: Lightroom 2 und davor
- *2010*: Lightroom 3
- *2012*: Lightroom 4

Wenn das Foto also wie mit Lightroom 3 bearbeitet aussehen soll, wählen Sie Version 2010, wenn Sie die neuesten Algorithmen verwenden wollen, hingegen Version 2012. Neu in Lightroom importierte Fotos bekommen immer die neueste Prozessversion. Wenn Sie einen alten Lightroom-Katalog aktualisieren und mit Lightroom 4 öffnen, wird hingegen zunächst immer die Version verwendet, die jeweils für das Foto eingestellt wurde. Dasselbe ist der Fall, wenn Sie ein Foto in Lightroom importieren, das in den Metadaten bereits über Entwicklungseinstellungen einer alten Lightroom-Version verfügt.

A B

Abb. 9–61
Prozessversion aktualisieren
A) Eine alte Prozessversion ist eingestellt. Das Ausrufezeichen unten rechts macht darauf aufmerksam.
B) Die Aktualisierung weicht trotz Übertragungsversuch etwas ab. Sie gelingt mal besser, mal schlechter.

Wenn ein Foto auf einen alten Prozess eingestellt ist, macht Sie Lightroom im Entwickeln-Modul mit einem Symbol wie in Abb. 9–61 A darauf aufmerksam. Wenn Sie darauf klicken, erscheint ein Dialog, über den Sie das Foto – und optional gleich alle Fotos im Filmstreifen – auf den aktuellen Prozess aktualisieren können (indem Sie [Alt] gedrückt halten, überspringen Sie den Dialog).

Sie können Fotos auch vom Bibliothek-Modul aus aktualisieren. Über *Bibliothek ▹ Fotos mit vorheriger Prozessversion suchen* können Sie sich alle Fotos mit einer alten Prozessversion zusammenstellen lassen. Auf die Zusammenstellung können Sie dann über die Katalog-Palette zugreifen und diese Fotos anschließend über *Foto ▹ Entwicklungseinstellungen ▹ Auf aktuellen Prozess aktualisieren* auf den neuesten Stand bringen.

Mit den neuen Tonwertreglern in Lightroom 4 ergibt sich jedoch das Problem, dass Fotos sich nicht mehr automatisch aktualisieren lassen, ohne dass sich ihre Anmutung zum Teil deutlich ändert. Eine erneute Tonwertkorrektur ist meist notwendig. Insofern lautet mein Rat: Zumindest solche Fotos, auf die Sie viel Arbeit verwendet haben, sollten Sie nicht alle auf einmal auf den neuesten Stand bringen. Stattdessen würde ich nur nach Bedarf aktualisieren. (Falls Sie ein Foto aus Versehen aktualisieren, können Sie übrigens im Protokoll zur alten Prozessversion zurückkehren.)

9.18 Raw-Profile und Farbkalibrierung der Kamera

A B C

Abb. 9–62
Unterschiedliche Raw-Profile
A) Adobe Standard
B) Camera Landscape für Canon 5D
C) Camera Portrait

Wenn Sie im JPEG-Modus fotografieren, können Sie bei den meisten Kameras zwischen verschiedenen Profilen (auch Looks oder Bildstile genannt) wählen: z. B. *Porträt*, *Landschaft*, *Neutral* usw. (siehe Abb. 9–63). Mit dieser Einstellung legen Sie fest, wie die Sensordaten bezüglich Farben und Tonwerten interpretiert werden. Sie bestimmt also die grundsätzliche Beschaffenheit der Farben (Sättigung und Farbtöne) und der Tonwerte (Helligkeit und Kontrast) des JPEG-Bildes.

Für Raw-Fotos wird die Tonwert- und Farbbeschaffenheit in Lightroom über das Raw-Profil festgelegt. (Die eigentliche Bezeichnung ist »DNG-Profil«. Das ist allerdings etwas verwirrend, denn Sie brauchen Ihre proprietären Raw-Dateien nicht ins DNG-Format zu konvertieren, um die Profile zu nutzen.) Das zu verwendende Profil stellen Sie über die Kamerakalibrierung-Palette ein. Um ein Profil massenhaft, auch im Bibliothek-Modul, einstellen zu können, empfiehlt es sich, Entwicklungsvorgaben anzulegen, die nur diese eine Einstellung enthalten.

Neben den mitgelieferten Profilen können Sie mit dem *DNG Profile Editor* auch eigene erstellen und in Lightroom laden. Die Palette enthält außerdem einige ältere Regler zur Anpassung des Farbeindrucks.

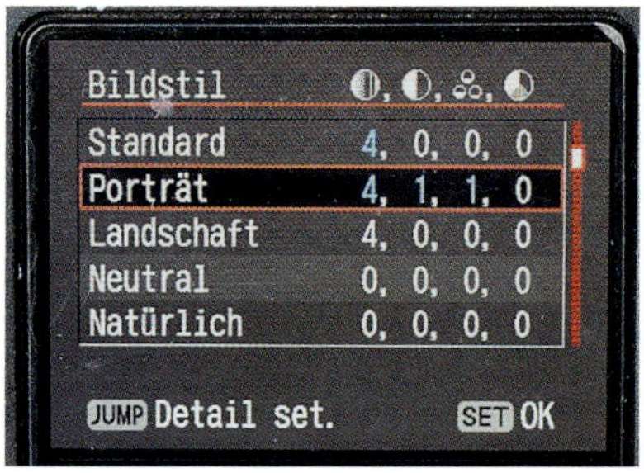

Abb. 9–63
Kameradisplay mit Bildstilen

Profil wählen

Mit der Profil-Einstellung in der Kamerakalibrierung-Palette legt man das Raw-Profil für ein Foto fest (Abb. 9–60 B). Das Standardprofil ist immer *Adobe Standard;* Sie können jedoch in den meisten Fällen aus weiteren Profilen wählen und auch Profile zu Lightroom hinzufügen. Folgende Profile stehen im Allgemeinen zur Verfügung:

- *Adobe Standard* – aktuelles Standardprofil
- *Camera ...* z. B. *Camera Landscape, Camera Portrait* – kameraemulierende Profile
- *ACR ...* z. B. *ACR 4.4* – alte Profile vor Lightroom 2 (allgemein schlechtere Bildqualität)

Die älteren Profile (ACR x.x) sind also vor allem aus Gründen der Rückwärtskompatibilität vorhanden, sodass ältere Fotos auch genauso in Lightroom dargestellt werden wie bisher. Das sollte Sie jedoch nicht davon abhalten, die neuen Profile auch für die alten Fotos einzustellen.

Neben dem Adobe-Standard-Profil, das für einen recht neutralen Farbeindruck sorgt, stehen meist zusätzliche Profile zur Verfügung, welche die JPEG-Profile des jeweiligen Kameraherstellers nachahmen (siehe Abb. 9–62). Diese beginnen stets mit *Camera*, gefolgt vom Namen des Profils, wie z. B. *Landscape* oder *Neutral.* Falls Sie die Farben der JPEGs aus Ihrer Kamera mögen, können Sie die Farben Ihrer Raw-Fotos mit dem entsprechenden Profil daran sehr stark annähern.

Eigene Raw-Profile erstellen

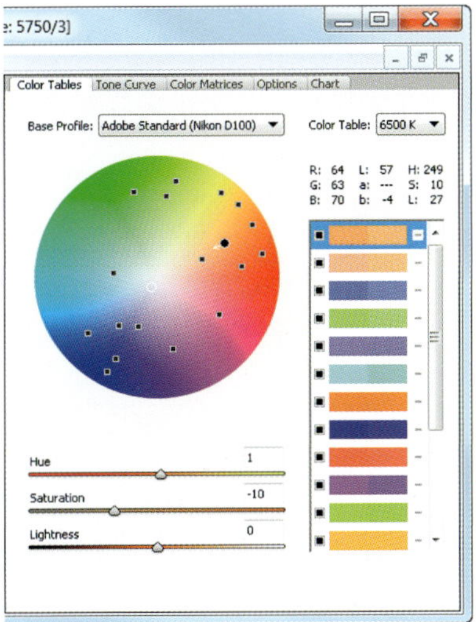

A

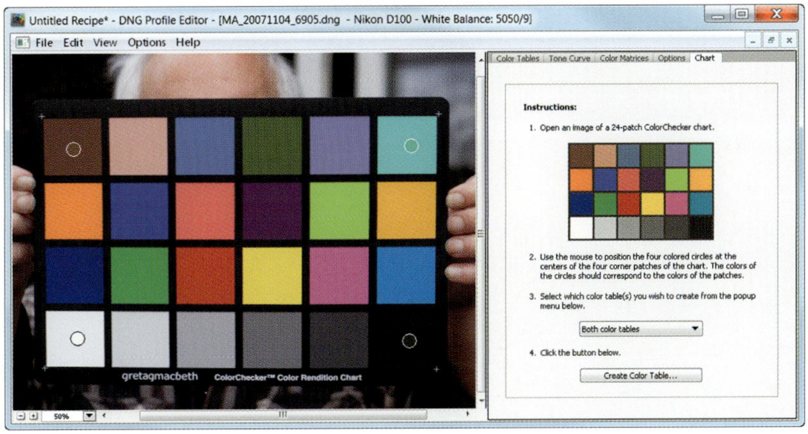

B

Abb. 9–64
Der DNG Profile Editor
A) Erstellung eines individuellen Raw-Profils. Einzelne Farbtöne lassen sich in Farbton, Sättigung und Helligkeit verschieben.
B) Für die Kalibrierung benötigen Sie eine sogenannte Colorchecker-Farbtafel von der Firma X-Rite. Kalibrierung lohnt sich meist nur für eine spezielle Lichtsituation, z. B. im Studio. Ich habe mir damit ein Profil für meine 5.800-Kelvin-Tageslichtlampen erstellt.

Neue Profile kann man mit dem *DNG Profile Editor* erstellen. Mit ihm können Sie einerseits, ausgehend von einem Ausgangsprofil, Farben und Tonwertverteilung frei anpassen, um einen bestimmten Look zu kreieren (vgl. Abb. 9–64 A). Auf der anderen Seite können Sie durch Kalibrierung auch ein neutrales Profil erstellen, das genau die Charakteristik Ihrer Kamera bei einem bestimmten Licht erfasst (vgl. Abb. 9–64 B). Neue Profile werden in Lightrooms Vorgabenordner gelegt, in den Ordner *Color Profiles*. Nach einem Neustart von Lightroom stehen sie in der Kamerakalibrierung-Palette zur Verfügung.

Ein Raw-Profil ist immer spezifisch für ein Kameramodell, daher gibt es im Internet kaum Profile mit bestimmten Looks, weil der Aufwand recht groß wäre, sie für mehrere Kameras zu erstellen. Stattdessen werden die meisten Looks über Entwicklungsvorgaben realisiert.

Wie funktionieren die Profile?

Bei den Raw-Profilen handelt es sich nicht um die ansonsten für das Farbmanagement eingesetzten ICC-Profile, sondern um einen eigenen Standard von Adobe. Es gibt zwar auch ICC-Profile für Digitalkameras, diese werden von Adobe aber nicht unterstützt. Stattdessen hat Adobe 2008 die Raw-Profile eingeführt (manchmal auch DNG- oder DCP-Profile genannt, von *Digital Camera Profile*).

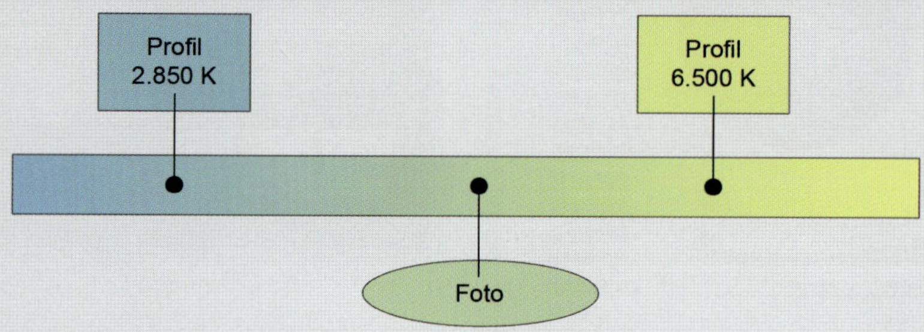

Abb. 9–65
Ein Raw-Profil besteht eigentlich aus zwei Profilen. Für die Farbinterpretation eines tatsächlichen Fotos kann Lightroom zwischen diesen beiden Profilen interpolieren (oder extrapolieren, wenn die Farbtemperatur des Fotos außerhalb derjenigen der beiden Profile liegen sollte).

Raw-Profile bestehen eigentlich aus zwei Profilen für zwei sehr unterschiedliche Farbtemperaturen: 2.850 K und 6.500 K. Der Raw-Konverter von Lightroom bzw. Camera Raw kann für die Farbinterpretation eines Fotos zwischen den beiden Profilen interpolieren oder extrapolieren, je nachdem, wo die Farbtemperatur des Fotos liegt. Auf diese Weise kann das Profil auch außerhalb kontrollierter Studiobedingungen konsistente Farben liefern.

Farbregler

Im unteren Teil der Palette (Abb. 9–60 C) finden Sie Regler, die ursprünglich (in Lightroom 1.x) für die Anpassung der Farbcharakteristik der Kamera gedacht waren. Anpassen lassen sich die Primärfarben *Rot*, *Grün* und *Blau* in Farbton und Sättigung und die sogenannte *Schattentönung*, mit der sich ein Farbstich in den Schatten korrigieren lässt. Die neueren Raw-Profile stellen eine technisch bessere Lösung für Farbanpassungen dar, die Regler sind jedoch aus Gründen der Rückwärtskompatibilität noch vorhanden. Außerdem werden sie nach wie vor gerne für Entwicklungsvorgaben genutzt.

10 Ausgabe und Softproofs

Im Entwickeln-Modul entwickelt man Fotos in der Regel medienneutral, also auf kein bestimmtes Medium hin. Man kann die so entwickelten Bilder daher als Referenz- oder Masterbilder bezeichnen. Sie sind potenziell für alle Ausgabemedien und -größen geeignet. Ausgabe bedeutet, dass neue Bilddateien oder Bilddaten erzeugt werden. Dies geschieht in Lightroom an folgenden Orten:

- Die vier Ausgabemodule – Diashow, Web, Drucken und Buch – geben Diafolien, Webseiten, Druckseiten oder Bücher aus. Die ausgegebenen Bilder werden dabei bereits fertig präsentiert. Ein Layout für die Seite oder Diafolie sowie Text, Grafiken und andere Gestaltungselemente kommen dabei zum Einsatz. Am Ende dieses Kapitels geht es um die grundlegende Arbeitsweise in den Ausgabemodulen. Für die einzelnen Module siehe Kapitel 11–14.
- Die Exportfunktion und die Veröffentlichungsdienste erzeugen Bilddateien, die weiterverarbeitet oder direkt an Social-Media-Webseiten übertragen werden können (siehe Kapitel 15).

Bei jeder Ausgabe gibt es Gemeinsamkeiten. Vor allem müssen die Bilddaten an das Medium angepasst werden: durch Skalierung auf die Ausgabegröße, durch Konvertierung in den entsprechenden Farbraum und durch Ausgabeschärfung. Über einen Softproof, einen elektronischen Probeabzug, lässt sich die Ausgabe von den Tonwerten und Farben her vorhersehen und gegebenenfalls anpassen. Dies ist in erster Linie für den Druck von Bedeutung.

Weiterhin lässt sich kontrollieren, welche Metadaten in ausgegebene Bilddateien übernommen werden sollen. Jedes Bild kann zudem mit einem Wasserzeichen versehen werden. Beides spielt für die Veröffentlichung im Internet eine große Rolle.

10.1 Farben, Tonwerte und Softproofs

Jedes Medium hat einen anderen Kontrastumfang und einen anderen Farbraum (also das Potenzial an darstellbaren Farben). So können Monitore oder Projektoren, die das Bild über eine eigene Lichtquelle erzeugen, deutlich mehr Kontraste und meist höhere Farbsättigungen darstellen als Papier, bei dem das Bild über das reflektierte Licht einer Umgebungslichtquelle entsteht. Aber auch verschiedene Monitore oder verschiedene Papiere und Tinten untereinander unterscheiden sich zum Teil deutlich im Kontrast- und Farbumfang.

Das sind physikalische Fakten, gegen die Sie nichts tun können. Wenn Sie Fotos ausgeben, haben Sie also womöglich Einbußen an Kontrast (vor allem wenn Sie auf Papier drucken) und je nach Motiv auch Einbußen an Farben. Sie können aber zumindest steuern, **wie** Kontraste und Farben reduziert werden.

Was die Kontraste angeht, ist das ähnlich wie bei der Tonwertkorrektur (siehe Kapitel 9.2), wo Sie einen hohen aufgenommenen Kontrastumfang durch Komprimierung und/oder Kappung der Tonwerte reduzieren. Für das auszugebende Bild muss, falls der Kontrastumfang des Mediums das erfordert, eine weitere Tonwertkorrektur erfolgen, damit das Bild ungefähr seine Wirkung behält.

Außerdem kommt an dieser Stelle die Behandlung der Farben ins Spiel, über die Sie sich während der normalen Entwicklung nicht viele Gedanken machen mussten. Wenn das Ausgabemedium konkret wird, müssen Sie aber darauf achten, ob die Farben des Fotos erhalten bleiben und wie Sie mit Farben umgehen, die das nicht tun.

Ausgabeprofile

Dreh- und Angelpunkt für die Ausgabe ist das Ausgabe-Farbprofil für das Medium, auf dem ausgegeben werden soll. Es enthält alle Informationen darüber, welche Kontraste und Farben das Medium darstellen kann und wie Lightroom die Bilddaten konvertieren muss, sodass Tonwerte und Farben möglichst korrekt umgesetzt werden können (zum Thema Farbmanagement siehe Seite 38).

Für Fotodrucker finden Sie auf den Webseiten der Drucker- oder Papierhersteller fertige Profile. Auch bei guten Dienstleistern, die drucken oder ausbelichten, finden Sie in der Regel ein Ausgabeprofil auf der Webseite oder erhalten es auf Anfrage. Lightroom kann allerdings im Moment nur RGB-Profile verwenden, keine CMYK-Profile (die mit dem CMYK-Farbmodell arbeiten). Handelsübliche Fotodrucker fallen aber in die erste Kategorie.

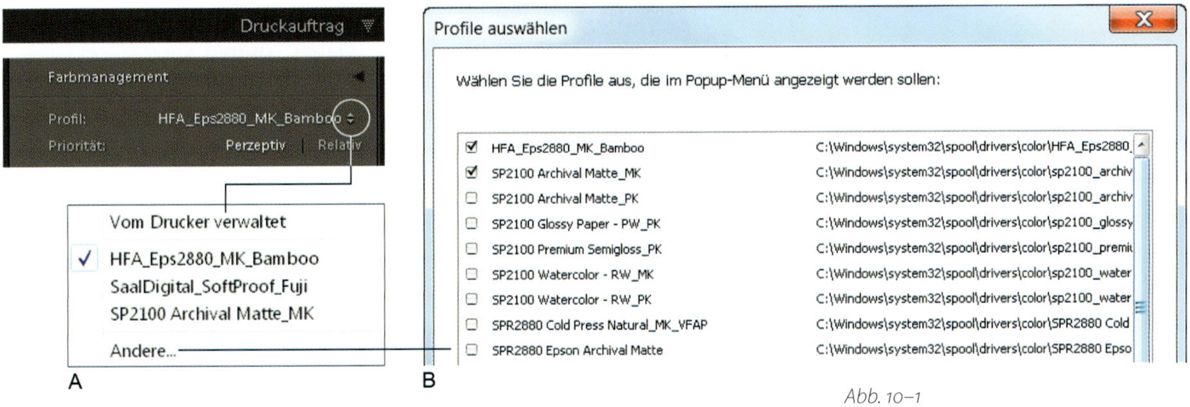

Abb. 10–1
Einstellungen zum Farbmanagement im Drucken-Modul
A) Wahl des Farbprofils
B) Farbprofilverwaltung

Ein Profil für einen Fotodrucker wird immer speziell für eine Kombination aus Drucker und Papier erstellt, manchmal auch für eine spezielle Tinte, falls der Drucker mit matten und glänzenden Schwarztinten arbeiten kann. Diese Informationen sind in der Regel im Dateinamen des Profils angegeben: So nennt beispielsweise das Profil *HFA_Eps2880_MK_Bamboo.icc*, das auf der Webseite des Papierherstellers Hahnemühle zu finden ist, Hersteller (*Hahnemühle Fine Art*), Drucker (*Epson 2880*), Tinte (mattes Schwarz, *Matte blacK*) und Papiersorte (*Bamboo*).

Um ein Profil in Lightroom zu verwenden, muss es zunächst auf dem Betriebssystem installiert werden. Wenn Sie den Explorer oder Finder benutzen, befindet sich im Kontextmenü der Profildatei ein Befehl, der dies übernimmt (im Anhang finden Sie den Ort, an dem das Betriebssystem alle Profile aufbewahrt, falls Sie Profile wieder entfernen wollen). Um dann ein Profil in Lightroom auszuwählen, beispielsweise über die entsprechende Palette im Drucken-Modul (vgl. Abb. 10–1 A), müssen Sie es noch in Lightrooms eigene Profilliste eintragen (siehe Abb. 10–1 B). Hier geben Sie an, welche Profile in Lightroom zur Verfügung stehen. Den Dialog erreichen Sie z. B. über das Aufklappmenü aus Abb. 10–1 A.

Nicht überall können Sie das Profil selbst wählen. Im Web-Modul wählt Lightroom beispielsweise immer *sRGB*, im Diashow-Modul das Monitorprofil oder das Profil des Projektors, die beide über das Betriebssystem eingestellt werden.

Renderprioritäten – relativ farbmetrisch und perzeptiv

Einen Großteil der Arbeit bei der Umsetzung der Tonwerte und Farben auf das Ausgabemedium übernimmt Lightroom mithilfe des Ausgabeprofils. Dabei geht es halbautomatisch vor – so bezeichnet, weil das Farbmanagement nicht berücksichtigt, welche Tonwerte oder Farben das einzelne Foto tatsächlich enthält. Es geht nur Pixel für Pixel eines Bildes durch, schaut sich den jeweiligen RGB-Wert des Pixels an und berechnet, durch welchen neuen Wert dieser ersetzt werden muss. Dabei können Sie zwischen zwei verschiedenen Verfahren oder **Renderprioritäten** wählen, wie Lightroom bei der Umsetzung der Farben vorgehen soll.

Bei der **relativ farbmetrischen** Umsetzung (siehe Abb. 10–2 A) werden alle Farben, die im Ausgabefarbraum abgebildet werden können, 1:1 übersetzt. Kann eine Farbe nicht abgebildet werden, wird stattdessen die von der Sättigung her nächstliegende Farbe genommen. Man erhält eine möglichst originalgetreue Abbildung, abgesehen von den Farben, die nicht in den Zielfarbraum passen. Diese werden gekappt, Farbdetails gehen verloren (dies ist vergleichbar mit der Kappung von Tonwerten beim Setzen des Weißpunkts während der Tonwertkorrektur).

Bei der **perzeptiven** Umsetzung (siehe Abb. 10–2 B) werden alle Farben von der Sättigung her gleichermaßen reduziert. Der Farbraum wird wie ein Ballon geschrumpft oder komprimiert (dies ist vergleichbar mit einer Kontrastreduktion bei der Tonwertkorrektur). Im Resultat entspricht keine Farbe von der Sättigung her mehr völlig dem Original, aber alle Farbdetails bleiben erhalten. Der Eindruck des Bildes kann stimmiger sein als bei der farbmetrischen Umsetzung, da das menschliche Auge empfindlicher auf relative Abstände als auf absolute Farben reagiert.

A

B

Abb. 10–2
Renderprioritäten
A) Relativ farbmetrisch; die Sättigung ist insgesamt leicht höher.
B) Perzeptiv; es sind etwas mehr Details zu sehen (vor allem oben links).

Da Lightroom die tatsächlich im Bild enthaltenen Farben nicht auswertet, müssen Sie entscheiden, welches der beiden Verfahren für ein konkretes Bild besser geeignet ist. Dazu können Sie den Softproof und die Farbumfangswarnung verwenden (siehe unten). Als Faustregel kann aber gelten:

Bei gering gesättigten Farben im Bild – dazu gehören die meisten normal bearbeiteten Naturfotos – ist die relativ farbmetrische Umsetzung meist die bessere. Bei Fotos mit kräftigen Farben sollte man aber die perzeptive Umsetzung in Erwägung ziehen. Weiter hängt dies stark vom Ausgabemedium ab: Je weniger Farben und Kontraste dieses darstellen kann, desto eher eignet sich im Allgemeinen die perzeptive Umsetzung. Dies ist bei matten Papieren eher der Fall als bei glänzenden.

Die beiden Renderprioritäten wirken sich in erster Linie auf die Farben aus. Was ist aber mit den Tonwerten, wenn das Ausgabemedium wenig Kontrastumfang bietet? Die Antwort lautet: Es ist nicht genau definiert, was mit ihnen passiert. Die meisten Profile geben die Tonwerte für die beiden Verfahren unterschiedlich wieder: Oft lässt die relativ farbmetrische Methode die Schatten zulaufen, das Bild wird insgesamt dunkler, bleibt aber kontrastreich. Bei perzeptiver Umsetzung hingegen werden die Tonwerte häufig komprimiert, das Bild wirkt heller, aber auch ärmer im Kontrast. In vielen Fällen besteht aber bezüglich der Tonwerte gar kein oder kein großer Unterschied zwischen perzeptiv und relativ farbmetrisch. Dies hängt von den Ausgabeprofilen ab. Denn diese sind für die Implementierung der beiden Renderprioritäten jeweils zuständig.

Übrigens realisieren nicht alle Profile beide Verfahren. Standardfarbräume wie *Adobe-RGB* und *sRGB* oder Monitorfarbräume enthalten nur die relativ farbmetrische Umsetzungsmöglichkeit. Im Web- oder Diashow-Modul kann man die Renderpriorität daher gar nicht erst wählen. Ganz selten trifft man auch auf Profile für Drucker oder Ausbelichtungsmaschinen, die die perzeptive Umsetzung nicht enthalten. Dummerweise macht Lightroom nicht darauf aufmerksam. Sie können also auch perzeptiv einstellen, wenn das Profil es nicht unterstützt (es wird dann relativ farbmetrisch genommen). Sie erkennen solche Profile nur daran, dass sich im Softproof keinerlei Unterschied zwischen den beiden Verfahren erkennen lässt.

Der Softproof

Vielleicht haben Sie schon einmal einen Probedruck gemacht, indem Sie vor einem wichtigen Druck einen schmalen Streifen des Fotos ausgedruckt haben. So konnten Sie das Druckergebnis ungefähr voraussehen, ohne allzu viel Papier und Tinte einzubüßen. Ein *Softproof* ist nichts anderes als ein elektronischer Probedruck: Der Computer simuliert die Ausgabe einfach auf dem Monitor, indem er das Bild in den Ausgabefarbraum und von dort in den Monitorfarbraum konvertiert – anstatt wie normalerweise direkt in den Monitorfarbraum. Ein Softproof kann für jede Farbraumkonvertierung gemacht werden; seine eigentliche Verwendung findet er aber für die Druckausgabe.

Abb. 10–3
Proof-Ansicht im Vorher-Nachher-Modus. Der Vorher-Bereich zeigt das Foto normal, also weitgehend ausgabeunabhängig an, der Nachher-Bereich die Simulation der Ausgabe bei perzeptiver Umsetzung auf einem Tintenstrahldrucker mit einem matten Papier. Der Kontrastumfang dieses Papiers ist deutlich geringer, das Schwarz ist nicht so tief wie das des Monitors. Während des Softproofs richtet sich die Hintergrundfarbe der Arbeitsfläche nach der Papierfarbe (hier leicht gelblich). Sie können sie aber über das Kontextmenü verändern.

Mit Lightroom 4 können Sie (endlich) einen Softproof direkt im Programm machen. Dazu müssen Sie sich im Entwickeln-Modul befinden, der Softproof wird dort in der Werkzeugleiste oder über die Taste [S] eingeschaltet. Daraufhin wird die Histogramm-Palette zur Softproof-Palette (siehe Abb. 10–4). Dort stellen Sie Ausgabeprofil und Renderpriorität für die Ausgabe ein, die simuliert werden soll. Auf der Arbeitsfläche wird nun der Proof dargestellt. Sie können auch die Vorher-Nachher-Ansicht einstellen und sehen dann die normale Ansicht und den Proof gleichzeitig (wie in Abb. 10–3). Möglicherweise müssen Sie den Vorher-Zustand auf einen aktuellen Bearbeitungsstand bringen (siehe Kapitel 8.2).

Ist die Option *Papier und Druckfarbe simulieren* eingeschaltet, versucht Lightroom den Kontrastumfang und die Papierfarbe des Ausgabemediums zu simulieren. Das ist nicht automatisch der Fall. Um zu sehen, wie sich die Tonwerte (und nicht nur die Farben) in der Ausgabe verhalten werden, sollte diese Funktion eingeschaltet sein. Wenn Sie ein Druckerprofil simulieren, erscheint die Anzeige dann aber vermutlich recht flau, da der Kontrastumfang des Monitors in der Regel deutlich höher ist als der von Papier. Man muss sich ein bisschen daran gewöhnen und andere, kontrastreichere

Elemente der Benutzeroberfläche ausblenden, damit sie dem Auge nicht länger als Bezugspunkt zur Verfügung stehen.

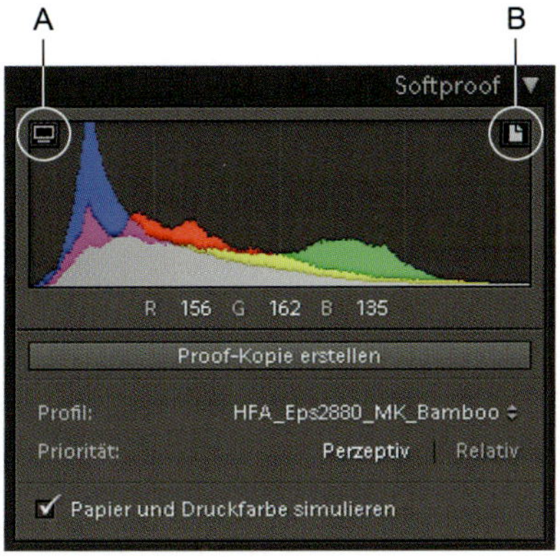

Abb. 10–4
Die Histogramm-Palette wird zur Softproof-Palette, sobald der Proof eingeschaltet wird. Hier treffen Sie alle Einstellungen zum Proof. Histogramm und RGB-Wert-Anzeige beziehen sich auf den eingestellten Zielfarbraum (die RGB-Wert-Anzeige verwendet hier keine Prozente, sondern Werte von 0–255).
A) Farbumfangswarnung für den Monitor
B) Farbumfangswarnung für das Ausgabeprofil

Abb. 10–5
Farbumfangswarnung. Die Bereiche für den Zielfarbraum werden in Rot, die für den Monitor in Blau dargestellt. Bereiche, die weder in den Zielfarbraum passen noch vom Monitor wiedergegeben werden können, erscheinen in Lila.

Als Hilfestellung kann Lightroom mittels zwei Warnfarben wichtige Bildbereiche markieren: diejenigen, die nicht in den Zielfarbraum passen, und solche, die nicht in den Monitorfarbraum passen, bei denen der Proof also unzuverlässig ist (siehe Abb. 10–5). Sie können beide Warnfarben getrennt über die Softproof-Palette einschalten, und zwar dort, wo sich normalerweise die Beschnittwarnungen für Schatten und Lichter befinden (Abb. 10–4 A/B).

Die Zielfarbumfangswarnung zeigt Ihnen, welche Bildbereiche des Originals im Zielfarbraum nicht dargestellt werden können. Sie ist wichtig, um zu entscheiden, ob eine relativ farbmetrische oder perzeptive Renderpriorität gewählt werden sollte. Wenn sich der größte Teil der bildwichtigen Bereiche korrekt abbilden lässt, kann die relativ farbmetrische Methode verwendet werden, andernfalls ist vermutlich die perzeptive besser geeignet. Die Zielfarbumfangswarnung lässt sich auch über ⇧-S einschalten.

Die Monitorfarbraumwarnung zeigt hingegen, welche Bildbereiche des Proofs vom Monitor nicht korrekt dargestellt werden können. Für diese

Bereiche arbeiten Sie ein bisschen »blind«. Die Warnung bezieht sich übrigens nur auf den Proof: Für die normale Anzeige im Entwickeln-Modul ohne eingeschalteten Softproof gibt es eine solche Warnung bisher leider nicht.

Fotos auf ein Medium hin entwickeln

Die Wahl der Renderpriorität – farbmetrisch oder perzeptiv – und die damit verbundene (halb-)automatische Umsetzung des Referenzbildes auf ein konkretes Medium führen allein fast nie zu optimalen Ergebnissen, vor allem beim Druck. Stattdessen nimmt man für wichtige Fotos besser weitere Korrekturen von Tonwerten und Farben vor. Wie macht man diese Korrekturen? Mit den normalen Entwicklungseinstellungen im Entwickeln-Modul bei gleichzeitiger Vorschau über den Softproof. Sie können die Einstellungen als virtuelle Kopien speichern, sodass Sie Ihr Referenzbild nicht verändern müssen (siehe unten für die konkrete Arbeitsweise).

Dabei lässt sich das Bild möglichst nah dem Referenzbild annähern oder auch – warum nicht? – unter den Zwängen eines Mediums neu interpretieren. Mit der Vorher-Nachher-Ansicht während des Proofs können Sie immer die Ausgabeversion mit der Referenz vergleichen.

Ich kann Ihnen nur raten, selbst zu entdecken, mit welchen Werkzeugen (es stehen alle des Entwickeln-Moduls zur Verfügung) Sie Ihre medienspezifischen Anpassungen am besten durchführen. Es ist ebenso wie die normale Entwicklung ein subjektiver Prozess, der darüber hinaus vom Ausgabemedium und vom Foto abhängt. Wichtig ist, dass Sie relativ farbmetrische und perzeptive Umsetzung auseinanderhalten, denn die weiteren Korrekturen richten sich stark nach der verwendeten Methode. Wählen Sie deshalb als Erstes die Umsetzungsmethode mithilfe der Farbumfangswarnung aus (nach der Maßgabe, wie viele wichtige Bildbereiche im Zielfarbraum darstellbar sind) und nehmen Sie danach gezielte Korrekturen vor. Im Folgenden einige meiner Erfahrungen. Vergleichen Sie bitte auch Abb. 10–6 und Abb. 10–7: Diese zeigen jeweils die Korrektur eines Bildes für die Ausgabe auf einem Fotodrucker mit mattem Papier.

Bei **relativ farbmetrischer** Umsetzung muss ich das Bild meist etwas aufhellen, evtl. stärker in den Schatten als in den Lichtern über die Regler *Tiefen* oder *Schwarz*, und darüber hinaus meist den Kontrast insgesamt steigern. Für die Farbkorrektur schalte ich anschließend die Farbumfangswarnung ein und versuche die roten Warnbereiche »loszuwerden«, indem ich für diese Bildbereiche die Sättigung irgendwie reduziere. Das geht oft am einfachsten über die HSL-Palette, wo ich einzelne Farbtöne anpassen kann, oder von Hand über den Korrekturpinsel mit negativer Sättigung-Einstellung. Wenn die Farbumfangswarnung keine nennenswerten roten

Stellen mehr zeigt, bin ich sicher, dass keine Farbdetails verloren gehen (vgl. Abb. 10–6).

A B C

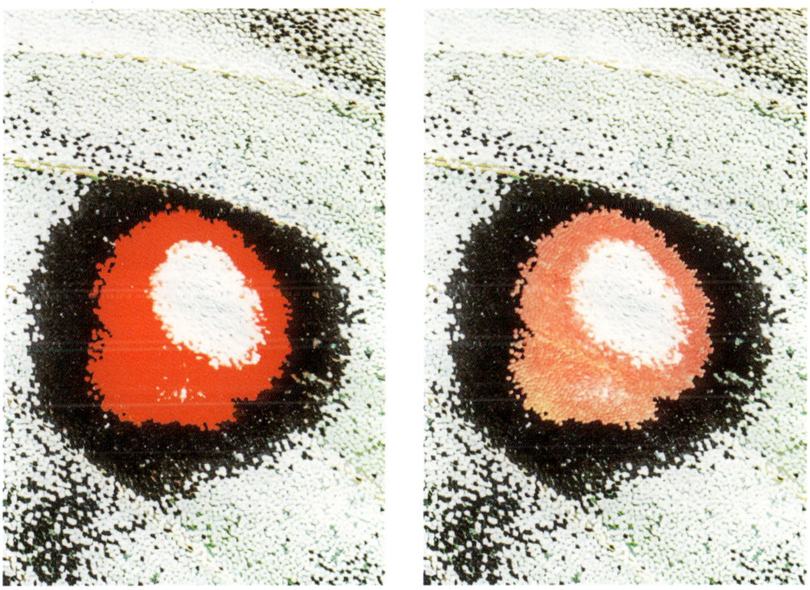

D E

Abb. 10–6
Beispiel relativ farbmetrisch
A) Referenz
B) Proof
C) Erhöhung von Kontrast, Klarheit und Belichtung
D) Farbumfangswarnung; nur wenige Bereiche liegen außerhalb des Zielfarbraums (deshalb habe ich die relativ farbmetrische Umsetzung gewählt).
E) Für diese Bereiche habe ich die Sättigung in den Gelb- und Orangetönen über das HSL-Werkzeug verringert, bis die Warnfarben verschwanden. Selektive Farbkorrektur bietet sich bei diesem Motiv an.

Bei perzeptiver Umsetzung ist die Zielfarbumfangswarnung unnötig. Ich muss hier keine Sättigung verringern, das erledigt der Algorithmus. Vor allem muss in der Regel der Kontrast deutlich erhöht werden. Hier helfen z. B. die Gradationskurve-Palette oder die lokal arbeitenden Regler *Lichter*,

Tiefen und *Klarheit* aus der Grundeinstellungen-Palette, um dem Eindruck des Originals näherzukommen. Bei den Farben können Sie versuchen, durch gegenläufige Verschiebung von *Sättigung* und *Dynamik* den Eindruck weiter ans Referenzbild anzunähern (vgl. Abb. 10-7).

Abb. 10-7
Beispiel perzeptiv
A) Das Original ist recht stark gesättigt (auf dem Papier dieses Buchs ist dies nicht ganz darstellbar, das Foto steht Ihnen aber auf der dpunkt-Webseite zur Verfügung). Es passt zu großen Teilen nicht in den Ausgabefarbraum, daher habe ich
B) die perzeptive Umsetzung gewählt. Die Wiedergabe ist flau.
C) Die Verwendung von Kontrast, Lichter, Tiefen und Klarheit bringt einiges an Kontrast zurück.
D) Ich habe in den Grundeinstellungen die Dynamik verringert, die Sättigung aber erhöht. Dadurch erhält das Bild etwas ausgewogenere Farben. Viel mehr lässt sich hier nicht machen.

Denken Sie bitte daran: Es geht immer um eine bestmögliche Umsetzung. Wenn das Papier das tiefe Schwarz des Monitors oder die satten Farben nicht darstellen kann, ist das eine physikalische Beschränkung, die sich nicht überwinden lässt. Manchmal ist vielleicht ein anderes Medium besser geeignet. Das Foto in Abbildung 10–7 z. B. lässt sich auf mattem Papier insgesamt nicht gut abbilden. Ein glänzendes Papier mit einem höheren Kontrast- und Farbumfang kann hier versucht werden.

Wenn Sie in mehreren Fotos dieselben medienspezifischen Änderungen vornehmen wollen, können Sie das über die üblichen Verfahren (Entwicklungsvorgaben, Übertragen von Einstellungen usw., siehe Kapitel 8) tun. Sie müssen dabei bloß aufpassen, dass sich diese nicht mit den normalen Entwicklungseinstellungen ins Gehege kommen. Wenn Sie für alle Fotos die Regler in der Grundeinstellungen-Palette verwendet haben, nicht aber die Gradationskurve-Palette oder die HSL-Palette, können Sie die letzten beiden für die medienspezifischen Kontrast- und Farbanpassungen verwenden.

Medienspezifische Korrekturen speichern

Es gibt zwei Möglichkeiten, um die medienspezifischen Korrekturen zu speichern. Entweder verwenden Sie dafür virtuelle Kopien oder Sie nehmen die Korrekturen einfach am Referenzbild selbst vor und halten die Entwicklungseinstellungen dort über Schnappschüsse auseinander. Im Entwickeln-Modul lässt sich ein Bild als *Proof* kennzeichnen. Dies bedeutet, dass der Softproof gemacht und das Bild evtl. medienspezifisch korrigiert wurde, es also praktisch fertig für den Druck ist. Lightroom merkt sich für jedes als Proof markierte Bild die in der Softproof-Palette gewählten Einstellungen, also das Ausgabeprofil und die Renderpriorität. Diese Informationen werden im Drucken-Modul verwendet, um automatisch die Renderpriorität zu setzen (siehe Seite 325).

Die Kennzeichnung als Proof funktioniert in Lightroom zum Teil automatisch: Wenn der Softproof eingeschaltet ist und Sie eine Änderung der Entwicklungseinstellungen vornehmen, fragt Lightroom, ob Sie eine neue Proof-Kopie erstellen möchten (vgl. Abb. 10–8 A), sodass die Änderungen nur auf diese und nicht auf das Referenzbild angewendet werden (*Proof-Kopie erstellen*). Eine Proof-Kopie ist nichts anderes als eine virtuelle Kopie, die als Proof markiert ist. Sie können eine Proof-Kopie auch von Hand über den Knopf in der Softproof-Palette (siehe Abb. 10–4) anlegen oder einfach eine neue virtuelle Kopie über Strg-T erstellen, solange der Softproof eingeschaltet ist. Proof-Kopien erhalten als Kopiennamen automatisch den Namen des eingestellten Ausgabeprofils.

Wenn Sie mit Proof-Kopien arbeiten und die Vorher-Nachher-Ansicht für den Softproof verwenden, stellt Lightroom im Vorher-Bereich zunächst immer das Masterfoto ein. Wenn Ihr Referenzbild allerdings selbst schon eine virtuelle Kopie ist, kommt Lightroom in der Vorher-Nachher-Ansicht ein bisschen durcheinander: Sie müssen dann in der Werkzeugleiste einstellen, dass diese virtuelle Kopie die Referenz darstellt und entsprechend im Vorher-Bereich angezeigt werden soll.

A B

Abb. 10–8
Proofs
A) Automatisches Anlegen einer Proof-Kopie
B) Proof-Status im Kontextmenü eines Bildes

Wenn Sie lieber direkt das Referenzbild bearbeiten wollen, klicken Sie im Dialog aus Abb. 10–8 A hingegen auf *Als Proof festlegen*. In dem Fall wird das Referenzbild als Proof markiert und Sie können die Korrekturen beispielsweise als Schnappschuss speichern. Auch die Schnappschüsse erhalten als Namen automatisch den des eingestellten Ausgabeprofils.

Virtuelle Kopien erscheinen mir am geeignetsten für die Speicherung der Korrekturen, vor allem weil Lightroom diese Arbeitsweise am besten unterstützt. Außerdem lassen sie sich, wenn sie nicht länger benötigt werden, löschen oder in Schnappschüsse umwandeln (siehe Kapitel 8.6).

Um den Proof-Status für ein Bild zu entfernen, wählen Sie im Entwickeln-Modul über das Kontextmenü des Bildes *Einstellungen ▹ Proof*. Nur in diesem Menü können Sie übrigens einsehen, ob der Proof-Status gesetzt ist (siehe Abb. 10–8 B). Im Bibliothek-Modul lässt sich dies leider nicht erkennen. Immerhin lassen sich dort alle Proofs über eine Smart-Sammlung abfragen, sodass Sie für etwas mehr Übersicht sorgen können.

10.2 Ausgabeschärfung

Ein weiterer Schritt, der für die Ausgabe gemacht werden muss, ist die Ausgabeschärfung. Wie im Kapitel über die Entwicklungseinstellungen erläutert, ist die Schärfung im Entwickeln-Modul unabhängig von der Ausgabe – man schärft so, dass das Foto in der 1:1-Ansicht gut aussieht. Daraufhin schärft Lightroom jedes Bild in der Ausgabe ein weiteres Mal, speziell auf das Medium und auf die Ausgabegröße ausgerichtet. Der Schärfeeindruck, den Sie im Entwickeln-Modul bei 1:1 haben, soll so auch in der Ausgabe erreicht werden.

Abb. 10–9
Ausgabeschärfung im Exportieren-Dialog

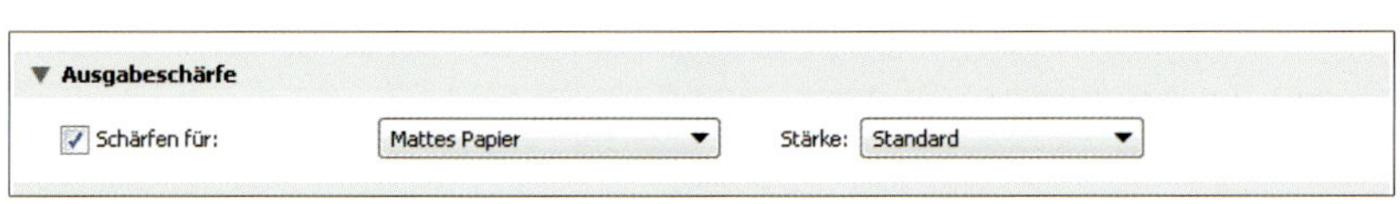

Für die Schärfung geben Sie zwei Dinge an (vgl. Abb. 10–9):

- den groben **Typ des Mediums**: Bildschirm, glänzendes oder mattes Papier. Je nach Angabe schärft das Programm unterschiedlich stark, bei mattem Papier z. B. stärker als bei glänzendem. Manchmal erübrigt sich die Angabe, da es nur ein einziges Medium gibt, z. B. im Webmodul.
- den **Grad der Schärfung**: niedrig, Standard oder hoch. Hiermit wird die Schärfung einerseits auf ein konkretes Medium feineingestellt. Ein Canon-Drucker benötigt hier vielleicht eine andere Einstellung als ein Epson-Drucker. Andererseits können Sie die Schärfung auch an Ihre persönliche Vorliebe anpassen. Wenn Sie einmal die richtige Einstellung für einen Drucker oder Monitor gefunden haben, können Sie sie von da an eingestellt lassen bzw. immer wieder verwenden.

10.3 Metadaten in Bilddateien

Falls Bilder auf elektronischem Weg ausgegeben werden, muss man entscheiden, welche Metadaten in den Bilddateien erhalten bleiben oder sogar zusätzlich dort untergebracht werden sollen. Immer dann, wenn es um private Informationen geht, kann es sinnvoll sein, Metadaten einzuschränken. Bei Stichwörtern hingegen kann es sinnvoll sein, zusätzliche Synonyme einzutragen, sodass Fotos beispielsweise auf Social-Media-Webseiten besser gefunden werden. Zum Teil nehmen Sie diese Einstellungen bereits bei der Vergabe von Metadaten vor, zum Teil während der Ausgabe selbst.

Ausgabekriterien während der Vergabe festlegen

Für die **Geokoordinaten** im Karte-Modul lassen sich bestimmte Orte als privat markieren (siehe Seite 127 und Abb. 10–10 A). Lightroom sorgt automatisch dafür, dass Fotos, die an diesem Ort aufgenommen wurden, bei der Ausgabe niemals Geokoordinaten oder IPTC-Ortsmetadaten enthalten.

Weiterhin können Sie bestimmen, welche **Stichwörter** in ausgegebenen Bilddateien auftauchen sollen. Dies stellen Sie direkt für jedes Stichwort einzeln in der Stichwortliste-Palette im Bibliothek-Modul ein (siehe Seite 139). Die Einstellungen treffen Sie im Dialog *Stichwort-Tag bearbeiten* (siehe Abb. 10–10 B):

- *Ebenfalls exportieren* legt fest, ob das Stichwort in ausgegebenen Fotos auftauchen soll. So kann man verhindern, dass private oder nur für die Organisation bestimmte Stichwörter ausgegeben werden.

- Mit *Übergeordnete Stichwörter exportieren* wählt man, ob Lightroom in der Hierarchie darüberliegende Stichwörter automatisch mit in ausgegebene Bilddateien einträgt: So enthält z. B. ein Foto in Lightroom nur das Stichwort *Schmetterlinge*, in den exportierten Fotos erscheinen aber zusätzlich *Insekt* und *Tiere* (siehe Abb. 10–11).
- Mit *Synonyme exportieren* stellt man ein, ob die Synonyme eines Stichworts ebenfalls in ausgegebene Dateien eingetragen werden: Demnach enthält ein Foto in Lightroom z. B. nur *Schmetterlinge*, in den exportierten Fotos erscheint aber auch *Falter*.

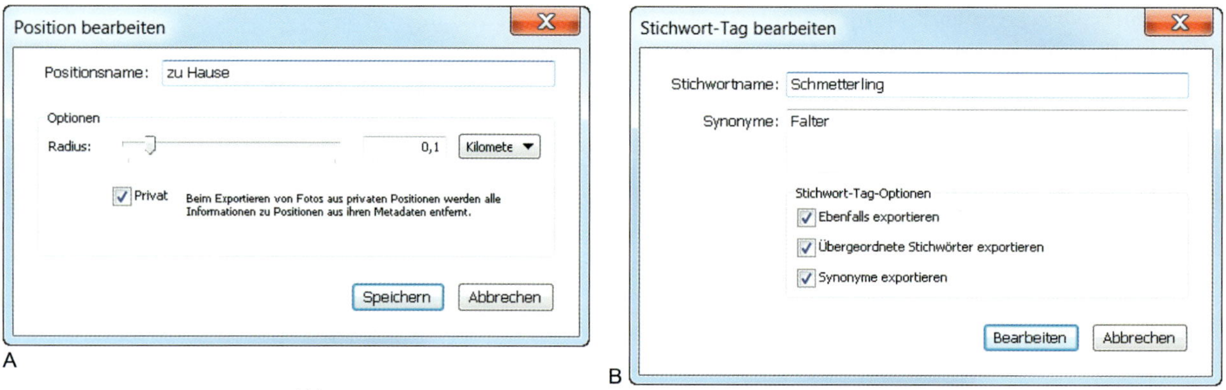

Abb. 10–10
Steuerung der Ausgabe bei Metadaten
A) für Geokoordinaten
B) für Stichwörter

Welche Stichwörter insgesamt für ein Foto ausgegeben werden, können Sie dabei in der Palette *Stichwörter festlegen* sehen. Dazu stellen Sie im Stichwort-Tags-Aufklappmenü *Wird exportiert* ein.

Abb. 10–11
Für dieses Foto wurde in Lightroom nur das Stichwort »Schmetterlinge« vergeben, aber bei der Ausgabe werden auch das Synonym »Falter« und das übergeordnete Stichwort »Insekt« berücksichtigt. Die übergeordneten Stichwörter »Tiere« und »Gliederfüßer« werden hingegen ausgeschlossen, da sie nur der internen Organisation dienen.

Steuerung während der Ausgabe

Zusätzlich zu den obigen Kriterien können Sie für jede einzelne Ausgabe im Web-Modul und beim Exportieren oder Veröffentlichen die Metadaten begrenzen. Im Web-Modul können über eine einfache Einstellung alle außer den Urheberrechtsmetadaten entfernt werden (siehe Abb. 10–12). Beim Exportieren und Veröffentlichen gibt es noch weitaus feinere Möglichkeiten, die Ausgabe von Metadaten zu steuern (siehe Seite 370).

Abb. 10–12
Metadatenkontrolle im Web-Modul

10.4 Wasserzeichen

Die Wasserzeichen werden vor allem für die elektronische Ausgabe eingesetzt, sind aber manchmal auch beim Druck oder bei Diashows sinnvoll (die Funktion gibt es in allen Modulen außer dem Buch-Modul). Dabei wird ein Urheberrechtshinweis oder beispielsweise eine Signatur des Fotografen automatisch auf das Bild »geprägt«. Ein Wasserzeichen verhindert auch – mehr oder weniger effektiv –, dass ein Bild ohne Ihren Willen weiterverwendet werden kann.

Es gibt zwei Arten von Wasserzeichen in Lightroom:

- automatisch erstellte Copyright-Wasserzeichen und
- individuelle Text- oder grafische Wasserzeichen.

Copyright-Wasserzeichen gibt es bereits seit der ersten Version von Lightroom. Dabei wird einfach der Text aus dem Urheberrechtsfeld der IPTC-Metadaten in der linken unteren Ecke des ausgegebenen Bildes platziert (vgl. Abb. 10–13). Achten Sie also darauf, dass das Feld überall ausgefüllt ist (siehe Seite 131). Größe, Position oder andere Parameter lassen sich bei diesem Wasserzeichen nicht verändern.

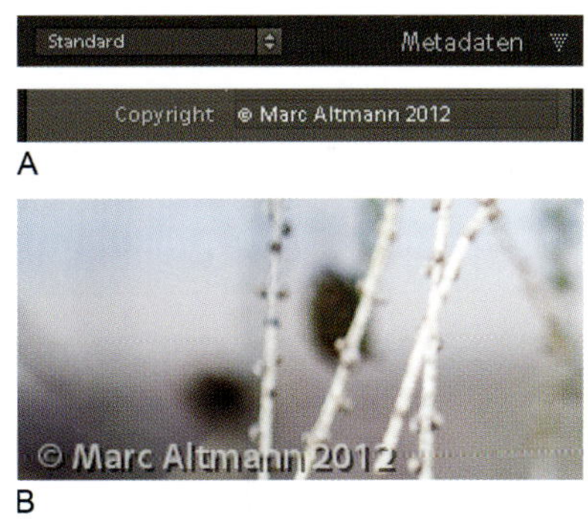

Abb. 10–13
Copyright-Wasserzeichen legen den Inhalt des Urheberrechtsmetadatenfeldes auf das Bild.

Seit Lightroom 3 gibt es zusätzlich die individuellen Wasserzeichen. Ein solches wird zuvor über den Wasserzeichen-Editor eingerichtet, der sich über das Bearbeiten-Menü aufrufen lässt (Abb. 10–14).

Hier sind sowohl Text- als auch grafische Wasserzeichen möglich. Text-Wasserzeichen können mehrzeilig sein und verschieden formatiert werden, inklusive Steuerung der Absatzausrichtung. Grafische Wasserzeichen sind Bilder, also Logos oder Signaturen (Abb. 10–14 C). Der Benutzer fertigt zunächst mit einem Bildverarbeitungsprogramm ein Bild an, das er im PNG- oder JPEG-Format speichert (an einem Ort, auf den Lightroom dauerhaft zugreifen kann), und wählt dieses mit dem Editor aus. Ich rate dringend zu PNG-Dateien, da diese transparente Bereiche enthalten können.

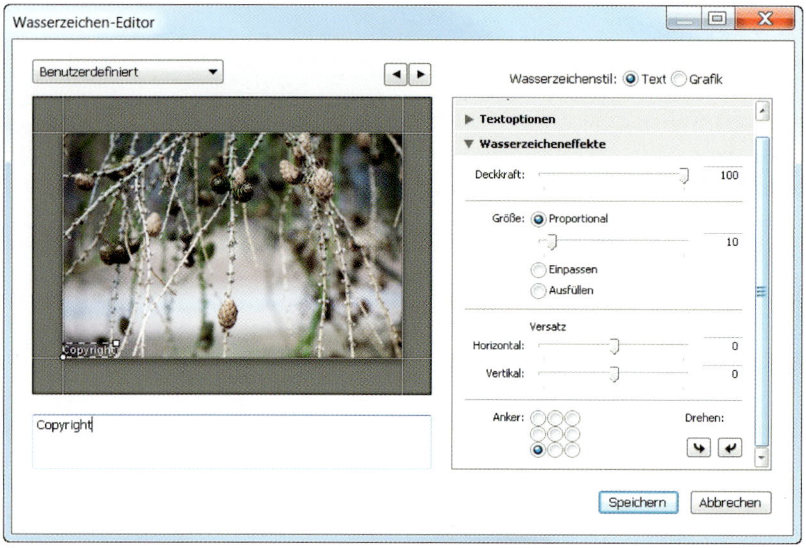

A

B

C

Abb. 10–14
Individuelle Wasserzeichen
A) Wasserzeichen-Editor. Um die Wirkung mit verschiedenen Fotos zu testen, wählt man mehrere davon aus, bevor man den Editor aufruft. Über die Pfeilknöpfe oben im Fenster kann man dann zwischen den Fotos hin- und herschalten. Vergrößern Sie das Fenster auf Bildschirmgröße, um das Wasserzeichen besser beurteilen zu können.
B) Text-Wasserzeichen
C) Grafisches Wasserzeichen

Position, Größe (proportional zum Foto) und Deckkraft lassen sich bei Text- und grafischen Wasserzeichen frei einstellen. Das Wasserzeichen lässt sich relativ zu neun Punkten im Foto anbringen und horizontal oder vertikal versetzen. Ein Drehen um 90° ist auch möglich.

Der Nachteil der mit dem Editor erstellten Wasserzeichen ist, dass sie statisch sind. Ein Text oder eine Grafik »gilt« für jedes Foto, auf das das Wasserzeichen angewendet wird. Dies ist der Vorteil des Copyright-Wasserzeichens: Es ist dynamisch. In den Metadaten können unterschiedliche Inhalte untergebracht werden, beispielsweise Jahreszahlen oder mehrere Urheberrechtsinhaber oder Nutzungsbedingungen, und diese werden automatisch berücksichtigt.

10.5 Einführung in die Ausgabemodule

Als Abschluss dieses Kapitels und in Vorbereitung auf die folgenden vier sollen die Gemeinsamkeiten zwischen den Ausgabemodulen beschrieben werden. Alle vier Ausgabemodule – Diashow, Drucken, Web und Buch – sind ähnlich aufgebaut, in Abb. 10–15 ist das Drucken-Modul zu sehen. In der Mitte befindet sich die Arbeitsfläche mit einer Vorschau auf die Druckseite. Über die Paletten auf der rechten Seite tätigt man alle Einstellungen für Gestaltung, Textüberlagerungen, sonstige Verzierungen sowie für die Ausgabe. In den Paletten auf der linken Seite lassen sich Ausgabeaufträge und Vorlagen verwalten (siehe unten).

Abb. 10–15
Drucken-Modul (individuelles Layout)
A) Druckseite
B) Ausgabeauftrag speichern

Seiten bzw. Diafolien lassen sich mit den folgenden Elementen gestalten (vgl. Abb. 10–16):

- **Fotos** werden in der Regel nicht direkt auf der Seite angeordnet. Da Fotos unterschiedliche Seitenverhältnisse haben können, wäre solch ein Layout schlecht wiederverwendbar. Stattdessen werden auf der Seite

Zellen (oder im Diashow-Modul ein Rahmen) platziert. Ein Layout besteht also zunächst aus Zellen auf einer Seite. In diese Zellen werden dann Fotos eingefügt. Dabei kann ein Foto eine Zelle ganz ausfüllen – evtl. mit Beschnitt – oder ohne Beschnitt größtmöglich dargestellt werden (*Ausfüllen* oder *Einpassen*).

- **Text** lässt sich in verschiedenen Schriftarten, -größen und -farben hinzufügen. Dabei sind statische von dynamischen Texten zu unterscheiden: Statische wie den Titel der Diashow oder der Webgalerie fügen Sie von Hand hinzu, dynamische wie Bildtitel oder -beschreibung werden dagegen direkt den Metadaten der jeweiligen Fotos entnommen.
- **Grafische Elemente** wie Signaturen und Logos lassen sich mithilfe von Erkennungstafeln (siehe Seite 20) hinzufügen. Weiterhin kann man Fotos mit Rändern und Schatten verschönern.
- **Seiten** bzw. **Diafolien** lassen sich mit einer Hintergrundfarbe oder einem Foto, das als Hintergrund dient, versehen.

Abb. 10–16
Wichtige Layout-Elemente
A) Zelle
B) Text
C) Grafik über Erkennungstafel; im Unterschied zum Wasserzeichen befindet sie sich auf der Seite, nicht auf dem Foto.
D) Hintergrundfarbe

Während des Layouts lässt sich sowohl direkt im Vorschaubereich über Drag and Drop oder Kontextmenüs als auch indirekt über die Paletten auf der rechten Seite arbeiten. Farben kann man mit einem Farbwähler ähnlich wie im Entwickeln-Modul auswählen. Als Unterstützung beim Layout lassen sich über [Strg]-[⇧]-[G] ([H] im Diashow-Modul) Hilfslinien (siehe z. B. Abb. 10–16 A) einblenden, die natürlich nicht in der Ausgabe erscheinen.

Zwei Layout-Verfahren

Es gibt zwei grundverschiedene Layout-Verfahren, die in den Ausgabemodulen verwendet werden.

Das erste Verfahren funktioniert per **Stapelverarbeitung** und kommt in den Modulen Diashow, Web und Drucken zum Einsatz. Bei diesem Verfahren ist jede Seite bzw. Diafolie gleich. Man gestaltet lediglich eine einzelne Seite. Wie viele Seiten insgesamt entstehen, ergibt sich aus dem Layout und der Anzahl der verwendeten Fotos. Über die Werkzeugleiste stellt man ein, welche Fotos des Filmstreifens für den Auftrag verwendet werden (Abb. 10–17 A). Hier gibt es drei Möglichkeiten:

- *Alle Fotos im Filmstreifen*
- *Ausgewählte Fotos*
- *Markierte Fotos* (mit einer Flagge)

Die Anzahl der Seiten ändert sich entsprechend. Die Reihenfolge ergibt sich aus der Reihenfolge der Fotos im Filmstreifen. Sammlungen sind daher als Quelle vielleicht geeigneter, weil sich dort die Reihenfolge problemlos frei festlegen lässt.

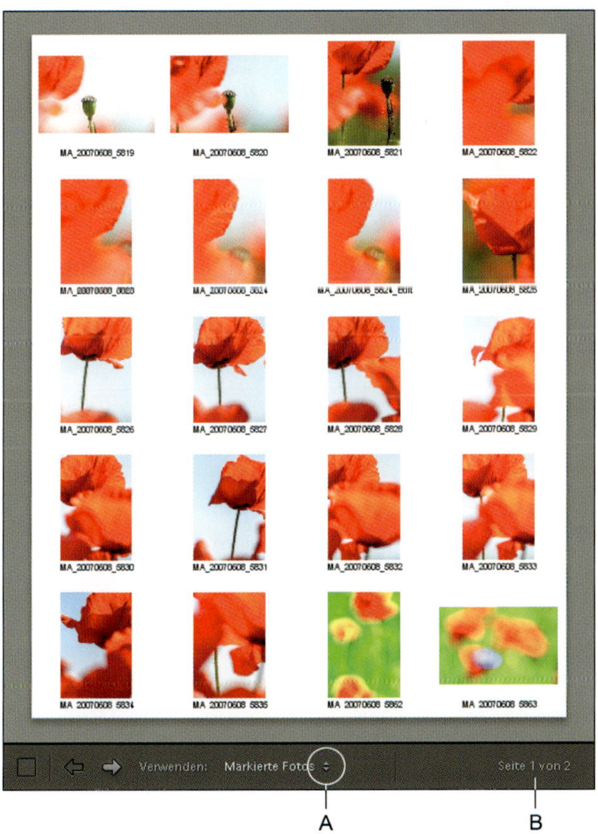

Abb. 10–17
Stapelverarbeitungs-Layout für einen Kontaktbogen im Drucken-Modul
A) Einstellung, welche Fotos einbezogen werden sollen
B) Anzahl der Seiten

Das zweite Layout-Verfahren erlaubt eine **individuelle Gestaltung** einzelner Seiten. Es kommt im Buch-Modul zum Einsatz und kann auch im Drucken-Modul verwendet werden (siehe Abb. 10–15). Die Auswahl der Fotos erfolgt, indem man sie vom Filmstreifen auf die Seiten zieht.

Arbeitsweisen

Es gibt drei verschiedene Arbeitsweisen in den Ausgabemodulen:

Ad hoc. Im ersten Fall gehen Sie einfach in das entsprechende Ausgabemodul, probieren verschiedene Layouts aus, stellen die Fotos zusammen und geben den Auftrag einmalig aus (spielen die Diashow ab, drucken die Fotos aus, laden die Webseite hoch usw.). Lightroom merkt sich für jedes Modul die zuletzt verwendeten Layout-Einstellungen, bis Sie das Layout verändern. Sie können also später mit anderen Fotos in dasselbe Modul wechseln und diese mit denselben Einstellungen ausgeben. (Hier hat sich das Verhalten in Lightroom 4 geändert: Das Programm merkt sich jetzt die Einstellungen für jedes Modul, aber nicht mehr für jede Sammlung und jeden Ordner einzeln.)

Vorlagen. In den Modulen Diashow, Drucken und Web können Sie Vorlagen anlegen, um ein Layout langfristig zu speichern, sodass Sie es in Zukunft wiederverwenden können. Eine neue Vorlage wird über den Vorlagenbrowser (siehe Abb. 10–18 A) oder über Strg-N erstellt. Dabei wird nur das Layout gespeichert, nicht, welche Fotos verwendet wurden. Ähnlich wie bei den Entwicklungsvorgaben im Entwickeln-Modul können Vorlagen in Ordnern verwaltet sowie importiert und exportiert werden, um sie zwischen mehreren Computern zu übertragen oder neue Vorlagen aus dem Internet zu laden.

Für die drei Module Web, Drucken und Diashow ist eine Menge Vorlagen bereits voreingestellt. Diese bilden immer einen guten Ausgangspunkt für eigene Layouts. Im Buch-Modul gibt es keine Vorlagen-Palette. Das Modul funktioniert ein bisschen anders als die anderen drei. Daher muss der Benutzer hier Ausgabeaufträge anlegen, um Einstellungen zu speichern.

Ausgabeauftrag. Mit Ausgabeaufträgen schließlich können Sie ein Projekt (ein Buch, eine wichtige Diashow) speichern, an dem Sie über längere Zeit arbeiten wollen. Hier werden das Layout und die verwendeten Fotos zusammen gespeichert. Das Speichern geschieht über den Knopf oberhalb der Arbeitsfläche (siehe Abb. 10–15 B). Ein Ausgabeauftrag ist eine spezielle Sammlung und wird dementsprechend in der Sammlungen-Palette abgelegt (Abb. 10–18 C). Solange im Ausgabemodul der Auftrag in der Palette angewählt ist, lassen sich weitere Änderungen am Layout vornehmen, die automatisch gespeichert werden. Auch im Bibliothek-Modul sind die Ausgabeaufträge in der Sammlungen-Palette sichtbar.

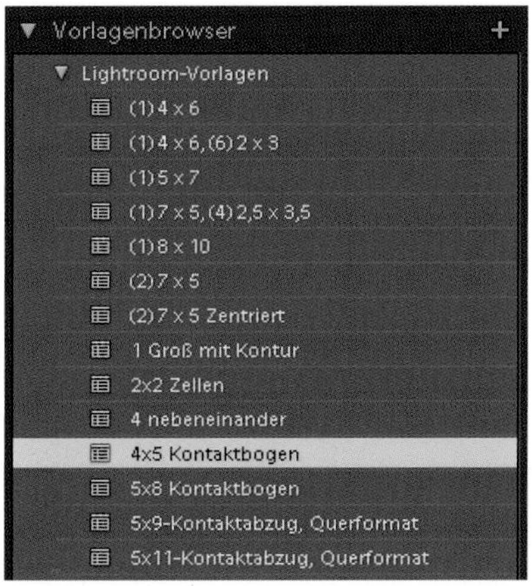

A

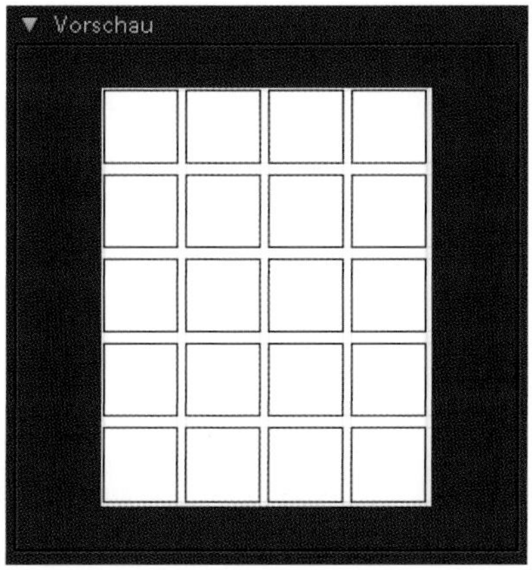

B

C

Abb. 10–18
Ausgabeeinstellungen speichern
A) Vorlagen-Browser. Hier lassen sich Layouts speichern und aufrufen.
B) Wenn Sie im Vorlagenbrowser den Mauszeiger über eine Vorlage halten, wird diese in der Vorschau-Palette angezeigt.
C) Sammlungen-Palette mit Ausgabeaufträgen

Sie können Ausgabeaufträge auch als Kinder einer normalen Sammlung anlegen. Sie starten z. B. mit einer Sammlung der besten Fotos Ihres Urlaubs und legen verschiedene Ausgabeaufträge für Fine-Art-Drucke, Diashow, Webseite und Fotobuch an. Als Kind einer Sammlung kann ein Auftrag immer nur Fotos enthalten, die auch in der Sammlung selbst liegen.

Um einen Ausgangspunkt für einen neuen Auftrag zu erhalten, lassen sich Aufträge in der Sammlungen-Palette duplizieren (über das Kontextmenü oder Alt und Drag and Drop) und dann mit neuen Fotos bestücken. Im Buch-Modul ist das die einzige Möglichkeit, um Einstellungen wiederzuverwenden, da Sie dort keine Vorlagen speichern können.

Junge mit Geld (Scan vom Dia)
Belichtung +0,45, Lichter -28, Tiefen +100, Weiß +37, Klarheit -13, Vignette nach Freistellen, Betonung der Augen und des Hintergrunds mit dem Korrekturpinsel

11 Diashow-Modul

Im Diashow-Modul gestaltet man zunächst die Diafolien und dann die Diashow selbst (Begleitmusik, Überblendungen, Länge usw.). Die fertige Diashow lässt sich direkt mit Lightroom abspielen oder exportieren, sodass Sie sie weitergeben oder für eine Präsentation auf den Laptop kopieren können.

Abb. 11–1
Das Diashow-Modul

11.1 Gestaltung der Diafolie

Positionierung und Beschnitt der Fotos

Das Problem bei der Positionierung von Fotos auf der Diafolie ist, dass diese unterschiedliche Seitenverhältnisse haben können (z. B. hoch- oder querformatig, 3:2 und 4:3). Die Positionsbestimmung muss aber für alle Fotos gemeinsam erfolgen. Deshalb gibt man im Diashow-Modul lediglich einen Rahmen an, in den die einzelnen Fotos eingepasst werden. Über die Layout-Palette definiert man jeweils den Abstand des Rahmens zum linken, rechten, oberen und unteren Bildschirmrand. Über die Option *Hilfslinien einblenden* (Strg-⇧-H) lassen sich die vier Abstände auf der Arbeitsfläche ein- oder ausblenden. Sie können die Abstände auch direkt in der Arbeitsfläche mit der Maus verändern, indem Sie die Hilfslinien oder das Foto selbst (Leertaste gedrückt halten) verschieben.

A

B

Abb. 11–2
Ohne (A) und mit (B) »Zoomen, um Rahmen zu füllen«

Normalerweise werden die Fotos in den Rahmen eingepasst, ohne sie zu beschneiden, wie in Abb. 11–2 A zu sehen. Über die Option *Zoomen, um Rahmen zu füllen* (in der Optionen-Palette) lässt sich bestimmen, ob das Foto mit oder ohne Beschnitt in den Rahmen eingefügt wird, wenn es nicht genau hineinpassen sollte. Ohne Beschnitt bleibt dann eventuell oben und unten bzw. an den Seiten etwas Platz. Wenn die Option *Zoomen, um Rahmen zu füllen* verwendet wird, lässt sich der genaue Ausschnitt für jedes Foto individuell bestimmen – durch Klicken und Ziehen mit der Maus. Übrigens speichert Lightroom alle Positions- und Größeninformationen im Diashow-Modul in pixelunabhängiger Weise, auch wenn z. B. in der Layout-Palette Pixelwerte angezeigt werden. Dadurch bleibt das Layout erhalten, wenn ein Monitor oder ein Projektor mit einer anderen Bildschirmauflösung verwendet wird.

Verzierungen der Diafolie

A

B

Abb. 11–3
Beispiele
A) Ein Foto mit breitem weißen Rand auf hellem Hintergrund
B) Diafolie mit statischem (oben) und dynamischem Textelement (Bildtitel, unten), Bewertungssternen und hinter das Foto gelegter Erkennungstafel

Über die Optionen-Palette können Sie die Fotos mit einem Farbrand und/oder einem Schatten versehen. Über die Hintergrund-Palette hingegen können Sie den Hintergrund der Folie gestalten, falls die Fotos nicht den gesamten Bildschirm ausfüllen. Dazu können Sie eine Farbe, einen Farbverlauf und/oder ein Foto einstellen. Das Foto ist mit dem Farbverlauf oder der Farbe kombinierbar. Dazu aktiviert man beide Elemente und reduziert die Deckkraft des Fotos.

Weiterhin lassen sich Texte und Grafiken in der Diafolie positionieren. Dies geschieht über die Überlagerungen-Palette. Zu den Elementen gehören die Erkennungstafel, Wasserzeichen, die man zuvor mit dem Wasserzeichen-Editor erstellt hat (siehe Kapitel 10.4), eine grafische Repräsentation der Bewertungssterne und Texte (siehe Abb. 11–3 B). Ein neuer Text wird über das ABC-Symbol in der Werkzeugleiste hinzugefügt. Einen statischen Text, der für alle Diafolien gleich bleibt, beispielsweise den Titel der Diashow, können Sie daraufhin einfach in das Textfeld eingeben (siehe Abb. 11–4 A).

A

B

Abb. 11–4
A) Neue Textelemente fügen Sie über die Werkzeugleiste hinzu. Hier wählen Sie auch die Textvorlage aus und geben benutzerdefinierte Texte ein.
B) Anker- und Griffpunkte sind durch eine Linie miteinander verbunden. Der Ankerpunkt lässt sich durch Anklicken fixieren (er färbt sich orange), der Griffpunkt nicht.

Um hingegen Metadaten einzublenden, erstellt man ein neues Textelement und wählt eine Vorlage aus dem Aufklappmenü rechts neben dem ABC-Symbol aus. Dort gibt es bereits einige fertige Textvorlagen für häufig verwendete Metadaten, z. B. Datum, Belichtung oder Dateiname. Eigene Textvorlagen können Sie über *Bearbeiten* im Textvorlagen-Editor erstellen.

Positionierung von Elementen

Für die Positionierung wird ein Element angeklickt und über die Arbeitsfläche gezogen. Das Objekt sucht sich dann selbstständig einen geeigneten Anknüpfungspunkt, entweder am Foto oder an der Folie. Ich nenne diese Anknüpfungspunkte im Folgenden »Ankerpunkte«. Bei der Positionierung anhand der Folie erscheint das Element immer an derselben Stelle; positioniert man hingegen relativ zum Foto, ist die Position unter Umständen von der Breite oder Höhe des Fotos abhängig. Ein Klick auf den Ankerpunkt fixiert diesen (er wird orange angezeigt), und die Position des Elements kann frei verändert werden. Auch der Ankerpunkt kann mit der Maus verschoben werden, jedoch nur wenn er vorher fixiert wurde.

Um dynamische Textelemente korrekt zu platzieren, ist unter Umständen auch der korrekte Anknüpfungspunkt auf der Seite des Elements wichtig. Diesen nenne ich hier Griffpunkt (siehe auch Abb. 11–4 B). Wenn ich zum Beispiel ein Textelement habe, dessen Länge für jedes Foto unterschiedlich ist (z. B. den Bildtitel), und ich will, dass es linksseitig zum Foto ausgerichtet ist, so muss auch einer der drei Griffpunkte auf der linken Seite aktiv sein, damit der Text jedes Mal richtig positioniert wird. Manchmal ist es schwierig, dynamische Textelemente korrekt zu positionieren, siehe Kasten.

Dynamische Textelemente korrekt positionieren

In Abb. 11–5 A wird der Text nicht richtig positioniert. Die linke Seite, also der Anfang des Textes, soll fest positioniert, aber dennoch nicht mit dem Foto verknüpft sein, sondern mit dem rechten Rand. Als Griffpunkt des Textelements wurde jedoch automatisch der am Textende festgelegt.

Zieht man den Ankerpunkt jedoch auf die linke Seite und bewegt das Textelement danach (mit der Maus) um nur einen Millimeter, sucht es sich einen neuen Griffpunkt am Textanfang (Abb. 11–5 B). Zieht man den Ankerpunkt danach wieder nach rechts, bleibt der Griffpunkt auf der linken Seite erhalten, solange das Element danach nicht mehr mit der Maus bewegt wird. Das Element ist danach richtig positioniert, unterschiedliche Textlängen wirken sich nach rechts, nicht nach links aus (Abb. 11–5 C).

A B C

Abb. 11–5
A) Der aktive Griffpunkt befindet sich auf der rechten Seite,
B) dann auf der linken,
C) wo er am Schluss auch bleibt.

11.2 Diashow konfigurieren

Einstellungen zum Abspielen

Die Abspielreihenfolge ergibt sich normalerweise aus der Reihenfolge der Fotos im Filmstreifen. Sie können über die Abspielen-Palette (siehe Abb. 11–6) aber auch eine *Willkürliche Reihenfolge* wählen.

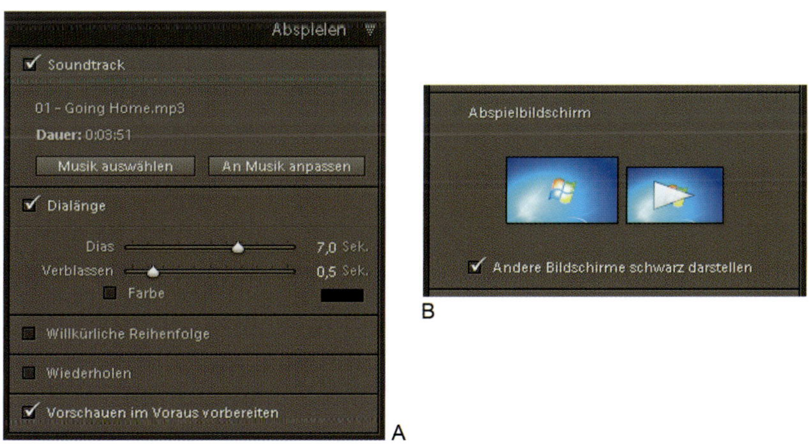

B A

Abb. 11–6
A) Die Abspielen-Palette
B) Dieser Abschnitt der Abspielen-Palette erscheint nur bei angeschlossenem zweiten Monitor oder Projektor; hier können Sie wählen, auf welchem Monitor die Diashow abgespielt wird.

Neben den normalen Diafolien können Sie für jede Diashow eine Start- und eine Endfolie erzeugen. Dies geschieht über die Titel-Palette; viel einstellen können Sie dort jedoch nicht, lediglich eine Erkennungstafel und eine Hintergrundfarbe. Da es ohne Weiteres möglich ist, mehrere Erkennungstafeln zu verwalten, können Sie diese immerhin nutzen, um eine Startfolie mit dem Titel Ihrer Diashow zu erstellen (siehe Abb. 11–7).

Die Anzeigedauer für die Dias wählen Sie über die Abspielen-Palette. Über die Verblassen-Einstellung wählen Sie, ob und wie lange zwischen Folien überblendet werden soll. Über die Farbe-Option können Sie zudem eine Übergangsfarbe für Überblendungen auswählen: Lightroom blendet dann nicht von Foto zu Foto, sondern zunächst vom Foto zur Übergangsfarbe und dann zum nächsten Foto. Individuelle Verweildauern für Fotos sind nicht möglich, Anzeigedauer und Überblendungsdauer treffen Sie für alle Folien gemeinsam. Die Gesamtlänge der Diashow können Sie in der Werkzeugleiste ablesen.

Abb. 11–7
Beispiel für eine Titelfolie. Wenn Sie die Diashow im Pause-Modus starten, können Sie die Startfolie vor Beginn schon ein paar Minuten auf dem Bildschirm oder Projektor anzeigen, um die Vorfreude Ihrer Zuschauer zu steigern.

Wenn Sie lieber von Hand zur nächsten Folie weiterschalten wollen, können Sie während der Diashow in den Pause-Modus schalten oder gleich das Häkchen bei *Dialänge* entfernen (dadurch wird die Diashow im Pause-Modus gestartet) und dann mit [→] weiterschalten.

In der Abspielen-Palette können Sie außerdem eine Musikdatei auswählen, die Lightroom während der Diashow abspielt. Die Datei kann im Format MP3 oder M4A/AAC (Musik aus dem iTunes-Store) vorliegen. Ältere, mit Digital Rights Management geschützte Dateien aus dem iTunes-Store akzeptiert Lightroom nicht. Über *An Musik anpassen* lässt sich die Gesamtdauer der Diashow an die der Musikdatei anpassen.

Vorschaugenerierung

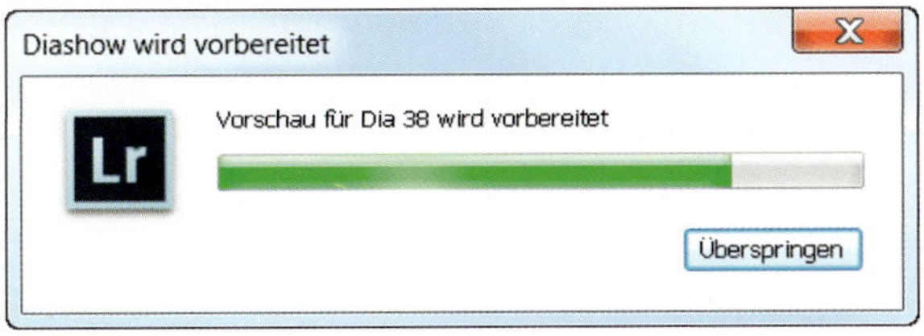

Abb. 11–8
Lightroom benötigt die Vorschaudateien aus dem Bibliothek-Modul, um die Diashow abzuspielen.

Lightroom benutzt für die Diashow dieselben Vorschaudateien, die auch vom Bibliothek-Modul verwendet werden. Wenn diese nicht in ausreichender Größe vorhanden sind, muss das Programm sie vor dem Abspielen erzeugen, was meist eine Weile dauert (siehe Abb. 11–8). Sie können den Dialog auch umgehen und damit die Vorschauerstellung abbrechen oder von vornherein über die Abspielen-Palette ausschalten. Unzureichende Vorschauen können allerdings die Qualität einer Diashow erheblich beeinträchtigen: Sie bekommen vermutlich schlecht aufgelöste Fotos zu sehen; außerdem versucht Lightroom, während des Abspielens die Vorschauen zu erzeugen, was das Abspielen meist verzögert.

Sie können auch vorher selbst Vorschauen erzeugen, wie in Kapitel 6.3 beschrieben – dann brauchen Sie beim Start der Diashow nicht so lange zu warten. Außerdem können Sie die Diashow dann sogar ohne Zugriff auf die Bilddateien abspielen. Standardvorschauen sollten meist ausreichen, mit 1:1-Vorschauen sind Sie auf der sicheren Seite.

11.3 Diashow abspielen oder exportieren

Mit Druck auf den Abspielen-Knopf oder auf ↵ lässt sich die Diashow starten. Dabei fängt sie mit dem aktiven Foto im Filmstreifen an, nicht notwendigerweise vorne.

Am einfachsten steuern Sie die laufende Diashow über die Tastatur. Über die Leertaste schalten Sie in den Pause-Modus, über Esc brechen Sie sie ganz ab. Mit ← und → schalten Sie zur vorherigen oder nächsten Folie, über Pos1 und Ende gelangen Sie an den Anfang oder ans Ende. Die Maus lässt sich leider nicht zum Weiterschalten oder Pausieren verwenden: Ein Druck auf die linke Maustaste bricht die Diashow ganz ab. Falls Sie über einen Mac und eine Apple-Fernbedienung, eine *Apple Remote*, verfügen, können Sie diese mit dem kostenlosen Programm *iRed Lite* für das Abspielen der Diashow in Lightroom konfigurieren.

Neben dem direkten Abspielen mit Lightroom können Sie die Diashow in mehreren Formaten exportieren – auch als Video (Knopf unten links), wodurch alle Eigenschaften wie Überblendungen, Abspieldauer und Musik erhalten bleiben. Die Diashows werden dabei im MP4-Format (H.264-Codec) exportiert, wodurch sie in allen gängigen Videoplayern abgespielt werden können. Die Größe des exportierten Videos lässt sich aus verschiedenen Voreinstellungen wählen, von 320 × 240 (iPod) bis zum vollen HD-Format mit 1080 Pixeln Zeilenhöhe (siehe Tabelle 11–1). Sie können als Video exportierte Diashows wieder in Lightroom importieren, um sie zu verwalten.

Tab. 11–1
Ausgabegrößen für den Export als Video

Format	Z. B. für
320 × 240	Mediaplayer, z. B. iPod
480 × 320	Mediaplayer, z. B. iPhone, iPod Touch, E-Mail
640 × 480	Mediaplayer, E-Mail, Web
960 × 540	Heimkinosysteme, z. B. AppleTV
720 p	Mittlere HD-Auflösung (16:9) für Laptops, Web
1080 p	Volle HD-Auflösung (16:9) für schnelle Laptop- und Desktopsysteme

Neben dem Export als Video können Sie eine Diashow auch als PDF-Datei speichern und dann mit dem *Adobe Reader* oder anderen PDF-Anzeigern abspielen. Musik, Überblendungen und Anzeigedauer werden dabei aber nicht gesichert. Im Exportieren-Dialog lassen sich Größe und Qualität der JPEGs angeben, die in die PDF-Datei integriert werden. Die Größe sollte sich am Monitor bzw. Projektor orientieren, der verwendet werden soll.

Schließlich können Sie eine Diashow auch als Folge von JPEG-Dateien ausgeben: über den ebenfalls unten links gelegenen Knopf – bei gedrückter Alt-Taste. Im Exportieren-Dialog werden Ausgabegröße und ein Ordnername angegeben, Lightroom erstellt dann in diesem Ordner für jede Folie eine nummerierte JPEG-Datei. Über die Funktion können Sie Diafolien in Lightroom gestalten und dann an eine spezielle Diashow-Software eines Drittherstellers übergeben, falls Sie auf umfangreichere Möglichkeiten (individuelle Anzeigedauer für jedes Dia, Überblendeffekte usw.) Wert legen.

12 Drucken-Modul

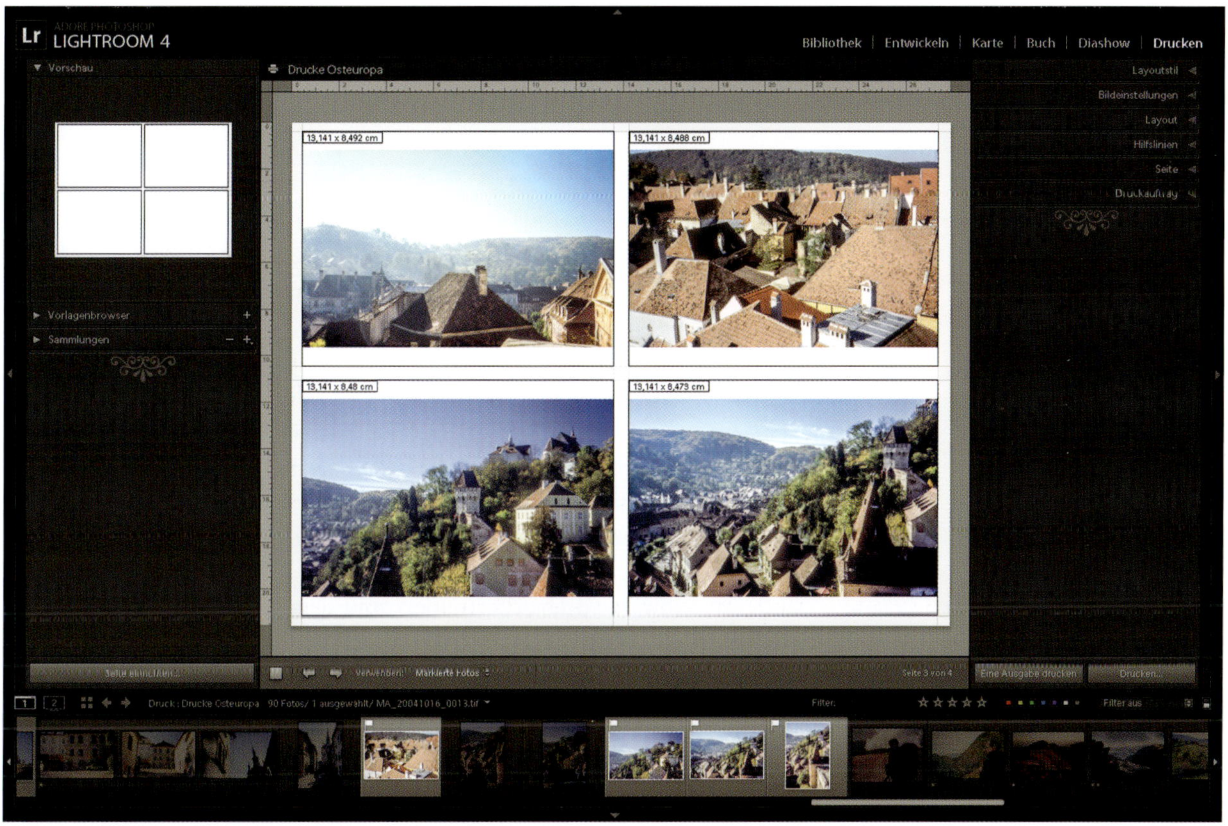

Abb. 12–1
Das Drucken-Modul

Das Drucken-Modul ist für sehr unterschiedliche Druckaufgaben geschaffen: von Kontaktbögen über individuell gestaltete Druckseiten mit mehreren Fotos bis zu hochwertigen Einzeldrucken. Sie können direkt drucken oder die Druckseiten als JPEGs ausgeben, um sie an einen Dienstleister zu übermitteln. Alle Einstellungen, inklusive der für den Druckertreiber, lassen sich bequem als Vorlage speichern.

12.1 Vorgehensweise im Drucken-Modul

Die wichtigste Einstellung ist sicherlich das Papierformat. Dieses sollten Sie im Regelfall so früh wie möglich einstellen, da nachträgliche Änderungen das Layout zerstören können. Zunächst wählen Sie über die Druckauftrag-Palette (siehe Abb. 12–11) zwischen direktem Druck und JPEG-Ausgabe. Im Drucker-Modus benötigen Sie einen angeschlossenen Drucker. Im JPEG-Modus geben Sie die Druckseiten als JPEG-Dateien aus und können Sie bei einem Dienstleister drucken oder ausbelichten lassen.

Die Papierauswahl für die Druckerausgabe erfolgt über den normalen Betriebssystemdialog. Diesen rufen Sie über den Seite-einrichten-Knopf unten links auf. Hier stellen Sie Drucker, Papierformat und Ausrichtung ein (siehe Abb. 12–2).

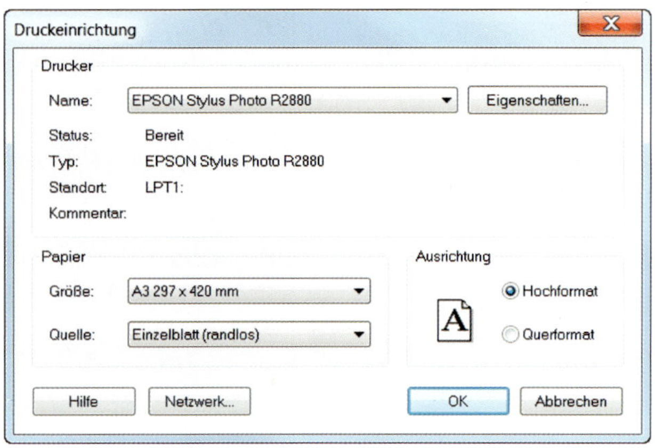

A

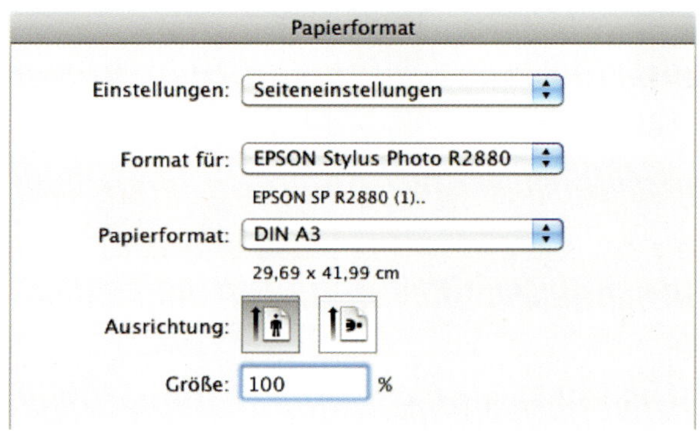

B

Abb. 12–2
Seiteneinrichtung
A) unter Windows
B) auf dem Mac

Unter Windows sind Druckertreiber- und Seiteneinstellungen unter dem gemeinsamen Knopf *Seite einrichten* unten in der linken Palettenspalte zusammengefasst. Zu den Druckertreibereinstellungen gelangt man im Dialog für die Seiteneinrichtung über *Eigenschaften* (siehe Abb. 12–2 A oben rechts). Auf dem Mac befindet sich in der linken Palettenspalte ein zusätzlicher Knopf *Druckeinstellungen*. Mehr zu den Druckertreibereinstellungen in Abschnitt 12.3.

Besonders im Drucken-Modul ist es aufgrund der Vielzahl an Einstellungen sinnvoll, Vorlagen anzulegen. Die Vorlagen speichern hier zusätzlich zu den in den Paletten auf der rechten Seite vorgenommenen Einstellungen immer auch die Seiten- und Druckertreibereinstellungen. So kann man alle wichtigen Einstellungen mit einer Vorlage speichern.

Weiterhin spielt das Farbmanagement beim Druck eine große Rolle. Es gibt grundsätzlich zwei Möglichkeiten für die Farbkonvertierung:

- Man überlässt sie Lightroom und schaltet weitere Farbanpassungen im Druckertreiber aus.
- Man schaltet die Farbkonvertierung in Lightroom aus und überlässt sie dem Druckertreiber.

Abb. 12–3
Vorlagen-Organisation. Mit einer Organisation nach Drucker → Papiersorte → Papiergröße behält man die Übersicht in den Vorlagen.

Theoretisch ist beides möglich, solange man das Farbmanagement nicht doppelt anwendet – einmal in Lightroom, ein weiteres Mal im Druckertreiber. In der Regel ist die Farbkonvertierung über Lightroom aber am einfachsten und liefert die beste Qualität (es gibt Ausnahmen, z. B. für Schwarz-Weiß-Drucke, siehe Seite 326).

Die Druckertreiber haben neben eigenen Farbmanagement-Funktionen meist auch mehrere Regler, mit denen man Farben und Tonwerte für den Druck anpassen kann. Dies ist aber kein Farbmanagement im eigentlichen Sinne. Farbmanagement versucht nicht nur, die Farben so anzupassen, dass sie korrekt dargestellt werden. Es kennt durch das Ausgabeprofil auch die Grenzen der Farbdarstellung des Druckers und passt Farben, die darüber hinausgehen, an das Ausgabevermögen des Druckers an. Mit Reglern allein lässt sich das nicht erreichen.

12.2 Layoutstile

Lightroom verfügt über drei verschiedene Layoutstile, zwischen denen Sie in der Layoutstil-Palette wählen können. Jeder hat sein eigenes Konzept zur Anordnung der Fotos auf der Druckseite:

- *Einzelbild/Kontaktabzug* funktioniert über Stapelverarbeitung und erlaubt nur gleich große Fotos auf einer Seite, die automatisch in einem Raster angeordnet werden.
- Bei *Benutzerdefiniertes Paket* ist ein individuelles Layout auf jeder Seite möglich.
- *Bildpaket* ist ein spezieller Modus, um dasselbe Foto in unterschiedlichen Größen auf einer Seite auszugeben – er ist vor allem für professionelle Porträtfotografen gedacht.

Einzelbild/Kontaktabzug

Beim Layoutstil *Einzelbild/Kontaktabzug* werden die Fotos über einen Raster angeordnet, also über eine »Tabelle« mit Spalten und Zeilen. Ob eine Druckseite dabei Platz für 40 kleine Miniaturen oder ein großes Foto hat, wird allein durch die Anzahl der Reihen und Spalten in der Layout-Palette bestimmt (bei einer Einzelbildseite hat der Raster einfach jeweils nur eine

Zeile und eine Spalte). Die für den Druck ausgewählten Fotos werden dann auf das Raster verteilt; dabei werden so viele Druckseiten verwendet wie nötig.

A B C

Abb. 12–4
Drei mögliche Layouts für den Layoutstil »Einzelbild/Kontaktabzug«

Das Einstellen des Rasters ist ein bisschen kompliziert, aber über den Vorlagenbrowser können Sie bereits die wichtigsten Layouts abrufen. Alle Einstellungen zum Raster werden in der Layout-Palette vorgenommen (siehe Abb. 12–5 A):

- Anzahl der Spalten und Zeilen
- Abstände zwischen den Zellen (und damit die Zellgrößen)
- Seitenränder

Die Zellgrößen lassen sich auch direkt mit der Maus auf der Arbeitsfläche verändern.

Die Zellen stellen jedoch ähnlich wie im Diashow-Modul nur eine Begrenzung für die Fotos dar, die nicht gleichbedeutend mit der Größe der Fotos ist. Normalerweise werden die Fotos so »eingepasst«, dass sie weder gedreht noch beschnitten werden (siehe Abb. 12–4 A). Über die Option *Drehen und einpassen* in der Bildeinstellungen-Palette werden Hoch- bzw. Querformate so gedreht, dass sie die Zelle ohne Beschneiden optimal ausfüllen (siehe Abb. 12–4 B). Mit der Option *Zum Füllen zoomen* hingegen wird die Zelle ganz ausgefüllt und das Foto dabei beschnitten. Der exakte Ausschnitt lässt sich dann für jedes Foto durch Klicken und Ziehen mit der Maus festlegen.

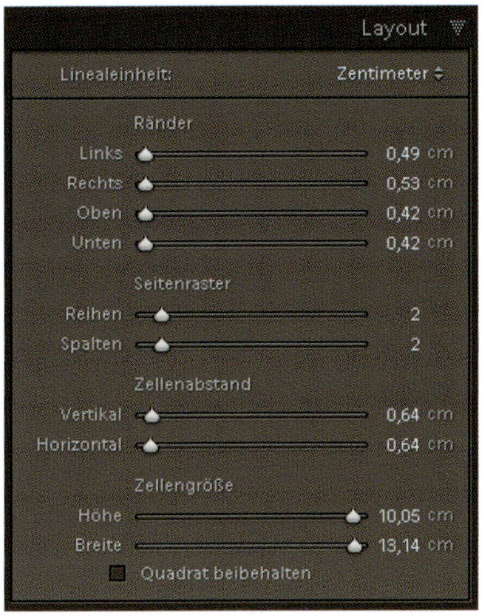

A

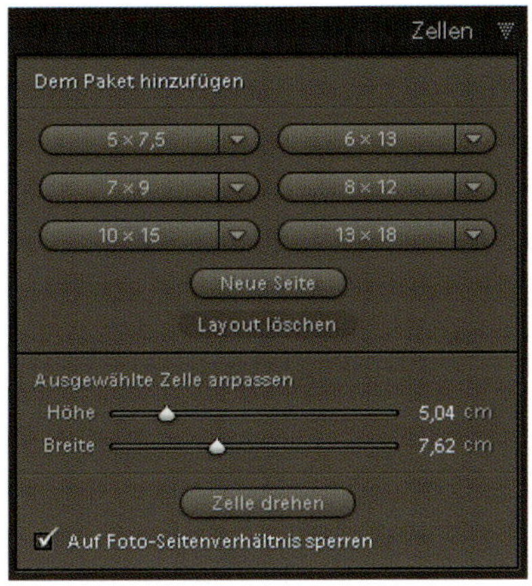

B

Abb. 12–5
Festlegung des Layouts
A) über die Layout-Palette für den Layoutstil »Einzelbild/Kontaktabzug«
B) über die Zellen-Palette für den Layoutstil »Benutzerdefiniertes Paket«. Die sechs Hinzufügen-Knöpfe lassen sich über die Dreiecke mit anderen Größen konfigurieren. Die Maßeinheit richtet sich dabei nach der Einheit für die Lineale in der Palette Lineale, Raster und Hilfslinien.

Abb. 12–6
Mit der Option »Ein Foto pro Seite wiederholen« in der Bildeinstellungen-Palette werden alle Zellen einer Seite mit demselben Foto gefüllt.

Benutzerdefiniertes Paket

Mit dem Layoutstil *Benutzerdefiniertes Paket* (siehe Abb. 12–7) lassen sich mehrere Fotos frei auf einer oder mehreren Druckseiten platzieren. Die Seite ist dabei kein starrer Raster wie im Layoutstil *Einzelbild/Kontaktabzug*, sondern jedes Foto lässt sich individuell positionieren, drehen und in der Größe anpassen.

Man startet mit einer leeren Druckseite. Zellen unterschiedlicher Größe (auch hier arbeitet man wie im vorigen Layoutstil mit Zellen) fügt man mit einem der sechs Knöpfe in der Zellen-Palette hinzu (Abb. 12–5 B). Dann zieht man Fotos aus dem Filmstreifen in die Zellen auf der Arbeitsfläche und passt die Zellgrößen und Positionen dort nach Wunsch an. Drehen lassen sich Zellen über die Zellen-Palette. Falls eine Druckseite nicht ausreichen sollte, lässt sich der Platz auf mehrere Seiten erweitern (über den Knopf *Neue Seite* oder durch das fortgesetzte Hinzufügen von Zellen).

A

B

Abb. 12–7

Layoutstil »Benutzerdefiniertes Paket«

A) Layout mit zwei Druckseiten

B) Layout mit Überlappungen

Zellen lassen sich vervielfältigen, indem man bei gedrückter Alt-Taste auf eine Zelle klickt und diese an eine andere Stelle zieht. Über die Option *Rasterausrichtung* in der Palette *Lineale, Raster und Hilfslinien* (siehe unten) können Sie »Haftung« beim Verschieben der Zellen einstellen, sodass Sie diese leichter positionieren können.

Das Einpassen von Fotos in die Zellen ist in diesem Layoutstil anders als beim vorherigen gelöst: Ein Foto nimmt immer die gesamte Zelle ein. Wenn das Seitenverhältnis des Fotos vom dem der Zelle abweicht, wird das Foto entsprechend beschnitten. (Wenn Sie zusätzlich *Drehen und Einpassen* in der Bildeinstellungen-Palette setzen, werden Fotos automatisch so gedreht, dass möglichst wenig Beschnitt anfällt.) Den Ausschnitt eines Fotos wählen Sie, indem Sie Strg gedrückt halten und ihn direkt auf der Arbeitsfläche mit der Maus verschieben.

Falls Sie bei einzelnen Fotos keinen Beschnitt wünschen, lässt sich eine Zelle über das Kontextmenü vom Seitenverhältnis her an das Foto anpassen (*Fotoseitenverhältnis abgleichen*). Sie können auch in der Zellen-Palette die Option *Auf Foto-Seitenverhältnis sperren* einstellen. In diesem Fall kommt es niemals zu Beschnitt, alle Zellen werden automatisch angepasst.

Der Layoutstil enthält einige weitere Möglichkeiten für ausgefallene Layouts: Sie können beispielsweise Fotos überlappend anordnen und so das Layout z. B. für Prospekte oder Grußkarten interessanter machen (Abb. 12–7 B). Über das Kontextmenü können Sie eine Zelle dann nach vorne oder nach hinten schieben. Ebenfalls über das Kontextmenü können Sie eine einzelne Zelle »verankern«, sodass sie auf allen Druckseiten erscheint. Diese Option lässt sich für ein Hintergrundbild oder ein Logo verwenden. Über die Bildeinstellungen-Palette können Sie Fotos zudem mit bis zu zwei Rahmen versehen.

Bildpaket

Mit dem Layoutstil Bildpaket (siehe Abb. 12–8) können Sie wie beim benutzerdefinierten Paket mehrere unterschiedlich große Zellen auf einer Druckseite platzieren – alle Zellen einer Seite werden dann aber mit demselben Foto versehen. Der Layoutstil ist in erster Linie für Porträtfotografen gedacht, die dasselbe Foto in mehreren Größen drucken wollen. Ansonsten funktioniert er ähnlich wie *Benutzerdefiniertes Paket*.

Abb. 12–8
Layoutstil Bildpaket

Weitere Layoutelemente für alle Stile

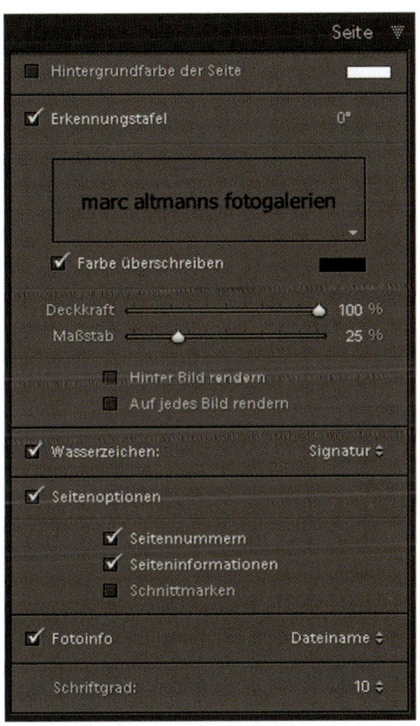

A

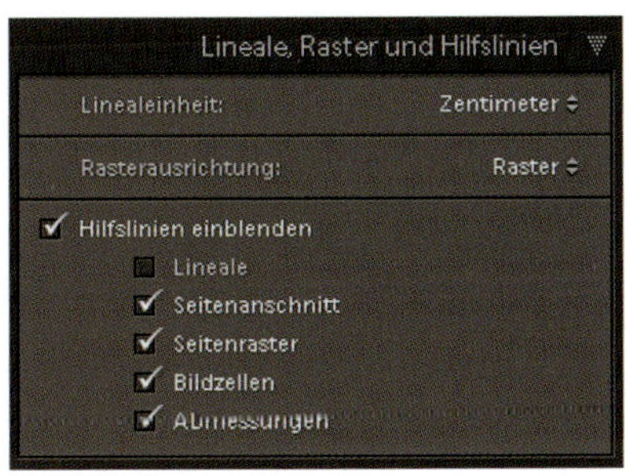

B

Abb. 12–9
Weitere Paletten
A) Seite-Palette für den Layoutstil »Einzelbild/Kontaktabzug«
B) Palette Lineale, Raster und Hilfslinien für den Layoutstil »Benutzerdefiniertes Paket«

Über die Seite-Palette lässt sich eine Reihe zusätzlich zu druckender Elemente wie die Erkennungstafel, Schnittmarkierungen und Metadaten hinzuschalten. Die Erkennungstafel lässt sich hier auf die Druckseite einblenden und dann per Drag and Drop wie gewünscht positionieren. Dabei lässt sie sich drehen und teilweise hinter den Fotos positionieren, sodass sie von den Fotos überdeckt wird. Es besteht auch die Möglichkeit, die Tafel auf jedes Foto auf der Seite zu rendern. Weiterhin können Sie eine Hintergrundfarbe für die Druckseite wählen. Jedes einzelne Foto lässt sich mit einem Wasserzeichen aus dem Wasserzeichen-Editor versehen (siehe Kapitel 10.4).

Unter *Seitenoptionen* lassen sich nützliche Elemente auf der Druckseite einblenden (vgl. Abb. 12–10):

- Seitennummern
- Seiteninformationen (Informationen über Drucker, verwendetes Farbprofil und Schärfungseinstellungen)
- Schnittmarken fürs leichtere Ausschneiden von mehreren Fotos auf einer Seite

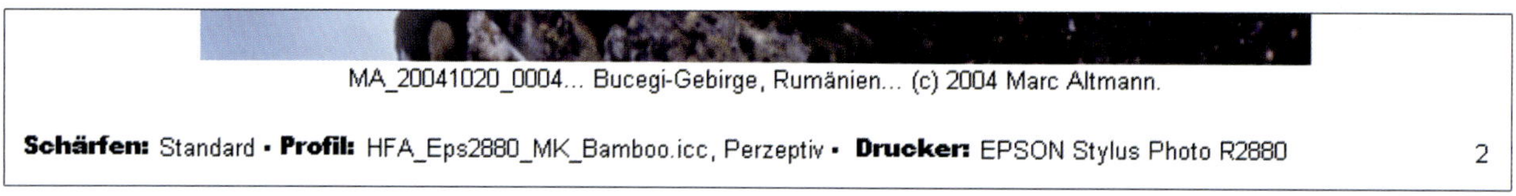

Abb. 12–10
Auch auf einer Zeile kann man viele Metadaten unterbringen (oben), unten die Seiteninformationen.

Metadaten lassen sich nur im Layoutstil *Einzelbild/Kontaktabzug* verwenden. Hierfür stellen Sie eine Metadatenzeile über eine Textvorlage unter *Fotoinfo* ein. Diese wird immer unterhalb des Bildes angezeigt und lässt sich lediglich in der Schriftgröße anpassen (siehe Abb. 12–10). Die Textfarbe wird automatisch der Hintergrundfarbe angepasst.

Hilfselemente einblenden

Für alle Layoutstile lassen sich Hilfen einblenden, die Ihnen die Gestaltung erleichtern sollen, unter anderem:

- Hilfslinien
- Abmessungen für jedes einzelne Foto
- Druckrand, der über die Seiteneinrichtung eingestellt wurde (siehe oben)

Die Einstellungen finden Sie in der Palette *Hilfslinien* für den Layoutstil *Einzelbild/Kontaktabzug* bzw. in der Palette *Lineale, Raster und Hilfslinien* für die anderen beiden Layoutstile (siehe Abb. 12–9 B). Für den Layoutstil *Einzelbild/Kontaktabzug* stellen Sie die Linealeinheit über die Layout-Palette ein. Keine dieser Hilfen erscheint im Druck. Alle Hilfselemente lassen sich über Strg-⇧-G ein- oder ausschalten.

12.3 Direkter Druck

Die Einstellungen für den direkten Druck treffen Sie an zwei verschiedenen Orten: in der Druckauftrag-Palette und dem Druckertreiber. Beide werden aufeinander abgestimmt.

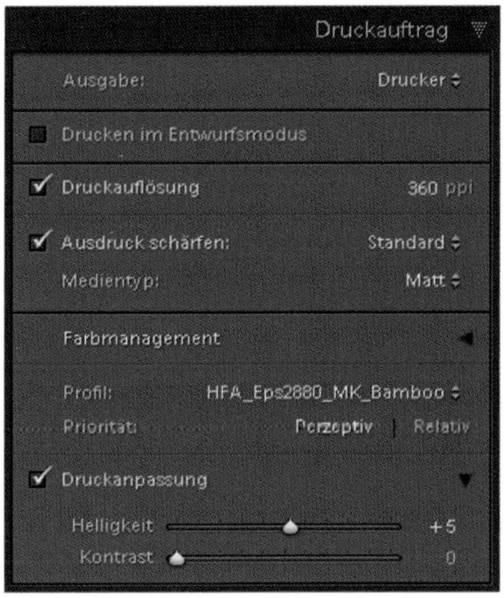

A

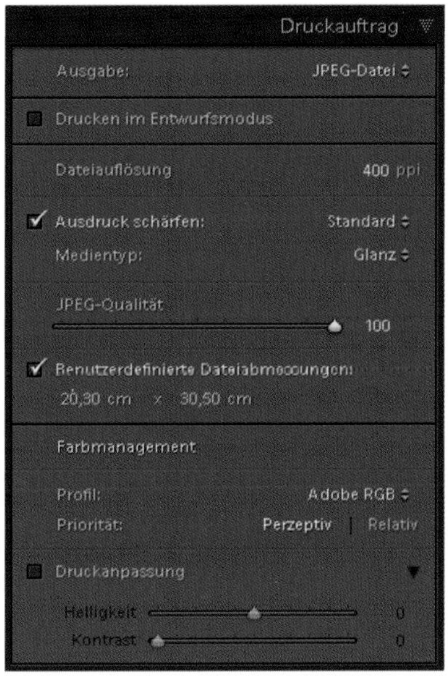

B

Abb. 12–11
Druckauftrag-Palette
A) im Drucker-Modus
B) für die JPEG-Ausgabe

Hochwertige Farb- und Schwarz-Weiß-Drucke ausgeben

Um eine möglichst hohe Druckqualität zu erzielen, sollten Sie die Einstellungen in Druckauftrag-Palette und Druckertreiber möglichst auf das zu verwendende Medium abstimmen. Die Einstellungen umfassen den verwendeten Drucker, die Papiersorte und das Farbmanagement.

Druckertreibereinstellungen zu Medium und Qualität

Zunächst zu den Einstellungen im Druckertreiber: Da die Papiergröße und Ausrichtung schon gewählt wurden, geht es bei den Einstellungen zum Druck im Wesentlichen um Papiersorte und Druckqualität. Die meisten Drucker verfügen über mindestens diese beiden Einstellungen, auch wenn die Oberflächen sich bei den verschiedenen Herstellern und Modellen mitunter ziemlich unterscheiden.

Die Papiersorte sollte natürlich möglichst genau dem verwendeten Papier entsprechen. Dies ist allerdings nicht immer möglich, vor allem wenn man Papiere von Fremdherstellern verwendet. Es sollte aber zumindest die Oberfläche des Papiers (glänzend oder matt) berücksichtigt werden.

Die Druckqualität lässt sich meist in einer einfachen Einstellung (z.B. *Erstklassiges Foto drucken*) und alternativ in einer detaillierteren Einstellung mithilfe eines Reglers festlegen. Die Höhe der Druckqualität hängt vom Verwendungszweck ab: Ein Einzelbild drucke ich immer in der höchsten Qualitätsstufe. Höhere Qualität bedeutet aber immer eine längere Wartezeit und evtl. mehr Tintenverbrauch.

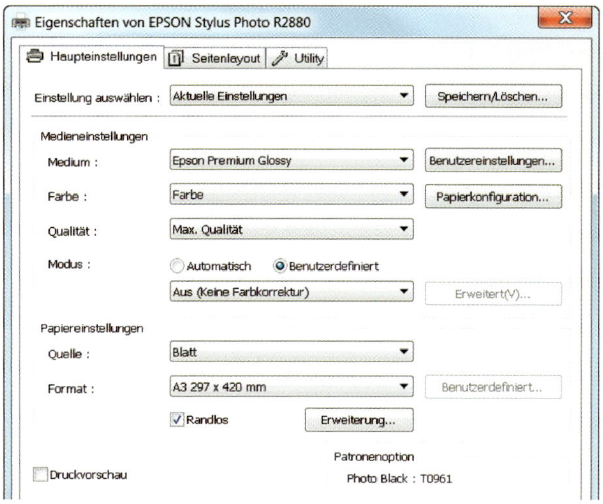

A

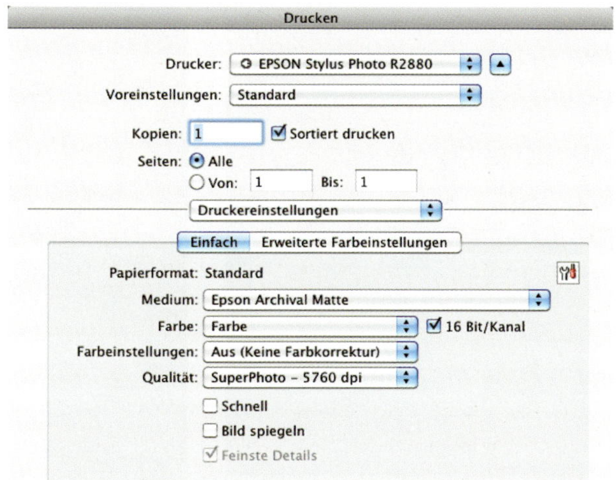

B

Abb. 12–12
Einstellungen für Papiersorte, Druckqualität und Farbmanagement für den Epson R2880
A) unter Windows
B) unter Mac OS

Druckauftrag-Palette

In der Druckauftrag-Palette wählen Sie zunächst die *Druckauflösung*, d.h. die Auflösung, in der Lightroom die Bilddaten an den Treiber weiterreicht. Hier ist es üblich, einen Teiler der angegebenen Auflösung des Druckers anzugeben: Epson gibt für den *R2880* z.B. eine Auflösung von 5760 × 1440 dpi an. Der größte Teiler davon, den man in Lightroom einstellen kann, ist 720 ppi, aber auch 360 ppi erzeugen Ergebnisse, die davon kaum oder gar nicht zu unterscheiden sind. Ein weiteres Beispiel: Der *Canon Pro 9500* hat eine Auflösung von 4.800 × 2.400 dpi, hier würde man also 600 oder 300 ppi wählen. Der maximale Wert für die Druckauflösung ist 720 ppi.

Falls Sie ein Foto mit großen Maßen ausgeben wollen, z.B. in 30 × 45 cm oder größer, müssen Sie evtl. darauf achten, ob die Bilddaten für eine solche Ausgabe ausreichen. Besonders wenn Sie Fotos stark beschneiden, kann es vorkommen, dass dies nicht mehr der Fall ist. Sie können die Pixelabmessungen des freigestellten Fotos in der Metadaten-Palette (EXIF-Daten) ablesen und dann überschlagen, ob sie für den Druck ausreichen werden. Das kann man mit etwas Erfahrung einschätzen, allgemeingültige Werte lassen sich hier nicht angeben.

Mit *Ausdruck schärfen* stellt man die Ausgabeschärfung ein. Hierfür wählt man den Papiertyp (*Glanz* oder *Matt*) und den Schärfungsgrad

(*Niedrig*, *Standard* oder *Hoch*). Den für Sie richtigen Schärfungsgrad müssen Sie zunächst durch Ausprobieren ermitteln und können ihn dann in der Regel eingestellt lassen.

Auf dem Mac können Sie außerdem einstellen, dass Lightroom die Bilddaten in 16 bit Farbtiefe an den Treiber übergibt. Dies ist eine recht neue Technologie (normalerweise werden die Bilddaten in 8 bit Farbtiefe an den Druckertreiber übergeben), die die Druckqualität geringfügig verbessern kann, aber noch nicht von allen Herstellern unterstützt wird. Evtl. muss der Modus auch im Druckertreiber explizit eingeschaltet werden (siehe Abb. 12–12 B).

Farbmanagement

Zum Thema Farbmanagement bei der Ausgabe lesen Sie bitte vorher Kapitel 10, in dem allgemein auf das Thema eingegangen wird, speziell darauf, wie man einen Softproof macht, mit dem man die Ausgabe auf dem Bildschirm simulieren kann.

In der Druckauftrag-Palette stellen Sie zunächst das richtige **Ausgabeprofil** für den Drucker ein. Seit Lightroom 4 umfasst die Palette unter *Druckanpassung* zwei Regler, mit denen sich die Druckausgabe zusätzlich zur Konvertierung durch das Farbprofil noch in Helligkeit und Kontrast anpassen lässt. Diese Regler sind für Fälle da, in denen die Drucke trotz Farbprofil generell beispielsweise zu dunkel erscheinen.

Die Regler sind also nicht für medienspezifische Korrekturen einzelner Fotos vorgesehen, sondern um die Ausgabeprofile selbst zu korrigieren. Am besten stellen Sie die Reglerwerte auf Basis einiger Probedrucke so ein, dass der Softproof eine möglichst präzise Vorschau auf das Druckergebnis liefert. Wenn Sie die richtigen Einstellungen gefunden haben, können Sie sie über eine Vorlage speichern.

Neben dem Profil wählen Sie in der Palette die *Renderpriorität*, also das Verfahren, mit dem Lightroom die Farben für die Druckausgabe konvertiert: relativ farbmetrisch oder perzeptiv. Wenn Sie für die auszudruckenden Fotos keinen Softproof durchgeführt haben, stellen Sie die Priorität einfach wie gewünscht ein, also z. B. *Relativ* (farbmetrisch) für schwächer gesättigte und *Perzeptiv* für stärker gesättigte Fotos.

Die Einstellung der Renderpriorität gilt normalerweise für alle Fotos des Druckauftrags. Falls Sie aber ein als *Proof* markiertes Bild (siehe Seite 295) drucken und in der Palette dasselbe Ausgabeprofil gewählt haben, das auch in den Proof-Einstellungen für dieses Bild eingestellt wurde, nimmt Lightroom an, dass Sie es mit der Renderpriorität drucken wollen, die auch während des Softproofs eingestellt war.

Durch dieses Verhalten wird es deutlich einfacher, Fotos mit verschiedenen Renderprioritäten in einem Durchgang zu drucken. Ich arbeite normalerweise so, dass ich zunächst für jedes zu druckende Foto den Softproof mache und dabei jeweils eine Proof-Kopie (eine als Proof markierte virtuelle Kopie) mit den medienspezifischen Korrekturen für Tonwerte und Farben erstelle. Dabei verwende ich je nach Foto relativ farbmetrisch oder perzeptiv. Dann wechsle ich mit den Proof-Kopien ins Drucken-Modul und stelle dort jenes Farbprofil ein, das ich auch für den Softproof verwendet habe. Die Renderprioritäten für den Druck stellt Lightroom automatisch richtig ein.

Da Lightroom die Profilkonvertierung durchführt, muss im Druckertreiber eine weitere Farbanpassung verhindert werden. Dazu gibt es meist eine Einstellung, mit der man alle Farbkorrekturen ausschalten kann. Genau wie bei den Einstellungen zum Druck sehen sie von Hersteller zu Hersteller unterschiedlich aus, z. B. *Farbeinstellungen: Aus (Keine Farbkorrektur)* oder *Farbkorrektur: Keine* (siehe auch Abb. 12–12).

Schwarz-Weiß-Drucke mit dem Druckertreiber anpassen

Schwarz-Weiß-Fotos können ohne Weiteres genau wie Farbfotos gedruckt werden. Die Profile, die heute für moderne Fotodrucker erhältlich sind, sind in der Regel gut genug, um dabei keine störenden Farbstiche zu erzeugen. Einige Drucker verfügen aber über Druckertreiber mit speziellen Schwarz-Weiß-Einstellmöglichkeiten. Und viele Benutzer verwenden lieber diese Einstellungen, als über das Farbprofil zu drucken.

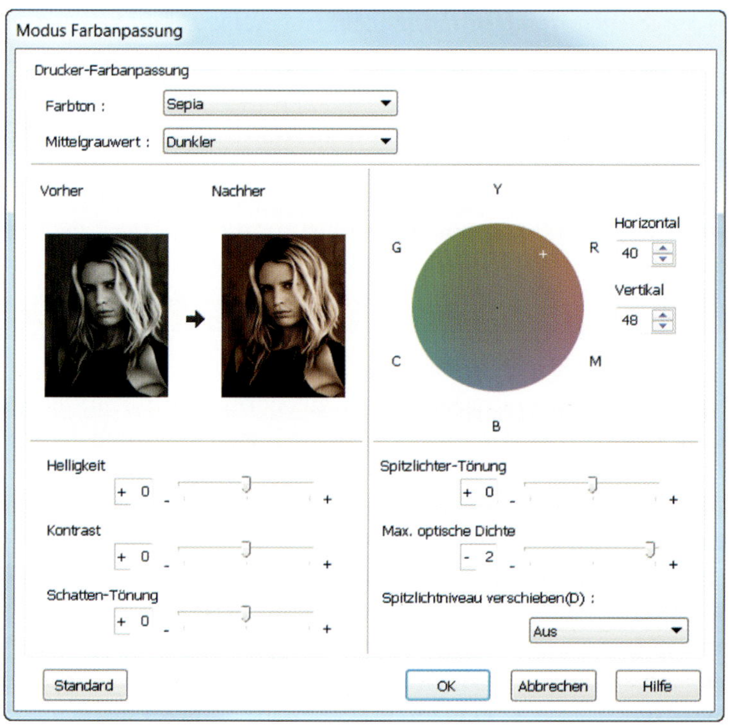

Abb. 12–13
Manche Drucker verfügen über umfangreiche Anpassungsmöglichkeiten für Schwarz-Weiß-Fotos.

In diesem Fall stellt man die Farbkonvertierung in Lightroom aus. Dazu stellen Sie die Profil-Einstellung in der Druckauftrag-Palette auf *Vom Drucker verwaltet.* Daraufhin können Sie Kontrast, Helligkeit und evtl. Tonung im Druckertreiber regeln (siehe Abb. 12–13).

Im Entwurfsmodus drucken

Die Option *Drucken im Entwurfsmodus* in der Druckauftrag-Palette sorgt dafür, dass Lightroom für den Druck auf die vorhandenen Vorschaudateien zurückgreift, anstatt jedes Foto neu zu berechnen. Der Entwurfsmodus ist daher wesentlich schneller als der normale Modus, vor allem bei Kontaktbögen.

Im Entwurfsmodus können Druckseiten nicht skaliert, nicht geschärft und nicht farbkonvertiert werden. Daher hat man keine andere Wahl, als dem Treiber die Farbanpassung zu überlassen. Begleitend würde ich auch die Druckertreibereinstellungen so wählen, dass der Druck schneller geht, z. B. bidirektionalen Druck (schnellen Druck) einschalten und die Druckqualität reduzieren.

Druck starten

Das eigentliche Drucken geschieht über den Drucken-Knopf unten rechts. Über den Knopf *Eine Ausgabe drucken* kann man dabei den Drucken-Dialog des Betriebssystems überspringen und den Auftrag genau einmal drucken.

12.4 JPEG-Ausgabe

Die Einstellungen für die JPEG-Ausgabe sind etwas einfacher als beim direkten Druck, da man es hier nicht mit Druckertreibereinstellungen zu tun hat. Die meisten Einstellungen treffen Sie über die Druckauftrag-Palette (siehe Abb. 12–11 B). Die Seiteneinrichtung erfolgt wahlweise über den Betriebssystemdialog oder über die Palette.

Bei der JPEG-Ausgabe können Sie das Papierformat wie beim direkten Druck über die Seiteneinrichtung einstellen. Das empfiehlt sich, wenn die JPEGs später beispielsweise bei einem Dienstleister ebenfalls auf einem Fotodrucker gedruckt werden. Oft erfolgt die Ausgabe jedoch auf einem Fotobelichter, der nicht mit DIN-Formaten, sondern mit Fotoformaten wie z. B. 20 × 30 cm arbeitet. Bei diesen Dienstleistern müssen Sie zudem meist keinen Druckrand einhalten. Für diese Fälle können Sie die Papiermaße direkt in die Druckauftrag-Palette unter *Benutzerdefinierte Dateiabmessungen* eingeben. Die Einstellungen in der Seiteneinrichtung werden dann ignoriert. Die Maßeinheit ändern Sie über die Einheit für die Lineale (siehe Seite 322).

Bei der Dateiauflösung hängt die Wahl wie immer vom ausgebenden Gerät ab. Wenn Sie auf einem Drucker ausgeben wollen, gehen Sie vor wie auf Seite 324. Wenn Sie einen Belichtungsdienst benutzen, der auf Fotopapier ausbelichtet, arbeiten die Geräte meist mit einer Auflösung von 300 oder 400 ppi. Sie können eine maximale Auflösung von 1.200 ppi verwenden. Für die Ausgabeschärfung stehen die drei üblichen Schärfungsgrade zur Verfügung (*Niedrig*, *Standard*, *Hoch*). Außerdem sollten Sie den richtigen Medientyp wählen (*Glanz* oder *Matt*).

Auch für die JPEG-Ausgabe führt Lightroom eine Farbraumkonvertierung durch. Hier lässt sich also, falls vorhanden, das Ausgabeprofil des Druckers oder des Belichtungsdienstes wählen. Wie bei der Ausgabe für den Druck lässt sich unter *Druckanpassung* das Farbprofil in puncto Helligkeit und Kontrast anpassen. Auch setzt Lightroom die Renderpriorität für als *Proof* markierte Bilder automatisch, wenn das Farbprofil in der Palette mit dem für den Softproof verwendeten Profil übereinstimmt (für mehr Details zu diesen beiden Funktionen siehe Seite 325).

Die meisten Belichtungsdienste stellen jedoch keine Ausgabeprofile zur Verfügung und gehen von Bilddaten im sRGB-Farbraum aus. Im Zweifelsfall ist man also mit sRGB auf der sicheren Seite (siehe Kasten). Lightroom bettet das Ausgabeprofil übrigens immer in die JPEG-Datei ein, sodass die Farben eindeutig definiert sind.

Ausgeben können Sie die Dateien über den Knopf *In Datei ausgeben*. Nach einem Klick auf diesen Knopf gibt man den Namen für einen Ordner an, in dem die einzelnen Seiten durchnummeriert gespeichert werden.

Foto-Dienstleister und Farbmanagement

Nur wenige Dienstleister im »Konsumentensektor« verstehen überhaupt etwas von Farbmanagement. Bei solchen Dienstleistern ist es am besten, nach sRGB zu konvertieren und ausdrücklich automatische Anpassungen abzubestellen.

Professionelle Fachlabors hingegen stellen meist ihr Ausgabeprofil direkt zur Verfügung, sodass man zu Hause bereits einen Softproof machen kann. Sie können dann die Bilddateien in eines der Standardprofile oder direkt ins Ausgabeprofil konvertieren. Meist ist Adobe-RGB die beste Wahl. Neben Fachlabors gibt es auch einige normale Dienstleister, die auf diese Weise arbeiten, z. B. *Saal Digital* oder *fotocommunity prints*. Meine Erfahrungen mit Saal Digital waren sehr gut, wesentlich besser als mit Belichtungsdiensten ohne richtiges Farbmanagement. Den anderen Dienst habe ich nicht getestet.

13 Web-Modul

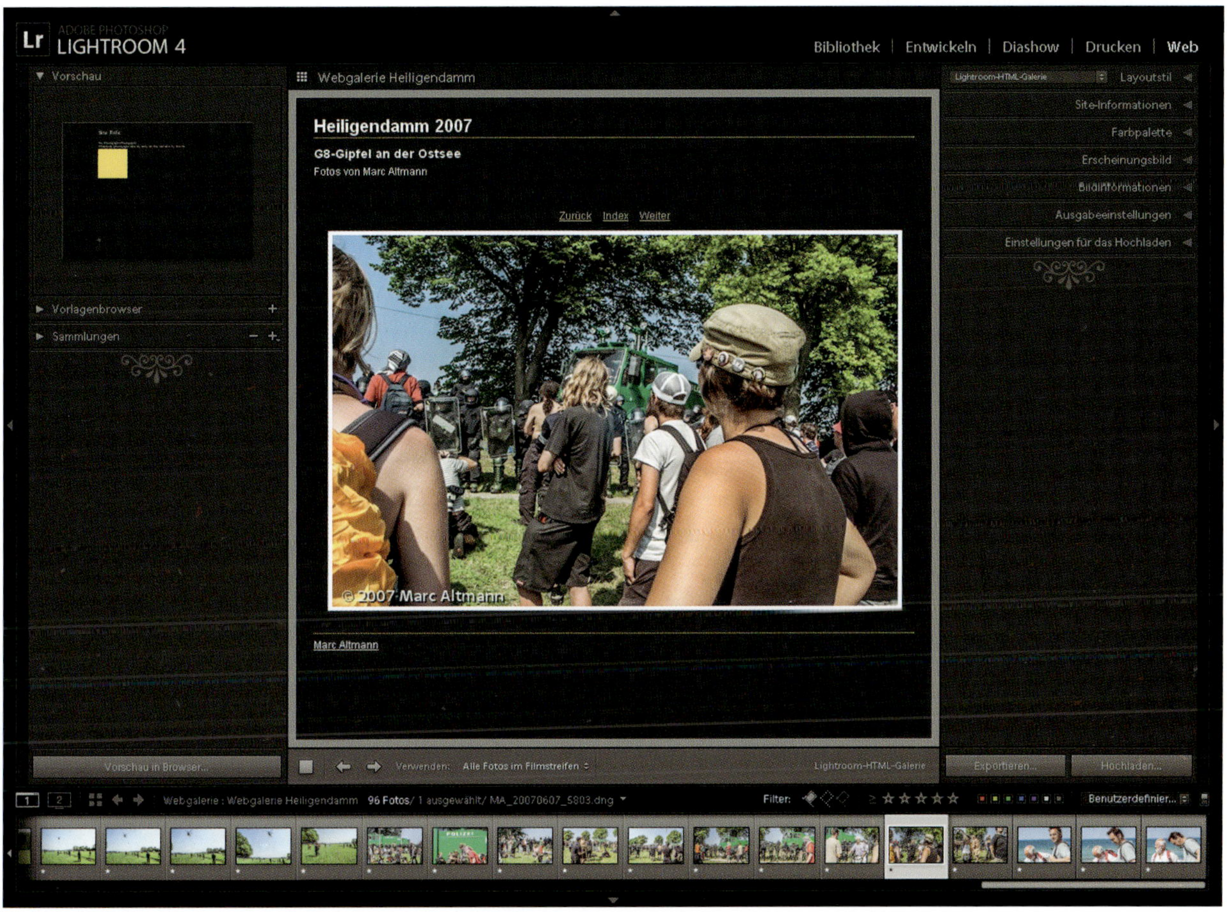

Abb. 13–1

Das Web-Modul

Im Web-Modul lassen sich HTML- und Flash-Webgalerien gestalten, die Sie anschließend automatisch auf Ihren Webserver übertragen lassen können. Das Modul lässt sich dabei um weitere Galerietypen erweitern. Standardmäßig lassen sich in Lightroom leider nur einzelne Galerieseiten erstellen, nicht aber eine Haupt- oder Indexseite, die diese Seiten verbindet. Doch auch hier gibt es Lösungen von Drittanbietern.

13.1 Layoutstile

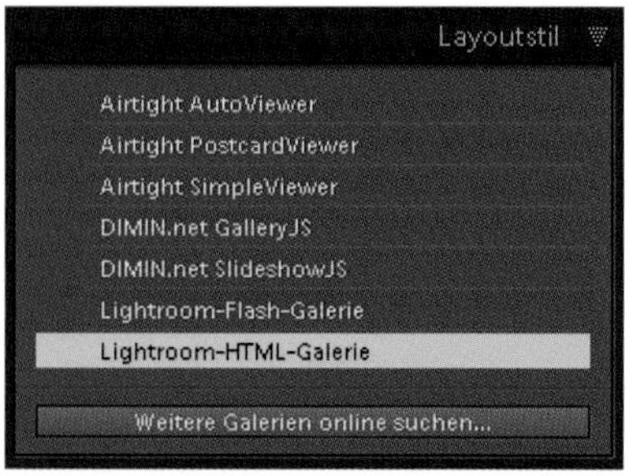

Abb. 13–2
Layoutstil-Palette mit den fünf mitgelieferten Galerietypen und zwei weiteren von Drittherstellern

Die wichtigste Einstellmöglichkeit im Web-Modul ist die Wahl des Galerietyps über die Layoutstil-Palette (vgl. Abb. 13–2). Nicht nur wird die generelle Bedienweise der Webseite durch diese Wahl bestimmt, auch die weiteren Einstellmöglichkeiten in der rechten Palettenspalte hängen teilweise vom eingestellten Layoutstil ab.

Mitgelieferte Layoutstile

Im Folgenden gehe ich kurz auf die fünf mitgelieferten Stile ein. *Lightroom-HTML-Galerien* bestehen aus zwei Seitentypen: Miniaturseiten und Seiten, auf denen die eigentlichen Fotos groß angezeigt werden (vgl. Abb. 13–3). Auf den Einzelbildseiten kann man von Foto zu Foto schalten oder zurück zur Miniaturseite gehen. Die HTML-Seiten sind gut für Galerien mit vielen Fotos geeignet, da die Miniaturen automatisch auf mehrere Seiten verteilt werden. Sie können die Webgalerie mit Titel und Beschreibung sowie mit einer Erkennungstafel versehen. Für jedes Foto können Sie zwei Zeilen mit Metadaten anzeigen. Mehr zu den Einstellungen im nächsten Abschnitt.

Lightroom-Flash-Galerien vereinen Miniatur- und Einzelbildseiten (siehe Abb. 13–4). Dazu gibt es einen Bereich mit den Miniaturen, der sich links oder unten platzieren lässt. Miniaturenbereich und großes Foto passen sich automatisch an die Größe des Webbrowsers an. Neben der Auswahl der Fotos über die Miniaturen lässt sich mit den Pfeiltasten zwischen den Fotos hin und her schalten. Die Lightroom-Flash-Galerie lässt sich mit statischen Texten, darunter einer langen Beschreibung der Galerie, und einer Erkennungstafel versehen. Sie können für jedes Foto zwei Zeilen Metadaten anzeigen lassen.

Der Charakter dieses Galerietyps entspricht ein wenig einer Diashow: Hoch- und Querformatfotos haben beispielsweise eine gemeinsame Höhe, d.h., insgesamt sind Hochformatbilder deutlich kleiner als Querformate. Zudem lassen sich die Miniaturen komplett ausblenden und die Fotos auch automatisch weiterschalten.

A

B

Abb. 13–3
Miniatur- und Einzelbildseite der Lightroom-HTML-Galerie

Abb. 13–4
Die Lightroom-Flash-Galerie

HTML vs. Flash

Lightroom-Galerien benutzen entweder HTML oder Flash als Technologie für den Seitenaufbau. HTML ist ein offener Standard, der von einem unabhängigen Gremium, dem *World Wide Web Consortium*, entwickelt wird. Jeder Webbrowser kann HTML darstellen. Flash hingegen ist eine nichtoffene, von Adobe entwickelte Technologie. Flash-Inhalte können in Webbrowsern nur mit Adobes Flash-Plug-in angezeigt werden, das aber auf fast jedem Computer installiert ist. Der größte Nachteil von Flash ist möglicherweise derzeit, dass viele mobile Geräte wie Smartphones oder Tablet-Computer Flash-Inhalte nicht darstellen können, vor allem das iPhone und das iPad von Apple.

Flash gilt im Allgemeinen als leistungsfähiger als HTML. Die Lightroom-Flash-Galerie ist der Lightroom-HTML-Galerie auch in einigen Punkten überlegen. So bietet sie einen Diashow-Modus und ist mit der Tastatur steuerbar. HTML hat aber in den letzten Jahren stark aufgeholt und ist teilweise von Flash nicht mehr zu unterscheiden. Animationen, Tastatursteuerung und Diashow-Modus sind mit HTML ebenso möglich, werden aber in der normalen Lightroom-HTML-Galerie nicht benutzt. Es gibt jedoch einige Galerien von Drittherstellern, die diese Möglichkeiten ausschöpfen (siehe unten).

Zusätzlich zu den obigen Galerietypen werden drei recht ansprechend animierte, aber von den Möglichkeiten her etwas einfachere Flash-Galerien mitgeliefert, die von der Firma *Airtight Interactive* entwickelt wurden (siehe Abb. 13–5):

- *Airtight Autoviewer* zeigt die Fotos ohne Übersicht ähnlich einer Diashow an. Von Foto zu Foto lässt sich automatisch oder mit Maus oder Pfeiltasten weiterschalten.
- *Airtight Postcardviewer* zeigt die Fotos zunächst in einer Übersicht an. Per Mausklick kann man in ein Foto hineinzoomen und dann mit den Pfeiltasten zwischen den Fotos hin und her schalten.
- *Airtight Simpleviewer* zeigt ähnlich wie die Lightroom-Flash-Galerie Miniaturen und großes Foto auf derselben Seite an. Die (quadratischen) Miniaturen können auf allen vier Seiten in mehreren Spalten und Reihen platziert werden. Zwischen den einzelnen Fotos kann man auch mit den Pfeiltasten hin und her schalten.

Statische Texte und die Erkennungstafel lassen sich in keiner dieser drei Galerien platzieren (nur der Titel der Webseite im Browser-Fenster lässt sich festlegen). Es lässt sich außerdem bei allen Galerien eine Metadatenzeile angeben.

A

B

C

Abb. 13–5
Weitere Layoutstile
A) Airtight Autoviewer
B) Airtight Postcardviewer
C) Airtight Simpleviewer

Layoutstile von Drittanbietern

Über die fünf Galerietypen hinaus ist das Web-Modul um beliebig viele Layoutstile von Drittherstellern erweiterbar, die entweder HTML oder Flash für die Darstellung nutzen können. Einige gibt es auf der Webseite *The Turning Gate* oder auf der *Lightroom Exchange*. Leider sind viele schöne Galerietypen inzwischen nicht mehr kostenlos erhältlich. Einen neuen Galerietyp (eine Datei mit der Endung *.lrwebengine*) legt man einfach in den Unterordner *Web Galleries* des Lightroom-Vorgabenordners – nach einem Neustart von Lightroom steht er in der Layoutstil-Palette zur Verfügung. Den Vorgabenordner erreichen Sie über die Voreinstellungen unter *Vorgaben ▹ Lightroom-Vorgabenordner anzeigen*.

Eines der wichtigsten Dinge, die in Lightroom fehlen, ist eine Möglichkeit, mehrere Webgalerien zu verwalten und dazu eine Hauptseite zu erzeugen, die auf diese einzelnen Galerien verweist. Dies kann man zwar von Hand machen, indem man diese Hauptseite außerhalb von Lightroom mit einem Webseitenprogramm erstellt. Dies ist aber sehr unkomfortabel, da man die Seite selbst aktualisieren muss, sobald man eine neue Galerie hochlädt.

Es gibt daher Lösungen von Drittherstellern, die diese Hauptseiten automatisch erzeugen, beispielsweise den *TTG Auto Index* von der schon erwähnten Webseite *The Turning Gate* oder die Galerie *LRB Portfolio*. Diese Index-Galerien werden als normale Galerietypen installiert und von Lightroom aus gestaltet, anschließend erkennen sie neu hochgeladene Galerien automatisch und nehmen sie in die Index-Seite auf. Beide Lösungen sind kostenpflichtig, aber für intensive Nutzer des Web-Moduls sicher eine Überlegung wert.

13.2 Einstellungen für das Layout

Ich werde die Gestaltung der Galerie aus Platzgründen nur anhand der Lightroom-HTML- und -Flash-Galerien erläutern. Die anderen Galerien sind alle ein wenig unterschiedlich, aber es sollte jeweils leicht herauszufinden sein, wie sie genau funktionieren, zumal sie im Grunde dieselben Einstellungen haben – Layout, Metadaten und Ausgabeeinstellungen.

Das grundlegende Layout stellen Sie bei den beiden Galerietypen über die Erscheinungsbild-Palette ein. Für die Lightroom-HTML-Galerie sind die wichtigsten Einstellungen die Anzahl der Miniaturen pro Miniaturseite (Rasterseite) und die Größe der Fotos auf der Einzelbildseite (siehe Abb. 13–6 A).

Abb. 13–6
Erscheinungsbild-Palette
A) für die Lightroom-HTML-Galerie
B) für die Lightroom-Flash-Galerie

A

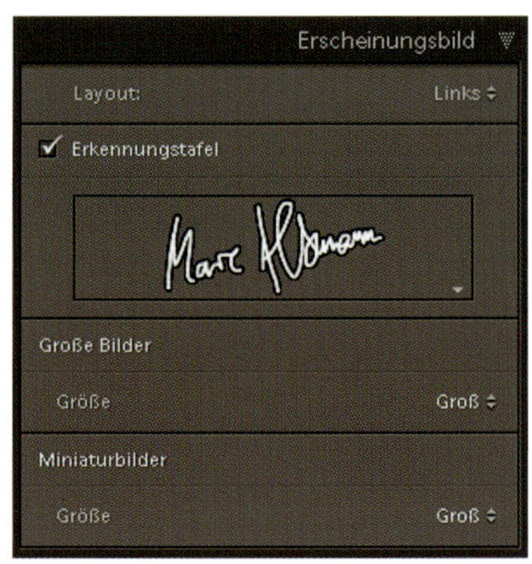

B

Bei der Lightroom-Flash-Galerie kommt es vor allem auf die Layout-Einstellung an (siehe Abb. 13–6 B), die die Position und den Typ des Miniaturenbereichs festlegt: Die Einstellungen *Bildlauf* und *Links* zeigen jeweils einen einfachen Filmstreifen an; für Galerien mit vielen Fotos geeigneter ist *Mit Seitenumbrüchen*, da der Betrachter ähnlich wie bei der Lightroom-HTML-Galerie die Miniaturen auf mehreren Seiten angezeigt bekommt; *Nur Diashow* schließlich zeigt gar keine Miniaturen an.

In der Palette *Site-Informationen* bietet Lightroom mehrere Felder für statische Texte wie Titel und Beschreibung der Galerie an (diese Textfelder lassen sich auch direkt auf der Arbeitsfläche ausfüllen statt über die Palette). Weiterhin können Sie eine Erkennungstafel, z. B. ein Logo oder den Titel der Webseite, oben auf der Seite einblenden.

In der *Farbpalette* können Sie die Farben der Texte und anderer Elemente der Galerie anpassen. Oft reicht auch ein Blick auf die Vorlagen: Mit Lightroom werden bereits viele Galerievorlagen in verschiedenen Farben mitgeliefert. Farben lassen sich über den Farbwähler in hexadezimaler Schreibweise angeben. So kann man eine Farbe einstellen, die z. B. für die eigene Homepage verwendet wurde (in der Webseitenprogrammierung ist die hexadezimale Schreibweise für Farbangaben üblich).

Schließlich können Sie über die Bildinformationen-Palette zwei Zeilen mit Metadaten einstellen, die für jedes Foto angezeigt werden. Hierfür lassen sich vordefinierte Textvorlagen wie Bildtitel oder Aufnahmedatum aus der Liste auswählen oder mit dem Textvorlagen-Editor eigene Vorlagen erzeugen.

13.3 Galerie erzeugen und hochladen

Abb. 13–7
Ausgabeeinstellungen-Palette

In der Ausgabeeinstellungen-Palette (vgl. Abb. 13–7) finden sich einige Einstellungen für die JPEG-Bilddateien, die Lightroom für die Webgalerie erzeugen muss. Zum einen lässt sich die Kompressionsstufe der JPEGs festlegen. Zum anderen stellen Sie ein, ob die Fotos automatisch für die Ausgabe geschärft werden. Den Schärfungsgrad können Sie in drei Stufen einstellen (*Niedrig*, *Standard*, *Hoch*).

Über die Wasserzeichen-Einstellung können Sie ein Wasserzeichen auf die ausgegebenen Bilddateien anwenden lassen. Hierzu können Sie entweder ein mit dem Wasserzeichen-Editor erstelltes oder das Copyright-Wasserzeichen (siehe Kapitel 10.4) auswählen. Wichtig ist die Einstellung *Metadaten*, da es sich bei den Webgalerien um eine Veröffentlichung im Internet handelt. Sie legt fest, ob in die JPEGs sämtliche Metadaten (inkl. Stichwörter, Geokoordinaten etc.) der Fotos eingetragen werden oder nur die Urheberrechtsangaben.

Einige Eigenschaften der Webgalerien kommen im Vorschaubereich des Web-Moduls (also auf der Arbeitsfläche) übrigens nicht zum Tragen. Weder die Auswirkungen der Ausgabeschärfung noch die der eingestellten JPEG-Qualität werden hier angezeigt, außerdem funktionieren etwaige Tastaturkürzel der Galerie nicht. Eine adäquate Vorschau erhalten Sie über den Knopf *Vorschau in Browser*.

Wenn Sie mit der Gestaltung und den Ausgabeeinstellungen für die Fotos fertig sind, können Sie die Webgalerie von Lightroom erzeugen und auf Ihren Webserver übertragen lassen. Über die Palette *Einstellungen für das Hochladen* (siehe Abb. 13–8 A) lassen sich dazu Einstellungen festlegen. Zunächst wählen Sie dort den FTP-Server aus, auf den die Galerie übertragen werden soll. Dazu müssen Sie eine FTP-Konfigurationsvorgabe erstellen, in die Sie Zugangs- und Verbindungsinformationen eintragen (siehe Abb. 13–8 B).

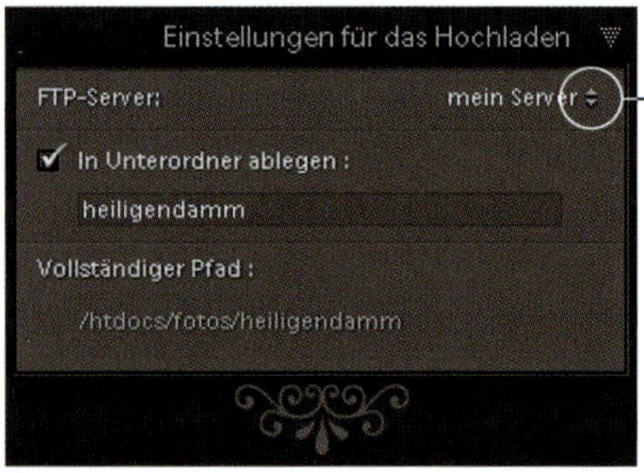

A

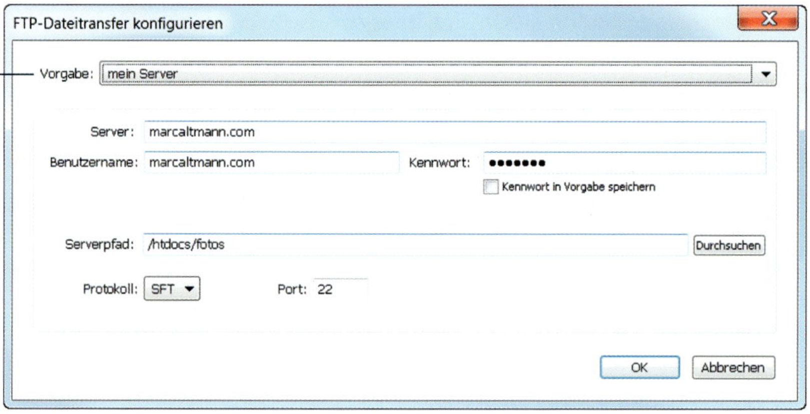

B

Abb. 13–8
A) Palette »Einstellungen für das Hochladen«
B) FTP-Server konfigurieren

Die Zugangsinformationen sollten Sie von Ihrem Webseiten-Provider erhalten haben. Neben Server- und Benutzername können Sie auch das Zugangskennwort in der Vorgabe speichern, dieses steht aber dann im Klartext und somit unverschlüsselt in der Vorgabedatei.

Für die Verbindungsinformationen geben Sie unter *Protokoll* das normale FTP oder das sichere sFTP an. Letzteres ist – wenn es vom Server unterstützt wird – zu empfehlen, da während der Server-Anmeldung das Passwort verschlüsselt übertragen wird. Die Standardeinstellung unter *Port* sollte für fast jeden FTP-Server funktionieren – ist dies nicht der Fall, sollten Sie mit Ihrem Provider Kontakt aufnehmen.

Beim normalen FTP-Protokoll gibt es noch die Option *Passiver Modus für Datenübertragungen*. Normalerweise sollte der passive Modus funktionieren. In seltenen Fällen erlaubt der Server jedoch nur eine nicht passive (aktive) FTP-Verbindung, bei der der FTP-Server eine Verbindung zu Ihrem Rechner aufbaut (und nicht andersherum). Möglicherweise müssen

Sie die Firewall Ihres Betriebssystems so einrichten, dass aktive FTP-Verbindungen erlaubt sind.

Der Pfad, unter dem die Webgalerie abgelegt wird, setzt sich schließlich zusammen aus dem Pfad, den Sie in der FTP-Vorgabe angeben, und dem Namen für den Unterordner in der Palette *Einstellungen für das Hochladen*. Bei mir ist der Pfad für alle Lightroom-Uploads *htdocs/fotos/* (*htdocs* ist das Standardverzeichnis für HTML-Webseiten auf den meisten Servern), in diesem Verzeichnis befinden sich dann die Galerieordner (z. B. *ostsee, heiligendamm* etc.). Der vollständige Pfad der Galerie wird zur Kontrolle unten in der Hochladen-Palette angezeigt.

Mit einem Klick auf den Hochladen-Knopf rechts unten starten Sie das Erzeugen und Übertragen der Webgalerie. Alte Galerien oder auch alte, nicht mehr aktuelle Fotos einzelner Galerien werden von Lightroom nicht automatisch gelöscht. Diese müssen Sie also von Zeit zu Zeit selbst mit einem FTP-Programm löschen.

Neben dem direkten Hochladen lässt sich die Webseite über den Exportieren-Knopf in einen Ordner auf der Festplatte exportieren und dann von Hand auf den Server übertragen. Dies ist zwar nicht so komfortabel, dafür hat man aber in der Regel eine bessere Übersicht über die Verzeichnisstruktur und den durch die Galerien belegten Platz. Auch falls Sie bei Ihrem Provider das FTP-Protokoll nicht verwenden können, müssen Sie so vorgehen.

Polsterphlox (Nikon D100 Raw)
Belichtung +1,33, Kontrast
-100, Weiß +32, Schwarz -70

14 Buch-Modul

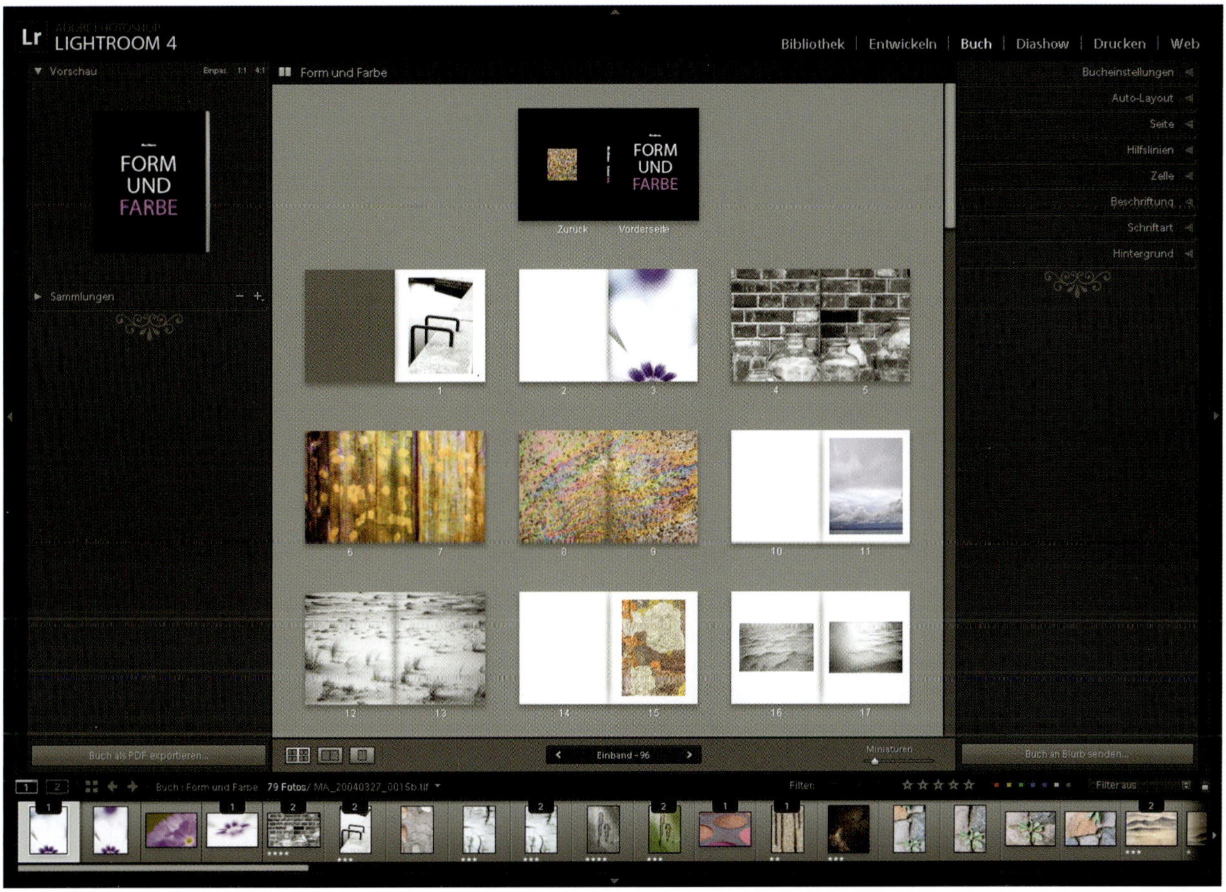

Abb. 14–1
Das Buch-Modul in der mehrseitigen Ansicht

Mit dem Buch-Modul lassen sich Fotobücher herstellen. Ein Buch setzt sich aus einer Anzahl Doppelseiten und dem Einband zusammen, die sich beide jeweils mit Fotos und Text gestalten lassen. Das Buch Modul hat eine direkte Anbindung an die Online-Druckerei *Blurb*, sodass Sie das fertige Buch dort direkt aus dem Modul heraus bestellen können. Sie können es aber auch im PDF- oder JPEG-Format ausgeben, um es bei einem anderen Dienstleister ausdrucken zu lassen.

Blurb ist gut in Lightroom integriert. Sie brauchen sich hier abgesehen vom Layout um kaum etwas zu kümmern. Die Qualität ist insgesamt recht hoch, es gibt aber Schwächen beim Farbmanagement (siehe Seite 356). Beim Export ins PDF- oder JPEG-Format müssen Sie sich hingegen selbst um die Ausgabe kümmern und vorher Informationen von Ihrem Dienstleister einholen.

Das Buch-Modul ist deutlich umfangreicher als die anderen Ausgabemodule und es kann mehrere Stunden dauern, bis man ein Buch fertiggestellt hat. Ich habe mir daher angewöhnt, ein neues Buch gleich zu Beginn als Ausgabeauftrag zu speichern (siehe Seite 304), sodass es seinen festen Platz in der Sammlungen-Palette bekommt. Danach kann ich in Ruhe im Bibliothek-Modul nach geeigneten Fotos suchen und mit dem Layout beginnen.

Ein Buch kann weit mehr sein als lediglich ein paar zusammengefügte Seiten. Daher lohnt es sich, ein paar Gedanken auf das Gesamtkonzept zu verwenden: Wie sollen die gegenüberliegenden Seiten aufeinander abgestimmt sein? Welches Foto soll auf dem Einband erscheinen? Wie viel Text soll das Buch enthalten? Deshalb ist es, finde ich, eine gute Idee, sich zunächst ein paar Foto- oder Kunstbände in der Buchhandlung anzusehen, bevor man sein erstes Buch setzt.

14.1 Seitenformat und Einband

Bevor Sie mit dem Layout beginnen, sollten Sie entscheiden, ob Sie das Buch direkt beim Dienstleister Blurb bestellen oder im PDF- bzw. JPEG-Format exportieren wollen. Darüber hinaus ist es sinnvoll, sich zu Beginn auf ein Seitenformat und eine Einbandart festzulegen. Diese Einstellungen treffen Sie in der Bucheinstellungen-Palette ganz oben rechts (siehe Abb. 14-2). Änderungen sind später immer noch möglich, vermutlich muss das Layout danach aber angepasst werden.

Für jedes Buch stehen unter *Größe* fünf feste Formate zur Auswahl (siehe Tabelle 14-1). Eine gute Leitlinie für die Wahl des Formats liefert die Anzahl der Hoch- und Querformatfotos, die man im Buch unterbringen will. Überwiegen beispielsweise Hochformatfotos, kann man auch für das Buch das Hochformat wählen. Sind gleich viele von beiden Formaten vorhanden, empfiehlt sich ein quadratisches Buch.

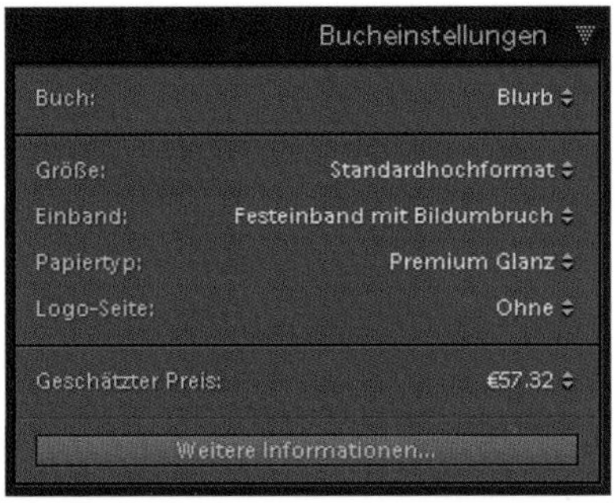

A

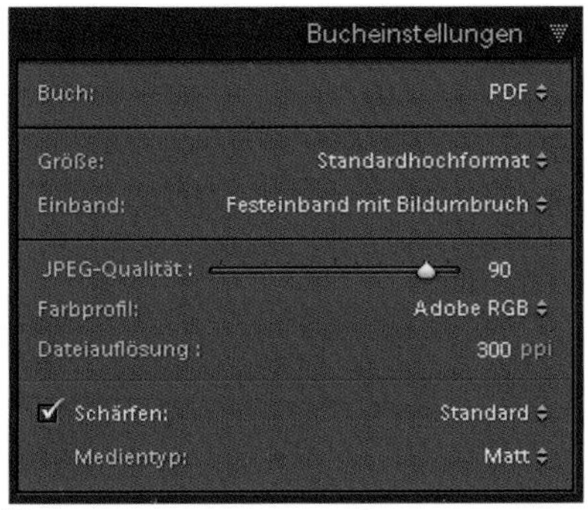

B

Abb. 14–2
Einstellungen für das Buch
A) bei Bestellung über Blurb
B) beim Export ins PDF-Format. Die Einstellungen für das JPEG-Format sind dieselben.

Seitenformat	Größe in cm
Querformat	25 × 20
	33 × 28
Quadratisch	18 × 18
	30 × 30
Hochformat	20 × 25

Tab. 14–1
Formate und Größen. Es stehen jeweils zwei Quer- und quadratische Formate sowie ein Hochformat zur Auswahl.

Für den *Einband* gibt es drei Varianten (siehe auch Abb. 14–6):

- Weicher Einband (Softcover)
- Festeinband (Hardcover)
- Festeinband mit Schutzumschlag

Wenn Sie ins PDF- oder JPEG-Format ausgeben, können Sie auch ohne Einband arbeiten.

14.2 Ansichten

Auf der Arbeitsfläche kann man zwischen vier Ansichten wählen:

- mehrseitige Ansicht (siehe Abb. 14–1)
- Druckbogenansicht (Doppelseite, siehe Abb. 14–3 A)
- Einzelseitenansicht
- vergrößerte Seitenansicht (Lupe, siehe Abb. 14–3 B). Der Ausschnitt ist direkt über die Vorschaupalette auf der linken Bildschirmseite wählbar.

Die ersten drei können Sie direkt über die Werkzeugleiste einstellen. Ein Doppelklick auf eine Seite in der Einzelseitenansicht ruft die vergrößerte Ansicht auf. Darüber hinaus können Sie über die Tastaturbefehle Strg-# und - zwischen den Ansichten umschalten. In der mehrseitigen Ansicht lässt sich die Größe der Doppelseiten über einen Regler in der Werkzeugleiste oder über die Tasten [#] und [-] verändern.

Um innerhalb der Seiten eines Buchs zu navigieren, können Sie in der Werkzeugleiste über Pfeile zur vorherigen oder nächsten Seite blättern oder die Seite direkt eingeben, zu der Sie springen möchten. Mit den Tasten [Bild↑] und [Bild↓] lässt sich ebenfalls zwischen einzelnen Seiten blättern, mit [Pos1] bzw. [Ende] gelangt man an den Anfang oder das Ende des Buchs.

B

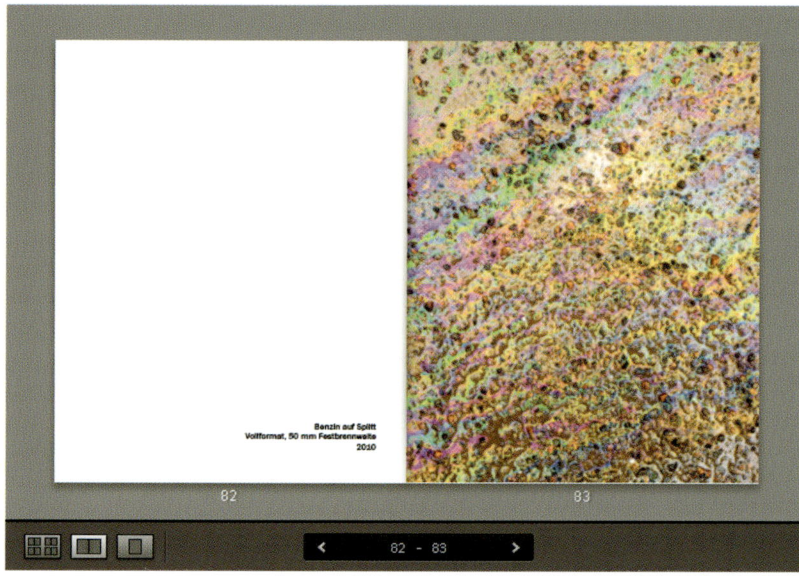

A

Abb. 14–3
Ansichten
A) Doppelseite
B) Vergrößerte Ansicht (ca. 4:1) einer einzelnen Seite

14.3 Layouts

Den Ausgangspunkt für die Gestaltung eines Buchs mit Fotos und Texten bilden die Seiten- und Einband-Layouts. Diese Layouts enthalten jeweils Zellen, in die sich Fotos oder Texte einfügen lassen (es gibt verschiedene Zellen für Foto und Text). Die Zellen selbst sind in den Layouts in Anzahl, Größe und Position genau vorgegeben. Sie lassen sich nicht wie beispielsweise im Drucken-Modul frei platzieren.

Seiten-Layouts

A

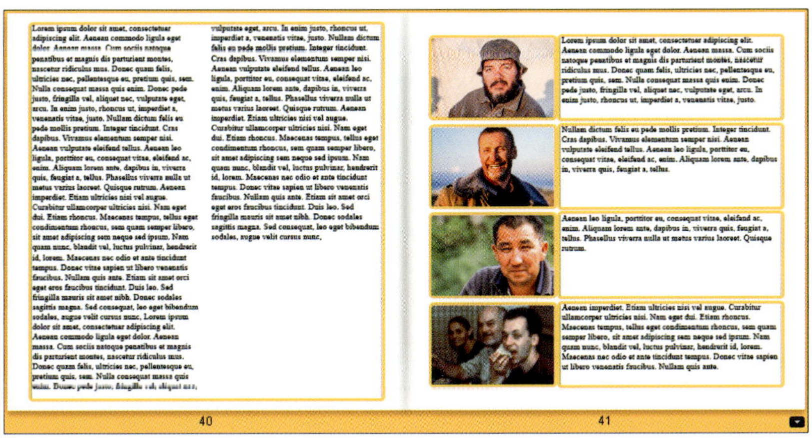

B

Abb. 14–4
Seiten-Layouts
A) Vier Fotozellen
B) Eine Fotozelle
C) Eine Textzelle
D) Je vier Foto- und Textzellen.
Generell hat die rechte Seite mehr visuelles Gewicht als die linke: Ein einzelnes großes Foto auf der rechten Seite bei leerer linker oder mehreren kleinen Fotos auf der linken Seite ergibt daher ein wirkungsvolleres Layout.

Die Seiten-Layouts werden über den Layout-Wähler (siehe Abb. 14–5 B) ausgewählt, entweder vor dem Hinzufügen einer neuen oder für eine bestehende Seite. Um neue Seiten mit einem bestimmten Layout zum Buch hinzuzufügen, stellt man es in der Seite-Palette (Abb. 14–5 A) ein und drückt *Seite hinzufügen*. Eine Seite entfernt man wieder über ihr Kontextmenü. Alle Seiten entfernt man über die Auto-Layout-Palette (*Layout löschen*).

Sie können über die Seite-Palette auch leere Seiten hinzufügen und das Layout im Nachhinein anpassen. Um das Layout für eine bestehende Seite zu verändern, wählt man entweder die Seite aus (dazu am besten auf den schmalen Bereich unten bei der Seitenzahl klicken, dieser färbt sich anschließend orange wie in Abb. 14–4) und stellt das neue Layout in der Seite-Palette ein. Oder man passt das Layout direkt an der Seite über das Aufklappmenü unten rechts an.

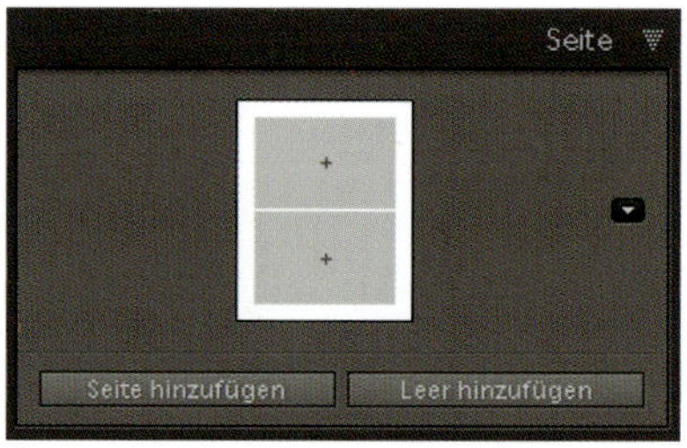

A

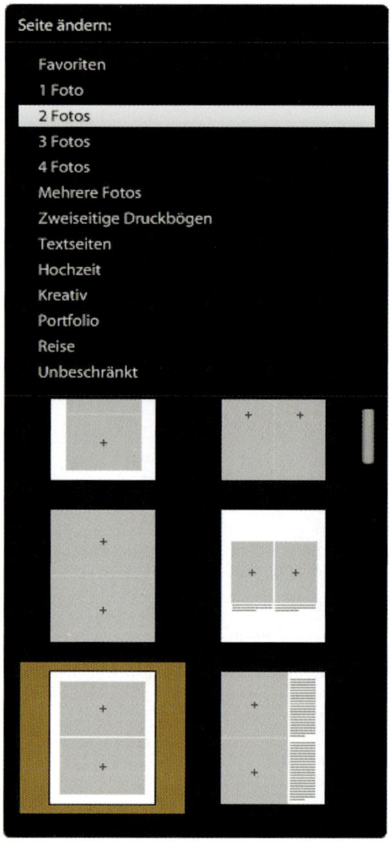

B

Abb. 14–5
Layout auswählen
A) Über die Seite-Palette fügt man neue Seiten von Hand hinzu.
B) Über den Layout-Wähler stellt man das Layout ein.

Im Layout-Wähler sind die Seitenlayouts nach verschiedenen Kategorien sortiert. Einige enthalten nur Fotozellen, andere Fotozellen und Textzellen und wieder andere nur Textzellen. Sie können bei den gemischten Layouts allerdings die Textzellen frei lassen und nur die Fotozellen nutzen oder umgekehrt. So haben Sie insgesamt mehr Layouts zur Auswahl. Die meisten Layouts sind selbsterklärend, es gibt aber einige Besonderheiten:

- Unter *Zweiseitige Druckbögen* finden Sie Doppelseiten-Layouts, die so ausgelegt sind, dass ein Foto über eine Seite hinausreicht. Diese sind meist sehr wirkungsvoll (siehe Abb. 14–8).
- Unter *Kreativ* findet man einige Layouts mit grafischen Rändern.
- Unter *Reise* gibt es einige Seiten, bei denen eine kleine Fotozelle über einer großen liegt. So kann man beispielsweise die Abbildung einer Karte auf ein großes Foto legen.

Wenn Sie ein bestimmtes Layout häufig verwenden, können Sie es über das Kontextmenü im Layout-Wähler als Favorit markieren und dann über *Favoriten* darauf zugreifen.

Abb. 14–6
Einband-Layouts
A) Normaler Festeinband (der weiche Einband sieht ähnlich aus)
B) Schutzumschlag, der komplett von einem Foto ausgefüllt wird
C) Layout-Wähler für Bücher mit Schutzumschlag

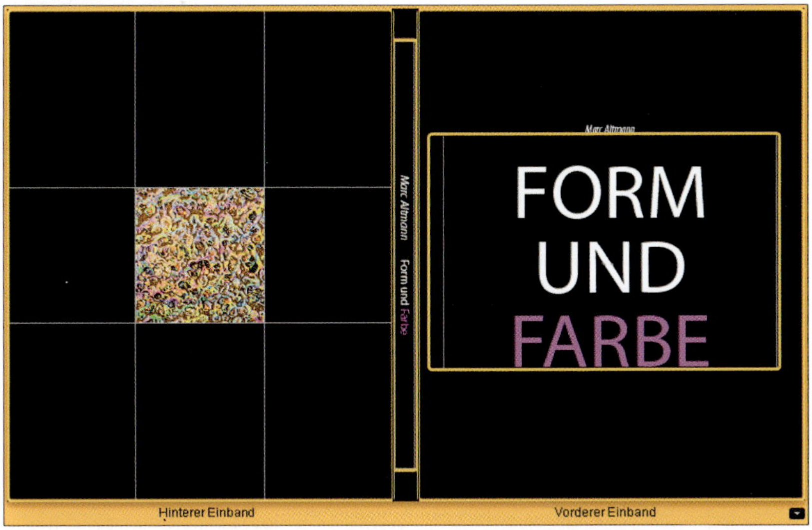

A

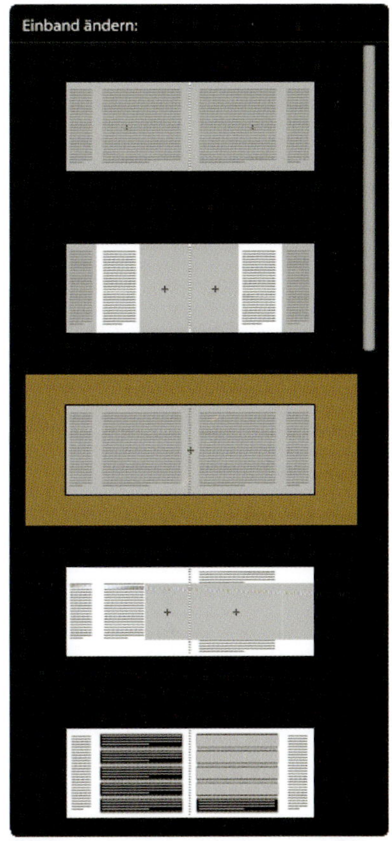

C

B

Einband-Layouts

Für den Bucheinband stellen Sie das Layout ebenfalls über den Layout-Wähler ein, der über das Aufklappmenü am Einband unten rechts aufgerufen wird. Auch hier finden Sie Layouts, mit denen sich ein einzelnes Foto auf den gesamten Einband legen lässt, was wiederum sehr wirkungsvoll sein kann (siehe Abb. 14–6). Die Breite des Buchrückens wächst übrigens automatisch mit zunehmender Seitenzahl. Sie bestimmt, wie groß der Buchtitel auf dem Rücken sein kann.

Zellfüllung

Die Zellen in den Layouts für Seiten und Einbände sind zwar fest. Für jede Zelle lässt sich aber eine Füllung, d. h. ein Abstand vom Rand der Zelle zum Inhalt der Zelle (egal ob Foto oder Text) für alle vier Richtungen definieren. Die Abstände stellen Sie über die Zelle-Palette oder mit der Maus am Rand der Zelle ein. Um mit der Palette zu arbeiten, muss die entsprechende Zelle ausgewählt sein (die Zellen sind dann orange umrandet, siehe Abb. 14–7 B). Mithilfe der Zellfüllungen können Sie erheblich flexibler gestalten. Auf der Rückseite des Einbands in Abb. 14–6 A beispielsweise nimmt die Fotozelle die ganze Seite, das Foto aber durch die großen Zellfüllungen nur eine kleine Fläche in der Mitte ein.

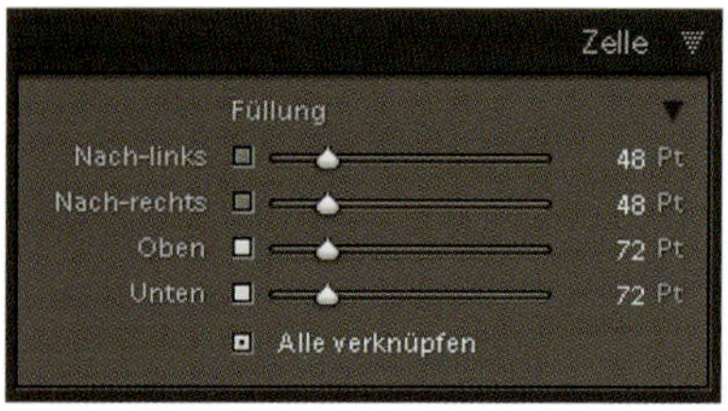

A

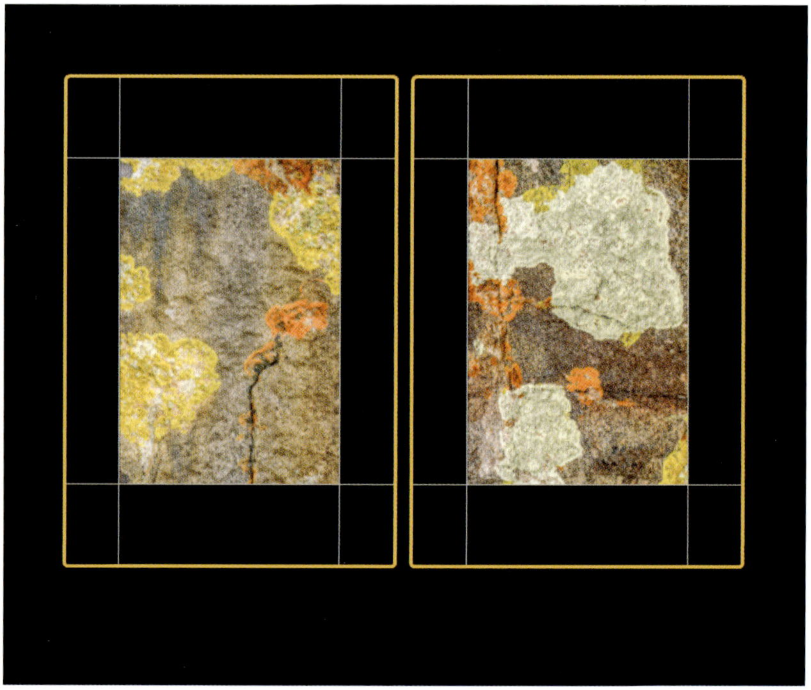

B

Abb. 14–7
Zellfüllungen
A) Zelle-Palette
B) In diesem Layout sind die Zellen recht groß, kleinere Fotozellen gibt es nicht. Daher wurde eine weitere Verkleinerung der Fotos über die Zellfüllungen erreicht. Leider lassen sich die genauen Maße eines Fotos nicht anzeigen.

14.4 Fotos

Um die Fotozellen in den Layouts mit Fotos zu füllen, ziehen Sie diese einfach per Drag and Drop aus dem Filmstreifen auf sie. Das funktioniert auch mit mehreren Fotos auf einmal, wenn Seiten mehr als eine Zelle haben. Weiterhin können Sie Fotos zwischen zwei Zellen austauschen, indem Sie einfach das eine Foto auf das andere ziehen. Fotos entfernt man von der Seite über die [←]-Taste. Der Filmstreifen zeigt stets an, ob und wie häufig ein bestimmtes Foto im Buch verwendet wird. Die Filtereinstellung *Nicht verwendet* hingegen lässt die bereits verwendeten Fotos aus dem Filmstreifen herausfallen.

Abb. 14–8
Ausfüllen oder Einpassen
A) Doppelseite ausgefüllt
B) In Doppelseite eingepasst und nach links verschoben

Wie in den meisten anderen Ausgabemodulen lassen sich Fotos auf zwei verschiedene Arten in eine Zelle fügen: per Einpassen oder per Ausfüllen. Entweder wird das Foto größtmöglich ohne Beschnitt in die Zelle eingefügt oder aber so, dass die gesamte Zelle ausgefüllt wird, egal ob das Foto dabei beschnitten wird (siehe Abb. 14–8). Die für die Zelle eingestellte Füllung (siehe oben) wird dabei berücksichtigt. Zwischen den beiden Modi können Sie im Kontextmenü eines Fotos wählen (*Foto auf Zellengröße zoomen*). Der Ausschnitt beim Ausfüllen oder die Position des Fotos innerhalb der Zelle beim Einpassen lässt sich anschließend mit der Maus verschieben.

Einpassen und Ausfüllen sind eigentlich nur zwei von verschiedenen Zoomstufen, die Sie für ein Foto einstellen können: Einpassen entspricht einem Zoom von 0 %, da das ganze Foto zu sehen ist, Ausfüllen einer höheren Stufe. Mit dem Zoom-Regler oberhalb der Fotozelle (vgl. Abb. 14–8 A) lässt sich der Zoom bzw. die Vergrößerung des Fotos stufenlos wählen. Wenn Sie [Alt] gedrückt halten, zeigt der Regler die Druckauflösung (PPI-Zahl) des Fotos bei der momentanen Vergrößerung an. So lässt sich abschätzen, ob die Bilddaten für den Druck noch ausreichen.

14.5 Text

Zellen für Text verhalten sich ungefähr wie Fotozellen. Sie sind weder in der Größe veränderbar noch positionierbar, aber über die Zelle-Palette lässt sich auch hier eine Zellfüllung in alle vier Richtungen einstellen. Den Text können Sie direkt in die Zellen eingeben. Falls Sie längere Texte eingeben müssen, ist es aber sinnvoll, diese mit einem Texteditor zu schreiben und dann in das Buch einzufügen. Es stehen Ihnen dazu die üblichen Befehle zum Kopieren und Einfügen im Bearbeiten-Menü sowie die Tastaturbefehle [Strg]-[C] bzw. [V] zur Verfügung.

Text lässt sich auch in Foto- oder Seitenbeschriftungen eintragen. Dies sind zusätzliche, optionale Textzellen. Eine Fotobeschriftung lässt sich zu jedem Foto auf der Seite dazuschalten. Sie enthält den Titel oder eine Beschreibung eines Fotos, die sich auch direkt aus den Metadaten des Fotos entnehmen lassen. Eine Seitenbeschriftung lässt sich zu jeder Seite hinzuschalten, unabhängig davon, ob diese Fotos enthält.

Fotobeschriftungen

Um eine Fotobeschriftung für eine Fotozelle einzuschalten, wählen Sie die Zelle aus und setzen das entsprechende Häkchen in der Beschriftung-Palette (siehe Abb. 14–9 C). Über die Palette lässt sich die Beschriftung oberhalb, unterhalb oder auf dem Foto verankern und mit dem Versatz-Regler vertikal genau positionieren. *An Foto ausrichten* bewirkt, dass sich die Position am Foto orientiert statt an der Zelle, und zwar für Fälle, bei denen das Foto durch Zellfüllung kleiner als die Zelle ist. In der Horizontalen reicht die Zelle immer über die gesamte Seite, allerdings können Sie hier über die horizontalen Füllung-Einstellungen in der Zelle-Palette die Beschriftung schmaler machen und so Text nach rechts oder links einrücken.

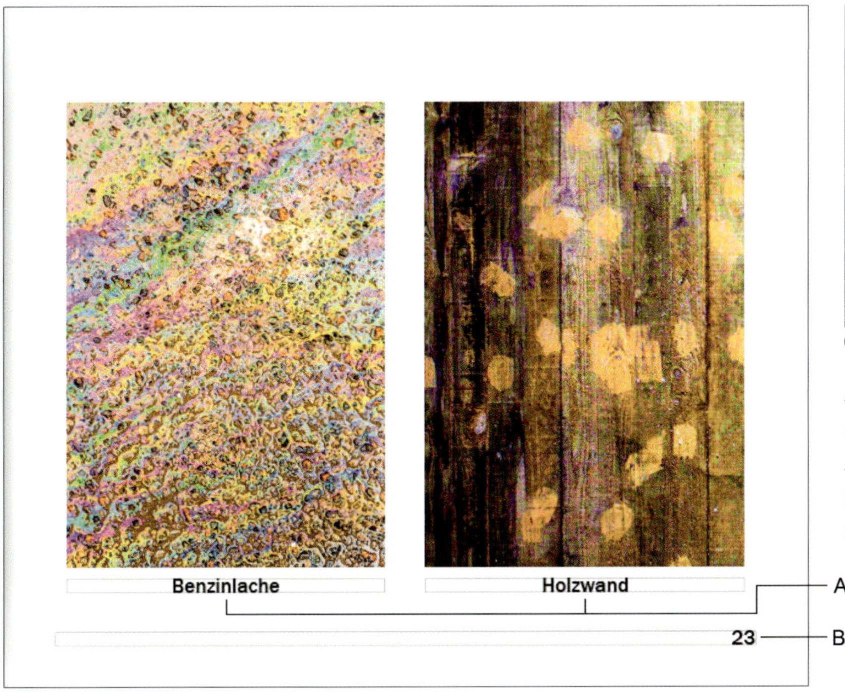

Abb. 14–9
Beschriftungen
A) Fotobeschriftungen
B) Seitenbeschriftung
C) Beschriftung-Palette

In die Beschriftungszelle können Sie entweder einen benutzerdefinierten Text eingeben, der auch mehrzeilig sein kann. Oder Sie legen oben in der Palette fest, dass automatisch der Text aus dem Titel- oder Bildbeschreibungsmetadatenfeld des Fotos verwendet wird. Falls Sie die Metadaten verändern, nachdem Sie die Fotobeschriftungen eingestellt haben (manchmal stellt man fest, dass bei einzelnen Fotos noch kein Titel oder keine Beschriftung eingetragen ist, und geht zurück ins Bibliothek-Modul, um sie nachzutragen), müssen Sie sie anschließend über das Buch-Menü aktualisieren.

Seitenbeschriftungen

Ebenfalls über die Beschriftung-Palette können Sie Seitenbeschriftungen zur ausgewählten Seite hinzufügen. Diese lassen sich oben oder unten auf der Seite verankern und mit einem großzügigen Versatz versehen, sodass Sie vertikal auf der ganzen Seite positioniert werden können. Horizontale

Zellfüllungen über die Zelle-Palette sind ebenfalls möglich. Seitenbeschriftungen können auch mehrzeilig sein.

Die Beschriftungen eignen sich beispielsweise, um eine Bildbeschreibung links oder rechts von einem Foto oder auf der gegenüberliegenden Seite (siehe Abb. 14–3) zu positionieren. Das ist mit den Fotobeschriftungen nicht möglich. Die Metadaten eines Fotos lassen sich mit den Seitenbeschriftungen allerdings nicht verwenden. Die automatische Eintragung von Seitennummern über Feldbefehle oder Ähnliches ist im Moment im Buch-Modul ebenfalls nicht möglich. Falls Sie Seitenzahlen wünschen, müssen Sie diese von Hand hinzufügen.

Schrift- und Absatzeinstellungen

Um Texte zu formatieren, stehen in der Schriftart-Palette umfangreiche Möglichkeiten zur Verfügung. Die Palette muss dazu erweitert werden, siehe Abb. 14–10. Für eine Übersicht der Einstellungen siehe Tabelle 14–2.

Tab. 14–2
Schrift- und Absatzeinstellungen

Schriftart und -variante
Farbe
Größe
Deckkraft
Laufweite (Zeichenabstand)
Grundlinie
Zeilenabstand (auch automatisch)
Kerning (auch automatisch)
Anzahl Spalten und Abstand dazwischen*
Horizontale Ausrichtung
Vertikale Ausrichtung*

Abb. 14–10
Schriftart-Palette. Wenn die Reglerverstellung nach rechts nicht ausreicht, können Sie meist einen noch größeren Wert direkt eingeben.

Die meisten Einstellungen sind selbsterklärend, aber *Grundlinie* und *Kerning* bedürfen vielleicht einer Erläuterung: *Kerning* ist eine Art individueller Zeichenabstand. Ich setze den Cursor zwischen zwei Zeichen und kann dann mit dem Kerning-Regler das eine an das andere heranschieben. Die *Grundlinie* ist ein vertikaler Versatz. Mit ihr verschiebt man den ausgewählten Text insgesamt ein Stück nach oben oder unten. Beides habe ich in Abbildung 14–11 eingesetzt. In der linken Spalte des zweispaltigen Textes habe ich das »enn's« mittels Kerning näher an die Initiale, das große W, herangerückt (A). Normalerweise würde die rechte Spalte, da sie keine Initiale enthält, jetzt ganz oben an der Zelle beginnen. Daher habe ich die Grundlinie-Einstellung verwendet, um den Text der rechten Spalte auf die Höhe des Textes der linken Spalte zu bringen (B). Die Einstellung eignet sich auch gut, um auf Titelseiten oder Einbänden einzelne Zeilen vertikal voneinander abzusetzen (siehe Abb. 14–6).

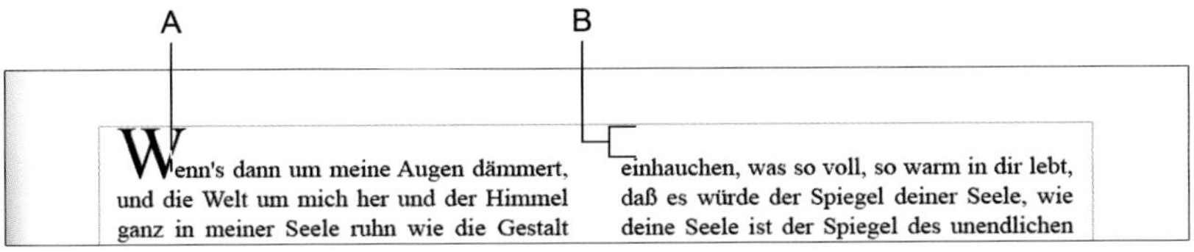

Abb. 14–11
Spezielle Schrift- und Absatzeinstellungen
A) Kerning
B) Grundlinie

Sie können im oberen Teil der Schriftart-Palette häufig verwendete Schrift- und Absatzeinstellungen als *Textstilvorgaben* speichern. Alle Einstellungen in der obigen Tabelle außer den mit einem Stern* markierten werden in diese Vorgaben einbezogen. Wenn Sie eine Textstilvorgabe im Nachhinein verändern, ändern sich damit allerdings nicht automatisch die Texte wie z. B. bei den Formatvorlagen in Word. Stattdessen muss man die aktualisierte Vorgabe den Texten neu zuweisen, z. B. indem man alle Textzellen auswählt (siehe Abschnitt 14.8) und dann die Vorgabe neu einstellt.

Dennoch erleichtern die Vorgaben die Arbeit an einem Buch sehr. In einigen Fällen ist es sinnvoll, zwei fast identische Vorgaben anzulegen, die sich nur in einer Einstellung unterscheiden: beispielsweise eine Vorgabe für linksbündigen, die andere für rechtsbündigem Text oder eine mit weißer, die andere mit schwarzer Textfarbe.

Textsicherer Bereich

Text, der sich sehr nah am Seitenrand befindet, läuft Gefahr, im fertigen Buch angeschnitten zu werden. Dies hat zwei Gründe: Zum einen wird ein schmaler Streifen am Rand (ca. 2 Millimeter bei Blurb) planmäßig abgeschnitten – dies ist der reguläre Seitenanschnitt. Darüber hinaus kann es durch Schwankungen beim Zuschnitt zum unplanmäßigen Abschneiden von weiteren Millimetern kommen.

Jede Seite verfügt über einen »textsicheren Bereich«, in dem garantiert kein Beschnitt auftreten wird. Über die Hilfslinien-Palette können Sie Seitenanschnitt und textsicheren Bereich auf den Seiten anzeigen lassen (siehe Abb. 14–12). Lightroom sorgt automatisch dafür, dass Foto- oder Seitenbeschriftungen niemals über den textsicheren Bereich hinausragen. Sie können diese Sicherung aber über die Buchvoreinstellungen (*Buch ▹ Voreinstellungen für Buch*, siehe Abb. 14–13) ausschalten.

Auch bei Fotos sollte der textsichere Bereich mitunter beachtet werden, sodass wichtige Elemente am Bildrand – wie etwa der Fotograf in Abb. 14–6 B – nicht versehentlich abgeschnitten werden.

Abb. 14–12
Eingeblendete Hilfslinien
A) Planmäßiger Seitenanschnitt
B) Textsicherer Bereich

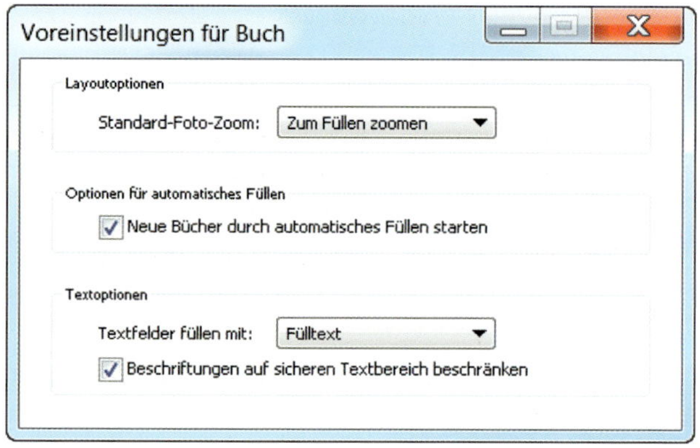

Abb. 14–13
Das Buch-Modul hat als einziges Modul eigene Voreinstellungen. Diese sind über das Buch-Menü zu erreichen.

14.6 Seitenhintergrund

Mit der Hintergrund-Palette (siehe Abb. 14–14 A) lässt sich der Hintergrund der Buchseiten verändern. Sie können

- eine Hintergrundfarbe auswählen,
- ein Foto aus dem Filmstreifen auf die Palette ziehen und so als Hintergrund einstellen (das Foto lässt sich in der Deckkraft anpassen),
- spezielle einfarbige Grafiken zu den Themen Reise und Hochzeit (siehe Abb. 14–14 B) über das Aufklappmenü in der Palette einstellen. Die Grafiken lassen sich mit einer Farbe tonen und in der Deckkraft verändern.

Alle Einstellungen lassen sich global, also für alle Buchseiten gemeinsam (*Hintergrund global anwenden*), oder für jede Seite einzeln einstellen. Für Letzteres entfernen Sie das Häkchen oben in der Palette und wählen jene Seite aus, die Sie einstellen wollen, bevor Sie Änderungen an der Palette vornehmen.

A

B

Abb. 14–14
Seitenhintergrund
A) Hintergrund-Palette
B) Eine der voreingestellten einfarbigen Grafiken zum Thema Reise

14.7 Layout-Automatik

Anstatt ein Layout auszuwählen und einzeln Seiten hinzuzufügen, können Sie das Buch auch einfach von Lightroom setzen lassen. Das ist manchmal sinnvoll, um einfach einen Startpunkt zu haben, von dem aus man Änderungen vornimmt. Aber manchmal sind gar keine weiteren Änderungen notwendig.

Zunächst bringen Sie die zu verwendenden Fotos im Filmstreifen in die Reihenfolge, in der Sie im Buch erscheinen sollen. Dann wählen Sie in der Auto-Layout-Palette (vgl. Abb. 14–15) eine Vorgabe aus und drücken *Auto-Layout*. Dadurch wird das gesamte Buch gesetzt. Es werden so lange neue Seiten angelegt, bis alle Fotos des Filmstreifens im Buch untergebracht sind.

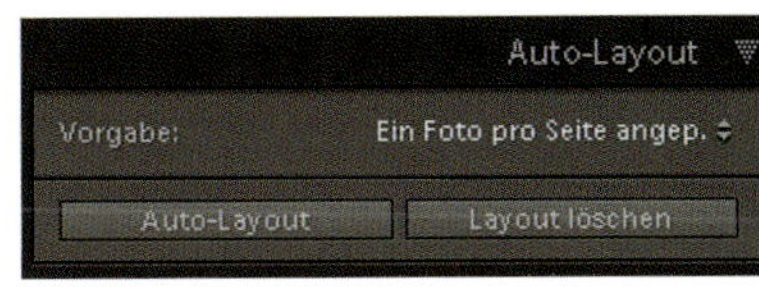

A

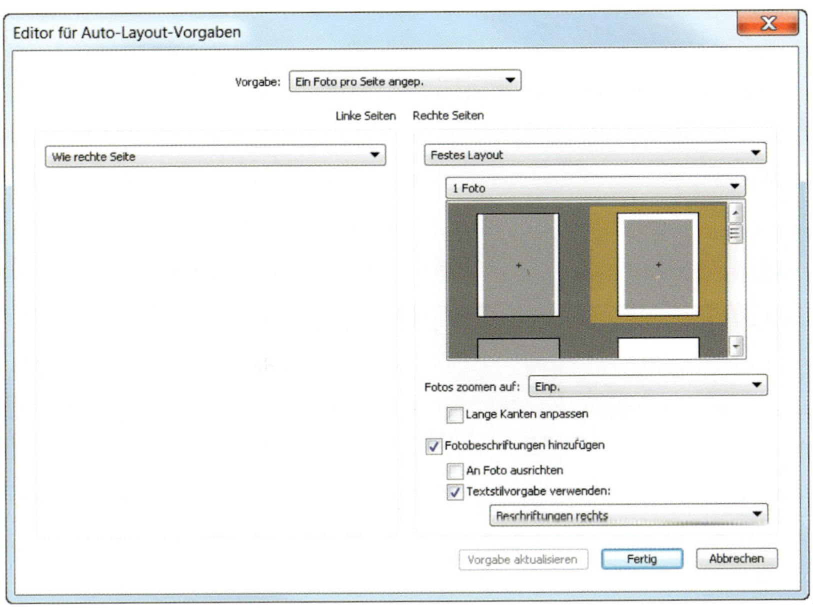

B

Abb. 14–15
Layout-Automatik
A) Auto-Layout-Palette
B) Editor für Auto-Layout-Vorgaben. Diese Vorgabe setzt auf linke und rechte Seiten (die linke Seite wird wie die rechte behandelt) jeweils ein einzelnes Foto, passt dieses in die Zelle ein und fügt jeweils eine Beschriftung hinzu.

Über das Vorgabe-Aufklappmenü in der Auto-Layout-Palette gelangt man zum Auto-Layout-Vorgaben-Editor (siehe Abb. 14–15 B), mit dessen Hilfe man eigene Vorgaben anlegen kann. Dieser sieht etwas kompliziert aus, funktioniert aber ziemlich einfach. Sie können das Layout jeweils für die linken und die rechten Seiten unterschiedlich einstellen. Die Einstellung gilt dann für alle linken oder rechten Seiten des Buchs. Dabei gibt es drei grundlegende Möglichkeiten:

- *Leere Seite*: Lässt die entsprechende Seite leer.
- *Festes Layout*: Stellt ein festes Layout für die Seite ein.

- *Zufällig aus Favoriten*: Wählt zufällig ein Layout aus den Favoriten aus (ein Seitenlayout kann über den Layout-Wähler favorisiert werden, siehe Seite 343).

Bei Seiten-Layouts mit mehr als einem Foto sorgt die Option *Lange Kanten anpassen* dafür, dass Hoch- und Querformatfotos auf derselben Seite gleich groß gesetzt werden (dazu verwendet die Funktion die Zellfüllungen). Dies sieht in der Regel besser aus, siehe Abbildung 14–4 A.

Abb. 14–16
Auto-Layout im Zufallsmodus. Diese Layouts mit je einem Foto pro Seite hat Lightroom zufällig aus den Favoriten ausgewählt. So entsteht trotz Automatik ein abwechslungsreiches Layout.

Normalerweise wird für jedes neue Buch als Erstes die Layout-Automatik angewendet. Sie können dieses Verhalten aber in den Buch-Voreinstellungen abschalten. Ich empfehle, anhand von ein paar Fotos einmal mit der Layout-Automatik zu experimentieren. Über die Auto-Layout-Palette kann man alle Seiten wieder entfernen und andere Einstellungen ausprobieren.

14.8 Layouts anpassen

Es gibt zwei Techniken, mit denen Sie dafür sorgen können, dass die vielen Layout-Einstellungen konsistent im gesamten Buch zur Anwendung kommen: zum einen das Einfügen von bereits fertig eingestellten Seiten und zum anderen das gemeinsame Bearbeiten mehrerer Seiten oder Zellen.

Mit der ersten Technik kopieren Sie alle Einstellungen einer bestehenden Seite in einen Zwischenspeicher und können anschließend beliebig oft Seiten einfügen, die bereits mit diesen Layout-Einstellungen ausgestattet sind. Dazu wählen Sie eine Seite aus und dann *Layout kopieren* im Bearbeiten-Menü oder drücken [Strg]-[⇧]-[C]. Dann klicken Sie eine andere Seite an und wählen *Layout einfügen* (oder [Strg]-[⇧]-[V]). Daraufhin wird an dieser Stelle eine neue Seite mit denselben Layout-Einstellungen eingefügt: Dabei werden alle Einstellungen, also Seiten-Layout, Zellfüllungen, Hintergrund, Einpassen/Ausfüllen, Beschriftungen und die Schrift- und Absatzeinstellungen bei Textzellen, berücksichtigt.

Weiterhin können Sie mehrere Seiten oder Zellen auswählen und gemeinsam bearbeiten. Um mehrere Seiten auszuwählen, können Sie die Tasten [Strg] oder [⇧] gedrückt halten. Alle Seiten des Buchs lassen sich mit [Strg]-[A] auswählen. Dann können Sie über die Seite-Palette für alle ausgewählten Seiten ein anderes Layout einstellen, den Hintergrund ändern oder Seitenbeschriftungen hinzufügen. Um mehrere Zellen auszuwählen, halten Sie [Strg] gedrückt. Über das Bearbeiten-Menü lassen sich außerdem alle Fotozellen oder alle Textzellen des Buchs gemeinsam auswählen. Anschließend können Sie Zellfüllungen, Einpassen/Ausfüllen, Beschriftungen sowie Schrift- und Absatzeinstellungen in Textzellen anpassen.

Meine persönliche Arbeitsweise bei neuen Büchern ist häufig so, dass ich am Anfang zunächst über die Seite-Palette 10–20 leere Seiten erstelle und dann in der mehrseitigen Ansicht die Seiten-Layouts anpasse, Fotos platziere und Seiten oder ganze Seitenbereiche per Drag and Drop hin- und herschiebe. Wenn ich später zwischen Seiten konsistente Einstellungen herstellen will, bearbeite ich sie gemeinsam.

14.9 Ausgabe

Sobald das Layout fertig ist, kann man das Buch hochladen oder exportieren. Vorher empfiehlt es sich, das Buch zur Vorschau als PDF auszugeben. Dies erreicht man über den Knopf *Buch als PDF exportieren*, auch im Blurb-Modus. Das PDF können Sie in Ruhe durchsehen oder eine Testseite ausdrucken. Im Folgenden einige Informationen zur Ausgabe bzw. zu den Ausgabeeinstellungen, jeweils für den Druck über Blurb und für den Export im PDF- oder JPEG-Format. Die Einstellungen treffen Sie in der Bucheinstellungen-Palette (siehe Abb. 14–2).

Blurb

Bei der Buchproduktion über Blurb werden alle Fotos automatisch geschärft und in den Farbraum *sRGB* konvertiert, bei Blurb werden sie dann in dessen Farbraum konvertiert. Es ist kaum sinnvoll, vorher einen Softproof durchzuführen. Denn das Ausgabeprofil, das Blurb auf seiner Webseite zur Verfügung stellt, ist ein CMYK-Profil, das Lightroom nicht verwenden kann. Sie können allerdings für besonders stark gesättigte Fotos einen Softproof für das sRGB-Profil bei relativ farbmetrischer Renderpriorität durchführen und hier die Farben in den entsprechenden Bereichen in der Sättigung reduzieren. Dann kann es aber immer noch passieren, dass Farben und Kontraste im Druck abweichen.

Nach dem Hochladen des Buchs über den Knopf *Buch an Blurb senden* können Sie auf der Blurb-Webseite (siehe Abb. 14–17) noch kleine Änderungen vornehmen und das Buch noch einmal durchsehen. Außerdem können Sie es auf dem Server für Nachbestellungen gespeichert lassen oder auch anderen zur Bestellung anbieten.

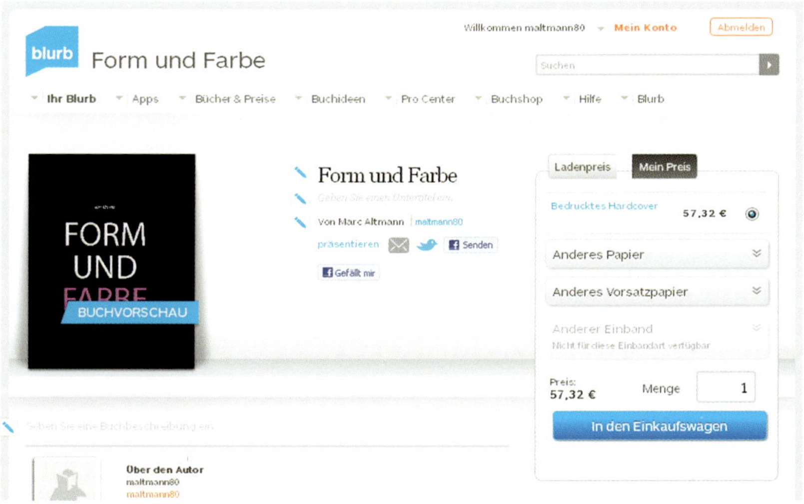

Abb. 14–17
Blurb-Webseite nach dem Hochladen des Buchs

PDF oder JPEG

Bevor Sie ein Buch über einen Drittanbieter in Auftrag geben oder überhaupt ans Layout gehen, sollten Sie klären, wie dort die Übergabe funktioniert, d. h. welches das bessere Dateiformat ist, ob der Anbieter die zur Verfügung stehenden Buchformate drucken kann und wie das Farbmanagement bei ihm funktioniert. Falls der Anbieter ein RGB-Ausgabeprofil anbietet, können Sie auch einen Softproof durchführen.

Für den Export lassen sich in der Bucheinstellungen-Palette umfangreichere Farbmanagement-Einstellungen treffen als für den Druck über Blurb. So können Sie zwischen allen Farbprofilen (Standardfarbräume und Ausgabeprofile) wählen. Leider kann man sich die Renderpriorität nicht aussuchen, es wird immer »relativ farbmetrisch« genommen. Insofern konvertiert man vielleicht am besten in *Adobe-RGB* und lässt den Druckdienstleister die weitere Konvertierung vornehmen, falls er auf diese Weise arbeiten kann. Sagen Sie ihm dann, welche Renderpriorität Sie für den Softproof verwendet haben.

Die weiteren Einstellungen für die Ausgabe sind ähnlich wie im Drucken-Modul: Man kann die Druckauflösung, Ausgabeschärfung und die Qualität der JPEG-Dateien einstellen (auch in die PDF-Dateien werden letztlich nur JPEGs eingebettet). Bei der Ausgabe als PDF werden Einband und Buchinhalt als separate Dateien angelegt. Bei der JPEG-Ausgabe werden alle Doppelseiten als separate Dateien gespeichert.

Heiligendamm (Nikon D100 Raw)
Belichtung +0,92, Kontrast +50,
Lichter -100, Tiefen +100,
Weiß -3, Schwarz +22,
Klarheit +100, Dynamik +50

15 Export, E-Mail und Veröffentlichungs-dienste

Mit dem Exportieren-Dialog und den Veröffentlichungsdiensten lassen sich Fotos ausgeben, ohne dass sie wie bei den Ausgabemodulen gleich präsentiert werden. Stattdessen geben beide Funktionen Bilddateien direkt auf die Festplatte aus oder übertragen sie an Webdienste wie *Flickr*. Um mit Letzeren zusammenzuarbeiten, muss ein entsprechendes Zusatzmodul installiert sein, sodass Lightroom mit dem Dienst kommunizieren kann. Das Programm meldet sich dann selbstständig dort an und lädt die ausgegebenen Dateien hoch.

Die Ausgabeeinstellungen für Bilddateien wie Dateinamen, Bildgröße, Ausgabeschärfung, Metadaten usw. sind in den beiden Programmteilen gleich (daher zusammengefasst unter Abschnitt 15.4). Die Arbeitsweise der beiden Funktionen ist ansonsten aber recht verschieden. Der Exportieren-Dialog ist für spontane und unregelmäßige Ausgaben gedacht, beispielsweise wenn Sie einige Fotos per E-Mail verschicken, auf DVD brennen oder auf Twitter hochladen wollen. Für den E-Mail-Versand gibt es in Lightroom 4 einen eigenen Dialog, der aber auf die Exportieren-Funktion zurückgreift.

Die Veröffentlichungsdienste eignen sich eher für regelmäßige Veröffentlichungen auf Webdiensten, aber auch auf dem eigenen Smartphone oder Mediaplayer. Man richtet den Veröffentlichungsort nur einmal ein. Lightroom kümmert sich von da an automatisch darum, die ausgegebenen Fotos aktuell zu halten.

15.1 Der Exportieren-Dialog

Abb. 15–1
Ein mit der Exportieren-Funktion auf Twitter hochgeladenes Bild

Mit dem Exportieren-Dialog gibt man Fotos aus, das heißt, man erstellt neue Bilddateien. Dieses Kapitel beschäftigt sich mit der endgültigen Ausgabe, der Dialog kann aber auch neue Bilddateien für die Weiterverarbeitung erzeugen. Mehr dazu siehe Kapitel 16.2.

Zunächst wählt man die auszugebenden Fotos aus und ruft dann den Exportieren-Dialog über den Knopf links unten im Bibliothek-Modul oder über Strg-⇧-E auf. Anschließend legt man die Einstellungen für das Exportziel (den Ausgabeort bzw. die Art und Weise der Ausgabe) und die Bilddateien fest. Dazu stehen über das Aufklappmenü *Exportieren auf* drei voreingestellte Ziele zur Verfügung:

- Das Ziel *Festplatte* wird benutzt, um Fotos in einen Ordner auszugeben. Den Ordner wählen Sie im Speicherort-Teil der Exporteinstellungen (siehe Abb. 15–3 A).
- Mit dem Ziel *CD/DVD* werden die Bilddateien automatisch auf ein oder mehrere optische Medien gebrannt. Hier brauchen Sie keinen Speicherort einzustellen, da direkt auf die Datenträger ausgegeben wird. Falls die Bilddateien nicht auf ein Medium passen, verteilt Lightroom sie automatisch auf mehrere.

- Neu in Lightroom 4 ist das Ziel *E-Mail*. Die Bilddateien werden hierbei an Ihr Mailprogramm weitergegeben (siehe unten).

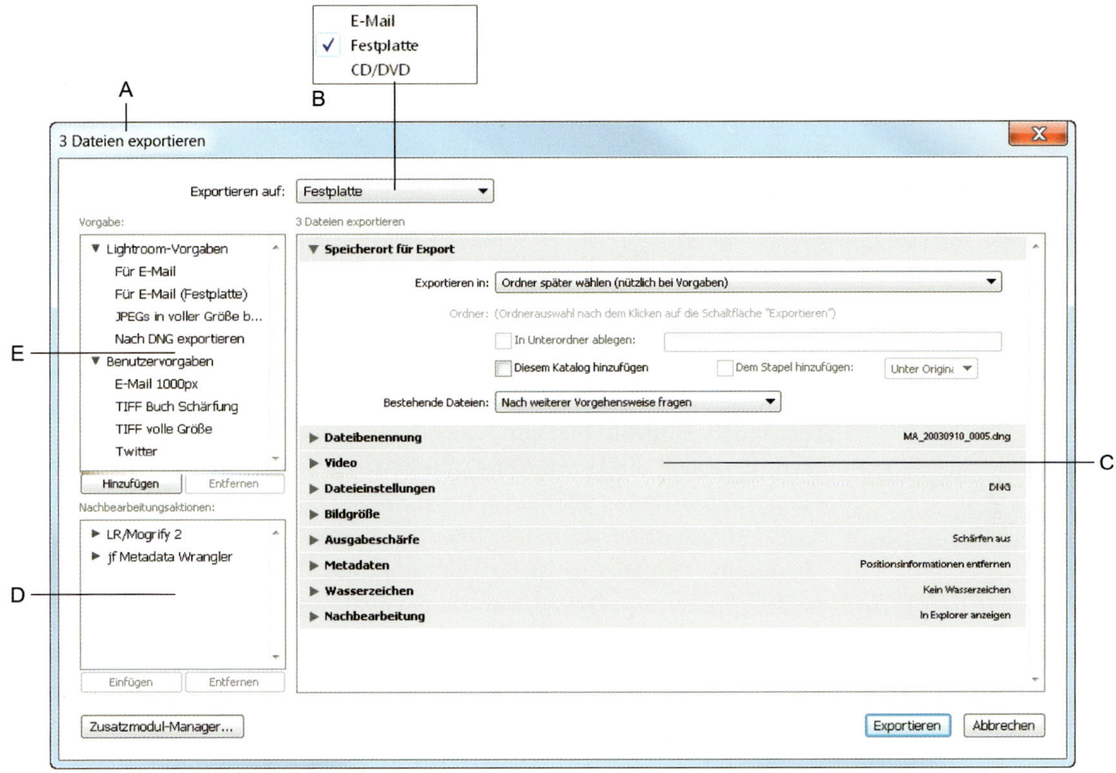

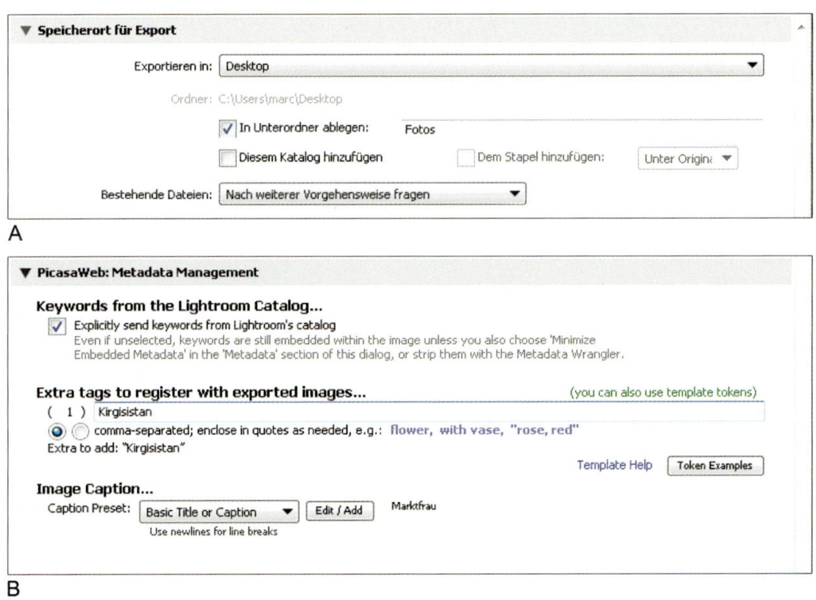

Abb. 15–2

Der Exportieren-Dialog

A) Anzahl der auszugebenden Fotos

B) Exportziel

C) Einstellungen

D) Zusatzmodule für die Nachbearbeitung

E) Vorgaben

Abb. 15–3

Einstellungen für den Export

A) Speicherort

B) Metadatenübergabe für einen Webdienst

Über Zusatzmodule lassen sich weitere Exportziele für Webdienste hinzufügen. Ein Zusatzmodul erweitert dabei in der Regel den Exportieren-Dialog um eigene Einstellungen. Die Anmeldeinformationen für die Dienste tragen Sie direkt in den Dialog ein, sodass Lightroom sich automatisch beim Dienst anmelden kann. Weiterhin kann man in den meisten Fällen ein Album angeben, dem die exportierten Fotos auf dem Webdienst hinzugefügt werden (dies ist bei den Veröffentlichungsdiensten komfortabler gelöst, siehe unten).

Fast alle Webdienste erlauben die Weitergabe von Metadaten, sodass diese die Titel, Bildbeschreibungen und Stichwörter nutzen können, die Sie bereits für die Fotos vergeben haben (siehe Abb. 15–3 B). Außerdem kann man meist Einstellungen zum Datenschutz treffen bzw. Zugangsbeschränkungen für die Fotos einstellen. Für die allgemeinen Einstellungen zu den erzeugten Bilddateien siehe Abschnitt 15.4.

Abb. 15–4
Für regelmäßig benötigte Exporte lassen sich Vorgaben anlegen.

Aufgrund der Vielzahl der Einstellungen im Exportieren-Dialog ist es besonders sinnvoll, hier mit Vorgaben zu arbeiten. Einmal angelegt, lassen diese sich direkt vom Bibliothek-Modul aus aufrufen, ohne dass der Exportieren-Dialog geöffnet werden muss. Dazu wählt man über *Datei ▷ Mit Vorgabe exportieren* oder über das Kontextmenü eines oder mehrerer Fotos eine Vorgabe aus (siehe Abb. 15–4). Ein ähnlicher Menübefehl, *Datei ▷ Wie vorher exportieren*, umgeht ebenfalls den Dialog und greift auf die zuletzt benutzten Exporteinstellungen zurück.

15.2 Fotos per E-Mail versenden

Um Fotos per E-Mail zu verschicken, können Sie direkt den Menüpunkt *Datei ▷ Foto per E-Mail versenden* aufrufen. Im folgenden Dialog (siehe Abb. 15–5) lassen sich bereits Empfänger und Betreff der E-Mail eintragen sowie zwischen Vorgaben mit verschiedenen Ausgabeeinstellungen wählen. Die Funktion verfügt sogar über ein kleines Adressbuch, mit dem Sie E-Mail-Adressen verwalten können. Ein Klick auf *Senden* ruft zunächst das eingestellte E-Mail-Programm auf, in dem die E-Mail noch bearbeitet werden kann.

Falls Ihnen die Ausgabeeinstellungen nicht ausreichen, können Sie stattdessen den normalen Exportieren-Dialog mit dem Exportziel *E-Mail* verwenden, wo Ihnen alle Einstellungen zur Verfügung stehen. Diese Einstellungen lassen sich wiederum als Vorgabe speichern, sodass sie auch über den obigen Dialog verwendet werden können.

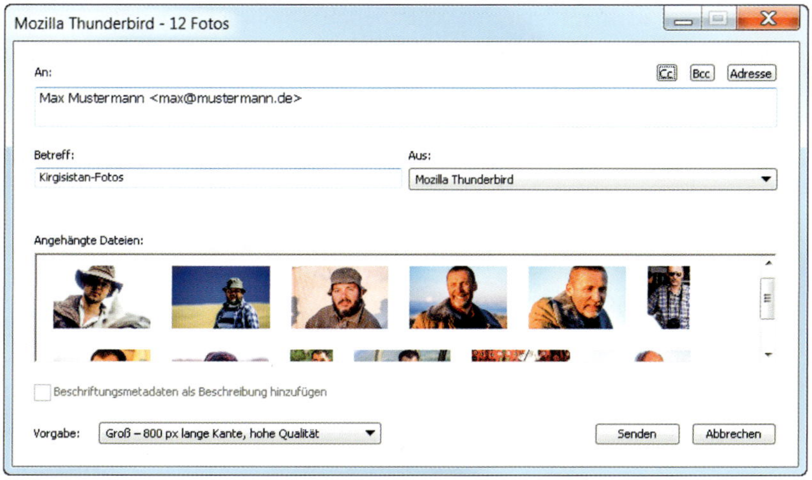

Abb. 15–5
Dialog für den E-Mail-Versand

15.3 Die Veröffentlichungsdienste

Die Veröffentlichungsdienste tragen der zunehmenden Veröffentlichung von Fotos auf Webdiensten Rechnung. Mit dem Exportieren-Dialog ist es zwar recht einfach, einmalig Fotos auf einen Webdienst zu laden. Aber über einen längeren Zeitraum ist es recht aufwändig, die dortigen Fotos zu pflegen (Alben aktualisieren, Fotos entfernen usw.).

Abb. 15–6
Veröffentlichung auf Flickr

Vieles davon wird mit den Veröffentlichungsdiensten automatisiert. Sie richten vorab einen Dienst und damit Ausgabeort und Exporteinstellungen ein. Die Zusammenstellung der Alben erfolgt anschließend direkt in Lightroom über Sammlungen (von Hand) oder Smart-Sammlungen (automatisch) in der Veröffentlichungsdienste-Palette. Die Alben und Fotos auf dem Webdienst werden dann automatisch von Lightroom synchronisiert.

A

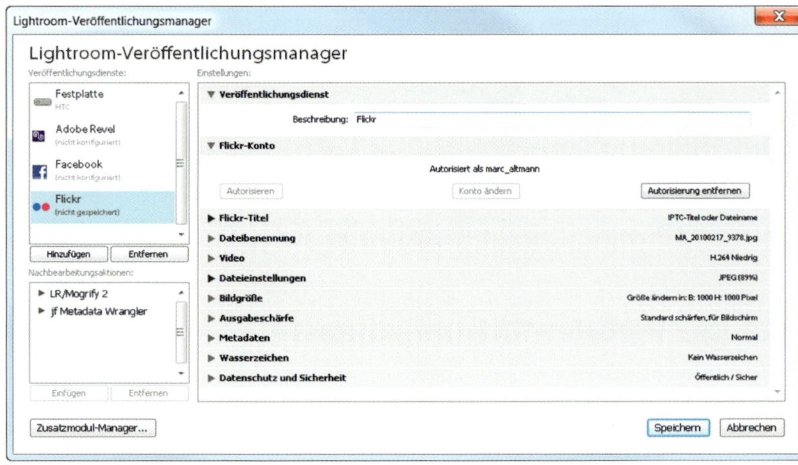

B

Abb. 15–7
Mit den Veröffentlichungsdiensten richtet man einen dauerhaften Ausgabeort ein.
A) Die Veröffentlichungsdienste-Palette vor dem Einrichten. Nicht benötigte Dienste können Sie über das Menü hinter dem Plus-Symbol dauerhaft ausblenden.
B) Veröffentlichungsmanager zum Einrichten eines Dienstes

Dienste einrichten

Neue Dienste werden über den Veröffentlichungsmanager eingerichtet, den Sie über das Plus-Symbol in der Veröffentlichungsdienste-Palette erreichen (vgl. Abb. 15–7). Falls Sie mit mehreren Katalogen arbeiten, sollten Sie den Dienst in dem Katalog erstellen, wo er sich auch später befinden soll. Denn Veröffentlichungsdienste lassen sich nicht zwischen Katalogen übertragen.

Mit Lightroom 4 werden vier Dienste ausgeliefert: Der Dienst *Festplatte* exportiert die Fotos in einen Ordner. Die drei restlichen Dienste implementieren verschiedene Webdienste: *Flickr*, *Facebook* und Adobes neuen Cloud-Dienst *Revel*. Weitere Dienste lassen sich über Zusatzmodule hinzufügen. Die Zusatzmodule für den Exportieren-Dialog und die Veröffentlichungsdienste sind aber nicht miteinander kompatibel.

Bei der Festplatten-Veröffentlichung stellt man einen Ordner als Speicherort ein (siehe Abb. 15–8 A). Der Dienst eignet sich, um regelmäßig Fotos aufs Smartphone oder den Mediaplayer auszugeben (siehe Kasten) oder für andere Fälle, in denen man Fotos regelmäßig in einen bestimmten Ordner ausgeben will.

Ähnlich wie im Exportieren-Dialog fügen die Webdienste Einstellungen zum Veröffentlichungsmanager hinzu. Auf diese Weise werden die Anmeldedaten eingegeben und die Einstellungen zu Datenschutz und Zugriffsbeschränkungen getätigt. Weiterhin lassen sich in der Regel Metadaten weitergeben. Bei Flickr sind dies z. B. Stichwörter, Titel und Bildbeschreibung (Abb. 15–8 B). Diese werden automatisch vom Webdienst übernommen und angezeigt. Für die allgemeinen Einstellungen für die Bilddateien siehe unten.

Um unterschiedliche Einstellungen für einen Dienst zu verwenden, müssen Sie diesen mehrfach einrichten. Zum Beispiel könnten Sie einen Dienst *Flickr öffentlich* für öffentliche und einen *Flickr privat* für private Fotos, die nur von Familienmitgliedern oder Freunden angesehen werden können, erstellen.

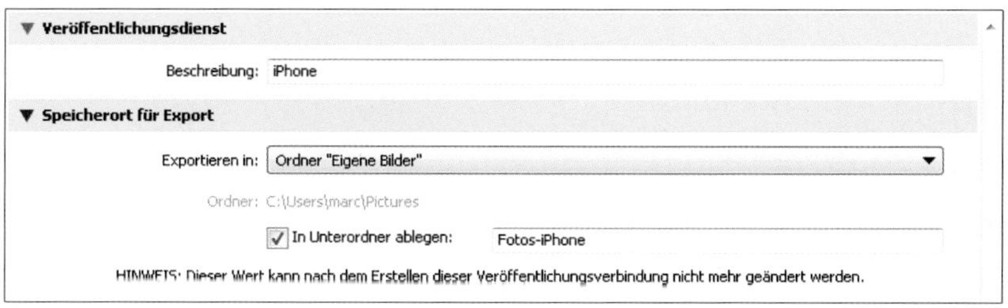

A

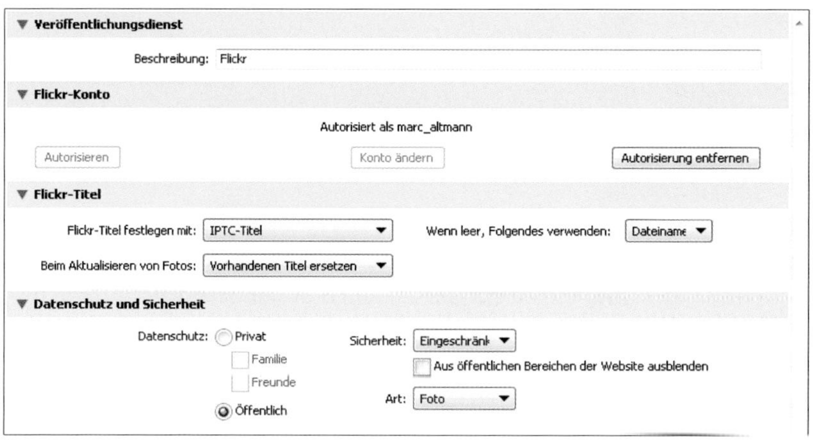

B

Abb. 15–8

Einstellungen für Veröffentlichungsdienste

A) Festplatte

B) Flickr

Fotos auf Mobiltelefonen verwalten

Wenn Ihr Mobiltelefon oder anderes mobiles Gerät sich per USB als normales Laufwerk an den Computer anschließen lässt (bei Android-Geräten funktioniert das in der Regel), können Sie direkt auf das Gerät veröffentlichen. Dazu müssen Sie nur den Foto-Ordner darauf ausfindig machen und ihn anschließend direkt als Veröffentlichungsordner anlegen.

Bei manchen Geräten geht das Veröffentlichen nicht direkt, sondern läuft über ein Zwischenprogramm, z. B. bei Apples *iPad/iPhone/iPod Touch*. Hier richtet man die Veröffentlichung so ein, dass die Fotos zunächst in einen Ordner auf der Festplatte exportiert werden. Diesen Ordner zeigt man dann dem Programm *iTunes*, damit es die Fotos synchronisieren kann.

Veröffentlichen und verwalten

Nachdem Sie einen Dienst eingerichtet haben, können Sie über das Plus-Symbol in der Veröffentlichungsdienste-Palette Sammlungen oder Smart-Sammlungen anlegen, wie sie von der Sammlungen-Palette her bekannt sind (die Namen hängen vom Dienst ab, z. B. *Fotosatz erstellen*, *Smart-Fotosatz erstellen* usw.). Jede Veröffentlichungssammlung bildet später ein Album auf dem Webdienst oder einen Ordner auf der Festplatte. So können Sie die auszugebenden Fotos sehr komfortabel bereits in Lightroom organisieren und brauchen sich darum später nicht mehr zu kümmern.

A

B

Abb. 15–9
Veröffentlichung
A) Veröffentlichungsdienste-Palette mit Ordner- und Flickr-Diensten
B) Ändern sich Fotos, werden sie in der Rasteransicht für die erneute Veröffentlichung markiert.

Bei normalen Sammlungen stellen Sie die Fotos von Hand zusammen und können so z. B. verschiedene themenbezogene Alben verwalten. Smart-Sammlungen können Sie nutzen, um beispielsweise Ihre besten Fotos (über Bewertungssterne), alle Ihre HDR-Fotos (über Stichwörter) oder alle Fotos eines bestimmten Projekts (über das Jobnummer-Metadatenfeld) automatisch zusammenstellen zu lassen. Dies ist letztlich die komfortabelste Möglichkeit, mit den Veröffentlichungsdiensten zu arbeiten. Bei manchen Diensten können Sie Sammlungen auch mithilfe von Sammlungssätzen organisieren.

Eine Eigenart des Webdienstes Flickr ist der *Fotostream* (siehe Abb. 15–9 A). Dies ist ein spezielles Album, das alle Fotos in der Reihenfolge des Hochladens darstellt, die neuesten zuerst. Sie können Fotos direkt im Fotostream veröffentlichen oder daneben einzelne Alben anlegen.

Um eine Sammlung zu veröffentlichen, also die Ausgabe und Übertragung zu starten, klicken Sie rechts oben in der Rasteransicht auf *Veröffentlichen* (siehe Abb. 15–9 B). Das dazugehörige Album auf der Webseite bzw. den Ordner auf der Festplatte können Sie sich nach der Übertragung über das Kontextmenü der Sammlung anzeigen lassen. Wenn Sie Fotos danach verändern, werden diese zunächst nur als geändert markiert und in der Rasteransicht entsprechend gruppiert. Dies betrifft nur Änderungen, die für die Veröffentlichung relevant sind: vor allem Entwicklungseinstellungen, evtl. auch Titel, Bildbeschreibung und Stichwörter. Irgendwann können Sie die Sammlung erneut veröffentlichen. Auf dieselbe Weise funktioniert es mit Fotos, die Sie zur Sammlung hinzufügen oder aus ihr entfernen. Diese werden erst bei der erneuten Veröffentlichung übertragen bzw. gelöscht.

Eine besondere Eigenschaft der Veröffentlichungsdienste ist die Fähigkeit, Kommentare, die Benutzer von Webdiensten zu veröffentlichten Fotos abgegeben haben, in Lightroom zu laden. Diese werden über die Kommentare-Palette auf der rechten Seite angezeigt (siehe Abb. 15–10). Über den kreisförmigen Pfeil links oben können Sie die Kommentare aller Fotos derselben Veröffentlichungssammlung aktualisieren.

Abb. 15–10
Kommentare-Palette am Beispiel von Flickr. Sie können Kommentare über die Palette beantworten.

Bei Flickr benötigen Sie übrigens einen kostenpflichtigen Pro-Zugang, wenn Sie den Veröffentlichungsdienst im vollen Umfang nutzen wollen. Beim kostenlosen Zugang werden aktualisierte Fotos gelöscht und neu eingestellt, sodass alle Daten, die Flickr über das Foto gesammelt hat (Kommentare, Anzahl der Betrachtungen usw.), sowie alle in Flickr geänderten Stichwörter, Titel und Bildbeschreibungen verloren gehen.

Webdienste und englische Begriffe

Bei einigen Webdiensten, vor allem bei Flickr, verwendet man besser englische Stichwörter, Titel und Bildbeschreibungen. Wenn Sie wie ich normalerweise die deutsche Sprache verwenden, haben Sie das Problem, die englischen Bezeichnungen zu verwalten. Hier einige Möglichkeiten:

- Die einfachste Möglichkeit ist, dies nicht in Lightroom, sondern nur im Webdienst zu tun. Dazu wird der Zugang so eingestellt, dass die IPTC-Metadaten nach dem Hochladen von Lightroom nicht mehr verändert werden. Im Veröffentlichungsmanager stellt man dazu *Beim Aktualisieren von Fotos* auf *Einmal erstellte Titel nicht verändern* (siehe Abb. 15–8 B, dies ist zumindest bei Flickr und bei Facebook möglich, bei anderen Diensten können die Einstellungen abweichen). Nach dem erstmaligen Übertragen können Sie dann die Bezeichnungen über die Weboberfläche des Dienstes anpassen.
- Eine Möglichkeit, die zumindest bei Flickr funktioniert, ist, englische Stichwörter als Synonyme einzutragen. Damit sind allerdings Titel und Bildbeschreibung noch nicht berücksichtigt.
- Eine weitere – wenn auch sehr aufwändige – Möglichkeit ist es, einen eigenen Katalog für die Veröffentlichungen zu verwenden. Die Fotos werden dann vom normalen Katalog und gleichzeitig vom Veröffent-

lichungskatalog referenziert. Für die Arbeit mit mehreren Katalogen siehe Kapitel 6.9.

15.4 Einstellungen für Bilddateien

Die folgenden Einstellungen zur Beschaffenheit der ausgegebenen Bilddateien gelten für den Exportieren-Dialog und den Veröffentlichungsmanager gleichermaßen. Manche Exportziele oder Veröffentlichungsdienste schränken die Auswahlmöglichkeiten teilweise ein. So können Sie bei Webdiensten in der Regel nur im JPEG-Format und im sRGB-Farbraum ausgeben. Aber für die Veröffentlichung im Web ist das ohnehin zu empfehlen.

Der Exportieren-Dialog verfügt beim Exportieren auf die Festplatte über einige Einstellungen, die nicht für die Veröffentlichung, sondern für die Weiterverarbeitung gedacht sind. Diese erläutere ich in Kapitel 16.2.

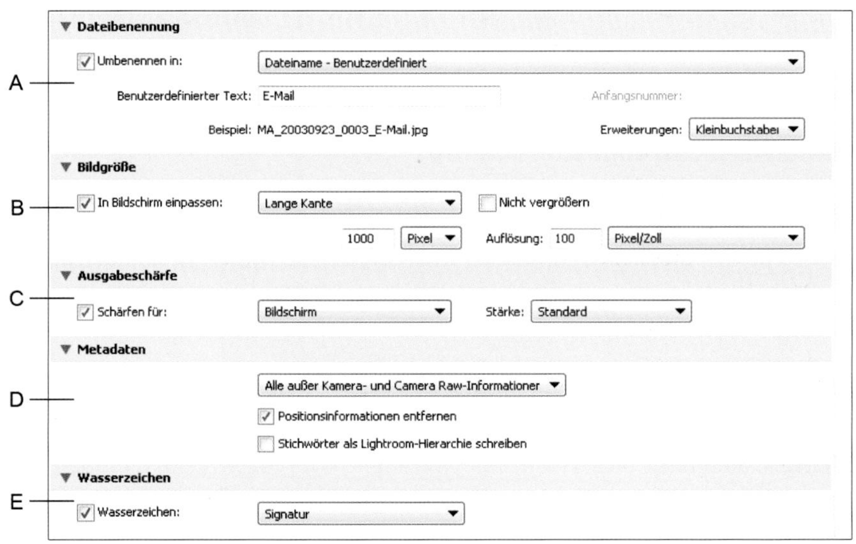

Abb. 15–11
Einstellungen für Bilddateien
A) Dateinamen
B) Bildgröße und Auflösung
C) Ausgabeschärfung
D) Metadateneinbettung
E) Wasserzeichen

Dateinamen

Die Benennung der Dateien funktioniert wie bei der Stapelumbenennung über Dateinamenvorlagen. Ich füge meist ein Suffix an den Dateinamen, zumindest wenn ich auf die eigene Festplatte ausgebe, damit ausgegebene Dateien von Originaldateien klar unterscheidbar sind. Beispielsweise könnte man eine Dateinamenvorlage erstellen, die den Originalnamen mit dem Feld *Benutzerdefinierter Text* verbindet. Dann kann man im Exportieren-Dialog bei jedem Export bzw. bei jedem Veröffentlichungsdienst den Zweck angeben (*Flickr*, *E-Mail*, *Smartphone* usw., siehe Abb. 15–11 A).

Fotos skalieren

Über die Option *In Bildschirm einpassen* im Bildgröße-Teil des Dialogs (Abb. 15–11 B) können Sie die auszugebenden Fotos vergrößern oder verkleinern. Dabei bleiben die Proportionen der Fotos grundsätzlich erhalten. Die Angabe der Größe kann sich schwierig gestalten, denn diese muss für alle ausgegebenen Fotos gelten, egal mit welchen Seitenverhältnissen und mit welcher Ausrichtung Sie es zu tun haben. Daher bietet Lightroom dazu vier verschiedene Möglichkeiten an:

- *Breite & Höhe:* Sie geben die Maße eines Rahmens an, in dem das Foto maximiert wird, ohne es zu beschneiden. Das Foto wird fürs Einpassen nicht gedreht. Beispiel: Sie wollen Quer- und Hochformatfotos für Ihre Webseite erzeugen, das Anzeigefeld ist 800 × 600 Pixel groß. Hochformatfotos dürfen also maximal 600 Pixel hoch sein, querformatige max. 800 breit.
- *Abmessungen:* Sie geben Maximalwerte für Breite und Höhe an; welcher der beiden Werte vom Foto früher erreicht wird, bestimmt dessen Größe. Beispiel: Sie wollen Bilddateien für die Ausbelichtung in der Größe 30 × 20 cm ausgeben.
- *Lange Kante* und *Kurze Kante:* Sie geben den genauen Wert (bei den vorigen Modi verwendet man den Maximalwert) für die lange oder kurze Seite der Fotos an. Die andere Kante ergibt sich jeweils. Beispiel: Sie wollen mehrere Panoramafotos ausgeben. Diese sind in der Breite alle unterschiedlich, sollen aber in der Höhe (kurze Kante) genau 500 Pixel betragen.
- *Megapixel*: Sie geben die Megapixel-Zahl an, die die neu erstellten Bilddateien haben sollen.

Bei Webdiensten ist nur die Angabe der Pixelmaße erforderlich. Wenn Sie hingegen auf Festplatte exportieren und dabei physikalische Maße angeben, errechnet Lightroom daraus mithilfe der angegebenen Auflösung die Pixelmaße. Die Auflösung wird darüber hinaus als Metadatum in die Bilddateien eingetragen, sodass Programme wie *Word* oder *InDesign*, die mit physikalischen Größen arbeiten, die Fotos in der korrekten Größe anzeigen können.

Ausgabeschärfung

Wenn ein Foto für die endgültige Ausgabe exportiert wird, sollte in der Regel auch die Ausgabeschärfung eingeschaltet werden. Hierfür können Sie zwischen den Medientypen *Bildschirm*, *Mattes Papier* und *Glanzpapier* wählen. Für das Web stellen Sie den Bildschirmtyp ein. Sie können außerdem die Stärke der Schärfung über die Einstellungen *Niedrig*, *Standard* und *Hoch* anpassen (Abb. 15–11 C).

Wasserzeichen

Um die ausgegebenen Bilddateien mit Ihrer Signatur oder einem Logo zu kennzeichnen, können Sie ein Wasserzeichen auf jedes Bild setzen lassen. Die Wasserzeichen erstellen Sie zunächst mit dem Wasserzeichen-Editor (siehe Kapitel 10.4). Über die Einstellung *Einf. Copyright-Wasserzeichen* können Sie ein dynamisches Wasserzeichen mit Urheberrechtsinformationen verwenden, die jeweils dem entsprechenden Metadatenfeld entnommen werden (Abb. 15–11 E).

Metadaten kontrollieren

Bei der Ausgabe lassen sich die Metadaten, die in den neuen Bilddateien enthalten sind, gezielt einschränken. Über das Aufklappmenü im Metadatenteil der Einstellungen (Abb. 15–11 D) legen Sie fest, welche erhalten bleiben sollen: *Nur Copyright*, *Nur Copyright und Kontaktinformationen*, *Alle außer Kamera- und Camera Raw-Informationen* (d.h. EXIF-Metadaten und Entwicklungseinstellungen) oder schlicht *Alle*. Zusätzlich lassen sich noch wahlweise alle Positionsinformationen (also Geokoordinaten und IPTC-Ortsmetadaten) entfernen. Für eine noch genauere Kontrolle können Sie das Zusatzmodul *Metadata Wrangler* verwenden (siehe unten). Die Option *Stichwörter als Lightroom-Hierarchie schreiben* sollten Sie für zu veröffentlichende Fotos nicht setzen – sie ist für weiter zu bearbeitende Fotos gedacht (siehe Seite 381).

Bei der Einschränkung der Metadaten geht es darum, welche in die Bilddateien selbst eingebettet werden. Wenn Sie an einen Webdienst übertragen, können Metadaten auch unabhängig davon an den Dienst übermittelt werden (siehe oben). Bedenken Sie bitte, dass Sie die Ausgabe von Metadaten nicht nur im Exportieren-Dialog oder Veröffentlichungsmanager kontrollieren können. Bei Geokoordinaten und Stichwörtern lassen sich bereits bei der Vergabe Einstellungen zur Ausgabe treffen (siehe Seite 297).

Zusatzmodule für weitere Einstellungen

Es gibt spezielle Zusatzmodule, die keine Exportziele oder Veröffentlichungsdienste hinzufügen, sondern lediglich zusätzliche Einstellungen zur Verfügung stellen. Ist ein solches Zusatzmodul installiert, erscheint links unten im Exportieren-Dialog bzw. im Veröffentlichungsmanager eine Liste mit *Nachbearbeitungsaktionen*, die zur langen Liste der Einstellungen im Dialog addiert werden können. *Metadata Wrangler* (siehe Abb. 15–12 B) zur Kontrolle von Metadaten habe ich bereits erwähnt. Weiterhin interessant ist z.B. *Lr/Mogrify*, mit dem Sie Rahmen zu Fotos hinzufügen und andere Nachbearbeitungen erledigen können.

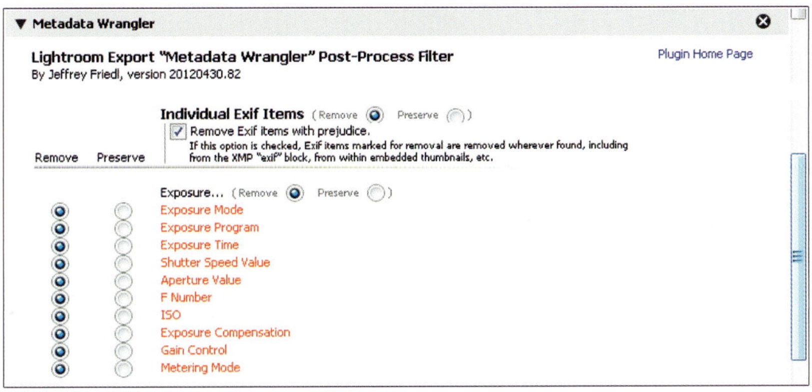

B

A

Abb. 15–12
A) Weitere Ausgabeeinstellungen lassen sich über Zusatzmodule hinzufügen.
B) Das Zusatzmodul »Metadata Wrangler« erlaubt die genaue Kontrolle darüber, welche Metadaten in den ausgegebenen Dateien auftauchen.

Reichstagskuppel (HDR-Bild)
Belichtung +2,43, Kontrast +100, Lichter -5, Tiefen +100, Weiß -46, Schwarz +100, Klarheit +32, Dynamik +63

16 Bildbearbeitung mit anderen Programmen

Viele Bildbearbeitungen lassen sich mit Lightrooms Entwicklungseinstellungen nicht realisieren. In solchen Fällen können Sie auf klassische Bildbearbeitungsprogramme wie Photoshop zurückgreifen.

Einerseits gibt es dafür in Lightroom ein Übergabe-Menü, in das Sie Programme eintragen können. Ausgewählte Fotos können Sie dann einfach per Menübefehl an das Programm übergeben. Dazu erzeugt Lightroom in der Regel ein Derivat, eine neue RGB-Datei für die Weiterverarbeitung. Eine weitere Möglichkeit ist die Benutzung des Exportieren-Dialogs. Er lässt sich ebenfalls so einrichten, dass Bilddateien erzeugt werden, die für die Weiterverarbeitung geeignet sind.

Für Adobe Photoshop stellt Lightroom spezielle Übergabefunktionen bereit. So können Sie z. B. besonders schnell ein Panorama- oder HDR-Foto zusammensetzen. In diesem Zusammenhang geht es am Ende dieses Kapitels noch um Photoshops Farbeinstellungen.

16.1 Das Übergabe-Menü

Allgemeine Vorgehensweise

Wenn Sie Photoshop installiert haben, wird es automatisch von Lightroom erkannt. Andere Programme müssen in den Voreinstellungen unter *Externe Bearbeitung* eingetragen werden. Fotos werden dann über das Menü *Foto ▹ Bearbeiten in* oder über das Kontextmenü eines Fotos an das Programm übergeben. Das Menü ist im Bibliothek- und im Entwickeln-Modul verfügbar. Photoshop können Sie auch über [Strg]-[E], das Erste der anderen Programme über [Strg]-[Alt]-[E] aufrufen.

Abb. 16–1
Hier ist neben Photoshop das Programm Gimp im Übergabe-Menü eingetragen.

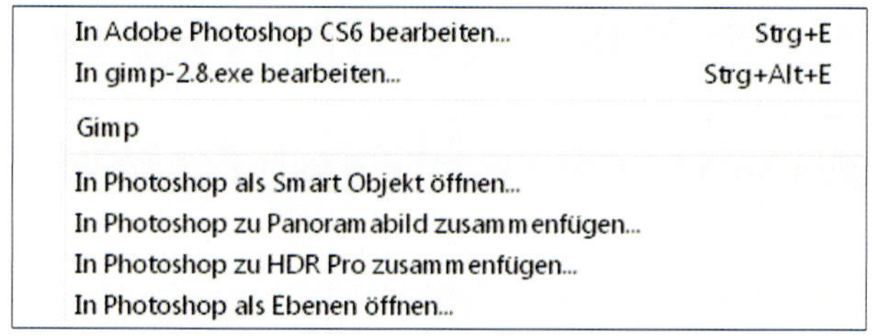

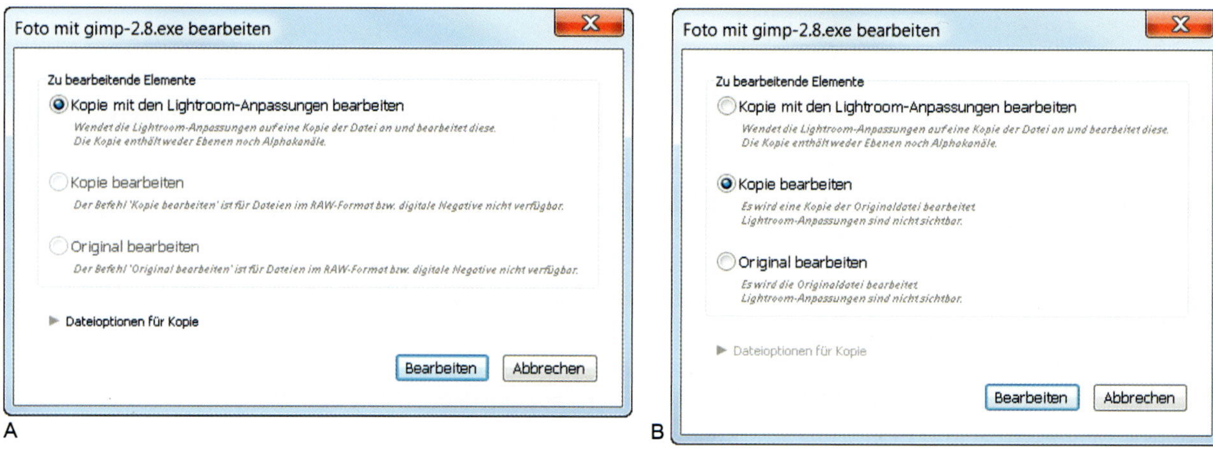

Abb. 16–2
Übergabe-Dialog
A) für Raw-Fotos
B) für RGB-Dateien

Lightroom zeigt nach dem Aufrufen des Menübefehls zunächst einen Dialog an, in dem Sie das Übergabeverfahren auswählen müssen (siehe Abb. 16–2). Beim Standardverfahren *Kopie mit Lightroom-Anpassungen bearbeiten* übergibt Lightroom eine neue Bilddatei mit angewendeten Entwicklungseinstellungen an das Programm. Bei Raw-Fotos lässt sich nur dieses verwenden.

Bei RGB-Fotos können Sie darüber hinaus zwei weitere Verfahren benutzen (siehe Abb. 16–2 B): *Kopie bearbeiten* erstellt eine Kopie der Bilddatei des Fotos und öffnet diese im Programm. Lightroom importiert diese Kopie und überträgt die Entwicklungseinstellungen des Originalfotos auf sie. Der Vorteil gegenüber der Standardübergabe ist also, dass die Entwicklungseinstellungen nicht in die Bilddatei »eingebrannt« werden und nach wie vor veränderbar sind. *Original bearbeiten* übergibt hingegen die Bilddatei des Fotos selbst. Sie könnten die Datei stattdessen auch direkt im Programm öffnen. Auch hier bleiben die Entwicklungseinstellungen veränderbar.

Beide Übergabeverfahren sind vor allem für die weitere Bearbeitung von Derivaten geeignet. Das Derivat direkt zu bearbeiten (über *Original bearbeiten*) ist vor allem sinnvoll, wenn Sie mit Photoshop oder einem anderen Programm nichtdestruktiv arbeiten, da Sie in diesem Fall die Datei beliebig oft bearbeiten können, ohne Qualität einzubüßen (siehe auch Kasten »Nichtdestruktive Bildbearbeitung in Photoshop« weiter unten).

Abb. 16–3
Derivate wie dieses zusammengesetzte Panorama werden direkt oder als Kopie nachbearbeitet.

Für Kamera-JPEGs ist keiner der beiden Modi besonders geeignet. Als Originaldateien sollten sie nicht direkt bearbeitet werden. Aber auch der Modus *Kopie bearbeiten* ist ungeeignet, da die Kopie ebenfalls im JPEG-Format vorliegen würde, das sich aufgrund seines verlustbehafteten Kompressionsverfahrens nicht gut für die Weiterverarbeitung eignet. Um JPEGs zu bearbeiten, ist also die Standardübergabe sinnvoller. Sie können sich auch den Ort der JPEG-Datei übers Kontextmenü anzeigen lassen und diese direkt mit dem Programm öffnen – das bearbeitete Foto speichern Sie anschließend als TIFF- oder PSD-Datei und holen es über die Funktion *Ordner synchronisieren* (siehe Seite 156) in den Katalog.

Übergabe an Photoshop

Das Standard-Übergabeverfahren *Kopie mit Lightroom-Anpassungen bearbeiten* erzeugt normalerweise ein Derivat, das an das externe Programm übergeben wird. In der Annahme, dass Sie die neue Bilddatei behalten wollen, holt Lightroom sie auch gleich in den Katalog. Dieses Verhalten ist etwas lästig, wenn Sie noch gar nicht wissen, ob Sie sie behalten wollen, oder wenn Sie nur schnell etwas ausprobieren möchten. Sie müssen dann das erzeugte Derivat von Hand in Lightroom löschen.

Wenn Sie allerdings Photoshop in einer aktuellen Version verwenden, brauchen Sie das nicht, da in diesem Fall nicht Lightroom die neue Bilddatei erzeugt, sondern Photoshop über Camera Raw. Wenn Sie eine Bearbeitung verwerfen wollen, können Sie die Datei einfach ohne zu speichern schließen und brauchen sie anschließend nicht in Lightroom zu löschen.

Für diesen Komfort benötigen Sie allerdings eine Version des Camera-Raw-Plug-ins für Photoshop, die der Lightroom-Version entspricht. Falls das nicht der Fall sein sollte, macht Lightroom Sie bei der Übergabe darauf aufmerksam (siehe Abb. 16–4). Sie können allerdings nicht jede Photoshop-Version mit dem neuesten Camera-Raw-Plug-in aktualisieren: Für Lightroom 4 benötigen Sie mindestens Photoshop CS5, für Lightroom 3 Photoshop CS4, und so wird Adobe es vermutlich fortsetzen.

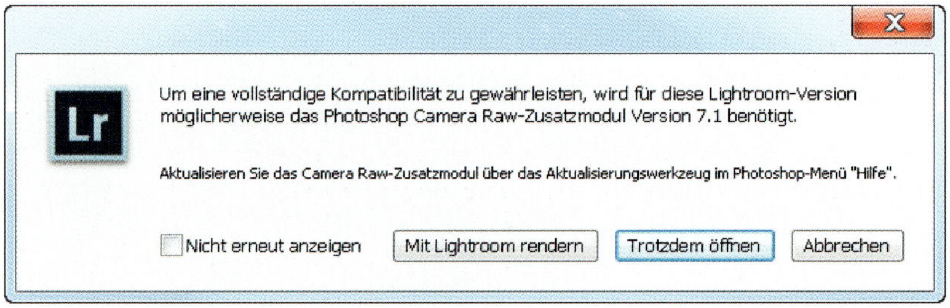

Abb. 16–4
Wenn Camera Raw nicht aktuell genug ist, macht Lightroom Sie darauf aufmerksam. In diesem Fall ist es sicherer, die Bilddatei von Lightroom erzeugen (rendern) zu lassen.

Wenn Sie eine aktuelle Photoshop-Version besitzen, haben Sie noch weitere interessante Übergabemöglichkeiten: Sie können das Foto als Smart-Objekt übergeben (siehe Kasten), d. h., es wird so an Photoshop übergeben, dass Sie dort nichtdestruktiv arbeiten und die Entwicklungseinstellungen weiterhin ändern können – egal wie oft Sie die Datei in der Zwischenzeit geschlossen und wieder geöffnet haben. Dazu übergeben Sie das Foto mit dem Menübefehl *Als Smart-Objekt öffnen*. Über drei weitere Menübefehle werden mehrere Fotos zu einer Bilddatei vereint. Sie stehen daher nur zur Verfügung, wenn mehrere Fotos ausgewählt sind:

- *Zu Panoramabild zusammenfügen* ruft Photoshops Panorama-Tool *Photomerge* auf, das ein Panorama aus den ausgewählten Teilbildern erstellt.
- *Zu HDR (Pro) zusammenfügen* fügt die ausgewählten Fotos zu einem HDR-Bild zusammen. Die Einzelbilder stellen dabei Fotos desselben Motivs in unterschiedlichen Belichtungen dar, die zu einem Foto mit erweitertem Dynamikumfang (*high dynamic range*) kombiniert werden. Seit Version 4.1 kann Lightroom HDR-Bilder verarbeiten, siehe Kasten auf Seite 225.
- *Als Ebenen öffnen* legt die ausgewählten Fotos in einem Photoshop-Dokument als einzelne Ebenen übereinander. Das so entstandene Bild kann Ausgangspunkt für verschiedene Bildbearbeitungstechniken sein (z. B. Mehrfachbelichtung, Durchzeichnen, »Focus Stacking«).

Nichtdestruktive Bildbearbeitung in Photoshop

Auch in Photoshop können Sie nichtdestruktiv arbeiten. Das Konzept funktioniert allerdings nicht wie in Lightroom über Metadaten. In Photoshop wird die nichtdestruktive Bearbeitung im Rahmen des Ebenensystems realisiert, das nur in bestimmten Dateiformaten gespeichert werden kann (TIFF und PSD). Eine Datei kann beliebig oft geöffnet und angepasst werden.

Um Raw-Fotos nachträglich bearbeiten zu können, wird die Raw-Datei als Smart-Objekt in die TIFF- oder PSD-Datei integriert. Sie erscheint dann als Ebene wie in Abb. 16–5. Um die Einstellungen anzupassen, klicken Sie einfach doppelt auf die Ebenenminiatur, sodass Photoshop das Camera-Raw-Plug-in aufruft. In Ergänzung zu den Smart-Objekten gibt es in Photoshop Smart-Filter und Einstellungsebenen für das nichtdestruktive Arbeiten.

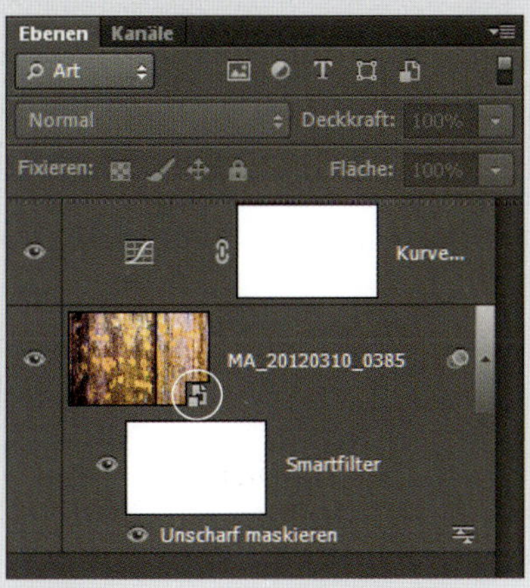

Abb. 16–5
Über Smart-Objekte wird die Raw-Datei zusammen mit den Entwicklungseinstellungen als Ebene in die TIFF- oder PSD-Datei eingebettet, die Entwicklung bleibt im Nachhinein anpassbar.

Abb. 16–6
Mehrere Fotos lassen sich in Photoshop direkt aus Lightroom heraus zu einem HDR-Foto zusammenfügen. Legen Sie das Bild im HDR-Dialog als 32-bit-Datei an, um alle Informationen zu erhalten. Anschließend können Sie es einfach speichern und in Lightroom von den Tonwerten her ausarbeiten.

Exportoptionen festlegen

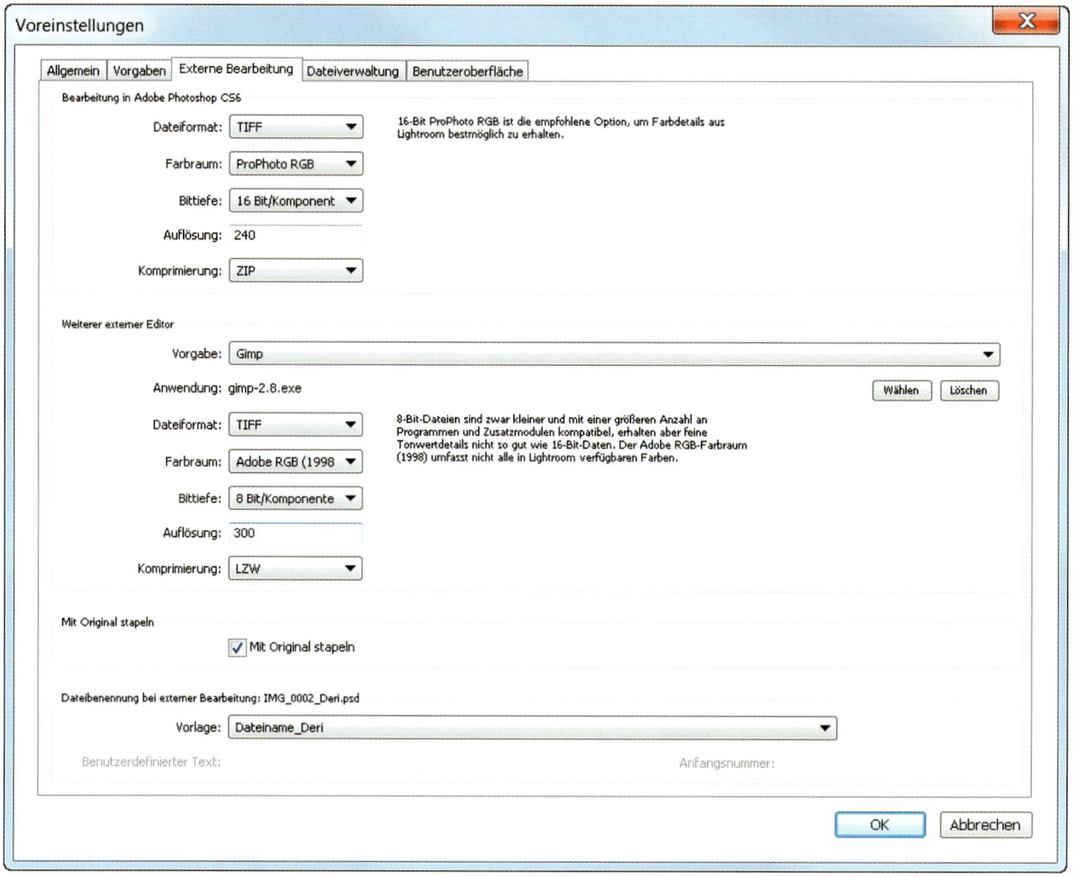

Abb. 16–7
In den Voreinstellungen können Sie für jedes externe Programm eigene Exportoptionen einstellen.

Das Standard-Übergabeverfahren erzeugt neue Bilddateien. In den Voreinstellungen unter *Externe Bearbeitung* stellen Sie ein, welche Eigenschaften diese Dateien haben sollen (siehe Abb. 16–7). Der obere Teil des Dialogs ist für Photoshop reserviert, im mittleren können Sie weitere Programme eintragen. Für jedes weitere Programm können Sie unterschiedliche Exportoptionen einstellen und als Vorgaben speichern. Alle Vorgaben erscheinen dann im Übergabe-Menü *Foto ▹ Bearbeiten in*, sodass sich alle Programme schnell aufrufen lassen. Die zuletzt eingestellte Vorgabe ist diejenige, die sich über das Tastaturkürzel [Strg]-[Alt]-[E] aufrufen lässt.

Es stehen für die Weiterbearbeitung drei Dateiformate zur Verfügung: TIFF, PSD und JPEG. Die ersten beiden sind gut für die Weiterverarbeitung geeignet, da sie verlustfrei komprimieren, in einer Bittiefe von 8 und 16 bit speichern können und fast jedes Programm sie öffnen kann, vor allem TIFF-Dateien. TIFF-Dateien lassen sich mit dem LZW- oder Zip-Verfahren verlustfrei komprimieren. Das Zip-Verfahren ist effizienter als LZW und das eingebaute Kompressionsverfahren von PSD, einige ältere Programme können TIFF-Dateien mit Zip-Komprimierung allerdings nicht lesen.

PSD-Dateien müssen in Photoshop mit Ebenenkompositum (eine zusammengerechnete Version aller verwendeten Ebenen) gespeichert werden, damit sie nach der Bearbeitung wieder in Lightroom importiert werden können. Dazu muss in Photoshops Voreinstellungen unter *Dateihandhabung* die Option *Kompatibilität von PSD- und PSB-Dateien maximieren* aktiviert sein. Für Programme, die diese Formate nicht verarbeiten können, lässt sich seit Lightroom 4 JPEG als Übergabeformat einstellen. Allerdings kann JPEG nur in 8 bit und außerdem verlustbehaftet speichern.

Sie können für die Weiterverarbeitung einen der drei Standardfarbräume ProPhoto-RGB, Adobe-RGB und sRGB einstellen sowie zwischen 8 und 16 bit Bittiefe wählen. **ProPhoto-RGB** als größter der drei Farbräume ist erste Wahl für hochwertige Weiterverarbeitung und größtmögliche Flexibilität in der Ausgabe. Es ist der Farbraum, mit dem auch Lightroom arbeitet. Ein Speichern in 16 bit ist wegen der Größe des Farbraums dringend angeraten. *Adobe-RGB* ist wesentlich kleiner, aber für Dateien gut geeignet, die in 8 bit Bittiefe gespeichert werden sollen.

sRGB können Sie hier zwar auch einstellen, aber für die Weiterverarbeitung ist er ungeeignet, da der Farbraum sehr klein ist und viele Farben verloren gehen könnten – wenn Sie nicht ausschließlich fürs Web arbeiten, würden Sie sich in der Ausgabeunabhängigkeit unnötig einschränken. Ich verwende für die Weiterverarbeitung grundsätzlich nur eine der beiden Kombinationen ProPhoto-RGB/16 bit und Adobe-RGB/8 bit.

Den Speicherort für neu erstellte Bilddateien können Sie sich nicht aussuchen. Lightroom erstellt sie automatisch im Ordner der Originaldatei. Das ist ungünstig, wenn Sie wie ich Derivate von den Originalen trennen wollen (dies ist fürs Fotoarchiv von Vorteil, siehe hierzu Kapitel 18.4). Sie können dann entweder die neue Datei über die Ordner-Palette verschieben oder statt des Übergabemenüs den Exportieren-Dialog benutzen (siehe unten).

Für die Benennung hängt Lightroom standardmäßig einfach ein *-Bearbeitet* an den Originaldateinamen (z. B. *MA_20070909_6084-Bearbeitet.tif*). Bei weiteren Kopien hängt das Programm dann eine laufende Nummer daran, also *-Bearbeitet-2*, *-Bearbeitet-3* usw. Durch diese Suffixe sind die Derivate immer klar vom Original unterscheidbar. Sie können auch Ihr eigenes Namensschema mithilfe einer Dateinamenvorlage angeben.

16.2 Übergabe per Exportieren-Dialog

Sie können statt des Übergabe-Menüs auch den Exportieren-Dialog benutzen, um Fotos an andere Programme zu übergeben. Es gibt einige Fälle, in denen dies geeigneter ist, da der Exportieren-Dialog wesentlich flexiblere Einstellungen für die ausgegebenen Bilddateien erlaubt.

Ich werde hier nur auf diejenigen Einstellungen eingehen, die für die Ausgabe zum Zweck der Weiterverarbeitung wichtig sind. Hierbei werden die Einstellungen ganz anders gesetzt als bei der Ausgabe zum Zweck der Veröffentlichung. So sollen Metadaten komplett erhalten bleiben, Ausgabeschärfung und Wasserzeichen sollten hingegen nicht angewendet werden. Eine Übersicht über den Dialog finden Sie in Kapitel 15.

Abb. 16–8
Einstellungen im Exportieren-Dialog
A) Einstellungen für Ordner und Dateinamen
B) Andere Programme aufrufen

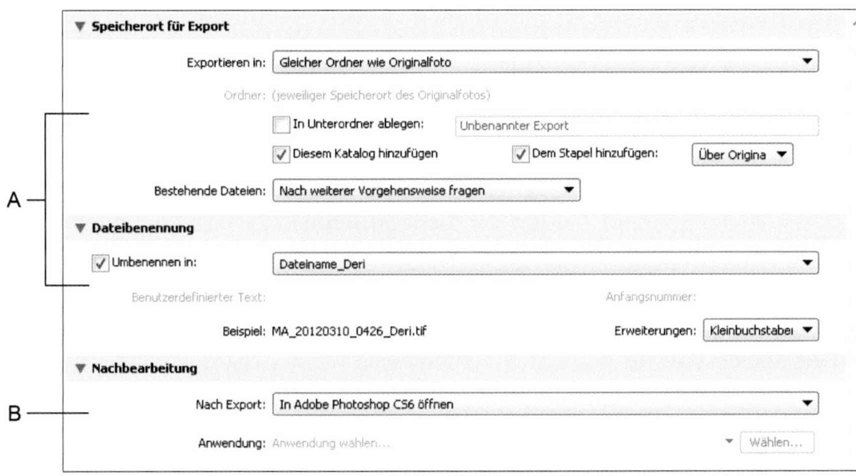

Dateieinstellungen

Für den Speicherort der neuen Bilddateien können Sie im Wesentlichen zwischen zwei Einstellungen wählen. Entweder Sie speichern in einen bestimmten Ordner, der bei jedem Exportvorgang gleich bleibt, oder Sie speichern jeweils in den Ordner der Originaldatei, sodass Originale und Derivate zusammen gespeichert werden (wie beim Übergabe-Menü).

Bei der Dateibenennung empfiehlt es sich, ein Suffix wie zum Beispiel *-Bearbeitet* anzuhängen, damit die Derivate immer klar von Originalen unterscheidbar sind. Für virtuelle Kopien kann man das Metadatenfeld *Name der Kopie* in den Dateinamen einbeziehen, um die einzelnen Kopien auseinanderzuhalten. Wenn Sie in den Originalordner speichern, benötigen Sie ohnehin ein Suffix, andernfalls besteht die Gefahr, dass Sie Ihre Originale überschreiben. Im Zweifelsfall ist es sinnvoll, unter *Bestehende*

Dateien die Einstellung *Nach weiterer Vorgehensweise fragen* zu wählen, sodass Lightroom darauf hinweist, wenn es im Begriff ist, dies zu tun.

Weiterhin sollten Sie in der Regel *Diesem Katalog hinzufügen* wählen, damit die neu erzeugte Datei automatisch importiert und damit in den Katalog geholt wird. Falls Sie in die Ordner der Originalfotos ausgeben, können Sie Original und Derivat auch gleich zusammen stapeln lassen.

Metadaten

Wenn Sie ein exportiertes Foto wieder dem Katalog hinzufügen, ist eine weitere Option essenziell: Im Metadaten-Teil der Einstellungen sollte *Stichwörter als Lightroom-Hierarchie schreiben* unbedingt gesetzt sein. Dies aus zwei Gründen:

Die Option schreibt Stichwörter inklusive der Position, die sie in der Stichworthierarchie des Katalogs haben, in ein spezielles Metadatenfeld (siehe Kasten) der neuen Bilddatei. Dadurch wird gewährleistet, dass beim Hinzufügen der Bilddatei in den Katalog die Stichwörter an der richtigen Stelle der Hierarchie stehen.

Die Option verhindert weiterhin, dass Lightroom Synonyme in die ausgegebenen Bilddateien schreibt wie ab Seite 297 erläutert. Dieses für die Ausgabe zum Zweck der Veröffentlichung sinnvolle Verhalten ist hier sehr ungeeignet, da diese Synonyme, sobald die Datei dem Katalog hinzugefügt wird, als richtige Stichwörter die bestehende Stichworthierarchie durcheinanderbringen würden.

Stichwörter hierarchisch gespeichert
Stichwörter gehören normalerweise zu den IPTC-Metadaten. Dort gibt es aber keine hierarchischen Stichwörter. Lightroom speichert daher die Stichwörter zusätzlich in einem speziellen Metadatenfeld, indem der Hierarchiezweig des Stichworts mitgespeichert wird (siehe Abb. 16–9). Das Feld ist zwar kein Standardfeld, sondern wurde von Adobe eingeführt, es wird aber mittlerweile von vielen anderen Programmen gelesen. Durch Nutzung dieses Metadatenfeldes kann Lightroom Stichwörter weitergeben und die Hierarchie dabei erhalten. Das ist nicht nur wichtig, wenn Fotos mit einem anderen Programm verwaltet, sondern auch wenn Bilddateien, die in anderen Programmen bearbeitet werden, wieder zum Lightroom-Katalog hinzugefügt werden sollen.

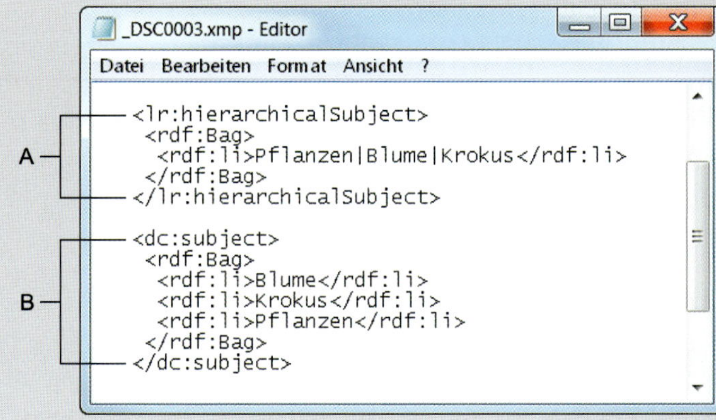

Abb. 16–9 Stichwörter A) hierarchisch und B) »normal« gespeichert

Übergabe an andere Programme

Der Exportieren-Dialog bietet schließlich die Möglichkeit, die exportierten Fotos automatisch an Photoshop oder ein anderes Programm zu übergeben. Das Programm geben Sie im Nachbearbeitung-Teil der Einstellungen an. Alternativ lassen sich die exportierten Fotos im Explorer/Finder anzeigen.

Sie können die Fotos auch direkt an Photoshop-Droplets weitergeben. Droplets sind gespeicherte Photoshop-Aktionen, die sich wie Programme aufrufen lassen. Dafür gibt es in Lightrooms Vorgabenordner den Unterordner *Export Actions*. Dort wird das Droplet hinein gelegt, woraufhin man es im Exportieren-Dialog auswählen kann. Über den Listeneintrag *Jetzt zum Ordner »Export Actions« wechseln* gelangen Sie direkt zu diesem Ordner.

Beispiele

Derivate exportieren. Ich habe mir eine Exportvorgabe angelegt, die das Foto in 16 bit Bittiefe und ProPhoto-RGB-Farbraum im TIFF-Format exportiert, dabei die neue Datei direkt in den Derivate-Ordner meiner Arbeitsdateien ablegt, sie an Photoshop übergibt und gleichzeitig in den Lightroom-Katalog importiert. Diese Vorgabe benutze ich anstelle des Übergabe-Menüs (Abb. 16–10 A).

Verkleinerte Pano-Teile. Eine weitere meiner Vorgaben ruft nicht direkt ein anderes Programm auf. Stattdessen erstellt sie verkleinerte Versionen der ausgewählten Fotos, legt sie in einem temporären Verzeichnis ab und fügt sie dem Katalog hinzu. Ich benutze die Vorgabe, um kleine Versionen von Panorama-Teilbildern zu erstellen. Diese gebe ich dann mit dem Übergabe-Menü an Photoshop weiter, um sie zusammenzusetzen. Die Zusammensetzung geht mit den kleinen Teilbildern wesentlich schneller, und das Ergebnis reicht aus, um das Panorama beurteilen und bewerten zu können. Die kleinen Teilbilder lösche ich anschließend (Abb. 16–10 B).

Abb. 16–10
Exporteinstellungen
A) für Derivate
B) für die kleinen Pano-Teile

A

B

16.3 Farbeinstellungen in Photoshop

In Lightroom gibt es genau einen Farbraum, indem alle Fotos bearbeitet werden (ProPhoto-RGB). In Photoshop können Sie Fotos hingegen in jedem beliebigen Farbraum bearbeiten. Daher sind in Photoshop einige Einstellungen zu beachten, damit das Farbmanagement wie gewünscht funktioniert. Außerdem gehe ich im folgenden Abschnitt darauf ein, wie man Farbraum und Bittiefe in Photoshop anzeigt und ändert.

Das grundlegende Verhalten Photoshops in Bezug auf Farbmanagement stellen Sie im Dialog *Bearbeiten ▹ Farbeinstellungen* ein (siehe Abb. 16–11).

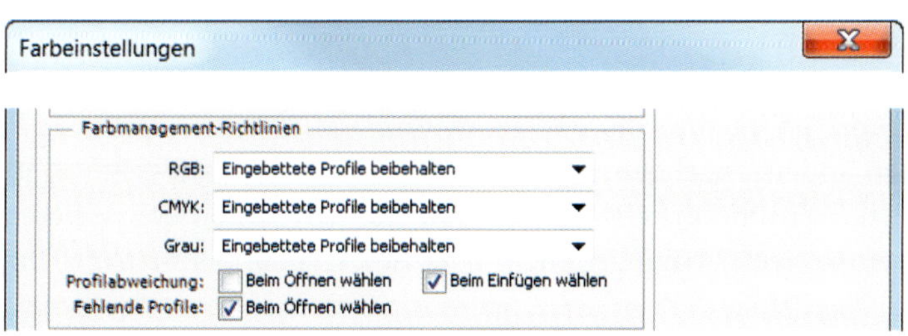

Abb. 16–11
Ein Teil des Dialogs für Farbeinstellungen in Photoshop

Unter *Farbmanagement-Richtlinien ▹ RGB* stellt man ein, wie Photoshop mit Dateien umgehen soll, die es öffnet oder die von Lightroom übergeben werden (die anderen beiden Richtlinien sind hierfür nicht wichtig, da Lightroom nur RGB-Dateien übergibt). *Eingebettete Profile beibehalten* ist hier die sinnvollste Option für die Zusammenarbeit mit Lightroom. Es bedeutet, dass jede Bilddatei in dem Farbraum bearbeitet wird, indem sie geöffnet oder übergeben wurde. Dies stellt sicher, dass Photoshop den Farbraum benutzt, den Sie in Lightroom im Exportieren-Dialog oder für das Übergabe-Menü eingestellt haben.

Die zweite Einstellung ist *Profilabweichung: Beim Öffnen wählen*. Die Einstellung bewirkt, dass Photoshop nachfragt, wenn die von Lightroom übergebene Datei einen anderen Farbraum hat als den in Photoshop als Arbeitsfarbraum eingestellten. Diese Option können Sie deaktivieren, wenn Sie die obige Einstellung wie beschrieben gesetzt haben.

Der sogenannte Arbeitsfarbraum in Photoshop, den Sie im Dialog ebenfalls auswählen können, ist eigentlich der Standardfarbraum, der z. B. für neu erstellte Dateien verwendet wird. Wie er eingestellt ist, ist letztlich egal, da mit den obigen Einstellungen alle übergebenen Dateien in ihrem Ursprungsfarbraum bearbeitet werden.

Wenn Sie ein Bild in Photoshop geöffnet haben, können Sie Farbprofil und Bittiefe leicht überprüfen. Dazu klicken Sie auf das kleine Dreieck links unten im Bildfenster (siehe Abb. 16–12 A) und wählen *Dokumentprofil* bzw. *Einblenden* ▹ *Dokumentprofil*.

A

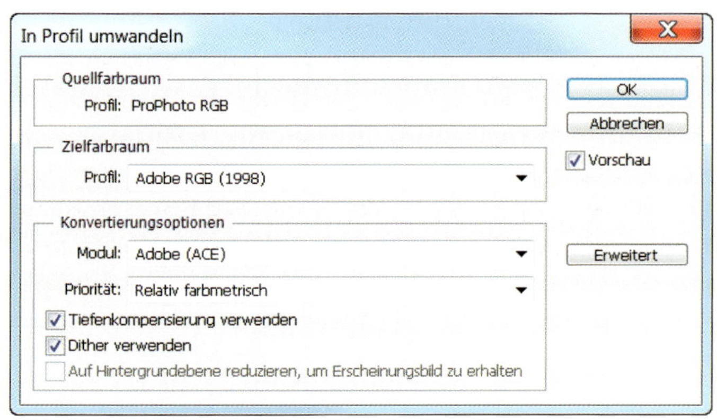

B

Abb. 16–12
Farbraum in Photoshop
A) Der momentane Farbraum und die Bittiefe eines Bildes lassen sich am unteren Rand anzeigen – dazu stellt man über das kleine Dreieck rechts »Dokumentprofil« ein.
B) Die Funktion »In Profil umwandeln« konvertiert in andere Farbräume.

Manchmal ist es sinnvoll, Farbraum und Bittiefe einer Datei in Photoshop zu ändern, nachdem Lightroom sie übergeben hat, z. B. um sie von 16 bit und ProPhoto-RGB in 8 bit und Adobe-RGB zu konvertieren. Die Farbraumkonvertierung geschieht über den Dialog *Bearbeiten* ▹ *In Profil umwandeln* (siehe Abb. 16–12 B, nicht zu verwechseln mit *Profil zuweisen*, das einfach das Profil und damit die Farbinterpretation austauscht).

Die wichtigste Option, *Priorität*, gibt das Farbumsetzungsverfahren an. In Lightroom heißt sie *Renderpriorität*. Die beiden Einstellungen *Perzeptiv* und *Relativ farbmetrisch* gibt es in Lightroom auch, die anderen beiden Arten sind für die Fotobearbeitung nicht relevant (siehe Seite 287 für die Farbumsetzungsverfahren). Alle weiteren Optionen hier zu erläutern, würde zu weit führen, jedoch können Sie die Standardeinstellungen *Adobe (ACE)* als Farbmanagementmodul, *Tiefenkompensierung verwenden* und *Dither verwenden* guten Gewissens nutzen.

Die Farbraumkonvertierung sollte, um Rundungsfehler bei der Neuberechnung der RGB-Werte zu vermeiden, noch im 16-bit-Modus erfolgen. Die Änderung der Bittiefe erfolgt dann einfach über *Bild* ▹ *Modus* ▹ *8-Bit-Kanal*.

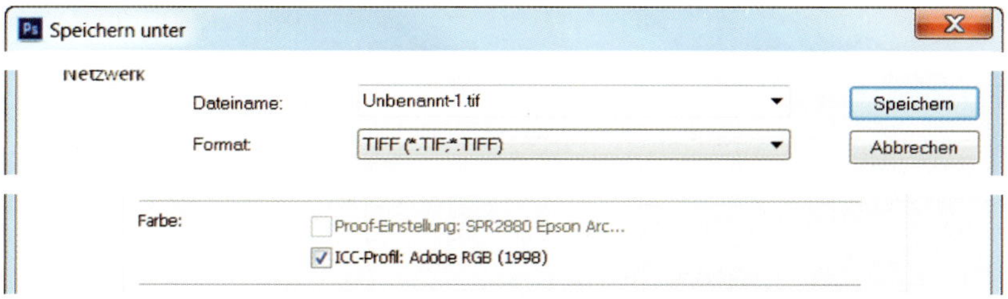

Abb. 16–13
Einbetten von Farbprofilen beim Sichern

Wenn Sie ein von Lightroom an Photoshop übergebenes Foto mit *Datei* ▹ *Speichern* oder über [Strg]-[S] speichern, wird das Farbprofil automatisch in die Bilddatei eingebettet, womit deren Farbraum gekennzeichnet ist. Vielleicht speichern Sie aber aus irgendeinem Grund einmal ein Bild mittels *Speichern unter*, also als Kopie. In diesem Fall wird das Farbprofil nur eingebettet, wenn das entsprechende Häkchen *Farbprofil einbetten* im Speichern-Dialog gesetzt ist (glücklicherweise ist dies normalerweise der Fall). Wenn das Farbprofil nicht in die Bilddatei eingebettet wird, ist es unklar, in welchem Farbraum das Bild vorliegt. Standardfarbprofile wie Adobe- oder ProPhoto-RGB sind in der Regel nur 1 bis 2 KByte groß, fügen also kaum etwas zur Dateigröße hinzu. Es ist daher unkritisch, sie einzubetten.

Gullfoss, Island (Scan vom Negativ)
Belichtung +0,24, Kontrast +17,
Lichter -83, Tiefen +92,
Weiß +13, Schwarz -1,
Klarheit +30, Dynamik +34

17 Videos

Während in Lightroom 3 die Videounterstützung noch sehr rudimentär war und sich auf die bloße Verwaltung mittels Miniaturen im Katalog beschränkte, ist sie in Version 4 stark ausgebaut worden. Lightroom erlaubt mittlerweile das Abspielen, Verwalten, Zuschneiden, Entwickeln und Ausgeben von Videos. Nach wie vor steht aber die Fotografie im Mittelpunkt. Richtigen Videoschnitt werden Sie daher vergeblich suchen. Sie können Lightroom aber in Kombination mit einem Videoschnittprogramm als Verwaltungslösung für größere Videoprojekte einsetzen.

Abb. 17–1
Videos in der Rasteransicht. Wenn Sie den Mauszeiger über eine Miniatur bewegen, erhalten Sie eine Vorschau von verschiedenen Stellen des Videos.

17.1 Sichten und verwalten

Um im Importieren-Dialog ausschließlich Videos oder ausschließlich Fotos auszuwählen, können Sie die Dateien im Dialog nach Dateityp sortieren. Videos werden dann entweder ganz oben oder unten angezeigt und können schnell über ⇧ als Bereich ausgewählt werden. Nach dem Import sind Videos in der Rasteransicht dadurch zu erkennen, dass ihre Dauer links unten in den Miniaturen eingeblendet wird (siehe Abb. 17–1).

Abspielen

Abb. 17–2
Videos abspielen und zuschneiden. Oben die Arbeitsfläche in der Lupenansicht. A) Einzelbild-Befehle. Ein Mausklick auf (B) erweitert das Abspielelement. C) Zuschneiden D) Bild-für-Bild-Steuerung

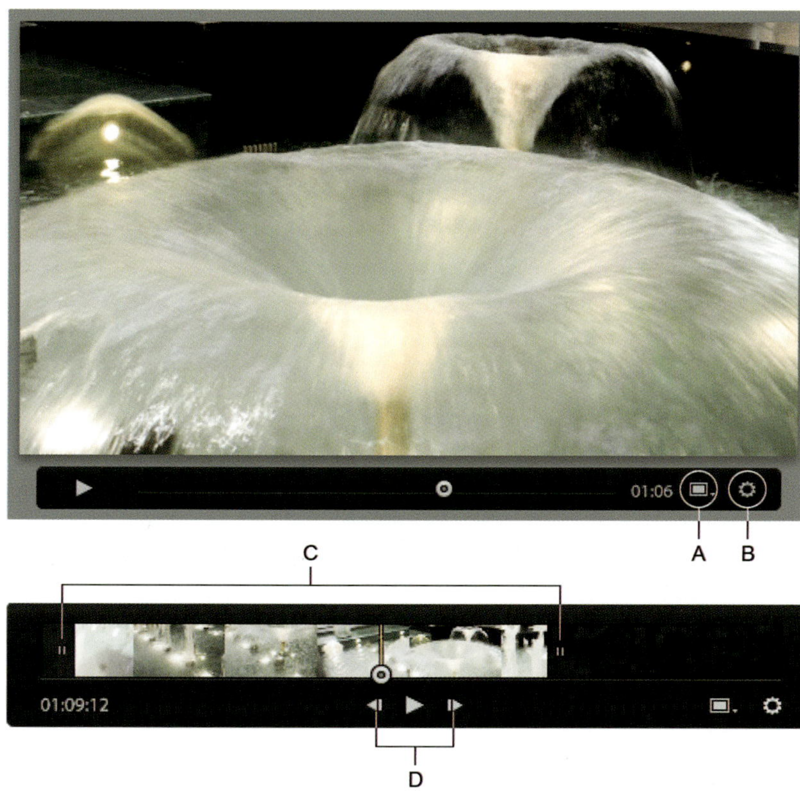

Um ein Video abzuspielen, müssen Sie zunächst in die Lupenansicht wechseln (siehe Abb. 17–2). Dort befindet sich unterhalb des Videos ein Abspielelement. Über den Abspielknopf oder die Leertaste lässt sich zwischen Abspielen und Pause hin- und herschalten. Das Video lässt sich während des Abspielens über die Taste Z bis maximal bildschirmfüllend vergrößern. Über die Taste L kann man die Oberfläche verdunkeln und damit auch das Abspielelement ausblenden. Mit dem Regler des Abspielelements lässt sich direkt eine Position innerhalb des Videos anspringen (oder Sie klicken auf die Zeitanzeige, halten die Maustaste gedrückt und ziehen die Maus nach rechts oder links). Das Abspielelement lässt sich verbreitern, indem Sie an der Seite mit der Maus ziehen. Sie können auch einmal auf die Zeitanzeige klicken und eine Zeit direkt eingeben, um dorthin zu springen.

Falls Ihr Computer HD-Videos nicht flüssig abspielen sollte, können Sie in den Lupenansicht-Optionen im Ansicht-Menü *Entwurfsqualität* für das Abspielen einstellen und so versuchen, ein flüssiges Abspielen zu erreichen. Unter Windows lässt sich außerdem in den Voreinstellungen unter *Benutzeroberfläche* die Hardwarebeschleunigung über *OpenGL* ein- oder ausschalten (auf dem Mac ist sie immer eingeschaltet). Normalerweise lässt sich die Abspielgeschwindigkeit durch OpenGL erhöhen, in seltenen Fällen kann es hierbei aber zu Problemen kommen – bis hin zum Absturz Lightrooms. (Sie können von Lightroom aus nach wie vor den im Betriebssystem eingestellten externen Videoplayer aufrufen. Dazu klicken Sie in der Rasteransicht mit der rechten Maustaste auf die eingeblendete Dauer in der Miniatur.)

Schließlich können Sie ein repräsentatives Einzelbild für ein Video auswählen, das in der Rasteransicht als Miniatur angezeigt wird: das sogenannte Posterbild. Stellen Sie dazu das gewünschte Einzelbild ein, klicken Sie auf das Symbol links neben dem Zahnrad im Abspielelement (vgl. Abb. 17–2 A) und wählen dann *Posterbild festlegen*. Von nun an erscheint dieses Bild in der Miniatur.

Videos zuschneiden

Ein Video lässt sich zuschneiden, um unerwünschte Sequenzen an Anfang oder Ende zu entfernen. Dazu legt man die Anfangs- und Endposition des Videos nichtdestruktiv neu fest. Zunächst müssen Sie das Abspielelement erweitern, indem Sie auf das Zahnrad-Symbol unten rechts klicken (siehe Abb. 17–2 B). Im oberen Teil des Elements sehen Sie nun links und rechts die Anfangs- und Endmarkierungen (Abb. 17–2 C). Diese können Sie einfach mit der Maus verschieben.

Genauer geht es, wenn Sie das Einzelbild vorher exakt ansteuern, das Sie als Anfangs- oder Endpunkt festlegen wollen. Dazu manövrieren Sie den Positionsregler zuerst ungefähr an die richtige Stelle und können dann mit den Pfeilen der Bild-für-Bild-Steuerung (Abb. 17–2 D) das richtige Einzelbild auswählen. (Alternativ können Sie über die Zeitanzeige eine Zeit direkt eingeben. Wenn Sie in den Lupenansicht-Optionen *Bildnummer beim Anzeigen der Videozeit zeigen* wählen, zeigt die Zeitanzeige nicht nur Sekunden, sondern auch einzelne Frames an.) Nachdem Sie das Einzelbild für den Anfangspunkt ausgewählt haben, ziehen Sie den linken Schieberegler an die Markierung der aktuellen Position heran oder drücken ⇧-I

(»In«). Für die Endposition ziehen Sie analog dazu den rechten Schieberegler oder drücken ⇧-O (»Out«).

Verwaltung und Metadaten

Für Videos lassen sich dieselben Metadaten (Geokoordinaten, IPTC, Stichwörter, Bewertungssterne und Farbetiketten) und Katalogorganisationsmittel (Flaggenmarkierungen, virtuelle Kopien, Sammlungen und Smart-Sammlungen) einsetzen wie für Fotos. Über die Filterleiste im Attribut-Bereich lassen sie sich zudem schnell von Fotos trennen. Sie können auch eine Smart-Sammlung anlegen, die alle Videos des Katalogs auf einmal anzeigt oder verbirgt. Ein wesentlicher Nachteil bei der Verwaltung ist, dass sich die Metadaten im Moment noch nicht mit den Videodateien, z. B. über XMP Sidecars, speichern lassen. Im Moment lassen sich Metadaten weder migrieren noch mit anderen Programmen austauschen.

17.2 Entwickeln und ausgeben

Entwicklungseinstellungen

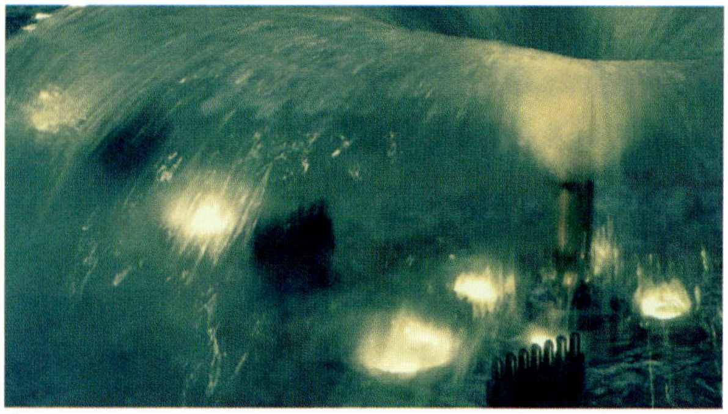

A

B

Abb. 17–3
Entwicklungseinstellungen für Videos. Einige Entwicklungsvorgaben speziell für Videos werden mit Lightroom mitgeliefert.
A) »Crossentwicklung 1«
B) »Schwarzweiß klassisch«.
(Original siehe Abb. 17–2)

Entwicklungseinstellungen lassen sich grundsätzlich auch auf Videos anwenden. Allerdings sind nicht alle davon anwendbar, u.a. die lokalen Tonwertkorrekturen mit den Reglern *Lichter*, *Tiefen* und *Klarheit* entfallen (siehe Tabelle 17–1). Außerdem kann das Entwickeln-Modul mit Videos nicht benutzt werden. Stattdessen müssen Sie auf eine der folgenden Möglichkeiten zurückgreifen:

- Bearbeitung über die Ad-hoc-Entwicklung-Palette; dies ist auch in der Lupenansicht und während des Abspielens möglich.
- Tonwertautomatik und automatischer Weißabgleich; beide orientieren sich an den Bilddaten jenes Einzelbildes, das als Posterbild eingestellt ist.
- Anwendung von Entwicklungsvorgaben; eine Reihe von Vorgaben speziell für Videos ist bereits voreingestellt (siehe Abb. 17–3).
- Übertragung von Entwicklungseinstellungen mittels Synchronisieren oder Kopieren/Einfügen.

Eine gute Vorgehensweise ist, ein Einzelbild aus dem Video zu kopieren (siehe unten) und dieses zunächst im Entwickeln-Modul auszuarbeiten (dabei achtet man darauf, dass nur die in der Tabelle aufgeführten Einstellungen verwendet werden). Anschließend überträgt man dessen Entwicklungseinstellungen im Bibliothek-Modul mittels Synchronisieren oder Kopieren/Einfügen auf das Video.

Farbtemperatur (wie bei RGB-Bilddateien)
Farb-/Schwarz-Weiß-Behandlung
Traditionelle Tonwertregler (Belichtung, Kontrast, Weiß, Schwarz)
Sättigung und Dynamik
Gradationskurve inkl. RGB-Punktkurve
Selektive Farbkorrektur (HSL/Farbe) bzw. Schwarz-Weiß-Mischung
Teiltonung
Prozessversion/Kamerakalibrierung

Tab. 17–1
Entwicklungseinstellungen für Videos

Exportieren und Veröffentlichen

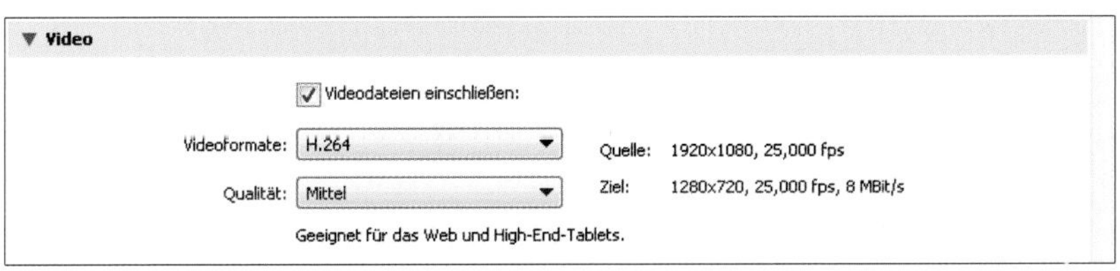

Abb. 17–4
Ausgabeeinstellungen für Videos im Exportieren-Dialog

Zugeschnittene und entwickelte Videos lassen sich exportieren oder veröffentlichen (falls der Veröffentlichungsdienst Videos unterstützt, wie das beispielsweise bei *Flickr* der Fall ist). Dazu wählt man im Exportieren-Dialog oder Veröffentlichungsmanager in den Videoeinstellungen H.264 als Videoformat aus (siehe Abb. 17–4). Dieses Format ist für die Ausgabe vorgesehen und verfügt dementsprechend über eine effiziente, aber verlustbehaftete Komprimierung. Es gibt vier feste Qualitätseinstellungen, die die Pixelabmessungen und Bitrate (Kompressionsstufe) festlegen (siehe Tabelle 17–2).

Tab. 17–2
Eigenschaften für unterschiedliche Qualitätseinstellungen bei der H.264-Ausgabe

Einstellung	Eigenschaften	Ausgabegröße (Original 1920 × 1080)	Dateigröße für eine Minute Video (1920 × 1080)
Max	Größe und Bitrate bleiben so hoch wie im Original.	1920 × 1080	160 MB
Hoch	Größe bleibt erhalten, Bitrate wird möglicherweise reduziert.	1920 × 1080	160 MB
Mittel	Größe und Bitrate werden reduziert – für Veröffentlichung im Web.	1280 × 720	60 MB
Niedrig	Größe und Bitrate werden stark reduziert – für Mobilgeräte.	480 × 270	8 MB

Einzelbild kopieren

Sie können aus einem Video ein Einzelbild kopieren und als eigene Datei anlegen. Dazu stellen Sie in der Lupenansicht das gewünschte Einzelbild ein und wählen im Einzelbild-Aufklappmenü (siehe Abb. 17–2 A) den Befehl *Einzelbild erfassen*. Lightroom legt daraufhin eine neue JPEG-Bilddatei von diesem Einzelbild an, die im Programm wie jedes andere Foto, beispielsweise ein Kamera-JPEG, bearbeitet oder genutzt werden kann (siehe Abb. 17–1 in der Mitte, dort wurden mehrere Einzelbilder aus einem Video kopiert; diese werden mit dem Video gestapelt). Das ist eine nützliche Funktion nicht nur für Blogger oder Journalisten, die aus einem Video ein Foto für eine Webseite oder ein Printmedium entnehmen wollen.

17.3 Größere Videoprojekte verwalten

Durch die leistungsfähigen Verwaltungswerkzeuge in Lightroom kann man das Programm auch gut als Verwaltungslösung für Videoprojekte (Videoblogs, Filmprojekte usw.) verwenden. Videoschnittprogramme bringen dazu zwar auch ihre eigenen Werkzeuge mit, aber in der Regel sind diese nicht so umfangreich wie in Lightroom. Außerdem sind sie projektbasiert, d.h., man importiert dort immer nur die Clips, die man für ein bestimmtes Projekt voraussichtlich benötigen wird. In Lightroom hingegen lassen sich Videoclips projektübergreifend in einem einzigen Katalog verwalten. Dies hat den Vorteil, dass man auch projektübergreifend nach Clips suchen kann.

Um Lightroom dabei in den Workflow eines Schnittprogramms einzubeziehen, gibt es mehrere Möglichkeiten. Denkbar wäre, alle benötigten Videoclips für einen Schnitt über eine Sammlung zusammenzusuchen und dann mit dem Exportieren-Dialog in einen gemeinsamen Ordner zu kopieren, wo sie vom Schnittprogramm importiert werden können. Dazu stellen Sie im Exportieren-Dialog das Videoformat (siehe Abb. 17–4) auf *Original*. Dadurch werden die Dateien so, wie sie sind (also ohne Zuschnitt und Entwicklungseinstellungen), kopiert.

Falls Ihr Schnittprogramm das Videoformat Ihrer Kamera nicht öffnen kann, müssten Sie stattdessen ins H.264-Format konvertieren. Für den Export steht Ihnen darüber hinaus das verlustfreie DPX-Format zur Verfügung. Dies ist ein professionelles Format – ohne Ton – für die Videonachbearbeitung, das z. B. von *Adobe Premiere Pro* gelesen werden kann. Jedes Einzelbild wird dabei einzeln in einem Ordner abgelegt.

In der Regel ist es aufgrund der mangelnden Flexibilität nicht ratsam, die einzelnen Videoclips vor dem Schnitt zu entwickeln. Stattdessen können Sie das fertig geschnittene Video wieder in Lightroom importieren, anschließend Entwicklungseinstellungen darauf anwenden und es dann z. B. mithilfe der Veröffentlichungsdienste publizieren.

Übrigens stehen Ihnen in der Metadaten-Palette unter dem Teilbereich *Video* einige spezielle Metadatenfelder für Videoproduktionen zur Verfügung (siehe Abb. 17–5). Zum einen finden Sie hier Felder mit technischen Informationen (ähnlich wie EXIF), zum anderen Felder, in denen Sie Informationen zu einzelnen Videoclips innerhalb eines Projekts (z. B. Kamerawinkel) oder zum Videoprojekt als Ganzes (Regisseur, Kameramann usw.) unterbringen können. Die Felder entstammen dem XMP-Standard *Dynamic Media* (sie bilden aber lediglich einen Teil davon ab). Sie lassen sich auch per Synchronisation und Vorgaben eintragen, können aber im Moment weder durchsucht noch per Smart-Sammlung ausgewertet werden.

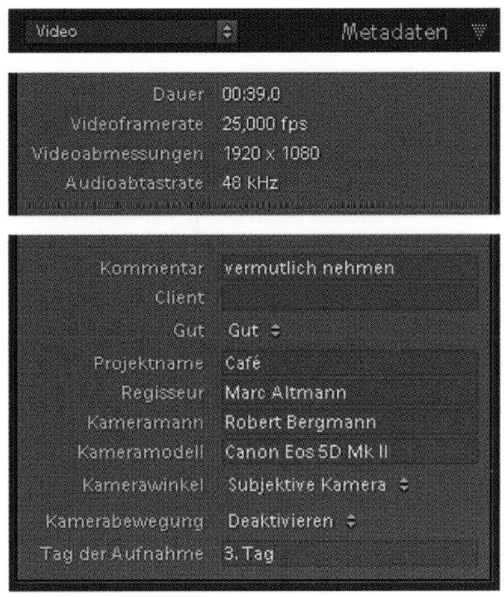

Abb. 17–5
Videometadaten (Ausschnitt) in der Metadaten-Palette

Havel (Scan vom Dia)
Schwarz-Weiß, Belichtung +0,53,
Kontrast +38, Tiefen -28,
Weiß +20, Schwarz +1

18 Sicherung und Archivierung

Digitalfotos und Metadaten sind vielen Gefahren ausgesetzt. Doch es gibt genügend Maßnahmen, um den Umgang mit Digitalfotos sicher zu machen. Das zentrale Konzept für den Erhalt Ihrer Daten ist dabei das Anfertigen von Sicherungskopien von Bilddateien und Katalogen.

Daneben geht es in diesem Kapitel im Besonderen darum, wie man dem unbemerkten Verlust von Datenintegrität bei Bilddateien vorbeugt. Dies ist ein Problem, das für sich genommen sehr selten auftritt. Wenn Sie allerdings Dateien über viele Jahrzehnte aufbewahren, steigt das Risiko, davon betroffen zu sein, stark an.

Weiterhin geht es in diesem Kapitel konkret um die unterschiedlichen Sicherungsstrategien für Arbeits- und Archivfotos sowie die Kataloge und darum, wie und warum man Fotos archiviert.

Einige der hier vorgestellten Maßnahmen sind weniger aufwändig, andere aufwändiger. Eine für alle geeignete Lösung lässt sich nicht angeben. Jeder muss letztlich selbst entscheiden, was für ihn ein vertretbares Risiko darstellt und wie viel Zeit und Aufwand er investieren will.

18.1 Redundanz schaffen

Den gesamten Bestand an Digitalfotos zu verlieren ist eine Horrorvorstellung, die am Sinn der Digitalfotografie zweifeln lassen kann. In der Analogfotografie war das Risiko, alle Dias oder Negative auf einen Schlag zu verlieren, sehr gering und nur durch wenige Bedrohungen wie beispielsweise Brandkatastrophen möglich. Es ist hingegen deutlich einfacher, alle seine Digitalfotos auszulöschen. Ein paar falsche Mausklicks, ein Festplattendefekt oder ein Virus können hierzu ausreichen.

In der Digitalfotografie können Sie jedoch auf preiswerte Weise exakte Kopien Ihrer Fotos anfertigen. Wenn Sie dies in ausreichender Anzahl und auf die richtige Weise machen, ist das digitale Fotoarchiv vermutlich sehr viel sicherer, als das analoge es je sein konnte. Man kann z. B. eine Festplatte mit allen Fotos außer Haus lagern und wäre somit sogar vor einem Brand geschützt.

Die Hauptstrategie bei der digitalen Datensicherung besteht daher nicht im bestmöglichen Schutz des Originals (wie bei den Dias oder Negativen) – das ist auch wichtig, steht aber nicht an erster Stelle; man geht eher davon aus, dass immer etwas passieren kann. Sie besteht vielmehr in ausreichender Redundanz, um im nie ganz auszuschließenden Fall des Datenverlusts eine Sicherheitskopie zur Hand zu haben.

Drei Kopien zu jeder Zeit

Abb. 18–1
Backups sollten möglichst so angefertigt werden, dass inklusive Original mindestens drei Ausfertigungen einer Datei existieren, zwei offline, eine davon offsite. Nur eine Ausfertigung ist also ständig an den Computer angeschlossen.

Wie viel Redundanz ist dabei nötig, wie viele Kopien braucht man also? Eine einfache Regel besagt, inklusive des Originals jederzeit mindestens drei Ausfertigungen jeder wichtigen Datei zu haben. Allerdings ist diese Faustregel eine Vereinfachung. Es kommt auch darauf an, ob die Redundanz ausreicht, um gegen alle Risiken geschützt zu sein. Es nützt nichts, wenn Sie die drei Ausfertigungen auf derselben Festplatte haben und diese kaputt geht – oder der Computer gestohlen wird.

Daher geht es auch darum, die Backups (Sicherungskopien) möglichst **offline** (vom Computer getrennt) und teilweise auch **offsite** (in einem anderen Gebäude) aufzubewahren, um Gefahren optimal vorzubeugen. Das Offline-Backup ist nicht ständig an den Computer angeschlossen und befindet sich im Idealfall in einem anderen Raum. Es schützt vor Diebstahl, Viren, Überspannung und menschlichen Fehlern wie versehentlichem Löschen oder Überschreiben. Das Offsite-Backup wird in einem anderen Gebäude gelagert und bietet zusätzlichen Schutz gegen Diebstahl, Feuer und Überschwemmung.

Medienredundanz

Zusätzlich können Sie dabei auf verschiedene Medientypen setzen: Auf Festplatten und optischen Medien wie DVD und Blu-ray Disc zu sichern, mit ihren jeweiligen Stärken und Schwächen und ihren unterschiedlichen Dateisystemen, ist sicherer, als sich nur auf Festplatten zu verlassen; denn beide haben ihre eigenen Vor- und Nachteile. Für kleine Dateien wie beispielsweise Lightrooms Katalogdateien kommt zusätzlich ein Internet-Backup in Frage, das vor Diebstahl und Katastrophen am wirksamsten schützt, da die Daten sofort außer Haus gelagert werden. Mehr zu den Vor- und Nachteilen der verschiedenen Backup-Medien siehe Tabelle 18–1.

Ich sichere mittlerweile nur noch auf Festplatten und einige wichtige Daten zusätzlich per Internet-Backup – der Aufwand beim Brennen optischer Medien ist mir zu hoch. Allerdings betreibe ich zusätzliche Maßnahmen, um einige der Nachteile von Festplatten auszugleichen (siehe unten).

Tab. 18–1
Überblick Backup-Medien

Medium	Vorteile	Nachteile	Sachgerechter Umgang
Festplatten	▪ schnell, komfortabel, mehrfach beschreibbar ▪ als externe Festplatten einfach »offline« (vom Computer abgetrennt) und »offsite« (außer Haus) lagerbar	▪ kein Schreibschutz, daher anfällig für Viren und Benutzerfehler ▪ Diebstahlgefahr (bei externen, versteckten Festplatten Risiko gering)	▪ Magnetquellen können Inhalt zerstören ▪ vorsichtiger Transport
Optische Medien	▪ lassen sich nur einmal beschreiben, Viren oder Benutzerfehler können keine Dateien löschen! (abgesehen von RW-Varianten oder DVD-RAM) ▪ Unempfindlichkeit gegenüber Magnetfeldern ▪ einfach offline lagerbar ▪ geringer Preis ▪ geringe Diebstahlgefahr	▪ umständlich in der Handhabung, langwieriger im Anfertigen und auch im Wiederherstellen des Backups ▪ nicht mehrfach beschreibbar	▪ Licht, Hitze und Feuchtigkeit verringern Lebensdauer ▪ in Archivhüllen aufbewahren ▪ mit CD-/DVD-Filzstift nur auf dem inneren Plastikrand beschreiben
Internet-Backup (Online-Backup)	▪ sofort »offsite«, ohne dass man das Backup »aus dem Haus tragen« muss (was einfach nicht zu jedem Zeitpunkt geht) ▪ kann bei entsprechender Einrichtung (ständige Internetverbindung, automatische Ausführung) am komfortabelsten sein	▪ nur für kleine Datenmengen geeignet, da DSL-Upload-Raten sehr gering sind und dadurch auch die z. T. hohen Backup-Kapazitäten von über 50 GB nicht viel nützen ▪ Integrität des Backups schlecht nachprüfbar ▪ Wer übernimmt die Verantwortung?	▪ nicht für den Fotobestand nutzen, aber z. B. für Lightrooms Katalogdateien ▪ nicht als einziges Backup-Medium nutzen

Übertragen von Fehlern verhindern

Wie die Backups erstellt werden, unterscheidet sich bei mir danach, ob es sich um Arbeitsdateien oder archivierte Dateien handelt. Ich sichere Arbeitsdateien (aktuelle Kataloge, aktuelle Fotos) mit einem sogenannten **Spiegel-Backup**, bei dem regelmäßig und automatisch einfach die Sicherungen an das Original angepasst werden (siehe Abschnitt 18.3). Das lässt sich gut automatisieren, sodass man nicht viel dafür tun muss. Das Problem beim Spiegel-Backup ist, dass Schäden an den Originaldateien, z. B. durch Viren, Benutzerfehler oder durch Verlust der Datenintegrität (siehe Abschnitt 18.2), dabei auf die Sicherungskopien übertragen werden, ohne dass man es bemerkt. Dagegen nützt leider noch so viel Redundanz nichts.

Wenn Sie optische Medien zur Sicherung verwenden, haben Sie dieses Problem nicht, zumindest wenn Sie keine wiederbeschreibbaren benutzen. Optische Medien haben einen wirksamen Schutz eingebaut, da die Daten, einmal gebrannt, nicht überschrieben werden können. Bei der Festplattenbenutzung kann man sich daher etwas von den optischen Medien abschauen und die Sicherungen nicht über ein Spiegel-Backup ausführen, sondern über ein **»schreibgeschütztes« Backup**. Hierbei benutzt man zwar ebenfalls Festplatten, behandelt diese aber ähnlich wie optische Medien: Man fügt nur Daten zur Festplatte hinzu; Löschen und Ersetzen sind hingegen »untersagt«.

Da man Dateien auf dem schreibgeschützten Backup nicht mehr ändert oder löscht, ist es für die Arbeitsdateien, die sich laufend ändern, hinzukommen oder entfernt werden, ungeeignet. Bei archivierten Dateien, also Dateien in einem Zustand der Abgeschlossenheit, ist das im Allgemeinen nicht mehr der Fall. Daher verwende ich für die Arbeitsdateien ein Spiegel-Backup und für die archivierten Dateien ein schreibgeschütztes Backup, um jeweils die nötige Redundanz herzustellen (siehe Abschnitt 18.5). Eine Sicherung auf optischen Medien ist zusätzlich möglich.

Time Machine

Was ist mit Backup-Systemen, die die gespeicherten Dateien nicht überschreiben, sondern eine neue Version speichern, wie z.B. Apples *Time Machine* auf dem Mac? Die meisten dieser Systeme, auch Time Machine, eignen sich nicht gut für die Sicherung von Bilddateien. Jedes Mal, wenn sich die Metadaten einer DNG-Datei änderten, würde die ganze Bilddatei als neue Version gesichert. Die Sicherungsfestplatte würde also schnell gefüllt, und Time Machine müsste beginnen, alte Dateien zu löschen, um Platz zu schaffen. Von Katalogen können Sie übrigens alte Versionen mit Lightroom selbst sichern lassen (siehe Seite 406).

18.2 Allgemeine Maßnahmen zur Sicherstellung der Datenintegrität

Abb. 18–2
Sind Sie sicher, dass diese Medien (noch) Ihre gesicherten Fotos enthalten? Von den vielen Gefahren, die dem Fotobestand drohen, ist schleichender Verlust der Datenintegrität besonders unangenehm, da man ihn nicht sofort bemerkt.

Eines der unangenehmsten Risiken bei der Digitalfotografie ist der Verlust der Integrität der Daten – also »kaputte Dateien«. Wenn ein Negativ in der Analogfotografie einen Kratzer hat, ist das Foto immerhin noch zu gebrauchen. Ändert sich allerdings nur ein einzelnes Bit einer Bilddatei, ist eventuell die ganze Datei nicht mehr lesbar. Im Zusammenhang mit der dreifachen Redundanz (siehe oben) wäre das an sich kein großes Problem, da man einfach auf eine Sicherungskopie zugreifen könnte. Allerdings bemerkt man fehlerhafte Dateien in der Regel nicht sofort (und unter Umständen erst nach langer Zeit oder überhaupt nicht). Wenn Sie beispielsweise eine Festplatte einige Monate liegen lassen, wie können Sie dann sicher sein, dass die Daten darauf noch intakt sind?

Dass man sich als Benutzer um solche Dinge überhaupt kümmern muss, liegt daran, dass es bislang in der Regel noch keine durchgehende Fehlerüberprüfung in der Datenverarbeitung gibt. Die heutigen Dateisysteme sind z. B. noch nicht so weit entwickelt, dass sie automatisch einen Datenträger auf durch Alterung verursachte Fehler überprüfen können. Aber fehlerhafte Dateien können beispielsweise auch bei Kopiervorgängen entstehen. Über einige grundlegende Ansätze lässt sich das Risiko jedoch deutlich eindämmen.

Datenintegrität durch Import überprüfen

Fehlerhafte Bilddateien können Sie am einfachsten erkennen, indem Sie sie in Lightroom importieren. Es gibt zwei Arten von Fehlern: Fehler in der Dateistruktur und Fehler in den Bilddaten. Die erste Art führt dazu, dass Lightroom die Dateien nicht mehr öffnen kann. Aus diesem Grund ist diese Art auch leicht zu bemerken: Lightroom weist am Ende des Importvorgangs darauf hin, dass es einige Dateien nicht lesen konnte (und zeigt eine Liste der Dateien an, siehe Abb. 18–3 A). Sie können solche Dateien aber meist schon im Importieren-Dialog erkennen, da dort die Miniaturen nicht angezeigt werden.

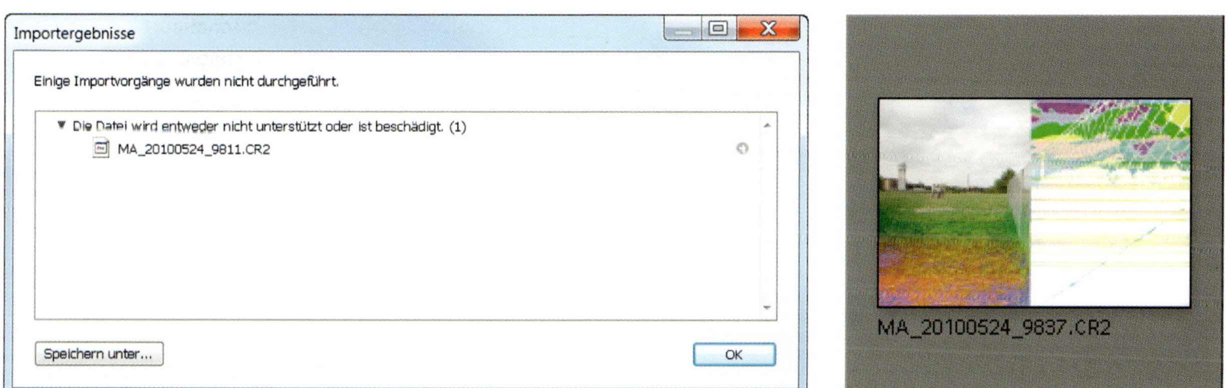

A

B

Abb. 18–3
Integrität von Fotos überprüfen
A) Einige fehlerhafte Bilddateien erkennt Lightroom beim Import
B) und andere nicht – nur Sie können sie erkennen.

Die andere Art von Fehlern, bei denen die Bilddaten selbst Fehler enthalten, bemerkt Lightroom überhaupt nicht. Sie müssen also eine visuelle Kontrolle aller Fotos durchführen, um diese Fehler auszuschließen. Im Allgemeinen sehen Sie sie sofort in der Rasteransicht: große Teile des Fotos fehlen komplett, stattdessen sehen Sie an diesen Stellen ein auffälliges Muster in knalligen Farben (siehe Abb. 18–3 B). Im Importieren-Dialog scheint mit diesen Dateien zunächst alles in Ordnung zu sein, weil Lightroom dort die von der Kamera eingebettete Vorschau anzeigt. Erst im Bibliothek-

Modul, wo Lightroom seine eigene Vorschau aus den Bilddaten erzeugt, wird der Fehler sichtbar.

Die Überprüfung der Datenintegrität durch den Import in Lightroom kann man zu verschiedenen Zeitpunkten einsetzen: immer nach der Übertragung von der Speicherkarte, aber auch später im Bedarfsfall, wenn man sich davon überzeugen will, ob Bilddateien in Ordnung sind (dafür kann man einen temporären Katalog anlegen, den man anschließend wieder löscht). Nur sollte man regelmäßige Überprüfungen aller Fotos auf diese Art vermeiden, da es viel zu aufwändig wäre. Stattdessen kann man archivierte Fotos von Zeit zu Zeit automatisch anhand von Prüfsummen (siehe unten) kontrollieren lassen.

Hinter fehlerhaften Dateien steht immer eine Ursache. Nach einem Datenverlust sollte man daher schnellstmöglich versuchen, die Ursache zu ermitteln und diese zu beheben, um weitere Fehler zu vermeiden. Meist liegt es an Datenträgern (Speicherkarten, Festplatten, optische Medien), die dann ausgetauscht werden müssen.

Backup-/Synchronisationssoftware für wichtige Kopiervorgänge benutzen

Eine sinnvolle Maßnahme gegen Datenverlust ist das Nutzen von speziellen Backup- bzw. Synchronisationsprogrammen für alle regelmäßigen Übertragungsvorgänge; dies hat gegenüber dem Kopieren von Hand mit dem Explorer/Finder mehrere Vorteile.

Abb. 18–4
Backup-Programme
A) SyncBack mit mehreren Profilen
B) Die Verifizierung der übertragenen Dateien lässt sich in vielen Backup-Programmen zuschalten.

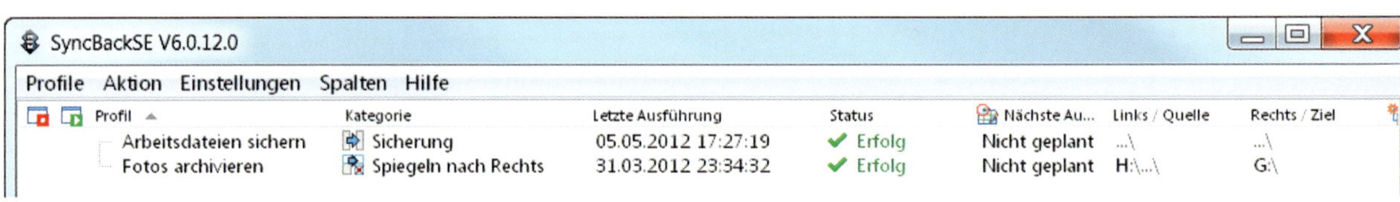

A

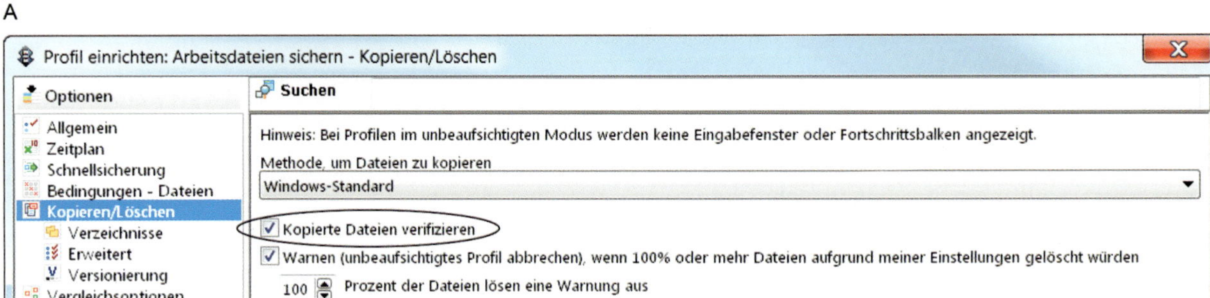

B

Backup-Software bietet z. B. Schutz vor Benutzerfehlern, indem Einstellungen für regelmäßige Kopiervorgänge gespeichert werden. Hierfür legt man ein **Profil** mit den Einstellungen an und ruft es dann für einen Kopiervorgang auf – genau wie bei einer Vorgabe in Lightroom. Zudem lassen sich diese Profile in der Regel automatisch ausführen (**Scheduling**), entweder zu vorher festgelegten Zeiten oder bei bestimmten Ereignissen, z. B. wenn eine bestimmte Festplatte angeschlossen wird oder beim Start oder Herunterfahren des Computers.

Eine weitere wichtige Funktion ist die Überprüfung auf Übertragungsfehler (**Verifizierung**): Hierdurch wird nach dem Kopieren überprüft, ob die Kopie genau dem Original entspricht (»sichere Übertragung«). Diese Überprüfung ist nicht selbstverständlich und wird weder bei den Übertragungsvorgängen in Lightroom noch im Explorer oder Finder vorgenommen. Daten könnten z. B. durch Fehler im RAM während der Übertragung beschädigt werden. Die Verifizierung kann man in vielen, aber nicht allen Backup-Programmen einstellen.

Wenn Sie eine Datei innerhalb derselben Partition mit Lightroom oder im Explorer/Finder **verschieben**, benötigen Sie übrigens keine Verifizierung. Hierbei werden nämlich keine Daten übertragen, es werden nur die Einträge im Dateisystem für diese Datei angepasst.

Gute Backup-Software sollte meiner Meinung nach über alle der obigen Eigenschaften verfügen. Für Windows gibt es z. B. das Programm *SyncBack* in einer Shareware- und einer Freeware-Version, für den Mac z. B. *Chronosync* (Shareware). Backup-Programme kann man an verschiedenen Stellen einsetzen: beim Spiegel-Backup der Arbeitsdateien, beim Übertragen der Arbeitsdateien ins Archiv und schließlich beim Anfertigen der Archiv-Backups.

Sicheres Brennen von optischen Medien

Auch beim Brennen von optischen Medien für die Archivierung sollten Sie nach Moglichkeit ein Programm benutzen, das das gebrannte Medium nach dem Brennen mit den Originaldaten vergleichen kann. So können Sie fehlerhafte Rohlinge sofort erkennen. Unter Windows eignet sich das kostenlose Programm *CDBurnerXP* (siehe Abb. 18–5), auf dem Mac kann dazu das Standard-Brennprogramm verwendet werden.

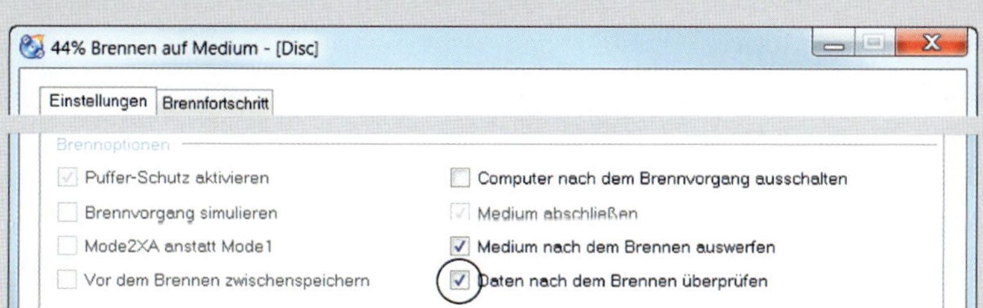

Abb. 18–5
CDBurnerXP (trotz seines Namens auch für DVDs und Blu-rays geeignet) kann Medien nach dem Brennen überprüfen.

Festplatten vorbeugend überprüfen

Um Datenverlust vorzubeugen, kann man Festplatten regelmäßig vorbeugend überprüfen – einmal die Hardware, einmal die Software. Die Hardware wird über den SMART-Status überprüft; SMART ist ein System zur Selbstüberwachung, das in jeder Festplatte eingebaut ist. Festplatten, die den SMART-Test nicht mehr bestehen, haben ein deutlich höheres Risiko, in nächster Zeit auszufallen oder Fehler aufzuweisen. Diese Festplatten sollten daher sofort ausgetauscht werden.

Es gibt viele Programme, die den SMART-Status einer Festplatte anzeigen können. Unter Windows benutze ich die *Smartmontools* (kostenlos), auf dem Mac können das mitgelieferte Festplattendienstprogramm (unter *Programme* ▹ *Dienstprogramme*) oder andere Software, z. B. *SmartReporter* (ebenfalls kostenlos), den Status anzeigen.

Der SMART-Status kann mit einigen externen Festplatten nicht überprüft werden. Der FireWire-Anschluss unterstützt SMART z. B. überhaupt nicht. Bei USB-Laufwerken hängt es vom Modell und von der auslesenden Software ab. Mit über eSATA angeschlossenen Festplatten funktioniert das Auslesen in der Regel am zuverlässigsten.

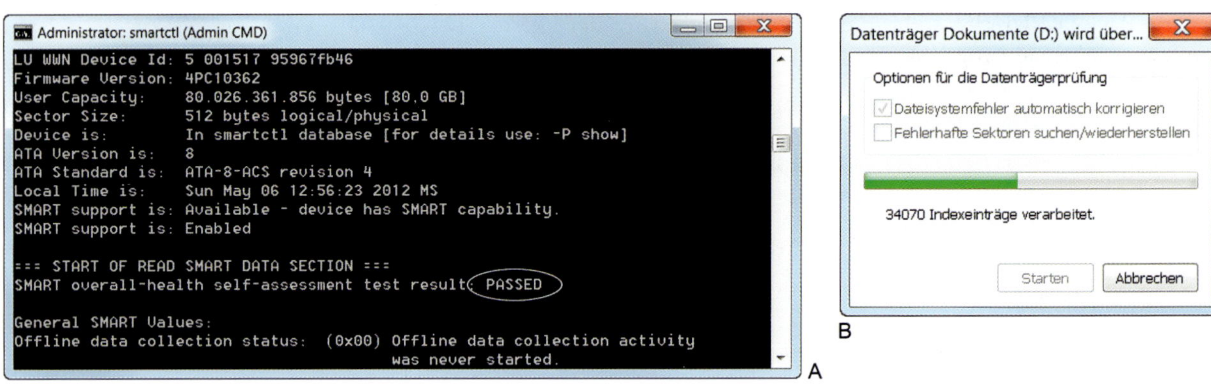

Abb. 18–6
Festplatten überprüfen
A) Programme wie Smartmontools zeigen den SMART-Status einer Festplatte an.
B) Dateisystemüberprüfung unter Windows

Weiterhin können Sie die Software einer Festplatte, das Dateisystem, überprüfen. Dieses ist in etwa für die Dateien, was der Lightroom-Katalog für die Fotos ist. Es kann beispielsweise bei einem Stromausfall, aber auch während des regulären Betriebs beschädigt werden. Ein fehlerhaftes Dateisystem kann dazu führen, dass Dateien nicht mehr erkannt oder überschrieben werden, weil der Computer fälschlicherweise annimmt, an einer Stelle auf der Festplatte sei noch Platz.

Um Datenverlusten vorzubeugen, kann man das Dateisystem regelmäßig überprüfen und im Fehlerfall reparieren lassen. Das geschieht für jede Partition einer Festplatte einzeln. Unter Windows heißt die Funktion *Fehlerüberprüfung* (zu finden im Kontextmenü eines Laufwerks unter *Eigenschaften* ▹ *Tools* ▹ *Fehlerüberprüfung*, siehe Abb. 18–6 B). Auf dem Mac können Sie eine Partition mit dem Festplattendienstprogramm (unter *Programme ▹ Dienstprogramme*) überprüfen.

Beides, die Überprüfung des SMART-Status und der Dateisysteme, ist in regelmäßigen Abständen für alle Festplatten sinnvoll. Wie häufig man überprüft, hängt bei den Dateisystemen auch davon ab, wie oft Dateien auf der Partition geschrieben oder gelöscht werden.

Prüfsummen verwenden

Eine Prüfsumme ist eine Art Fingerabdruck für eine Datei. Mit ihr kann man feststellen, ob sich eine Datei über einen längeren Zeitraum verändert hat bzw. defekt geworden ist. Dazu berechnet man die Prüfsumme zu einem Zeitpunkt, zu dem man weiß, dass die Datei in Ordnung ist. Von Zeit zu Zeit kann man die Prüfsumme neu berechnen und mit der alten vergleichen. Stimmen die Prüfsummen nicht mehr überein, hat sich die Datei verändert und ist vermutlich – wenn sie nicht vom Benutzer verändert wurde – defekt (die Wahrscheinlichkeit, dass zwei unterschiedliche Dateien dieselbe Prüfsumme ergeben, ist extrem gering).

Normalerweise werden Prüfsummen für alle Dateien eines Ordners als sogenannte Digest-Datei gespeichert (siehe Abb. 18–7 A). Diese Datei wird dann zur Aufbewahrung einfach im selben Ordner abgelegt.

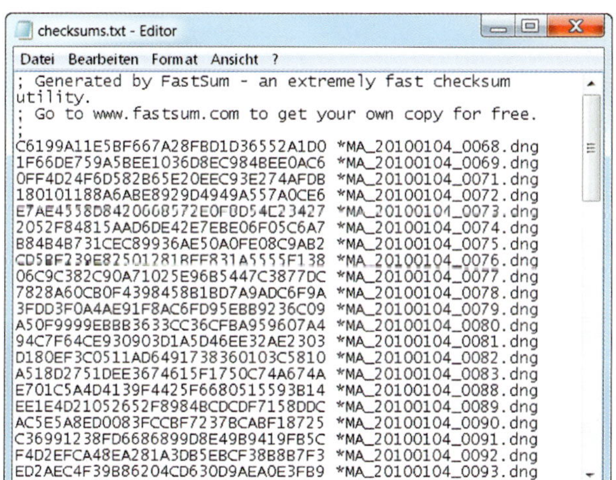

A

B

Abb. 18–7
Prüfsummen
A) Eine Digest-Datei von innen. Hier werden Prüfsummen (links) verwendet, die nach dem gebräuchlichen MD5-Algorithmus berechnet wurden.
B) Programme wie FastSum können leicht einzelne Ordner überprüfen, wenn sie eine Digest-Datei dort vorfinden.

Leider gibt es im Moment noch wenige Programme, die komfortabel Dateien in mehreren Ordner und Unterordnern an einem Stück überprüfen können. Ich benutze dazu *FastSum* (Shareware), dieses Programm ist aber nur für Windows erhältlich. Auch das Programm *ImageVerifier* kann Prüfsummen erzeugen und verwalten, allerdings speichert es diese in seiner eigenen Datenbank. Das ist zwar komfortabel, aber dadurch ist man auch auf längere Zeit auf das Programm angewiesen.

Mit dem Prüfsummen-Verfahren lässt sich gut kontrollieren, ob sich Dateien verändert haben. Es ist für Festplatten und optische Datenträger gleichermaßen geeignet und sinnvoll. Es kann allerdings nicht unterscheiden, ob die Veränderung einer Datei einen Fehler darstellt oder ob es sich um eine vom Benutzer gewollte Veränderung handelt. Daher eignet es sich nur für Dateien, die bereits abgeschlossen sind und keinen normalen Veränderungen mehr unterliegen. Ich benutze es nur für die schreibgeschützten Archiv-Backups (siehe Abschnitt 18.5).

Prüfsummen in DNG-Dateien

Falls Sie das DNG-Format verwenden, können Sie die in den DNG-Dateien enthaltenen Prüfsummen verwenden. Dies ist deutlich eleganter als die obige Lösung, denn die Prüfsummen werden automatisch bei Erzeugung der Dateien erstellt und in der Datei selbst aufbewahrt. Leider ist die systematische Überprüfung von DNG-Dateien im Moment noch nicht so einfach und komfortabel, wie sie sein könnte. Lightroom selbst hilft Ihnen beispielsweise kaum: Lediglich wenn Sie eine beschädigte Datei im Entwickeln-Modul öffnen, warnt es Sie entsprechend (siehe Abb. 18–8 A). So stößt man allenfalls per Zufall auf einen Datenfehler.

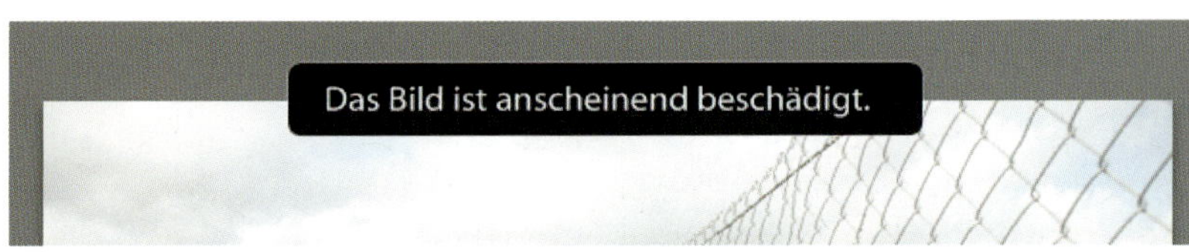

A

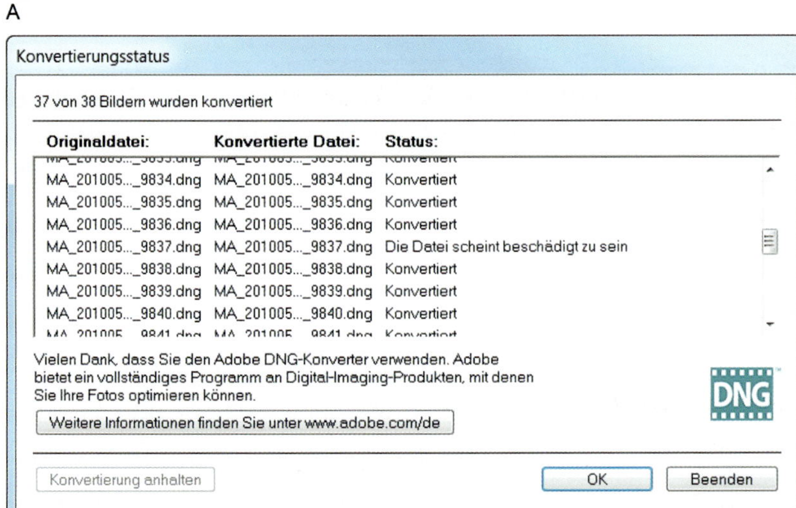

B

Abb. 18–8
Prüfsummen in DNG-Dateien
A) Lightroom warnt nur im Entwickeln-Modul vor beschädigten Dateien.
B) Mit dem DNG Converter lassen sich DNG-Dateien systematisch überprüfen.

Um mehrere Dateien systematisch zu überprüfen, kann man stattdessen den *Adobe DNG Converter* verwenden, der kostenlos erhältlich ist. Das Programm enthält allerdings noch keine spezielle Funktion zum Überprüfen von Dateien. Stattdessen benutzt man die normale Konvertierung, konvertiert also die DNG-Dateien erneut nach DNG: Dazu wählt man den Ordner aus, den man überprüfen will (über *Unterordner einschließen* kann man leicht alle Bilddateien auf einer Festplatte überprüfen) und stellt einen temporären Ordner mit möglichst viel Platz als Ziel ein. Dann lässt man die Konvertierung laufen. Wenn Sie sehr viele Dateien auf einmal überprüfen lassen, kann das mehrere Stunden dauern. Falls notwendig, können Sie während der Konvertierung von Zeit zu Zeit die neu erzeugten Dateien löschen, um Platz zu schaffen (ansonsten löschen Sie sie am Ende). Nach der Konvertierung zeigt der DNG Converter im Fenstertitel an, ob alle Dateien konvertiert werden konnten. Falls das nicht der Fall war, können Sie die Liste durchsehen und die betreffenden Dateien identifizieren (siehe Abb. 18–8 B).

18.3 Arbeitsdateien sichern

Sicherung von Bilddateien und Katalogen per Spiegel-Backup

Um die Sicherungskopien für die Arbeitsdateien zu erstellen, empfiehlt sich das Spiegel-Backup. Dabei werden regelmäßig alle Dateien auf andere Datenträger kopiert und dabei gegebenenfalls aktualisiert. Zu den Arbeitsdateien zähle ich persönlich alle Dateien, die gerade aktuell für mich sind. Neben den aktuellen Bilddateien und Lightroom-Katalogen gehören dazu Dateien aus anderen Programmen (Textverarbeitung, Finanzsoftware usw.). Wie auf Seite 152 erläutert, befinden sich meine Arbeitsdateien nicht im Benutzerverzeichnis der Startpartition, sondern auf einer eigenen Partition (siehe auch Abb. 18–9).

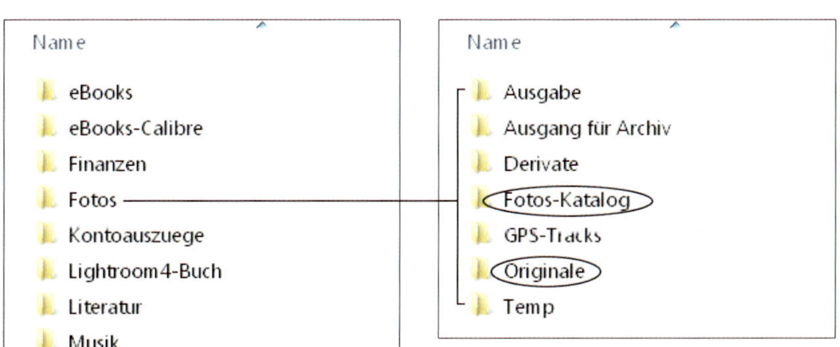

Abb. 18–9
Mein Arbeitsordner – alle Dateien hier sind mehr oder weniger aktuell und werden auf dieselbe Art und Weise gesichert. Arbeitsfotos und Lightroom-Katalog sind hervorgehoben.

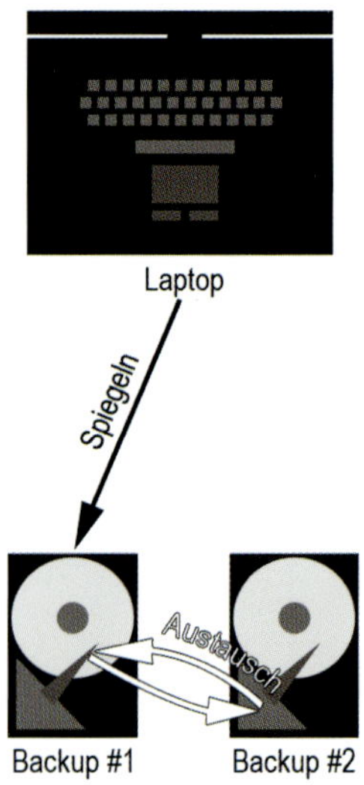

Abb. 18–10
Illustration meiner Sicherungsanordnung für die Arbeitsdateien

Die Spiegelung läuft weitgehend automatisiert ab, sodass ich mich möglichst wenig darum kümmern muss. Dazu benutze ich mein Backup-Programm *SyncBack* mit sicherer Übertragung (d.h. Datenverifikation, siehe Seite 400). Ich sichere die Daten auf dieselbe Weise auf zwei externen Festplatten, von denen die eine bei mir in der Wohnung, aber vom Computer getrennt (offline) gelagert wird, und die andere sich außer Haus (offsite) befindet. Um die Daten auf der sich außer Haus befindlichen Festplatte zu aktualisieren, tausche ich die Festplatten einfach aus (in Abb. 18–10 ist meine Sicherungsanordnung zu sehen, für meine komplette Festplattenanordnung siehe Abb. 18–17). Die Sicherung erfolgt bei mir mehrmals wöchentlich, in der Regel nach wichtigen Arbeiten und immer nach der Übertragung wichtiger Fotos von der Speicherkarte.

(In *Lightroom-3-Praxis* war von einer zusätzlichen Sicherung die Rede; eine solche halte ich nicht mehr für notwendig, da sich meine Arbeitsdateien nicht länger auf einer normalen Festplatte, sondern mittlerweile auf einer SSD befinden. Die SSD verfügt bereits über eine Fehlerkorrektur und ist auch sonst weniger fehleranfällig.)

Alte Katalogversionen sichern

Kataloge gehören zu den Arbeitsdateien, da sie sich ständig ändern (auch der Archivkatalog, falls vorhanden, da laufend Fotos hinzugefügt werden, siehe unten). Daher werden sie mit der normalen Spiegelung gesichert. Diese Sicherung kann man kombinieren mit einer Versionierung, d.h., dass man regelmäßig eine ältere Version des Katalogs speichert. Auf eine dieser Versionen kann man zurückgreifen, falls man z.B. Fehler bei der Arbeit macht. Außerdem ist man zusätzlich vor Verlust der Datenintegrität des Katalogs geschützt.

Abb. 18–11
Katalogsicherung
A) Diesen Dialog zeigt Lightroom vor jeder Sicherung des Katalogs an. Dabei kann man die Integrität der Katalogdatei überprüfen lassen.
B) So werden die Katalogkopien innerhalb des Katalogordners abgelegt – irgendwann muss man diesen Ordner von Hand entrümpeln.

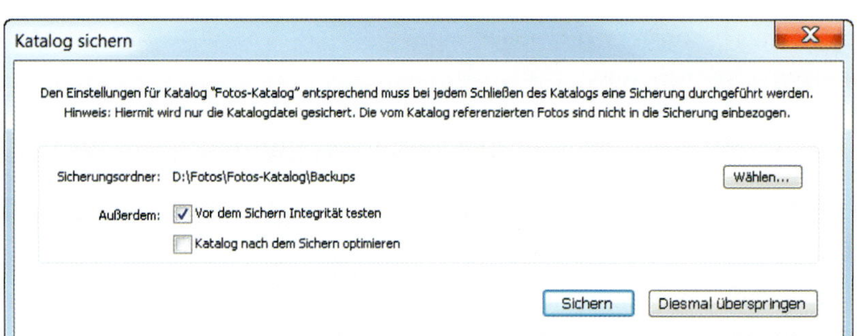

A

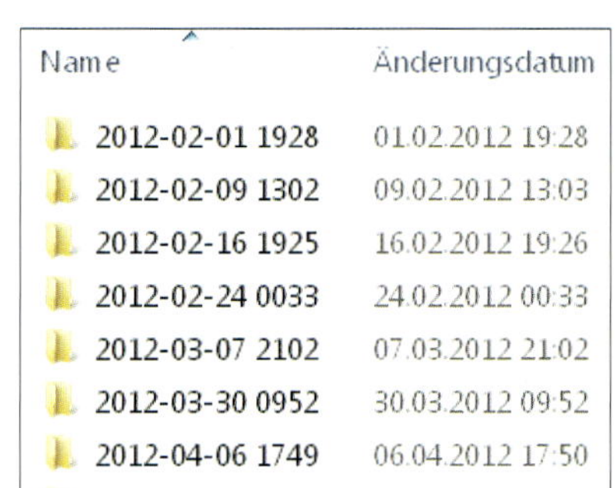

B

Die Sicherung kann Lightroom automatisch übernehmen. Dazu stellen Sie in den Katalogeinstellungen unter *Allgemein* ▷ *Sicherung* einfach die gewünschte Häufigkeit ein. Lightroom sichert dann regelmäßig eine Kopie der Katalogdatei im Unterordner *Backups* des Katalogordners. Die abgelegten Dateien werden so mit der Spiegelung der Arbeitsdateien mitgesichert. Vor der Sicherung zeigt Lightroom einen Dialog an (siehe Abb. 18–11 A). Über diesen kann man gleich die Integrität der Katalogdatei überprüfen lassen. Auch Lightrooms Katalogdateien unterliegen den in diesem Kapitel beschriebenen Gefahren für die Datenintegrität.

Eventuell lohnt es sich, den Katalog zusätzlich über einen Internet-Backup-Dienst zu sichern, vor allem, wenn Sie die Offsite-Kopie der Arbeitsdateien-Spiegelung nicht so oft austauschen/aktualisieren können. Für das Internet-Backup empfiehlt sich eine Lösung, mit der man die Vorschaudateien von der Sicherung ausnehmen kann, z. B. *MozyBackup*.

18.4 Fotos archivieren

Es ist aus verschiedenen Gründen sinnvoll, Fotos zu archivieren, d. h., die älteren Fotos von den aktuellen zu trennen. Einer der besten Gründe ist, dass Sie archivierte Bilddateien dadurch so sichern können, dass die Weitergabe von Fehlern vom Original auf die Kopien ausgeschlossen ist (siehe Abschnitt 18.5). Gerade wenn Dateien über lange Zeiträume aufbewahrt werden sollen, fünf, zehn, 20 Jahre oder länger, ist dies hilfreich. Zudem ist es wahrscheinlich, dass Sie die Archivdateien schon aus Platzgründen auslagern müssen, um Ihre Festplatte freizubekommen.

Neue Fotos verbleiben bei mir zwischen wenigen Tagen und einigen Monaten in der Arbeitsphase, bevor ich sie archiviere; bei Derivaten, den Bilddateien für die Weiterverarbeitung, maximal ein Jahr. Vor der Archivierung lösche ich alle verbliebenen Löschkandidaten, außerdem speichere ich die Metadaten bei den Bilddateien (wenn Sie das DNG-Format einsetzen, können Sie auch die DNG-Vorschauen aktualisieren). Damit sind die Fotos in einem möglichst abgeschlossenen, archivierbaren Zustand. Archiviert werden normalerweise nur Originaldateien und die Derivate. Bilddateien für die Ausgabe hingegen werden bei Bedarf erzeugt und dann verworfen – Ausnahmen bestätigen die Regel.

Einen separaten Archivkatalog verwenden

Es ist durchaus sinnvoll, Arbeits- von Archivfotos auch über Kataloge voneinander zu trennen. Der Arbeitskatalog enthält dann nur die neuen, unbearbeiteten Fotos, darunter auch Ausschuss, der noch gelöscht werden muss. Der Archivkatalog enthält nur Fotos, die bereits selektiert und mit Metadaten versehen wurden. Dabei schreiben Sie den Archivkatalog ständig fort: Das bedeutet, Sie haben auf der einen Seite den kleinen Arbeitskatalog, der immer nur die neuesten Fotos enthält, und auf der anderen den ständig wachsenden Archivkatalog mit Tausenden oder Zehntausenden archivierter Fotos.

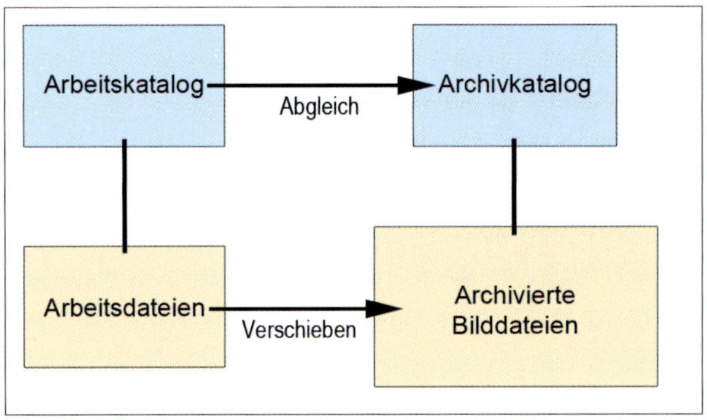

A

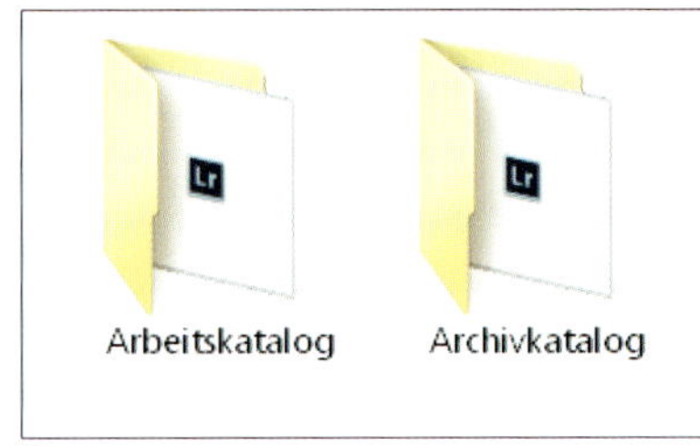

B

Abb. 18–12
Fotos archivieren
A) Bei der Archivierung werden sowohl Bilddateien verschoben als auch – optional – die Verwaltung der Dateien an den Archivkatalog übergeben.
B) Trennung von Arbeits- und Archivkatalog

Auch wenn Sie über eine sehr große Anzahl von Fotos verfügen und Lightroom dadurch deutlich langsamer werden sollte, ist es sinnvoll, einen oder mehrere Archivkataloge anzulegen (mittlerweile stellt eine erhebliche Anzahl Fotos im Katalog allerdings nicht mehr so ein großes Problem für Lightroom dar). Das Teilen von Archivkatalogen erfolgt am einfachsten über die Funktion *Als Katalog exportieren* (siehe Kapitel 6.5). Wichtig sind hierbei klare Grenzen zwischen den Katalogen, am besten Jahresgrenzen, z. B. ein Katalog von 2003–2008, dann 2009–2010 und dann ab 2011 usw. Eine solche Aufteilung hat allerdings Nachteile, da Lightroom nicht mehrere Kataloge gleichzeitig geöffnet haben kann. Alternativ können Sie ein anderes Bildverwaltungsprogramm für Ihr Archiv benutzen (siehe Kasten Seite 409).

Die Verwendung von separaten Katalogen ist aber nicht notwendig für die Archivierung der Bilddateien. Sie können ebenso gut einen gemeinsamen Katalog verwenden. Ich komme weiter unten auf die verschiedenen Vorgehensweisen bei der Archivierung für beide Fälle zurück.

Falls Sie einen Archivkatalog verwenden wollen, ist es einfacher, Stichwörter erst im Archivkatalog hinzuzufügen, da Sie sich dann nur um eine einzelne Stichworthierarchie kümmern müssen (siehe Seite 139). Die Stichworthierarchie ist jeweils Bestandteil des Katalogs, nicht der globalen Voreinstellungen. Dadurch ist es sehr aufwändig, Hierarchien in verschiedenen Katalogen genau aufeinander abzustimmen. Unter anderem aus diesem Grund verwende ich mittlerweile nur noch einen gemeinsamen Katalog für meine Fotos.

Andere Katalogprogramme verwenden

Sie können für die Archivfotos auch ein anderes Programm als Lightroom benutzen, da Sie ja die Bildbearbeitung im Regelfall dann weitgehend abgeschlossen haben. Einige Benutzer ziehen dies vor, da ihnen die Verwaltungsfunktionen von Lightroom zu eingeschränkt sind.

Ein beliebtes und leistungsfähiges Programm ist *Media Pro* (früher *Expression Media*) für Windows und Mac. Das Programm hat gegenüber Lightroom den Vorteil, dass es mehrere Kataloge gleichzeitig öffnen und über mehrere Kataloge nach Fotos suchen kann. Wenn Sie ein sehr großes Fotoarchiv haben, das Sie in mehrere Kataloge unterteilen müssen, ist dies eine wichtige Funktion. Darüber hinaus lässt sich in *Media Pro* die Vorschaugröße flexibler festlegen, sodass sich Kataloge kleiner halten lassen.

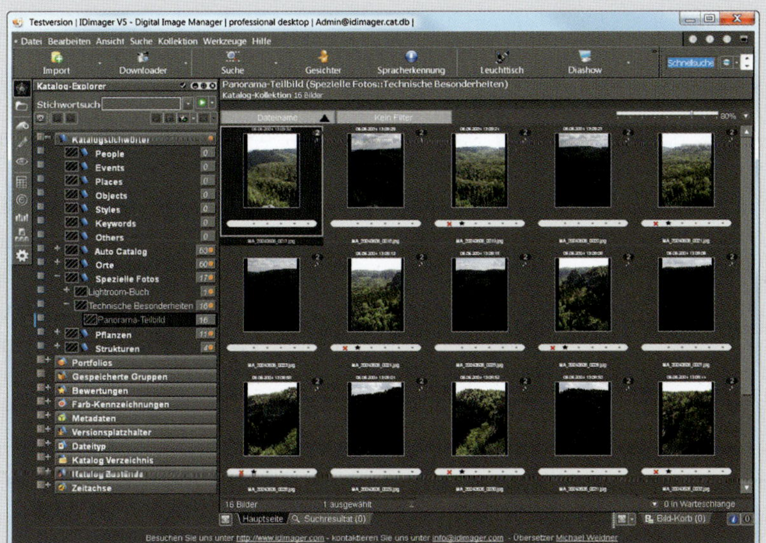

Abb. 18–13
Das Bildverwaltungsprogramm IDimager

Ein anderes, neueres Programm ist *IDimager* für Windows (demnächst auch für den Mac). Das Programm kann unter anderem nach dem Client-Server-Ansatz arbeiten, bei dem Sie Kataloge über das Netzwerk ansprechen können, hat also große Vorzüge gegenüber Lightroom im Mehrbenutzer-Betrieb. Im Vergleich zu Media Pro hat es weiterhin den Vorteil, dass es alle XMP-Daten im Katalog speichert, auch die Entwicklungseinstellungen. Das macht den Workflow wesentlich einfacher, wenn man ein bereits archiviertes Foto erneut mit Lightroom oder Camera Raw bearbeiten möchte.

Wenn Sie eines dieser Programme für die Verwaltung Ihres Archivs verwenden möchten, halte ich es für dringend empfehlenswert, für Raw-Dateien das DNG-Format zu verwenden. Sie können dann für die zu archivierenden Fotos die Metadaten bei den Bilddateien speichern sowie die DNG-Vorschauen aktualisieren (siehe Seite 175) und anschließend die Bilddateien in das andere Programm importieren.

Durch die DNG-Vorschauen kann das Programm die Fotos so anzeigen, wie sie in Lightroom bearbeitet wurden. Es empfiehlt sich, Vorschauen in voller Größe zu erzeugen. Dann können Sie die Fotos mit dem anderen Bildverwaltungsprogramm in Originalgröße (1:1) betrachten. Die Vorschaugröße stellt man bei den Einstellungen für die DNG-Konvertierung in den Voreinstellungen unter *Importieren* ein.

Generell empfehlenswert, wenn andere Katalogprogramme genutzt werden sollen, vor allem aber in Hinblick auf Media Pro, ist das Buch *Bildverwaltung für Fotografen* von Peter Krogh. Davon existiert im Englischen eine zweite, aktualisierte Auflage (*The DAM Book*), die speziell auf die Zusammenarbeit mit Lightroom eingeht.

Archivierung der Original-Bilddateien

Im Grunde geht es bei der Archivierung nur darum, den oder die zu archivierenden Bilddateien vom Arbeitsdateien-Ordner in den Archiv-Ordner zu verschieben (u. evtl. zusätzlich die Kataloge zu wechseln, siehe oben). Wenn Sie insgesamt nur wenige Fotos haben, können Sie Arbeitsfotos und Archivfotos auf derselben Festplattenpartition aufbewahren. (Das hat den Vorteil, dass beim Verschieben ins Archiv keine Daten übertragen werden müssen und Sie auf sichere Übertragung verzichten können, siehe unten). Andernfalls empfiehlt sich eine separate Festplatte für die Archivfotos. Wenn Sie ein großes Fotoarchiv haben, müssen Sie es zudem eventuell auf mehrere Festplatten aufteilen.

Spätestens bei der Übertragung ins Archiv sollte dem Namen des Projektordners (ich gehe im Folgenden einfach von Projektordnern, nicht von Datumsordnern aus; mit diesen ist die Archivierung im Allgemeinen auch einfacher), den Sie archivieren wollen, eine Nummer vorangestellt werden, mit der er richtig im Archiv einsortiert wird. Wenn Sie hierfür das Datum der Archivierung verwenden, können Sie es jetzt zum Ordnernamen hinzufügen. Ich ordne die Projektordner innerhalb des Archivs in Unterordnern nach Jahren wie in Abb. 18–14.

Die Vorgehensweise bei der Archivierung sieht beispielsweise so aus:

- Wenn Sie einen gemeinsamen Katalog für Arbeits- und Archivfotos verwenden, können Sie einfach den Ordner über die Ordner-Palette verschieben.

- Wenn Sie getrennte Kataloge verwenden, können Sie die Funktion *Aus anderem Katalog importieren* (siehe Seite 165) benutzen, um die Fotos in den Archivkatalog zu übertragen, ohne dabei allerdings die Bilddateien zu kopieren. Diese verschieben Sie anschließend über die Ordner-Palette. Zum Schluss entfernen Sie den archivierten Ordner aus dem Arbeitskatalog.

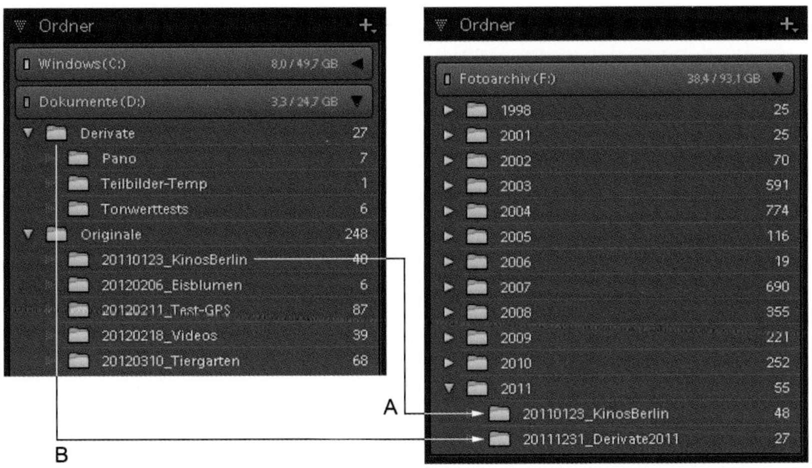

Abb. 18–14
Fotos archivieren
A) Projektordner werden innerhalb des Archivs chronologisch abgelegt.
B) Derivate kann man, zu eigenen Projektordnern zusammengefasst, ebenfalls im Archiv ablegen – das kann auch nur einmal im Jahr sein.

Es gibt möglicherweise zwei Probleme bei den obigen Vorgehensweisen. Erstens wird die auf Seite 400 vorgestellte »sichere Übertragung« von Lightroom beim Verschieben von Ordnern nicht verwendet. Dies ist unkritisch, solange sich Arbeits- und Archivdateien auf derselben Partition befinden. Befinden sie sich aber auf verschiedenen Festplatten oder Partitionen, besteht ein geringes Risiko für Übertragungsfehler, von denen Sie danach evtl. nichts mitbekommen, da Sie mit den archivierten Fotos vermutlich nicht so häufig arbeiten werden. Als Gegenmaßnahme können Sie ein Backup-Programm für die Übertragung verwenden (siehe unten).

Das zweite Problem ist, dass der Ordner jetzt aus den Arbeitsdateien verschoben wurde und dass er damit nicht mehr vom Spiegel-Backup erfasst wird. Der Ordner wird dann auf den Backups jeweils beim nächsten Spiegel-Backup gelöscht. Daher sollten Sie die Archiv-Backups (siehe unten) gleich im Anschluss machen, im günstigsten Fall beide, bevor ein weiteres Backup der Arbeitsdateien ausgeführt wird. Dazu kann man es so einrichten, dass man immer dann archiviert, wenn man das Offsite-Archiv-Backup am Arbeitsplatz hat.

Wenn Sie dies nicht können oder wollen, können Sie den Ordner ins Archiv kopieren, anstatt ihn zu verschieben, sodass er auf der Arbeitsdateien-Seite erhalten bleibt. Diesen können Sie dort so lange aufbewahren, bis Sie die Archiv-Backups angefertigt haben, und können ihn zwischenzeitlich in einen Ordner wie z. B. *Archiviert* o. Ä. verschieben. Wenn Sie eine Kopie des Ordners anfertigen, haben Sie allerdings in jedem Fall das obige Problem bezüglich der sicheren Übertragung, auch wenn Sie innerhalb derselben Partition kopieren. Auch hier empfiehlt sich daher die Übertragung mit einem Backup-Programm.

Fortgeschrittene Archivierung mit »sicherer Übertragung«

Um Bilddateien sicher ins Archiv zu übertragen und so in jedem Fall die Datenintegrität zu gewährleisten, können Sie ein Backup-Programm, wie auf Seite 400 vorgestellt, verwenden. Dafür erstellt man zwei »Übertragungsordner« (siehe Abb. 18–15), z. B. *AusgangfürArchiv* bei den Arbeitsdateien und *EmpfangvonArbeitsdateien* bei den Archivdateien. Das Backup-Programm stellt man so ein, dass es bei jedem Übertragungsvorgang den Inhalt des einen Ordners in den anderen überträgt. Sie können mit den meisten Backup-Programmen Dateien übrigens sowohl sicher verschieben als auch kopieren (wenn Sie eine Kopie bei den Arbeitdateien behalten wollen, bis die Archiv-Backups erledigt sind).

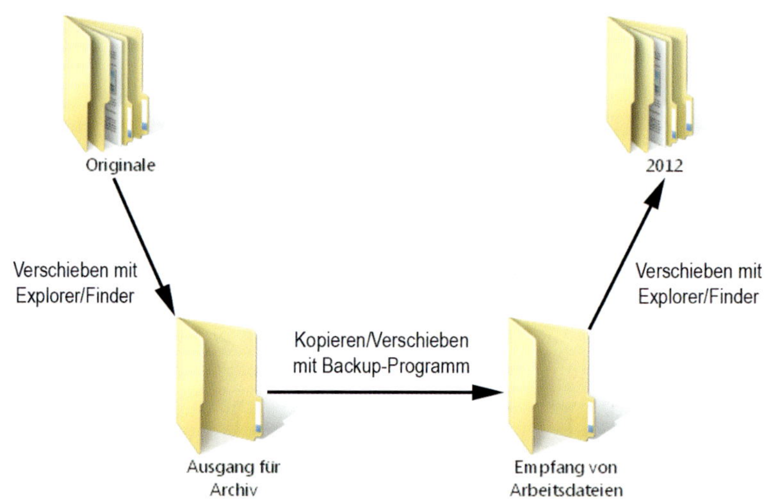

Abb. 18–15
Mithilfe von Übertragungsordnern kann man Projektordner sicher ins Archiv befördern.

Um Bilddateien zu archivieren, verschiebt man auf der Seite der Arbeitsdateien den Projektordner in den Übertragungsordner (mit dem Explorer/Finder), löst die Übertragung aus und verschiebt den übertragenen Projektordner anschließend in den richtigen Unterordner auf der Archivseite (z. B. *2012*).

Wenn Sie einen gemeinsamen Katalog für Arbeits- und Archivfotos verwenden, müssen Sie in Lightroom nach der Übertragung den Ordner lediglich neu zuweisen, entweder mit der Funktion *Fehlenden Ordner suchen* (wenn Sie den Ordner verschoben haben) oder der Funktion *Speicherort des Ordners aktualisieren* (wenn Sie eine Kopie angefertigt haben). Beide finden Sie im Kontextmenü der Ordner-Palette.

Wenn Sie einen separaten Archivkatalog verwenden, ist das Vorgehen ein wenig komplizierter. Sie können z. B. die Fotos mit *Aus anderem Katalog importieren* in den Archivkatalog übertragen, kopieren dabei aber keine Bilddateien. Diese übertragen Sie danach wie oben beschrieben über das Backup-Programm. Im Archivkatalog wird anschließend der Projektordner neu zugeordnet (über *Fehlenden...* bzw. *Speicherort...*). Schließlich muss man den Ordner noch aus dem Arbeitskatalog entfernen.

Als Alternative zur Verwendung von *Aus anderem Katalog importieren* kann man einfach die normale Metadatenspeicherung bei den Bilddateien verwenden. Dadurch wird die Prozedur aus meiner Sicht etwas einfacher. Dabei gehen zwar einige Informationen verloren, aber manchmal ist das ja auch etwas Gutes: Wenn man die virtuellen Kopien, Stapel, Flaggenmarkierungen aus dem Arbeitskatalog im Archivkatalog nicht mehr benötigt, braucht man diese nicht von Hand zu entfernen. Allerdings ist es bei dieser Vorgehensweise besser, seine Stichwörter nur über den Archivkatalog zu verwalten, da sonst Synonyme und Exportoptionen von Stichwörtern verloren gehen.

Für diese Vorgehensweise speichert man im Arbeitskatalog die Metadaten für den Projektordner und entfernt diesen aus dem Katalog (beides über die Ordner-Palette). Dann überträgt man den Ordner über das Backup-Programm. Anschließend startet man Lightroom mit dem Archivkatalog und importiert den Projektordner auf der Archivseite über den normalen Importieren-Dialog. Im Grunde kann man hier sogar auf die sichere Übertragung verzichten, da mit dem erneuten Import neue Vorschauen erstellt werden, die zur Überprüfung der Integrität dienen können (siehe Seite 399).

Derivate archivieren

Bei der Übergabe von Fotos an Photoshop oder andere Programme werden die Derivatdateien normalerweise im Ordner der Originaldatei erzeugt. Das wäre kein Problem, wenn Derivate nur während der Arbeitsphase erstellt würden. Aber sie können in manchen Fällen auch noch Jahre nach den Originalen entstehen; ein Kunde könnte z. B. alte Fotos benötigen, oder Sie wollen eine Ausstellung über eine Reise vorbereiten, die schon länger zurückliegt, usw.

Daher ist es sinnvoll, Derivate nicht im Originalordner zu sichern, zumindest nicht, nachdem der Originalordner bereits archiviert ist. Nach der Archivierung eines Ordners sollten dort nach Möglichkeit keine Dateien mehr hinzukommen.

Während der Arbeitsphase lege ich deshalb Derivate zunächst einfach in einen speziellen Derivate-Ordner. Wenn ich genug zusammenhabe, oder spätestens nach einem Jahr (durch die recht umfangreichen Bildbearbeitungsfunktionen in Lightroom braucht man Derivate ja nicht so oft), fasse ich sie zu einem Projektordner zusammen: z. B. *20121231_Derivate2012*. Manchmal mache ich einen eigenen Ordner für ein Projekt auf, z. B. *20120630_Derivate_Osteuropa-Ausstellung* (in beiden Fällen ist das Datum in den Ordnernamen das Datum der Archivierung).

Nachdem ich den Projektordner erstellt habe, wird er wie die Originalordner archiviert (siehe Abb. 18–14 B). Durch das »Derivate« im Ordnernamen ist er relativ gut innerhalb der anderen Ordner zu erkennen. Manche Fotografen trennen auch Originale von Derivaten, indem sie eine eigene Ordnerhierarchie für sie anlegen (also zwei separate Hierarchien *2010, 2011, 2012*); ich nicht – weil es so einfacher ist.

Durch die obige Vorgehensweise können Sie also die Originale sehr früh archivieren und auch Jahre danach noch Derivatdateien erstellen. Der Nachteil ist, dass Originale und Derivate nicht zusammen abgelegt werden. Es ist also schwieriger, sie nebeneinander auf einen Blick zu sehen. In Lightroom hat man aber genau dafür den Katalog. Da Originale und Derivate dieselbe Dateinamensbasis haben, können Sie alle zusammengehörigen Fotos schnell über die Textsuche in der Filterleiste finden.

18.5 Archiv-Backups anfertigen

Für die archivierten Bilddateien empfiehlt sich eine spezielle Backup-Strategie, die des »schreibgeschützten Backups«, auch additive Sicherung genannt. Was die verwendeten Sicherungsfestplatten betrifft, gelten dabei zwei Regeln:

- Keine Dateien ändern/überschreiben
- Keine Dateien löschen

Insofern funktioniert dieses System wie ein Schreibschutz, auf den Sie allerdings selbst achten müssen. Ich kann also nur Dateien zu den Sicherungsfestplatten hinzufügen (daher auch »additives Backup« genannt) oder lesend auf sie zugreifen. Eventuell mit der Zeit auftretende Schäden am Archiv bleiben damit im Archiv und können nicht auf die Sicherungen übertragen werden. Dieser Schutz wird umso wichtiger, je länger das Archiv besteht.

Den Regeln der Redundanz entsprechend, erfolgt die Sicherung dabei auf zwei Festplatten, eine offline, eine offsite (siehe auch Abb. 18–16). Das Anfertigen der Backups müssen Sie in der Regel von Hand machen. Hierbei kopieren Sie den archivierten Projektordner einfach auf die beiden Sicherungsfestplatten. Dabei empfiehlt sich die sichere Übertragung mit einem Backup-Programm über Übertragungsordner, wie auf Seite 412 beschrieben.

Durch den »Schreibschutz« können die Metadaten in den Bilddateien bei den Sicherungskopien nicht mehr aktualisiert werden. Dies hat den Nachteil, dass sie im Katastrophenfall nicht aktuell sind. Aber dafür hat man den Katalog, und komplett aktuell halten könnte man die Sicherung ohnehin nicht. Im Fehlerfall kann man einfach die zerstörten Archivfotos durch die gesicherten ersetzen und wieder mit dem Katalog verbinden. Ich speichere allerdings die Metadaten ein letztes Mal vor der Archivierung, sodass die Dateien bereits den Großteil enthalten.

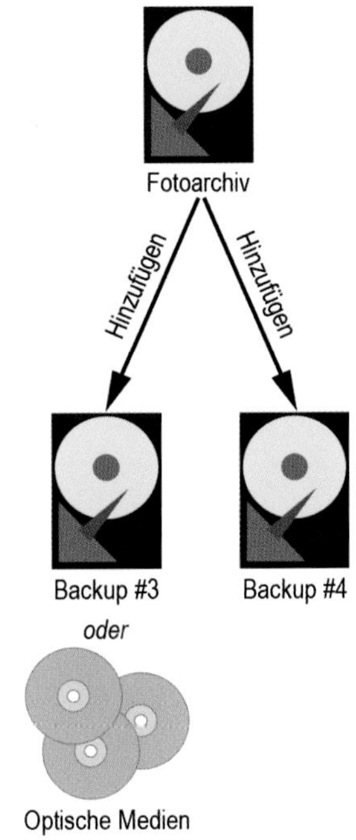

Abb. 18–16
Additive Sicherung des Archivs

Da der gemeinsame Katalog bzw. der Archivkatalog praktisch immer bei den Arbeitsdateien verbleibt, ist es sinnvoll, davon auch ab und zu eine Version richtig zu archivieren und »schreibgeschützt« zu sichern, ähnlich wie bei den archivierten Bilddateien. Zurzeit mache ich dies einmal im Jahr. So kann ich im Katastrophenfall noch auf eine halbwegs aktuelle Katalogversion zurückgreifen. Katalogdateien lassen sich für die Archivierung übrigens mit Zip sehr stark komprimieren.

Wenn Sie die Sicherungen umstrukturieren, z. B. den Inhalt einer Backup-Festplatte auf eine andere, größere Festplatte kopieren, sollten Sie in jedem Fall von einer der Sicherungen aus kopieren, nicht vom Archiv, da ansonsten die ganze Sicherungsstrategie unterlaufen wird.

Sie können die Sicherheit der Archiv-Backups deutlich erhöhen, indem Sie Prüfsummen verwenden (siehe Seite 403). Ich verwende Prüfsummen nur für die beiden Backups, nicht fürs Archiv selbst, da sich mit der Zeit doch noch die eine oder andere Datei im Archiv verändern könnte. Solche Änderungen würden fälschlicherweise als Fehler erkannt, was mir zu verwirrend wäre. Durch die Prüfsummen kann man die Integrität der Archiv-Backups auch im Nachhinein zu 100 % genau kontrollieren und so jederzeit Sicherheit über ihren Zustand erlangen.

Optische Medien verwenden

Sie können statt der ersten oder zweiten Sicherungsfestplatte auch optische Medien verwenden (siehe Abb. 18–16). Auch hier können Sie Prüfsummen einsetzen, um die Integrität der Daten im Nachhinein zu kontrollieren. Ich benutze optische Medien nicht mehr, da der Aufwand gegenüber der Festplattensicherung um ein Vielfaches höher ist und ich das additive Backup für ausreichend halte.

Wenn Sie optische Medien verwenden, können Sie, statt im Archiv die Projektordner z. B. in Jahresordnern zu organisieren (siehe Seite 410), auch Ordner bilden, die sich an der Größe der optischen Medien orientieren, die also maximal 4,3 GB bei DVDs oder 23 GB bei Blu-ray Discs beinhalten. Es passen dann meist mehrere Projekte in einen Ordner, große Projekte müssen aber evtl. auf mehrere Ordner aufgeteilt werden, was einen zusätzlichen Aufwand darstellt. Aber wenn Sie optische Medien für die Sicherung verwenden wollen, ist es durchaus sinnvoll, so vorzugehen. Mehr zu diesem System (dem sogenannten Eimer-System) finden Sie im Buch *Professionelle Bildverwaltung* von Peter Krogh.

Abb. 18–17
Gesamtübersicht meiner Sicherungs- und Archivierungsanordnung

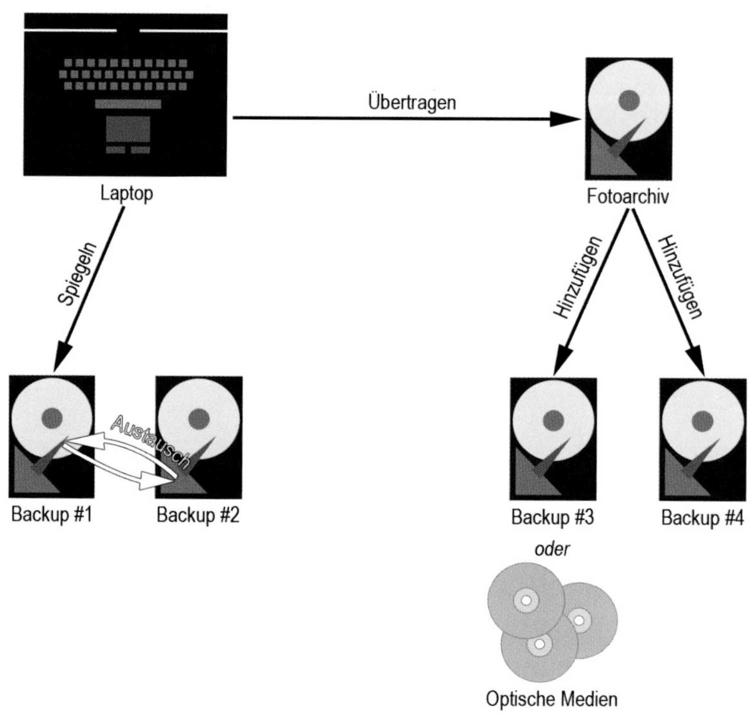

Anhang

A.1 Übersicht der Einstellungen in Lightroom

Einstellung	Speicherort	Wie lassen sie sich auf andere Computer bzw. Kataloge übertragen?
Vorgaben und Vorlagen	globaler Lightroom-Vorgabenordner oder im Katalogordner (Position lässt sich anzeigen in den Voreinstellungen unter *Vorgaben*)	Dateien kopieren, teilweise von Lightroom aus (exportieren/importieren)
Voreinstellungen und Einstellungen zur Oberfläche (Ansichtoptionen usw.)	globaler Lightroom-Vorgabenordner, Unterordner *Preferences*	Datei kopieren und ersetzen
Standardentwicklungseinstellungen	Camera-Raw-Ordner (liegt im Elternordner vom Lightroom-Vorgaben-Ordner) unter *Defaults*	Datei kopieren
Standardeinstellungen für Objektivprofile	Camera-Raw-Ordner unter *LensProfileDefaults*	Datei kopieren
Objektivprofile selbst	Camera-Raw-Ordner unter *LensProfiles*	Datei kopieren
Stichworthierarchien	Katalog	*Metadaten ▹ Stichwörter importieren/exportieren*
Sammlungen	Katalog	*Aus anderem Katalog importieren*
Smart Sammlungen	Katalog	*Aus anderem Katalog importieren*, außerdem exportieren/importieren über Sammlungen-Palette
Veröffentlichungssammlungen	Katalog	nicht möglich
Farbprofile	*Windows*: *C:\Windows\System32\spool\drivers\color* *Mac*: */Library/ColorSync/Profiles* (für alle Benutzer) */Benutzer/Benutzername/Library/ColorSync/Profiles* (nur für *Benutzername*)	Datei kopieren

A.2 Überblick Elemente für Dateinamenvorlagen- und Textvorlagen-Editor

Name	Bedeutung	Import	Stapel-Umbenennung	Export	Text
Dateiname	Momentaner Dateiname ohne Endung, z.B. MA_20070911_4565	x	x	x	x
Dateinamensuffix	Wenn vorhanden, die Zahl am Ende des momentanen Dateinamens, z.B. 4565	x	x	x	x
Dateinamenerweiterung	Nur die Endung des Dateinamens				x
Importnummer	Nummer des Importvorgangs (Katalogeinstellungen)	x			
Bildnummer	Aktuelles Bild im jeweiligen Export-, Umbenennungs- oder Ausgabeprozess, beim Import Gesamtnummer des importierten Bildes (Katalogeinstellungen)	x	x	x	x
Folgenummer	Laufende Nummer, Startnummer kann in Feld eingegeben werden	x	x	x	
Gesamtzahl	Gesamtzahl der Bilder im jeweiligen Stapelverarbeitungsprozess (feststehende Nummer)	x	x	x	x
Datum	In allen möglichen Formaten, in Einzelteilen, H/M/S, julianischer Kalender	x	x	x	x
EXIF-Daten		x	x	x	x
Benutzerdefinierter Text	Platzhalter für Text, der im Importieren-/Exportieren-Dialog bzw. in den Ausgabepaletten direkt eingegeben wird und für alle Fotos gleich ist	x	x	x	x
Name der Fotosession	Ähnlich wie Benutzerdefinierter Text, bloß mit speziellerer Bedeutung	x			
Ordnername	Name des Ordners, in dem das Foto sich befindet (nicht der ganze Pfad)		x	x	x
Originaldateiname	Dateiname vor der Umbenennung in Lightroom (so wie die Dateien aus der Kamera kommen, z.B. DSC_4565)		x	x	x
Originalsuffix (Nummer)	Suffix des Originaldateinamens, z.B. »4565«		x	x	x
Name der Kopie	Metadatenfeld für Kopienname, nützlich für virtuelle Kopien, z.B. »Kopie 1«		x	x	x
IPTC-Daten			x	x	x

A.3 Adobe-Ressourcen

- Ein wichtiger Ort für alle Arten von Erweiterungen für Lightroom (Entwicklungsvorgaben, Zusatzmodule, Webgalerie-Engines etc.) ist die Lightroom Exchange: http://www.adobe.com/de/exchange/ (unter »Lightroom«).
- Support-Seiten von Adobe, hier erhältlich ist z.B. die Liste der unterstützten Objektive für die automatische Objektivkorrektur: http://www.adobe.com/support/photoshoplightroom/
- Zusatzmodule selbst programmieren: Dokumentation und SDK: http://www.adobe.com/devnet/photoshoplightroom/
- Wer ausführlichere Informationen zu Lightroom sucht, wird vielleicht im Adobe-Forum zum Thema Lightroom fündig: http://forums.adobe.com/community/lightroom/
- Extract-Previews-Skript zum Speichern von Vorschauen als JPEG-Dateien: http://helpx.adobe.com/lightroom/kb/extract-previews-lightroom-4.html
- DNG Profile Editor zur Erstellung eigener DNG-Profile: http://labs.adobe.com/wiki/index.php/DNG_Profiles
- Lens Profile Creator zur Erstellung von eigenen Objektivkorrekturprofilen und Lens Profile Downloader zum Herunterladen von Profilen, die von anderen Benutzern erstellt wurden: http://labs.adobe.com/technologies/lensprofile_creator/
- Lightroom Journal, das Blog der Lightroom-Entwickler: http://blogs.adobe.com/lightroomjournal/
- Adobe DNG Converter: http://www.adobe.com/de/products/dng/
- Windows-Codec für DNG: http://labs.adobe.com/wiki/index.php/DNG_Codec

A.4 Andere Webseiten

- Generell empfehlenswert für Neuigkeiten rund um Lightroom sind die englischen Seiten Lightroom-News: http://lightroom-news.com/
- Auf dpunkt.foto gibt es ein deutschsprachiges Portal für Fotografie mit der Online-Zeitschrift Fotoespresso: http://www.fotoespresso.de/
- www.forum-lightroom.de ist ein deutschsprachiges Lightroom-Forum.
- Auf www.lightroom-tutorial.de finden Sie Tutorials und Neuigkeiten über Lightroom.
- Neuigkeiten, Tipps und Tutorials veröffentlicht http://www.lightroom-blog.de/.

- Viele interessante Informationen über Entstehung und technologische Hintergründe von Lightroom sowie nützliche Tutorials findet man in den englischen Lightroom-Podcasts von George Jardine, entweder unter http://www.mulita.com/blog/ oder per Suche nach »Lightroom« in iTunes.
- Mehr zur Entwicklungsgeschichte von Lightroom finden Sie in einem Artikel von Jeff Schewe auf Photoshop-News: http://photoshopnews.com/2006/01/09/the-shadowlandlightroom-development-story/

A.5 Bücher

Viel Wissenswertes über Raw-Konvertierung in Camera Raw, die ja in Lightroom dieselbe ist, und wie man mit Camera Raw und Bridge arbeitet (nur in Englisch):

- Bruce Fraser, Jeff Schewe: **Real World Camera Raw with Adobe Photoshop CS5** (Peachpit Press 2010)

Lesenswertes Buch über Bildverwaltung und Workflow:

- Peter Krogh: **Professionelle Bildverwaltung für Fotografen. Organisation, Abläufe, Werkzeuge** (dpunkt.verlag 2007)

Hierzu die wesentlich bessere Neuauflage des englischen Originalbuchs mit einem Kapitel über Lightroom:

- Peter Krogh: **The DAM Book. Digital Asset Management for Photographers. Second Edition** (O'Reilly Media 2009)

Im folgenden Buch finden Sie u.a. die Theorie hinter Lightrooms Schärfungsansatz (nur in Englisch):

- Bruce Fraser, Jeff Schewe: **Real World Image Sharpening with Adobe Photoshop, Camera Raw and Lightroom (2nd Edition)** (Peachpit Press 2009)

Zum Thema Farbmanagement gibt es im Deutschen mehrere Bücher:

- Christoph Künne, Christoph Gamper: **Farbmanagement für Fotografen** (Addison Wesley 2006)
- Andreas Kunert: **Farbmanagement in der Digitalfotografie** (MITP-Verlag 2006)
- Tim Grey: **Farbmanagement für Fotografen** (dpunkt.verlag 2005)

Weiterhin empfehlenswert:

- Jürgen Gulbins, Uwe Steinmüller: **Fine Art Printing für Fotografen. Hochwertige Fotodrucke mit Inkjet-Druckern**, 3. Auflage (dpunkt. verlag 2011)

A.6 Software

Fotoverwaltung / Kataloge / Archivierung / Metadaten

- IDimager: neuere Bildverwaltungssoftware für Windows mit guter XMP-Unterstützung: http://www.idimager.com/
- Media Pro: bewährte Bildverwaltungssoftware für Windows und Mac: http://www.phaseone.com/expressionmedia2/
- Professionelles kontrolliertes Vokabular in englischer Sprache für Bildagenturen von David Riecks: http://www.controlledvocabulary.com/
- Kontrolliertes Vokabular von Coolcolours Photography auf Deutsch: http://www.coolcolours.ch/

Übertragung

- ImageIngester: Software zum Downloaden für Windows und Mac: http://basepath.com/
- Downloader Pro: Download-Software für Windows: http://www.breezesys.com/Downloader/

Sicherung

- SyncBack (Free): Backup-/Synchronisationssoftware für Windows: http://www.2brightsparks.com/syncback/
- ChronoSync: Backup-/Synchronisationssoftware für den Mac: http://www.econtechnologies.com/pages/cs/chrono_overview.html
- Smartmontools: Überprüfung des SMART-Status von Festplatten (Windows, Mac): http://smartmontools.sourceforge.net/
- CDBurnerXP: Kostenloses Brennprogramm für Windows: http://cdburnerxp.se/
- ImageVerifier: Programm u.a. zur Erzeugung, Verwaltung und Überprüfung von Prüfsummen (Windows, Mac): http://basepath.com/
- FastSum: Prüfsummen-Programm für Windows: http://www.fastsum.com/

- Mozy Backup: Internet-Backupservice (Windows, Mac): http://mozy.com/

Sonstiges

- DNG Recover Edges: Kann einige Pixel an den Rändern von DNG-Dateien hervorholen: http://www.luminous-landscape.com/contents/DNG-Recover-Edges.shtml
- X-Rite-Lösung zur Kamerakalibrierung: http://www.xritephoto.com/
- iRed Lite; Software zur Programmierung der Apple Remote (Apple-Fernsteuerung): http://www.filewell.com/iRedLite/

Zusatzmodule

- Metadata-Viewer Preset Editor: Ein Zusatzmodul, um in der Metadaten-Palette eigene Zusammenstellungen/Ansichten zu erstellen: http://regex.info/blog/lightroom-goodies/metadata-presets
- Snapshotter: Virtuelle Kopien automatisch in Schnappschüsse konvertieren: http://thephotogeek.com/lightroom/snapshotter/
- LR2/Mogrify: stellt Bildbearbeitungsfunktionen zur Verfügung, z.B. Ränder, Texteinblendungen und Farbanpassungen wie z.B. Sättigung, Kontrast, usw.: http://www.photographers-toolbox.com/ (unter »Image manipulation plugins«)
- Metadata Wrangler: Kontrolle von Metadaten in exportierten Bilddateien: http://regex.info/blog/lightroom-goodies
- Snapshot on Export: Schnappschüsse automatisch bei Export erzeugen: http://regex.info/blog/lightroom-goodies

Webgalerien

- Airtight Interactive: http://www.airtightinteractive.com/
- The Turning Gate: http://theturninggate.net/
- LRB Portfolio: http://lrbportfolio.com/
- Webgalerien von Timothy Armes: http://www.photographers-toolbox.com/

Index

E

M

N

O

X

Z